기울어진 제국

걸작
논픽션
009

초강대국의 내밀한 해부서

몰락의 덫에 놓인 진

기울어진 제국

THE UNWINDING: AN INNER HISTORY OF THE NEW AMERICA

조지 패커 지음
박병화 옮김

글항아리

언제 고삐가 풀리기 시작했는지, 언제 미국인을 하나로 탄탄하게 묶어주던 끈이 힘을 잃고 풀리기 시작했는지 아는 사람은 없다. 모든 대변화가 그렇듯이 수많은 시기에 걸쳐 수많은 형태로 고삐가 풀렸다. 그러다가 어느 순간에 나라가, 전과 똑같은 그 나라가 역사의 경계를 넘어서고 다시는 돌이킬 수 없게 되었다.

여러분이 1960년 무렵이나 그 뒤에 태어났다면 이렇게 고삐가 풀리는 혼란기에 성인 시절을 보냈을 것이다. 여러분은 여러분이 태어나기 전부터 광활한 지역에 걸쳐 존재하던 구조물(캐롤라이나 피드먼트의 농장, 마호닝 밸리의 공장, 플로리다 재분할지, 캘리포니아의 학교 등)이 모래성처럼 무너지는 것을 보았을 것이다. 일상생활에 활력을 주던 것들이 완전히 알아볼 수 없을 정도로 변해버렸고, 이제는 그나마 더욱 보기가 힘들어졌다. 워싱턴 정당 집회의 재원 조달 방법이나 뉴욕 무역회사 영업 데스크의 금기사항이 완전히 변했고, 곳곳에서 예의와 도덕이 무너졌다. 과거의 제도를 쓸모 있게 만들어준 기준이 느슨해지고 지도자들이 자리에서 물러날 때, 거의 반세기 동안 나라를 지탱하던 루스벨트 공화국은 고삐가 풀렸다. 빈 공간은 미국인의 생활에서 채무불이행(디폴트)의 대가라고 할 조직의 자금으로 채워졌다.

고삐가 풀리는 것은 새로운 현상이 아니다. 고삐 풀림은 한두 세대마다 반복되었다. 건국의 아버지들이 신성하게 세운 공화국의 땅이 시끄러운 당쟁의 싸움터로 전락하기도 했고, 전쟁이 일어나 미국을 갈라놓았다가 다시 하나로 만들기도 했다. 관료들뿐만 아니라 보통 사람들에게 민주주의를 열어준다는 미국의 목표가 황폐해진 적도 있었다. 쇠퇴현상 다음에는 재건이 뒤를 따랐고, 폭파의 파열음이 난 뒤에는 에너지가 방출되었으며, 고삐가 풀릴 때마다 새롭게 단결했다.

고삐가 풀리면 세상에서 허용하는 것 이상으로 자유가 흘러넘친다. 그리고 그 어느 때보다 다양한 사람들이 모습을 드러낸다. 멋대로 떠날 자유, 다시 돌아올 자유, 말을 바꿀 자유, 사실을 말할 자유, 구직, 해고, 알코올과 마약, 결혼, 이혼, 파산, 새 출발, 창업, 양다리 걸치기, 끝까지 버티기, 구제 신청, 목표 이상의 성공과 그에 대한 과시, 비참한 실패와 재도전……. 어디를 가나 자유가 흘러넘친다. 그리고 자유의 과잉과 더불어 환상이 나타난다. 이런 생각은 모두 외부 상황과 맞닥뜨렸을 때 뻥 터지는 풍선처럼 연약한 것이다. 미국인이 즐기는 게임은 모두 따거나 잃는 형태다. 고삐가 풀릴 때 승자는 어느 때보다도 더 큰 승리를 거머쥐고 부풀어 오른 비행선처럼 으쓱대며 떠다니고, 패자는 바닥을 치려면 아직 멀었다는 듯 허세를 부리며 때로는 전혀 포기할 줄 모르기도 한다.

이렇게 자유가 흘러넘칠 때 사람은 제멋대로 굴기 마련이다. 그 어느 때보다 혼자 사는 미국인이 많으며, 가족 간에도 떨어져 지내기 일쑤다. 달래줄 손길도 없이 거대한 군사 기지의 그늘에서 가까스로 살아남는다. 번쩍이는 동네가 새로 생겼다가 순식간에 사라지기도 한다. 구도시의 산업기반이 무너질 수도 있고, 교회와 정부, 기업, 구호단체, 노조가 강풍에 무너진 건물처럼 소리도 없이 사라질 때 주민의 3분의 2가 떠난다. 견실한 구조를 상실한 풍경 속에서 미국인은 임시변통으로 자신의 운명에 대처하며 돌파구를 찾아 성공하려고 안간힘을 쓴다. 햇빛 속에서 성서를 품에 안고 있던 노스캐롤라이나의 소년은 성장해서 시골지역을 되살릴 비전을 품는다. 어떤 젊은이는 워싱턴으로 간 다음, 맨 처음 자신을 이곳으로 이끈 생각이 무엇인지 기억하려고 애쓰면서 먹고사는 일에 매달린다. 오하이오의 소녀는 주변의 모든 것이 무너진 이후, 중년의 나이가 될 때까지 삶을 이어가기 위해 혼신의 힘을 다한다. 마침내 이 여자는 단순한 생존 이상의 기회를 잡는다.

고삐가 풀린 상황에서 다수의 이름 없는 미국인이 길을 찾고 있을 때, 이들이 지나가는 곳은 한때 구제도가 시행되던 곳에 들어선 새로운 시설들이다. 다른 사람들이 힘없이 뒤로 처질 때 엄청난 성공을 거두고 더욱 의기양양해진 유명인사들의 화려한 삶이 보여주는 것들이다. 우상화된 이런 인물은 때로 개인을 지켜주던 사적인 공간을 차지할 때도 있으며, 그들 자신이 보다 나은 삶이라는 수수께끼의 답이라고 자처한다.

고삐가 풀릴 때는 모든 것이 변하며, 남는 것이라고는 목소리밖에 없다. 공개적이고 감상적이며 분노하거나 사실 문제에 집착하는 미국인의 목소리다. 밖에서 빌려온 변질된 생각, 하느님과 텔레비전, 과거에 대한 희미한 기억이 주를 이루는 가운데 공장의 조립 라인 소음 위로 내던지는 농담, 유리창 그늘 뒤에서 세상을 향해 내뱉는 불평불만, 사람들로 붐비는 공원에서 목청껏 내지르는 정의의 함성, 거래를 매듭짓기 위한 전화 통화, 밤늦게 화물차가 어둠을 뚫고 현관 앞을 지나갈 때 내지르는 잠꼬대 같은 것들이다.

CONTENTS

THE UNWINDING :
AN INNER HISTORY OF
THE NEW AMERICA

THE UNWINDING :

AN INNER HISTORY OF
THE NEW AMERICA

제1부

1978

나는 오늘 밤 가장 신가한 미국의 국내 문제에 대해 여러분과 솔직하게 대화하고 싶습니다. 그 문제는 바로 인플레이션입니다.

이십, 이십, 이십, 이십사 시간이 간다. 나는 차분해지고 싶어.

우리는 전국적으로 만연한 내핍생활을 직시해야 합니다. 더 이상 악화되는 결과를 피하고 싶다면 우리는 고달픈 선택을 해야 합니다. 나는 그런 힘든 결정에 대해 말하고자 합니다.

갈 데가 없어도 상관없어. 나는 차분해지고 싶어.

대학생활 7년이 헛것이었어. 차라리 빌어먹을 평화봉사단에나 들어갈까 봐.

카터는 소비자 법안에 중대한 실책을 범했어.

영스타운 강판강관Youngstown Sheet and Tube Company이 폐쇄될 때 나올 능률적인 조치가 철강산업 노동자와 그들의 가족뿐 아니라 지역사회에까지 영향을 미치리라는 것을 마호닝 밸리 사람들이 아는지 나는 모르겠다.

이는 우리 사회에 만연한 유행 풍조의 미끼일 뿐이다.

주민들은 대부분 50대 이상이며, 쌀과 콩 따위의 초라한 식품으로 연명하고 있다. 이들은 들에 나가 마더 존스(세계산업노동자동맹 창설에 도움을 준 미국 노동지도자_옮긴이)가 확성기로 강의와 설교를 하는 동안 새벽부터 해 질 녘까지 일한다.

요리사나 가정부, 운전사, 간호사, 베이비시터로 일하는 아내의 삶을 보상해줄 만한 여유가 있는 남편이 과연 있을까? 바로 이런 이유로 나는 여성들에게 동등한 권리가 주어져야 한다고 생각한다.

불행하게도 저타르 담배는 맛이 없다. 그래서 나는 밴티지로 바꿨다. 밴티지는 맛을 느끼게 해준다. 바로 내가 찾던 저타르 담배다.

필리버스터(의사진행 방해) 때문에 노조 법안이 좌절되다.

미국의 산업·무역·금융계 지도자들은 과거 성장과 발전의 시대에 불문율로 존재하던 계약을 파기하고 내던졌다.

엘비스 프레슬리의 「러브레터」 팬들은 온갖 감정을 토로하며 화려한 행사를 치른다. 엘비스의 집을 방문하는 날은 성지순례와 같다.

뉴욕 슬럼가의 소음공해! 여기저기서 험악한 인상을 한 사람들이 달려들고, 아이들은 겁에 질려 있으며, 중독자들은 허물어진 주택의 배관 너머로 저주의 말을 퍼붓는다. 환경보호청ᴱᴾᴬ에서는 소음공해를 걱정하지만, 담당 관리들은 하나같이 밤이면 집으로 돌아가 바깥 세상이 요란하게 돌아가는 가운데도 아이들이 숙제하는 것을 조용히 지켜본다.

캘리포니아 주민들은 70억 달러의 재산세 감면 계획에 찬성한다.

"카운티 근로자들에게는 끔찍한 일이야."
한 남자가 로스앤젤레스 교외에 있는 투표소를 떠나면서 한 말이다.

※ 1978년의 특징을 강조하기 위해 저자는 지미 카터의 텔레비전 연설과 미국 펑크 록 그룹 라몬즈의 노래, 영화 「애니멀 하우스」에 나오는 대사, 『미 의회 주간 리포트』, 『뉴스위크』, 『시카고 트리뷴』, 『뉴욕타임스』, 『더 스타』 등 언론의 보도기사, 크리스 체이스의 베티 포드 평전, 어빙 크리스톨의 저서, 밴티지 담배 광고 카피 등을 인용한다_옮긴이.

딘 프라이스

30대 후반에 새천년을 맞은 딘 프라이스Dean Price에게는 꿈이 있었다. 그는 목사관을 향해 아스팔트 위를 걸어가고 있었다. 샛길로 접어들자 비포장도로로 바뀌더니 다시 길이 갈라지면서 자동차 바퀴에 짓눌린 흙길이 나왔다. 바퀴 자국 사이로 가슴 높이까지 자란 풀을 보니 오랫동안 인적이 끊긴 길 같다는 생각이 들었다. 자동차 바퀴 자국을 따라 걸으면서 날개를 펼친 독수리처럼 양팔을 벌리자 풀이 겨드랑이를 스치는 느낌이 왔다. 문득 생각이 난 듯 마음속에서 속삭이는 목소리가 들렸다.

'집으로 돌아가. 트랙터를 몰고 다시 오라고. 이 풀을 치워야 다른 사람들이 편하게 가잖아. 다른 사람들을 위해 길을 닦아주는 거야. 이대로는 안 돼.'

딘은 눈물을 글썽이며 생각에서 깨어났다. 지금까지 무엇을 하고 살았는지 알 수 없었다. 마치 방향타도 없이 제자리에서 빙빙 맴도는 배와 같았다. 그는 꿈이라는 것이 뭔지 몰랐지만, 거기에는 천직과 운명 같은 것이 들어 있다고 믿었다.

이 무렵 딘은 편의점 사업에 뛰어들었지만, 이것을 천직이라고 할 수는 없었다. 적당한 직업을 찾자면 다시 5년은 걸릴 것이다. 딘은 창백한 피부에 주근깨가 있고 검은 머리에 눈동자도 검은색이었다. 미소를 짓거나 크게 웃을 때면 눈가에 주름이 졌다. 검은 머리와 눈은 아버지에게 물려받은 것이고, 잘생긴 얼굴은 어머니를 닮았다. 딘은 열두 살 때부터 리바이 개릿Levi Garrett(미국의 씹는담배 상표_옮긴이) 담배를 씹었고, 말을 할 때면 좀처럼 시골티를 벗기 힘든 개혁운동가처럼 목소리가 낮으면서도 힘이 있었다. 다른 한편으로 그의 태도는 점잖고 공손했으며, 혹 동네의 무스로지Moose Lodge 클럽에서 플라스틱 컵에 보드카를 따라 마시는 사람들이 본다면 정말 시골 사람인가 의아해할 정도로 세련미가 있었다. 어릴 때부터 그가 좋아한 성경 구절은 마태복음 7장 7절, "구하라, 그리하면 너희에게 주실 것이요, 찾으라, 그리하면 찾아낼 것이요, 문을 두드리라, 그리하면 너희에게 열릴 것이니"였다. 평생 그가 구한 것은 독립, 특히 경제적 독립이었다. 평생 머릿속을 맴돌며 그를 떨게 한 것은 가난과 실패에 대한 생각이었다. 그는 선천적으로 가난과 실패를 두려워했다.

조부모는 친가와 외가 쪽 모두 담배농사를 짓는 농부들이었다. 그 윗대의 조상들 역시 18세기 이후로 한결같이 노스캐롤라이나 로킹엄 카운티 부근의 농장에서 일했다. 묘비에 새겨진 프라이스, 닐, 홀 등 이들의 스코틀랜드계 아일랜드 이름을 보면 모두 묘지의 분위기에 썩 어울린다는 느낌이 들었다. 이들은 모두 가난했다.

"꼭 계곡으로 내려가는 것 같아. 지금 새로 길을 뚫고 가는 기분인걸."

딘이 중얼거렸다.

"계속 똑같은 길이야. 도대체 길을 어떻게 만든 거지? 짐승 다니는 통로를 따라 길을 낸 건가? 일단 길이 나면 다른 길을 닦을 때까지 노력과 에너지가 얼마나 많이 들어가던가. 생각에 너무 골몰한 탓이지. 조상 대대로 전해 내려온 생각."

딘이 어렸을 때는 울타리 기둥마다 담배가 자랐다. 4월부터 10월까지는 온 로킹엄 카운티에 담배 냄새가 진동했다. 딘은 그린즈버러에서 220번 도로를 따라 자동차로 40분 걸리는 매디슨에서 자랐다. 프라이스 가족은 시내에 살았지만, 딘이 실제로 시간을 보낸 곳은 할아버지인 노어플리트 프라이스Norfleet Price의 담배농장이었다. 노어플리트는 그의 아버지, 즉 딘의 증조부가 두 마리 말이 끄는 마차에 담배 짐을 싣고 윈스턴세일럼으로 간 일이 계기가 되어 유명해졌다. 그곳에 있던 사람이 증조부의 '성Price'을 보고 아주 좋은 '값price'을 쳐주었기 때문이다.

딘의 아버지는 집안 소유의 땅에서 태어났다. 활엽수림 한쪽 공터에 있는 현관이 딸린 판잣집이었다. 노어플리트가 도끼로 굵직한 오크 통나무를 잘라 열장이음 방식(부재를 가공해서 서로 끼워 맞추는 이음법_옮긴이)으로 지은 오두막이었는데, 몇 발짝 떨어진 곳에 담배 건조실이 있었다. 어렸을 적 딘은 늦여름에 연한 담뱃잎을 건조실에 걸어놓고 말릴 때면 할아버지와 함께 건조실에서 밤을 새우겠다고 조르곤 했다. 기름연료를 채우고 담뱃잎이 불길에 떨어지지는 않는지 지켜보기 위해 밤새도록 졸면서 한두 시간 간격으로 확인해야 하는 일이었다. 기름을 채우는 일은 힘들었지만 딘은 담배 냄새가 좋았다. 1미터가 훨씬 넘게 자란 줄기에는 노란 담뱃잎이 두툼한 가죽처럼 묵직하게 매달려 있었다. 담뱃잎을 따서 건조 작업을 준비할 때면 딘의 손은 끈적끈적한 타르로 까매졌다. 들보를 가로지른 막대기에 마치 말린 가자미처럼 담뱃잎을 둥글게 엮어서 거는 일은 가족 간에 유대감을 느끼게 해주었다. 프라이스 집안 사람들은 직접 기른 가축의 고기와 채소를 먹었으며, 탈지유(버터밀크)는 길 아래쪽에 사는 여자가 대줬다. 수확이 늦어지면 학교는 개학을 미루었다. 초가을이면 매디슨에 있는 경매 창고는 추수를 기념하는 행사로 활기가 넘쳤으며, 브라스 밴드가 시가행진을 했다. 한 해 농사를 짓고 처음 돈을 만져보는 사람들에게는 축제나 마찬가지였다. 딘은 자신도 크면 담배농사를 짓고 자식들도 그렇게 키우겠다고 생각했다.

딘의 가장 친한 친구는 할아버지였다. 노어플리트 프라이스는 2001년 89세의 나이로 세상을 뜨기 직전까지 나무를 베었다. 임종 전에 딘이 요양원으로 찾아갔을 때, 할아버지는 가죽 끈으로 휠체어에 묶여 있었다.

"애, 너 주머니칼 있지?"

할아버지가 물었다.

"할아버지, 안 돼요."

노어플리트는 휠체어에 묶인 끈을 자르고 싶어했다. 그 뒤로 할아버지는 요양원에서 한 달 반을 더 지내다 세상을 떠났다. 그리고 붉은 진흙으로 뒤덮인 야트막한 언덕의 가족 묘지에 묻혔다. 노어플리트는 언제나 아내에게서 벗어나기 위해 두어 가지 직업을 가졌는데, 루스Ruth라는 아내 이름은 바로 그 옆의 똑같은 묘비에 새겨진 채 주인이 죽을 날을 기다리고 있었다. 딘의 아버지는 집안의 고질적인 가난을 떨쳐버릴 수 있는 기회를 잡았다. 피트Pete라고 불리는 해롤드 딘 프라이스Harold Dean Price는 머리가 명석했고 책 읽는 걸 좋아했다. 그가 가지고 있는 메리엄 웹스터 사전의 뒷부분에는 빈 페이지가 있었는데, 거기에는 '뭉툭한' '불필요하게 하다' '다리 건너편의' '잡' '상像' '가치를 떨어뜨리는' 같은 단어의 뜻풀이를 손으로 적은 글씨가 있었다. 아버지는 말씀씨가 좋았고, 열렬하면서도 완고한 침례교도에다 심한 인종주의자였다. 언젠가 딘은 그린즈버러 시내의 울워스 빌딩에 있는 시민권 박물관에 간 적이 있었다. 1960년에 건물 내의 간이식당에서 최초의 연좌시위가 일어난 곳이었다. 이곳에는 노스캐롤라이나 A&T 대학에 다니는 흑인 학생 네 명의 모습을 확대한 사진이 걸려 있었는데, 이들이 거리로 나와 걸어갈 때 젊은 백인 폭도들이 경멸하는 눈빛으로 쏘아보는 광경이 보였다. 티셔츠에 걸어 올린 청바지, 반들반들한 올백 머리를 한 폭도들은 주머니에 손을 찌르고 담배를 꼬나문 채 험상궂은 표정을 하고 있었다. 이 중 한 사람이 바로 딘의 아버지였다. 그는 딘의 할머니가 공장에서 일할 때 자신을 돌봐주기도 하던 프라이스 농장의 흑인 소작인인 찰리 스미스Charlie Smith와 아델 스미스Adele Smith에게는 그런 감정이 없었지만, 시민권운동을 하는 사람들이라면 질색했다. 스미스 부부는 인정이 많고 유머가 넘쳤으며, 자기 주제를 잘 아는 사람들이었다.

피트 프라이스는 동네 댄스홀에서 바버라 닐Barbara Neal을 만나 1961년에 결혼했다. 그가 웨스턴 캐롤라이나 칼리지를 졸업하던 해였다. 집안에서 이 정도까지 교육을 받은 사람은 그가 최초였다. 해롤드 딘 프라이스 2세는 1963년에 태어났고, 그 뒤로 세 명의 누이가 태어났다. 이후 가족은 매디슨에 있는 조그만 벽돌집으로 이사했는데, 샤프 앤드 스미스Sharp and Smith 담배도매점 모퉁이에 있는 곳이었다. 매디슨과 이웃한 메이요든은 섬유도시였다. 1960년대와 1970년대에는 이곳의 공장에 일자리가 많아 고등학교만 나오면 누구나 들어갈 수 있었고, 대학을 졸업한 사람은 마음에 드는 자리를 골라 갈 정도였다. 중심가에 늘어선 벽돌 건물(약국, 잡화점, 가구점, 작은 식당 등이 들어선) 앞은 손님들로 북적거렸다. 특히 섬유 창고매장에서 특별 판매를 하는 날이면 많은 사람이 몰려들었다.

"그때가 전성기였지."

딘이 중얼거렸다.

"값싼 노동력에 석유도 나오겠다, 변두리지역에는 농장이 널렸지, 사람들은 일을 마다하지 않고, 일하는 재미를 알았으니까. 돈이 쏟아질 때였어."

딘의 아버지는 나일론 제품을 만드는 대기업인 듀퐁DuPont 공장에 들어갔다. 공장은 버지니아 주 경계선 맞은편의 마틴즈빌에 있었다. 1960년대 후반, 그는 그 시대의 전형적인 허풍쟁이 외판원인 글렌 터너Glenn W. Turner라는 사람에게 푹 빠졌다. 사우스캐롤라이나 소작인의 아들로 태어나 교육을 제대로 받지 못한 터너는 번쩍거리는 스리피스 정장에 송아지가죽 부츠를 신었고, 언청이처럼 혀 짧은 소리를 했다. 1967년, 터너는 코스콧 인터플래니터리Koscot Interplanetary라는 회사를 차리고, 한 사람당 5000달러의 가입비를 받고 화장품 판매권을 팔았다. 그리고 가입자가 새로운 판매자를 끌어들일 때마다 중개수수료를 주겠다고 약속했다. 이 말에 혹한 사람들은 또 '재벌에 도전하자'라는 글렌 터너의 동기유발 카세트테이프가 가득 담긴 검은색 서류가방을 구매했다. 이것은 판매권을 팔아

부자가 되겠다는 기대에 힘입어 값이 5000달러까지 올라갔다. 프라이스 집안에서는 판매권을 사들였고, 매디슨에 있는 집에서 '재벌에 도전하자' 프로그램을 홍보하는 파티를 열었다. 그리고 영사기로 가난뱅이에서 부자가 된 터너의 성공 스토리를 소개하는 영화를 돌렸다. 이것을 보고 열광한 참석자들은 터너를 연호하며 행운을 잡을 생각에 부풀었다. 1971년까지 '재벌에 도전하자' 프로그램은 이 지역 일대의 블루칼라 계층에게서 대대적인 성공을 거두었으며, 터너는 『라이프Life』지에 화제의 인물로 등장했다. 이후 터너는 피라미드 조직 운영에 대한 조사를 받다가 결국 5년간 감옥살이를 했다. 동시에 프라이스 집안은 투자한 돈을 몽땅 날렸다.

1970년대 초, 피트 프라이스는 블루스 크리크에 있는 듀크 에너지 발전소의 감독 자리를 얻었다. 그 뒤로는 매디슨에 있는 젬 댄디Gem-Dandy의 부사장이 되었다. 양말대님 같은 남성용 액세서리를 만드는 곳이었다. 이어 댄 강 부근에 있는 파인 홀Pine Hall 벽돌공장에서 인부 관리자 노릇을 하기도 했다. 하지만 피트는 번번이 고용주에게 해고당했으며, 그때마다 사장이 어리석다고 생각했다. 아마 스스로 그만두었다는 말이 맞을 것이다. 아버지가 밥 먹듯이 사표를 쓰는 것을 본 딘은 '마치 바지에 주름을 잡듯' 습관이 되었다고 말했다.

"한번 바지를 다려 주름을 잡기 시작하면 주름 없는 바지를 입고 다닐 수가 없죠. 그게 아버지가 실패한 이유예요. 내가 그 습관을 어떻게 고치게 하겠어요. 아버지는 그렇게 생각했고, 그런 방식으로 숨을 쉬며 살았습니다."

이 바지 주름은 프라이스 담배농장에서 시작된 습관이었다. 거기서 딘의 아버지는 인접 도로가 없어 차량 접근이 어려운, 별 가치가 없는 땅을 받았다. 결국 딘의 삼촌들이 농장 일에 더 열심히 매달리게 되었다. 아버지는 또 키 작은 남자 특유의(그의 키는 170센티미터가 조금 넘었다) 공격적인 기질이 있었다. 이 때문인지 머리가 일찍 벗어졌다. 하지만 최대의 실패는 피트 프라이스가 전 재산을 쏟아부은 사업이었다.

수십 년 뒤, 딘은 액자에 넣은 흑백사진 한 장을 벽난로 선반에 올려놓았다. 검은 머리를 눈 위까지 내려뜨린 남자아이가 까만 상의에 몸에 비해 짧고 꼭 끼는 바지를 입고 있는 모습이었다. 아이는 햇빛에 눈을 가늘게 뜨고 두 팔로 성서를 끌어안고 있었는데, 그것을 소중하게 보호하려는 듯 보였다. 그 옆에는 레이스 달린 옷을 입은 여자아이가 서 있었다. 1971년 4월 6일에 찍은 사진이었다. 딘이 여덟 살 생일을 한두 주 앞두었을 때였는데, 예수 그리스도에게 일생을 맡기고 구원을 받겠다고 다짐하는 자리였다. 1970년대에 딘의 아버지는 소도시를 전전하며 연달아 몇 군데의 작은 교회에 적을 두었다. 가는 곳마다 그의 독단적이고 완고한 성격이 신도들 사이에 불화를 일으켰다. 그때마다 신도들은 그를 계속 설교자로 인정할 것인지를 두고 투표를 했다. 신도들은 그를 지지할 때도 있었고 반대할 때도 있었지만, 결국에는 늘 그가 사방에 악감정을 품고(불안해진 그가 수천 신도의 교회를 이끄는 제리 폴웰Jerry Falwell같이 유명한 설교사가 되려고 했기 때문에) 떠나기 일쑤였다. 그는 마땅한 교회를 찾지 못했다. 물론 새 도시로 가서 늘 지옥의 고통을 강조하는 설교로 직업을 구하려고 했지만, 투표에서 부결되었다. 한번은 특별히 마음에 드는 교회가 있었다. 클리블랜드 카운티 남쪽에 있는 데이비드슨 기념 침례교회였다. 그는 이 교회로 마음을 굳혔지만, 설교단을 차지하겠다는 목표는 실패하고 말았다. 이후 그는 사실상 의욕을 상실했다.

딘은 아버지에게서 야망과 독서열을 물려받았다. 그는 집 안에 있던 세계백과사전을 처음부터 끝까지 독파했다. 아홉 살인가 열 살 쯤 된 어느 날 저녁 식사 시간에 딘의 장래희망이 화제가 된 적이 있었다.

"그래, 넌 장차 뭐가 되고 싶니?"

아버지가 냉소적인 표정으로 물었다.

"저는 뇌외과 의사가 될 거예요. 신경과 전문의 말이에요."

이 단어는 백과사전에서 본 것이었다. 딘은 말을 이었다.

"꼭 그 일이 하고 싶어요."

이 말에 아버지는 어이없다는 듯 웃으며 말했다.

"네가 신경과 전문의가 되는 것은 내가 달나라에 가는 것만큼이나 가능성이 없어."

딘의 아버지는 재미있고 자상한 면도 있었지만 딘에게는 무뚝뚝했다. 딘은 쉽게 포기하고 성격이 잔인한 아버지를 싫어했다. 딘은 아버지의 설교를 많이 들어보았다. 어떨 때는 매디슨 시내의 길모퉁이에서 할 때도 있었다. 하지만 그는 아버지의 설교를 믿지 않는 편이었다. 집에서는 비열하게 자신을 때리는 아버지가 설교단에 서는 모습이 위선자 같았기 때문이다.

어렸을 때 딘은 무엇보다 야구를 좋아했다. 7학년이 되었을 때, 그는 몸무게가 45킬로그램도 안 되어 미식축구를 하기에는 너무 마른 편이었지만 매디슨-메이요든 중학교 야구팀에서는 최고의 유격수였다. 1976년에 야구팀에는 흑인과 백인 아이들이 섞여 있었는데, 딘의 아버지는 그가 흑인 아이들과 어울리는 것을 못마땅하게 생각했다. 딘을 흑인에게서 떼어놓고 싶었던 아버지는 당시 신도들의 표를 얻기 위해 공립학교를 못 다니게 하고(딘은 다니게 해달라고 애원했다) 그를 복음의 빛 교회에 속한 학교로 전학시켰다. 당시 프라이스 가족이 살던 메이요든 마운틴의 목사관에서 버스로 두 시간 걸리는 워커타운에 있는 학교였는데, 교풍이 엄했고 백인 학생만 받아들이는 독립 기념 침례교 학교였다. 딘의 야구 경력은 이것으로 끝났으며, 흑인 친구들과 어울린 것도 이때가 마지막이었다. 딘이 10학년에 올라갔을 때 딘의 아버지는 복음의 빛 학교에서 미국사와 성서 역사를 가르쳤다. 아마 그가 조금만 관심을 가졌더라면 딘이 야구를 계속하는 것은 어렵지 않았을 것이고, 집에 갈 때는 당연히 딘을 차에 태우고 함께 갔을 것이다. 하지만 딘의 아버지는 3시만 되면 딘에게 집에 가서 공부하라고 했다. 아버지와 딘은 마치 집 안에서 서로 자기주장을 꺾지 않으려고 경쟁하는 사람 같았다. 하지만 모든 결정은 아버지가 했고, 아버지는 조금도 양보하지 않았다.

딘이 열일곱 살이 되었을 때, 아버지가 메이요든 마운틴의 교회를 그만두었기 때문에 가족은 주 동부 끝에 있는 그린빌 부근으로 이사했다. 아버지가 이곳 에이든 시내에 있는 작은 교회에서 설교를 맡았기 때문이다. 설교자로서는 이것이 마지막이었다. 여기서 4개월이 지나자 프라이스 목사는 다시 짐을 쌌고, 가족은 로킹엄 카운티로 돌아갔다. 집에 돈이 떨어지자 가족은 딘의 외가로 들어갔다. 외가는 매디슨 남부에서 수 킬로미터 떨어진 스톡스데일 외곽인 220번 도로변에 있었다. 외할머니 올리 닐Ollie Neal은 길 뒤편의 아파트에 살고 있었다. 집 뒤로는 담배농장이 있었는데, 이것은 외할아버지인 버치 닐Birch Neal이 1932년에 카드 게임에서 딴 것이었다. 그때는 220번 도로가 포장되기 전이었다.

그 무렵 딘의 머릿속에는 오로지 아버지의 지배로부터 벗어나겠다는 생각밖에 없었다. 열여덟 살이 되자 그는 윈스턴세일럼으로 차를 몰고 가서 해병대 신병 모집관을 만났다. 모집관은 다음 날 다시 와서 입대하라고 했지만, 딘은 밤사이에 마음을 바꿨다. 그는 넓은 세상으로 나가 자신의 뜻대로 마음껏 인생을 누리고 싶었다.

1981년, 딘이 고등학교를 졸업할 무렵에는 윈스턴세일럼의 거대한 R. J. 레이놀즈R. J. Reynolds 공장에 들어가 연초 제조 일을 하는 것이 그 일대에서는 최고의 직업이었다. 이곳에 들어가기만 하면 넉넉한 보수에 일주일에 담배 두 보루를 보너스로 받기 때문에 풍요로운 인생을 누리는 것으로 보였다. 중위권 학생들은 결국 이곳을 택했고, 하위권 학생들은 방직공장에 들어갔다. 여기는 보수가 적었다. 마틴즈빌에 있는 뒤퐁과 틀텍스Tultex, 댄빌의 댄 리버Dan River, 그린즈버러의 콘Cone, 또는 매디슨 주변에 널린 작은 공장, 하이포인트 남부와 마틴즈빌 북부, 버지니아 바셋에 널린 가구공장 등도 마찬가지였다. 상위권 학생들은(딘의 반에서 세 명) 대학에 진학했다.(30년이 지나 고등학교 동창회에서 만난 동창생들은 다들 몸이 불어 있었다. 이들은 해충 방제 일을 하거나 행상을 하며 축제 때 티셔츠 같은 것을 팔고 있었다. R. J. 레이놀즈에서 오랫동안 일하다 해고된 한 동창생은 복직이 될 거라 굳게 믿었지만 물거품이 되고 말았다.)

딘은 결코 학교 공부에 전념한 적이 없었다. 졸업하던 해 여름에 그는 매디슨에 있는 동관 제조공장의 선적부에 취직했다. 1981년에는 적지 않은 돈을 벌었지만, 이 일을 하며 딘은 평생 아무런 야망도 없이 술이나 마시며 경마같이 너저분한 일로 소일하는 사람들 틈에 섞여 인생을 낭비하게 될까 봐 두려웠다. 딘은 그 생각만 하면 끔찍해서 대학에 가기로 결심했다.

아버지가 학비를 지원해준 것은 딘이 사우스캐롤라이나의 성서 학교인 밥존스대학에 들어갔을 때뿐이었다. 밥존스대학은 인종이 다른 사람끼리의 데이트와 결혼을 엄금했는데, 1982년 초에 딘이 입학하고 몇 달이 지났을 때, 이 학교는 전국적인 화제가 되었다. 이때 레이건 행정부가 밥존스대학의 면세 자격을 박탈하는 국세청 정책을 발표했기 때문이다. 극심한 반발이 일자 레이건은 태도를 바꾸었다. 밥존스대학은 세계에서 유일하게 교도소처럼 캠퍼스 안쪽으로 가시철망이 쳐진 대학이었다. 남학생은 머리가 귀 밑으로 내려오면 안 되었고, 맞은편 캠퍼스의 여학생들과 소통하는 유일한 방법은 메모를 적어 상자에 넣은 다음 한 사람이 기숙사마다 뛰어다니며 전해주는 것밖에 없었다. 밥존스대학에서 딘의 마음에 드는 게 있다면 아침 예배 시간에 오래된 찬송가 「만복의 근원 하나님」을 부른다는 것이었다. 그는 더 이상 수업에 나가지 않았기 때문에 첫 학기에 전 과목에서 낙제하고 말았다.

크리스마스에 집에 온 딘은 아버지에게 학교를 그만둘 것이며 집에서 나가겠다고 말했다. 화가 난 아버지는 딘에게 주먹을 날려 바닥에 쓰러뜨렸다. 딘은 일어나서 말했다.

"분명히 말하는데, 다시 내 몸에 손을 대면 내 손에 죽을 줄 알아요."

아버지 집에서는 이것이 마지막이었다.

딘이 집에서 나간 뒤, 아버지는 점점 건강이 악화되었다. 요통과 두통, 그 밖의 실제 혹은 상상의 병에 시달리던 아버지는 10여 명의 의사를 찾아다녔지만 정확한 병명을 찾지 못했고, 의사들이 처방한 옥시코돈(마약성 진통제)만 한 움큼씩 집어삼켰다. 딘의 어머니는 남편이 상의 주머니에 숨겨놓은 약을 찾아내 쓰레기통에 버렸다. 옥시코돈을 먹으면 멍한 표정을 짓는 데다가 이 약이 위벽을 깎아내렸기 때문이다. 딘의 아버지는 종교서적을 읽을 것처럼 서재로 들어갔다가 다시 옥시코돈을 먹고 정신을 잃기도 했다. 그는 몇 차례 중독 치료를 받았다.

바깥세상으로 나간 딘은 거침없이 제멋대로 살았다. 그는 곧 알코올과 도박, 마리화나, 싸움, 여자의 쾌락에 빠졌다. 첫 번째 여자는 목사의 딸이었는데, 딘은 교회 피아노 밑에서 동정을 잃었다. 딘은 반항심으로 가득 찼으며, 아버지가 믿는 신을 받아들일 마음이 전혀 없었다. 딘은 말했다.

"난 골치 아픈 녀석이었어요. 아무도 존경하지 않았죠."

딘은 그린즈버러로 가서 마약 중독자와 한집에서 지냈다. 한동안 그린즈버러 컨트리클럽에서 한 주에 120달러를 받으며 어시스턴트 프로(골프클럽에 소속되어 헤드 프로 밑에서 골프장을 관리해주는 일을 한다_옮긴이) 일을 하기도 했다. 1983년, 스무 살이 되자 딘은 다시 대학에 가기로 결심하고 그린즈버러 주립대학에 입학했다. 바텐더 노릇을 하며 졸업하기까지는 6년이 걸렸다. 절친한 친구인 크리스Chris와 캘리포니아로 5개월 동안 여행을 가느라 중간에 학업을 잠시 쉬었기 때문이다. 캘리포니아에서는 폭스바겐 버스에서 지내며 여자애들을 따라다니느라 정신없이 쾌락에 빠졌지만, 마침내 1989년에 정치학으로 학사학위를 땄다.

이후 공화당원이 된 딘에게는 레이건이 우상이었다. 딘에게 레이건은 마음에 위로를 주는 할아버지 같은 존재였다. 레이건은 사람들과 소통하고 감동을 주는 능력이 있었다. 그가 '언덕 위의 성a city upon a hill'(미국 개척 당시 청교도들의 비전을 뜻하는 표현_옮긴이)이라는 말을 할 때가 그랬다. 딘도 똑같이 할 수 있을 것 같았다. 자신은 말을 잘하는 데다가 목사 가문 출신이 아니던가.

"레이건이 하는 말은 그대로 믿었어요. 그 사람은 미국이 다시 위대해질 수 있다는 희망을 주었으니까요."

레이건은 딘이 그대로 닮고 싶은 유일한 정치인이었다. 하지만 경찰이 대학 캠퍼스의 계단에서 마리화나 단속을 하고 그 며칠 뒤 딘이 음주운전으로 체포되면서 이런 생각도 끝이 나고 말았다.

딘은 넓은 세상을 보겠다고 스스로 다짐했고, 대학을 졸업하자 몇 달 동안 유럽 일대를 빈둥거리며 돌아다녔다. 잠은 유스호스텔에서 잤고, 때로는 공원 벤치를 이용했다. 하지만 여전히 그에게는 야망이 있었다. 딘은 '미친 듯한 야망'이라는 말을 좋아했다. 유럽에서 돌아온 딘은 가능하면 최고의 회사에서 최고의 직업을 찾아보기로 했다.

그의 마음속에는 항상 뉴저지 북부에 있는 존슨 앤드 존슨Johnson & Johnson이 자리 잡고 있었다. 존슨 앤드 존슨의 직원들은 파란색 양복을 입었다. 이들은 깔끔했고, 발음이 정확했으며, 높은 급여를 받았다. 또한 회사 차를 이용했으며, 건강보험 혜택도 받았다. 딘은 여자친구와 필라델피아로 가서 이 회사의 직원을 찾아보기로 했다. 그가 처음 접촉한 사람은 말쑥하게 빗은 금발에 파란색 시어서커(물결무늬가 있는 인도산 직물. 여성용이나 아동용 여름옷을 만드는 데 쓴다_옮긴이) 정장, 하얀 구두에 나비넥타이를 맨 차림이었다. 그때까지 딘이 본 사람 중에 가장 멋쟁이였다. 딘은 회사로 매일 전화를 했고, 7~8회나 면접을 보았다. 딘은 이 회사에 입사하기 위해 1년의 세월을 소비했다. 그리고 1991년에 존슨 앤드 존슨은 마침내 그를 받아들이고 해리스버그의 제약 영업사원으로 발령을 냈다. 딘은 파란색 양복을 구입하고 머리를 짧게 깎았으며, 혹시 시골티가 날까 염려되어 남부 억양을 없애려고 애를 썼다. 그는 무선호출기와 컴퓨터 한 대를 지급받았다. 매일 회사 차를 몰고 의사들을 찾아다니며 약품 샘플을 보여주고 효능과 부작용을 설명하는 것이 일과였다. 어떤 날은 하루에 여덟 명을 만날 때도 있었다.

딘이 이 직업이 적성에 맞지 않는다는 사실을 깨닫는 데는 오랜 시간이 걸리지 않았다. 매일 하루 일과를 마친 뒤에는 회사에 그날의 결과를 보고서로 제출해야 했다. 그는 로봇이나 기계 부품 같은 존재였으며, 회사는 그를 감시하는 '빅 브라더'였다. 아이디어를 내도 존슨 앤드 존슨의 스타일과 맞지 않으면 예외 없이 호된 질책을 받았다. 8개월 후에 딘은 이 일을 그만두었다. 근무 기간은 입사하려고 애쓴 기간보다도 짧았다. 그는 대학에 들어가 좋은 교육을 받고 『포춘Fortune』이 선정한 500대 기업에서 일자리를 구하면 행복해진다는 거짓말을 믿은 것이다. 그는 이 말대로 온갖 노력을 다했지만, 결국 비참해지고 말았다. 아버지 집에서 나와 기껏 찾아낸 것은 또 다른 노예생활이었다. 딘은 처음부터 다시 시작하기로 결심했다. 이제 그는 기업가가 되는 것이 꿈이었다.

뉴트 깅리치의 전면전

뉴트 맥퍼슨Newt McPherson은 제2차 세계대전 기간에 펜실베이니아 해리스버그의 술집에서 싸움을 일삼던 건달이었다. 키트 도허티Kit Daugherty와 결혼한 지 3일째 되는 날 아침, 16세의 청소부 출신인 어린 신부가 술에 곯아떨어진 뉴트를 깨우자 그는 주먹을 날렸다. 이 일로 결혼생활은 끝장났지만, 키트는 이미 임신한 상태였다. 1943년에 키트는 사내아이를 낳았고, 이런저런 생각 끝에 결국 너무도 일찍 전남편이 된 아이 아빠 이름을 따서 아이에게 지어주었다. 3년 뒤, 키트는 로버트 깅리치Robert Gingrich라는 육군 장교와 결혼했다. 뉴트 맥퍼슨은 양육비를 책임지지 않는다는 조건으로 이 장교가 어린 뉴트를 입양하는 데 합의했다.

"끔찍한 일 아닌가요? 제 친자식을 그렇게 쉽게 팔아넘기다니."

키트는 훗날 이렇게 말했다.

오랜 세월이 흐른 뒤, 어린 뉴트가 정치인이 되어 70이 다 된 나이에 평생 꿈꿔온 야망을 잡으려고 했을 때 그는 "나는 어린 시절 전원적인 환경에서 자랐습니다"라고 말했다. 하지만 이것은 대선 유세를 위한 비디오에서 한 말이다. 깅리치 가족은 하위 중산층 동네인 허멜스타운의 중앙광장에 있는 주유소 위쪽에 살았다. 좁아터진 집에서 하루하루가 거칠고 힘든 나날이었다. 어린 뉴트의 남자 친척들은 농부, 공장 노동자, 고속도로 인부 등 하나같이 거칠고 난폭한 사람들이었다. 그의 계부(이 사람도 뉴트 부자와 같은 방식으로 입양되었다)는 집 안에서 폭군처럼 굴었으며, 말은 없었지만 늘 위협적인 존재였다. 어린 뉴트는 계부의 거친 행동 방식을 그대로 흡수했다. 땅딸막한 체구에 수다스러운 그는 밥 깅리치Bob Gingrich(로버트 깅리치) 중령의 사랑을 받으려고 감정에 호소하는 일 따위는 절대 하지 않았기 때문에 두 사람은 끊임없이 다투었다. 별난 성격에 근시인 어린 뉴트는 가깝게 지내는 친구가 없었다. 결국 그가 찾아낸 대상은 먹을 것을 주며 책을 보라고 격려하는 연상의 여인들이었다. 나이 50에 아홉 살 난 아이처럼 보이게 될 이 소년은 아홉 살 때 50 먹은 영감처럼 굴었다. 그는 현실에서 도피해 책과 영화에 빠져들었다. 그가 특히 좋아한 것은 동물과 공룡, 고대사, 존 웨인John Wayne이 나오는 영화였다.

햇빛이 눈부신 어느 여름날 오후, 열 살이 된 뉴트에게 엄마는 혼자 버스를 타고 해리스버그에 가도 된다고 했다. 계부는 한국에 주둔하고 있을 때였다. 뉴트는 동시상영관에 가서 아프리카 사파리 영화 두 편을 보았다. 오후 네 시쯤 햇빛이 쏟아지는 밖으로 나왔을 때, 뉴트의 눈에는 악어와 코뿔소의 모습, 온갖 모험 장면이 어른거렸다. 그가 눈을 치켜뜨자 시청을 가리키는 표지판이 보였다. 나이에 비해 조숙한 그는 시민권의 중요성을 알고 있었다. 그는 길을 물어 공원관리부로 찾아갔고, 해리스버그는 동물원을 짓기 위해 돈을 모아야 한다고 주장하며 그곳 직원을 설득했다. 이 이야기가 지역신문의 1면을 장식했다. 뉴트가 자신에게 리더십이 있다는 것을 깨닫는 순간이었다.

5년이 지나자 그의 사명은 분명해졌다. 1958년, 뉴트의 계부가 프랑스에서 복무하고 있을 때, 부활절을 맞은 깅리치 가족은 베르됭을 방문했다. 전면전이 벌어졌던 베르됭 지옥l'enfer de Verdun(제1차 세계대전의 격전지였던 베르됭의 참혹상을 가리키는 말_옮긴이)으로 유명한 바로 그곳이었다. 제1차 세계대전이 끝난 지 40년이 지났는데도 포격의 상흔이 그대로 남아 있었다. 뉴트는 격전의 흔적이 고스란히 남은 그 일대를 돌아다니며 바닥에 나뒹구는 녹슨 군모 몇 개를 주웠다. 이것은 이날 주운 수류탄 파편과 함께 그의 침대 벽을 장식하게 된다. 뉴트가 유리창으로 납골당을 들여다보자 프랑스군과 독일군 병사의 유골 수십만 구가 산처럼 쌓여 있었다. 그는 살아 움직이는 것이 삶이라는 사실을 분명히 확인했고, 문명은 망할 수도 있다는 것을 깨달았다. 형편없는 지도자가 나라를 지키지 못할 때 무슨 일이 일어나는지도 보았다. 또 자신이 믿는 삶의 방식을 수호하기 위해 기꺼이 자신의 목숨을 포기하는 사람들이 있다는 것도 알았다.

그는 토인비와 아시모프를 읽었으며, 그의 마음속에는 쇠퇴하는 문명의 모습이 어른거렸다. 그런 일은 미국에서도 일어날 수 있었다. 그는 마침내 동물원장이나 고생물학자 따위는 되지 않겠다고 결심했다. 카운티 행정관이나 물류위원회 의장도 아니고 국방장관도 아니었으며, 대통령마저도 그의 안중에는 없었다. 그는 국민의 대지도자가 되겠다는 생각을 품었다. 그 모델은 링컨이나 루스벨트, 처칠 같은 인물들이었다.[또 하나의 인물이 더 있다고 볼 수 있지만, 이 사람은 뉴트가 베르됭을 어슬렁거리고 있을 때, 아직 전직 배우로서 「제너럴 일렉트릭 극장」(레이건이 진행한 미국 텔레비전 프로그램_옮긴이)을 진행하고 있었다.] 그는 다음 세 가지 문제를 밝히는 데 일생을 바치기로 결심했다. 미국이 살아남기 위해 필요한 것은 무엇인가? 어떻게 하면 자신이 이 사명을 실천하도록 미국인을 설득할 것인가? 어떻게 하면 조국을 자유롭게 할 것인가?

수십 년 뒤, 깅리치는 칠판 한쪽 귀퉁이에 자신의 운명을 적어놓았다. 낙서처럼 휘갈겨 쓴 글씨는 마치 정복자를 찬양하는 고대의 상형문자 같았다.

깅리치의 기본적인 사명
문명의 옹호자
문명의 정의자
문명의 지배를 가르치는 교사

문명 지지자들의 후원자

　　친문명 활동가들의 조직자

　　문명화된 세력의 지도자(가능하면)

　　최선의 사명보다는 보편적인 사명

　하지만 그는 우선 1960년대를 통과해야 했다.

　1960년 귀국한 밥 깅리치는 조지아 주의 포트베닝에서 키트와 아들을 만났다. 뉴트는 여기서 케네디와 싸우는 닉슨을 위해 선거운동을 하고 있었다. 닉슨은 뉴트가 맨 처음 정치에 관심을 갖도록 한 인물이었고, 그는 닉슨에 관해 구할 수 있는 자료는 모두 구해 읽었다. 닉슨 역시 하위 중산층 출신이었고, 엄격한 아버지 밑에서 우울하고 외롭게 자랐으며, 친구들과 어울리기보다 적개심을 품은 가운데 야망을 키워온 인물이었다. 11월 대선에서 닉슨이 케네디에게 패배한 날, 깅리치는 이 소식을 라디오로 들으면서 몹시도 고통스러운 밤을 보냈다.

　고등학교에 다니던 그는 남몰래 자신의 기하학 교사인 재키 배틀리 Jackie Battley와 데이트를 했다. 그와 똑같이 맹목적인 사랑에 빠진 그녀는 그보다 7년이나 연상이었다. 깅리치가 19세가 되었을 때 두 사람은 결혼했고(밥 깅리치는 결혼식 참석을 거부했다), 이후 두 딸을 낳았다.

　깅리치는 세대주여서 베트남전에 징집되지도 않았고, 자원입대도 하지 않았으며, 베트남에 발을 들여놓지도 않았다. 계부는 이런 그를 경멸하는 투로 말했다.

　"그 애는 바로 눈앞의 것도 못 봐요. 행동은 또 얼마나 굼뜬데요. 신체적으로 군 복무 능력이 없는 아이예요."

　재키가 일하는 동안 깅리치는 에모리대학에서 역사를 공부한 다음 툴레인대학으로 가서 박사과정을 밟으며 운동권 학생이 되었다. 툴레인대학 당국이 혐오스럽다는 이유로 사진 두 장을 교내 게시물로 인정하지 않자 깅리치는 이 결정에 반발하며 연좌시위에 합류했다. 그는 여전히 공화당원이었지만, 시민권이나 환경, 정부 윤리 같은 문제에서는 개혁적인 생각을 가지고 있었다. 토플러의 저서를 읽은 그는 미래파적인 괴짜로 변해갔으며, 정보혁명을 위한 치어리더가 되었다. 무엇보다 그는 기존 제도에 대해 독설을 퍼붓는 것을 좋아했다. 또 아무 데나 '부패한 지도층'이라는 말을 갖다 붙였다. 그리고 향후를 대비해 이런 표현을 머릿속에 고이 간직해두었다. 그는 1960년대의 시궁창과 그 속에서 허우적거리는 진보주의자들을 비난하면서 권력에 접근하려고 했지만, 정작 자신도 그 속에 휩쓸리고 말았다.

1970년이 되자 그는 조지아로 돌아가 애틀랜타 교외에 있는 웨스트 조지아 칼리지에서 역사를 가르쳤다. 그는 학장직에 지원했다가 거절당했고, 1974년에는 공화당에 한 번도 의석을 내준 적이 없는 선거구에서 보수적 민주당 의원을 상대로 의원직에 도전했지만, 워터게이트 사건으로 완패하고 말았다. 그리고 땅콩농장 농부가 대통령에 당선되던 1976년, 의원직에 재도전했지만 다시 패배했다. 깅리치는 "제럴드 포드Gerald Ford 가 내 의원직을 빼앗았다"라며 흥분했다. 하지만 그는 자신의 야망을 포기할 생각이 없었다. 오히려 목표에 더 가까이 접근하고 있었다. 그러다가 1978년 현직 의원이 은퇴를 발표하자 깅리치의 해가 시작되는 것처럼 보였다. 깅리치와 1978년은 여러모로 인연이 있었다.

깅리치는 '우주 개발 프로그램이 있고 울타리가 쳐진 개인 소유의 택지가 있으며 남부의 현대적인 중산층이 사는' 뉴 사우스(노예농장이 있던 과거의 남부가 아니라 현대화된 남부라는 말_옮긴이) 출신으로서(실제로는 전혀 남부인이 아니었지만) 정치권에서 새로운 바람을 일으킬 것으로 비쳤다. 그는 인종주의적인 태도도 보이지 않았고, 종교적인 티도 내지 않았다. 애틀랜타 교외의 북부지역은 노먼 록웰Norman Rockwell(미국의 대표적인 일러스트레이터_옮긴이)에 열광하는 분위기와 섬유광학산업의 특징이 뒤섞인 곳으로, '떠오르는 다수의 공화당 지지자가 선벨트(미국 플로리다에서 캘리포니아에 이르는 남부지대_옮긴이)에 몰려 있다'라는 10년 전 닉슨의 대선 캠페인이 그대로 먹힐 것 같았다. 항공모함과 달 탐사선, 개인용 컴퓨터를 좋아하던 깅리치는 이곳 사람들이 무엇을 원하는지 알았다.

1978년, 각 도시에서 반달리즘이 횡행하고 전국적으로 스태그플레이션이 위력을 떨치는 가운데, 백악관에서는 멋없는 도학자가 희생을 호소하고 있었다. 여론은 관료계층과 특수 이익단체, 반정부활동, 세금 반대, 포퓰리스트와 보수파 모두에게 의혹의 눈길을 보내며 악화일로로 치닫고 있었다. 깅리치의 상대인 민주당 후보는 이런 흐름에 맞춰 나온 여성으로, 부유하고 진보적인 뉴욕의 주 상원의원 출신이었다. 깅리치는 정확하게 무엇을 해야 할지 알았다. 그는 우파 성향을 띠기 시작하면서 상대의 복지정책과 세금 문제를 목표로 삼았다. 그리고 그동안 숨겨온 '부패한 진보파의 복지국가'라는 무기를 새로 꺼내 들고 상대의 급소를 찔렀다. '도덕적 다수The Moral Majority'(복음주의 기독교 신앙으로 로비하는 미국의 정치단체_옮긴이)가 일거에 워싱턴을 점령하려고 하는 추세에서 깅리치는 가족의 가치를 강조하며, 상대 후보가 워싱턴에 진출하면 그녀 자신의 가정이 깨질 것이라고 주장했다. 옆에서는 재키와 여자 운동원들이 도왔다.

하지만 재키는 뚱뚱하고 매력이 없었다. 그리고 뉴트가 재키 몰래 바람을 피웠다는 것은 정치권에서 공공연한 사실이었다. 문명 지지자를 후원하는 사람들이 대부분 그랬듯이, 깅리치도 의욕은 강했지만 아주 바람직한 남자로 자라지는 못했다.(그는 흰머리에 큰 두상, 차갑고 교활한 미소, 두툼한 뱃살을 가진 남자였다.) 그의 성공에는 한계가 있었다. 외도 문제가 불거질 때면 그는 구강성교일 뿐이었다고 뻔뻔하게 넘어갔다. 결국 2년 후 재키와의 결혼생활은 끝났고, 그에게 반한 또 다른 여자가 그다음 깅리치 부인이 되었다. 문명의 옹호자를 자처하던 그는 재키가 자궁암으로 병원에 누워 있을 때 찾아가 이혼 조건이 담긴 노란 서류를 내밀었다. 훗날 깅리치는 이 잔인한 행위를 애국적인 목표에 심취해 저지른 무분별한 행동이었다고 변명했다.

킹리치는 1978년에 손쉽게 승리했고, 공화당은 하원에서 의석수를 열다섯 개 늘렸다.(이때 초선의원 중에는 딕 체니Dick Cheney도 있었다.) 이것이 1980년에 무엇이 다가올지 알려주는 신호였다. '친문명 활동가들의 조직'을 꿈꾸는 그는 계획을 품고 워싱턴에 입성했다. 그는 구질서를 뒤엎으려 했고, 여당인 민주당 의원들을 '부패한 좌파 기계'(그가 간직한 무기는 끝이 없었다)라고 부르면서 공포의 대상으로 떠올랐다. 또 각 위원회의 위원장과 하원의장을 겨냥해 이들이 분노로 얼굴을 붉힐 때까지 미끼를 던졌다. 그는 소심한 공화당 의원들까지 뒤흔들었고, 원로 의원들에게 창피를 주었으며, 젊은 의원들을 핵심 그룹으로 만들면서 전사로 길러냈다. 그리고 이들에게 정치하는 법을 가르치며(그는 마오쩌둥의 '무혈 전쟁'이라는 말을 즐겨 인용했다) 당이 구원의 사명을 빈 '무서운 아이늘enfant terrible'로 채워질 때까지 새로운 언어와 황홀한 비전을 제시하려고 했다. 그는 문명 세력의 대변인이자 하원의장, 대통령, 지도자로서(가능하다면) 나라를 구하겠다고 생각했다. 그리고 킹리치는 이 중 대부분을 실현했다.

그는 이전에 결코 사용한 적이 없던 무기는 무엇이든 전투에 활용할 수 있다는 것을 알았다. 의원이 된 지 두 달이 지났을 때, 시스팬 C-SPAN(미국 연방 의회를 중계하는 케이블 채널_옮긴이)이 처음으로 의회 중계방송을 하며 카메라를 하원으로 돌렸다. 무엇을 해야 할지 즉시 알아차린 킹리치는 의사일정이 끝난 뒤, 발언을 위해 연단으로 나갔다. 그는 텅 빈 장내를 향해 선동적인 연설을 했다. 오로지 텔레비전 중계를 노리고 언론의 주목을 끌려는 속셈이었다.(암초라고 낙인찍힌 '엘리트 진보 매체'였음에도 그는 언론이 무엇보다 싸움을 좋아한다는 것을 알았다.) 1984년, 민주당의 양보를 요구하는 그의 연설은 팁 오닐Tip O'Neill 하원의장의 분노를 유발해 "32년 의정활동 중에 들은 가장 저열한 발언"이라는 말을 들었다.

하지만 의장의 발언은 사견이라는 이유로 의사록에서 삭제되었으며, 이 사건으로 깅리치는 저녁 뉴스에서 주목을 받았다.

"나도 이제 유명인사야!"

그는 의기양양해 소리치면서 유명인사의 새로운 법칙을 깨달았다. 사실 유명해지려는 것 자체를 나쁘다고 할 수는 없을 것이다. 예컨대 '나는 엄청난 개인적 야망이 있다'라든가 '나는 온 세상을 바꾸고 싶고, 지금 그 일을 실천하고 있다'라는 말이 문제가 되는 것은 아니다.

과거의 정당 시스템은 쓸모가 없어졌으며, 담배 연기로 가득 찬 방에 진 치고 있는 후원자나 정계 보스들은 사라져야 한다는 생각을 고매하게 보는 개혁가들이 있었다. 깅리치도 이런 묘한 흐름을 알았다. 어떻게 하면 정치인들을 당의 서열보다 특별위원회나 싱크탱크, 언론 매체, 로비스트에 의존하는 사업가로 바꿀 것인가라는 생각이었다. 그래서 그는 워싱턴 일대에서 연설을 하고 다녔고, 책을 저술했으며(후원자들의 도움을 받아), 모금기구와 정치활동위원회(미국에서 각 후보나 정당별로 조직된 후원회_옮긴이)를 토대로 자신의 권력 입지를 다졌다. 그는 또 전국적으로 공화당 후보를 모집하고, 언어가 권력에 이르는 열쇠라는 것을 아는 동기유발 연사처럼 이들에게 자신의 말과 생각을 비디오와 카세트로 훈련시켰다. 그의 메모에는 다음과 같은 말이 적혀 있었다.

"여러분이 상대와 토론할 때, 배신, 별난, 보스, 관료정치, 속이다, 부패, 위기, 냉소주의, 쇠퇴, 파괴, 불명예, 부과, 무능력한, 진보적, 거짓말, 한계, 시대에 뒤진, 한심한, 급진적, 수치, 병든, 경기침체, 현상유지, 훔치다, 세금, 위협하다, 배신자, 노조 가입, 낭비, 복지 등의 어휘를 사용하면 여러분은 상대를 궁지로 몰 것이고, 변화, 아이들, 선택, 상식, 용기, 운동, 꿈, 의무, 권한 부여, 가족, 자유, 중노동, 이끌다, 자유, 밝은, 도덕, 기회, (문제 선점)-지향적, 자부심, 개혁, 힘, 성공, 거친, 진실, 비전, 우리가/우리에게/우리의 등의 어휘를 사용하면 그 논쟁에서 이긴 것이나 다름

없을 것입니다."

여기 등장하는 단어들을 앞뒤 맥락이나 의미를 무시하고 가능한 문장으로 재구성하면 다음과 같은 글이 나올 수 있다.

"오직 우리가 거칠고 상식이 있을 때만, 우리는 자유와 진리를 위한 도덕운동을 이끌면서 우리 아이들과 가족의 꿈에 힘을 실어줄 수 있다."

"부패한 진보 지도자들은 미국을 파괴할 목적으로 그들의 병들고 한심한 냉소주의와 별난 급진적 경기침체를 부과하려고 속이고 거짓말하고 훔친다."

이런 식으로 당시 정치인들은 뉴트 깅리치처럼 목소리를 내는 법을 배웠다.

그는 또 유권자들이 더 이상 지역 정당이나 국가 기관과 연대감을 느끼지 못한다는 것을 알았다. 유권자는 텔레비전으로 정치를 알며, 정책 설명이나 합리적 토론에 설득되지는 않았다. 그들은 상징과 감정적인 호소에 반응을 보였다. 그리고 점점 민주당이나 공화당, 진보나 보수로 갈라지는 선거구에 살면서 갈수록 지지 세력의 색채를 드러냈다. 기부자들은 놀라거나 분노를 느낄 때, 문제의 틀이 단순하게 선과 악의 선택으로 보일 때, 정치헌금을 더 보냈다. 이런 흐름은 미국이 역사적 분기점에 있으며, 미국의 문명이 위기에 처했다고 생각하는 사람에게는 더욱 접근하기가 쉬웠다.

1980년대 말이 되자 깅리치는 워싱턴과 공화당을 급격한 변화로 몰고 갔다. 아마 레이건보다 더했을 것이며, 다른 어느 누구보다 더 심했을 것이다. 역사는 고속 기어로 속도를 올린 것처럼 숨 가쁘게 돌아갔다.

1989년, 깅리치는 최대의 먹잇감을 물고 늘어져 민주당 소속 하원의장인 짐 라이트Jim Wright를 독직 사건으로 물러나게 만들었다. 평의원인 깅리치의 가차 없는 공격이 먹혀든 것이다. 전면전의 성과에 주목한 공화당 의원들은 그를 지도자 그룹에 포함했다. 그리고 이 문명의 법칙을 가르치는 교사는 그들을 실망시키지 않았다. 1994년의 중간선거 기간에는 의사당 앞에서 '미국 문명의 부활을 위한 첫걸음'이라는 표현을 써가며 '미국과의 계약Contract with America'('깅리치 혁명'이라고 불리는 공화당의 우파 정책으로, 10대 공약이 핵심이며, 이 때문에 민주당의 40년 하원 지배가 끝났다_옮긴이)에 거의 모든 공화당 후보가 서명하게 함으로써 전국적인 주목을 받았다. 11월에는 그가 동시상영관에서 아프리카 사파리 영화를 보던 시절 이후 처음으로 공화당이 상하 양원을 장악했다. 이것은 깅리치 혁명이었고, 그는 이 혁명에서 로베스피에르였다. 하원의장 자리를 차지한 데다 언론 강박증을 만들어냈고, 태생과 욕망으로 볼 때 그 자신의 투쟁 경력과 유사한 백악관 주인(붉은 뺨의 아칸소 소년)과 대등한 통치를 했으니 말이다.

깅리치는 클린턴을 '반문화적인 맥거번주의자' '보통 미국인들의 적'이라고 불렀다. 그는 대통령을 자신의 뜻대로 굴복시킬 수 있다고 생각했다. 클린턴은 국민에게 사랑받기를 원했지만, 그 자신은 공포의 대상이기를 원했다. 이 두 사람이 1995년 백악관에서 만나 예산안을 둘러싸고 실랑이를 벌일 때, 깅리치가 조건을 제시하는 동안 클린턴은 깅리치가 어떤 사람인지 꿰뚫었다. 클린턴은 격정적으로 쏟아내는 말 뒤에 숨은 아홉 살 소년의 불안한 몸부림을 보았다. 그는 왜 깅리치의 주변에 동료가 없는지 이해했다. 또 이 떠버리를 어떻게 활용할지도 알았다. 사랑에 대한 클린턴의 욕구에서 통찰력이 생겼고, 그는 적에게 덫을 놓고 유인하는 데 이 통찰력을 활용했다. 그리고 연말이 되었을 때 미국은 마비상태에 이를 정도로 혼란이 극에 달했고, 이에 대한 모든 비난은 깅리치를 향했다. 그리고 이것은 그의 마음속에 자리 잡은 기본 사명의 종말을 의미했다.

깅리치는 이후 3년 더 하원의장으로 재임했다. 그는 많은 것을 성취했지만, 언론은 그를 신임하려 들지 않았다. 신임은 아칸소 소년(이 사람에게는 늘 섹시한 여성이 따랐다. 그가 권력을 잡기 전부터 그랬다)에게 넘어갔다.

이어 두 사람은 전면전으로 치달았다. 1997년, 깅리치는 여러 비영리단체를 통해 정치후원금을 세탁한 혐의로 하원에서 징계를 받고 30만 달러의 벌금을 물었다.(공화당 일부에서는 그를 두둔하며 그에 대한 징계를 방해하려고 했다.) 1998년에는 오직 한 가지 사건밖에 없었다. 바로 '모니카 스캔들'이었다. 구강성교와 거짓말이 일으킨 풍파도 클린턴을 쓰러뜨리지는 못했으며, 민주당은 중간선거에서 의석을 늘리며 흐름을 반전시켰다. 깅리치 주변의 혁명 세력들은 그들의 지도자에게 화살을 거누었다. 깅리치는 "나는 동족을 잡아먹는 사람들 사이에서 의장 노릇을 할 생각은 없다"라고 말하며 의장직과 의원직을 사임했다. 그가 마지막으로 주재한 표결은 그의 경쟁자를 문제 삼으려고 하는 안건이었다. 훗날 깅리치는 의장 재임 기간 내내 23세 연하의 여인과 연인관계였다는 사실을 시인했다. 그는 20년간 활동한 의회를 떠났지만 계속 워싱턴에 머물렀다.

이때까지 워싱턴은 어느 누구 못지않게 뉴트 깅리치의 도시였다. 그가 자신의 수사rhetoric를 진정으로 믿었던지와는 상관없이, 그가 권력을 잡았던 시대는 그 말을 철석같이 믿었다. 그는 대중에게 독가스를 주입했고, 이들은 그를 포함해 생각할 수 있는 모든 적에게 이 가스를 사용했다. 새천년에 들어서자 양 진영은 서로 참호를 깊이 파고 대치한 가운데 그 자리에서 꼼짝하지 않았으며, 이 흙구덩이 속으로 시체가 쌓였다. 작년에 쌓인 유골 위로 올해의 유골이 쌓였고, 아무도 정확한 원인을 설명하지 못하는 전쟁은 끝이 없을 것 같았다. 그야말로 '워싱턴 지옥l'enfer de Washington'이었다.

아마 그는 이런 식으로 쭉 지속되기를 바랐는지도 모른다. 전쟁 없는 정치는 따분할 테니 말이다. 보석으로 치장한 젊은 여인, 즉 깅리치의 두 번째 부인을 속이고 그와 바람을 피운 이 보좌관이 세 번째 부인이 되었다. 워싱턴의 싱크탱크와 지지 매체는 그에게 적당한 지위를 만들어주려고 했다. 그들의 자리를 만들어준 사람이 바로 그였기 때문이다. 그는 자신의 경쟁자와 마찬가지로 사무실 밖에서 부유층과 어울려 지냈다. 결코 돈을 벌지 못한 그는(그는 정치활동 내내 빚에 시달렸다) 자신의 인맥과 영향력을 팔아 큰돈을 벌 계획에 착수했다. 온 세상을 바꾸려면 양당제 풍토하의 로비기업을 활용해 가능한 모든 기회를 움켜잡을 필요가 있었기 때문이다. 그리고 미국의 불황이 점점 깊은 수렁으로 빠져들고 엘리트 진보 매체는 더욱 기승을 부리며 그 '세속적 사회주의 기계secular-socialist machine'(깅리치가 민주당을 비난하며 사용한 표현_옮긴이)가 갈수록 급진적으로 변하는 동안, 또 백악관의 민주당 출신 대통령이 점점 낯선 외국인처럼 변하는 상황에서 미국을 구원할 필요가 절실해지고 구원을 외치는 소리가 귀에 쟁쟁한 동안, 그의 저서는 8년 동안에 무려 17종이나 쏟아져 나왔다.

깅리치는 드디어 대통령직에 도전했지만 이미 때는 너무 늦었다. 하지만 모를 일이다. 차갑고 교활한 미소에 백발을 한 이 노인은 지금까지 숨겨둔 무기를 꺼내 들 때마다 자신이 원하는 것을 잘도 찾아냈으니까.

제프 코너턴

제프 코너턴Jeff Connaughton이 조 바이든Joe Biden을 처음 본 것은 1979년이 었다. 36세의 바이든은 미국 역사상 여섯 번째로 젊은 나이에 연방 상원 의원에 당선된 인물이었다. 당시 19세의 코너턴은 앨라배마대학에서 경 영학을 공부하고 있었다. 그의 부모는 헌츠빌에 살고 있었는데, 아버지는 여기서 30년 동안 육군 미사일 사령부의 화학기사로 일하고 있었다. 육 군 항공단 소속으로 유럽 일대와 중국, 일본에서 임무비행을 마친 다음 몇 가지 일자리를 전전하다가 시작한 직업이었다. 이 일을 하기 전에는 잠 시 터스컬루사에서 '제대군인 원호법'에 관계된 일을 하기도 했고, 시간당 1달러를 주는 버밍엄 제철소에서 아칸소 가구공장과 내셔널 집섬National Gypsum으로, 또 급성장하는 전후 방위산업체로 옮겨 다니며 일했었다. 소 형 로켓 추진체를 만드는 일은 벌이가 괜찮은 중류층의 직업이었으며, 연 방 정부가 보증하는 데다 냉전시대였기 때문에 많을 때는 1년에 5만5000 달러까지 받았다.

하지만 코너턴 부부는 모두 가난하게 자란 사람들이었다. 제프의 아버 지는 그의 아버지가 1932년에 '보너스 군대Bonus Army'(전시근무 기간에 대한 보너스의 즉시 지급을 요구하며 워싱턴에 모인 제1차 세계대전 참전용사들의 자 연발생적인 집단_옮긴이)와 함께 워싱턴을 행진하는 모습을 지켜보았다. 제 프의 어머니는 앨라배마 타운크릭 출신이었는데, 어릴 때 언니들과 함께 할머니의 농장에서 목화를 따며 힘든 시절을 보냈다. 다섯 살 때는 엄마 에게 선물하려고 5센트를 모은 적이 있었다. 한번은 어린 나이에 열병에 걸려 체온이 40도까지 올라갔을 때 마침 지나가는 얼음차를 보고 엄마가 얼음 한 덩어리를 사서 열을 식히려고 하자 아이 본인이 싫다고 했다. 얼음 값으로 5센트를 지불하면 집에 남는 돈이 하나도 없다는 걸 알았기 때문이다. 이 이야기를 들을 때마다 제프는 공직에 출마하겠다는 말을 꺼내보면 어떨까 생각하곤 했다.

코너턴 부부는 각각 지지 후보가 달랐다. 제프의 어머니는 루스벨트가 휠러 댐 준공식에 참석하려고 타운크릭에 오던 날을 기억했다. 그때 아이들은 우르르 정거장으로 몰려가, 엄숙한 분위기에서 대통령을 기차에서 자동차로 옮겨 태우는 광경을 지켜보았다.(루스벨트는 39세에 소아마비에 걸려 휠체어를 타고 다녔다_옮긴이) 어머니는 평생 민주당을 찍었다. 제프의 아버지는 전후에 앨라배마로 처음 투표하러 갔을 때, 어떻게 하는 것인지 물었다. 선거관리요원은 "그냥 수탉 밑에 있는 이름에 기표하면 됩니다"라고 대답했다. 수탉은 앨라배마 민주당의 상징이었는데, 유일하게 투표용지에 표시된 그림이었다. 그 말을 듣자마자 코너턴 씨는 공화당 후보에게 투표했으며, 그 후 수십 년 동안 골수 공화당파인 남부 백인 중 한 사람이 되었다. 하지만 오랜 시간이 흐른 뒤, 제프가 바이든을 위해 일하려고 워싱턴으로 가서 이른바 민주당 직업정치인이 되었을 때, 아버지는 클린턴에게 투표한 데 이어 오바마까지 찍었다. 이때까지 주변 사람들은 누구나 대부분 충실한 공화당 지지자였다. 한번은 코너턴의 집 밖에 있던 오바마-바이든 피켓을 누가 훔쳐가는 일도 있었다. 코너턴 씨는 순전히 아들을 위해 투표한 것이다.

제프 코너턴은 키가 작았고, 갈색 머리에 호리호리했으며, 평생 앨라배마 시골 출신이라는 열등감을 안고 열심히 일했다. 자라면서 그는 분명한 정치적 견해가 없었다. 그러다가 1976년, 로널드 레이건이 공화당 전당대회에서 한 "민주당이 지배하는 이 나라에 자유가 침식되고 있다"라는 말을 듣고 감동을 받았다. 또 1979년에는 지미 카터가 미국이 '신뢰의 위기'

에 빠졌다고 진단하며 "지금 너무도 많은 사람이 방종과 무분별한 소비를 따르는 경향이 있다"라고 경고했을 때, 『터스칼루사 뉴스The Tuscaloosa News』에서 이를 '문제의' 발언이라고 논평하는 것을 보고 카터의 발언을 옹호하기도 했다. 그는 워싱턴에 진출할 때까지는 지지 정당이 없었다. 그는 또 케네디 일가를 존경했다. 1994년에 그는 캐슬린 케네디 타운센드 Kathleen Kennedy Townsend(로버트 케네디의 장녀_옮긴이)를 위한 히코리 힐의 모금행사에 참가했다. 모친인 에델 케네디Ethel Kennedy를 비롯해 케네디 집안 사람들이 앞뜰에 모인 손님들을 정중히 환대하고 있었다. 코너턴은 이날 뜻하지 않게 서재를 구경하게 되었다. 그는 서가에 잔뜩 꽂힌 책 중에서 로버트 케네디의 연설과 육필 원고가 담긴 두툼한 책을 집어 들었다. 그의 눈에 "우리는 더 나아져야 한다"라는 구절이 들어왔다. 그 글씨 옆에는 케네디가 '나아져야 한다'를 '마땅히 나아져야 한다'는 의미로 강조하기 위해 'should'를 'must'로 고친 흔적이 보였다. 코너턴은 이 말을 싱서처럼 소중하게 마음에 간직했다. 이것이 그가 정치를 생각하게 된 첫 번째 계기였다. 훌륭한 연설, 역사적 사건(연이은 암살), 대통령 집무실과 백악관 뜰에서 찍은 케네디의 흑백사진 등과 마찬가지로 코너턴 자신은 워싱턴 연대기에서 눈에 띄지 않으면서도 필요한 존재였다. 하지만 햄릿 같은 주역이 아니라 로젠크랜츠(셰익스피어의 『햄릿』을 권력 싸움에 휘말려 희생되는 로젠크랜츠와 길든스턴의 관점에서 재해석한 영화 「로젠크란츠와 길든스턴은 죽었다Rosencrantz and Guildenstern are dead」의 주인공_옮긴이) 같은 조역이었으며, 왕자가 아니라 추종자였다. 훗날 그는 "나는 완벽한 2인자"라고 말하곤 했다. 공직과 권력이라는 낭만적인 생각에 이끌린 것이지만, 이 두 가지는 결국 불가분의 관계였다.

1979년 초 코너턴이 2학년이 되었을 때, 펜실베이니아대학에 다니는 한 친구가 필라델피아에서 열리는 전국대학생대회 연차총회에 앨라배마 대학 대표로 참가할 것을 권유했다. 항공료는 150달러였다. 코너턴은 학생회 예산에서 25달러를 지원받았고, 『터스칼루사 뉴스』에서는 참가 후기를 쓰는 조건으로 75달러를 제공하겠다는 제안을 했다. 나머지 50달러는 코너턴이 한 주에 한두 번씩 들르는 웬디스Wendy's에서 지원했다. 당시는 워터게이트 사건과 베트남전이 끝나고 얼마 지나지 않았을 때였다. 이런 상황에서 대학의 무관심과 맞서 싸우고 정치의 신뢰를 회복할 목적으로 전국 규모의 대회에 혼자 힘으로 참석하려는 학생 이야기를 들은 웬디스 주인이 감동한 것이다.

필라델피아 총회에서 첫 연사는 댄 크레인Dan Crane이라는 일리노이 주 출신의 극우파 공화당 하원의원이었다. 미국 국민의 선출로 의원이 된 다음 그저 시간만 때우다가 아무런 업적도 남기지 못하고 임기를 마치는 수많은 남녀 중 한 사람이었다. 두 번째 연사가 조 바이든이었다. 바이든은 "방금 크레인 의원이 여러분에게 진보적 견해를 표명했다면 그것은 '여러분 모두를 체포하겠다'는 보수적 견해일 것입니다"라는 말로 연설을 시작했다. 장내에서는 박수가 쏟아졌다. 이어 무슨 말을 했는지 코너턴의 기억에 정확하게 남아 있지 않지만, 연사는 깊은 인상을 주었다. 바이든은 젊고 재치가 넘쳤으며, 대학생을 상대로 말하는 법을 알았다. 코너턴은 그 순간을 결코 잊을 수가 없었다.

터스칼루사로 돌아온 그는 앨라배마 정치연맹APU 활동을 시작했고, 연맹의 가을 첫 행사에 바이든과 유타 주 출신의 공화당 소속 상원의원인 제이크 간Jake Garn을 초청했다. 솔트SALT II 전략무기제한협정을 주제로 두 사람의 맞장 토론회를 개최할 계획이었다. 두 상원의원은 대학에서 제공하는 500달러의 사례금(단지 업무 외 소득이 1월 1일부터 계산하는 상원의원의 연봉 5만7500달러를 기준으로 15퍼센트를 넘으면 안 되는 조건에 따른 것)이라는 조건에 반대하지 않고 초청을 수락했다. 그런데 간이 약속을 취소했다. 토론회는 단순한 강연으로 전락할 위기에 놓였다.

코너턴은 자신의 쉐비 노바에 브리검영대학에 다니는 친구를 태우고

(이 친구는 간과 마찬가지로 모르몬교도였다) 간 상원의원의 마음을 돌리기 위해 의사당을 향해 열네 시간이나 차를 몰았다. 코너턴은 워싱턴에 가본 적이 없었다. 순환도로에서는 시내로 진입하는 출구가 보이지 않았고 (그 일대를 둘러싼 하천은 도랑이라기보다는 호수 같았다), 의사당 건물은 멀리서 계속 시야에 나타났다 사라지곤 했다. 마침내 두 사람은 연방 의회로 향하는 뒷길을 찾아냈다. 그곳은 워싱턴의 빈곤과 암흑, 황폐로 가득 찬 곳이었다. 코너턴이 앞으로 20년간 이 도시에 살면서 활동하는 동안 볼 일이 거의 없는 워싱턴 지구의 80퍼센트에 해당하는 동네였다.

이튿날 아침 두 사람은 상원의원 사무실이 모여 있는 러셀 빌딩에서 간의 방을 찾아냈다. 우뚝 솟은 건물 안, 넓고 긴 복도를 따라가다 보니 높고 위압적인 마호가니 문이 나타났는데, 그 안이 바로 간의 방이었다. 유타 주의 모르몬교도와 함께 갔기 때문에 코너턴은 임시 방문객 자격으로 대기실로 들어간 다음 상원의원을 만났다. 하지만 간의 마음을 되돌리지는 못했다. 토론회가 있는 날 그에게 다른 약속이 있었기 때문이다. 코너턴과 모르몬교도 친구는 할 수 없이 그곳을 빠져나와 어슬렁거리며 러셀 빌딩 여기저기를 기웃거렸다. 외지에서 공화당 상원의원의 참가를 설득하러 온 이 젊은이들은 버몬트산 대리석과 콩코드산 화강암, 검은 마호가니 등으로 지어진 배타적인 양당 기관의 위엄에 압도되었지만, 이때까지만 해도 멀쩡했던 이곳은 곧 명성이 무너지고 위엄에 흠이 생기고 만다. 건물 안은 일종의 비민주적인 적막에 휩싸인 채 거의 비어 있었다. 또 코너턴은 얼굴을 아는 상원의원이 별로 없었다. 어쩌면 하워드 베이커Howard Baker나 제이컵 제이비츠Jacob Javits, 척 퍼시Chuck Percy 또는 배리 골드워터Barry Goldwater를 잠깐 스치듯 보았을지도 모른다. 민주당 의원 중 휴버트 험프리Hubert Humphrey는 얼마 전에 세상을 떠났지만, 에드먼드 머스키Edmund Muskie는 아직 그곳에 있을 때였다. 그리고 프랭크 처치Frank Church와 버치 베이Birch Bayh, 게이로드 넬슨Gaylord Nelson, 조지 맥거

번George McGovern도 있었다. 이들은 머지않아 모두 격랑에 휩쓸린다.

그때 갑자기 버저가 울리더니 어디선가 키가 큰 회색 머리의 남자들이 복도로 쏟아져 나왔다. 어디선가 본 듯한 얼굴들이었다. 코너턴과 친구는 이들을 따라 엘리베이터를 타고는[테머섄터(스코틀랜드식 빵모자_옮긴이)를 쓴 그 작은 일본인은 새뮤얼 하야카와Samuel Hayakawa(일본계 공화당 상원의원_옮긴이)가 아니었을까?] 지하로 내려갔다. 이어 32번 궤도를 따라 러셀 빌딩과 의사당 건물을 오가는 지하 전차에 올랐다. 기다리는 차를 향해 가는 상원의원들 중에 테드 케네디Ted Kennedy(에드워드 케네디)가 보였다. 그는 자신을 알아보는 젊은이에게 미소를 짓더니 앞서 걷던 친구와 악수를 했다. 코너턴은 케네디의 위엄에 눌려 발걸음이 떨어지지 않았다.(일반인은 몰랐지만, 케네디는 1980년 민주당 대선 후보 지명을 위해 카터 대통령에게 도전할 준비를 할 때였다. 이미 1978년에 케네디가 뒤를 바짝 쫓아오고 있다고 카터에게 주의하라고 처음 당부한 사람은 바이든이었다.)

코너턴은 솔트 II 토론회에 공화당 의원을 참여시키는 계획을 성사시키지 못하고 터스칼루사로 돌아왔다. 하지만 큰 문제는 아니었다. 바이든은 9월에 맞춤양복과 그에 잘 어울리는 넥타이 차림을 하고 도착했다. 날씬한 몸매에 미소를 지을 때 하얀 이를 드러내는 모습은 너무도 멋있었다. 그는 피무 여학생 기숙사에서 저녁 식사를 하는 내내 거기 모인 여학생들에게 한껏 매력을 발산했으며(코너턴의 여자친구도 그곳에 있었다), 이날 저녁 보좌관처럼 상원의원 옆에 붙어 있던 코너턴은 그 모습을 지켜보며 진지하게 정치에 대한 꿈을 품었다. 바이든의 강연을 듣기 위해 200명이 학생회관을 가득 채웠다. 코너턴이 바이든을 소개하고 앞줄에 있는 자리에 앉자 바이든이 연단으로 올라왔다.

"여러분이 오늘 밤 여기 모인 이유는 내가 대단한 인물이라는 말을 들었기 때문이죠?"

바이든은 이렇게 입을 열며 강연을 시작했다.

"맞아요. 내가 대통령감이라는 소문이 널리 퍼졌습니다."

그의 유머에 청중이 큰 소리로 웃었다.

"그런데 조금 전에 '바이든Biden 상원의원을 환영합니다'라는 플래카드를 들고 있는 학생들과 이야기를 나눴는데 말이죠, 내가 플래카드 밑을 지나올 때 누군가 '저 사람이 비든Bidden 상원의원이로군' 하는 소리는 뭐죠?"

장내는 다시 웃음바다가 되었다. 청중 앞에 선 바이든은 이날의 주제로 말문을 돌리고 90분 동안 원고도 없이 미국과 소련의 군비감축의 중요성에 대해 명쾌하게 설명했다. 그러면서 상원에서 솔트 II에 반대하는 의원들의 맹점을 낱낱이 지적했다. 바로 그 전날, 쿠바에 소련군 여단이 주둔한다는 내용이 새로운 사실처럼 폭로되면서 이 협정은 난관에 부딪혔었다.

"여러분, 작은 비밀 하나 알려드릴까요?"

바이든은 속삭이듯 목소리를 낮추더니 마이크를 들고 청중 쪽으로 다가가 몸을 기울이고 잘 들어보라는 몸짓을 취했다.

"그 여단은 전부터 계속 쿠바에 주둔하던 군대랍니다!"

그러고는 갑자기 큰 소리로 외쳤다.

"누구나 아는 사실이에요!"

강연이 끝나자 우레와 같은 박수가 끝없이 이어졌다. 코너턴이 바이든에게 다가가 고맙다는 인사를 전할 때, 그가 뜻하지 않게 기립박수를 유도하는 꼴이 되었다.

교내 경비원이 바이든을 태우고 버밍엄 공항으로 차를 몰 때 코너턴도 함께 타고 갔다. 바이든은 강연으로 피곤한 기색이었지만 정치에는 일자무식인 경비원이 묻는 질문에("민주당과 공화당의 차이는 뭡니까?") 마치 데이비드 브링클리(미국 NBC·ABC 방송에서 수십 년 동안 뉴스캐스터로 활동한 언론인_옮긴이)의 질문에 대답하듯 꼬박꼬박 설명해주었다. 코너턴이 왜 매일 윌밍턴에서 워싱턴으로 기차를 타고 다니는지 묻자 상원의원은 친절하게 대답했다. 1972년 12월, 그가 상원에 진출한 지 꼭 한 달 만에 자동차 사고가 나서 어린 자녀를 둔 가정이 거의 풍비박산이 났다는 것이었다.

"그 사고로 아내와 아기였던 딸이 목숨을 잃었다네. 아들은 중상을 입고 나와 같이 병원에 입원했지. 그땐 상원의원을 때려치우고 싶은 심정이었어. 하지만 결국 아들의 침대 곁에서 의원 선서를 하고 말았지. 난 공무에 바쁘지만 그때부터 매일 밤 아들 곁으로 오는 것이라네. 그렇게 오랜 세월 지내다 보니 델라웨어가 고향처럼 된 거야. 이제 워싱턴으로 이사할 수는 없어."

이 말을 듣는 순간, 코너턴은 바이든에게 깊이 빠져들었다. 그의 이야기는 마치 케네디 일가의 이야기처럼 비극이 담겼고 힘이 넘쳤으며 감동적인 웅변이었다. 이때 안 일이지만, 학교에 왔을 때 바이든은 길에서 마주치는 학생들에게 카리스마를 발산했다. 여학생이든 학교 경비원이든 강연의 청중이든(많은 학생이 학점 때문에 참석했다), 또 자신을 처음 터스칼루사로 초청한 경영학과 저학년 학생이든, 상대와 연을 맺기 전까지는 자리를 뜨지 않았다. 대통령이 되려는 사람이라면 그럴 필요가 있었고, 소홀히 할 수 없었다. 일행이 공항으로 나가자 코너턴은 공책에 바이든의 사인을 받았다.

"제프와 앨라배마 정치연맹 사람들에게, 계속 정치와 관계를 유지하기를 바라면서. 우리에게는 여러분 모두가 필요합니다."

코너턴은 자신이 결국 이 사람을 따라 백악관에 진출할 것이라는 느낌을 받았다. 백악관에 가서 뭘 할 것인지는 아직 분명치 않았지만, 그것은 중요하지 않았다. 문제는 미국에서 가장 높은 직위의 공간에 들어간다는 것이었다.

앨라배마대학을 졸업하기 전에 코너턴은 두 차례 더 바이든을(10여 명의 공식 수행원과 함께) 유료 강연에 초대했다. 바이든은 그때마다 강연 시작 전에 똑같이 유머를 발휘했으며, 세 번째 강연에는 1000달러의 사례금을 받았다. 마지막으로 바이든을 버밍엄 공항으로 바래다주었을 때, 코너턴은 "의원님이 대선에 출마하신다면 제가 돕겠습니다"라고 말했다.

코너턴은 곧장 워싱턴으로 가지는 않았다. 먼저 바이든이 써준 추천서를 들고 시카고 경영대학원에 들어갔다. 그때가 1981년이었는데, 『타임』에서 경영학 석사MBA의 유행을 '부를 좇아서'라는 제목의 표지 기사로 다룰 때였다. 표지에는 달러 술이 달린 석사모를 쓰고 졸업하는 학생의 사진이 실렸다. 결코 돈을 벌어본 적이 없었던 코너턴의 눈에 월가의 흡인력은 백악관 못지않게 강했다. 결국 MBA의 목표는 오로지 월가 진출이었다. 이 자격으로 워싱턴에 진출해 내무부 같은 곳에 들어가 임기를 마치는 것은 정말 이처구니없는 짓이었다. 일류 경영학 석사학위를 갖고 프록디 엔드 갬블Procter & Gamble이나 아이비엠IBM 따위의 기업에서 근무하는 것도 터무니없기는 마찬가지였다. 동창생들 사이에서는 제조회사에 취업하면 뒤처지는 것이라는 의식이 있었다. 경영대학원 2년째가 되던 해 연말에 코너턴은 비행기를 타고 마이애미 라이더 화물Ryder Truck로 가서 면접을 보았다. 이곳에 있는 동안 그는 계속 마이애미가 아니라면 얼마나 좋을까 하는 생각을 멈추지 못했다. 하루는 해변에 나갔는데, 그는 왜 자신이 이곳에서 따분해하는지 모르겠다는 생각이 들었다. 그는 첫해와 두 번째 해 사이 여름방학에 휴스턴의 코노코 오일Conoco Oil에서 아르바이트를 한 적이 있었는데, 그곳에서 다시 와서 경력을 쌓으라고 권했다. 하지만 연봉 3만2000달러의 초봉에 6개월마다 레이크 찰스와 루이지애나, 퐁카시티, 오클라호마 등지로 옮겨 다니는 것은 아무리 생각해도 화물회사에 근무하는 것만큼이나 비참하다는 생각이 들었다. 플라이오버 컨트리flyover country(미국 동부나 서부에 사는 사람들이 중부지역을 비하하여 일컫는 말_옮긴이) 출신인 코너턴은 그런 곳을 전전하며 근무하고 싶지 않았다. 자신이 살로몬브라더스Salomon Brothers나 골드만삭스Goldman Sachs 같은 투자은행, 아니면 맥킨지McKinsey 같은 경영 컨설팅 회사에 자리를 구하지 못한다면 실패라는 느낌이 들었다.

코너턴은 조 바이든을 잊지 못했다. 대학 도서관에서 한밤중까지 공부하면서 그는 재무금융 서적을 치우고 1960년대 이후의 옛날 『타임』지를 뒤지며 정독했다. 케네디 일가의 암살 사건과 잭(존 F. 케네디)의 대통령 시절, 바비(로버트 케네디)의 정치적 부상浮上 같은 주제를 반복해서 읽었다. 그는 여전히 그런 흑백사진 속에 한 자리를 차지하고 있는 자신의 모습을 보고 싶어했다. 월가에 지원할 때조차도 그는 바이든의 활동을 본받으려고 했으며, 몇 차례 일자리를 구하는 편지를 보내기도 했다. 하지만 상원의원실이나 조금 안면이 있어 답장을 해줄지도 모르는 참모들이 아니라 "바이든 상원의원님, 제가 시카고 경영대학원을 졸업하게 되었습니다" 하는 식으로 바이든에게 직접 보냈다. 그는 사무실에서는 오직 델라웨어에서 온 편지에만 답장을 보내며, 자신의 편지가 곧장 휴지통으로 들어간다는 사실은 몰랐다.

코너턴은 초봉 4만8000달러에 스미스바니Smith Barney 공공금융사에 고용되어 1983년 여름에 뉴욕으로 이주했다. 이것은 월가에서 시작할 적절한 기회였으며, 아마 코너턴이 시카고의 몇몇 동창생처럼 이곳에 계속 머물렀다면 작은 행운을 잡았을지도 모른다. 공공금융이란 연방 정부와 주 정부의 '면세부채권'을 말하는 것으로, 코너턴이 입사 지원서에 쓴 대로 큰돈을 버는 것은 아니지만, 기업과 정부 사이의 연결고리를 알고 싶고 그 사이를 오가며 경력을 쌓고 싶다는 그의 희망에 들어맞는 일이었다. 스미스바니는 플로리다의 상하수도 채권을 언더라이팅(발행시장에서 유가증권을 인수 또는 매출하거나 유가증권의 모집 또는 매출을 주선하는 것_옮긴이)하고 있었는데, 플로리다는 몇 년 주기로 중소도시의 규모와 인구가 배로 늘어나고 있었기 때문에 인프라 시설을 위해 5000만~1억 달러를 걸을 필요가 있었다.

이 회사는 리무진까지 내주며 맨해튼의 뤼테스 레스토랑의 폐막 만찬에 고객을 초대해 3만 달러의 비용을 아낌없이 쓰곤 했다. 그러면서 고객들에게는 플로리다 주 예산과는 전혀 상관이 없다고 안심시켰다. 그리고 고객은 언더라이팅 수수료(만찬비용이 포함된)를 세금면제 시장에서 거둬들인 채권 투자로 만회할 수 있으며, 그들이 국공채에 지급하는 금리보다 3퍼센트를 더 받을 수 있을 것이라고 홍보했다. 코너턴이 거기 모인 공무원들에게 "여러분에게 뮤지컬 「캣츠Cats」 공연의 앞줄 좌석을 제공할 수도 있어요. 다만 먼저 이것이 납세자에게는 한 푼도 부담이 안 된다고 말해주세요"라고 말하면 그들은 망설였다. 하지만 거의 언제나 다음 날 아침이면 자동응답기에 "생각을 바꿨어요. 「캣츠」 공연을 보고 싶습니다"라는 메시지가 들어와 있었다. 한번은 다른 은행 직원이 테네시 주 잭슨 카운티로 내려와서 카운티 행정위원회를 상대로 "은행 수수료가 올라갈수록 카운티는 결국 더 많은 돈을 절약하게 된다"라고 설명했다. 이때 뒷자리에 있던 사람이 점잖게 "허튼소리!"라고 응수한 적이 있었다. 남부 출신인 코너턴은 뉴욕의 투자은행 직원이 와서 "우리는 여러분이 돈을 절약할 수 있게 만들어드립니다"라고 말하면 이때마다 안에서 "허튼소리!"라고 말할 사람이 있어야겠다는 생각이 들었다.

코너턴은 어퍼이스트사이드의 아파트(회사에서 지원)를 공동으로 사용했다. 그는 아침 9시 30분경에 시내에 있는 스미스바니에 나가 하루 종일 일했다. 저녁이면 식사를 하기 위해 동료들과 잠깐 나갔다 온 후 다시 한밤중까지 근무했다. 그는 사무실에서 컴퓨터로 채권 시나리오의 숫자를 관리하는 컴퓨터 전문가들처럼 능숙하지는 않았지만, 남부 사람으로서 그들보다 더 유머가 있었고, 맨해튼의 앨라배마 출신 여자들과 연고도 있었다. 코너턴은 마약을 단 한 번도 하지 않았다.(훗날 클린턴 시절 백악관에 일자리를 얻었을 때, 비밀정보 사용 허가 문제로 마약 사용에 대한 질문을 받았을 때, "평생 그 질문이 나오기를 기다렸습니다"라고 대답할 정도였다.) 하지만 위스키는 엄청 마셨으며, 한번은 스튜디오 54 클럽에 가서 밤새도록 춤을 춘 적도 있다. 11월이 지나면 동료들 사이에서 오가는 화제는 오로지 연말 보너스 액수에 대한 것이었다.

1년이 지난 다음 그는 시카고로 옮겼다. 그러다가 추위가 싫고 남부가 그리워서 2만4000달러의 보너스를 거절하고 1985년 초에 애틀랜타에 있는 E. F. 허턴E. F. Hutton 회사로 갑자기 옮겼다. 애틀랜타로 가고 몇 달 안 있어 이 회사는 엄청난 공수표 발행으로 2000건의 전자통신 및 우편 사기를 저질렀다는 혐의를 인정했다. E. F. 허턴은 1980년대 내내 감당하지 못할 수표를 발행하고 하루 이틀 무이자 대출로 빌린 초단기 펀드를 사용해 계좌이체를 하다가 수백만 달러를 날렸다. 이 사건은 워싱턴까지 올라가 상원 법사위 소속의 조 바이든이 조사하게 되었다. 그는 텔레비전에 출연해 월가에서 화이트칼라 범죄가 전염병처럼 번지고 있으며, 레이건 정부에서는 이것을 감시하는 데 실패했다고 말했다. 뉴욕대학 강연에서 그는 "국민은 우리의 법체계와 그것을 운용하는 사람들이 실패했으며, 고위직에서 비윤리적일 뿐만 아니라 불법적인 행위를 저지르는데도 효과적으로 대처하기 위한 어떤 노력도 하지 않는다고 생각하고 있습니다"라고 말했다. 레이건은 이미 노년에 접어들었고, 그의 행정부는 부패로 얼룩져 있었다. 이 틈을 타고 바이든은 결정적인 기회를 노리고 있었다.

유죄를 인정하자 허턴의 고객은 떨어져나갔고 회사는 구멍이 뚫리기 시작했지만, 코너턴은 살아남았다. 그는 경영학을 공부할 때 혼자 플로리다로 날아가 시 회계 담당관들을 만난 적도 있었다. 그는 시장성이 있는 아이디어를 내놓기도 했다.

"중소도시들이 엄청난 연금부채에 시달리는데도 왜 중개 거래를 하지 않나요? 1억 달러의 연금펀드를 면세로 4퍼센트 금리에 발행하고 몇 년 동안 이 돈을 6~7퍼센트 이자를 받고 투자하는 건 어떻습니까? 물론 미국 납세자들에게는 일종의 사기지만 말입니다. 하지만 채권사에서는 솔깃한 제안을 해오고 있지 않습니까?"(로펌에서 이것이 합법이라고 하면 합법이었다. 변호사들은 엄청난 이익을 남기는 데는 뛰어난 창의력을 발휘했다.)

또 사장과 전임 채권 변호사도 이 아이디어에 기뻐했다. 코너턴은 1980년대에 투자은행 사업을 어떻게 하는 것인지 잘 보여준 인물이었다. 물론 세금제도의 허점을 이용하는 돈벌이였다.

그는 27세에 부통령 보좌관으로 일하며 10만 달러가 넘는 연봉을 받았지만, 저녁에 집에 돌아갈 때면 자신이 원한 삶은 이런 것이 아니었다는 생각이 들었다. 1986년 말이 되자 바이든이 대선 후보로 출마한다는 것이 분명해졌다. 코너턴은 결코 바이든을 잊은 적이 없었다. 그는 대선 캠프에 관여하는 허턴의 로비스트 연줄을 통해 선거운동에 뛰어들었다. 훗날 코너턴은 이렇게 말했다.

"바이든은 나에게 우상 같은 존재였죠. 그는 내가 따르고 싶은 사람이었어요. 내가 타고 싶은 말 같다고나 할까요? 백악관으로 들어갈 때 타고 싶은 말 같은 존재란 말입니다. 아마 그것이 내 인생의 다음 목표가 될 것입니다. 이미 월가에서 해냈으니, 이제 백악관에서 그 꿈을 펼치게 되겠죠."

1984

1월 24일, 애플 컴퓨터는 매킨토시를 소개할 것이다. 그리고 당신은 왜 1984년이 『1984』와 같지 않은지 알게 될 것이다.

은행 증권 상품은 채권을 인수할지도 모른다.

다시 미국의 아침이 밝았습니다. 그리고 레이건 대통령의 영도 아래 우리나라는 더 자랑스럽고 강하고 살기가 좋아졌습니다. 왜 우리가 지금보다 못한 4년 전으로 돌아가야 합니까?

나에겐 일이 있었고 여자가 있었어. 세상에서 남자구실을 제대로 했어. 내가 목재소에서 해고되자 우리의 사랑은 식고, 나날이 힘들어졌어.

탬파 시는 힘들게 이익을 본다.

"하지만 그런 일이 장기적으로 우리에게 해줄 수 있는 것은 없다. 슈퍼볼 경기가 무얼 할 수 있겠는가? 이것은 사실상 여기가 얼마나 대단한 곳인지 사람들에게 알릴 기회가 될 것이다. 그들이 이곳에 와서 기회를 잡는 건 꿈도 꿀 수 없다는 것을."

미스 아메리카가 누드 촬영을 그만두라는 요구를 받다.

당신은 경기 기록으로 평가된다. 왜 구조가 단순한 차를 모는가?

뉴잉글랜드은행 부총재인 데이비드 E. 허시 주니어가 보스턴으로 이사하려는 캘리포니아 고객의 딸을 위해 아파트를 구하려고 나섰다. 물론 아파트를 구해주는 것은 최고 우대고객에게 주어지는 특혜다.

린다 그레이의 은밀한 사랑. 마치 「댈러스」에서 맡은 역할처럼 그녀는 연하의 남자에게 빠진다.

4년 전 우리가 취임하기 전에는 이 나라 저 나라가 소련의 손아귀에 들어갔습니다. 하지만 1981년 1월 20일 이후에는 한 치의 땅도 공산주의자의 손에 넘어가지 않았습니다.

미국! 미국! 미국!

무선호출기가 일벌레들이 있는 곳을 연결하라고 지시했다. 이 장치는 이제 생명줄로 통한다. 더 이상 이상한 첨단기술이 아니다.

주택금융산업은 전국적인 담보대출 거래가 필요하다. 그러자면 담보대출과 주택저당증권을 위해 "뉴욕 증권거래소가 기업을 위해 주식을 거래하는 일을 해야 한다"라고 패니 매이 회장 데이비드 O. 맥스웰이 말했다.

에이즈를 유발할지도 모르는 바이러스라는 이름의 새 미국 보고서.

누구나 살면서 역경 속에서 건설적인 일이 생길 때가 있다. 너무 힘들어서 두 어깨로 운명을 걸머진 다음 뿌리쳐야 하는 것처럼 보이는 시절이 있다. 나는 그날 아침 창고에서 사람들이 크라이슬러 회장을 맡으라고 떠밀 때 이것을 확신했다.

레이건, 재선에서 압도적 승리! 이것은 대통령에 대한 광범위한 지지를 보여준다.

나는 하행선 열차에 탄 느낌이야.

※ 1984년의 시대적 특징을 보여주는 이해의 사건들이다. 애플 컴퓨터의 광고 카피, 『워싱턴포스트』 『뉴욕타임스』 『로스앤젤레스타임스』 『보스턴 글로브』 『내셔널 인콰이어러』 등 언론의 기사와 제목, 레이건의 대선 광고, BMW 광고, 여배우 린다 그레이의 사생활, 리 아이아코카Lee Iacocca의 자서전, 공화당 전당대회의 후보 수락 연설, 가수 브루스 스프링스틴의 노래 등을 인용한다_옮긴이

태미 토머스

태미 토머스Tammy Thomas는 오하이오 주의 영스타운 동부에서 자랐다. 수년 후에 주변 상황이 악화되자 그녀는 그곳을 떠나 시 남부로 옮겼고, 이곳의 여건이 안 좋아진 다음에는 다시 북부로 옮겼다. 그러다가 마음이 동할 때면 진회색 2002년식 폰티악 선파이어를 몰고 간선도로로 나가 전에 살던 마을을 둘러보곤 했다. 이 간선도로 때문에 도시는 1960년대를 거치면서 황폐해졌다.

1960~1970년대에 태미가 자랄 때만 해도 영스타운 동부는 다양한 주민이 모여 사는 지역이었다. 샬럿 거리 쪽의 옆집에는 이탈리아 가정이 살았다. 길 맞은편에는 헝가리 가정이 살았고, 파란 집은 푸에르토리코인이 사는 집이었으며, 몇몇 집은 흑인이 주인이었다. 샬럿과 브루스 거리 모퉁이의 넓은 공터에는 전에 태미가 다니던 초등학교가 있었다. 그리고 브루스 거리 아래로는 교회가 하나 있었는데, 후에 폭풍에 무너지고 말았다. 세히 거리에서 몇 블록 떨어진 이곳에는 지금 바닥에 나무 십자가가 세 개 세워져 있고, 보도에는 페인트 스프레이로 '핏줄, 필라델피아에서 영스타운 흑인으로'라는 글씨가 쓰여 있었다. 이곳에는 동네 사람들이 이용하는 상점이 있었고, 태미의 어머니가 살았던 바로 옆의 집은 큰 화재가 나서 타버렸다. 두 구역의 잔디를 태워버린 이 재앙으로 줄지어 늘어선 복숭아나무와 사과나무가 큰 피해를 입었다. 그때는 누구나 뜰에서 화초와 채소를 가꿨다. 샬럿 거리 쪽 집 주변으로는 무궁화와 개나리, 튤립, 히아신스가 자랐다. 어린 소녀 시절 태미가 현관 베란다에 앉아 거리

를 내려다보면 하늘로 치솟은 굴뚝이 보였고, 바람결에 유황 냄새가 나곤 했다. 동부의 남자들은 벌이가 좋았다. 이들은 대부분 공장에서 일했다. 집집마다 살림이 넉넉했고, 박공지붕(추녀가 없으며 양쪽 방향으로 경사진 지붕_옮긴이)에 현관 베란다, 뜰, 세 가지가 갖춰진 집에 사는 것에 자부심이 있었다. 이들은 모두 북동부의 노동자 가정보다 형편이 좋았다.(태미는 필라델피아에서 처음 연립주택을 보았을 때, '저 집들은 왜 뜰이나 진입로가 안 보이는 거지?'라고 생각했다.) 그때는 사람들이 모여도 질서가 있었으며, 속임수 같은 것은 생각할 수조차 없었다.

태미에게는 시블 웨스트Sybil West라는 친구가 있었다. 나이가 엄마 또래였기 때문에 태미는 '미스 시블'이라고 불렀다. 언젠가 미스 시블은 공책에 자신이 1950~1960년대 동부에 왔을 때 본 것들을 기억나는 대로 써놓은 적이 있다.

당구장

10대의 음악이 나오는 제과점

아이샐리Isaly 유제품 체인점

최초의 쇼핑몰

무궤도 전기버스

수영장이 있는 링컨 공원

아이들에게 즐거움을 주기 위해 원숭이를 데리고 다니며 칼을 갈아주는 사람

트럭을 몰고 다니며 과일과 채소를 파는 농부

너무 평화로워서 문을 잠그지 않고 살아도 되는 도시

서로 다정하게 지내는 주민들

학교나 동네에서 흐뭇하게 오가는 인정

군데군데 갈라진 아스팔트 위로 차를 몰고 가던 태미는 그 옛날 북적거리던 곳이 텅 비고 적막이 감도는 것을 보고 놀랐다. 옛날 집들을 보려고 했는데 갑자기 동부가 사라진 것 같은 느낌이었다. 그 모든 것이 다 어디로 갔단 말인가? 동네 상점과 학교, 교회, 놀이터, 과일나무가 정겹게 어우러져 있던 곳이 이제는 사라지고, 주택도 반으로 줄었으며, 주민은 3분의 2가 떠났다. 이곳의 역사를 모르는 사람이 보면 무엇이 사라졌는지도 모를 것이다. 동부는 영스타운에서 최고의 지역은 결코 아니었지만 흑인 가정이 가장 많았다. 그리고 태미가 생각할 때는 언제나 녹지가 가장 많고, 인구밀도가 가장 낮으며, 가장 아름다운 동네였다.(링컨 공원에 가면 복숭아를 따 먹을 수도 있었다.) 그러던 곳이 이제는 군데군데 자연 상태로 돌아가, 숲이 우거져 사슴이 돌아다니고 사람들이 쓰레기를 버리고 간다.

맥거피 광장이 폐허로 변한 것을 보니(여기에는 1950년대 카파로Cafaro 사에서 건축한 멋들어진 쇼핑몰과 볼링장, A&P 슈퍼마켓, 그 밖의 각종 상점들, 그리고 앞쪽에는 널따란 주차장이 있었다) 태미는 서글픈 기분이 들었다. 이제는 콘크리트 사막으로 변해버렸고, 영업을 하는 곳은 거무튀튀한 미용실 하나뿐이었다. 태미는 모든 사람이 그 옛날의 동부를 잊은 것이 마음 아팠다. 슬퍼서도 아니고 감상에 젖었기 때문도 아니다. 그녀가 실망한 것은 자신이 영스타운을 포기한 것도 아니고, 영스타운에 드리워진 체념의 분위기로 빠질 생각도 없었기 때문이다. 이 도시는 그녀가 평생 살았던 곳이고, 거기서 살아온 과거는 아직도 생생하게 기억에 남아 있으며, 아직 할 일이 있었기 때문이다.

태미는 또 샬럿 거리에 있는 집을 보자 마음이 아팠다. 오른쪽으로 기운 박공지붕과 뒤쪽에 벽돌 굴뚝이 보이는 이 집에서 20년을 살았다. 2000년대 중반부터 이 집은 비어 있었다. 물막이 판자에 칠한 노란색 페인트는 비바람에 벗겨졌다. 낡은 현관문을 밀고 들어가는 것은 어렵지 않을 것 같았다. 아니면 유리가 떨어져 나가고 없는 창문으로 들어가 2층으로 올라갈 수도 있을 것이다. 2층 앞쪽 침실에는 어릴 때 사용하던 침대가 그대로 있을 것이다. 하지만 태미는 폰티악에 느긋하게 앉은 채 차창으로 바라보기만 했다.

"맙소사!"

태미는 자신도 모르게 혼자 중얼거렸다. 집 안으로 들어가면 마음이 상할 것 같아 두려웠다. 태미는 전기 배선이나 나무 벽 같은 것이 벗겨졌으리라는 것을 알았다. 노ʰ할머니(그래니Granny)는 이 집에서 정말 열심히 일했다. 그래니는 태미의 증조모, 즉 외할아버지의 어머니였다. 이 할머니가 태미를 어릴 때부터 키웠다. 태미는 이 할머니에 대해 모르는 것이 많았다. 노할머니는 생일이 두 개였는데, 하나는 1904년(사회보장 번호)으로 되어 있었고, 또 하나는 1900년(본인에 따르면)이었다. 그래니의 어머니인 빅 마마는 노스캐롤라이나의 롤리 부근에서 태어났다고 한다. 그런데 집안에서 빅 마마를 버지니아 리치몬드에 사는 백인에게 팔아서 할머니는 리치몬드에서 태어나게 되었다. 할머니는 흑백 혼혈일 가능성이 아주 높았다. 흰 피부에 가까웠고, 머리칼은 긴 직모였기 때문이다. 그래니의 이름은 버지니아 밀러Virginia Miller였는데, 아들을 낳았을 때 토머스라는 성을 붙여주었다. 빅 마마가 헨리 토머스Henry Thomas라는 사람과 결혼해 토머스가 할머니의 계부가 되었기 때문이다. 토머스와 빅 마마가 이 사내아이를 키웠다.

태미는 신시내티에 있는 자유센터에서 가문의 역사를 조사하려고 했지만, 많은 자료가 사라지고 없었다. 노할머니는 1920년에 실시한 인구조사에서 빠졌고, 1930년에는 토머스 집안의 '조카'로 기재되었으며, 17세에 다섯 살 난 아들을 둔 것으로 기재되는 등 나이도 엉터리였고 집안의 가계도와도 맞지 않았다. 태미는 깊이 조사할수록 아리송했다. 1930년 조사에서는 다른 이름들이 있었다. 종조모와 종조부는 빅 마마가 낳지도 않았는데 그 자녀로 기재되었다. 이런 일은 흑인 가문에서는 흔한 일이었다. 훗날 태미가 말했다.

"할머니가 그 아이들을 키웠잖아요. 그리고 그 아이들은 사촌이나 형제자매와 함께 자랐을 거예요. 하지만 할머니는 누가 누구의 자식인지 모르니 정말 혼란스러워요. 또 본인들도 말을 안 했겠죠."

노할머니도 이런 이야기를 입 밖에 낸 적이 전혀 없었다. 그리고 그래니는 이제 세상을 떠나고 없었다.

태미가 확실하게 아는 것이 하나 있다면, 그래니가 여덟 살 때 윈스턴 세일럼에 있는 학교를 다니다가 중퇴하고 담배농장에 가서 일해야 했다는 것이다. 1920년대에 할머니는 남부를 떠나 오하이오로 이주했다. 여기서 낮이면 집집마다 찾아다니며 청소 일을 하다가 후에는 영스타운에 있는 『빈디케이터Vindicator』 신문사의 아크 조각부에서 일자리를 얻었다. 토머스 집안의 나머지 가족들(파파 토머스, 빅 마마, 여러 종조모와 종조부, 그래니의 아들)은 대공황 때 그래니를 따라 북부로 왔다. 그리고 영스타운 남쪽 모퉁이에 있는 마호닝 강 너머의 스트러더스에 정착했다. 이곳에는 굴뚝에서 파란 불꽃을 내뿜는 석탄공장이 있었다. 태미의 친척 중 일부는 제철소에 취직했고, 스트러더스에는 집안 소유의 주택도 몇 군데 생겼다. 파파 토머스는 북쪽에서 쓰던 농업 기술을 발휘해 뜰을 가꿨다. 정원에는 자두나무와 사과나무, 복숭아나무, 밤나무가 자랐고, 벚나무도 다섯 그루가 있었다. 이웃에 사는 여자 두 명은 젤리를 만들었는데, 그것을 태미의 종조모가 담근 자두주와 바꾸기도 했다. 태미는 주말이면 그래니와 함께 스트러더스에 사는 가족의 집을 방문했다. 태미는 말했다.

"나에게는 이것이 이 고장의 삶이었어요. 그리고 좀더 나이가 들자 나는 우리 집안이 이런 생활환경을 지속시켜왔다는 걸 깨달았죠."

태미의 집안은 이런 생활을 지속시키지 못했다. 제2차 세계대전에 참전했다 돌아온 외할아버지는 헤로인에 중독되어 있었으며, 그의 아내, 즉 태미의 외할머니는 알코올 중독자가 되었다. 1966년, 두 사람의 딸인 비키Vickie는 예쁘고 날씬한 몸매의 열일곱 소녀였다. 그리고 비키가 딸을 낳자 이름을 태미로 지은 것이다. 아버지는 도시생활에 익숙한 열다섯 살 소년으로, 흔히 레이저Razor라고 부르는 게리 샤프 단지 출신이었다. 이 소년과 비키는 만나서 마약을 하는 사이는 아니었다. 비키는 고등학교를 중퇴한 다음 엄마가 되자 마약에 손을 대기 시작했다. 비키와 태미는 함께 그래니의 집에 들어가 살았다. 노할머니는 70이 다 된 나이에 가정부 일을 했는데, 일주일에 50달러를 받고 돈 많은 과부들에게 청소와 요리를 해주었으며, 말벗이 되어주기도 했다. 아기를 키우는 일도 그래니의 몫이었다.

이들은 I-680 간선도로가 건설되고 나서 세워진 그래니의 낡은 아파트에 살았는데, 이 집에는 태미와 비키, 태미의 외할아버지, 외할머니, 이들의 자녀 외에도 드나드는 사람이 많았다. 그래니가 일하러 나가고 집에 없을 때는 사람이 훨씬 많았다. 비키는 또 담배를 피웠는데, 담배를 피우다가 잠이 드는 적도 있었다. 어린 태미는 엄마가 잠들 때까지 자지 않으려고 애썼다. 엄마가 잠이 들면 엄마 손에서 담배를 빼내 꺼야 하기 때문이다. 세 살 때부터 엄마를 돌보았다고 할 수 있다.

태미는 할머니의 침대에서 자는 걸 좋아했지만, 때로(드물기는 해도) 엄마의 침대로 올라갈 때도 있었다. 아마 어린 나이에 엄마 정이 그리워서 그랬는지도 모른다. 이런 버릇은 성인이 되어서도 여전했다. 특히 기분이 좋지 않거나 위로를 받고 싶을 때면 엄마의 침대로 올라갔다. 언젠가 엄마가 병원에 입원했을 때도 그랬다가 간호사들에게 나가라는 말을 듣기도 했다.

일요일이면 그래니는 스트러더스에 사는 토머스 집안의 친척들과 교회에 가면서 태미를 데리고 갔다. 또 토요일에 영스타운에 쇼핑하러 갈 때도 같이 갔다. 노할머니와 태미는 야구 모자를 쓰고 글러브를 끼어보기도 했고, 태미는 레이스가 달린 짧은 셔츠를 입어보거나 에나멜 가죽 구두를 신어보기도 했다. 또 두 사람은 버스를 타고 웨스트 페더럴 가로 가다가 그래니의 동생 제시Jesse가 일하는 신발가게에서 내릴 때도 있었다. 그런 다음이면 울워스 식당에 가서 점심을 먹고 맥크로이 파이브 앤드 다임 잡화점에서 물건을 사거나 휴지스 정육점에서 고기를 샀다. 또 스트라우스 매장에서 사지는 않고 구경만 하다가 옷은 힉비 매장에 가서 샀다. 그래니는 홈 세이빙 앤드 론에 돈을 맡기고 있었지만 당좌 계좌는 없었다. 그래서 공과금을 낼 때는 시내로 가서 전기회사나 가스회사, 수도회사, 전화국에 들러 요금을 내곤 했다.

집에 있을 때면 태미는 주방에서 요리하는 그래니 뒤를 따라다니면서 보곤 했는데, 스트러더스의 토머스네 뜰에서 뽑아 온 싱싱한 케일이 기억에 남았다. 태미는 할머니들 틈에서 심부름을 하기도 하고, 나이 든 사람들이 하는 이야기를 듣는 것이 좋았다. 태미는 어릴 때부터 나이 든 사람은 자신에게 물려줄 지혜가 있다는 것을 알았다. 크면 간호사가 되어 많은 사람을 돌보고 싶었다.

영스타운에 있는 백인 가정에서는 그래니가 낮에 할 일이 엄청 많았는데, 그중에서도 가장 오래 일한 곳은 퍼넬Purnell의 집이었다. 나중에는 평일 밤이면 그 집에서 자기도 했다. 때로 태미가 그래니와 함께 가서 일할 때도 있었다. 할머니가 헝겊에 뭔가를 묻혀서 주면 그것으로 유리로 된 문손잡이를 닦기도 하고, 그래니의 다림질을 돕기 위해 통 안에 든 세탁물에 물을 뿌려 적시기도 했다. 언젠가 비키가 며칠간 보이지 않았을 때, 태미는 그래니를 따라 퍼넬 집에 가서 3층에 있는 그래니의 방에서 지낸 적도 있었다. 태미는 퍼넬 부인이 뒤뜰에 있는 다람쥐에게 먹이를 주는 모습을 본 적도 있다. 퍼넬 부인은 태미에게 미키 마우스 전화기를 주기도 했고, 침대 용품을 준 적도 있다. 태미는 너무 어려서 잘 몰랐지만, 퍼넬 집안은 영스타운의 부호에 속했고, 유서 깊은 가문이었다. 앤 토드 퍼넬Anne Tod Purnell은 브라이어 힐에 최초로 석탄 광산을 세운 데이비드 토드David Tod의 직계 자손이었다. 이 광산은 1844년에 마호닝 밸리에서 철 강 생산을 시작했으며, 토드는 남북전쟁 당시 오하이오 주지사로 선출되 었다. 앤의 남편인 프랭크 퍼넬Frank Purnell은 달러 세이빙스 뱅크 이사회 의장이었고, 1930년부터 1950년까지는 영스타운 강판강관의 회장을 지 낸 인물이었다. 이 회사는 전국 5위 규모의 제철소였으며, 밸리 최대의 기 업이었다. 퍼넬 가정은 북부 크랜들 공원 주변의 상류층 구역에서 살았는 데, 토드 레인 280번지에 있는 벽돌 건물의 저택으로 침실이 일곱 개, 욕 실이 네 개에 벽난로도 여러 개 있었으며 도서관이며 무도장, 식물원, 마 차 차고까지 있었다. 이 집안은 20세기 중반, 도시가 가장 번성했을 때 영스타운 산업계의 프로테스탄트 엘리트 계층에 속했다. 남북전쟁 이래 로 영스타운의 운명을 좌우할 만큼 최고 엘리트 집안이었지만(비좁은 내 륙지방의 철강도시로서는 이례적으로 영향력이 컸다), 노스캐롤라이나에 뿌리 를 둔 흑인 소녀가 1966년 동부에서 태어날 당시에는 이미 몰락하고 있었 다. 태미는 아직도 퍼넬 저택에서 보내던 때를 생생하게 기억했다.

1920년대부터 1977년까지는 북서부에서 마호닝 강을 따라 남서부까 지 제철공장이 40여 킬로미터 길이로 줄지어 있었다. 워런과 나일스의 리 퍼블릭 제철에서 맥도날드의 유에스 제철, 브라이어 힐에 들어선 영스타 운 강판강관의 용광로를 거쳐 영스타운 중앙 우측의 유에스 제철 오하이 오 공장과 아래쪽으로 캠벨과 스트러더스에 난립한 강판강관 공장에 이 르기까지 끝이 없었다. 용광로는 하루 24시간 쉬지 않고 가동되었으며, 뜨거운 벽과 쨍쨍 울리는 쇳붙이 소리, 증기에서 칙 하고 나는 소리, 곳 곳에 퍼진 이황산가스 냄새, 낮이면 검게 얼룩진 하늘에 밤이면 시뻘건 불빛, 시커먼 검댕을 뒤집어쓴 주택들, 죽어버린 강, 손님들로 북적이는 술집, 노동자의 수호성인인 성 요셉에게 기도드리는 사람들, 덜커덩거리 며 시내 곳곳으로 뻗어 있는 철로를 따라 철광석과 석회석, 석탄을 나르는 화물열차, 이 모든 것은 영스타운이 제철도시라는 것을 말해주고 있었다. 제철 말고는 생각할 수 없는 도시였다. 이곳 사람이라면 누구나 쇳물을 녹여 용도에 맞게 만든 제품 덕에 살아갔으며, 제철산업이 아니라면 이들의 삶도 없었다.

이 도시의 기업가 가문(토드Tod, 버틀러Butler, 스탬보Stambaugh, 캠벨 Campbell, 위크Wick)이 이런 식으로 살아가는 조건을 만들었다. 이들은 영스타운이 배출한 엘리트였고, 외지의 기업이 자리를 잡고 이민 노동자를 고용해 경쟁하는 것을 막았다. 영스타운에는 오직 철강 노동자와 그 가족만을 위한 오케스트라가 있었다. 이 도시는 번창했지만, 클리블랜드와 피츠버그 사이의 계곡 중간에서 격리된 내륙지방이었다. 그리고 동네마다 그 자체로 고립된 형태였다. 이탈리아인 가정은 슬로바키아나 헝가리인의 가정과 격리되었고, 토착 노동자는 외지 노동자와, 노동자는 경영자와, 흑인 가정은 나머지 전체와 떨어져 있었다.

영스타운 강판강관은 도시 최대의 제철소로 독립기업에 지역 소유였으며, 용광로가 캠벨 공장에 4기, 시내 바로 위쪽에 있는 브라이어 힐 공장에 2기가 있었다. 강판강관은 영스타운 산업단지의 고달픈 현실을 생생하게 보여주었다. 그 속에는 탐욕스러운 성장주의와 잔인한 노동 조건, 민족과 인종에 따른 일자리의 분리, 노조에 대한 변치 않는 적대감, 끊임없는 분쟁이 있었다. 프랭크 퍼넬은 15세에 시청 사환으로 있다가 회사가 설립되고 2년이 지난 1902년에 강판강관에서 일을 시작했다. 1911년 앤 토드와 결혼하면서 영스타운에서 그의 사회적 지위는 급상승하게 된다. 그리고 20대 초반에 토드 레인에 대저택을 지었다. 그는 강판강관의 여러 직위를 거치며 1930년에는 회장으로 승진했다. 공식적인 사진을 보면 그는 당시의 유행대로 깃에 뻣뻣하게 풀을 먹인 셔츠를 입었고, 조끼에 회중시계를 매단 모습이었다. 날카롭게 솟은 코에 이중 턱, 헝클어진 은빛 머리, 안정적인 자본가계층에 속한 사람답게 냉정하면서도 자신감이 밴 표정에 잔잔한 미소를 짓고 있었다.

1930년대가 되자 과거의 질서는 무너지기 시작했다. 1936년, 광산노조와 산업노조위원회 대표로 있는 불같은 성격의 존 L. 루이스John L. Lewis는 피츠버그의 한 고층 건물에서 철강노조위원회SWOC의 구성을 발표했다. 철강산업 귀족들의 사무실도 같은 건물에 있었다. 루이스는 필립 머레이Philip Murray라는 온화한 성격의 스코틀랜드인을 자신의 대리로 세워 여기서 대표로 일하게 했다. 루이스와 머레이의 목적은 일찍이 아무도 성공하지 못한 일을 실현하려는 것으로서, 이 거대한 산업단지의 노동자들을 노조의 지휘 아래 단결시키려는 것이었다. 곧 노조의 조직책들이 민족별 클럽이나 교회, 공회당 같은 곳에서 노동자들과 이야기를 나누었다. 하지만 새 조직책들의 생각은 각 지역의 생각과 반대였다. 이들은 계급의식이 민족성과 종교, 인종, 성별에 우선한다고 설득했다. 자본주의 타도라는 기치가 아니라 노동자를 중산층으로 끌어올려 평등 민주주의 사회의 온전한 구성원으로 만든다는 목표를 명분으로 내세웠다. 루이스의 전술은 급진적이었지만, 그의 목표는 전적으로 미국 체제의 틀 안에 있는 것이었다.

1937년 봄, 2만5000명의 노동자가 전국 철강파업에 참여하기 위해 마호닝 밸리에 모였다. 방송이 금지되었기 때문에 이들은 화물차에 확성기를 크게 틀어놓고 동네마다 돌아다니며 다음 집회나 노동쟁의를 알렸다. 이들은 또 야구 배트를 쌓아놓기도 했다. 파업 노동자들 중에 흑인은 거의 없었다. 과거에 흑인 노동자들은 남부에서 파업 저지부대로 양성된 적이 있는 데다가 수십 년 동안 공장에서 용접 일 같은 가장 힘들고 비천한 일을 도맡아왔다. 철강제품에서 흠을 찾아내 접합하는 일 같은 것이었다. 이들은 동료 백인 노동자들과 서로 매우 조심스럽게 대했는데, 이것은 철강노조위원회에서 미사여구를 붙여가며 설득한다 해서 될 일이 아니었다.

이상의 사태는 '소小철강파업Little Steel strike'이라 불렸다. 조직책들은 대기업인 유에스 제철을 겨냥하지는 않았다. 이 회사는 이미 노동자의 경제적 권리에 굴복한 데다가 그 전달에 미시건 주 플린트에 있는 제너럴 모터스General Motors의 자동차 노동자들이 농성 파업에 성공하는 것을 보고 교훈을 얻어 3월에 노조를 인정했기 때문이다. 대신 철강노조는 규모가 좀더 작은 기업으로서 시카고에 본부를 둔 리퍼블릭 제철이나 강판강관이 포함된 일단의 기업을 목표로 삼았다. 넓은 의미에서 현대 산업사회의 전국적인 기업이라고 할 유에스 제철과는 달리 소규모 제철소들은 시야가 좁고 노조에 노골적인 적대감을 드러냈다. 이들은 '충성스러운 고용원' 단체를 만들어 공장을 계속 가동했으며, 중무장한 구사대를 조직했다. 구사대는 정문 안쪽에 있는 가설 활주로를 이용해 공중에서 투입될 수 있게 했다.

충돌은 불가피했다. 전몰징병 기념일에 시카고 남부에서 처음으로 경찰이 노조에 동조하는 군중을 향해 발포하는 사건이 발생했다. 이 사태로 열 명이 목숨을 잃었고, 부녀자와 아이들이 부상을 입었다. 그다음 달은 영스타운 차례였다. 6월 19일, 두 명의 파업 노동자가 리퍼블릭 제철 정문 밖에서 살해되었다. 루스벨트 정부의 노동장관인 프랜시스 퍼킨스Frances Perkins는 중재를 제안했지만, 기업주들은 중재를 받아들이는 대신 주 방위군에 공장 보호를 요청했다. 오하이오 주지사가 주 방위군을 내보내면서 파업은 중단되고, 노동자들은 일터로 돌아갔다. 1937년의 소철강 파업 사태로 총 열일곱 명이 목숨을 잃었다. 여론은 노동자들이 새롭게 드러낸 호전성에 등을 돌렸고, 기업은 단기간에 승리를 거두었다. 하지만 노조의 1937년의 패배는 1942년에 전국노동관계위원회가 리퍼블릭 제철이나 강판강관 측에서 사용한 파업 분쇄 전술을 불법으로 규정하면서 승리로 이어졌다. 기업 측에서 철강노조를 어쩔 수 없이 인정하고 단체교섭에 들어갔기 때문이다. 영스타운은 제2차 세계대전이 막 발발할 때쯤 노동자들이 늘 고대했던 경제적 안정을 갖추면서 노조 기반이 탄탄한 도시가 되었다. 이런 변화는 세월이 흐르면서 흑인 노동자들에게도 찾아왔다. 공장의 작업환경은 뜨거웠고 불결했으며 육체적으로나 정신적으로 무척 고단했지만, 임금과 연금이 보장되면서 미국의 황금시대 중에서도 대표적인 사례가 되었다.

프랭크 퍼넬은 노사관계의 틀에 뿌리내린 새로운 제도권의 언어를 구사하면서 전후에도 영스타운 강판강관을 이끌었지만, 과거의 계급 갈등은 여전히 존재했다. 1950년에 그는 회장직을 사임하고 이사회 의장으로 재직하다가 1953년에 뇌출혈로 사망했다. 그의 미망인인 앤은 그 뒤로도 20년 가까이 토드 레인 280번지의 저택에서 살았다. 나머지 엘리트 가문은 공장을 팔고 좀더 넓고 환경이 쾌적한 곳을 찾아 영스타운을 떠났다. 제철소들은 계속해서 영스타운 노동력을 염두에 두고 경쟁할지도 모르는 외부 기업의 접근을 막았다. 1950년대 들어 헨리 포드 2세가 시 북부의 철도 쓰레기장 부지에 자동차공장 설립의 타당성을 검토했을 때, 이 지역의 기업주들과 지역 부재자 소유의 회사들은 이 계획을 저지하기 위해 온갖 훼방을 놓았다. 그러다가 1950년에 에드워드 데바톨로Edward DeBartolo가 보드먼 외곽에 지역 최초로 쇼핑 플라자를 세우면서, 이곳이 시내 중심 상권을 잠식하기 시작했다. 백인 노동자들은 경공업 분야에서 일하기 위해 교외로 이사했고, 그 바람에 뒷전에 있던 흑인 노동자들에게 제철공장의 좋은 일자리를 얻을 기회가 찾아왔다. 수송비가 올라가면서 미국 제철산업은 클리블랜드나 게리, 볼티모어, 시카고처럼 선박 접안이 가능한 곳으로 옮겨 갔다. 그리고 영스타운의 제철산업은 외부의 경쟁이 시작되면서 침체되었다.

마침내 1969년, 영스타운 강판강관은 (당시 전국 8위 규모의 제철소로 시에 유일하게 남은 지역 소유 기업으로서) 라이크스Lykes에 매각되었다. 라이크스는 뉴올리언스에 기반을 둔 종합조선회사로, 회사의 자금을 부채를 줄이는 데 쓰고 새로 인수한 기업에서 자금을 끌어내 다른 사업으로 확대하는 계획을 세웠다. 그리고 결국에는 강판강관의 배당을 중단하고 '영스타운'이라는 앞의 이름도 떼어버렸다. 이런 이유로 1970년대 들어 도시는, 아직 아는 사람은 없었지만, 이미 쇠퇴기에 접어들었다.

퍼넬 집안에는 자식이 없었다. 미망인이 된 부인도 언니인 레나^{Lena} 외에는 어울리는 사람 없이 혼자 지냈으며, 유색인 가정부 버지니아도 늙어가고 있었다. 언니가 사망한 뒤, 퍼넬 부인은 마차 차고에 있는 난방기를 점검하러 가다가 넘어져서 엉덩이를 다쳤다. 이때부터 가정부는 월요일부터 금요일까지 밤에도 저택에 머무르면서 퍼넬 부인의 벗이 되어주었다. 앤 토드 퍼넬은 1971년에 세상을 떠났다. 이 집의 부동산 처분이 결정되지 않은 몇 달 동안 가정부는 관리인 역할을 하며 자신의 손녀, 다섯 살배기 증손녀와 함께 저택에 살게 되었다.

태미는 퍼넬 저택에 얼마 동안이나 살았는지 기억할 수 없지만, 그 기간이 매우 길었다는 느낌이었다. 이들이 저택으로 옮겼을 때는 정원에 튤립과 장미가 활짝 피어 있었고, 태미가 유치원을 다녔던 곳도 이 집이었다. 또 크리스마스도 이 집에서 보냈다. 이들이 도착했을 때, 가구 일부는 집에서 치워진 상태였고, 널따란 현관에서부터 화려하게 깔려 있던 카펫도 보이지 않았다. 그 직후에 거실 가구도 사라졌고, 크리스마스에는 식당의 식탁도 보이지 않았다. 또 누군가 식당 천장에 매달린 샹들리에도 줄만 덩그러니 남긴 채 뜯어 갔다. 이것을 본 그래니는 엄청 화를 냈다. 저택이 팔리기 전에 부동산은 조각조각 찢어졌다. 퍼넬 부인의 운전사는 부인이 쓰던 자동차를 받았고, 정원사와 그래니를 포함한 고용인들은 각자 5000달러씩 받았다. 태미의 엄마는 퍼넬 부인의 은장식 거울과 은 머리빗을 받았다. 크리스마스에 자전거를 얻은 태미는 빈 거실에서 자전거 타는 법을 배웠다.

그 저택은 태미가 상상할 수 있는 어떤 집보다도 크고 멋졌다. 숨을 곳도 많았고, 정원에는 생전 처음 보는 꽃들이 피어 있었으며, 지하실 일곱 개의 방 중 어딘가에는 투입구가 정면에 있는 세탁기가 있었다. 또 주방에는 니켈 도금을 한 조리대가 있었고, 식당에는 하인들을 부르기 위한 버저도 있었다. 이런 집에서 놀 것이라고는 상상도 하지 못한 태미는 집에 들어갔다가 버저가 울려 깜짝 놀란 적도 있었다. 태미가 가장 좋아한 방은 뒤쪽에 베란다가 딸린 미스 레나의 침실이었다. 이 방은 집의 나머지 곳과 마찬가지로 녹색 페인트가 칠해져 있었다. 다만 미스 레나의 욕실은 금빛 타일로 장식되어 있었고, 샤워기는 호박琥珀으로 만든 것이었다. 태미의 엄마 비키가 이 집에 오면 욕실을 같이 사용했지만, 비키는 커다란 빈집에서 지내는 것을 달가워하지 않았다. 이런 집에서는 유령이 나온다고 생각했기 때문이다. 태미는 낡은 가방에서 후프슬립(안에 테를 박아 넓게 부풀게 한 치마_옮긴이)을 발견하고 입어본 적도 있었다. 이것을 입고는 전에 춤을 추던 사람들을 상상하며 3층의 무도장 안을 빙빙 돌아보고, 이어 공주 같은 자태로 널따란 계단을 내려갔다. 그리고 뒤쪽 둥근 베란다에서 나무를 관객 삼아 쇼를 공연하듯 재롱을 떨었다. 그래니는 태미를 집 안에 가둬놓으려고 했고, 뜰 밖으로 나가거나 어떤 식으로든 나무에 오르는 짓을 못 하게 했다. 주말이면 두 사람은 크랜들 공원으로 걸어 내려가 백조에게 먹이를 주었다.

이런 재미도 1972년, 태미의 여섯 살 생일을 전후해 한 가족이 이 저택을 구입하면서 끝나고 말았다. 그래니는 남아 있던 가구 몇 개와 퍼넬 부인의 수제품 침대, 금장식이 달린 하얀 화장대를 가져가도 좋다는 허락을 받았다. 그래니와 태미는 동부로 돌아갔고, 노할머니는 이때 받은 물건을 처분한 돈으로 샬럿 거리 1319번지의 목조주택을 구입할 때 계약금을 치렀다. 집값은 1만 달러였다. 이 주택이 바로 태미가 스물여섯이 될 때까지 계속 살았던 집이다.

태미는 링컨, 매디슨, 그랜트, 윌슨 하는 식으로 대통령의 이름을 따라 지은 학교에 연달아 다녔다. 이 학교들은 하나같이 철거되는 신세를 면치 못했다. 동창생들과 찍은 단체사진을 보면 태미는 가냘픈 몸매에 갈래머리를 했고, 옅은 피부색에 곧 좋은 일이라도 생길 것처럼 달콤한 기대에 차 있는 눈빛이었다. 태미는 아이도라에 있는 놀이공원에 가서 와일드캣 롤러코스터(1929년에 설치된 목제 롤러코스터_옮긴이)를 타는 것을 좋아했지만, 즐겨 찾는 곳은 시내의 밀 크리크 공원이었다. 남부와 서부의 경계에 위치한 이 공원은 32평방킬로미터가 넘는 숲 속에 연못과 정원이 잘 꾸며져 있었다. 공원의 북쪽 끝에서는 제철소와 철도가 보였고, 바위 위로 기어 올라가면 갑자기 길이 끊어지면서 자연을 벗 삼아 혼자만의 시간을 즐길 수 있었다. 그래니는 때로 태미를 이곳으로 데리고 가기도 했다. 아니면 태미는 방과 후에 펄 스트리트 선교회를 따라가보기도 했다. 태미네 집 부근에 있던 선교회에서는 아이들이 오렌지 속을 파내고 땅콩버터를 채워 넣은 다음 포크로 껍질에 구멍을 내고는 실에 꿰어 새 먹이로 밀 크리크 공원의 나무에 매달곤 했다. 하지만 태미는 새가 오렌지 속에 든 땅콩버터를 먹는 모습을 보지는 못했다. 아마 태미가 시내 다른 곳에 이사할 수 있었다면 공원 부근으로 가서 살았을 것이다.

　비키가 처음으로 감옥에 갇힌 것은 태미가 2학년 때였다. 태미는 카운티 감옥으로 엄마를 보러 갔다. 엄마는 거기서 휴가를 보내는 것이라고 했다. 1~2년 뒤에 엄마는 장기복역을 위해 주 교도소로 옮겼다. 이번에는 엄마가 어디 있는지 태미에게 말해주는 사람이 아무도 없었고, 태미도 묻지 않았다. 하지만 어느 날 스쿨버스 안에서 이웃에 사는 상급반 아이가 태미의 엄마가 감옥살이를 하고 있다고 놀렸다. 태미가 말했다.

　"아니야. 감옥살이가 아니라고. 엄마는 휴가 가셨어."

　하지만 그 아이가 계속 우기는 바람에 둘은 싸웠고, 결국 버스에서 쫓겨났다. 일을 마치고 집에 돌아온 그래니는 엄마가 어디 있는지 태미에게 말해주었다. 이 말을 들은 태미는 깜짝 놀랐다. 하지만 엄마가 교도소에서 집으로 돌아온 날, 태미는 너무도 기쁜 나머지 옆집 애와 싸운 일은 잊어버리고 말았다. 비키는 감옥에 있으면서 몸이 조금 불었지만, 머리가 예뻤고 다리가 늘씬한 데다 아름다운 미소를 지었다. 태미는 엄마가 그때까지 본 흑인 여자 중에 가장 아름답다고 생각했다.

태미가 어렸을 때 엄마는 마약과 부정수표 사용으로 감옥을 들락거렸으며, 때로는 특수강도 혐의를 받기도 했다. 헤로인 맛에 취하고 싶을 때 비키는 태미를 데리고 동남부에 있는 부다Buddha라고 불리는 벽돌 건물로 들어간 적이 있었다. 거기서 엄마는 작은 잔에 메타돈을 따라 마시려고 했다. 태미가 맛을 보려고 하자 엄마는 한사코 허락하지 않았다. 음식이 떨어지면 태미는 식량배급표를 가지고 가서 장을 본 후, 일주일 동안 먹을 음식을 따로따로 싸놓아야 했다. 비키가 태미를 어딘가에 혼자 놔두고 돌아오지 않은 적도 한두 번 있었다. 그런 날이면 태미는 엄마가 마약을 과다 복용한 것을 알고, 왜 엄마는 마약을 끊지 못하는 것인지, 왜 그런 용기를 낼 만큼 자신을 사랑하지 않는 것인지 의아했다. 태미의 생각에는 그저 엄마가 자신을 조금만 더 사랑하게 만들면 마약을 끊을 것 같았다. 태미는 훗날 이렇게 말했다.

"엄마는 어린 나를 정말 궁지로 몰아넣었어요. 나를 버리고 떠나려고 했던 적도 있었죠. 내가 꾹 참아야 하는 일도 있었고요. 하지만 결국 상관없다는 생각이 들었어요. 어쨌든 내 엄마니까요. 그리고 나는 엄마를 속속들이 사랑했어요. 엄마가 걸어온 길을 사랑했어요. 내 어머니였기 때문이죠."

하지만 태미를 키운 사람은 증조모인 그래니였다. 그래니는 볼품없는 하녀 모자를 쓰고 은퇴를 해도 오래전에 했을 나이에 요리를 하고 청소를 했으며 집까지 구입했다. 아주 멋진 집은 아니었지만, 어쨌든 그래니 소유의 집이었다. 태미의 친할머니, 즉 아버지의 엄마도 똑같은 삶을 살았다. 할머니는 성 엘리자베스 병원에서 간호조무사로 일했는데, 집에 올 때마다 하얀 간호사 제복을 입고 왔다. 풀을 먹여 빳빳했지만 오래 입어서 해진 옷이었다. 할머니는 암으로 세상을 떠날 때까지 일했다. 다행히 저축을 해서 할머니도 집을 구입했으며, 빈민단지를 벗어날 수 있었다. 이분들은 해야 할 일을 하며 살았다. 태미도 이런 사람이었다. 그런 생존방식이 태미의 몸속에 입력된 것 같았다. 어쩌면 파파 토머스에게서 물려받은 것인지도 모른다. 파파 토머스는 스트러더스에 있는 토지 전체의 주인이었고, 이 중 일부는 교회에 기증했다.

그래니가 일을 그만둔 후 가족들은 할머니의 사회복지 연금과 비키의 복지수당으로 근근이 살았다. 요금을 내지 못해 가스가 끊긴 적도 있었다. 그때만 해도 태미의 아버지와 할머니는 북부에 있는 웨스트 레이크의 빈민단지에서 살고 있었다. 때때로 태미는 이곳으로 놀러 갔으며, 나이가 조금 더 들자 동부의 단지에 사는 친구들이 생겼다. 대대로 생활보호 대상에서 벗어나지 못하는 집안의 아이들이었다. 이런 집들은 보조금으로 나오는 수표를 이용하기 위해 점포마다 가격을 올리는 월초에만 물건을 살 수밖에 없었다. 가스요금도 내야 했기 때문에 돈 때문에 죽을 맛이었다. 태미는 생활 보조금으로 살지는 않을 것이며, 빈민단지에 살지도 않겠다고 맹세했다. 그렇다고 혼자 힘으로 힘들게 살아가며 아무것도 마음대로 하지 못하는 생활을 원한 것은 아니었다. 태미는 돈에 허덕이는 생활을 원하지 않았다.

태미가 5학년이 되었을 때 비키는 윌킨스Wilkins라는 남자와 함께 살았다. 태미는 이 남자를 계부로 생각했다. 태미는 그래니의 집에서 나와 엄마, 계부와 함께 남쪽 저지대에서 살아야 했다. 이곳은 흑인 거주지역으로, 한 집에 계부의 사촌들이 사는 몇몇 공동주택이 딸려 있었다. 이들이 사는 집은 다락방이었고, 침실도 하나밖에 없었다. 태미의 방은 실제로는 벽장이어서 제대로 서 있을 수조차 없었다. 아래층에 있는 욕실은 공동

주택 사람들과 같이 사용했다. 샬럿 거리에 살 때는 태미 혼자 침대가 두 개 있는 커다란 침실을 사용했다. 퍼넬 부인이 사용하던 방이었다. 하지만 태미는 아무 불만이 없었다. 이때는 엄마가 마약을 하지 않았기 때문이다. 계부는 공장에 번듯한 일자리가 있는데도 돈을 가져온 적이 없기 때문에 집안은 전과 다름없이 가난했다. 태미는 초등학교 내내 오케스트라에서 플루트를 연주했는데, 새로 전학 온 학교에서는 악기를 악기점에서 돈을 주고 빌려야 했기 때문에 플루트 연주를 포기할 수밖에 없었다. 태미는 주말마다 그래니의 집으로 갔다. 태미가 남부에 사는 동안 영스타운은 계속 몰락하고 있었다.

1977년 9월 19일 월요일, 뉴올리언스의 라이크스 사는 마호닝 밸리 최대의 공장인 강판강관의 캠벨 공장을 주말에 폐쇄할 것이라고 발표했다. 사전통지는 없었다. 그 전날 회사의 이사진이 피츠버그 공항에 모여 투표로 결정한 것이며, 이들은 다시 비행기를 타고 뉴올리언스와 시카고로 돌아갔다. 태미의 대모를 포함해 5000명의 직원이 갑자기 직장을 잃었다. 대모는 근무 기간이 9년이나 10년밖에 안 되었고 퇴직하기에도 이른 나이였다. 그리고 집을 한 채 사서 혼자 힘으로 자녀들을 키우는 처지였다. 영스타운에서는 이날을 '검은 월요일Black Monday'로 알려지게 되었다.

아무도 이런 날이 오리라는 것을 알지 못했다. 여러 해가 지난 다음 태미는 기억을 더듬어가며 당시의 일을 적어보았다. 태미의 친구인 미스 시블의 기록을 보면 다음과 같은 표현이 나온다.

공장 폐쇄

영스타운은 마치 암이 몸 전체로 서서히 퍼지듯 몰락하기 시작했다. 이 몰락은 주민들이 어리둥절해하는 가운데 처음에는 천천히 시작되었다.

경고 신호가 있었지만, 그들은 이 신호를 무시했다. 두드러지게 표가 난 것은 아니지만 이익이 계속 줄고 있었으며, 지역 부재자 소유의 제철소는 공장에 재투자하지 않았다. 대신 이들은 기계와 부품을 해체해 다른 공장으로 옮겼다. 용광로는 제1차 세계대전 당시의 기술을 사용하고 있었으며, 1921년 이후로 신기술의 용광로는 단 1기도 없었다. 영스타운 제철은 약체산업이 되었고, 생산량이 감소하면 폐쇄 조치가 우선이었고 재가동은 맨 나중이었다. 철강노조는 계약 분쟁(생계비와 연금)에 초점을 맞추었고, 회사의 전반적인 생존 여건에는 관심을 두지 않았다. 공장의 노조 시스템은 모든 사람에게 자리를 만들어주었고, 책임 있는 행동을 하는 사람이라면 누구나 돌봐주었다. 크레인 사고로 손을 잃은 사람은 쇳물 운반 수레 위에서 벨을 누르는 일자리를 얻었다. 힘들게 쟁취한 안전한 지위는 노동자들을 나태하게 만들었으며, 이런 풍조는 파업을 할 때도 마찬가지였다. 검은 월요일이 닥치기 한 달 전에, 영스타운의 철강노조 책임자는 캠벨 부근, 마호가니 판자벽이 쳐진 사무실로 각 지역 노조의 조직책을 소집해 모든 것이 순조롭게 진행될 것이라고 안심시켰다.

이 노조 지도자 중에 제럴드 디키Gerald Dickey가 있었다. 철강 노동자의 아들인 디키는 1968년 공군에서 제대하자마자 강판강관에 일자리를 얻었다. 이때 몇몇 근로자는 스테인리스 도시락과 스탠리 보온병을 들고 출근했다. 자신들은 정년까지 근무할 것이라는 의미로 보였다. 하지만 디키는 갈색 종이봉지에 도시락을 가져왔으며, 내리 여덟 시간을 근무했다.

"나는 거기 가서 '30년 근무할 것'이라고 말하지는 않았어요. 나는 그저 돈을 벌고 싶었죠."

그는 시간당 3달러 25센트를 받고 일을 시작했으며, 1년이 지나자 자동차가 생겼다. 그곳을 그만두겠다는 생각은 차츰 사라졌다.

"2년만 지나면 건강보험 혜택이 늘어나요. 3년이면 휴가도 늘어나고요. 생활이 안정되는 거죠. 바로 그 때문에 사람들이 이 공장에서 일하려고 애쓰는 겁니다."

디키와 같은 지역에 사는 그래니슨 트리미어Granison Trimiar라는 한 흑인 남자는 다음과 같이 말했다.

"일단 강판강관에 들어가 정직원이 되면 시내에서 할부로 냉장고를 살 수 있죠. 신용이 좋으니까 필요한 것은 무엇이든 구입할 수 있습니다. 나이트클럽에도 갈 수 있고요."

1970년대를 거치면서 밸리에 있는 소규모 공장들(장선joist공장, 구조용 강재공장, 제과공장, 아이샐리 유제품공장 등)은 줄줄이 폐업했다. 작은 진동이 계속되다가 본격적인 지진으로 이어지는 것과 비슷했다. 하지만 강판강관이 하룻밤 새에 문을 닫으리라고 예상한 사람은 아무도 없었다. 일단 그런 일이 현실로 나타나자 지역의 어떤 기업가도, 영스타운의 어떤 엘리트도, 또 강력한 힘을 발휘하던 어떤 기관이나 조직도 여기에 개입해 그 사태를 막으려고 하지 않았다. 철강 귀족들은 이미 오래전에 사라졌고, 지역의 기업도 아무런 영향력을 행사하지 못했다. 지역 정치인들은 다루기 힘들 뿐만 아니라 부패해 있었으며, 영스타운『빈디케이터』지는 얄팍한 낙관주의에 의존했다. 시에는 시민을 결집시킬 핵심 참여 세력이 없었다. 한 줄기 희망의 빛은 '검은 월요일' 며칠 후에 지역 성직자와 호전적인 철강 노동자의 모임에서 비치기 시작했다. 당시 1462지부의 서기로 있던 제럴드 디키가 자리에서 일어나 말했다.

"그 망할 것을 우리가 인수해서 가동합시다."

디키는 그런 위기 상황에서는 식량배급표와 실업수당이 노동자들에게 돌아가지 않으리라는 것을 잘 알았다. 또 거기서 일하는 사람 없이는 결코 예전의 생활로 돌아갈 수 없다는 것도 알았다. 시의 프로테스탄트 교단 감독과 가톨릭 주교들이 그의 의견에 동조했다. 이렇게 해서 마호닝 밸리에 초교파(에큐메니컬) 연대가 탄생했다.

이 운동은 '밸리 살리기Save Our Valley'라고 불렸다. 이 아이디어를 뒷받침하기 위해 지역 예금 계좌를 개설하고 연방 보조금과 담보대출을 모아 지역 소유의 캠벨 공장으로 보내게 했다. 이런 일은 공업 중심지에서는 새로운 것이었으며, 몇 달 동안 사람들의 상상력을 자극했다. 마호닝 밸리는 진보주의자와 급진주의자 사이에서 커다란 이목을 끄는 지역이 되었다. 유명한 사회운동가들이 영스타운을 돕기 위해 몰려왔고, 전국 규모의 언론에서 현장을 취재했다. 철강 노동자들은 다섯 대의 버스에 나눠 타고 워싱턴으로 가서 백악관 밖에서 항의시위를 했다. 카터 행정부는 이들의 탄원을 접수하고 이 문제를 연구하는 전담 부서를 설치했다. 하지만 지역의 반응은 냉담했다. 회의를 소집해도 참석자는 100명을 넘지 못했다. 공장을 살리려면 적어도 5억 달러가 있어야 하는데, '밸리 살리기'의 예금 계좌에는 200~300만 달러밖에 걷히지 않았다. 또 철강회사들은 적극적으로 지역 소유를 막는 로비를 했으며, 철강 노조원들은 이 일이 지나치게 위험 부담이 큰 데다 너무 사회주의로 비친다는 생각을 굳이 숨기지 않았다. 직장을 잃은 비상 상황인데도 일부 노동자는 반응이 미지근했다. 55세가 되어 근무 연한을 채운 사람들이 완전연금 혜택을 받는 동안 젊은이들은 이 지역을 떠났다. 마침내 하버드의 연구 결과, 보조금 10억 달러를 쏟아부어도 공장을 정상화해 경쟁력을 갖추는 것은 불가능하다는 사실이 드러났다. (산업을 살리는 데 핵심 기관이라고 할) 연방 정부는 손을 뗐다. 이것으로 여러 공장의 운명은 정해졌다.

만일 각 기관이나 이 기관을 움직이는 사람들이 영스타운에서, 또 더 넓은 지역에서 무슨 일이 일어날지 알았더라면, 이들은 가만히 앉아서 보고만 있지 않고 산업 사양화를 막기 위한 어떤 대책이라도 내놓았을 것이다. 이후 5년이 지나면서 영스타운의 주요 제철소는 모두 폐업했다. 강판강관의 브라이어 힐 공장과 유에스 제철의 오하이오 공장이 1980년, 유에스 제철의 맥도날드 공장이 1981년, 리퍼블릭 제철이 1982년에 각각 문을 닫았다. 단순히 공장만 문을 닫은 게 아니다. 시내 상권의 핵심인

스트라우스 매장과 힉비 매장도 이내 폐업했다. 1899년에 설립된 남부의 놀이공원 아이도라도 1984년 와일드캣 롤러코스터에 불이 나기 전부터 빠른 속도로 사양화되었다. 이 화재로 아이도라는 결국 문을 닫았다. 이 공원의 환상적인 회전목마는 경매에 붙여졌다가 결국 브루클린 워터프론트Brooklyn Waterfront에 낙찰되었다. 1979년부터 1980년 사이에 영스타운의 도산은 두 배로 늘어났고, 1982년의 마호닝 밸리 실업률은 거의 22퍼센트에 육박했다. 전국 어디와 비교해도 최고의 실업률이었다. 좀더 나은 일자리로 옮긴 지 얼마 되지 않은 흑인 노동자들의 피해가 특히 심각했다. 동부와 남부의 주택들, 심지어 시내 한 모퉁이의 스모키 할로우(영스타운 중심부의 동북쪽에 있는 지역으로, 인근의 마호닝 밸리 제철소에서 나오는 연기 때문에 붙은 명칭이며, 영스타운의 몰락과 운명을 같이하다가 현재는 영스타운 주립대학 캠퍼스의 일부가 되었다_옮긴이)마저도 압류사태와 백인의 교외 이주 때문에 텅텅 비다시피 했다. 이런 빈 공간은 전염병처럼 번진 주택 방화의 원인이 되었고, 1980년대 내내 하루에 두 건 이상의 방화 사건이 발생했다. 시에서 떼어버리기는 했지만, 폭력배들이 모이는 유명한 대형 주점 시락스Cyrak's에 가보면, 공중전화 위의 벽에 방화용 횃불을 반값 이하에 살 수 있는 전화번호가 붙어 있었다. 하지만 10년 동안 수천 건의 방화가 발생했는데도 용의자는 단 두 명밖에 없었다. 화재보험에 들고 자녀 두 명을 죽인 흑인 여성과 폭력배를 고용해 주택을 파괴한 혐의를 받은 시 공무원이 전부였다. 1970년부터 1990년 사이에 시의 인구는 14만 명에서 9만5000명으로 줄었으며, 이런 감소 추세는 끝이 보이지 않았다.

미시간 출신의 전직 자동차 노동자였던 존 루소John Russo는 노동연구 분야의 교수로서 1980년에 영스타운 주립대학에서 강의를 시작했다. 그가 이곳에 도착해 시가지를 내려다보았을 때, 시내의 모든 도로가 공장과 용광로로 통하는 것이 보였다. 그는 마침 철강산업이 사라지는 광경을 눈앞에서 볼 수 있는 시기에 이곳에 왔다. 그가 계산해보니 1975년부터

1985년까지 10년 동안 마호닝 밸리에서 5만 개의 일자리가 사라졌다. 사상 초유의 경제 대재앙이었다. 하지만 그는 "이것이 체계적으로 일어난 것이 아니다"라고 말했다. 현지의 전문가로서 루소는 『타임』이나 『뉴스위크』로부터 6개월마다 전화를 받았다. 영스타운이 이제 고비를 넘겼는지 묻는 기자들의 전화였다. 그렇게 많은 기계설비와 그토록 많은 사람이 이제는 필요 없어졌다고 상상하는 것은 확실히 불가능했다.

이런 일은 클리블랜드와 톨레도, 애크런, 버펄로, 시러큐스, 피츠버그, 베들레헴, 디트로이트, 플린트, 밀워키, 시카고, 게리, 세인트루이스에서도 일어났고, 그 밖에 1983년에 러스트 벨트Rust Beltt(미국 경제의 중공업과 제조업을 담당했던 중서부지역과 북동부지역의 일부 영역을 표현하는 호칭_옮긴이)라는 새로운 이름으로 불리기 시작한 지역 일대에서도 일어났다. 하지만 가장 먼저 발생하고 가장 치명적이었으며 가장 완벽한 형태로 일어난 곳은 영스타운이었다. 그리고 영스타운에는 철강산업을 빼면 아무것도 없었다. 또 메이저리그 야구팀이나 세계 수준의 교향악단도 없었기 때문에 이 도시는 산업 사양화의 상징이 되었다. 그런 노래도 나왔고, 산업 사양화 하면 사람들은 으레 영스타운을 입에 올렸다. 루소는 "그것은 우리가 겪은 혁명적 변화 중에 가장 신속한 것이었죠. 만일 어떤 전염병이 발생해서 이렇게 많은 사람이 중서부로 옮겨 갔다면 아마 엄청난 역사적 사건으로 보았을 것입니다"라고 말했다. 하지만 이것은 세균 감염 때문이 아니라 블루칼라 직업이 사라진 것이 원인이기 때문에 영스타운의 몰락은 거의 정상적인 일로 간주되었다.

공장 폐쇄가 시작될 때 태미는 열한 살이었다. 너무 어렸기 때문에 철강도시라든가 역사적인 파업, 산업 사양화, 도시 전체의 폐허라는 망령이 무엇인지 몰랐고, 걱정도 되지 않았다. 태미는 자기 한목숨 부지하기도 벅찼다. 검은 월요일이 일어난 이듬해 태미는 엄마와 계부를 따라 다시 동부로 이사했다. 공식적으로는 브루스 거리의 집에서 이들과 함께 사는 것으로 되어 있었지만, 실제로는 샬럿 거리에서 다시 그래니와 함께 지냈다. 이 집으로 들어간 해 여름에 누가 현관문(단단한 오크 재질에 타원형 유리가 달린 문이었다)을 그 옆의 유리세공 장식이 달린 창문과 같이 떼어 갔다. 몇몇 이웃집도 똑같은 수법으로 당했다. 그래니는 다시 문을 해 달 형편이 안 되었기 때문에 나무판자로 현관을 막고 몇 년 동안이나 뒷문으로 드나들었다. 이때 태미는 부끄러워서 친구들을 부르지도 못했다.

　문 도난 사건은 살림이 더 힘들어지는 계기가 되었다고 태미는 훗날 자주 말했다. 폭력배가 길거리에서 난동을 부리는 일은 점점 줄었다.(물론 시락스 주점은 샬럿 거리에서 멀지 않았다.) 동네는 점점 침체되어 갔다. 1970년대 중반이 되자 백인 가정은 대부분 동부에서 빠져나갔고, 검은 월요일 때문에 돌파구는 막혀버렸다. 1964년 미스 시블이 이스트고등학교를 졸업할 때만 해도 학생들은 백인이 다수를 차지했다. 그녀의 반에서 흑인 소녀를 미인대회 우승자로 선출했을 때, 백인 교사는 "아직 때가 아니다"라고 말하면서 학생들의 투표 결과를 뒤집었다. 하지만 태미의 단체사진을 보면 1970년대 내내 해마다 백인 학생이 한두 명씩 줄어든 것을 알 수 있다. 태미가 고등학교에 들어간 1980년까지 계속 그랬다. 이스트고등학교의 학생들은 거의 흑인 아니면 푸에르토리코인이었다. 이 학교는 샬럿 거리에서 걸어 다닐 수 있는 곳에 있었지만, 태미는 9학년이 되자 인종 균형이 맞는 남부의 윌슨고등학교로 버스를 타고 다녔다. 그웬Gwen은 태미와 가장 친한 친구였는데, 수학 수업을 듣는 학생 가운데 태미 외에 유일한 흑인 학생이었다. 그런데 수학 교사는 이들이 손을 들면 완전히 무시했다. 태미는 흑인 학생이 많은 학교가 그리워졌고, 10학년이 되자 이스트고등학교로 옮겼다. 태미는 집안에서 갈수록 큰 책임을 떠맡으면서 간단한 가재도구를 수리하는 법을 배우기도 했고, 버스를 타고 나가 장을 보거나 공과금을 납부하기도 했다. 드디어 그래니는 집에 대한 권리를 포기하고 소유권을 태미에게 넘겼다. 이제 역할은 뒤바뀌어 태미가 그래니를 돌보게 되었다.

이때 태미는 열다섯 살이었는데, 그만 임신을 하고 말았다. 태미는 엄마에게 편지를 써서 우편으로 부쳤다. 비록 엄마가 사는 곳은 세 블록밖에 떨어져 있지 않았지만, 직접 얼굴을 맞대고 말할 용기가 나지 않았기 때문이다. 직접 대화할 기회가 오자 엄마는 화를 내며 딸을 비난했다.

"아이를 떼고 싶지 않니? 너, 애를 어떻게 키우려고 그래?"

태미는 자신의 아기는 자신이 키울 것이라고 딱 잘라 말했다. 아이 아빠는 태미보다 한 살 많고 인상이 서글서글한 배리Barry라는 소년이었다. 배리의 엄마는 비키의 보호감찰관이었는데, 토머스 집안의 딸이 아들에게 어울리지 않는다고 생각해 태미의 할머니에게 전화를 해 배리는 태미의 짝이 될 수 없다고 말했다. 하지만 태미는 이미 배리와 사랑하는 사이였기 때문에 엄마에게 그렇게 말한 것이다.

비키가 말했다.

"이건 그냥 풋사랑일 뿐이야."

태미는 "엄마, 그렇지 않아요. 나는 정말 배리를 사랑한다고요"라고 대꾸했다.

"생각이 곧 바뀔 거야."

태미와 비키는 결코 섹스에 관한 이야기는 하지 않았다. 이때 비키는 계부와 4년째 살고 있었고, 곧 셋째 아들을 임신한다.(태미의 임신이 5개월 빨랐다.) 비키가 6학년인가 7학년이었을 때, 빅 마마가 아기는 바위 밑에서 나온다고 말했는데, 비키는 그때 이 말을 믿었다. 비키가 받은 성교육은 그게 다였다. 그래니도 가르쳐주지 않았다. 태미는 임신 사실을 그래니에게 털어놓아야 했을 때가 가장 고통스러웠다. 태미의 기억에 이 증조모는 빅 마마가 돌아가셨을 때도 울지 않았다. 그런데 태미의 임신 사실을 듣고는 울었다. 그 때문에 태미는 무척 마음이 아팠다. 세월이 지나 태미는 이해했다. 사실 집안에서 고등학교를 졸업한 사람은 아무도 없었다. 졸업을 한다면 태미가 처음이었다. 태미는 말했다.

"고등학교를 졸업 못 할 사람이 또 하나 생긴 거죠. 그래니는 말씀하셨죠. 자신은 가족과 떨어져 지내면서 일했다고 말이에요. 마룻바닥을 닦고 사람들에게 음식을 해주면서 시간을 보냈죠. 그 할머니에게 가장 중요했던 것은 내가 교육을 받는다는 것이었고, 나에게 가정이 있고 아무 일도 생기지 않는다는 것이었어요. 우리에게는 가정이 있었지만, 교육을 받은 사람은 아무도 없었죠."

태미의 아버지는 샬럿 거리의 집으로 쳐들어와서는 태미에게 말했다.

"너는 앞날이 뻔해. 생활 보조금이나 타 먹는 쓰레기가 될 거라고."

하지만 태미의 결심은 확고했다. 그녀는 빈민단지에 사는 여자애들처럼 되고 싶지 않았다. 또 엄마처럼 살 생각도 없었다. 그녀는 학교도 계속 열심히 다닐 것이고(그때까지는 평범한 아이였지만, 이제는 제대로 공부하고 싶었다), 졸업한 다음에는 좋은 직장을 구할 생각이었다.(화학 성적이 좋지 않아 간호사는 현실적으로 불가능했다.) 아기가 자신보다 더 나은 생활을 해야 했기 때문이다. 또 아기는 엄마가 낳은 이복동생들보다 더 나은 환경에서 자신을 돌보는 엄마와 함께 살게 해야 했다. 지금 당장 가족에게 보여줄 것은 없었지만, 스스로 굳게 다짐한 것이다.

1982년 5월 9일, 여자 아기가 태어났다. 배리는 출생증명서에 서명할 때도 나타나지 않았다. 태미는 그가 다른 여자애들과 어울려 다닌다는 것을 알게 되었다. 두 사람은 다퉜고, 태미는 다시는 배리를 보지 않겠다고 했다. 태미는 학교로 돌아가 학기 말 시험을 치렀다. 몇 달 뒤, 태미는 웨스트 레이크 단지에서 배리와 마주쳤다. 태미가 어린이 캠프 상담원으로 여름방학 아르바이트를 하던 곳이었다. 배리는 임신한 여자친구와 당첨 상품을 타는 줄에 서 있었다. 그 모습을 보자 태미는 마음이 쓰라렸지만, 어차피 상관없는 일이었다. 태미는 배리에게 받은 상처를 이미 잊었기 때문이다. 태미는 자신의 처지를 부끄럽다고 여겨 교회도 나가지 않았다. 배리는 다시 태미와 지내고 싶어했지만, 태미가 그를 외면했다. 태미는 말했다.

"너와는 상관없는 일이야. 네 아기가 아냐. 넌 출생증명서에 서명하지도 않았잖아."

태미는 딸이, 돌봐줄 것 같지도 않은 남자와 불안한 관계를 유지하며 자신처럼 자라게 하고 싶지 않았다. 딸이 사랑을 받으며 많은 사람에 둘러싸여 자라기를 바랐다. 동부의 모든 것이 엉망으로 돌아간다고 해도 자신과 딸은 전혀 다른 삶을 살아야 했다.

태미는 엄마의 생활 보조금 수표를 쓰지 않으려고 자신의 복지 계좌를 신청했다. 복지수당을 받는 것이 싫었지만(담당 직원은 불친절했다), 식료품을 사고 아이를 돌보려면 어쩔 수 없었다. 태미는 1984년에 예정대로 고등학교를 졸업했다. 집안에서 최초로 고등학교 졸업장을 받은 것이나. 태미의 졸업반 시절 모습은 꼭 1940년대를 연상시켰다. 졸업앨범 속 여자 동창생들은 머리 스타일이나 옷, 립스틱이 꼭 빌리 홀리데이(독특한 스타일의 천재 미국 흑인 재즈가수_옮긴이) 같았다. 태미는 검은 리본에 망사 베일이 달린 회색 펠트 모자를 쓰고 있었지만, 눈빛에는 갈래머리 소녀 이후 멍에처럼 달라붙은 삶의 흔적이 비쳤다.

태미는 공업전문대학에서 준학사학위를 따고 2년간 슈퍼마켓 계산대에서 일했다. 그러면서 관리직 일자리를 얻겠다는 희망을 품었지만, 기회는 오지 않았다. 태미는 조던Jordan이라는 남자를 만나 아이 두 명을 더 낳았다. 1985년에는 아들, 1987년에는 딸이었다. 태미는 항상 알뜰하게 살림했다. 이제는 운전을 했기 때문에 값이 더 싼 교외로 나가서 장을 보았다. 또 아이들에게 줄 크리스마스 선물도 예약 주문하고 대금을 완불할 수 있을 때 찾아올 수 있게 준비했다. 하지만 세 아이와 그래니를 돌봐야 하고, 샬럿의 집까지 관리하려면 좀더 안정된 직장을 찾아야 했다.

1980년대 후반에 영스타운에서는 조각가 마이클 그레이브스의 설계로 지역의 산업 역사를 보여주는 박물관을 세웠다. 양식에 맞게 굴뚝이 달린 제철소의 형태였다. 하지만 워런 북쪽에서는 패커드 일렉트릭Packard Electric 공장이 여전히 가동 중이었고, 8000명의 종업원이 제너럴 모터스를 위해 배선다발과 전기 부속품을 생산하고 있었다. 이곳의 일은 제철소보다 더 쉽고 깨끗했으며, 종업원의 3분의 2는 여자였다. 또 이들 중 다수가 태미처럼 미혼모였다. 태미는 면접을 보고 시간당 7달러 30센트의 임금으로 조립 라인에 고용되었다. 이렇게 태미는 복지수당 수혜자 신세를 면하고 공장 종업원이 되었다.

오프라 윈프리의 본모습

오프라 윈프리Oprah Winfrey는 O자 하나로 통할 정도로 거물이었다. 오프라는 전 세계에서 가장 부유한 흑인 여성이었지만 보통 여자로 남았고, 이것을 자신의 고유한 이미지로 만들었다. 일주일에 5일은 적어도 138개 도시에서 4000만 명의 미국인이(또 145개국에 수백만 명의 시청자가 더 있다) 그녀와 더불어 웃고 울다가 깜짝 놀라기도 해가며 수다를 떨고 흥겨운 시간을 보낸다. 억만장자가 되었다는 사실 하나 때문에 오프라는 더 많은 사랑을 받았다. 오프라는 여전히 시청자와 같은 사람이었고, 그들을 알았으며, 그들과 같은 출신이거나 더 낮은 출신이었다. 그리고 수많은 여성에게 외롭지 않다는 느낌을 주었다. 시청자가 느끼는 감정을 오프라도 느꼈고, 오프라가 느끼는 감정을 시청자도 느꼈다.(가장 중요한 것은 자기 자신에 대한 느낌이다.) 오프라가 자신의 진심을 전달하는 법을 알았을 때 그들도 자신의 진심을 전달하는 법을 알았으며, 오프라가 사람들이 싫어할 것을 알면서도 상대에게 "아니요"라는 말을 서슴없이 하는 것(이것은 오프라의 놀라운 능력이다)을 보고 그들도 똑같이 따라 했다.

오프라는 나라 전체를 다시 알고 싶어했다. 또 복지가 수혜라는 사고방식을 깨부수려고 했으며, 수백 가정을 시카고 빈민단지에서 벗어나게 해주었다. 오프라는 인종 문제에 대해 전국을 상대로 대화를 이끌려고 했고, 영화 한 편을 통해 노예제도의 상처를 치유해주려고 했다. 그녀 자신이 "모든 것은 과거의 형상화에서 나온다"라고 말했기 때문이다. 오프라는 사람들이 최선의 삶을 살도록 도와주고 싶어했다. 해마다 크리스마스가 되면 스튜디오 방청객들에게 그들이 갖고 싶은 것을 주었다.(소니 52인치 3D 고화질 텔레비전, 폰티악 G6 세단, 로열 캐리비언 크루즈 여행 등.) 오프라는 시청자가 마음의 문을 활짝 열고 자신을 더 투명하게 바라보게 했으며, 신에게(뭐라고 부르든 간에) 다가가는 빛이 환하게 비치게 했다. 또 자신과 마찬가지로 시청자가 모든 것을 가질 수 있기를 바랐다. 오프라는 개방성과 신뢰성을 찬양했지만, 시청자가 그녀 자신의 틀 안에서 움직이도록 조종할 수 있었다. 그녀 앞에 나갈 기회가 생긴 사람이라면 누구나 표현의 자유를 평생 옹호한다는 문서에 서명해야 했다. 오프라는 자신을 찍은 모든 사진의 권리를 사들였으며, 그 이미지의 초상권을 침해하는 사람에 대해서는 즉각 고소하겠다고 위협했다. 그녀는 자서전 출간을 몇 주 앞두고 그 책이 자신에 대해 너무 많은 부분을 노출하고 있고, 심지어 다른 이들의 삶을 왜곡할 여지가 있다고 친구들이 경고하자 출간을 취소하기도 했다. 그녀의 모습은 해가 갈수록 급격한 변화를 겪었다.

"우주의 법칙대로라면 나는 강도를 당할 것 같지 않아요. 나는 사람들이 이룰 수 있는 모든 것을 이루도록 돕고 있으니까요."

오프라가 한 말이다. 또 "흑인이라면 '오프라 윈프리가 해낼 수 있는데 나는 못 할까?'라고 스스로 물어봐야 해요. 흑인들은 이제 어떤 핑계도 댈 수 없습니다"라는 말을 하기도 했다.

"해리엇 터브먼Harriet Tubman, 소저너 트루스Sojourner Truth, 패니 루 해머Fannie Lou Hamer, 이 모든 사람이 나의 일부인 거죠. 나는 언제나 이들의 삶을 차지했던 것이 바로 내 삶이라고 느꼈어요. 하지만 그들은 이런 일이 얼마든지 가능하다고는 꿈에도 생각 못 했겠죠. 나는 그들이 언제나 나와 함께 가고 있다고 생각해요. 그러니 해봐요. 도전해요"라고 오프라는 말했다. 또 "나에게 엄청난 힘이 있다고 느끼는 이유는 내 개성이 내 영혼이 하는 일과 일치되는 지점에 도달했다고 믿기 때문이에요"라는 말도 했다. "나는 누구와도 어울릴 수 있는 유형이에요. 나는 내가 싫어하는 사람이라 할지라도 그가 나를 싫어하는 것이 두렵습니다"라는 말, "토크 쇼를 진행하는 것은 나에게 숨을 쉬는 것과 같아요"라는 말, "나는 열 살 때 다이애나 로스Diana Ross와 슈프림스the Supremes가 「에드 설리번 쇼」에 나와 공연하는 것을 보고 백인이 되고 싶다는 소망을 버렸습니다"라는 말도 했다. "공장이나 미시시피의 목화농장에서 일하는 것 말고도 얼마든지 인생에서 이룰 수 있는 것이 많다는 생각은 아무도 못 하죠"라든가 "나는 그저 가난하고 어리석은 '깜둥이 계집애'에 지나지 않았답니다"라고 말하기도 했다.

오프라의 거대한 제국[하르포Harpo 프로덕션, 하르포 스튜디오, 하르포 영화사, 「오프라 윈프리 쇼」, 오프라 윈프리 네트워크, 오프라 매거진 O(표지마다 그녀의 사진이 실린다), 오 앳 홈O at Home, 오프라 라디오 네트워크, 오프라와 친구들, 오프라 스튜디오 상품전, 오프라 상점, 오프라 윈프리 부티크, 오프라 북클럽, 오프라가 좋아하는 것들, 빅 기브Big Give 자선 프로그램, 오프라 윈프리 소녀 리더십 아카데미, 오프라 엔젤 네트워크, 오프라닷컴]의 보랏빛 들판으로 이어지는 축복받은 인생은 1954년 미시시피 주 중부에 있는 한 농장에서 시작되었다. 그녀의 이름은 성서에 나오는 오르파Orpah를 잘못 적어 붙여진 것이었다. 태어나서 여섯 살 때까지는 외할머니인 하티 매이 리Hattie Mae Lee와 외할아버지인 얼리스트Earlist 손에서 자랐다. 요리사와 가정부를 했던 할머니는 노예의 손녀였으며, 할아버지 앞에서 벌벌 떨면서 기를 못 펴고 지냈다. 오프라는 너무 가난해서 옷을 사 입어본 적이 없었고, 애완동물이라곤 병 안에 키우는 바퀴벌레 한 쌍이 유일했다고 한다. 이런 이야기는 오프라 자신이 인터뷰에서 한 말이다. 그녀의 가족은 오프라가 이야기를 좀더 그럴듯하게 과장한 것이고, 생활에 별 어려움이 없었을 뿐만 아니라 귀염을 받고 자랐으며, 오프라의 자신감도 이 시절의 경험에서 나온 것이라고 주장했다.

오프라가 여섯 살 때, 손녀를 더 이상 키울 수가 없었던 외할머니는 아이를 밀워키로 보냈다. 오프라는 엄마와 함께 셋방에서 살았다. 엄마인 버니타 리Vernita Lee는 가정부 일을 했는데, 각각 아버지가 다른 두 아이를 더 키우며 복지수당을 받고 있었다. 엄마와 딸은 사이가 좋지 않았다. 오프라는 엄마의 돈을 훔치며 모타운(1959년 디트로이트에서 시작한 레코드 레이블로 흑인음악의 산실_옮긴이) 스타일의 야생마 같은 계집애로 자랐고, 열세 살 때부터는 버니타가 일하러 나가고 없는 동안 돈을 받고 남자애들과 마약 운반책 노릇도 했다고 오프라의 동생은 말했다. 하지만 오프라는 책을 좋아한 데다 연극적인 분위기의 목소리, 그리고 남다른 추진력 때문에 힘 있는 백인들의 주목을 끌었고, 그녀를 키워주고 싶은 마음이 들게 한 것도 사실이다. 열네 살 때 오프라는 이발사인 아버지 버넌 윈프리Vernon Winfrey가 사는 내슈빌로 보내져 그리스도인의 규범 속에서 살게 되었다.(훗날 버넌은 그녀의 아버지일 수 없다는 것이 밝혀졌다. 오프라는 아버지가 누구인지 알지 못했다.) 밀워키에서처럼 내슈빌에서도 오프라는 가족보다 백인들과 더 친하게 지냈다. 훗날 오프라는 자신의 유난히 까만 피부색을 싫어하거나 자신의 성공을 시기하는 흑인들 말고는 결코 백인에게 학대받는다는 느낌이 없었다고 말하곤 했다.

오프라는 학교를 졸업하기 전에 테네시 주를 떠나 지역 텔레비전 방송국을 찾아가 일자리를 알아보았다. 그러다가 1976년 볼티모어에서 저녁 뉴스 프로그램에 자리가 생겼을 때, 오프라는 흑인 바버라 월터스가 되거나 메리 타일러 무어 같은 뉴스캐스터가 될 생각을 품었다. 하지만 오프라는 뉴스에 대해서는 아는 것이 없었고, 말이 너무 가벼워 보이는 데다 광고 카피도 쓰지 못했기 때문에 아침 토크 쇼로 담당 프로그램이 바뀌었다. 오프라 자신이 봤을 때는 좌천이었지만, 여기서 그녀는 지역의 스타가 되었다. 오프라는 호감을 주었고 재미가 있었으며 솔직하게 말하는 장점이 있었다. 시청자가 원한다 싶으면 흥미진진하면서도 보는 사람의 가슴을 졸이게 할 정도로 무례한 질문도 서슴지 않았다.[프랭크 퍼듀(미국 최대의 치킨 생산기업인 퍼듀 팜스Perdue Farms의 회장을 지낸 인물_옮긴이)에게 치킨같이 생겼다고 하면 그를 괴롭히는 걸까요?] 1983년 말, 시카고의 지역방송 WLS가 그녀에게 연봉 20만 달러에 모닝 쇼를 맡아달라고 제안했다.

이후 오프라는 1980년대에 신진 흑인 엘리트의 센터였던 시카고의 상징이 되었다. 그녀가 시카고에 도착했을 때는 해럴드 워싱턴이 막 시장에 선출되었을 때였고, 제시 잭슨이 첫 대선 유세를 시작하고 있었으며, 마이클 조던이 불스Bulls 팀에 드래프트되기로 예정된 시점이었다. 오프라의 거울에는 잭슨 목사의 말을 인용했다고 하는 다음과 같은 구절이 붙어 있었다.

"생각을 품으면 그것을 믿을 수 있고, 결국 그것을 이룰 수 있다는 것을 알게 된다."

역량 강화, 자수성가한 유명인사, 필연적인 최고의 부, 이것이 오프라 하면 떠오르는 특징이었다.(오프라는 1970년대 초 테네시 주에서 일어난 흑인 민권운동black power을 싫어했고, 정치에는 전혀 관심이 없었다.) 사람들은 뚱뚱한 흑인 토크 쇼 진행자가 인종주의가 팽배한 시카고에서 성공하지 못할 것이라고 했지만, 오프라는 정확하게 일주일 만에 「필 도나휴 쇼」(방송 토크 쇼의 제왕이라 불리던 도나휴의 토크 쇼 프로그램_옮긴이)의 시청률을 바닥으로 곤두박질치게 만들었으며, 도나휴는 1년을 버티다 뉴욕으로 옮겼다. 오프라는 대체로 백인, 교외 거주자, 전업주부들로 이루어진 시청자들이 무엇을 원하는지 알았으며, 이미지가 실추되는 것에도 아랑곳하지 않고 '강간하는 남자들과 강간범 치료' '주부 매춘' '친척 유괴' '성적으로 학대받은 내 아이들을 돌려줘요'라는 노골적인 표현을 마다하지 않았다. 또 '인종주의자'나 '아기 살해범'(낙태 찬성자들을 비난하는 표현_옮긴이), '중증 장애인'이라는 표현을 서슴지 않았다. 오프라는 상대를 잘 요리했고, 감정 이입이 뛰어났으며, 자기비하적인 말도 잘했다. 또 방송 중에 페니스라는 말도 천연덕스럽게 할 줄 알았다.[버제이제이vajayjay(여성의 질)라는 말

을 쓰기까지는 20년이 더 걸렸다.]

그리고 1985년 12월 5일 아침, 오프라가 근친상간이라는 주제로 쇼를 진행하고 있을 때, 방청석에서 수수한 옷차림을 한 중년의 백인 여자가 잘 알아들을 수 없는 목소리로 말했다. 자신의 아들이 본인 아버지의 자식이라는 사실을 고백하는 것이었다. 이 말을 듣자 부풀어 오른 머리에 커다란 청동 귀걸이, 새까만 얼굴의 젊은 쇼 진행자는 잠시 광고를 내보내달라고 요청하고는 일그러진 얼굴을 손으로 가렸다. 이어 그 방청객의 어깨를 안고는 울음을 터뜨렸고, "저도 똑같은 일을 당했답니다"라고 위로의 말을 건넸다. 자신도 아홉 살부터 열네 살 때까지 여러 친척 남자들에게 끊임없이 성적 학대를 당했다는 말이었다.(5년 뒤, 세상에는 오프라가 열네 살 때 아들을 낳았고, 아이는 5주 후에 죽었다는 사실이 알려졌다. 마약에 중독된 오프라의 동생이 이 이야기를 1만 9000달러를 받고 타블로이드 신문에 팔았기 때문이다.)

그러자 엄청난 팬레터가 들어왔고, 전화선은 마비되었으며, 시청률은 끝없이 치솟았다. 오프라가 수많은 여자의 말 못 할 비밀을 터뜨린 것이다. 그리고 이때부터 오프라 윈프리는 그냥 오프라로 불렸다. 피해의식과 싸우고 상처를 극복하려는 모든 여성, 모든 남자의 애인이 이 쇼를 지켜보고 있을 때였다. 명성과 돈만으로는 지금의 오프라가 나올 수 없었을 것이다. 여러 지역에 흩어져서 쇼를 보는 수많은 시청자의 마음속에 감춰진 상처를 알고 그 상처에 이르는 비밀통로를 먼저 발견해야 했다. 그런 다음에 그녀의 놀라운 장점은 그들 모두의 것이 될 수 있었다. 오프라의 물질적·정신적 성공은 그녀를 돋보이게 하는 특권이 아니라, 그녀와 시청자 한 명 한 명이 연결된 고통에 대한 승리의 표시였다. 오프라는 수많은 여성처럼, 멍에를 벗고 쓰기를 반복하는 공적인 투쟁을 통해 그들을 자신의 삶 속으로 불러들였다.(오프라는 자신이 걸어온 길을 보여주었고, 충동적으로 아낌없이 베풀 줄 알았다.) 스테드먼 그레이엄Stedman Graham과의 결혼은 해마다 뒤로 미뤄졌다.(하지만 이 남자는 오프라에게는 완벽한 상대였다. 큰 키에 미남이고, 밝은색 피부에 말이 느렸으며, 마케팅 경영자에다 『당신도 목표를 이루고 자신의 브랜드를 창출할 수 있다You Can Make It Happen and Build Your Own Life Brand』의 저자였다.)

오프라와 시청자를 이어주는 연결고리는 깨뜨릴 수 없는 것이었다. 시청자들 대다수는 코미디 프로그램을 제외하고는 그때까지 집 안에서 흑인을 보는 일이 절대 없었지만, 오프라는 이들을 외롭지 않게 해주었고, 좀더 관용적이고 개방적으로 만들었으며, 책과 아이디어에 호기심을 갖게 했다. 반면에 시청자는 그녀를 상상할 수 없을 만큼 부자로 만들었다. 오프라가 성공을 거듭하면서 연간소득은 1억 달러에서 2억 6000만 달러로, 다시 실소득이 7억 2500만 달러에서 15억 달러로 뛰었다. '배우자 간의 용서할 수 없는 행위들'과 '남편에게 민감한 여자들'에서부터 '당신의 인생을 바꿔라'와 '영혼의 자리'에 이르기까지 어떤 주제든, 또 성적 학대의 희생자인 로리Laurie에서부터 마야 안젤루Maya Angelou에 이르기까지, 오프라는 한 번도 시청자의 사랑을 놓친 적이 없다. 오프라가 방송을 할 때 톰과 줄리아, 다이앤, 토니, 마리아, 아놀드, 버락, 미첼 등 친구들과 함께 진행하는 시간이 길어지면서 유명인사들이 유명인사를 띄워주는 모습이 연출되었다. 물론 가장 충성스러운 친구는 하루도 거르지 않고 쇼를 보는 700만 명의 시청자들일 것이다. 오프라가 하루를 마치는 전형적인 형태는 란초 라 푸에르타Rancho La Puerta에서 개인 전용기를 타고 시카고로 돌아와(전용기를 타고 다닌다는 것은 대단한 일이다. 전용기를 별것 아니라고 말하는 사람이 있다면 거짓말일 것이다) 마이클 조던 레스토랑의 꼭대기 층에서 열리는 스테드먼의 저자 사인회에 참석하는 식이다. 이때 오프라는 잔뜩 분노에 찬 얼굴로 현장에 도착한다. 『내셔널 인콰이어러』가 허락도 받지 않고 호숫가에 있는 콘도의 사진을 실었기 때문이다. 지나친 장식의 대리석 건물, 새틴, 벨벳, 실크 등으로 된 실내 장식용품들이 그대로 노출된 것이다. 어쨌든 가장 열렬한 후원자들은 록퍼드나 오클레어 같은 곳에서와 니어웨스트사이드에 있는 하르포 스튜디오 밖에서 네 시간씩 줄을 서서 기다리는 나이 든 하위 중산층 여성들이었다.

이들은 오프라에게 없는 것(자녀, 부채, 여유 시간)을 갖고 있었다. 이들은 오프라가 광고를 하면서도 정작 본인은 사지 않는 제품(메이블린, 제니 크레이그Jenny Craig, 리틀 시저스Little Caesars, 이케아)을 썼다. 이들의 재정적인 문제가 심각해질 때, 오프라는 방송 중에 한 명을 지목해서 빚을 갚아주는 행동으로 방청객의 가슴을 두근거리게 했다. 자동차를 사 주기도 했고, '크리스마스에 오프라가 좋아하는 것' 코너에서는 다이아몬드 시계나 토리버치 명품 가방 같은 사치품을 선물하기도 했다. 하지만 오프라의 마력적인 사고('종두 자국이 자폐증을 부른다' '긍정적인 사고가 부와 사랑, 성공을 낳는다')를 잘 안다고 해서, 또 갈수록 오프라가 많은 일을 하고 더 많은 것을 소유하는 것을 계속 지켜본다고 해서 모든 시청자가 최선을 다해 살았던 것은 아니었다. 이들 중에는 주택 아홉 채를 소유하기는커녕 무주택자도 있었다. 이들은 존 트라볼타를 친구라고 부르는 처지도 못 되었으며, 세상의 법칙은 이들에게 강도에 노출되기 쉬운 환경을 제공했다. 언제나 신성한 자아에 스스로를 맞추지도 못했고, 결코 이룰 수 있는 모든 것을 이루지도 못했다. 그리고 인생에서 이유 없이 생기는 고통은 없다는 이유로 오프라는 이들에게 핑계를 대지도 못하게 했다.

제프 코너턴

1987년, 월가의 금융업자들을 재무부의 고위직으로 보내던 '회전문 revolving door 현상'(감독 관청의 관리가 퇴임 후 피감 기관으로 옮기는 현상_옮긴이)은 코너턴을 바이든 대선캠프에서 연봉 2만4000달러를 받는 하급직원에 주저앉히는 결과를 가져왔다. 임대료를 감당할 수 없던 코너턴은 신형 푸조를 처분하고 부모님이 쓰던 1976년식 쉐비 말리부를 몰고 다녔다. 이 것이 그에게 문제될 것은 전혀 없었다.

애틀랜타를 떠나기 전에 그에게 주어진 첫 번째 임무는 조지아 주에서 20명의 바이든 지지자를 찾아내 각각 250달러씩 수표로 후원금을 내게 하는 것이었다. 20개 주에서 이런 과정을 마치면 후보로서 연방 정부 지원을 받을 자격이 주어졌다. 이것은 코너턴이 경험한 것 중에서 가장 힘든 일에 속하기는 했지만, 실패에 대한 두려움이 그에게 추진력을 주었다. 코너턴은 조지아에서 아는 사람이라면 누구에게나 연락해 수표 발행을 애원했고, 성공을 거두었다. 그리고 이 과정에서 그는 후원금을 모금하는 방법을 배웠다. 바이든이 이길 것이라거나 바이든이 적임자라는 말로 상대를 설득할 필요는 없었다. 그저 "저를 위해 해주세요!"라고 호의를 청하면 되었다. 문제는 '누구에게 부탁하는가'였다. 예전 여자친구에게 부탁했을 때는 거절당했다. 피무 친목회 소속으로 당시 조지아 주에 살던 이 친구는 간접적으로 바이든이 '대통령이 되기 위해 할머니도 팔 사람'이라는 말을 들었기 때문이다.

레이건 이후 처음으로 치러지는 선거였다. 모든 선거운동이 그렇듯 바이든 캠프도 혼란 속에 잠도 제대로 못 자고 그때그때 즉흥적으로 대처하며 식사도 인스턴트식품으로 때우기 일쑤였다. 당신이 무슨 일을 할지는 모르지만 일단 3일 내로 참여하라는 식이었다. 코너턴은 3월에 워싱턴 외곽의 버지니아 주 알렉산드리아에 셋방을 하나 얻었다. 집주인은 감자튀김 동업조합을 담당하는 공무원이었다. 캠프에 들어간 코너턴은 자신이 워싱턴 본부가 아니라 델라웨어 주 윌밍턴 캠프에서 일할 것이라는 사실을 알게 되었다. 이곳의 바이든 대선캠프는 허름한 건물의 널따란 빈 상점 자리에 차려졌는데, 파란 카펫이 깔린 방에 책상만 10여 개 놓여 있었다. 백악관으로 가는 길은 별로 화려하지 않은 베이스캠프에서 기어 올라가는 코스였다. 코너턴이 조지아에서 전화를 걸어 수표 발행을 요구하는 작업에 성공한다면 그것은 그가 후원금 조달자가 된다는 의미였다. 이 일은 터스칼루사에서 바이든의 연설을 들을 때 상상했던 정치가 아니라 끔찍하게 고된 일이었지만, 코너턴은 훌륭한 병사가 되기로 결심했다. "어디로 가면 되는지만 말해줘요"라고 코너턴은 말했다. 그는 책상 하나를 배정받고 매일 열두 시간씩 일했으며, 버지니아에서 편도 두 시간이 걸리는 거리를 출퇴근했다. 나중에는 화요일부터 목요일까지 캠프 부근의 데이즈 인Days Inn 모텔에서 잠을 자기도 했다.

코너턴은 바이든의 수석보좌관인 테드 코프먼Ted Kaufman 밑에서 일했다. 엘 그레코의 그림에 나오는 사람처럼 큰 키에 긴 턱, 둥근 고수머리를 한 남자였다. 코프먼은 바이든의 핵심 측근이었는데, 바이든의 누이동생 발레리Valerie는 코너턴에게 코프먼을 소개하면서 "테드 밑에서 일하게 된 것을 행운으로 생각해요. 조와 아주 가까워서 걱정할 것이 없는 사람이거든요"라고 말했다. 이 말을 듣고 코너턴은 "사람들이 걱정한다고요? 무슨 말씀인지 좀 자세히 설명해주시겠습니까?"라고 묻고 싶었다. 이 질문의 뜻은 "그렇다면 반대로 당신은 내가 바이든과 아무 관계도 아니라서 걱정이 많다는 거네요. 바이든 진영은 특권이 있는 사람과 없는 사람으로 나뉜다는 건가요?"라는 것이었다.

코프먼과 코너턴은 호흡이 잘 맞았다. 경영학 석사학위를 가진 두 사람은 모금활동도 회사를 경영하듯이 하기로 결정했다. 코너턴은 팀장과 부팀장으로 피라미드 조직을 구성하면서 선거 전략의 초안을 짜는 일을 거들었다. 팀원들이 모금을 많이 할수록 팀장은 바이든에게 접근할 기회가 늘어났다. 코너턴은 선거 일정을 쫓아가면서 누가 옷에 후보 휘장을 달 것인지, 누가 후보와 만찬을 함께할 것인지를 결정했다. 또 기부자를 위한 체계를 갖추었다. 만일 기부자 중 한 사람이 바이든을 만나고 싶어 하면 적어도 1000달러를 후원하게 했다. 그리고 고액 기부자에게는 "5만 달러를 기부하신다면 상원의원과 함께 그의 집에서 만찬을 하실 수 있습니다"라고 말했다. 수표 발행자 중에는 단지 친구들에게 "조와 윌밍턴에 있는 그의 집에서 같이 저녁을 먹었네"라는 말을 하려고 2만5000달러를 더 내는 사람도 있었다.

게리 하트Gary Hart가 '몽키 비즈니스Monkey Business' 요트에서 여배우인 도나 라이스Donna Rice와 오붓한 시간을 보내고 이해 최초로 언론의 뜨거운 관심 속에 사생활에 얽힌 추문으로 희생된 뒤, 바이든은 후보 지명의 강력한 도전자로 떠올랐다. 코너턴은 거대한 파란색 카펫이 깔린 캠프의 책상에서 하루 종일 잠시도 쉬지 않고 일했고, 자정이 되면 알렉산드리아의 집으로 돌아가 녹초가 되어 곯아떨어졌다. 그리고 이튿날 아침에 일어나면 '나는 지금 내 목표대로 사는 거야'라고 생각하며 다시 똑같은 일과를 반복하기 위해 윌밍턴으로 향했다.

어느 봄날, 바이든이 윌밍턴 캠프에 모습을 드러냈다. 터틀넥 셔츠에 비행기 조종사가 쓰는 선글라스를 낀 모습이었다. 바이든은 캠프 관계자들(이들 중에는 바이든이 1972년에 29세의 나이로 상원의원에 선출되었을 때부터 함께 활동한 사람이 많았다)에게 인사를 하고, 선거운동에 대해 간단한 격려를 했다. 코너턴이 앨라배마에서 마지막으로 바이든을 보고 중간에 답장을 받지 못한 편지를 수도 없이 쓴 뒤로 6년 만이었다. 특별한 반응이 없었기 때문에 바이든이 자신을 알아보았는지 아닌지는 알 수 없었다. 상원의원이 떠날 때, 코너턴은 그를 쫓아가 길을 가로막고 "제가 의원님을 앨라배마대학으로 세 번이나 초청했잖아요. 마지막으로 뵈었을 때 의원님이 대통령이 되도록 돕겠다고 약속했고요. 바로 저예요"라고 소리치고 싶었다. 하지만 마음속으로만 생각했을 뿐 말없이 자리로 그냥 돌아갔다.

코너턴은 남부의 법정 변호사들과 유대인 사회를 상대로 5만 달러를 모금하며 직책이 올라갔다. 그는 후보 유세를 따라다녔고, 비행기가 지연되거나, 도착한 바이든의 연설이 너무 길거나 너무 짧을 때면 후원금 기부자들에게 비난을 들었다. 그는 바이든과 말을 나눌 기회가 없었다. 어느 날인가 휴스턴의 기부자들을 만나기 위해 비행기로 이동할 때, 코너턴은 행사에 대해 바이든에게 간단하게 보고하라는 말을 들었다. 그는 서류를 챙겨 들고 바이든과 그의 부인, 질॥이 앉아 있는 일등석으로 찾아갔다.

"상원의원님, 잠시 보고드려도 될까요?"라고 코너턴은 물었다.

"아는 대로 간단히 말해봐요."

바이든은 거의 고개도 들지 않고 대답했다. 그는 앨라배마에서의 일을 기억하지 못하는 것이 분명했다. 코너턴이 그를 위해 일하러 온 지 오랜 시간이 흐른 뒤에 그의 보스가 고작 한다는 말은 "오래전에 로스쿨에 다니는 자네를 만나서 반가웠네"였다. 처음 만났을 때 받은 인상을 완전히 망쳐놓는 발언이었다. 바이든은 언제나 낯선 사람을 만났다. 특히 델라웨어와 어떤 식으로든 관계가 있는 사람들이 많았다. 집안사람이나 오랜 측근으로 있던 사람들에게 상원의원은 '바이든을 쥐어짜는 사람'이라는 표현을 즐겨 쓰며 강한 신임을 드러냈다. 하지만 단순히 몇 년 동안 자신을 위해 죽어라 일만 하는 사람들은 무시했고, 자신을 두려워하게 했으며, 때로는 굴욕감을 안겨주었다. 이들의 승진 따위에는 아무 관심도 없었고, 이름도 기억하지 못했다. 화가 나지 않았을 때는 "어이, 대장" 또는 "어떻게 돼가, 팀장?"이라는 말이 고작이었고, 대부분의 경우 그가 남자 직원들에게 즐겨 쓰는 표현은 "멍청이dumb fuck"였다. "이 멍청이가 내가 필요한 자료를 빼먹었군" 하는 식이었다. 이 말은 명사뿐 아니라 다음과 같이 형용사로도 쓰였다.

"행사 진행자가 민주당이요, 공화당이요? 당신이 너무 멍청해서 모르는 건가?"

코너턴의 주 업무는 후원금을 호소하는 것으로, 힘만 들고 아무런 보람도 없는 짓이었다. 또 바이든이 모금을 싫어했기 때문에 이 일을 하면서 끝없이 비난을 들었으며, 그 자체로 타협이 필요한 고역이었다. 동료들 중에는 전화를 걸어 후원금을 호소하는 일에 반평생을 매달려온 사람들도 있는 것 같았다. 캘리포니아의 상원의원인 앨런 크랜스턴Alan Cranston 같은 사람은 헬스클럽에서 자전거를 타면서도 단돈 500달러의 모금을 위해 쉴 새 없이 전화를 하지만, 바이든은 후원금을 위해 전화를 하는 법이 거의 없었다. 웬만한 나라의 땅덩어리 정도 되는 주의 상원의원으로서 바이든은 결코 많은 후원금을 모금할 필요가 없었다. 그렇다고 대선운동에 재정적 압박을 안 받는 것도 아니었다. 그는 모금활동으로 자신을 돕거나 후원금으로 수표를 발행한 사람들이 제기하는 요구를 불쾌하게 생각했다. 마치 자신은 그들에게 신세를 진 일이 없다고 생각하는 것 같았다. 바이든은 워싱턴에 상주하는 사람들과는 어울리지 않았다. 저녁이 되면 언제나 의사당 사무실에서 나와 매사추세츠 거리를 가로질러 유니온 역에 가서 철도편으로 윌밍턴에 있는 가족에게 돌아갔다. '보통 사람'조로 남는 것이 그가 과감하게 선택한 자부심의 핵심이 되었다. 그는 은혜를 모르는 것만큼 부패도 몰랐다.

워싱턴의 선출직 관리들은 스스로를 고위급 인사로 생각했다. 이들은

'우두머리'였고, 투지를 보여주면서도 대중 앞에 설 때는 굴욕을 감수했다. 이들의 눈에 참모는 기생충처럼 자신들에게 붙어서 시종 노릇을 하는 하급 인간으로 비쳤다. 코너턴은 자신이 조에게 가르쳐줄 것이 아무것도 없다는 것을 알았다. 이 사람은 미국인이 무엇을 원하는지 손끝 감각으로 파악하며 거의 20년 동안 같은 일을 해온 정치인이었다. 코너턴은 자신이 유능한 일꾼이라는 것을 입증하지 못하는 한, 철저한 소모품에 불과했다. 코너턴은 훗날 말했다.

"그는 내 눈에서 불확실성을 보았어요. 나는 그 분야에서는 너무 초보였어요. 월가에서 훈련받은 내가 완전히 다른 세계에 발을 들여놓은 거죠. 그의 팀에 합류하려고 너무 오랜 시간을 기다렸기 때문에 기대가 너무 컸어요. 그가 볼 때 나는 그저 대선캠프에서 일하기 위해 찾아온 뜨내기에 지나지 않았죠. 권력에 이끌렸다고나 할까요. 머릿속으로 복잡한 계산을 한 것은 없었으니까요. 단지 그가 나라를 다스리기 위해 백악관에 입성할 때 함께 들어가는 무리에 속하고 싶었을 뿐입니다. 이것이 워싱턴의 최후통첩 게임이에요. 그리고 그가 대선에 실패하자 갑자기 방향을 잃은 거죠."

9월 초, 코너턴은 잠시 일손을 놓고 앨라배마-펜실베이니아 간 주립대학 대항 미식축구 경기를 보러 갔다. 그가 펜실베이니아 교외로 차를 몰고 갈 때 라디오에서 뉴스 속보가 들렸다. 바이든이 아이오와의 토론에서 닐 키녹Neil Kinnock이라는 영국 노동당 정치인의 연설을 표절했으며, 석탄 광부의 후손이라는 키녹의 정체성까지 훔쳤다는 내용이었다. 그 사건만 놓고 보면 크게 파급을 미칠 만한 것도 아니었다. 하지만 이미 하트가 낙마한 마당이라 언론(『타임』의 모린 다우드와 E. J. 디온느, 『뉴스위크』의 엘레노어 클리프트)은 또 다른 스캔들 냄새를 맡고 바이든의 결점을 파내려고 혈안이 되었다. 그리고 곧 휴버트 험프리와 로버트 케네디의 글을 몇 줄 표절한 것과 법학대학원의 논문에 형편없는 각주를 실어 낙제점수를 받은 사실이 드러났다. 또 자신의 과거 경력을 부풀리기도 했다. 시스팬 방송은 뉴햄프셔 주민의 주방에서 있었던 사건을 방송에 내보냈다. 바이든은 예정에 없던 해명 유세에 나서라는 건의를 받아들였다. 정치 역사에서 처음 있는 일이었다. 바이든은 90분 중 89분은 아주 훌륭한 연설을 했다. 하지만 자신의 경력을 설명하는 데 너무 많은 시간을 들인 데다가 끝나기 직전에 한 유권자가 법학대학원의 성적을 묻는 일까지 벌어졌다. 바이든은 이 미끼를 덥석 물고는 "내 생각에는 아마 내가 당신보다 아이큐가 높을 거요"라고 감정적으로 대꾸했다. 그런 다음에 그 사람에게 버럭 화를 내면서 적어도 세 가지 잘못된 진술을 했다.

코너턴은 키녹의 연설을 들어본 적도 없었고, 바이든이 그 말을 어떻게 이용했는지도 몰랐다. 솔직한 심정으로는 언제나 "우리의 정치적 영웅들이 암살당했다고 해서 그들의 꿈이 우리의 가슴 깊은 곳에 묻힌 채 빛을 잃었다는 뜻은 아닙니다"라는 말로 민정의 갈채를 받는 바이든의 선거 연설에 별 관심이 없었다. 코너턴도 어느 누구 못지않게 케네디가의 정치인들을 존경했지만, 바이든의 연설은 단조롭다는 느낌을 받았다. 게다가 지나치게 꾸미고, 10년 또는 그 이상 지난 낡은 패러다임이라는 인상을 주었다. 왜 바이든은 터스칼루사에서 솔트 II를 주제로 연설할 때처럼 주체적으로 문제를 제기하고 사실을 지적하며 해결책을 내놓지 못한단 말인가? 바이든은 코너턴이 자신의 선거캠프에 합류하기 위해 6년씩 기다릴 만큼 청중에게 감동을 주는 능력으로 대통령에 도전하는 것으로 보였었다. 그렇다면 이제 무엇으로 청중에게 감동을 줄 것인가? 그는 암살된 정치 지도자들과 같은 목소리를 내려고 애를 썼다. 전문가들에 따르면, 케네디 형제가 고대 그리스인의 말을 인용한 데 반해, 바이든은 케네디 형제의 말을 인용하고 있었다. 게다가 때로는 출처도 제시하지 않았다.

하지만 최후통첩 게임의 법칙은 변하고 있었다. 1968년에 조지 롬니 George Romney는 텔레비전에 출연해 자신이 베트남에 있는 장군들에게 세

뇌당했다고 말하고 나서 대선 경쟁에서 탈락했다. 1972년에 에드먼드 머스키는 뉴햄프셔의 맨체스터에 있는 윌리엄 로브William Loeb의 『유니언 리더Union Leader』 신문사 밖에서 눈발을 맞아가며 평상형 트럭에 선 채 카메라가 돌아가는 가운데 그의 아내 제인을 중상모략한 편집진에게 화를 내며 눈물을 흘렸다. 그리고 이것으로 에드 머스키는 정치적 종말을 고했다. 1980년 로널드 레이건은 고개를 꼿꼿이 쳐들고 여유 있게 웃으며 "또 시작이군요"라는 말로 지미 카터를 단임 대통령으로 끝나게 만들었다. 1984년에 월터 먼데일Walter Mondale이 "알맹이는 어디 갔나요?"라고 묻자 게리 하트는 갑자기 더벅머리에 얼굴만 해반드르한 청년처럼 보였다. 텔레비전에 비치는 10초의 시간이 후보의 특징을 영원히 각인시키기도 하고, 승리의 왕관을 씌워줄 수도 있으며, 동시에 선거전에서 낙마시킬 수도 있는 법이다. 대통령이나 도전자들은 눈에 불을 켜고 달려드는 언론 때문에 안락사를 당할 수도 있다.

하지만 최후통첩 게임의 새로운 법칙은 유난히 제프 코너턴이 조 바이든에게 포부를 건 해에만 초점을 맞추었다. 1987년에 일회성의 정치적인 막간극으로 끝날 일이 본격적인 사건으로 확대된 것이다. 후보와 굴욕을 당한 그의 아내가 언론의 집중 조명을 받는 가운데 인사청문회 자리에 나온 후보는 에둘러 자신의 과거를 장황하게 설명하며 스스로를 정당화하려고 안간힘을 쓰고 있었다. 각 진영의 이론가와 이해집단은 전면전을 벌이듯이 크고 작은 질문으로 후보를 괴롭혔다. 이들은 한 정치인이 살아오면서 저지른 과거와 최근의 허물을 캐내느라 열을 올렸고, 갈수록 절정으로 치닫는 과정에서 들개떼 같은 기자들은 앞서거니 뒤서거니 경쟁을 벌이며 한때 강력했지만 이미 상처투성이가 된 사냥감의 처참한 모습을 보도하기에 바빴다. 1987년에 게리 하트가 있고 로버트 보크Robert Bork가 있었다면, 그 자리에 조 바이든도 있었다. 그리고 뒤의 두 사건은 동시에 일어났다.

끔찍한 악몽의 키녹 사건이 일어나고 2주가 지난 뒤 캠프 내에서는 매일매일이 충격적인 사건의 연속이었다. 하지만 돌이켜보면 궁극적인 해결을 위해서는 마치 고대 부족문화에 제물을 바치는 의식이 필요했듯이 희생은 불가피한 것으로 보였다. 후보는 선거전을 계속할 것을 다짐하고 사냥개들이 짖는 소리는 무시하려고 애썼다. 하지만 언론은 갈수록 더 집요하게 물어뜯었다. 동료들은 후보에게 변함없는 지지 의사를 표명했지만, 전반적인 선거 구도는 미로에 빠진 것처럼 견디기 힘들고 끔찍한 인상을 주었다. 후보는 가족과 핵심 측근을 한 사람씩 불러 그들의 의견을 들었다. 일부는 계속해야 명예를 지킬 수 있다고 했고, 또 일부는 여기서 포기해야 명예를 지킬 수 있다고 했다. 결국 후보는 눈물을 흘리며 중도 하차하기로 결심했다. 그는 분노를 억제하며 카메라를 응시했다.

9월 23일 아침, 코프먼과 코너턴은 전국적으로 활동하는 기금 모금 담당자들에게 비이든이 정오에 후보 사퇴 방송을 할 것이라고 알렸다. 기자회견 2분 전에 코너턴은 앨라배마에 있는 부모에게 전화를 했다. "텔레비전을 켜보라"는 것밖에 달리 할 말이 없었다. 코너턴은 동료들이 러셀 빌딩에서 행한 바이든의 기자회견을 텔레비전으로 지켜보는 동안 욕실에 들어가 울었다.

바이든은 사형 집행을 확인하는 카메라를 향해 말했다.

"저는 이런 상황까지 온 저 자신에게 화가 납니다. 그리고 비꼬는 인상을 주는 말을 하지 않으려면 보크 인사청문회에 나가야겠군요."

이 말을 마치고 바이든은 3층에 있는 상원 간부 회의실로 가서 법사위원장 자리에 앉았다. 이 자리에서 그는 대법관 인준을 위한 인사청문회를 진행하며 로버트 보크 판사의 인준을 부결시킬 작정이었다. 동시에 이 청문회는 바이든이 정치적으로 재기하는 시간이기도 했다. 코너턴은 완전히 맥이 풀렸다. 그의 영웅은 가짜 후보로 드러났고, 백악관을 꿈꾸던 그 영웅의 기록은 2주가 지나자 전국적인 놀림감이 되고 말았다.

코너턴은 말했다.

"그는 자신의 힘이 연설과 사람들에게 감동을 주는 능력에서 나온다고 주장했죠. 그런데 그의 연설이 다른 사람의 말을 빌려온 것이 드러나면서 그 힘은 완전히 허물어진 거예요."

이제 코너턴은 무엇을 할지 정신이 아득했다. 그의 인생이 갑자기 방향을 잃은 것이다. 코프먼이 몇 달 동안 윌밍턴 주변에서 대기하면서 선거 캠프를 해체하는 일을 도와달라고 요청하자 그는 응했다. 이것이 그를 훌륭한 병사처럼 보이게 했을지는 모르지만, 사실 그는 완전히 진이 빠져서 달리 선택의 여지가 없었다. 이제 그에게 정치에서 가장 힘든 업무가 주어졌다. 몇 시간씩 전화통에 매달린 채, 화를 내며 후원금을 돌려달라고 아우성치는 기부자들과 씨름을 해야 했다. 또 아이오와와 뉴햄프셔의 운동원들은 캠프의 컴퓨터를 점거하고 마지막 급료를 내놓으라고 아우성쳤다. 하다못해 샌드위치 한 조각이라도 캠프에 후원한 사람이면 누구나 청구서를 보냈다. 바이든의 수치스러운 자료와 반反바이든 뉴스거리, 서명기사 등 모든 기록을 모아 보관하는 일도 코너턴의 몫이었다. 이런 자료가 1990년에 있을 다음 상원 선거에서 바이든을 공격하는 무기로 이용될 수도 있기 때문이었다. 이런 자료 파일은 수백 부가 넘었으며, 바이든에 대해 까발릴 수 있는 것은 죄다 까발려야 모든 시련이 끝날 것 같았다. 심지어 그의 모발 이식에 대한 자료도 있었다. 코너턴의 작업은 소송에 대비한 증거자료로 쓰기 위해 끔찍한 사고로 조각조각이 난 시체를 수습하는 꼴이었다.

1987년 말, 코너턴은 민주당 상원선거위원회의 직책 하나를 제안받았지만 거절했다. 자신의 활동 경력을 수표와 휘장을 관리하는 일로 채우고 싶지 않았기 때문이다. 여전히 문제의 핵심을 파고드는 정치 영역에 포함되고 싶은 바람이 있었다. 그때 코프먼이 법사위원회의 조직이 구성된다고 말했다. 4만 8000달러의 연봉은 그가 월가에서 활동할 때의 초봉에 해당하는 액수였다. 물론 법사위원회에서 활동하면 공정거래법이라든 가 지적재산권, 민사사법개혁같이 흥미로운 일에 매달린다는 장점이 있을 것이다. 코너턴은 코프먼과 강한 연대감을 느꼈다. 또 바이든을 완전히 포기한 것도 아니었다. 어쨌든 월가에서는 그를 고용할 것 같지 않았다. 증권시장은 10월 19일에 마비되면서 사상 최대의 일일 하락폭을 기록했다. 그리고 1986년의 세제개혁법 때문에 공공금융 부문에 만연한 중개인의 술책 중 많은 것이 사라졌다. 코너턴은 결국 워싱턴에 남기로 결심했다. 워싱턴에서는 누구나 누군가의 부하였다. 코너턴은 바이든의 부하였다.

1987

고함 소리, 욕설, 다양한 손짓, 끔찍한 공포—탐욕지수(주식시장의 예측 불가능성을 가늠하는 투자자의 반응_옮긴이)가 가득하지만 그는 이 일을 좋아했다. 그는 채권 판매의 1인자이며, 흔히 하는 말로 채권 거래에서 '최고의 생산자'였다.

보에스키 사건의 담당 검사는 월가의 윤리적 변화를 전망한다.

도나 리스—실제로 무슨 일이 있었는가?
게리 하트가 나에게 청혼했다—바하마의 오붓한 한때를 담은 독점 사진.

나는 게토 하층계급의 자유로운 관점이 종말을 고함으로써 이 주제에 대한 지적 담론이 너무 일방적으로 변했다고 생각한다. 이로써 목표를 달성하는 것은 더욱 어려워졌다.

충격적인 새 풍조—미국인이 고향을 떠나는 것을 두려워하다.

넌 망한 거야. 개똥이라고. 그렇다고 심각할 건 없어. 괜찮은 코카인만 있으면 되니까.

상대주의는 서구 세계 또는 지적 세계에서 제국주의적 요구를 파괴하면서 이 세계를 단순하게 상대적인 문화로 제한하는 데 성공하고 있다.

앞으로 중력은 달라질 것이다. 나이키의 에어 리볼루션은······.

앨런 그린스펀은 무역수지 적자의 확대를 '일탈'이라 부르며 개선을 예상한다.

앞으로 14개월 동안 플로리다에 환상적인 탄환열차를 건설하려는 입찰자들은 심각한 사태에 직면할 것이다. 이들은 탬파에 기차역을 세우는 데 관심이 있는 개발자들과 대대적인 토지 거래를 놓고 협상을 시작할 것이다.

미하일 고르바초프 서기장님, 귀하가 평화를 추구한다면, 또 소련과 동유럽의 번영을 추구하고 자유화를 추구한다면 이 문으로 오십시오!

대통령이 이란-콘트라Iran-Contra 사건의 책임을 인정하다.

많은 고용원이 게이츠의 신기술 용어를 공유한다. 아무리 복잡하고 위험한 상황에서도 '무작위'가 적용된다. '대역폭Bandwidth'이란 말은 한 사람이 흡수할 수 있는 정보의 양을 의미한다. 제대로 돌아가는 것은 '급진적'이고 '멋진 것'이며, 게이츠가 좋아하는 말은 '슈퍼'다.

대선전에서 기사회생하려고 애쓰는 바이든은 오늘, 젊었을 때 표절한 '과오'를 인정했다.

공포! 다우지수 바닥세로 폭락—508포인트

※1987년을 상징하는 사건들. 영화 「허영의 불꽃The Bonfire of the Vanities」 「회색도시Less Than Zero」의 대사, 「로스앤젤레스타임스」 「내셔널 인콰이어러」 「세인트 피터스버그 타임스」 「워싱턴포스트」 「비즈니스 위크」 「뉴욕타임스」 「뉴욕 데일리 뉴스」 등의 기사, 이해에 나온 윌리엄 줄리어스 윌슨William Julius Wilson과 앨런 블룸Allan Bloom의 저서, 나이키 광고, 레이건의 베를린 연설 등을 인용한다_옮긴이.

장인, 레이먼드 카버

레이먼드 카버Raymond Carver는 술꾼이었다. 그는 C. R.이라고 불리던 아버지에게서 이런 습관을 물려받았다. C. R.은 야키마 밸리Yakima Valley에 있는 제재소에서 톱 정비공으로 일했는데, 타고난 이야기꾼이었다. 레이는 이 재주도 물려받았다. C. R.은 몇 달 동안 맥주 한 모금도 입에 안 대다가 한동안 집을 비우고 어디론가 사라지기도 했다. 이럴 때면 레이와 어머니, 동생은 울적한 분위기에서 저녁 식사를 하곤 했다. 여기서 레이의 음주벽이 시작되었다. 일단 마셨다 하면 끝을 보려 했다.

레이는 1940년대와 1950년대에 성장기를 보냈다. 그는 키가 크고 몸이 통통한 아이였다. 걸을 때는 등이 구부정했고, 팔다리의 움직임은 부자연스러웠다. 눈은 체중이 줄고 나서도 살찐 아이 특유의 반쯤 감긴 듯한 사시였다. 바지와 셔츠는 40세 실업자가 입은 개버딘gabardine(올이 단단하게 짜인 능직의 옷감_옮긴이)처럼 보였다. 그는 말할 때 중얼거리듯 했기 때문에 상대가 알아들으려면 가까이 다가가야 했으며, 주로 웃기는 말이나 비꼬는 표현을 할 때 그런 적이 많았다.

카버 가족은 콘크리트 바닥에 넓이가 65제곱미터 되는 방 네 칸짜리 집에서 살았다. 혼자 지낼 공간은 없었으며, 서로 모르는 사람처럼 냉랭한 분위기에서 함께 붙어 지냈다.

레이는 컬럼비아 강가에서 기러기 사냥과 송어 낚시를 즐겼다. 그는 또 펄프 매거진(20세기 초반 유행했던 싸구려 소설 잡지를 부르는 말_옮긴이)의 소설과 아웃도어 잡지 읽는 것을 좋아했다. 어느 날 그는 함께 사냥 나온 사람에게 잡지사에 자신이 쓴 단편소설을 보냈는데 되돌아왔다고 말했다. 이 일 때문인지 레이는 그날 아침 내내 시무룩한 표정이었다.

"그래, 뭘 썼는데?"

그 남자가 물었다.

"이 지방의 야생에 관한 이야기를 썼어요."

레이가 말했다.

"날아가는 기러기 떼와 기러기 사냥 같은 것 말이에요. 이 한적한 시골에 관한 이야기는 다 들어 있죠. 그런데 독자들이 좋아하지 않는다는 거예요."

그래도 그는 포기하지 않았다.

레이는 할리우드에 있는 팔머Palmer 작가 양성소에서 『라이터스 다이제스트Writer's Digest』에 낸 광고를 보았다. 통신강좌에 대한 광고였다. C. R.이 등록금 25달러를 대줘서 그는 16회의 강좌를 들었지만, 다달이 낼 돈은 없었다. 그가 고등학교를 졸업하자 부모는 그가 제재소에서 일할 것으로 기대했다. 그러나 그렇게 되지 않았다.

레이는 메리앤Maryann이라는 예쁜 아가씨와 사귀었고 여자가 임신을 하게 되었다. 메리앤은 워싱턴대학에 진학할 예정이었지만, 서로 죽도록 사랑하는 사이였기 때문에 진학 대신 결혼을 택했다. 1957년, 이들의 딸이 병원에서 태어났다. 그때 두 층 아래에 있는 정신과 병실에서는 C. R.이 신경쇠약으로 치료를 받고 있었다. 1년 뒤에 남자 아기가 태어났다. 레이와 메리앤은 스무 살과 열여덟 살로 아직 어린 나이였다.

두 사람은 여기저기 떠도는 생활을 시작했다. 큰 꿈이 있었고, 열심히 일만 하면 그 꿈을 실현할 것으로 믿었다. 레이는 작가가 될 생각이었다. 그 밖의 나머지는 모두 그다음 문제였다.

두 사람은 서부 일대를 끝없이 돌아다니며 뿌리를 내리지 못했다. 치코와 패러다이스, 유레카, 아르카타, 새크라멘토, 팰로 앨토, 미줄라, 산

타크루스, 쿠퍼티노 등지를 전전했다. 한군데서 살면 레이는 좀이 쑤셨고, 다시 어디론가 옮겨 갔다. 생계는 주로 메리앤이 책임졌다. 메리앤은 과일 포장 일이나 서빙을 하기도 하고, 집집마다 찾아다니며 백과사전을 팔기도 했다. 레이도 약국과 제재소, 주유소, 상품 전시장 등에서 일하고 병원에서 야간경비를 맡는 등 안 해본 일이 없었다. 한결같이 험한 일이었다. 그는 집에 올 때는 완전히 녹초가 되어 아무것도 못 할 정도였다.

레이는 작가가 되고 싶었다. 하지만 아내가 어딘가에서 음식 서빙을 하고, 아이들이 기다리는 동안 빨래방에서 여섯 통이나 되는 세탁물을 처리해야 하는 남자의 처지에서 작가가 될 수는 없었다. 게다가 빨래방에서 앞의 여자가 계속 동전을 넣으며 건조대를 차지할 때면 시간은 한없이 걸렸다. 작가가 되기 위해서는 감각이 통하는 세계, 한곳에 정착해 사물을 정확하게 있는 그대로 묘사할 수 있는 세계가 필요했다. 레이가 속한 세계는 그렇지 못했다.

하루 벌어 하루 먹고사는 처지에서 집세나 교육비를 마련해야 했기 때문에 그는 다음 달의 일은 생각할 수도 없었다. 그의 삶에서 가장 중요한 사실은 그에게 아이가 둘이나 있으며, 아이를 낳은 책임에서 결코 벗어날 생각이 없다는 것이었다. 열심히 일하고 좋은 뜻을 품고 올바른 일만 하는 것, 이것으로는 상황을 개선하는 데 충분치 않았다. 그런 식으로는 그와 메리앤이 결코 보상을 받을 수 없을 것이다. 그는 이런 사실을 빨래방에서 깨달았다. 그리고 어디에선가 그의 꿈은 어긋나기 시작했다.

실제로 레이는 돈이 될 만한 긴 이야기를 쓸 생각은 엄두도 못 냈고, 헤어날 길 없는 깊은 좌절감 속에서 시와 아주 짧은 단편소설밖에 쓸 수 없었다. 그리고 몇 번이고 반복해서 고쳐 썼다. 어떨 때는 몇 년씩 걸리기도 했다. 그의 소설은 성공하지 못한 사람들의 이야기였다. 그것은 레이의 경험담이었고, 그와 같은 부류의 사람들에 대한 이야기였다. 등장인물들은 비정규직 영업사원이거나 웨이트리스, 공장 직공이었다. 이들은 특정 공간에서 따로 사는 것이 아니었으며, 침실이나 거실, 정원 어디서든 서로 또는 스스로에게서 달아날 수 없었다. 그러면서도 하나같이 고독하고 표류하는 삶이었다. 이름도 멋진 것이 아니었고(얼, 아일린, L. D. 레이처럼), 그나마도 두 개를 붙여 쓰는 경우는 드물었다. 또 이들을 둘러싼 종교나 정치, 지역사회 따위도 없었으며, 기껏해야 세이프웨이Safeway 마켓이나 빙고 게임장이 활동 공간이었다. 특별한 사건도 없고, 고작 낚시하며 물고기와 씨름하는 아이, 중고차를 파는 아내, 말다툼을 벌이는 두 집 부부가 묘사될 뿐이다. 다른 이야기는 거의 빠져 있다. 한 단편에서는 남편이 친구들과 낚시를 하다가 강에서 잔인하게 살해된 여자아이의 시체를 보고도 그대로 두고 오는데, 이 이야기를 사흘이나 지나 하는 것을 아내가 듣는다.

> 남편은 식욕이 당기는 듯 열심히 밥을 먹지만 피곤해 보인다. 두 팔을 식탁에 올려놓고 천천히 씹으면서 맞은편의 무언가를 응시한다. 그러더니 자꾸 나를 쳐다본다. 남편은 냅킨으로 입을 닦고는 식사를 계속한다. 남편은 속이려고 해도 우리 둘 사이에는 분명 무언가가 있다.
> "왜 쳐다보는 거요?"
> 남편이 물으며 포크를 내려놓는다.
> "뭐냐고?"
> "내가 봤다고요?"
> 나는 반문하며 바보같이 고개를 흔든다. 바보같이.

레이의 인물들이 사용하는 언어는 평범한 듯 보이지만, 말 하나하나에 낯선 울림이 들어 있다. 그리고 대화 중간의 침묵에는 일종의 공포가 떠오른다. 또 이들의 삶은 공허하게 흔들린다. 레이는 이렇게 말한 적이 있다.

"내 인물들은 대개 자신의 행동을 중요한 것으로 보이게 한다. 그러면서 동시에, 많은 사람이 그렇듯이, 그것이 중요하지 않다는 것을 아는 시점에 이른다. 앞뒤가 맞지 않는다. 목숨과 바꿀 수 있을 만큼 중요하게 생각하던 것이 한 푼의 가치도 없는 것으로 바뀐다. 이것이 그들을 불안하게 만드는 삶이자 그들 자신을 무너뜨리는 삶이라는 것을 알게 되는 것이다. 이들은 일을 바로잡고 싶어하지만, 그럴 능력이 없다."

레이는 오랜 세월 힘들게 살아오면서 시대의 모든 조류에 맞서는 행동을 취했다. 그가 활동하던 시기에 단편소설은 인기 장르가 아니었다. 사실주의는 빛이 바랜 듯 보였다. 레이를 생각하면 이내 어니스트 헤밍웨이가 연상된다. 그는 사후에 빛을 잃은 작가였다. 1960년대와 1970년대에 가장 많이 거론된 작가들(노먼 메일러, 솔 벨로, 필립 로스, 존 업다이크, 존 바스, 토머스 울프, 토머스 핀천)은 과장법을 거침없이 구사했으며, 지적이고 언어학적인 소설 또는 지나치게 성적인 소설과 신랄한 저널리즘 식의 글을 아무렇게나 휘갈겨 썼다. 거기엔 미국인의 전반적인 삶을 집어삼키기 위한 일종의 경쟁이 있었다. 그들은 변화와 충격을 무제한으로 수용할 수 있는 국가의 사회적 사실을 산문에 반영하거나 왜곡했다.

안톤 체호프를 존경했던 레이는 당대의 문학적 추세와는 반대로 움직였고, '기본적인 묘사의 정확도가 글쓰기의 유일한 도덕성'이라는 에즈라 파운드의 원칙을 따르면서 좀더 조용한 과제에 몰두했다. 그는 사회 최하층의 삶과 방향을 잃은 사람들, 거의 존재감이 없는 사람들에게 큰 관심을 가졌는데, 현대 미국 소설에서 좀처럼 진지하게 취급되지 않는 사람들이다.(이들의 모습은 에드워드 호퍼의 그림에서 볼 수 있다.) 레이는 깊은 고독의 맥을 짚을 줄 아는 작가였다. 그는 소설가로서 의도와는 상관없이 아주 평범한 삶이 무기력해지거나 한밤중에 슈퍼마켓을 찾는 모습, 구석에서 중고 가정용품을 파는 모습이 나라의 미래가 되리라는 사실을 아는 것처럼 보였다. 그는 이렇게 의지할 데 없는 삶의 이면을 포착하는 감각이 있었다.

1970년대 초에 메리앤은 대학을 졸업하고 고등학교 영어 교사로 일하기 시작했다. 이 때문에 레이는 글쓰기에 전념할 수 있었고, 대학에서 강의를 맡았다. 그는 『이스트 코스트East Coast』 매거진에 단편을 발표했고, 카버 집안은 처음으로 집을 갖게 되었다. 이후 실리콘밸리가 들어설 지역이었다. 이 지역에서 노동자 출신의 작가 부부들과 연일 파티를 벌이던 시절도 있었다. 이때의 카버 집안은 형편이 좋아 보였다. 그러다가 모든 것이 무너졌다.

아이들이 10대가 되면서 레이는 아이들이 고삐를 쥐고 있다는 느낌을 받았다. 레이와 메리앤은 각자 바람을 피웠다. 이들은 두 번씩이나 파산을 겪었고, 레이는 캘리포니아 주에 거짓 실업수당 청구를 하다가 감옥에 갈 뻔한 적도 있었다. 감옥까지 가지는 않았지만, 그 대신 알코올 중독 치료 센터를 들락거렸다. 그의 음주벽은 아주 심각해 오랫동안 의식을 잃기도 했다. 메리앤은 레이를 놓치지 않으려고 계속 관계를 유지했다. 레이는 조용하고 겁에 질린 듯 보였지만, 술만 들어가면 난폭해졌다. 어느 날 밤에는 메리앤이 친구와 시시덕거리는 모습을 보고 와인 병으로 메리앤을 내리치기도 했다. 이 사고로 메리앤은 귀의 동맥이 절단되어 몸 안의 피를 반 이상이나 쏟았으며, 레이가 주방에 숨어 있는 동안 응급실로 실려 갔다.

이로부터 몇 달이 지나 1976년에 레이의 첫 단편집이 출간되었다. 20년 가까이 매달린 『제발 조용히 좀 해요』는 뉴욕에서 출판되었다. 헌사에는 '이 책을 메리앤에게 바침'이라고 쓰여 있었다.

레이는 술꾼이면서 작가였다. 이 두 가지 존재방식이 언제나 평행선을 유지하며 그를 따라다녔다. 한쪽 자아가 어디론가 도망치거나 뉘우치거나 원망하는 형태였다면, 또 다른 자아는 순수예술의 세계를 바라보았다. 하지만 그의 글쓰기는 점점 의미를 상실했다. 훗날 레이는 "시간이 흐르면서 나와 아내가 신성시하거나 존중해온 모든 정신적인 가치가 허물어졌다"라고 썼다. "우리에게 끔찍한 일이 일어났다"라고도 했다. 레이는 결코 알코올 중독자나 사기범, 거짓말쟁이, 파산자가 되려고 했던 것은 아니었지만, 결국 그렇게 되고 말았다. 1970년대였고, 많은 사람이 호경기를 누리던 시절이었지만, 레이는 그 이전에 이미 가난한 자가 파티를 벌이며 음주벽에 빠지는 것이 암흑에 이르는 길이라는 것을 알았다.

1977년 중반에 그는 오리건 부근의 한적한 캘리포니아 해안으로 가서 혼자 살았다. 여기서 다시 마지막으로 술을 입에 댄 것은 그 자신이나 가족의 삶이 두려워서가 아니라 글쓰기에 대한 두려움 때문이었다. 그리고 맨정신으로 다시 글을 쓰기 시작했다. 1978년에 그와 메리앤은 갈라섰다.

이것은 악한 레이의 종말이자 선한 레이먼드의 시작이었다. 그는 10년을 더 살다가 흡연 때문에 건강을 해쳐 1988년에 50세의 나이로 세상을 떠났다. 이 기간에 우수한 단편들이 나왔다. 그는 미니멀리즘이라고 불린 자기 패러디의 덫에서 빠져나와 좀더 관대한 시각을 보여주며 보다 표현이 충만한 세계로 돌아섰다. 그는 유명해지면서 중산층으로 진입했다. 유명인사들과 만나는 일이 잦아졌고, 굵직한 상들을 수상하면서 지옥에서 살아난 문학 영웅이 되었다. 그는 사형 집행 직전에 사면을 받은 사람처럼 조심스레 행복감을 드러냈다.

그는 원했던 대로 1980년대에 화려한 주목을 받았다. 레이건 시절에 그는 블루칼라의 좌절을 묘사한 작가라는 이름을 얻었다. 등장인물의 말솜씨가 어눌할수록 애독자가 더 늘어났다. 몰락하는 노동계급에 대한 묘사가 독자를 사로잡았고, 독자는 그의 소설을 통해 이 계급의 정신을 알게 되었다고 여기면서 그를 맹목적으로 숭배했다. 뉴욕의 문단은 그를 중심으로 다시 뜨겁게 달아올랐다. 그는 그저 넘치는 열정으로 습작기도 없이 간결한 산문을 흉내 내는 법부터 배운 20대 작가들과 함께 '빈티지 컨템포러리'(과거의 유행을 현대적인 감각과 결합한 양식_옮긴이)의 작가가 되었다. 재킷 차림의 사진을 보면 그는 어슬렁거리며 저자 사인회에 나온 암흑가 출신처럼 위협적인 분위기를 풍긴다.

"시중에서 팔리는 그의 소설은 사회에 적응하지 못하고 실패하거나 당혹스러워하면서 동시에 당혹감을 주는 남자들의 이야기다. 주정뱅이가 많고, 모두 실패한 사람들이다. 이런 이야기가 여피족(디지털 시대의 상징으로, 고급 정보 기술을 가지고 첨단기술 개발에 종사하는 전문직 젊은이 집단_옮긴이)에게 팔린다."

레이의 옛 친구 한 사람은 이렇게 말하면서 덧붙였다.

"그의 독자는 우월감 속에 사는 여피족이다."

선한 레이먼드는 매일 아침 일어나 커피를 끓이고 책상에 앉아 정확하게 악한 레이가 늘 해왔던 일을 썼다. 결국 이 두 존재는 모두 똑같은 장인이었다. 산만하던 태도는 이제 달라졌지만, 그는 여전히 작은 일이 소중하다고 소리치는 미국의 소음 속에서 자신이 보고 느낀 것을 아주 정확하게 쓰려고 애썼다.

딘 프라이스

딘은 펜실베이니아에서 7년을 보냈다. 그는 존슨 앤드 존슨에 다니는 여자와 결혼하고, 해리스버그에 살림을 차렸다. 그리고 두 아들을 낳았는데, 1993년에는 체이스Chase가, 1995년에는 라이언Ryan이 태어났다. 회사를 그만둔 뒤 딘은 독립계약자로 존슨 앤드 존슨의 무릎 및 엉덩이 교정기를 팔러 다녔다. 돈은 잘 벌었지만, 몇 년이 지나자 결혼생활이 깨지면서 술에 빠져들었다. 급기야 아침에 일어나면 문밖출입도 힘들어졌고, 마침내 자신에게 할당된 판매량을 채우지 못하기에 이르렀다. 딘은 회사에서 계약을 해지하기 전에 일을 그만두었다.

그는 로킹엄 카운티로 돌아가기로 결심했다. 북부에서는 살 수가 없었고, 자동차 운전자들이 행인에게 손을 들어 인사할 줄도 모르는 인심 사나운 곳에서 겨울을 날 마음도 없었다. 아이들이 자라면서 전원생활이나 농장 일, 낚시도 모르고 가까이 사는 친척들과도 왕래 없이 살게 될 것이 두려웠다. 법원은 아이들 엄마에게 양육권을 주었고, 딘은 아이들이 학교에 들어갈 때까지 매월 초에 열흘, 그리고 격주로 주말을 함께 보낼 권리를 얻었다. 딘은 고향으로 돌아가면 아이들을 불러들이고, 아이들 엄마도 그곳에서 살게 할 작정이었다. 그때까지는 가능하면 자주 북쪽으로 차를 몰고 가서 아이들을 데려올 생각이었다. 한 달에 여섯 번씩 데려오기도 했다. 때로는 운전하며 울 때도 있었다.

딘은 "나는 훌륭한 아빠야. 아주 유능한 사업가고. 남편으로는 형편없지만"이라는 말을 입에 달고 살았다.

1997년 스톡스데일로 돌아왔을 때, 그는 34세였다. 딘은 이혼했다고 해서 힘들게 살지는 않을 것이라고 다짐했다. 그는 삶에 변화를 주고 더 훌륭한 아버지, 더 정직한 인간이 되기로 결심했다. 그는 자신의 고향이 옛날 모습을 그대로 간직하고 있다는 사실이 좋았다. 미국의 척추에 해당하는 곳이자 자급자족을 하고 국가에 충성스러운 곳이기도 했다. 토머스 제퍼슨은 다음과 같은 글을 쓴 적이 있다.

"땅을 경작하는 사람들이 가장 고귀한 시민이다. 이들이 가장 활동적이고 독립적이며 가장 도덕적인 사람들이다. 또 이들은 조국에 충성하며, 한결같이 조국의 자유와 이익에 헌신한다."

지금도 여전히 맞는 말이었다. 미국이 침략당한다면 캘리포니아나 뉴욕에서 과연 몇 사람이나 총을 들고 싸우겠는가? 딘은 말했다.

"농부가 하는 일을 보면, 이들은 그 피 속에 사업가가 될 기질이 있습니다. 이들이 200년 전에 이곳에 온 것도 다 그런 이유 때문이죠. 이들은 출근기록카드를 찍어야 하는 생활을 원치 않으며, 사장을 위해 일하는 것도 달가워하지 않아요. 60만 제곱미터나 되는 땅을 소유하며 스스로 그 땅의 주인 노릇을 하죠. 만일 페트리접시(세균 배양 접시)로 사업가를 배양해낸다면 바로 이곳이 완벽한 환경이 될 겁니다. 리스크에 따르는 보상이 주어지니까요."

그는 사데 원시 침례교회에 들어갔다. 1801년에 거대한 떡갈나무 고목 아래에 세워진 단순한 빨간 벽돌 건물이었는데, 부근 묘지에는 그의 외조부모인 버치 닐과 올리 닐이 묻혀 있었다. 딘이 들어갈 무렵 사데 교회의 신도는 점점 줄어들어 고작 8~9명에 지나지 않았으며, 대부분 나이가 딘의 두 배는 되는 노인들이었다. 딘은 교회에서 나는 오래된 나무 냄새와 옛날 찬송가를 부르는 시간이 좋았다. 원시 침례교는 꿈에 큰 비중을 둔다. 목사인 엘더 민터Elder Mintor는 설교할 때 꿈 이야기를 많이 했다. "여러분의 꿈이나 상상을 통하지 않는다면 하느님이 어떻게 여러분에게 말을 걸겠는가"라는 식이었다. 신학은 성스러운 희망으로 불렸다. 딘은 자신의 부모와 같은 방식의 기독교도는 아니었다. 그는 자신이 구원받는 축복에 희망을 걸었지만, 확실히 아는 것은 없었다. 일을 끝내고 저녁에 집에 무사히 도착할지도 알지 못했다. 그만하면 최선을 다한 거야! 그는 댄 강에서 세례를 받았다. 세 번째 기회에 찾아온 세례는(처음 두 차례는 그가 받지 않았다) 물로 축복하는 형태였는데, 딘은 상쾌한 출발을 할수 있을 것 같았다.

애팔래치아 산맥과 대서양 해안의 평야 사이에 위치한 활엽수로 가득찬 고원지대와 황토 들판을 피드먼트라고 부른다. 버지니아와 노스캐롤라이나 주 경계를 따라 댄빌과 마틴즈빌에서부터 그린즈버러와 윈스턴세일럼에 이르기까지 20세기에 피드먼트 사람들의 삶의 기반이 된 것은 담배농사와 섬유산업, 가구산업이었다. 20세기 말 몇 년 동안 이곳 사람들은 마치 수수께끼 같은 전염병이 이 일대를 휩쓴 것처럼 거의 일제히 죽어나갔다. 딘 프라이스가 고향에 돌아온 것은 처음으로 불길한 징조가이 지역에 나타나기 시작할 때였다.

이 지역에서 수확한 담뱃잎은 대부분 윈스턴세일럼에 있는 R. J. 레이놀즈 담배회사에서 사들여 저장하고 숙성시킨 다음, 혼합해서 가공하고 재단과 포장 과정을 거쳐 담배 제품으로 생산했다. 딘은 젭 스튜어트Jeb Stuart 고속도로로 들어가 버지니아 주 경계 너머에 있는 레이놀즈 자작농장을 즐겨 찾았다. 이곳에서는 노 비즈니스 산No Business Mountain의 전경이 한눈에 들어왔는데, 산의 이름은 평화로운 달빛에서 따온 것이었다. 그는 리처드 조슈아 레이놀즈Richard Joshua Reynolds를 숭배했다. 1850년에 태어난 이 사람은 1874년에 말을 타고 윈스턴에 들어와 이듬해 담배공장을 세웠는데, 포장 담배라는 아이디어로 노스캐롤라이나에서 최고 부자가 된 인물이었다. 그때는 사업하기 좋은 시절이었다고 딘은 생각했다. 또 최고의 아이디어만 있으면 최고가 될 수 있는 사업의 미개척지였다. 레이놀즈는 남부가 궁핍한 시골에 지나지 않았을 때 개혁가이자 현대적인 기업가였다. 자작농장에는 레이놀즈가 '미래도 없이 실패한 과거의 멍에를 지고 낙후된 지역에 살던 이곳의 많은 주민에게 남부럽지 않은 삶을 제공했다'라는 손자의 말이 표석에 새겨져 있다. R. J. 레이놀즈 담배회사는 윈스턴세일럼이라는 도시를 만들었고, 직원들에게는 별도의 사택과 무상 보육 시설을 제공하고 해마다 우량주식을 나누어주었다. 또 주식과 예금을 관리하기 위해 와코비아Wachovia라는 지역은행을 설립했다.

1980년대 초, 회사가 레이놀즈 가문의 통제를 벗어나면서 경쟁사들로부터 심한 압박을 받았다. R. J. 레이놀즈의 매출은 1983년을 고비로 차츰 떨어졌다. 이 기간에 연방 정부는 또 다른 압력을 가했다. 1983년에 담배 광고를 금지하고, 담배 소비세를 두 배로 인상한 것이다. 한편 금연 운동가들은 어마어마한 공익 캠페인을 벌였다. 업계 정상의 자리를 유지하기 위해 R. J. 레이놀즈는 1985년에 나비스코Nabisco 식품과 합병하고 본사를 애틀랜타로 옮겼다. 이 때문에 윈스턴세일럼의 많은 사람이 고초를 겪었다. 1988년 들어 RJR 나비스코는 역사상 최대 규모의 기업 인수 대상이 되었으며, 월가의 콜버그 크래비스 로버츠Kohlberg Kravis Roberts사에 250억 달러에 매각되었다. 공장 노동자들이 이 거래를 보며 어리둥절해하는 사이에 R. J. 레이놀즈는 뉴욕의 부채를 청산하기 위해 윈스턴세일럼의 공장 인부들을 해고하기 시작했다. 담배산업으로서는 불길한 징조였다.

1990년에 담배농사를 짓던 딘 프라이스는 제임스 리 앨버트James Lee Albert가 그린즈버러의 『뉴스 앤드 레코드News & Record』와 인터뷰를 하고 사진을 찍은 것을 알았다. 앨버트는 25세이던 1964년에 로킹엄 카운티에 있는 70만 제곱미터의 농장을 1에이커(4050제곱미터)당 100달러를 주고 사들인 인물이었다. 최고 품질의 담배를 1파운드(450그램)에 47센트를 받고 팔던 시절이었다. 담배 가격이 1년에 10~15센트씩 오르다가 1990년에 2달러 25센트로 최고치를 기록하는 와중에 그는 아이들을 키웠고, 집도 증축했다. 앨버트가 신문에 대고 정부에서 이 지역의 산업을 일으킨 담배 농가를 육성한다는 말을 하던 바로 그 때였다.

이후로 해마다 담배회사를 상대로 한 의회 청문회와 고소가 이어졌고, 이 때문에 수요가 줄면서 담배 가격도 꾸준히 떨어졌다. 1998년, 소송을 끝내기를 원했던 담배 대기업들은 흡연 때문에 발생하는 의료비를 지원하기 위해 정부에 2000억 달러가 넘는 돈을 지불하는 조건을 받아들였다. 2004년, 연방 정부는 담배농업 보조금 정책을 중단했다. 농장이 속속 인수되는 와중에 담배회사는 농부들에게 그들이 향후 10년간 재배하지 않은 담배에 대해 1파운드당 약 7달러씩 지급하는 실정이었다. 딘이 사는 곳의 농장은 대부분 다른 사람이 인수했다. 제임스 리 앨버트는 67세의 나이에 개심수술을 받았는데, 이것으로 그의 사업 인생은 끝이었다. 그의 아들 하나는 이 지역에 말 관리소를 차렸다. 딘의 사촌 테리 닐 Terry Neal은 딘의 집이 있는 220번 도로변 건너편에 80만 제곱미터의 노른자 땅을 가지고 있었는데, 2005년에 농사를 그만두고 농장을 처분한 자금을 세금을 납부하고 빚을 갚는 데 대부분 썼다. 담배농사를 짓다가 딸기나 콩으로 품종을 바꾸는 것은 농가에 너무 큰 비용이 들었다. 그래서 이들은 단순히 건초를 생산하거나 아니면 그대로 땅을 묵혔다. 로킹엄 카운티에서 한창 담배가 자랄 철에 들판이 텅 빈 모습은 너무도 낯선 것이었다.

섬유산업이 몰락한 데는 또 다른 이유가 있었다. 19세기 후반에 피드먼트에 들어선 공장들은 대부분 소도시로 흩어졌다. 댄 리버는 1882년에 댄빌에서 문을 열었고, 콘 브라더스Cone brothers가 그린즈버러의 프록시미티Proximity를 사들인 것은 1895년이었다. 공장이 들어선 마을의 사회 윤리는 가족주의적이고 편협했다. 회사는 고용원들을 돌봐주는 대신 노조

활동 같은 것은 단호하게 금지했다. 마틴즈빌 같은 곳에서는 진정한 중산층이 없었고, 단지 경영자와 노동자들뿐이었다. 그리고 1990년대에 도산이 시작되었을 때 공장도시는 의지할 기반이라고는 아무것도 없었다. 일부 노동자와 지역 공무원은 이런 사태를 1994년부터 발효된 북미자유무역협정NAFTA 탓으로 돌리면서 민주당이나 공화당과 똑같이 의견이 갈렸다. 일부에서는 또 기업주의 이기심과 탐욕 때문이라고 했다. 이들이 외지의 기업이 들어서는 것을 방해만 하다가 댄빌이나 그린즈버러에 아무런 애정도 없는 대기업이나 월가의 기업에 회사를 매각했기 때문이라는 말이었다. 친기업적인 지역에서는 비싼 노동력 탓을 했고, 워싱턴과 뉴욕의 분석가들은 기술경쟁과 세계화의 추세에서 모든 변화는 불가피한 것이라고 말했다. 비용 삭감과 여러 경고 신호가 나타난 뒤, 1세기가 넘도록 지역사회에서 가장 중요한 제도적 기둥 역할을 하던 회사들이 신속한 절차를 밟고 영원히 사라지는 것처럼 보이면서 종말은 순식간에 찾아왔다. 마틴즈빌의 툴텍스는 1999년에 파산 신청을 했고, 2003년에는 그린즈버러의 프록시미티가 뒤를 이었다. 댄빌의 댄 리버는 2005년에, 윈스턴세일럼의 헤인즈Hanes는 2006년에 공장을 폐쇄했으며, 2010년이 되자 오직 한 곳의 공장만이 해골 같은 모습으로 남았다. 이 와중에 수백 개의 중소기업이 사라졌다. 노스캐롤라이나 유일의 시골 카운티인 인구 7만3000명의 서리 카운티에서는 10년 동안 1만 개의 일자리가 사라졌다.

피드먼트의 가구산업은 섬유산업보다도 오래된 것이었다. 2002년에 바셋 퍼니처Bassett Furniture는 단단한 물푸레나무로 무게 3톤에 높이 6미터가 넘는 의자를 만들어 창립 100주년을 기념했다. 7년 동안 전국을 순회하며 바셋 퍼니처가 있는 곳이면 어디든 찾아가서 의자를 전시하는 행사를 열었고, 이제 마틴즈빌 차례가 되어 시내 한복판의 주차장에 설치해놓은 것이었다. 하지만 이 무렵에 저임금의 중국 기업 때문에 지역의 가구산업은 대부분 쓰러질 지경이었고, 소규모의 첨단 내수시장으로 전환하지 못한 회사들은 문을 닫았다. 거대한 의자는 일종의 기념물이 되었다.

1997년, 피드먼트는 아직 본격적인 침체기로 접어들기 전이었다. 벽돌 공장들은 비록 경영이 악화되기는 했지만 열심히 벽돌을 생산하고 있었다. 또 일부 담배 농가가 이미 철수하기는 했지만, 넓은 들판에 휴경지는 보이지 않을 때였다. 사람들은 여전히 일에 매달렸으며(사용 가능한 땅을 놀리는 곳은 보기 드물었다), 아직 로킹엄 카운티에서 가공할 만한 재앙은 일어나지 않았다. 매디슨 중심가에 있는 맥폴McFall 약국이나 간이식당, 남성의류점, 가구점 두 곳, 구둣가게, 몇몇 은행은 여전히 영업했다. 케이마트Kmart는 1980년대에 처음으로 이곳에 대형 매장을 연 이후 계속 영업을 했으며, 월마트Wal-Mart는 아직 로킹엄 카운티에 단 한 군데도 들어서지 않았다. 그럼에도 사람들은 대부분 외부의 큰 세력이 힘을 쓰면 이 지역이 뒤처질 것이라는 사실을 알았다. 딘은 늘 이곳 사람들에겐 야망의 유전자가 없다고 말했지만, 돈이 조금 있거나 젊은 사람들치고 이 지역에 붙어 있는 사람은 없었다. 가정을 일구고 북부에서 경력을 쌓은 다음 귀향한 대학 졸업자를 주목하는 사람은 별로 없었다. 딘 프라이스는 그를 잘 모르는 사람의 눈에는 실패자로 비쳤을지도 모른다.

하지만 그의 생각은 정반대였다. 그는 가난이라는 과거의 굴레에서 벗어나려고 귀향한 것이었다. 딘의 아버지는 가난에서 벗어나려고 애를 쓰면서도 가난의 사슬이 너무 단단해 뒤로 물러섰지만, 딘은 이 사슬을 끊어버릴 수 있다고 생각했다.

그의 모친은 220번 도로변의 집에서 혼자 살고 있었다. 마침내 아버지와 사이가 벌어져 이혼했기 때문이다. 아버지는 벌링턴으로 옮겨 가서 다른 여자와 재혼하고, 정부가 주는 장애인 보조금으로 살고 있었다. 간호사로 일하는 어머니는 초보수파 교단인 오순절 교회에 나가고 있었는데, 딘은 그것이 너무 못마땅했다. 딘은 집 뒤쪽, 돌아가신 할머니가 쓰던 집으로 이사했다.

1990년대 초에 220번 도로는 집 남쪽 약 1.5킬로미터 조금 못 되는 지점에서부터 버지니아 주 로어노크에 이르기까지 4차선 도로로 확장되었다. 집안에는 구원의 은총 같은 일이었다. 이 길이 장거리 화물 수송로가 되면서 땅값이 두 배로 뛰었기 때문이다. 뿐만 아니라 딘은 여기서 아이디어를 얻었다. 그린즈버러에서 로어노크까지는 화물차 휴게소가 한두 군데밖에 없었다. 도로변에 있는 딘의 집에서 양방향으로 수 킬로미터 내에 건물이라고는 토킹 뮤럴talking murals(구성원들이 소통수단으로 벽화를 그려 공동체를 이루는 방식_옮긴이) 교회 하나뿐이었다. 그래서 딘은 집 바로 옆, 할머니에게서 상속받은 땅에 편의점과 패스트푸드 식당, 주유소를 차리기로 결심했다. 그리고 그때까지의 모든 경험을 살려 마케팅 계획을 세웠다.

그는 펜실베이니아의 쉬츠Sheetz라는 주유소-편의점 체인업체로부터 게릴라 마케팅(일반적인 상술과 상권에서 벗어나 특정 장소에서 불특정 다수를 대상으로 벌이는 마케팅 전략_옮긴이)이라는 것을 배웠다. 딘은 그때까지 쉬츠 같은 영업방식을 보지 못했다. 남부에서는 사업장을 차리면 손님이 찾아오기만 바랄 뿐이다. 하지만 펜실베이니아의 쉬츠는 주유소 기름 값을 단 몇 푼이라도 깎아주는 방법으로 고객을 끌어들였다. 만일 쉬츠가 자신의 구역에 들어온다면 곧 자신의 사업을 바짝 쫓아온다고 생각하면 된다. 딘은 쉬츠의 성공에 혀를 내두르면서 남동부의 주유소 유류 가격도 할인하기로 결심했다. 그는 또 태스티 프리즈Tastee Freez 프랜차이즈점도 하나 사들였다. 이곳은 아이스크림의 이문이 박하기 때문에 수수료도 쌌다. 그리고 좀더 많은 지역 고객을 끌어들이기 위해 현관 베란다를 만들고 밖에는 농업용 차량을 세워두는 등 편의점 분위기를 시골 장터의 상점처럼 꾸몄다. 딘은 골동품점과 벼룩시장을 돌며 오래된 콜라 표지판이나 나무로 된 빵과 곡물 광고판을 찾아다녔다. 그의 꿈은 프라이스 담배

농장에서 농산물(멜론, 딸기, 토마토, 옥수수)을 재배하여 가게에서 신선한 상태로 팔고, 아이들에게 농사를 가르치는 것이었다. 그는 단번에 인기를 끌 상호로 '레드버치 컨트리 마켓Red Birch Country Market'이라는 이름을 생각해냈다. 버치는 외조부 이름이었고, 레드는 그리스도의 희생을 의미하는 것이었다. 회사의 슬로건은 '그리스도의 피로 감싸인 가족 기업'이었다. 큰누이동생 부부가 소주주로 참여했다. 그는 남동부 일대에 레드버치 화물차 휴게소 체인점이 가득 들어선 모습을 마음속에 그렸다.

딘은 1997년 10월 2일에 사업을 시작했다. 휘발유 가격은 1갤런(3.785리터)에 89센트였다. 집은 가게에서 15미터 거리밖에 되지 않았다. 너무 가까워서 시도 때도 없이 화물차의 전조등이 번쩍이고 소음이 그치지 않았다. 딘의 어머니는 집을 허물고 길에서 좀더 떨어진 곳에 새집을 짓고 싶어했다. 딘은 생각이 달랐다. 3대가 산 집이라 좋든 나쁘든 가문의 역사가 깃든 건물이었다. 그는 이 역사를 잃고 싶지 않았다. 그래서 그는 편의점을 개업한 지 사흘 후 집을 길 아래, 닐 가문의 담배농장과 양어장이 있는 풀밭 쪽으로 옮기는 획기적인 작업에 착수했다. 먼저 그는 외벽의 벽돌을 모두 뜯어내고 굴뚝을 철거했다. 이어 전동 톱으로 주 건물에서 각 방을 해체했다. 그리고 건물 바닥 밑에 가로세로 15센티미터 각목들을 각각 볼트로 조여놓았다. 이어 잭으로 밀어올린 다음 다시 바닥에 또 한 벌의 각목을 깔아놓고 아래위 각목 사이사이에 15센티미터 쇠파이프를 끼워놓았다. 그리고 건물 전체를 프론트 엔드 로더front-end loader(대형 삽이 달린 트랙터의 일종_옮긴이)에 연결했다. 이것은 그가 펜실베이니아에서 아미시족이 집을 옮기는 모습을 보고 생각해낸 방법이었다. 딘은 한번에 수십 센티미터씩 집을 언덕 아래로 굴리면서 끌고 갔다. 엘니뇨 때문에 작업 속도는 아주 느렸지만(4개월 동안 계속 비가 오는 바람에 바닥은 진창이었다), 1998년 추수감사절에 집은 220번 도로에서 100미터쯤 떨어진 새 터전에 자리 잡을 수 있었다. 하얀 물막이 판자로 된 측면과 돌로 쌓은 굴뚝이 꼭 19세기의 농가 같았다. 이해 내내 딘은 미친 듯이 집과 가게를 오가며 두 가지 계획을 밀고 나갔다. 처음에는 회의적인 생각도 많았지만, 일단 일을 끝내자 마음만 먹으면 무엇이든 할 수 있다는 것을 알았다.

화물차 휴게소는 2000년 여름에 영업이 아주 잘되었기 때문에 딘은 자동차로 북쪽 방향 45분 거리에 있는 버지니아 220번 도로변에 휴게소를 하나 더 차렸다. 마틴즈빌 외곽의 나스카NASCAR 자동차전용도로 부근이었다. 휴게소와 주유소 외에 그는 보쟁글Bojangles' 프랜차이즈점을 추가로 차렸는데(프라이드치킨, 비스킷, 강낭콩은 남부인들의 입맛에 맞았다), 태스티 프리즈보다 이익이 많았다. 주유소는 갤런당 몇 푼 남지 않았기 때문에 이익은 주로 보쟁글에서 나왔다. 사람들은 컨트리 마켓이라는 아이디어를 좋아했지만, 신선한 멜론과 채소에는 별 관심을 보이지 않았다. 고객들은 편의점 시설과 패스트푸드의 맛을 선호했다. 푸드 라이온Food Lion이라는 곳에서는 거의 전국적으로 포장 상품을 배달하며 딘이 노어플리트 할아버지의 농장에서 직접 재배한 것보다 싸게 팔았다. 딘이 말했다.

"옛날과 달리 품질을 따지지 않는 걸 보니 우리 고장도 변했어요. 나는 이 고장 이미지를 위해 돈도 마다하며 신선한 제품을 제공하려고 했지만, 고객은 보쟁글 같은 제품만 찾습니다. 칸탈루프Cantaloupe 멜론은 밑지고 파는 거예요."

버지니아에 점포를 차린 직후 딘은 쉬츠가 마틴즈빌로 진출하려는 것을 알았다. 펜실베이니아에서부터 계속 접근하더니 이제는 220번 도로변에 있는 딘의 점포 남쪽 약 1.5킬로미터 지점까지 쳐들어왔다. 그는 쉬츠와 경쟁하리라고는 꿈에도 생각하지 못했다. 딘은 이 소식을 듣고 몇 달 동안 몹시 걱정이 되었다. 마치 자신은 사냥감이고 쉬츠는 자신을 따라다니는 포식자 같았다. 어느 날, 잠시 함께 산 두 번째 부인과 마운트 에어리의 골동품점을 다녀오던 길에 딘은 문득 깨달았다. 쉬츠가 그를 능가

하는 것이 있다면 오직 유류 가격뿐이라는 사실이었다. 하지만 가격이 모든 것을 결정하는 요인이었으며, 이 사업에 고객의 충성도란 것은 없었다. 단 2센트만 싸게 파는 곳이 있어도 고객은 그곳으로 몰렸다. 웬일인지 그는 이때까지 연료는 가격이 중요하다는 사실을 깨닫지 못하고 있었다. 그다음 주, 딘은 공급업자에게 전화했다. 그에게 유류를 대주는 중개상이었다.

"그 사람들이 식료품까지 손을 대더니 이제는 이 지역까지 넘보고 있어요. 이곳에 진출하면 유류 가격을 내릴 테고, 우리 사업을 집어삼킬 겁니다. 6개월 뒤면 문을 열 텐데, 우리도 가격을 내리는 공격 경영으로 매출 좀 올려야 할 게 아닙니까?"

이후 딘은 갤런당 15센트를 남기며 한 달에 10만 갤런을 파는 대신 갤런당 5센트를 남기고 25만 갤런을 파는 방식으로 바꾸었다. 그래 봤자 이익의 절반은 중개상이 가져가고 나머지 절반의 수입도 대부분 신용카드사의 수수료로 나갔기 때문에 딘은 신경영 모델의 주유소 사업에서 본전치기밖에 못 했다. 하지만 살아남으려면 이 방법밖에 없었다. 쉬츠가 개점하자 그의 이익은 더 떨어졌지만, 그래도 그는 그들이 받는 값에 맞추며 사업을 계속했다. 이후 딘은 엑슨 모빌Exxon Mobil에서 자신보다 쉬츠에 갤런당 3~4센트 싸게 공급한다는 것을 알았다. 이는 쉬츠 주유소는 250개 지점이 있는 반면, 레드버치 주유소는 단 두 곳밖에 없는 데서 오는 차이였다. 사업이라는 것이 이랬다. 그래도 딘은 지역 일대에 편의점 체인을 확산시킨다는 목표를 계속 밀고나갔다. 이것만이 가난에서 벗어나는 길이었기 때문이다. 딘은 보쟁글과 레드버치 컨트리 마켓이 딸린 세 번째 화물차 휴게소를 열었다. 두 번째 점포에서 220번 도로 북쪽으로 몇 킬로미터 떨어진 곳이었는데, 바셋이라는 작은 가구도시였다. 그리고 마틴즈빌 초입에 있는 상업지구의 220번 도로변에 보쟁글 식당을 따로 차렸다. 이렇게 해서 220번 도로의 55킬로미터 범위에서는 딘의 생활 토대라고 할 체인점이 주인 노릇을 하게 되었다. 하지만 마운트 에어리에서 돌아오는 길에 떠오른 깨달음을 떨쳐버릴 수 없었던 딘은 "정유사에서 손발을 묶어놓았다"라고 말하곤 했다.

1990년대 후반 두 번째 화물차 휴게소를 차리기 직전 어느 날, 딘은 스톡스데일과 댄빌 사이에 있는 리즈빌의 한 골동품점에서 자기계발서를 한 권 읽고 있었다. 그 책의 골자는 무엇을 하고 싶은지 결정하면 어떤 어려움이 있더라도 그 일에 믿음을 갖고 그대로 행하라는 것이었다. 딘은 마음 한구석에서 '나는 뭔가 다른 일에 매달리고 있다'는 생각이 들었다. 시간을 낭비하는 것 같아 늘 마음이 조급했기 때문이다. 딘은 지금 골동품점에 있는 것도 화물차 휴게소로 돌아가기 싫어서라는 것을 알고 있었다. 나날의 일과가 단조로워서 일에는 이미 애착이 없었다. 하지만 마음 한쪽에서는 또 다른 생각이 들었다.

'이 일은 너와 너의 꿈에 대한 투자야. 자기 향상 외에 더 좋은 길은 없어.'

이런 생각을 하면서 그는 그 책을 끝까지 다 읽었다. 마음속에서 깨달음에 대한 갈망 같은 것이 솟구치는 기분이었다. 어쩌면 다시 깨달은 것인지도 모른다. 어릴 때부터 간직한 교훈이지만 일에 파묻혀 지내느라 잊어버린 것일 수도 있었다.

이때 딘에게 삶을 변화시킨 계기가 찾아왔다. 그가 집을 옮길 때 도와준 전기 기사가 있었는데, 이 사람이 어떤 사업 계획이 있는지 딘에게 물었다. 딘은 "마틴즈빌로 가서 경마장 부근에 편의점을 하나 더 내고 싶은데, 그러자면 100만 달러는 필요해요. 혹시 돈 가진 사람 어디 없을까요?"라고 말했다.

"그런 사람 있어요. 로키 카터Rocky Carter라는 사람이죠."

전기 기사가 대답했다.

"전화번호 있나요?"

"지금 전화해보죠."

그 전기 기사는 즉석에서 로키 카터에게 전화했다.

카터는 그린즈버러와 윈스턴세일럼 사이에 있는 담배 경매 단지인 커너스빌에서 건축업을 하는 사람이었다. 이 사람은 딘을 만나본 뒤 마틴즈빌에 화물차 휴게소를 세우는 데 동의했다. 그런데 카터는 영적인 문제에 집착하는 인물로, 눈에 보이지 않는 세계를 추구하는 사람이었다. 그는 딘에게 나폴레온 힐Napoleon Hill이라는 사람이 1937년에 출간한 『생각하라 그러면 부자가 되리라Think and Grow Rich』라는 책을 주었다. 딘은 이 책을 스물다섯 번이나 읽을 정도로 내용에 빠져들었다.

나폴레온 힐은 버지니아 남서부의 애팔래치아 산맥에 있는 단칸방 오두막에서 1883년에 태어났다. 그는 젊어서 기자가 되었는데, 1908년에 『석세스Success』의 특집기사를 위해 앤드루 카네기와 인터뷰를 하려고 피츠버그로 갔다. 인터뷰는 길어야 세 시간이면 충분할 것으로 예상했지만, 카네기는 힐을 자신의 집에 사흘씩 묵게 하면서 자신을 세계 최고의 부자로 만든 인생의 원칙을 들려주고, 다른 사람들이 성공을 거두게 하기 위해서는 새로운 경제철학이 필요하다고 말했다. 사흘째 되는 날, 카네기는 이렇게 말했다.

"내가 자네에게 이런 철학을 담은 책의 저자가 되도록 위임하고 그에 필요한 경험을 가진 사람들에게 소개장을 써준다면, 자네는 20년 정도는 걸릴지도 모를 이 일을 내 도움 없이 혼자 힘으로 꾸준히 연구할 수 있겠는가? 할 수 있나 없나?"(그는 그러면서 헨리 포드나 토머스 에디슨, 존 D. 록펠러 같은 거물들을 언급했다.)

힐은 이 말을 듣고 29초 동안 생각하다가 하겠노라고 대답했다. 카네기는 책상 밑에 있는 회중시계로 29초를 세고 있었다. 힐이 대답하는 데 1분 이상 걸렸다면 카네기는 이 제안을 철회할 생각이었다고 한다.

카네기와 약속한 그 20년 동안 나폴레온 힐은 당시 대대적인 성공을 거둔 인물 500명 이상과 인터뷰했다. 단순하게 포드나 록펠러 같은 기업가들뿐 아니라 테오도어 루스벨트, 우드로 윌슨 같은 정치가, 윌버 라이트Wilbur Wright 같은 발명가, 백화점 업계의 거물 F. W. 울워스F. W. Woolworth, 법정 변호사 클래런스 대로우Clarence Darrow 같은 인물도 만났다.

딘은 말했다.

"힐은 끝없는 역경을 겪었어요. 그의 아들은 귀가 없이 태어났죠. 하지만 나폴레온은 아들이 듣지 못할 것이라는 말을 믿으려고 하지 않았어요. 매일 밤 아들이 잠들기 전에 방으로 찾아가 한 시간씩 말을 해주었죠. 듣지 못하는 아들에게 '너는 듣게 될 것이다. 사는 동안 언젠가 너는 듣게 될 거야. 들을 수 있다는 것을 믿어야 해'라고 말해준 거예요. 그의 아들은 나이가 더 들어 들을 수 있게 되었어요. 의지로 해낸 거죠."

1928년에 힐은 자신이 찾아낸 이야기들을 몇 권의 책으로 묶어 『성공의 법칙The Law of Success』이라는 제목으로 출간했다. 10년 뒤에는 프랭클린 루스벨트 대통령에게 간단한 자문을 받고 열여섯 가지 교훈을 모아 『생각하라 그러면 부자가 되리라』라는 제목의 단행본을 냈다. 힐이 '목표 달성의 철학'이라고 부르는 것은 마음으로 시작하고 마음으로 끝나는 교훈이었다. 부자가 된다는 것은 부자가 되고 싶다는 마음의 문제였고, '욕망의 극단적인 긴장'으로 그것을 바라면서 구체적으로 자신에게 부자를 상상하는 법과 원하는 목표와 수단에 마음을 집중하는 법 그리고 두려움이나 부정적인 생각을 없애는 법을 가르치는 문제였다. 이것은 자본주의와 민주주의 체제에서 살아가는 미국인들이 그들의 삶에 적용하도록 독특하게 배워온 교훈이었다. 반세기가 지난 뒤 나폴레온 힐의 메시지가 딘 프라이스에게 전달되었고, 중력이나 사랑처럼 눈에 보이지는 않지만 살면서 강력한 힘을 발휘하는 교훈이 된 것이다.

딘은 말했다.

"내가 자랄 때는 언제나 문제에 부딪혔죠. 부모님은 '기도하면 돼'라고 말했지만, 나는 그 말을 믿을 수 없었어요. 좀더 속 시원한 대답이 필요했습니다. 나폴레온 힐이 나에게 가르쳐준 말은 백만 명 중에 한 명 줄까 말까 한 신비로운 힘을 전해주었죠. 나폴레온이 한 말 중에 '마음속에 품은 것이 있다면 그것을 믿어라. 그러면 얻을 수 있다'라는 유명한 구절이 있죠. 상상으로 어떤 생각을 품는다면 그것이 가능하다는 의미예요. 바로 만물의 이치죠. 지속적으로 마음에 품고 결심하고 그것을 보기 위해 전념하는지 아닌지는 별개의 문제지만요."

딘은 『생각하라 그러면 부자가 되리라』를 이토록 완벽하게 흡수했기 때문에 마치 목사가 성경 구절을 인용하듯이 자연스럽게 그 내용을 입에 달고 살았다. 그가 부딪히는 상황마다 이 책이 진리처럼 길을 안내했다.

"나폴레온은 언젠가, 지도자가 민중에게 줄 수 있는 최고의 선물은 희망이라고 말했어요."

"나폴레온은 타인을 재정적으로 약탈하는 사람들에 대해 말했죠. 물리적으로 정복할 수 없을 때는 서로 재정적으로 약탈한다는 거죠. 인간은 이렇게 타고났고, '동생을 지키는 사람brother's keeper'(창세기에서 아벨의 행방을 묻는 하느님에게 카인이 한 말_옮긴이)이 되는 대신 유전자에 약탈 본성이 들어 있다는 말이죠."

"나폴레온은 살면서 찾아오는 고난에는 반드시 그만한 혜택이 따른다는 말도 했어요."

"나폴레온은 때로는 우리의 잠재의식이 몇 년 앞서간다는 말도 했죠."

힐은 독자들에게 잠들기 전에 생각에 집중하면서 '자기 암시'로 잠재의식을 단련하는 법을 설명했다. 매일 밤 주문을 외듯이, 갖고 싶은 돈의 액수와 원하는 날짜, 달성하는 방법을 큰 소리로 반복해서 말하라는 것이다. 밤이면 밤마다 딘은 잠들기 전에 침대에 누워 힐이 일러준 지침을 열심히 따랐다.

힐은 또 기본적인 6대 공포에 대해 경고하기도 했다. 그중 가장 강력하면서도 으뜸인 것은 『생각하라 그러면 부자가 되리라』가 화제가 되던 시절에 대부분의 국가에 만연했던 가난에 대한 공포였다. 힐은 "미국인들은 1929년에 월가가 붕괴되면서부터 가난을 생각했다. 이런 집단적인 사고가 느리지만 확실하게 물리적인 결정체로 변하면서 '공황'으로 알려졌다. 이런 현상은 일어날 수밖에 없었다. 자연의 법칙과 일치하기 때문이다"라고 썼다.

어떤 사람들은 미국 역사에서 아주 유명한 1933년 프랭클린 루스벨트의 취임 연설에 나오는 "우리가 두려워해야 할 유일한 것은 두려움 그 자체입니다"라는 구절이 힐이 한 말이라고 생각하기도 했다. 딘은 이 첫 번째 공포를 너무도 잘 알았다. 그는 자신을 되돌아보고 가난에 대한 아버지의 생각이 큰 영향을 준 것을 알았다. 하지만 이제는 그 공포를 극복하는 법을 설명하는 저자가 있었다.

"당신이 마음을 다스리지 못하면 마음이 당신을 다스릴 것이다."

성공의 비결을 선전하고 다니는 사람은 어김없이 떠돌이 약장수처럼 굴었다. 화장품업계의 제왕이 된 글렌 터너는 1966년에 나폴레온 힐의 책을 읽었다고 주장하며 거기서 영감을 받았다고 했지만, 터너가 보여준 것이라곤 힐의 메시지를 '재벌에 도전하자'라는 엉뚱한 말로 바꿔 딘의 부모에게 사기 친 것밖에는 없었다. 미국인들의 마음속에는 언제나 영적인 갈증과 물질적인 갈증이 뒤섞여 있었다. 옷이나 책, 비디오를 팔며 사기치는 수법으로 이 갈증을 해소하는 것은 쉽다. 힐이 행한 방법은 자아가 타고난 무한한 믿음을 깨닫고, 그 믿음을 실용철학 같은 체계로 조직화한 것이었다. 힐은 딘이 그 자신의 운명의 저자라는 것을 믿게끔 가르쳤다.

딘이 오래된 마찻길을 걸어 내려가며 꿈을 품은 것은 나폴레온 힐을 발견한 무렵이었다.

태미 토머스

일단 일이 익숙해지자 크게 힘들지는 않았지만, 조립 라인에서는 복잡한 전선이 어떤 부품으로 가야 하는지 하나하나 기억해야 했다. 라인이 눈높이에서 돌아가는 동안에는 조금만 방심하면 이미 늦는다. 그곳은 제너럴 모터스의 전기부품을 위한 배선다발을 조립하는 곳이었다. 조립 탁자가 약 15미터 정도로 길게 놓인 가운데, 각 통로마다 보안경과 안전장갑을 낀 여공들이 8~10개 조로 나뉘어 선 채로 일했다. 조립해야 할 배선다발이 오면 첫 번째 조가 연결장지(거넥티)를 삽입하고 전선 몇 가닥을 끼운다. 이어 다음 조에서 8~10가닥의 전선을 플러그에 연결해 사용 가능하도록 조립하면 마지막 사람이 완성품 라인으로 가지고 가서 기름칠이 필요하면 기름칠을 한 다음 포장한다. 언뜻 보면 많은 시간이 걸릴 것 같지만, 이렇게 배선다발 한 개를 조립하는 데는 2~3분이면 된다.

숙련공들은 더 빠른 방법을 사용하는데, 매번 선반으로 돌아가 새 전선을 뽑거나 전선을 연결장치에 꽂는 대신 어깨에 전선을 걸치거나 전선이 꽂힌 연결장치를 목에 두르고 있다가 배선다발이 자기 자리로 오면 단순하게 연결장치에 꼽기만 하면 된다. 속도만 내면 중간에 잠시 책을 읽거나 옆 사람과 잡담을 할 수도 있고, 음악을 들을 여유도 있다. 몇 달간 이 일을 하며 나름대로 틀이 잡히자 태미는 2개 조에서 일할 수도 있었다. 이들이 일하는 오스틴타운 공장에서는 술집에서 점심을 먹었는데, 개중에는 술에 취해 돌아오는 사람도 있었다. 어떤 남자 직공은 태미에게 20달러를 주고 술이 깰 때까지 자기 조에서 한 시간만 일해달라고 부탁한 적도 있었다. 조립 라인은 차츰 익숙해지고, 창의력만 조금 있으면 적응이 쉬웠다. 그리고 태미는 바로 이 두 가지를 갖추고 있었다. 처음에는 규정된 방법대로만 하다가 차츰 다른 사람 조에 가서 일을 마무리하는 경우도 생겼다. 이럴 때면 빨간 테이프를 작업대에 내려놓고 "다른 사람이 우리 조에 오는 거 달갑지 않으니 이 선 넘어오지 마!"라고 말하는 사람도 있었다.

입사 첫해에 태미는 건강보험 혜택이 시작되는 90일을 채우기도 전에 일시 해고되었다가 후에 복직되었다. 그 뒤에도 태미는 해마다 해고와 복직을 반복했다. 보통 2월이나 3월에 일시 해고되면 길 때는 5개월 동안이나 일을 못 했으며, 이 기간에는 아무 일도 안 하면서 임금의 80퍼센트를 받았다. 패커드 일렉트릭과 717지부 사이에 맺은 1984년의 계약에 따라 태미는 임금과 각종 혜택, 휴가가 포함된 기본급의 55퍼센트를 받고 일을 시작했으며, 최고 급여를 받기까지는 10년을 근속해야 했다. 일단 선임직원이 된 다음에는 근무 시간이 짧고 더 좋은 일자리를 놓고 다른 직원들과 부딪쳤다. 이를테면 유통센터의 고양력장치를 조종하는 일이라든가, 아이들이 학교에서 올 시간에 집에 갈 수 있는 새벽 조 근무처럼 더 나은 조건을 놓고 다투었다. 하지만 첫 10년간은 더 오래된 직공들에게 수없이 밀려났다. 패커드 일렉트릭 공장은 대부분 워런에 있었고 나머지는 밸리 전체 지역에 흩어져 있었는데, 태미는 흩어진 공장을 전전하며 근무해야 했다. 주 공장이 있는 워런에는 약 400미터 거리에 수많은 건물이 밀집해 있었는데(제10공장은 전선 제조 구역이고, 제11공장에서는 고속 프레스가 돌아갔다), 공장 한쪽 끝에서 다른 쪽 끝까지 직선으로 가다 보면 꼭 시내 거리를 걷는 기분이었다. 그래서 사람들은 이곳을 66번 도로라고 불렀다.

조건이 가장 열악한 곳은 제8공장이었다. 태미는 이곳에서 근무하는 것이 싫었다. 일은 고되고(전선 두 가닥과 클립 한 벌에 고리가 달린 다발을 여덟 시간 동안 수도 없이 조립해야 했고, 근무수칙도 엄격했다), 정시 퇴근도 없었으며, 도시락도 싸 가야 했다. 제8공장에 있는 직업소개소에서는 아무 혜택도 받지 못하는 초보자나 비숙련공을 보냈다.

반대로 허버드Hubbard 공장은 태미가 좋아하는 곳이었다. 점심 식사를 하기 위해 밖으로 나갈 때도 회전식 출입문을 통과할 필요가 없었다. 허버드 공장은 1999년에 폐쇄될 때까지 가족처럼 친밀한 분위기였다. 하지만 태미는 선택권이 없기 때문에 선임직원인데도 제8공장으로 가야 했다.

처음에 태미는 노조에 가입한다는 사실에 흥분했다. 영스타운은 노조 도시였고, 비록 강철노조는 비참하게 패배했지만 태미는 노조의 힘을 알았다. 어느 핸가 717지부에서 파업을 했다. 태미는 공장의 상황에 대해서는 모두 들어 알고 있었기 때문에 자신이 피켓을 들고 시위에 참여한 '리벳공 로지Rosie the Riveter'(제2차 세계대전 당시 방위산업체에 종사한 여성을 상징하는 이미지_옮긴이)가 된 모습을 상상했다. 하지만 제2조 근무라 그 시간에는 작업대 앞에 있어야 했기 때문에 망설이는 사이에 파업은 수습이 되었다. 시간이 흐르면서 태미는 노조에 멀미가 났다. 노조 회의에 나갔을 때 보니 백인 남자 두 명이 말다툼을 하고 있었다. 아기가 기다리는 것도 아니고 워런까지는 자동차로 30분이면 가기 때문에 태미는 백인 남자들이 싸우는 모습을 지켜보았다. 노조 상근자들 중에는 자신의 일에만 신경을 쓰고 틈만 나면 국제조직으로 옮겨 두 군데서 연금을 탈 기회를 엿보는 사람도 있었다. 토머스 로드Thomas Road 공장은 끔찍한 지하 감옥처럼 분위기가 음산하고 모든 것이 지저분했다. 그곳의 한 현장 주임은 휴식 시간을 줄이려고 작업 시간이 아닌데도 기계를 돌렸고, 신입사원들이 전화를 받지 못하도록 전화기를 잠가놓았다. 그런데도 노조 상근자는 자신의 사무실에 앉아 아무런 항의도 하지 않았다. 패커드 일렉트릭에서 일자리를 줄이고 많은 인력이 후아레스에 있는 마킬라도라스(멕시코 정부의 개방경제 선언 뒤 육성되는 수출 공업단지_옮긴이)로 옮겨 가면서 노조는 힘을 더 잃었다. 결국 노조가 도움이 되지 못한다는 사실을 누구나가 알게 되었다.

이곳의 일은 제철소처럼 몸을 망가뜨릴 정도는 아니었지만, 건강은 악화되었다. 태미는 토머스 로드 공장의 납땜 조에서 일한 뒤로 천식이 생겼다. 납을 녹인 물에 동선을 담그는 작업을 하다 보면 가슴과 등이 고문을 받은 것처럼 아팠고, 심할 때는 입원해야 할 정도였다. 많은 직공들처럼 태미도 수근관증후군(손목터널증후군. 부목을 대고 약물치료를 받는 이 증상을 이곳에서는 '패커드 손'이라고 불렀다)을 얻었으며, 공장 일을 그만두고 여러 해가 지난 후에도 밤에 자다가 통증으로 잠을 깨기도 했다.

태미는 자신에게 조금 반항적인 기질이 있다는 것을 알게 되었다. 한번은 임시직공이 그녀의 부서에 들어왔다. 30대의 백인 여자였는데, 이혼하고 혼자 아이들을 키우고 있었다. 이 사람은 너무 겁이 많아 휴식 시간도 없이 일했고, 화장실에 가는 것도 망설였으며, 다른 사람과 이야기도 나누지 않았다. 잘못하면 쫓겨난다고 생각했기 때문이다. 다들 교대 5분 전에 출근기록카드를 찍는 데 비해 이 여자는 훨씬 일찍 출근했다. 지치고 스트레스를 받는 듯 보였다. 어느 날 태미가 보니 이 여자가 시멘트 바닥에 무릎을 꿇고 앉아 기름때를 닦고 있었다. 20년 묵은 기름때였다. 진공청소기로 안 되자 이 여자는 자신이 걸레를 들고 직접 기름때를 지워야 한다고 생각한 것이다. 한 시간에 22달러를 받고 공장 청소를 하는 청소 용역이 있었지만, 이 용역은 뒷전에서 다리를 꼬고 앉아 여자가 기를 쓰고 기름때를 없애려는 것을 그저 보고만 있었다. 태미는 겁에 질린 여자의 모습을 보고 있자니 너무 짜증이 났다.

"바닥에 엎드려 있을 필요 없어요."

태미가 여자에게 말했다. 태미는 그만 흥분을 참지 못하고 현장 주임에게 항의했다.

"밥, 이게 잘못되었다는 걸 당신도 알잖아요!"

하지만 태미가 어쩌겠는가? 숙련을 요하는 부서에서 일하는 남자들 중에는 임시직공이 들어오면 급료는 절반인데도 일은 두 배로 시키는 사람들이 있었다. 훗날 태미는 말했다.

"그 여자에게 딸린 식구가 있다는 걸 나중에서야 알았어요. 한마디로 그 여자는 일자리가 필요했던 거죠. 내가 20년 전, 25년 전, 30년 전에 그랬던 것처럼 가족을 위해 돈을 벌어야 했던 거예요. 일이 필요했고, 잘못하면 잘릴 수도 있기 때문에 기꺼이 굴욕을 감수한 거고요. 어쨌든 생각해보면 그 여자가 오고 나서 우리 부서가 깨끗해졌죠."

조립 라인에서 일하다 보면 아이들이 기다리는 집에 갈 때까지 어떻게 해야 시간이 빨리 갈까 하는 생각뿐이었다. 때로는 작업의 방향을 바꿔서 앞에서 뒤로 갔다가 뒤에서 앞으로 오기도 했다. 태미는 음악을 들으며 일하기를 좋아했다.(대개 1970년대 알앤비와 펑크 뮤직이었다. 힙합은 싫어했으며, 전자음악이 아니라 순수 악기로 연주한 곡이 좋았다.) 하지만 그것도 공장 송풍기의 소음과 작업대에 네다섯 대나 되는 다른 라디오 소리가 뒤섞인 상태에서 들을 수밖에 없었다. 한번은 백인 여자가 태미의 라디오 소리가 너무 크다고 불평했다. 사실 이 말은 태미가 듣는 음악이 너무 시끄럽다는 뜻이기도 했지만, 너무 흑인적인 음악이라는 뜻이기도 했다. 조립 라인에서 간혹 발생하는 마찰의 하나였다.

태미는 집에서 가족과 보내는 시간보다 공장에서 동료들과 지내는 시간이 더 많았다. 이들과 함께 밖에 나가 점심을 먹었으며(토머스 로드에 있는 '엘리의 페이머스 바비큐Eli's Famous Bar-B-Que'나 노스 리버로드에 있는 카바레에서 먹고, 월급날이면 수표를 현금으로 바꿔 지불했다), 트라이앵글 인Triangle Inn이나 카페 83 같은 바에 갈 때도 있었다. 태미는 몇몇 사람처럼 술을 마시고 와서 그 따분한 조립 라인에 서지는 않았다. 그들이 어떻게 술을 마시고 일을 하는지 알 수 없었다. 동료들도 일할 때는 즐겁게 했다. 다만 이 나이 든 백인 여자는 태미가 만난 사람 중에 가장 심술궂고 무식했다. 게다가 돼지코 얼굴을 들이밀며 사람들을 놀라게 하고, 그 주제에 남자나 낚으려는 꼴이 우습기 짝이 없었다. 동료들은 케이크를 사 와서 서로의 생일을 축하해주었으며, 미식축구 도박을 하기도 했다. 한번은 태미가 '패커드 손' 때문에 한두 달 쉴 때였는데, 동료와 함께 슈퍼볼 도박을 해서 돈을 딴 적이 있었다. 이 동료가 딴 돈 800달러의 절반을 집까지 찾아와 전해줄 때까지 태미는 그 사실을 전혀 모르고 있었다. 물론 동료는 태미에게 비밀로 할 수도 있었을 것이다.

이들 중 몇몇은 태미와 절친한 친구가 되었다. 카렌Karen도 그중 한 사람이었는데, 북부 출신의 흑인 여자로 새벽 조에서 밀려나 오후 조로 들어와 태미의 조립 라인에서 함께 일하며 태미에게 일을 배웠다. 태미는 카렌을 '꼬맹이 언니'라고 불렀다. 자신보다 열 살이 많고, 키가 작았기 때문이다. 카렌도 아이가 셋이었고, 두 사람은 처지가 같다 보니 더욱 친해졌다. 또 패커드 일렉트릭에서 마지막으로 일하던 부서에서 3년간 작업대를 같이 쓴 주디Judy도 있었다. 주디와 태미는 서로 마주 보고 일했다. 태미는 말했다.

"이렇게 관계가 맺어지는 거죠. 한 사무실에 근무하면서 여기저기 자리를 옮겨 다니는 것과는 다르니까요. 우리는 서로 단짝으로 지냈어요. 그 밖에 뭐가 있겠어요? 금형 제작하는 남자들 보라죠. 고작 하는 대화라곤 '와이프는 잘 지내? 아이들은 어때? 아들 축구 잘해?'라는 말뿐이죠."

이런 사람들과 오래 지내다 보면 결국 사진으로나 아이들이 자라는 걸볼 뿐이다. 태미는 훗날 공장을 그만두고 나자 그 시절 동료 간의 우정이 그리웠다.

동부에서 태미의 친구였던 미스 시블은 1971년부터 63세로 퇴직할 때까지 제너럴 일렉트릭General Electric, GE의 백열전구 공장에서 20킬로그램짜리 시멘트 부대를 나르는 일을 했다. 그녀는 말했다.

"공장 일이 좋다고 생각하는 사람은 작업 라인에서 어떻게 일하는지 봐야 해요. 공장에서 살아남는 사람은 얼마 안 되죠. 미트 롬니Mitt

Romney(2012년 공화당 대선 후보로 나섰다가 낙선한 미국 정치인_옮긴이)라면 아마 일주일도 못 견디고 쓰러질 거예요."

태미는 19년 동안 일하고 살아남았다. 태미는 공장 일이 특별하다고 생각한 적은 없었으며, 누가 그 긴 세월 동안 똑같이 반복되는 일을 어떻게 견뎌냈는지 물을 때는 할 말이 없었다. 당연히 자신이 해야 할 일을 했을 뿐이다. 중요한 것은 봉급이었다. 공장에서 일하고 받는 괜찮은 보수 때문에 아이들을 키울 수 있었기 때문이다.

태미는 자신보다 열 살이나 많은 플립 윌리엄스Flip Williams를 잘 몰랐다. 그의 동생은 알았지만. 플립은 동부의 킴멜브룩스 빈민가에서 마약 거래를 총괄하던 사람이었다. 그는 캘리포니아에 가서 불구가 되었고, 1980년대 후반에는 코카인 밀매를 하다 붙잡혀 감옥살이를 했다. 플립은 출소한 뒤 영스타운으로 돌아와 킴멜브룩스에서 다시 옛날에 하던 일을 하려고 했다. 1991년 노동절 밤에 플립은 10대 세 명을 거느리고 킴멜브룩스에 있는 한 집으로 갔다. 지역 마약 거래의 큰손이 그곳에 살고 있었다. 집 안으로 쳐들어간 이들은 이 사람에게 수갑을 채우고 입에는 강력접착 테이프를 붙였다.(플립이 집 내부 지도를 그렸고, 라디오색RadioShack에서 구입한 워키토키를 사용하는 등 모든 작전을 계획했다.) 플립은 10대 중 하나인 자신의 여자친구를 시켜 그 남자와 함께 마약 거래를 하는 친구 둘에게 전화를 걸어 집으로 유인하라고 말했다. 그런데 또 다른 남자가 사건에 얽혀들었다. 테디 윈Teddy Wynn이라는 이 남자는 태미의 첫아이의 아빠인 배리와 사촌 간으로, 우연히 이 집에 들렀다가 날벼락을 맞았다. 운 나쁘게도 잘못된 시간에 잘못된 곳을 찾은 것이다. 플립은 이들 네 명을 한데 묶고 테디와 또 한 명의 목을 조르며 여자친구에게는 밖으로 소리가 새나가지 않도록 음악을 크게 틀어놓으라고 했다. 이 방 저 방을 오가던 끝에 플립은 네 명 모두의 머리에 총을 쏘았다. 결국 플립은 노동절의 학살극으로 2005년 치사주사를 맞고 처형되었다. 킴멜브룩스 단지는 철거된 뒤 재개발되었고, 이름도 록포드로 바뀌었다. 태미는 플립의 사형 집행이 너무 늦었다고 생각했다. 플립이 동부에서 수많은 살인을 저지르는데도 경찰은 그를 잡지 못했기 때문이다. 한 동네를 쑥대밭으로 만든 자 하나를 어떻게 못 잡아넣는단 말인가?

1980년대 후반에서 1990년대에 걸쳐 영스타운은 언제나 살인 사건 순위에서 전국 10위 안에 드는 도시였으며, 65세 이하의 흑인 여성 피살률은 전국에서 가장 높았다. 언론은 마피아 살인 사건에 초점을 맞추었다. 이 기간에 영스타운은 제노바 패밀리와 루카 패밀리 사이에 구역 다툼을 벌이며 폭력 살인을 일삼는 곳으로 세간의 주목을 끌었기 때문이다. 1996년에는 마호닝 카운티의 한 검사가 자신의 집 주방에서 총격을 받았으나 간신히 목숨을 건진 사건이 일어나기도 했다. 1990년대 말이 되자 영스타운에는 돈이 말라 싸움거리가 될 것이 없었기 때문에 마피아도 사라졌다. 그래도 영스타운은 여전히 살인의 도시였다. 살인 사건은 태미가 사는 곳에서처럼 대부분 마약 문제나 원한 때문에 우연하게 벌어졌기 때문이다.

태미는 많은 사람이 피살되었다는 사실을 똑똑히 알고 있었다. 동창생들의 졸업앨범을 들여다보면 미소 짓는 얼굴들 중에 적어도 절반은 목숨을 잃었거나 감옥에 갔거나 아니면 마약 중독자였다. 고등학교 여자 동창생 한 명은 킴멜브룩스에서 차를 몰고 가다가 총에 맞았다. 어릴 때부터 친하게 지냈던 제네바Geneva는 고등학교를 중퇴하고 딸 둘을 낳았는데, 태미가 이스트고등학교를 졸업할 무렵, 차를 타고 가던 남자와 말다툼을 벌였다. 이 남자는 제네바를 바닥에 쓰러뜨리고 머리에 총을 쏘았다. 그러나 체포된 자는 한 명도 없었다. 태미의 외삼촌인 앤서니Anthony는 누나인 비키처럼 마약 중독자였는데, 피살된 다음 동부에서 시체로 발견되었다. 태미는 말한다.

"1980년대 후반부터 1990년대까지 영스타운은 완전히 미쳤어요. 미친 도시였다고요. 생각해보세요, 그런 도시에 일자리가 있겠어요?"

어쩌다가 동생들과 마주치면 태미는 이 녀석들이 크립스Crips 갱단 행세를 하고 다니는 것이 아닌가 하는 생각이 들었다. 언제나 파란색 옷을 입고 다녔기 때문이다. 동생들은 샬럿 거리에서 두 블록 떨어진 셰히 거리에서 엄마와 함께 살았는데, 집 밖에서 장사를 하면서 거리를 지배하고 있었다. 태미는 동생들의 아빠가 아이들을 혼내는 모습을 한 번도 본 적이 없었다. 엄마가 한마디라도 하면(동생들에게 기대하는 것이 더 많았고, 동생들이 늘 말썽만 피우는 것에 가슴 아파했다) 동생들은 태미와는 딴판으로 엄마에게 대들었다. 당시에 태미는 몰랐지만 비키는 이때 다시 마약을 하고 있었다. 태미는 6학년이나 7학년 때 이후로 엄마가 마약을 끊었다고 믿고 있었다. 비키는 태미에게 심부름을 시켜 친구에게 뭔가를 받아 오게 하기나 누군가에게 빌린 돈을 갚으러 보내기도 했는데, 나중에야 태미는 그것이 마약과 관계된 일이라는 것을 알았다. 결국 엄마가 마약을 하도록 도와준 꼴이 된 것이다. 태미는 엄마가 옥시콘틴(마약성 진통제) 없이는 못 사는 것을 보고 진실을 알았다. 엄마는 퇴행성 골관절염을 앓고 있었다. 잘못 움직이면 뼈가 부서지거나 금이 갈 수도 있는 병이었다. 비키가 입원한 요양원의 의사는 태미에게 엄마가 헤로인 중독이라고 알려주었다.

비키가 사는 집 부근에는 에이어스 스트리트 플라야스Ayers Street Playas 라는 또 다른 갱단이 있었다. 이들은 피처럼 붉은색 표시를 하고 다녔다. 1990년대 후반에 태미의 동생들은 갱들의 영역 다툼에 앞장섰다. 물론 태미는 "나는 정말 어떻게 돌아가는 건지 몰랐어요. 아이들을 키우느라 정신이 없었으니까요"라고 말하면서 나중에야 그 사실을 알았다는 걸 털어놓았다. 어느 날 큰 동생 제임스James가 셰히 거리에 있는 집 앞에서 대낮에 총에 맞아 부상을 당하는 일이 있었다. 또 막냇동생 에드윈Edwin은 어느 날 밤, 친구와 함께 집 옆에 있는 공터에서 차 안에 앉아 있었는데, 웬 녀석이 총을 들고 차창으로 다가오더니 에드윈 옆에 있던 친구를 총으로 쏘았다. 몇 년 뒤, 에드윈은 친구와 둘째 동생 드웨인Dwayne이랑 함께 차에 앉아 있다가 스키 마스크를 쓴 총잡이에게 등에 세 발의 총을 맞았다. 그래도 에드윈은 살아남았다. 드웨인과 에드윈은 결국 혹독한 감옥살이를 하게 되었다.

세히 거리에 있는 비키 집 바로 옆에는 F&N 푸드 마켓이 있었는데, 주사위 게임에 혈안이 된 도박꾼들이 주변에 몰려들어 분위기가 험악하기로 유명했다. 어느 날, 드웨인과 에드윈은(이들은 당시 10대 후반의 나이였다) 푸에르토리코인 두 명과 함께 이곳 뒤쪽에서 주사위를 던지고 있었다. 드웨인은 문제가 생길 경우를 대비해 의자 밑에 총을 숨겨놓았다. 이때 토머스 집안의 아이들과 친구로 지내는 존 퍼듀John Perdue가 차에서 내리더니 게임에 합류했다. 몇 분 지나지 않았을 때, 퍼듀와 레이먼드 오르티스Raymond Ortiz라는 푸에르토리코인 사이에 5달러의 판돈을 놓고 시비가 붙었다. 오르티스는 드웨인의 의자 밑에 있던 총을 빼 들고 돈을 요구했다. 퍼듀는 줄 수 없다고 했다. 드웨인이 오르티스를 진정시키자 오르티스는 자기 친구와 함께 차를 세워둔 곳으로 걸어갔다가 다시 돌아왔다. 여전히 화가 풀리지 않은 오르티스는 다시 시비를 걸었다. 결국 이 사건은 오르티스가 총으로 퍼듀의 얼굴을 치며 위협할 때 퍼듀가 총을 낚아채 오르티스의 머리에 대고 쏘는 것으로 끝났다.

비키는 죽은 아이의 엄마를 알고 있었다. 살인범이 토머스 집안 아이들의 친구인 데다 살인 무기도 드웨인의 총이었고 사건 현장도 비키네 집 바로 옆이었기 때문에 그 집에서는 큰 원한을 품었고, 두 집안은 적대적인 사이로 변했다. 살인 사건이 벌어지고 얼마 안 있어 비키네 집이 총격을 받아 냉장고와 오븐에 총구멍이 나는 사건이 일어났다. 태미는 엄마를 밖으로 대피시켰다. 이때 누군가 집 안으로 화염병을 던져 1층이 불에 탔다. 영스타운 시장은 직원들에게 마약의 온상 및 폭력의 소굴이자 화재로 손상된 세히 거리 1343번지의 집을 철거하라고 지시했다. 『빈디케이터』지는 '골칫거리 주택이 무너지다'라는 제목으로 이 사건을 보도했다. 시의 굴착기가 잔디밭으로 굴러 들어와 현관 베란다를 허무는 동안, 동네 사람들이 이 광경을 지켜보며 한마디씩 했다.

"동부의 골칫거리가 곧 사라지겠군."

값이 4000달러는 나갈 집을 송두리째 날린 비키는 완전히 망했다.

이 무렵은 태미가 이미 동부를 떠났을 때였다.

1990년대 초반, 동네 아이들이 몇 차례나 샬럿 거리의 집에 침입하곤 했다. 아흔 살 가까이 된 그래니는 거의 앞을 못 보았기 때문에 태미는 노할머니를 1층으로 옮겨드렸다. 태미는 오후 근무 조여서 자정까지는 집에 올 수 없었으며, 그렇다고 돈을 주고 사람을 쓸 형편도 못 되었다. 태미의 아이들은 학교가 끝난 뒤 남부에 있는 태미의 친구 어머니 집에서 봐주고 있었기 때문에 태미는 퇴근길에 그 집으로 가서 아이들을 데려와야 했다. 식구들이 올 때까지 그래니 혼자 집에 있어야 하는데, 태미는 그동안에 또 누가 집 안으로 들어와 앞 못 보는 할머니를 해코지할까 봐 두려웠다. 태미는 1992년 5월에 가족을 데리고 20년을 살았던 샬럿 거리 1319번지 집을 나왔다. 그래니는 동부에서 반세기가 넘도록 살았으며, 남부로 이사 와서 석 달을 더 살다가 세상을 떠났다.

태미는 샬럿 거리의 집을 3년 동안 세를 놓다가 1995년에 팔기로 결심했다. 집값으로 5000달러를 받았는데, 1972년에 그래니가 살 때 준 돈의 절반밖에 되지 않았다. 집을 산 여자는 세를 놓고 푸에르토리코로 돌아갔다. 그 뒤 그 집은 조금씩 허물어지다가 2000년대에 들어서는 입주자가 없는 빈집으로 변했다.

태미는 남부에 있는 주택을 2만3000달러를 주고 구입했다. 주황색 페인트를 칠한 집이었는데, 현관 베란다에는 굵직한 기둥 네 개가 건물을 떠받치고 있었고, 실내는 아늑한 분위기였다. 인디애놀라 위쪽에 위치한 이 동네는 태미가 어렸을 때 남부에 살 때는 주민 전체가 백인이었지만, 백인들이 서둘러 빠져나가고 8지구의 세입자들이 들어오면서 완전히 다른 모습으로 변했다. 이들 중에는 동부에서 태미가 알던 사람들이 많았다. 남부에는 태미의 약혼자가 있었다. 브라이언Brian이라는 남자로 나이는 태미보다 두 살이 많았지만(태미의 친구는 대부분 나이가 더 많았다), 고등학교 때부터 알던 사이였다. 두 사람은 1990년에 데이트를 시작했고, 브라이언은 태미의 아이들에게 친아빠처럼 잘 대해주었다. 특히 막내딸을 귀여워했다. 브라이언은 안정된 직장은 없었지만(학교를 돌아다니며 간간이 임시 고용원 일을 했다), 그래니를 잃은 태미의 허전한 마음을 채워주는 데다 태미의 아이들과 잘 놀아주는 남자였다. 1995년, 태미의 스물아홉 번째 생일 무렵에 브라이언은 태미에게 청혼했다. 태미는 곧바로 대답하지 않았다. 친구들과 어울려 클리블랜드로 생일여행을 간 태미는 호텔에서 친구들과 이 문제를 의논했고, 청혼을 받아들이기로 마음을 굳혔다. 그리고 친구들과 호텔에서 나와 쇼핑하러 간 시간에 브라이언이 피살되었다.

태미는 무슨 일이 일어난 건지 정확하게 알지 못했다. 어떤 사람과 말다툼을 했다는데, 그가 너덧 살 때부터 태미가 알던 집안의 남자였다.

"브라이언은 정말 좋은 남자였어요."

태미가 입을 열었다.

"그의 출신은 잘 몰랐지만, 그에 대해 나쁜 소문이나 뭐가 잘못되었다는 말은 들어보지 못했으니까요. 내가 만나본 사람 중에 가장 도량이 넓은 남자였어요. 내 아이들도 잘 따랐고요."

친구 한 명이 태미에게 일곱 살 난 막내딸이 이 일로 충격을 받았을지 모르니 상담을 받아보는 것이 어떻겠냐고 말했을 때, 태미는 친구의 의견을 무시하면서 "그 아인 문제없어"라는 말만 했다. 이것이 태미가 30년 동안 살면서 터득한 방식이었다. "문제없어. 괜찮아. 곧 다시 일어설 테니까"라고 스스로 다짐하는 것이 태미의 습관이었다. 10년 뒤에 교회 수련회를 갔을 때, 태미는 막내딸의 몸에 문신이 있는 것을 보고 무척 화가 났다. 하지만 문신이 브라이언의 생몰연도와 이름의 머리글자라는 것을 알고는 화가 풀렸다. 그제야 딸이 유일하게 아빠라고 부른 남자의 죽음에 대해 비통해하지 않은 것을 보고 품었던 오해도 풀렸다.

브라이언이 살해당한 해에 태미는 일주일에 사흘은 밀 크리크 공원으로 산책을 나갔다. 때로는 매일 나가기도 했는데, 오후 근무 조일 때는 아이들을 학교에 데려다준 다음에 갔고, 새벽 조일 때는 근무를 마치고 돌아오는 길에 갔다. 오솔길을 걷다가 강가에 있는 오래된 물방앗간 옆에 앉아서 생각에 잠기기도 했다. 이럴 때면 물레방아의 낙숫물 소리를 들으며 신과 마주하고 있는 느낌을 받았고, 활력이 되살아나는 것 같았다.

이사를 한 뒤로 어두운 그림자는 점점 빠른 속도로 퍼져나갔고, 태미는 이 그림자가 자신의 뒤를 쫓아다니는 것 같은 기분이 들었다. 동부에서는 10년, 20년에 걸쳐 다가왔던 것이 남부에서는 불과 1~2년 새에 바짝 따라온 것 같았다. 태미의 동네는 점점 험악해졌다. 애본데일과 오번데일에 산다고 해서 데일 보이즈Dale Boys라는 이름이 붙은 갱단이 동네를 접수한 것이다. 1997년에 태미는 아이들을 데리고 브라이언 모친의 옆집으로 이사했다. 내놓은 집은 팔리지 않았다. 나중에 알고 보니 그 집은 문제투성이였다. 결국 저당권 설정을 말소하는 조건으로 은행에 넘겨주기로 합의를 했다.

태미는 영스타운에서 빠져나갈 궁리를 했다. 어디를 가나 범죄가 들끓었기 때문이다. 자신의 직업 말고는 뭐 하나 기대할 곳이 없는 도시였다. 뭔가 계획이 있는 사람들은 대부분 떠나는 중이거나 이미 떠나고 없었다. 도시 전체가 급격히 몰락하고 있었다. 하지만 패커드 일렉트릭에서 몇 년만 채우면 10년이 되어 전액 임금과 각종 혜택을 받을 수 있었고, 퇴직

할 때 연금도 받을 수 있었다. 태미가 좋은 직장에 다니는 것에 감사해야 할 만큼 영스타운은 괜찮은 도시이기도 했다. 시간이 좀 지나자 태미는 현관 베란다를 막고 부업을 시작했다. 결혼을 앞둔 사람들에게 청첩장을 디자인해주거나 레이저 프린트로 인쇄해주는 일이었다. 그 밖에 밸런타인데이 선물 상자나 졸업 카드, 장례식 프로그램을 제작하는 일도 하며 자신의 사업을 '완벽한 맛의 차A Perfect Cup of T'라고 불렀다. 어느 날 밤, 태미와 막내딸은 집에서 영화를 보면서 리본 350개를 접고 거기에 350개의 진주 구슬을 붙였다. 결혼 기념 북마크(서표)를 만들어 팔려고 한 것이다. 또 태미는 공장에서 에이본Avon 화장품도 팔았다. 공장에 여자들은 얼마든지 있으니 돈 벌기는 어렵지 않았다. 태미는 이제 어디로도 갈 생각이 없었다.

동부보다 남부에서 패커드 일렉트릭으로 출퇴근하기가 더 힘들었다. 게다가 태미는 베이비시터 일과 방과 후 프로그램에까지 매달리다 보니 근무 조를 조정하느라 정신이 없었다. 휴가 때는 큰딸의 성적 관리를 해주고, 아들의 미식축구 경기를 보러 갔다. 주말이면 교외로 드라이브를 나가 딸기나 사과를 따며 아이들과 큰돈 안 들이고 즐거운 시간을 보냈다. 일요일에는 아이들을 데리고 교회에 갔고, 학교가 끝난 뒤에는 성경 공부를 시켰다. 교사—학부모 간담회에 나갈 수 없을 때는 수업 시작 전에 선생님에게 전화로 양해를 구했다. 일단 휴대전화로 연락이 되자 모든 교사가 번호를 알고 공장으로 연락을 해왔다. 태미는 아이들이 좀더 클 때까지는 추가근무를 하지 않았다. 아이들은 집에서 친구들과 놀며 지냈는데, 엄마가 어떤 친구들과 어울리는지, 무엇을 하고 노는지 알고 싶어 했기 때문이다. 딸들에게는 열여섯 살이 될 때까지는 화장을 못 하게 했다. 한번은 아들이 제 아빠를 만나고 올 때 귀에 피어싱을 한 것을 보고 태미가 그 자리에서 빼게 했다. 고등학교에 들어갈 때까지는 피어싱을 안 한다고 약속했기 때문이다. 하지만 정작 그 나이가 되자 아들이 원하지 않았다. 아이들은 고등학교 졸업반이 되어도 자정을 넘겨 귀가하는 일이 거의 없었고, 특별한 일이 있을 경우에도 1시 전에는 들어왔다. 태미는 아이들에게 욕을 하거나 때리지는 않았지만, 가끔 규제가 필요할 때는 그 대로 넘어가지 않고 엄하게 꾸짖었다. 바깥세상은 험했기 때문이다. 딸들이 임신하는 일도 없었고, 아들도 갱단 근처에는 얼씬도 하지 않았다. 태미의 아이들은 모두 고등학교를 마치고 대학에 들어갔다. 신의 가호로 태미는 세 아이를 모두 훌륭하게 키웠다.

언젠가 누군가가 태미가 영스타운에서 세 아이를 키우고, 아이들 모두 나무랄 데 없이 자란 것을 알고는 정말 놀랍다고 말한 적이 있다. 태미는 자신이 당연히 할 일을 했을 뿐이라는 생각이었다.

"아이들이 나보다 더 좋은 환경에서 자라야 했기 때문에 나로서는 선택의 여지가 없었어요. 또 내 동생들보다도 환경이 좋아야 했고요. 나는 할 일을 한 기죠. 내 증조할머니도 그렇게 했으니까요."

미스터 샘, 샘 월턴

샘 월턴Sam Walton은 1918년 미국 중동부에 있는 오클라호마 주 킹피셔에서 태어났다. 그가 성장기를 보낸 때는 열심히 일해야 겨우 먹고살 수 있는 시절이었다. 대공황의 고통을 겪은 뒤, 그의 아버지 토머스 월턴Thomas Walton은 메트로폴리탄 생명보험사를 대신해 미주리 주변에서 농장을 회수하는 일자리를 얻었다. 샘은 아버지를 따라 이곳저곳 돌아다니며 아버지가 대출금을 갚지 못해 땅을 빼앗긴 농부들에게 조금이라도 품위를 지키게 하려고 애쓰는 모습을 보았다. 이때의 경험으로 샘이 돈에 대해 신중한 태도를 갖게 되었다는 것에는 의심의 여지가 없다. 그는 인색한 사람이었다. 이런 기질은 샘이 자라면서 터득한 생존방식이었다. 미국에서 최고의 부자가 된 뒤에도(1985년에 『포브스Forbes』가 그를 집중 조명했을 때, 그는 자신의 가정이 불필요한 주목을 받는 것을 싫어했다) 그는 길바닥에 떨어진 동전을 보면 가던 길을 멈추고 줍는 사람이었다. 또 눈길을 끄는 생활방식을 결코 좋아하지 않았다. 정직, 이웃 사랑, 근면, 검소가 그의 생활신조였다. 부자라고 다를 것 없다. 누구나 바지를 입을 때는 다리를 하나씩 넣는 법이다.

그는 죽음을 앞두고 말년에 쓴 글에서 이렇게 말했다.

"돈은 결코 나에게 대단한 것이 아니었다. 먹을 것이 넉넉하고 번듯한 집이 있으며 새 사냥개를 키울 공간이 충분하다면, 그리고 사냥할 곳과 테니스를 칠 곳이 있고, 아이들에게 좋은 교육을 시킬 돈이 있다면 바로 그것이 부자다. 이것은 의심의 여지가 없다."

그의 아버지는 큰 성공을 거두지는 못했지만, 어머니는 두 아들에게 거는 야망이 있었다. 이들 부부는 끊임없이 다투었다. 아마 이런 환경 때문에 샘이 늘 바쁘게 지냈는지도 모른다. 그는 여러 단체에 가입했고, 경쟁심이 강했다.[컬럼비아 히크맨고등학교의 이글 스카우트(미국 보이스카우트에서 21개 이상의 공훈 배지를 단 최고의 단원_옮긴이), 쿼터백, 총학생회장, 미주리대학의 '베타 세타 피'(미주리대학에서 가장 활성화된 친목 모임_옮긴이) 회원 등 그가 맡은 역할은 다양했다.] 샘은 사람들이 자신에게 말을 걸기 전에 먼저 거리의 사람들에게 다가가 말을 거는 법을 배웠다. 그는 키가 작고 빼빼 마른 몸에 얼굴은 선한 맹금류 같았다. 그리고 언제나 이기고 싶어 했다.

샘은 어렸을 때부터 팔 수 있는 물건을 찾아내는 재주가 있었다. 그는 고등학교와 대학 시절에 신문 배달을 했고, 기부금 모금 경연대회에서 우승한 적도 있었다. 대학을 졸업한 뒤, 그는 디모인에 있는 J. C. 페니J. C. Penney 상점에서 일주일에 75달러를 받고 일했다. 그에게는 최초의 소매점 일자리였다. 여기서 오래 일하며 그는 종업원을 '동료'라고 부르면 이들이 사내에서 자부심을 갖는다는 사실을 깨달았다. 이후 전쟁이 일어났다. 그는 부정맥이 있어 국내에서 3년간 군 복무를 했다. 군에서 제대한 그는 소매점으로 돌아가기로 결심했다. 이번에는 독립할 생각이었다.

샘은 세인트루이스에 있는 페더레이티드Federated 백화점의 총판권(프랜차이즈)을 사고 싶었지만, 그의 아내가 인구가 1만 명이 넘는 도시에서 살려고 하지 않을 것이라는 사실을 잘 알았다. 샘과 신혼시절을 보내던 아내 헬렌은 오클라호마의 부유한 변호사의 딸이었다. 결국 이들 부부는 인구가 5000명밖에 안 되는 아칸소의 뉴포트에서 살기로 결정했다. 여기서 샘은 장인의 도움으로 벤 프랭클린Ben Franklin 잡화점을 사들였다. 길 건너편에는 또 다른 상점이 있었다. 그는 몇 시간이고 주위를 어슬렁거리며 경쟁할 수 있는 방법을 연구했다. 그리고 이런 경험은 평생 습관이 되었다. 샘이 성공의 밑바탕이 된 방식을 생각한 것은 뉴포트에서였다.

그는 벤 프랭클린의 공급업자에게 여성용 새틴(공단) 팬티를 열두 장에 2달러 50센트를 주고 들여와 세 장에 1달러를 받고 팔았다. 그러다가 뉴욕의 제조업체 대리점에서 열두 장을 2달러 가격에 넘기자 그는 네 장을 1달러에 파는 특가상품으로 내놓았다. 그의 이익은 3분의 1이 줄었지만, 판매량은 세 배나 늘어났다. 싸게 들여와 싸게 팔고 매출을 늘리며 유통 회전 속도를 높이는 방법이었다. 이 방식은 샘의 철학이 되었고, 5년이 지나자 그는 매출을 세 배로 늘리며 벤 프랭클린을 여섯 개 주에서 최고의 상점으로 키웠다. 고객은 인색했다. 그들은 최저가 상품을 보면 절대 놓치지 않았다. 이런 현상은 전후 아칸소와 오클라호마, 미주리 일대의 백인 소도시에서는 어쩔 수 없는 현실이었다. 때와 장소를 불문하고 그럴 수밖에 없었다.

또 두뇌 회전이 빠른 샘이 1950년 뉴포트의 상점을 정리한 뒤 아내와 네 자녀를 데리고 이사한 아칸소 벤턴빌에서도 이런 상술이 통했다. 샘은 인구 3000명의 벤턴빌 중앙광장에 '월턴네 5&10 Walton's 5&10' 상점을 열었다. 그리고 이후 10년간 장사가 너무 잘되어 그와 동생 버드는 다시 열다섯 개의 점포를 개업했다. 이들 점포는 실로암 스프링스, 아칸소, 커피빌, 캔자스, 세인트 로버트, 미주리 등 케이마트나 시어스는 신경 쓰지 않는 조그만 시골의 후미진 곳에 있었다. 고객은 인색했지만, 시카고나 뉴욕의 스마트 머니(전문적인 지식을 가진 투자방식 또는 투자자_옮긴이)가 생각하는 것 이상으로 매출이 많았다. 샘은 2인용 정찰기를 타고 시가지나 건물 위로 낮게 날아다니며 장소를 물색했고, 점포가 들어서기에 적합한 빈 땅을 골랐다.

소매점의 꿈에 부푼 그는 휴가 때면 가족들 곁을 떠나 자신이 사는 지역의 점포들을 조사하고 다녔다. 그는 자신과 경쟁이 되는 요인을 제거하는 데 힘썼으며, 최고 수준의 인력을 보면 프랜차이즈의 투자 지분을 제공한다는 미끼로 자신의 회사로 끌어들였다. 또 사업을 살리기 위해 허세를 부리기도 했고, 경쟁자들이 스스로를 유행에 뒤진 시골뜨기로 여기게끔 만들었다. 그리고 공급업자에게는 한 푼이라도 더 짜내는 전략을 썼다. 그는 결코 일을 멈추지 않았다. 오로지 끊임없이 성장해야 한다는 생각뿐이었다. 방해물이 있어서는 절대 안 된다고 생각했다.

1962년 7월 2일, 샘은 아칸소 주 로저스에 자신의 첫 독립 할인점을 개업했다. 일류 브랜드 의류에서부터 자동차 부품에 이르기까지 없는 것이 없는 이 대형 할인점은 미래를 선도할 물결이었다. 샘은 이 물결에 올라타거나 휩쓸릴 생각이었다. 그는 너무 인색한 사람이었기 때문에 상호도 가능하면 짧게 정했다. 그래서 새 할인점을 '월마트'로 부르기로 했다. 그리고 '언제나 싼값'을 구호로 내걸었다.

1969년이 되자 그는 네 개 주에 32개의 점포를 소유하게 되었다. 이듬해 샘은 회사를 상장했다. 월턴 집안은 수식의 69퍼센트를 보유했고, 샘의 재산은 1500만 달러로 평가되었다. 기업가정신, 자유기업, 리스크, 이것이 다른 사람들의 삶의 질을 개선하는 유일한 방법이었다.

1970년대를 거치며 월마트는 2년마다 매출을 두 배로 늘렸다. 1973년에는 다섯 개 주에 55군데로 점포가 늘어났고, 1976년에는 125개 점포로 총 3억 4000만 달러의 매출을 올렸다. 월마트는 벤턴빌을 중심으로 거대한 원을 그리며 기억에서 사라진 미국 중부의 소도시를 거쳐 외곽으로 뻗어 나갔고, 인근 지역의 철물점이나 약국을 초토화했다. 동시에 유통센터가 위치한 본사에서 자동차로 하루면 닿을 범위 안의 지역에는 똑같은 모습의 월마트 건물이 들어서면서 어떤 업체도 경쟁 상대가 되지 못했다. 도심에서 벗어난 월마트는 비행기 격납고만큼 큰 건물에 창문도 없었고, 숲과 들판에 대형 주차장을 구비해 도심의 상권을 교외로 끌어들였다. 또한 정교한 전산 프로그램이 분 단위로 전체 품목의 재고를 점검하며 주문과 발송, 매출을 관리했다.

1980년이 되자 점포는 276개로 늘어났고, 매출액은 10억 달러를 초과했다. 1980년대에 월마트는 폭발적으로 성장해 미국 전역과 해외 구석구석으로 퍼져 나갔다. 샘은 이제 댈러스나 휴스턴 같은 대도시에도 점포를 열었다. 대도시에서는 도난사고가 많았고, 익숙한 공간을 고집하는 고객들의 윤리적 특성에 적응하기가 더 힘들었다. 월마트 이사진에 합류한 최초의 여성은 힐러리 클린턴이었다. 주지사인 그녀의 남편과 다른 정치인들이 벤턴빌을 찾아와 경의를 표했다. 1980년대 중반에 이르러 샘은 28억 달러의 재산으로 미국에서 공식적인 최고 부자가 되었다. 그런데도 그는 여전히 인색했고, 전처럼 벤턴빌 시내에서 5달러짜리 이발을 하며 팁도 주지 않았다. 샘과 그의 회사는 자선 기부금도 거의 내놓지 않았다. 하지만 해마다 모든 월마트 점포에서 지역의 고등학교 졸업반 학생 한 명에게 1000달러의 대학 장학금을 지급했기 때문에 관대한 사회공헌 활동보다 오히려 홍보 효과가 더 나았다.

샘은 여전히 쌍발 정찰기를 몰고 다니며 매년 수백 군데의 점포를 방문했다. 그는 수많은 직원이 모인 집회에서 활기찬 구호를 유도하곤 했다.(이 아이디어는 그가 1970년대에 한국을 방문했을 때 얻은 것이다.)

"나에게 W를!"

"W를!"

"나에게 A를!"

"나에게 L을!"

"나에게 스키글리squiggly(꼬불꼬불한 선. 초창기에는 Wal-Mart 대신 Wal~Mart로 로고를 표현했다_옮긴이)를!"(샘을 포함해 전원이 가볍게 몸을 꼬았다.)

"나에게 M을!"

"나에게 A를!"

"나에게 R을!"

"나에게 T를!"

"무슨 글자가 되죠?"

"월마트요!"

"누가 최고죠?"

"고객이요!"

샘은 점포의 모든 직원과 마찬가지로 자신의 이름이 쓰인 플라스틱 명패를 달고 다녔다. 그는 의견을 수렴하고 불만사항을 들은 다음 그 문제의 해결을 약속하는 데 중점을 두었다. 시간제 근무자들은 현장 관리자보다 이 친절한 남자가 더 세심하다는 느낌을 받았다. 직원들에게는 윤리적 지침을 정해주고, 서로 데이트를 할 때는 점포 관리자에게 허락을 받도록 했다. 이들은 손을 들고 다음과 같은 맹세를 반복했다.

"오늘 이후로 나는 5보 이내에 있는 모든 고객에게 미소를 짓고 눈을 바라보며 인사할 것을 엄숙하게 약속합니다. 샘, 도와줘요!"

대장은 미스터 샘이 되었고, 친근한 개인 숭배의 대상으로 바뀌었다. 연례 모임에는 수천 명이 아칸소로 몰려들었고, 마치 무슨 궐기대회 같은 집회 무대는 열광적인 복음전도회와 다를 바 없는 조명을 받았다.

회장은 벤턴빌에 있는 검소한 사무실에서 매월 수만 명의 직원에게 보내는 편지를 쓰며 감사를 표하고 자신이 권고하고 싶은 말을 한다. 1982년에 백혈병 진단을 받고 나서 그는 다음과 같이 굳게 약속했다.

"나는 계속 월마트를 둘러볼 것입니다. 어쩌면 전처럼 자주 못 갈지는 모르지만, 그래도 나는 여러분을 만나고 싶기 때문에 계속 시도할 것입니다."

루이지애나의 어느 소도시에서 시내 중심가가 쇠퇴할 것이 겁나 월마트를 받아들이지 않으려고 할 때, 이상한 소문이 일대에 퍼졌다. 월마트 근로자의 처우가 너무 열악하고 혜택도 없이 시간제 근무를 시키기 때문에 이들이 때로 정부 지원금에 생계를 의존한다는 보도가 나갔다. 그러자 미스터 샘은 시간제 '동료'가 일을 그만둘 때 종업원지주제 프로그램으로 20만 달러 가치의 우리사주를 받는다고 해명했다. 그리고 자신은 생활비를 낮추는 방법으로 삶의 수준을 높이고 있다고 주장했다. 월마트가 노조에 가입한 판매원과 트럭 운전사들을 무자비하게 억압하고 쓸데없는 말을 하는 직원은 가차 없이 해고하자, 미스터 샘은 각 점포를 돌아다니며 처우가 나쁘다고 느끼는 '동료'들을 만나 사과하면서 개선을 약속했다. 그러면 이들 중 일부는 미스터 샘이 실태를 안 이상 상황이 악화되지는 않을 것이라고 말했다. 해외 공장 이주가 봇물을 이루면서 일자리가 줄어들자 미스터 샘은 정치인과 언론의 찬사 속에 거국적인 미국 상품 구매 운동을 시작했다. 이와 동시에 월마트는 방글라데시에서 수입한 의류를 팔면서 옷걸이에 '메이드 인 유에스에이'라는 표시를 해놓았다. 소비자들 사이에서는 월마트가 미국 공장을 해외로 이주시키고 있다거나 터무니없는 저가 판매로 망할 것이라는 말이 끝없이 나돌았다.

월마트의 청백색 야구 모자를 쓴 선한 맹금류 같은 얼굴에는 나이가 들면서 미소가 늘어났다. 미스터 샘이 살아 있는 동안에 월마트는 벤턴빌에서 출발한 위대한 미국의 역사였다.

샘은 1989년에 암이 뼛속까지 퍼지면서 다발성 골수종이 생겼다. 그는 월마트를 위축시키지 않으려고 애썼다. 그 이듬해 연례모임에서 그는 새천년을 맞이할 때는 매출액이 1000억 달러를 돌파할 것이라고 예측하면서 아칸소대학 운동장에 모인 9000명의 직원을 향해 "우리가 할 수 있을까요?"라고 외쳤다. 직원들은 "네, 우리는 할 수 있어요!"라고 큰 소리로 화답했다. 그는 회고록을 쓰면서 자신이 노년에 들어 가족과 더 많은 시간을 보내야 할 것인지 아니면 계속 열심히 일해야 할 것인지 자신에게 묻고는, 앞으로도 계속 지금까지 한 것과 똑같이 할 것이라는 결론을 내렸다. 공동 경영권의 자격 때문에 재산은 가족의 수중에 남았다. 헬렌과 네 자녀[이들은 모두 '누구에게나 일상적인 중심지 교육'(샘 월턴의 주장을 인용한 표현_옮긴이)을 받았다]의 재산만 230억 달러에 달했고, 나중에 가서는 월턴 집안의 생존자 여섯 명의 재산을 합치면 미국인 하위계층 42퍼센트의 재산보다 많게 되었다.

1992년 초, 미스터 샘은 건강이 더욱 악화되었다. 부시 대통령 부부가 벤턴빌로 찾아오자 미스터 샘은 휠체어에서 비틀거리며 일어나 '대통령 자유 훈장'을 받았다. 죽음을 앞두고 있는 그를 가장 기쁘게 한 것은 지역의 점포 관리자들이 문병을 와서 매출 현황에 대한 이야기를 들려주는 것이었다. 74세 생일을 막 넘긴 4월에 미스터 샘은 사망했다.

그가 사망한 직후, 월마트의 소박한 창업자를 더 이상 볼 수 없게 되고 나서야 전국에서는 그가 한 일이 무슨 결과를 낳았는지 이해했다. 오랜 시간이 지나면서 미국은 더욱 월마트처럼 변했다. 값싼 것을 선호하는 풍조가 만연했다. 가격은 낮았고 임금도 낮았다. 노조 산하의 공장 일자리는 거의 없고, 입구에서 고객을 맞는 등의 시간제 일자리가 더 늘어났다. 미스터 샘이 기회를 잡았던 소도시들은 더욱 가난해졌다. 이것은 소비자들의 일상생활이 갈수록 저가에 의존하며 최종 구매를 월마트에서 한다는 것을 의미했다. 어쩌면 일도 월마트에서 해야 할지도 모른다. 중심지의 제조업 공동화는 이 회사의 결산에 이익이 되었다. 그리고 해안지역이나 일부 대도시 등 점점 부유해지는 미국 일부 지역의 소비자 중에는 월마트의 거대한 통로에 가득 찬 상품이 위험한 것 아니면 시시한 중국산뿐이라고 여기는 사람이 많았다. 이들은 마치 돈을 더 주고 구입하는 것이 저가품의 확산을 막기라도 한다는 듯 구두를 사거나 고기를 살 때 가격이 비싼 가게를 선택했다. 이러는 사이 과거 미국 중산층 경제의 보루라고 할 메이시스Macy's는 사라졌고, 미국은 차츰 한때 미스터 샘이 성장하던 당시의 나라로 보이기 시작했다.

1994

새해가 밝자 새로운 자유무역지대와 더불어 새로운 불확실성이
다가온다.

"나는 겁 안 나요."
18세부터 세계 최대의 데님 직물 생산업체인 콘밀 공장에서 일해
온 35세의 방직공이 하는 말이다.
"섬유산업은 나아질 거예요. 이 직업의 미래는 밝아요."

MTV의 「더 리얼 월드」—식구가 너무 아파요.

세상아, 엿 먹어라. 엄마도 내 여자도 다 엿 먹어. 내 삶은 파마머
리처럼 풀려 나오지. 죽을 준비는 됐어.

커트 코베인(1967~1994), 시애틀, 10대의 우울한 분위기.

부모들 사이에서 관심이 고조된 결과. 리버맨Lieberman은 "갈수록
유권자들 사이에서 '가치관이 걱정돼요. 우리 사회의 윤리가 무너
지는 것이 걱정돼요'라는 말이 들리고 있다"고 말했다.

앨리슨 퀴그, 14세. 주황색 배닝과 헐렁한 티셔츠를 사는 데 500
달러를 써버리고, "MTV에서 이 옷들을 봤는데, 맘에 들었죠"라
고 말한다.

만일 미국이 현재 지능지수가 낮은 여성들에게 장려하듯 지능지수가

높은 여성에게 출산을 장려했다면 진취적인 출산 정책이라는 올바른 평가를 받았을 것이다.

도시마다 기록적인 살인 사건이 발생하면서 청소년들이 어두운 역할을 떠맡는다.

르완다에서의 부끄러운 시간 낭비.

어젯밤 텔레비전 시청자들은 O. J. 심슨이 탄 포드 브롱코가 고속도로에서 쫓기고 있는 장면을 보았다.

민주당 지도부가 클린턴 대통령의 원칙에 따라 의료법을 입안하기 위해 분투하는 동안, 공화당 원내총무 뉴트 깅리치는 공화당을 하나로 결속시켰다.

수신자 부담 전화. 사실을 직시하자. 정부에 선택권을 맡기면 우리는 패배할 것.

오프라의 고통 극복. 오프라는 체중을 30킬로그램 뺐다가 다시 40킬로그램이 늘어났다. 그리고 체중과의 5년 전쟁 끝에 다시 한 번 홀쭉이 여왕이 된다.

역사적인 공화당 승리.

림보 씨(미국 보수파 방송인 러시 림보를 빗댄 말_옮긴이)가 여권 옹호론자들을 공격할 때 즐겨 쓰는 '페미나치'가 단 한 명도 포함되지 않은 신입생들은 함성과 갈채를 보내며 그들이 믿는 거대한 남성 클럽에 책임이 있음을 입증했다.

난 내 좌우명을 바꿨어—엿 같은 내일이 아니라 술을 샀던 돈이 로토를 맞힐 수도 있다고.

※1994년에 일어난 다양한 사건. 『워싱턴타임스』와 『뉴욕타임스』 등 각종 언론의 기사 제목과 이해에 발표된 노토리어스 비아이지의 「죽을 준비가 됐어Ready to Die」, 나스의 「인생은 엿 같은 것Life's a bitch」의 가사. MTV의 프로그램, 이해에 자살한 가수 커트 코베인의 여파, 리처드 헤른스타인과 찰스 머레이의 저서 『벨 커브, 미국인의 삶에서의 지능과 계급구조The Bell Curve: Intelligence and Class Structure in American Life』, 세상을 떠들썩하게 했던 O. J. 심슨 사건, 의료법을 둘러싼 민주·공화 양당의 갈등이 소개된다_옮긴이.

제프 코너턴

코너턴은 캐피틀 힐(미국 의회 의사당이 있는 지역_옮긴이) 6가의 지하 아파트에서 살았다. 바로 위층에는 미치 맥코넬Mitch McConnell이, 옆집에는 대니얼 패트릭 모이니핸Daniel Patrick Moynihan이 살았다. 동쪽과 북쪽, 남쪽으로 몇 블록 더 가면 그가 1979년 앨라배마에서 바이든과 토론을 붙이려고 공화당 상원의원을 찾아가다가 길을 잃고 헤매던 낡은 거리가 나온다. 하지만 코너턴은 그쪽 동네로는 가본 적이 없었다. 그가 바이든의 참모 노릇을 하는 동안 캐피틀 힐은 그가 일하고 잠자고 사회활동을 하는 곳이었다. 사무실에서 보내는 시간이 길었다. 평일 밤이면 다른 젊은 직원들과 튠 인Tune Inn이나 호크 엔 도브the Hawk 'n' Dove에서 시간을 보내기도 했고, 다른 의사당 모임을 찾기도 했다.

이후 20년간 그는 바이든의 사람으로 남기는 했지만, 실제로 그가 상원의원을 위해 일한 것은 4년에 불과했다. 이 기간에 바이든은 코너턴의 가치까지는 아니더라도 이름만은 익혔다. 코너턴은 참모가 할 일(조사, 문서작성, 전문가 물색, 이해집단 대책)을 잘 수행했다. 바이든을 돋보이게 하는 업무였다. 바이든은 거의 그의 목숨을 앗아갈 뻔한 동맥류와 1988년 전반기에 활동을 거의 할 수 없었던 이유인 뇌수술에서 회복한 뒤 작전 목표를 세웠다. 바로 그가 단순히 말만 번지르르한 정치인이 아니라 대선에 두 번째 도전할 만한 자질과 진정성이 있음을 입증하려는 것이었다. 코너턴은 미국 법정 변호사 협회와 함께 일하며 국제 항공 책임에 대한 법의 개정을 저지했다. 그는 의약품 정책에 대한 청문회를 몇 차례 개최하자고 제안했고, 이것은 바이든이 범죄에 단호하게 대처한다는 신망을 얻는 계기가 되었다. 코너턴은 상원의원의 업적 자료집을 편찬했으며(스캔들 문건에 대한 대응자료), 이 자료는 1990년 바이든의 대선 재도전을 위해 이용되었다. 청문회에 출석한 바이든은 여기저기서 쏟아지는 비난과 애써 농담을 던질 때마다 번번이 되돌아오는 썰렁한 반응을 견뎌냈다. 나중에 코너턴은 바이든의 방 바로 앞에 있는 오른쪽 책상에 앉아 사무를 보게 되었지만, 감히 보스를 보자고 할 용기는 없었다. 그는 말했다.

"나는 바이든 같은 정치적 천재를 상대할 기본적인 자질이 없었어요. 만일 당신이 그 방에 들어갔을 때, 그가 당신의 의도에 당황하거나 의심하거나 불확실성을 느낀다면 그는 즉시 뭔지 알려고 달려들 겁니다."

바이든은 그의 피 냄새를 맡고 달려드는 기자들과 똑같았다.

1991년, 코너턴은 법학전문대학원에 갈 필요가 있다는 생각을 굳혔다. 변호사 자격이 있다면 정계 안팎에서 활동할 기회가 생기면서 정부의 실세들과 알고 지낼 것이고, 어쩌면 경력을 쌓는 과정에서 돈을 벌어 앨라배마로 귀향할 수도 있으리란 생각이었다. 그는 월가에서 저축한 돈을 3년간 스탠퍼드대학에서 공부하는 데 썼다. 1994년 졸업했을 때, 그는 워싱턴 항소법원의 수석판사로 있는 애브너 미크바Abner Mikva의 서기로 들어갔다.(바이든의 측근이 이 자리를 주선해주었다.) 미크바는 시카고 출신의 전직 의원으로, 두루 존경을 받으며 호감을 주는 인물이었다. 코너턴이 들어가자마자 미크바가 클린턴 대통령의 법률고문에 임명될 것이라는 소문이 나돌았다. 갑자기 백악관에 진출하려는 코너턴의 꿈이 조 바이든과 상관없이 지름길을 밝게 되었다. 그는 테드 코프먼에게 전화했다.

"바이든이 미크바에게 전화해서 제가 유능하니 데리고 들어가는 것이 좋겠다고 말해주면 좋겠어요."

비록 그가 미크바를 위해 일한 기간은 한 달밖에 안 되지만, 상원 법사위원장의 말 한마디는 큰 효과가 있을 것이기 때문이다. 며칠 후 코프먼이 답 전화를 했다.

"바이든은 미크바에게 전화할 생각이 없어."

"뭐라고요?"

"미크바에게 전화하고 싶어하지 않는다고. 자네 때문이 아니야. 바이든은 미크바를 좋아하지 않거든."

이 말을 듣는 순간 코너턴은 혀를 깨물 정도로 화가 났다.

"그가 미크바를 좋아하든 말든 무슨 상관이에요! 이건 제 문제잖아요."

코프먼은 한숨을 쉬었다. 부하직원으로부터 대장을 보호하는 것이나 바이든을 그가 저지른 모욕이나 무례한 행동의 결과로부터 막아내는 것이 코프먼의 임무 중 하나였다. 보통 이런 임무는 작전상의 침묵이나 모른 체하는 형태를 띠게 마련이었다. 폭군처럼 구는 가장의 아내가 아이들을 달래기 위해 완곡한 말을 하는 것과 같았다. 하지만 코너턴을 염려하는 코프먼은 솔직하게 말했다.

"제프, 기분 나쁘게 생각하지 마. 바이든이 실망시키는 사람이 한두 명인가? 사람을 봐가면서 실망시키는 게 아니라고."

코너턴은 절대로 바이든을 용서하고 싶지 않았다. 이번처럼 그에게 놀라거나 실망할 일이 다시는 없을 것 같았다. 그는 오랜 세월 바이든 편에서 일하며 그를 위해 후원금 모금활동을 한 바이든 사람이었지만, 그의 낭만적인 꿈은 바이든이 전화 통화를 거절함으로써 일시에 물거품이 되었다. 코너턴은 언제나 상호거래라는 활동의 특성에 강박관념이 있었지만, 이번에야말로 주고받는 거래가 본질이라는 생각이 들었다. 바이든은 그를 이용했고, 그는 바이든을 이용한 것이다. 이들은 앞으로도 서로 이용할 것이고, 그게 전부다. 이것이 워싱턴의 인간관계였다.

어쨌든 미크바는 백악관에 들어가면서 코너턴을 데리고 갔다. 코너턴이 언제나 2인자로서의 임무를 다했기 때문이다. 이것은 코너턴에게 없어서는 안 될 자질이었다. 직책을 받기 전에 그는 미크바를 위해 대언론 전략을 짜고 당면할 문제를 요약하는 등 고문실 이전과 관련해 상세한 계획서를 작성했다. 미크바는 코너턴을 연봉 3만2000달러(서기 급여)에 고문실 특별보좌관으로 임명했다. 이 자리가 무슨 직책인지 아는 사람은 아무도 없었다. 1994년 10월 1일, 코너턴은 처음으로 웨스트 윙(대통령 집무실이 있는 백악관 별관_옮긴이)에 발을 들여놓았다. 그날은 토요일이라 코너턴은 주말의 백악관에 어울리는 옷차림을 했다. 마치 컨트리 클럽에 저녁을 먹으러 온 것처럼 파란색 콤비 상의에 흰 셔츠, 카키색 바지, 편한 구두를 신었다. 그가 가장 먼저 알아본 사람은 조지 스테파노풀러스George Stephanopoulos였다. 그는 운동복 바지에 짧은 수염을 기른 얼굴로 복도를 어슬렁거리고 있었다. 웨스트 윙에 있는 사무실들은 놀랄 정도로 작았고, 시대에 뒤지는 초라한 모습이면서도 연방시대(연방당이 집권한 1789~1801년의 시기를 일컫는 말_옮긴이)의 박물관처럼 우아한 분위기가 배어 있었다. 고문실은 2층 모퉁이에 있는 로비 오른쪽 계단 위에 있었다. 영접실에는 책상이 네 개 있었는데, 코너턴은 그중에 캐슬린 윌리Kathleen Willey라는 자원봉사자가 쓰던 책상을 배정받았다. 누구나 이 여자가 대통령과 '특별한 관계'가 있는 것으로 생각했는데, 미크바의 대리인인 조엘 클라인Joel Klein은 그녀를 웨스트 윙에서 내보내고 싶어했다. 또 다른 책상 하나는 고문 대리이자 클린턴의 가까운 친구였던 빈스 포스터Vince Foster의 비서 린다 트립Linda Tripp이 쓰던 자리였다. 포스터는 그 전년도에 스스로 입에 총을 쏘아 자살했다. 건물 전체는 코너턴에게 신성한 공간이자 사실상 경외의 대상이었다. 그는 일과를 마치면 필요하다고 여기는 인물들을 찾아다녔다. 16개월 후 그가 이곳을 떠날 때까지 만난 사람은 350명이나 되었다.

10월 어느 토요일, 대통령은 아침 라디오 연설을 통해 의회에 로비스트의 선물을 금하는 법안을 통과시킬 것을 촉구하면서 기업의 완벽한 투명경영을 요구했다. 일주일 전에는 미군이 아이티에 무력 개입하는 사건이 있었다. 사라예보 포위공격은 3년째로 접어들었고, 영부인이 주도한 의료 법안은 얼마 전에 상원에서 완전히 외면당했다. 클린턴의 수석 보좌관 몇몇과 가까웠던 자들(웹스터 허벨, 브루스 린제이 등)은 최근에 화이트워터 사건(클린턴의 주지사 시절 화이트워터 부동산 개발회사를 둘러싼 추문_옮긴이) 특별검사로 임명된 케네스 스타Kenneth Starr의 조사를 받고 있었다. 대통령 자신은 아칸소 주 정부 직원인 폴라 존스Paula Jones의 성희롱 소송에 휘말린 상태였다. 한 달 후면 의회는 클린턴의 임기 중반에 엄청난 회오리를 몰고 온 공화당 깅리치 때문에 휘청거리게 된다.

화이트워터, 트래블게이트(1993년 클린턴 행정부가 백악관 여행국 직원 일곱 명을 해고하면서 촉발된 사건_옮긴이), 연일 쏟아지는 기자단의 폭로, 공화당의 무자비한 공격, 특별검사의 끈질긴 조사로 백악관 양쪽 별관에는 사방의 집중포화에 대한 공포가 번져갔다. 하지만 돌이켜보면, 어느 대통령을 막론하고 최악의 사태가 촉발되면 그 여파는 언제나 2층 모퉁이에 있는 고문실로 집중되었다. 클린턴이 고문실의 동영상 기록 때문에 고초를 겪은 것도 이 때문이었다. 미크바는 2년도 안 된 대통령 재임 기간 중 세 번째 법률고문이었다. 동료들은 코너턴이 백악관에서 유일하게 자신의 변호사가 없는 변호사라고 놀려댔다.

업무를 시작하고 얼마 되지 않아 미크바와 코너턴은 데이비드 드라이어David Dreyer라는 홍보협력팀 관리를 만났다. 미크바는 이튿날 아침 『크리스천 사이언스 모니터The christian Science Monitor』의 월례 조찬회에서 연설하기로 되어 있었기 때문에 드라이어가 지침을 제시하려고 했다. 그는 미크바가 화이트워터 사건을 검토했지만 별다른 문제를 발견하지 못했다고 말해야 한다는 의견을 제시했다. 백발이 성성한 60대 후반의 현명한 판사 출신인 미크바는 말이 없었다.

코너턴이 나섰다.

"왜 그렇게 말해야 하죠? 고문님은 여기 온 지 겨우 2주밖에 안 되었다고요."

"그 이유를 말씀드리죠."

드라이어가 코너턴의 손을 잡으며 입을 열었다.

"그렇게 말하는 것이 법률고문의 직무이기 때문입니다."

"평생 쌓은 신뢰를 하루아침에 무너뜨리는 것이 이분의 직무는 아니죠. 그렇게 말해도 아무도 안 믿을 겁니다."

드라이어는 고집을 꺾지 않았다. 미크바는 대통령의 변호사며 대통령을 방어할 의무가 있다는 말이었다. 백악관에서 하는 일의 의미를 지적하는 말이기도 했다. 누구나 대통령을 위해 일하며, 개인적인 충성은 지상명령이었다.

"생각 좀 해봅시다."

마침내 미크바가 입을 열었다.

조찬회에서 미크바는 화이트워터 사건에 대한 입장을 밝히지 않았다. 그는 클린턴의 법률보호기금에 대한 질문을 받았다. 이것은 1991년 5월에 클린턴이 자신을 리틀록 호텔로 데리고 가서 바지를 내리고 구강성교를 요구했다고 주장하며 존스가 소송을 제기한 이후 대통령 후원자들이 만든 것이었다.(이 고소는 대통령 법률보호기금과 보험사에서 원고 측이 요구한 85만 달러를 지급하면서 1998년 11월에 해결되었다. 이로부터 한 달 전에는 클린턴이 존스 재판에서 위증했다는 혐의로 하원에서 공화당이 발의한 탄핵안이 가까스로 통과되었다. 두 달 전에는 존스가 합의금으로 산 집에 부과된 엄청난 세금을 갚느라 『펜트하우스』에 누드모델로 나서는 일이 있었다. 26개월 전에는 클린턴이 백악관 임기 종료를 하루 앞두고 아칸소 주 변호사 자격을 박탈당했다. 또 4년 전에는 존스가 폭스TV의 「명사 복싱Celebrity Boxing」 프로그램에 출연해 피겨스케이트 대표선수였다가 중죄인이 된 10대 살인범 에이미 피셔 대신 출연한 토냐 하딩과 시합을 해서 지는 일이 있었다.)

"불쾌합니다. 대통령도 불쾌할 것이라고 생각합니다."라고 미크바 판사는 질문에 대답했다. 그러면서 그는 대통령 자격을 갑부로 제한하지 않는 한 법률보호기금 외에 다른 대안은 없다고 덧붙였다.

전국의 신문마다 이 이야기를 다루었고, 이 와중에 미크바는 자신이 아무 허락도 없이 대통령 집안을 두고 벌어지는 논란에 대해 노골적으로 말한 것을 힐러리 클린턴이 좋아하지 않는다는 사실을 알게 되었다. 헌법에 대해서는 지혜로웠지만 작전상황실과 『드러지 리포트Drudge Report』(선정적인 특종 중심의 미국 인터넷 신문_옮긴이) 시대의 정치에 순진했던 미크바는 언론 접촉을 중단했다. 이로부터 수개월 전에 미크바는 화이트워터 사건의 혐의를 받는 사람은 자신이 아니라 힐러리 클린턴이었으며, 힐러리가 자신의 코앞에서 비밀 변호 팀을 가동하는 동안 클린턴 부부가 하원을 방패 삼아 혜택을 보고 있다는 사실을 깨달았다.

처음에 클린턴 부부와 참모들이 흥분해가며 살아남기 위해 작전을 짜고 싸우는 동안 코너틴은 할 일이 거의 아무것도 없었다. 그는 마침내 이 문제를 지상과제로 삼으려고 했지만, 미크바가 아무 역할도 맡기지 않는 바람에 너무도 갑갑할 지경이었다. 그와 미크바가 주재하는 중대 회의 사이에는 벽 하나밖에 없었지만, 워싱턴에서는 이 벽 하나가 모든 차이를 말해주었다. 그에게 맡겨진 잡무는 하루 한두 시간이면 해결할 수 있는 일이었다. 그는 자신이 불필요한 존재로 비치는 것이 너무 두려워서 서류 더미를 잔뜩 들고 웨스트 윙을 나가 옆에 있는 구 행정부 청사로 가서 마치 중요한 임무를 보기라도 하는 듯 발을 질질 끌며 서류를 들고 복도를 걸어 다니기도 했다.

이것은 조 바이든을 위해 일할 때 느끼던 것과는 다른 형태의 굴욕이었다. 코너틴은 테드 코프먼에게 전화를 해 그만둘 생각이라고 말했다. 코프먼은 참으라고 설득했다. 어느 날 코너틴과 다른 직원 한 명은 미크바를 따라 러셀 빌딩에 있는 바이든의 사무실에 갔다. 미크바는 상원 법사위원장과 우호적인 관계를 맺고 싶어했다. 이들이 홀에서 바이든과 마주쳤을 때, 바이든은 코너턴의 어깨에 팔을 걸치며 "여어, 제프, 어떻게 지내나?"라며 먼저 알은척했다.

"여기서 보다니 정말 반갑군. 자네, 나와 오래 일했으니 이 손님들 어디로 안내할지 잘 알겠지? 내 방에 가서 편히 쉬고 있어. 곧 내려갈게."

바이든의 사무실을 향해 가고 있을 때 미크바가 넌지시 물었다.

"자네가 전부터 나와 일하는 것을 조도 알고 있었나?"

"네, 알고 있었죠."

"난 언제든 그가 전화할 거라고 생각했지."

이제 코너턴은 왜 미크바가 자신을 가까이하지 않았는지 이해했다. 하지만 27세의 선거운동원이 대통령 후보에게 "나는 6년을 기다리다가 당신을 위해 일하려고 월가를 떠났습니다. 그런데 당신은 나에게 단 5분도 시간을 내주지 않는군요"라고 말할 수 없었듯이, 35세의 백악관 특별보좌관이 보스에게 "바이든은 당신을 바보로 생각하기 때문에 당신에게 전화하지 않은 거예요"라고 말할 수는 없는 노릇이었다. 이런 생각을 하며 코너턴은 미소만 짓고 아무 말도 하지 않았다. 정치권에서의 삶이란 이처럼 온통 할 말의 생략으로 점철되어 있었다. 이들과 만난 자리에서 바이든은 마치 측근이라도 되는 듯 코너턴의 이름을 10여 차례나 언급했다.

"제프가 여기 있을 때의 일을 말한다면 당신에게 가장 먼저 하겠죠."

코너턴은 이 말에 장단을 맞추었다.

시간이 지나면서 코너턴은 고문실 참모들 사이에서 자신이 있어야 할 곳을 찾았다. 그는 미크바의 연설문 작성을 도왔다. 중간선거에서 공화당이 압도적 승리를 거둔 뒤, 그는 백악관이 차기 의회와 부딪치게 될 법 개정의 문제점들에 대비했다. 또 그는 백악관에서 어떻게 권력이 작용하는지도 이해했다. 권력이란 가지는 것이 아니라 만들어내는 것이었다. 회의에 참석하고 싶다면 초대할 때까지 기다리는 것이 아니라 그냥 얼굴을 내밀어야 했다. 그는 미크바에게 "권력을 사용하지 않으면 어떤 권력도 못

가지게 됩니다"라고 말했다. 이것은 마치 사람들이 호의를 베풀기를 바라는 후원금 모금과 같은 것이었다. 우유가 계속 나오게 만들기 위해 암소의 젖을 짜주어야 하는 것과 같은 이치였다. 코너턴은 곧 자신이 숲 위로 솟아난 나무 꼭대기에서 일하는 것처럼 오로지 정상에 오른 사람들과만 거래한다는 사실을 깨달았다. 모두 행정부와 관계된 업무를 보는 조직의 대표들이었고, 미국의 최고 엘리트였다. 워싱턴에서 지위를 가늠하는 핵심 지표는 자신이 건 전화에 가장 먼저 회신 전화를 받느냐였다. 코너턴의 전화는 즉시 회신이 왔다. 특히 그를 믿을 수 있는 취재원이라고 여긴 기자들이 많았다.

일주일에 한 번은 법무장관인 재닛 리노Janet Reno가 미크바와 법적인 문제를 논의하기 위해 백악관으로 왔다. 어느 날인가 장관이 모임을 끝내고 떠날 때, 대통령 특별고문인 버논 조던Vernon Jordan이 우연히 사무실 문밖에 서 있었다.

"안녕하세요, 버논. 어떻게 지내요?"

리노가 말했다.

"안녕하세요, 리노 장관. 전화해도 답신이 없던데요."

"아, 미안해요. 너무 바빠서요."

큰 키에 우아한 양복 차림의 조던은 그녀를 내려다보며 말했다.

"그건 핑계가 못 되죠."

4~5미터가량 떨어진 곳에 앉아 있던 코너턴은 이 장면을 보고 즉시 교훈을 얻었다. 만일 버논이 재닛 리노에게 전화를 했는데 회신을 못 받았다면 이는 그가 변호사로서 앞으로 의뢰인들에게 영향력이 없으리란 의미였다. 버논은 그녀에게 머리를 숙일 수밖에 없었다. 그리고 리노가 어떻게 이런 노골적인 권력을 행사하는 것인지 궁금했다. 그녀는 속으로 '나도 당신이 대통령과 매우 친한 친구라는 것을 알아요. 하지만 나는 미국의 법무장관 아닌가요?'라고 생각했을 수도 있었다. 몇 년 뒤, 리노는

케네스 스타에게 화이트워터 사건과 모니카 르윈스키Monica Lewinsky라는 이름의 인턴 직원을 포함해 폴라 존스 사건을 조사할 수 있는 광범위한 권한을 위임했다. 르윈스키 사건에 대해 버논 조던은 법 집행 방해 혐의(단순히 혐의에 불과했지만)로 조사를 받게 된다. 하지만 이 순간에는 리노가 한발 양보했다.

"다음 주에 점심이나 같이해요."

코너턴은 워싱턴 사람들에는 두 부류가 있다고 믿게 되었다. 하나는 파티석상에서 아는 사람을 보면 먼저 다가가는 부류이고, 또 다른 하나는 상대가 자신에게 다가오기를 기다리는 부류였다. 몇 년 뒤, 그와 민주당 내부 인사로서 미크바의 후임자로 온 잭 퀸Jack Quinn이 조던과 마주치는 일이 있었다. 퀸이 말했다.

"언제 점심이나 같이하죠. 전화 주세요."

조던이 대답했다.

"당신이 전화해요. 우리 관계에서는 당신이 하급자니까."

뉴트 깅리치의 '미국과의 계약'에서 불분명한 항목이 코너턴이 백악관에 재직하는 동안에 중요한 쟁점이 되었다. 1995년 공화당이 입안한 증권민사소송개혁법은 1934년의 증권거래소법에 담긴 사기 방지 조항을 약화하기 위한 것이었다. 또 기업 경영진이 실적을 부풀려 멋대로 주가를 떠벌리고 다녀도 제소하기가 어렵게 만들려는 목적도 있었다. 기업은 이에 대한 소송을 부당한 것이라고 생각하며 하찮게 여겼다. 법정 밖에서 문제를 해결하려는 태도가 강했다. 이 법안은 월가와 실리콘밸리 등 미국 기업을 뒷받침하는 가장 강력한 축으로 작용했다. 공동 입안자 중 한 사람인 크리스토퍼 콕스Christopher Cox는 조지 부시 행정부에서 증권거래위원회SEC의 무력화를 주도한 인물로, 2008년의 금융위기 때 너무 소극적으로 대처하는 바람에 경멸을 당하기도 했다. 당시 금융권에서는 규제가 소홀한 틈을 타 이익을 본 사람들에게 콕스가 필요했다. 1995년 초여름, 클린턴 정부가 신경을 곤두세우며 주시하고 있을 때, 이 법안은 하원을 통과하고 상원에서는 보류되었다.

코너턴은 이 법안이 기업의 권력 로비에서 나온 것이며, 월가에 주는 선물이라고 생각했다. 그는 기업보다는 원고의 눈으로 법체계를 보았으며, 법정 변호사가 민주당에서 차지하는 중요성을 알았다. 그는 또 백악관에서 자신의 지위를 끌어올릴 기회를 엿보면서 조그만 권력 기반을 만들어냈다. 그는 매일 법정 변호사를 위해 로비스트들과 이야기를 나누며 몇몇 기자에게 정보를 흘렸다. 증권거래위원회의 실력자들과 연고가 있는 것처럼 과장하기도 했고, 어떨 때는 공화당 법안을 손질하고 싶어하는 아서 레빗Arthur Levitt 위원장과도 교분이 있는 것처럼 행세했다. 민주당 최대 후원자 그룹 중 하나인 기술기업을 성가시게 하지 않으면서 친기업적인 태도로 이들을 비호하려는 다른 대통령 참모들의 관점과 달리, 코너턴은 미크바를 설득해 클린턴에게 원고의 부담을 덜어주는 쪽으로 법안을 고치는 노력을 하게 했다.

6월 어느 날 밤, 코너턴이 늦도록 일하고 있을 때, 대통령 일정조정실에서 고문실로 호출이 왔다. 대통령이 이 문제를 의논하려고 기다리고 있다는 전갈이었다. 미크바와 코너턴, 미크바의 대리인인 클린턴의 옛 친구 브루스 린제이, 세 사람은 이스트 윙(대통령 부인과 참모들이 사용하는 백악관 동쪽 건물_옮긴이)으로 건너갔고, 클린턴이 2층 서재에 있으니 기다리라는 말을 들었다. 클린턴 부부가 주홍색 인조가죽으로 단장한 벽은 그 시간에는 자줏빛에 더 가깝게 보였다. 벽에는 유명한 유화 「평화의 수호자 The Peacemakers」가 걸려 있었다. 남북전쟁 막바지에 링컨과 장군들이 버지니아의 증기선 갑판에서 작전회의를 하는데 창밖으로 무지개가 비치는 그림이었다. 백악관 참모 중 대통령의 서재를 본 사람은 별로 없어 기념사진을 찍고 싶었지만, 백악관 전속 사진사를 부르기에는 너무 늦은 시간이었다. 나중에 친구나 의뢰인들에게 좋은 인상을 줄 목적이라면 자신의 책상에서 일하는 모습을 찍은 사진을 보여주면 되겠지만, 코너턴의 정치 인생에서 절정기라고 할 백악관 경력은 차라리 없는 편이 나았을 것이다.

9시가 조금 지나자 클린턴이 걸어 들어왔다. 양복에 넥타이 차림을 한 클린턴은 회색빛 머리에도 불구하고 붉은 뺨과 평균 체중보다 조금 더 나가는 몸집 때문인지 원기 왕성해 보였으며, 코너턴이 사진에서 본, 고등학교 시절에 색소폰을 연주하던 모습과 비슷했다. 대통령과 린제이는 아칸소 출신의 지인을 두고 농담을 주고받았다. 그 사람이 전날 밤 로스트 커즈Lost Cause(남북전쟁 이후 패배한 남부 연방 주와의 화해운동_옮긴이)에 대한 충성심 때문에 링컨 침실(백악관 2층의 귀빈용 객실_옮긴이)에서 자는 것을 거부했다는 것이었다. 클린턴은 가볍게 "자, 어떻게 되었죠?"라고 물었다.

린제이와 코너턴은 새 법안이 소송사기에서 원고에게 줄 부담을 설명했다.

"그건 지나친 평가 같은데⋯⋯."

클린턴이 느릿느릿 입을 열었다.

"실리콘밸리 쪽에 나가보니 이 집단소송제에 독소조항이 있다는 말이 끊임없이 들리더라고. 하지만 내가 증권사기를 두둔하는 입장으로 비쳐서는 안 되지."

클린턴은 자신을 반대하는 데 이 문제를 이용하는 라디오 광고 목소리를 흉내 냈다. 브리핑이 끝나자 미크바와 린제이는 식당으로 건너갔다. 그곳에서는 힐러리 클린턴이 자신의 옛 친구이자 미크바의 친구이기도 한 앤 랜더스Ann Landers와 늦은 저녁 식사를 하고 있었다. 코너턴은 서재 밖 홀에서 혼자 기다렸다. 잠시 후 클린턴이 서재에서 나오다 그와 눈이 마주쳤다.

"자네 생각에도 내가 올바로 처리하는 거 맞지?"

코너턴은 이 순간을 결코 잊지 못했다. 그는 언제나 빌 클린턴과 정서적으로 밀착되어 있다는 느낌을 받았으며, 클린턴이 내리는 모든 정치적인 결정에는 타당한 이유가 있다고 믿었다. 백악관 참모 중에 누군가 다가와서 자신들의 역할을 말하며 "우리가 왜 여기 있나? 우리는 미국의 아이들을 위해 있는 거야"라고 말할 때면 코너턴은 '우리가 그래서 있는 거라고? 기름기 낀 워싱턴 권력의 정상에 오르려고 있는 게 아니고?'라고 생각했다. 하지만 클린턴과 그의 아내가 백악관에 있는 까닭은 국민에게 좋은 일을 하기 위해서였다. 한참 세월이 흐른 뒤에도 코너턴은 1994년 중간선거에서 참패한 뒤 백악관의 사우스 론(남쪽 정원)에서 기자도 카메라도 없는 가운데 대통령이 참모진에게 한 연설을 생각하면 눈물이 나왔다. 그때 클린턴은 이렇게 말했다.

"우리가 얼마나 많은 기회를 놓쳤는지는 모르겠습니다. 하지만 그것이 하루든 한 주나 한 달이든, 아니면 2년이나 6년이든 상관없이 우리는 앞으로도 매일 미국 국민을 위해 올바른 일을 할 책임이 있습니다."

르윈스키 스캔들과 탄핵 등 또 한 차례 어둠의 터널을 지나는 동안, 코너턴은(당시 2년간 정부에서 나와 있던) CNN의 「크로스파이어Crossfire」와 NBC의 「미트 더 프레스Meet the Press」, 폭스뉴스의 「제랄도 라이브Geraldo Live」 같은 텔레비전 프로그램에 B급 손님으로 적어도 30회나 출연해 지나친 열의를 보이는 검사와 당파적 이해에 쏠린 의회를 상대로 클린턴을 옹호했다. 그는 다른 어떤 대통령도 이런 수모를 받은 적이 없다고 느꼈다.

"물론입니다, 대통령님."

코너턴은 복도에 서서 말했다.

"증권사기 문제에서 증권거래위원장의 힘을 꺾을 수는 없습니다."

월가의 중개인 출신인 레빗 위원장은 상원의 법안 지지자들에게서 걸려오는 전화 때문에 화가 나 있었다. 특히 코네티컷 민주당 의원으로 워싱턴에서 금융기업의 대부 노릇을 하는 크리스토퍼 도드Christopher Dodd 때문에 짜증이 날 정도였다.

"그래, 자네 말이 맞아."

클린턴이 말했다.

"그런데 레빗도 주류파 인사지?"

레빗은 10년 동안 미국 증권거래소장을 지낸 인물이었다. 그전에는 월가에서 후에 시티그룹의 회장을 맡게 되는 샌포드 웨일Sanford Weill의 협력자로 있었다. 레빗은 캐피틀 힐에 있는 『롤 콜Roll Call』이라는 신문의 소유주이기도 했다. 그는 증권거래위원장으로 8년 재직하는 동안에 엔론Enron을 비롯한 기업들이 회계 관리를 느슨하게 하는 길을 열어주었다. 위원회를 떠난 뒤로는 칼라일Carlyle 그룹과 골드만삭스, AIG의 고문으로 활동했다. 레빗은 주류파 인사였다.

"네, 대통령님. 그렇습니다."

코너턴이 대답했다.

미합중국의 대통령이 문제의 본질을 납득하기 위해 제프 코너턴의 의견을 구한다는 것은 정말 놀라운 일이었다.

"그렇지만 대통령님을 따르는 금융 및 정치 엘리트들이 엄호해드릴 것입니다."

이 말은 그가 어떤 대통령보다 주류사회의 권위적 기반이 탄탄하다는 생각 때문이었다. 두 번째 임기 동안에 클린턴은 글래스-스티걸 법Glass-Steagall Act(1933년에 제정된 법으로, 은행의 증권업과 증권사의 은행업을 금지하는 내용을 골자로 한다_옮긴이)의 폐지를 포함해 은행의 규제 완화를 지지하고 파생금융상품의 규제를 막아주는 등 그때까지와는 반대 노선을 택함으로써 이를 입증하려고 했다. 물론 이 당시는 결심이 확고했다.

상원은 대통령의 반대에도 증권소송법을 통과시켰다. 클린턴은 거부권을 행사했고, 하원은 대통령의 거부권을 무효화했다. 클린턴의 임기 중단 두 번 있었던 거부권 무효화 중 하나였다. 테드 케네디조차 마음을 바꾸고 기업 편에서 표결함으로써 도드와 행동을 같이했다. 전직 법정 변호사인 바이든은 대통령을 저버리지 않았다.

이해 말, 미크바가 물러나고 코너턴도 떠났다. 10년 가까이 정치에 몸담아온 그는 36세의 나이로 정계 활동을 중단하고 버지니아에 수수한 아파트를 빌렸다. 1995년 12월, 그는 워싱턴의 최대 법무법인인 코빙턴 앤드 벌링Covington & Burling에 신임 변호사로 들어갔다. 아마 파트너가 있었다면 그는 백만장자가 되었을 것이다.

그는 이 일이 싫었다. 그 직전까지 대통령에게 브리핑을 하고 의회와 싸우던 그가 지금은 변호사와 의뢰인의 비밀보호 조항을 엄수해가며 그야말로 무릎을 꿇고 50통이나 되는 서류뭉치를 하나하나 들여다보거나, 아이다호의 지하수를 오염시킨 은광의 변호를 맡아 책상에 달라붙어 메모를 하는 꼴이었기 때문이다. 코너턴이 볼 때 이 회사는 그저 지불 청구가 가능한 의뢰인을 뒤흔들고 있는 것에 지나지 않았다. 그는 또 다른 재판을 조사하고 있었는데, 원고가 지게차로 산酸이 든 병을 운반하다 병 몇 개가 깨지는 바람에 몸 곳곳에 화상을 입은 사건이었다. 법인의 대표는 코빙턴이 맡고 있었다.

"코빙턴에게 보상해줄 충분한 돈이 있는지 내가 조사하기를 바랄 것 같은데……."

코너턴이 그 사건을 배당해준 파트너 변호사에게 말하자, 파트너는 그렇지 않다고 대답했다.

이렇게 권력의 세계에서는 많은 것이 기회를 잡느냐 못 잡느냐에 달려 있다. 어느 날, 미크바의 후임으로 온 잭 퀸은 행정부 특권에 대한 자신의 연설문을 써줄 사람이 필요했다. 이때 백악관 고문실의 한 직원이 코너턴을 추천했다. 전에도 종종 그랬던 것처럼 그는 어떤 대가나 당장의 이익이 없더라도 기를 쓰고 밤이고 주말이고 없이 열심히 연설문을 작성했다. 퀸이 권력 분립에 대한 다른 연설문을 필요로 할 때도 코너턴은 똑같이 써주었다.

1996년 말, 퀸은 백악관을 떠나 민주당과 오랜 연고가 있는 워싱턴의 법무법인인 아놀드 앤드 포터Arnold & Porter로 들어가 로비활동으로 새로운 길을 걷기 시작했다. 성과를 올리기 위해 그는 2인자(상관의 인상을 좋게 만들 줄 아는 인물)를 찾아다녔다. 그의 눈에 코너턴이 들어왔다. 클린턴은 행정부를 떠난 고위 관료들에게 5년간 연방 정부와 접촉하는 것을 금지했다. 이 규칙은 퀸에게도 해당되었지만, 코너턴은 그 정도의 고위직은 아니었기에 예외였다. 이런 배경으로 그는 37세에 아놀드 앤드 포터에 들어가 로비스트로 새로운 경력을 쌓기 시작했다.

실리콘밸리

피터 틸Peter Thiel은 세 살 때 사람이 죽는다는 이치를 깨달았다. 1971년, 그가 클리블랜드에 있는 아파트의 카펫에 앉아 있을 때였다. 피터는 아빠에게 "이 카펫은 어디서 나온 거예요?"라고 물었다.

"그건 암소에게서 나온 거지."

아빠가 대답했다. 이들은 독일어로 말하고 있었다. 피터는 프랑크푸르트 태생의 독일인이었기 때문에 독일어부터 배웠다.

"그럼 암소는 어떻게 됐어요?"

"암소는 죽었어."

"그게 무슨 말이에요?"

"그 말은 소가 이제 살아 있지 않다는 뜻이야. 모든 동물은 죽는단다. 사람도 마찬가지야. 언젠가는 나도 죽고, 너도 죽게 되어 있어."

이렇게 말하는 아빠의 표정은 슬퍼 보였다. 피터도 똑같이 슬펐다. 종일 마음이 몹시 심란했다. 피터는 아빠의 말이 잘 이해되지 않았다. 훗날 실리콘밸리의 억만장자가 된 뒤에도 그는 죽음이라는 문제에 큰 혼란을 느꼈다. 어릴 때 처음 받은 충격은 40년이 지난 뒤에도 마음속에 그대로 남아 있었다. 피터는 사람들 대부분이 죽음을 바라보는 방식처럼 무시하는 태도로 그 문제에 익숙해질 수는 없었다. 사람들의 방식은 생각 없이 운명에 따르는 다수의 묵시적 동의에 지나지 않았다. 암소 가죽 카펫에 앉아 있던 아이는 자라서 죽음의 불가피성을, 무수히 많은 인간의 생명을 거두어간 사실로서가 아니라 이데올로기로 보게 되었다.

피터의 아버지는 여러 광산회사를 관리해주는 화학기사였다. 피터가 어렸을 때 틸 가족은 이사를 많이 다녔기 때문에 그는 초등학교를 일곱 군데나 다녔다. 동생이 있기는 했지만 피터는 외로운 아이였고, 10대에 접어들 때까지 친구라고는 거의 없었다. 외롭고 선천적으로 내성적인 아이였다. 그는 다섯 살 때 세계 모든 국가의 이름을 알았고, 보지 않고도 세계지도를 그릴 줄 알았다. 여섯 살 때, 아버지가 우라늄 광산회사에 들어가는 바람에(이때는 1973년의 석유파동 직후로, 미국이 원자력 에너지로 관심을 돌릴 때였다) 틸 가족은 아파르트헤이트가 지배하고 있던 남아프리카와 남서아프리카에서 2년 반을 지냈다. 피터는 부모와 체스 게임을 하며 빠른 시간에 체스를 익혔다. 그는 남서아프리카 해안의 독일인 마을인 스와코프문트에 살 때, 집 뒤에 있는 모래언덕과 말라붙은 강바닥에서 혼자 모험을 하며 놀았다. 또 동네 서점에 가서 지도와 자연에 대한 책을 보거나 프랑스 만화를 보며 지냈다. 피터가 다니는 학교는 콤비 상의에 넥타이를 매고 다녀야 했고, 교사는 주간 시험에서 철자가 틀릴 때마다 자로 손바닥을 때렸다. 획일화된 통제가 싫었던 피터는 집에 오자마자 교복을 벗어 던졌다. 그는 언제나 거의 만점을 받아 매를 피했다.

피터가 아홉 살 때 틸 가족은 클리블랜드로 돌아갔다. 1977년, 피터가 열 살이 되자 가족은 캘리포니아의 포스터 시티로 이사했다. 포스터 시티는 샌프란시스코 만의 계획도시로, 스탠퍼드 북쪽, 자동차로 20분 거리에 있었다.

1977년만 해도 샌프란시스코에서 새너제이까지 뻗어 있는 반도를 '실리콘밸리'라고 부르는 사람은 거의 아무도 없었다. 이 지역의 기술기업들(휴렛패커드, 배리언, 페어차일드 반도체, 인텔)은 군사적 연구 열풍과 연방정부 보조금에 힘입어 전후에 세워졌으며, 스탠퍼드를 미국의 대표적인 대학의 하나로 만드는 역할을 했다. 일반 소비자가 잘 모르는 실리콘 트랜지스터 칩과 집적회로는 전기 기술자와 기술에 취미가 있는 이들의 집중적인 관심을 받았다. 개인용 컴퓨터는 아직 초기단계였다. 1977년 애플 컴퓨터는 열두 명의 직원으로 법인화되었다. 애플 II도 서부 해안 컴퓨터 전시회에서 소개되었지만, 본사를 이제 막 로스 알토스에 있는 잡스 가족의 차고에서 쿠퍼티노의 임대사무실로 옮겼을 때였다.

밸리는 평등주의적이고 교육수준이 높았으며 편한 분위기였다. 전후 미국의 중산층 생활을 단적으로 보여주는 예라고 할 수 있었다. 그 어느 곳보다 민족성과 종교, 계층이 황금빛 햇살 아래 탈색되는 곳이었다. 밸리 주변의 주거지에 있는 거리 양쪽으로는 1000제곱미터 정도의 대지에 지어진 집들이 늘어서 있었다. 200제곱미터가량의 규모로 지어진 20세기 중반의 수수한 '아이클러 주택'(부동산 개발업자인 조셉 아이클러가 캘리포니아에 건설한 단일한 형태의 현대적 주택_옮긴이)들이었다. 팰로 앨토의 평균 주택 가격은 12만5000달러였다. 팰로 앨토 중심가의 상업지구에는 스포츠용품점과 영화관, 피자 전문점 등 다양한 상점이 들어서 있었다. 엘 카미노 리얼 도로 맞은편에 있는 스탠퍼드 쇼핑센터에는 메이시스와 엠포리움, 울워스가 입주했고, 1977년에는 빅토리아 시크릿이 개점했지만, 아직 윌리엄-소노마나 버버리, 고급 부티크 같은 곳은 전혀 볼 수 없었다. 주차장에는 핀토와 닷선 같은 소형 자동차가 그득했다.

소수 부유층의 자녀를 포함해 밸리의 아이들은 거의 대부분 공립학교에 다녔는데, 모두 우수한 학교였다. 캘리포니아의 학교는 전국 최고 수준이었다. 성적이 우수한 학생들은 버클리와 데이비스, UCLA에 들어갔고(소수는 스탠퍼드나 아이비리그로 진학했다), 중위권 아이들은 샌프란시스코 주립대학이나 치코 주립대학에 갔으며, 공부 따위에는 관심 없이 마리화나나 피우는 아이들도 2년제 풋힐 칼리지나 디 안자 칼리지에 갈 수 있었다. 조세저항 운동[주민 제안 13호(캘리포니아의 주민 발의로 시작된 세금반란으로, 납세자주권주의를 촉발하는 계기가 되었다_옮긴이)]. 캘리포니아의 재산세를 평가액의 1퍼센트로 제한하는 주민투표는 주 내의 공립학교를 긴 침체의 늪에 빠지게 한다]을 아직 1년 앞두고 있을 때였다. 피터 틸은 중산층의 생활 수준이 절정에 올랐던 해에 밸리로 이사했다. 이름을 포함해서 모든 것이 변하고 있었다.

스와코프문트에서 살다 온 피터에게 영화 「토요일 밤의 열기Saturday Night Fever」처럼 후끈 달아오른 포스터 시티의 학교는 무질서와 퇴폐의 분위기가 흘러넘쳤다. 이혼 가정의 아이들이 너무 많았다. 피터가 들어간 5학년의 담임은 기간제 교사로, 아이들을 전혀 통제하지 못했다. 아이들은 책상 위로 올라가서 큰 소리로 떠들며 교사에게도 고함을 질러댔다. 어떤 아이는 선생님에게 "선생님이 싫어요! 학교를 그만두지 그래요!"라고 소리치기도 했다. 교사는 어쩔 줄 몰라 하며 간신히 미소를 짓는 것이 고작이었다. 피터는 마음을 굳게 먹고 만점을 받기 위해 공부에 전념했다. 마치 반 아이들의 난동을 피하려는 듯, 시험을 치를 때마다 죽기 살기로 공부했다. 자로 손바닥을 때리는 학교에서 공부하던 습관이 캘리포니아에서도 이어졌다. 피터는 체육은 형편없었지만 수학은 아주 뛰어났다. 그리고 13세 이하의 어린이 체스 경기에 나가 전국 7위의 성적을 거두었다. 그는 체스를 둘 때는 학교 공부처럼 이상할 정도로 승부욕이 발동했으며(훗날 그는 체스 세트에 '승리를 타고나다'라는 문구를 써 붙였다), 어쩌다가 질 때면 자신이 혐오스러워 체스판의 말들을 홱 쓸어버릴 정도였다. 고등학교에 들어가서는 지역의 수학 경시대회에 출전했다. 지도교사가 지나가는 말로 "누군가는 우승하겠지"라고 말하자 피터는 속으로 '그러니까 당신은 고등학교 교사밖에 못 하는 거야'라고 생각했다.

그는 '스타트렉'보다 '스타워즈'를 자주 하기는 했지만, 두 가지 게임 모두 좋아했다. 또 아시모프와 로버트 하인라인, 아서 C. 클라크의 소설을 읽었다. 행성 여행과 화성에서 온 우주인, 해저도시, 날아다니는 자동차 같은 상상의 세계를 펼치는 1950~1960년대의 공상과학 소설이었다. 이로부터 한 세대가 지난 뒤, 피터는 기술의 기적이 미래를 놀랍도록 바꿔놓을 것이라는 믿음이 바탕이 된 정신세계에서 살았다. 그의 부모는 그가 열두 살이 될 때까지 텔레비전을 못 보게 했지만, 정작 그 나이가 되자 피터는 집에 있는 탠디 TRS-80으로 컴퓨터 게임(고대 지하제국의 폐허를 무대로 하는 텍스트 기반의 비화상 게임인 조크)을 하는 데 맛을 들였고, 게임에 중독된 친구들과 던전 앤드 드래곤에 빠져 시간 가는 줄 몰랐다. 그는 또 J. R. R. 톨킨을 발견하고 『반지의 제왕The Lord of the Rings』 3부작을 적어도 내리 열 번은 읽었기 때문에 거의 전체 이야기를 외울 정도였다. 그는 이렇게 기계나 집단적인 세력과 맞서거나 부패한 권력과 싸우는 개인을 주제로 한 환상적인 이야기를 좋아했다.

틸 가족은 보수적인 복음주의 기독교도였다. 공산주의는 상상할 수 없는 최악의 적이었으며, 카터 정부 때는 공산주의가 세계를 한 나라씩 접수하고 있으며 이 과정을 뒤집을 수 없다고 생각했다. 미국 정부는 인플레이션 억제부터 도시 치안에 이르기까지 하는 짓마다 형편없었다. 1980년의 대선 기간에 8학년이었던 피터는 사회 수업 시간에 레이건을 지지하게 되었고, 신문기사를 오려 '보수파의 영웅'이라는 제목으로 스크랩했다. 톨킨과 공상과학 소설, 체스, 수학, 컴퓨터가 그의 정신세계였다. 1970년대와 1980년대, 특히 샌프란시스코 만 지역 같은 곳에 사는 성적이 우수한 아이들 사이에서 이런 기질은 자유지상주의라는 세계관과 서로 연관된 것이었다. 그 배후에는 추상적인 논리에 대한 믿음이 있었다.

피터는 10대의 나이에 자유지상주의자가 되었는데, 처음에는 레이건 시대의 보수주의를 주입받았다가 결국은 극단적으로 정제된 보수주의자가 되었다. 그는 20대 초반까지는 아인 랜드Ayn Rand의 작품을 읽지 않다가 『아틀라스Atlas Shrugged』와 『마천루The Fountainhead』의 주인공들이 지극히 올바르고, 악한들은 너무 악하게 묘사되었다는 것을 알게 되었다. 전체적으로는 톨킨 이후 너무 마니교도의 냄새를 풍기고 비관적이라는 인상을 받았는데, 아마 랜드가 어린 시절 소련의 전체주의를 경험한 것과 관계가 있는 것 같았다. 이때의 경험으로 미국에서도 그와 비슷하게 불길한 기운을 느낀 것으로 보였다. 그래도 랜드는 1957년 이 소설이 발표될 당시, 누구도 상상할 수 없을 만큼 선견지명이 있었다. 이를테면, 휴가를 떠난 두 명의 주인공은 미국에서 최악의 도시를 찾게 되는데, 모든 사람이 화를 내고 아무도 일하지 않아 모든 것이 파괴되었기 때문에 찾는 사람이 없는 곳이다. 여기서 이들은 '20세기 자동차' 공장의 폐허에서 혁명적인 엔진 모델의 흔적을 발견한다. 이 회사는 무능한 후계자들의 사회주의 때문에 파산한 것으로 묘사된다. 랜드는 제너럴 모터스가 자동차회사 중 세계 최대의 시장 지분을 소유하고 디트로이트의 평균 소득이 뉴욕보다 40퍼센트가 많던 시절의 결말을 예측한 것이다. 시간이 갈수록 피터는 아인 랜드에게 점점 더 감명을 받았다.

고등학교 시절에 피터는 절대 술을 마시지 않았고, 마약도 하지 않았다. 그는 산마테오고등학교를 다닐 때 전 과목에서 수를 받았으며, 1985년의 졸업식에서는 졸업생 대표로 고별사를 낭독했다. 피터는 하버드를 포함해 지원하는 대학마다 입학 허가를 받았지만, 하버드는 너무 경쟁이 심한 학풍이어서 몸이 너무 지칠 것이 두려웠고, 무엇보다 어린 시절의 추억과 완전히 차단되는 것이 싫어 결국 집에서 가까운 학교를 다니기로 했다. 그래서 그는 스탠퍼드에 들어갔다. 이 대학은 실리콘밸리로 알려지기 시작한 새 물결의 중심이었다.

"내 기억에 1985년은 아주 낙관적이었죠."

훗날 그는 이렇게 말했다. 당시 그는 뚜렷한 계획이 있는 것은 아니었다. 생명공학이나 법학, 재무 금융 분야를 공부할 수도 있었고, 정치학도 예외가 아니었다.

"모든 것을 할 수 있다는 생각 때문에 오히려 분명한 주관이 없었습니다. 돈도 얼마든지 벌 수 있고, 존경받는 직업도 가질 수 있다고 생각했죠. 지적으로 자극적인 분야를 공부할 수도 있었고, 아니면 여러 분야를 겸비할 수도 있었죠. 어쨌든 1980년대에는 이런 문제에 대해 지나치게 구체적으로 생각할 필요는 없다는 일종의 낙관주의가 있었어요. 세계에 뭔가 충격을 주어야 한다는 야망은 있었습니다만."

중년의 나이에 들어서도 피터 틸은 대학 신입생처럼 보였다. 약간 구부정한 자세로 걸었는데, 마치 몸뚱이를 갖고 있다는 것 자체가 어색한 듯 보였다. 구릿빛 머리에 옅은 파란색 눈, 길고 두툼한 코, 새하얀 이를 가지고 있었는데 가장 두드러진 특징은 그의 목소리였다. 목구멍에 금속성 물질이 걸린 듯, 고압적이고 단조로운 목소리에는 깊고 낮은 음색이 배어 있었다. 뇌가 집중적인 활동을 하는 동안에는 생각에 사로잡혀 침묵에 빠지기도 했고, 40초 동안 계속 말을 더듬거릴 때도 있었다.

그는 2학년 철학 수업인 '마음, 물질, 의미' 시간에 리드 호프먼Reid Hoffman이라는 총명한 학생을 만났다. 호프먼은 틸과는 달리 좌파적 성향이 아주 강했다. 두 사람은 재산권의 본질 같은 문제를 놓고 오랜 시간 논쟁했다.(스탠퍼드 시절뿐 아니라 평생에 걸쳐 틸은 이런 식으로 친구를 사귀었다.) 호프먼이 재산은 사회적 산물이며 사회가 없이 재산은 존재하지 않는다고 주장한 반면, 틸은 "사회 같은 것은 없다. 오로지 개인으로서의 남자와 여자만 있을 뿐"이라는 마거릿 대처의 말을 인용했다. 호프먼과 틸은 아주 절친한 친구가 되었다. 대학 시절에 벌인 이들의 논쟁은 사업에 뛰어든 이후까지도 계속되었다. 물론 틸의 친구들은 대부분 보수적이었다. 이들은 이질적인 분위기에 둘러싸인 고립된 집단을 형성했으며, 그런 상황을 마음껏 즐겼다. 스탠퍼드는 1980년대 후반 들어서 중핵교육과정core curriculum(서구 문화라고 불린)을 놓고 격렬한 대립의 현장이 되었다. 1960년대부터 시작된 대학 투쟁의 마지막을 장식한 싸움이었다. 소수파와 진보적 학생들이 이끄는 한쪽 진영에서는 스탠퍼드에서 요구하는 신입생 인문학과정은 '죽은 백인 남자들'의 가치관 중심으로 편향된 가운데 다른 문화의 경험을 배척한다고 주장했다. 반면에 또 한쪽의 전통주의 진영에서는 반서구문화를 외치는 학생들이 교육과정을 이용해 좌파의 정치적 의제를 스탠퍼드에 끌어들인다고 믿었다. 추천도서를 둘러싼 싸움도 시민권과 베트남전 반대를 위한 시위를 겪었던 대학의 재학생들에게는 한 권 한 권마다 의미가 컸다. 일단의 학생들은 스탠퍼드대학 총장실을 점거하기도 했다.

2학년 말인 1987년 6월, 틸과 한 친구는 『스탠퍼드 리뷰』라는 간행물을 창간함으로써 이 같은 싸움의 한복판으로 뛰어들었다. 이들은 1978년에 보수파의 대부인 어빙 크리스톨이 우파 학생운동을 지원하기 위해 시작한 전국 조직으로부터 자금을 지원받았고, 정신적인 방향에 대해서도 지도를 받았다. 틸은 『스탠퍼드 리뷰』에 자주 글을 쓰지는 않았지만, 모든 글이 편집실의 검열을 거쳤다. 품위 있는 합리적인 목소리로 좌파 이데올로기를 공격하는 글과 학생, 교수단, 행정실 사이에서 정치적 타당성을 조롱하는 유치한 글이 뒤섞인 형태였다.

그곳이 스탠퍼드였기 때문에, 또 10년 동안 지속된 문화전쟁의 마지막 무대였기 때문에 싸움은 전국으로 번져나갔다. 1987년 초, 두 번째 대선을 준비하고 있던 제시 잭슨이 스탠퍼드에 와서 학생들을 이끌고 시위를 하면서 "헤이, 헤이, 호, 호, 서구문화는 사라져야 한다!"라는 구호를 외쳤다. 1년 뒤, 레이건 정부의 교육부 장관인 윌리엄 베넷William Bennett이 틸 간행물 팀의 초청을 받고 와서 스탠퍼드 중핵교육과정의 개정을 주제로 강연을 했다. 이 개정에는 비서구문화와 비백인·비남성 저자의 교재를 중심으로 하는 새로운 과정이 포함되어 있었다. 베넷은 "우수한 대학이 지금 몰락했습니다"라고 말문을 열었다.

"현대적인 대학에 무지와 불합리, 협박으로 반대하는 바로 그 세력들에 의해서 말입니다."

1989년 졸업하기 직전에 틸은 편집장으로서 쓴 마지막 글에서 다음과 같이 말했다.

"나는 편집자로서 많은 것을 배웠습니다만, 아직도 사람들이 귀를 기울이게 만드는 법은 모릅니다. 우리는 정치적인 쟁점을 만들기 좋아하고 스탠퍼드를 파괴하는 열성 좌파들(이 글을 읽고 있는 여러분은 아마 여기에 속하지 않겠죠?)과 언제라도 싸울 것입니다."

무엇을 할 것인지 불확실한 가운데 틸은 스탠퍼드 법학대학원에 진학했다.

문화전쟁은 40년째 지속되고 있었다. 『스탠퍼드 리뷰』는 틸의 친구인 데이비드 삭스David Sacks가 새로 편집장을 맡고 나서 언어 규범(차별적 언어 사용 자제)과 동성애자의 권리, 섹스로 초점이 바뀌었다.(1992년 내내 매호는 성폭행을 집중적으로 다루었고, '비하'와 '협박이 배제된 언어적 압력'을 포함한 불법적 강제에 대한 대학의 확대된 개념이 주를 이루었다.) 1992년, 틸의 친구이지 법학대학원생인 케이스 래보이스Keith Rabois는 한 강사의 집 밖에 서서 "패것faggot(혐오스러운 차림을 하고 다니는 남성 동성애자를 비하하는 표현_옮긴이)! 패것! 에이즈에 걸려 죽어버려라!"라고 외치는 방법으로 캠퍼스에서의 언론 자유의 한계를 시험하기로 결심했다. 이 도발적인 행동은 맹렬한 반발을 불러 래보이스는 결국 스탠퍼드에서 쫓겨났다. 이로부터 얼마 지나지 않아 틸과 삭스는 정치적 정당성과 다문화주의가 대학 캠퍼스에 위험하다는 것을 보여주는 책을 쓰기로 결심했다. 틸은 매우 분석적인 문제 제기를 하기로 했고, 삭스는 탐방취재를 맡기로 했다. 1995년 『다양성이라는 미신The Diversity Myth』이라는 제목으로 나온 이 책은 유명한 보수파들로부터 찬사를 받았다. 이 책은 래보이스 사건을 다루며, 이것이 집단적 마녀사냥의 분위기에서 이루어진 개인의 용기라고 극찬했다. 틸과 삭스는 "그가 벌인 시위는 아주 기본적인 금기 중 하나에 직접 도전한 것이다"라고 지적하며 다음과 같이 덧붙였다.

"동성애 행위와 에이즈 사이에 상관관계가 있다는 말은 다문화주의자가 선호하는 생활방식 중 하나가 병에 더 걸리기 쉽다는 것과 모든 생활방식이 똑같이 바람직한 것은 아니라는 것을 암시한다."

삭스와 다른 친구들은 틸이 동성애에 대해 적대적인 견해를 보이는 것이 개인적인 사정과 깊은 관계가 있다는 생각은 하지 않았다. 그들은 틸이 동성애자라는 사실을 몰랐기 때문이다. 아무도 몰랐다. 그는 2003년, 30대 중반이 되어 가까운 친구에게 말할 때까지는 이 사실을 누구에게도 밝히지 않았다. 틸은 이 친구에게 자신의 정체성이 일하는 데 방해가 되었다고 털어놓았다. 어쨌든 그는 동성애라는 특성이 자신의 핵심적인 정체성이라고 생각하지는 않았다. 아마 이런 이유로 그가 반대 진영에 섰는지도 모르지만, 그것이 이유가 아닐 수도 있다. 그는 "어쩌면 타고난 내성적인 성격 때문에 내가 더 아웃사이더였는지도 모릅니다"라고 말했다.(동성애자였기 때문이 아니라.)

"또 어쩌면 아웃사이더가 아닐지도 모르죠."

어쨌든 이 문제는 그가 가까운 친구라고 할지라도 함께 토론하고 싶어 하지 않는 주제였다.

『다양성이라는 미신』은 틸의 유일한 저서로 남았다. 그는 이 책에 대해 조금 분한 마음이 들었는데, 결국 동기였다고 할 논쟁의 절박성이 시간이 흐르면서 희미해졌기 때문이다. 그리고 틸은 나이가 들면서 정체성에 대한 생각의 폭이 넓어졌고, 마침내 자신이 겨냥했던 목표가 과연 그렇게 열정을 바칠 만한 가치가 있었는지 의심하기 시작했다. 이미 이 책이 간행될 당시에 스탠퍼드는 거대한 문화적 변화를 겪는 중이었으며, 이런 변화는 곧 뜨거운 관심의 대상이었던 인문학과정에 등을 돌리면서 교육과정을 둘러싼 전쟁을 우스꽝스럽거나 이상하게 보이도록 만들었다.

틸은 언제나 사회 참여적인 지식인이 된다는 야망을 품은 상태에서 그런 활동이 과연 학술적인 전문가의 시대에 실행 가능한지 의심하고 있었다. 또 자본주의 정신에 인생을 바치고 싶었지만, 그렇게 하기 위해 지적으로 자본주의를 옹호해야 하는 것인지, 부자가 되어야 하는 것인지, 아니면 둘 다 겸비해야 하는 것인지에 대해서는 확신이 서지 않았다. 만일 돈을 벌지 않고 자본주의를 옹호한다면 자신의 현실 참여는 의문시될 수 있을 것이다. 또 단순히 돈만 번다면(조금이 아니라 엄청난 돈을 벌고 싶었다) 자신은 단순히 또 한 명의 자본가에 지나지 않을 것이다. 삭스는 틸이 제2의 윌리엄 F. 버클리(미국의 보수파 논객_옮긴이)가 되고 억만장자가 될 수 있을 것이라고 믿었다. 꼭 이 순서대로는 아니라고 해도.

스탠퍼드 법학대학원을 마치기 직전에 틸은 『스탠퍼드 리뷰』에 마지막으로 편집자의 글을 실어 돈벌이가 되는 직업을 혐오하고 공익법을 선호하는 진보적 견해를 조롱했다. 자신이 아는 한, 공익법은 공익적이지도 않고 별로 재미도 없으며 특별히 법적인 연관성도 없다는 것이다. 그러면서 그 원인을 다음과 같이 진단했다.

"탐욕에 대한 대안으로서 정치적 정당성은 개인적인 만족이나 행복과는 무관하며, 오로지 좀더 가치 있는 일을 하는 사람들에 대한 분노와 시기에 지나지 않기 때문이다."

그러면서 이들이 부러워하는 활동으로 경영 컨설팅이나 투자금융, 옵션거래, 부동산 개발 같은 것을 나열하고 골프 취미를 강조했다.(그는 또 벤처기업에 합류하라고 언급했다. 1992년 당시 스탠퍼드에서는 이례적이었지만, 이런 흐름은 오래가지 않았다.) 틸은 다음과 같은 결론을 내렸다.

"탐욕이 질투보다 훨씬 더 바람직하다. 탐욕은 덜 파괴적이며(나는 다른 사람의 것을 빼앗으려는 사회보다는 차라리 자신의 것을 나누지 않는 사회에 살고 싶다), 더 정직하기 때문이다."

스탠퍼드에서 7년을 보낸 뒤에 틸은 애틀랜타로 가서 법원 서기 일을 했다.(연방대법원에 가서 안토닌 스칼리아와 앤서니 케네디 대법관에게 면접을 받았지만 채용되지 못했다.) 다음에는 뉴욕으로 가서 오랜 전통이 있는 설리번 앤드 크롬웰 화이트―슈 법인white-shoe firm(주로 『포춘』 선정 500대 기업에 들어가는 금융·법무·회계·경영 부문의 대표적인 법인을 말한다_옮긴이)에 들어가 증권법 실무 경험을 쌓았다. 이때부터 일이 잘 안 풀렸다. 훗날 그는 뉴욕 시절을 '비틀거리는 청년의 위기'라고 불렀다.

그 일은 지루했다. 만일 그가 마르크스주의자였다면 아마 소외된 노동이라고 불렀을지도 모른다. 별로 대수롭게 여기지도 않는 일을 일주일에 80시간씩 하다 보면 8년쯤 지나 파트너 변호사가 생길지도 모르지만, 그때는 이미 지칠 대로 지친 상태에서 남은 40 평생을 시작할 것이다. 옆방에서 일하는 경쟁자들은 내부적으로 할당된 별 가치도 없는 사건을 보고 마치 판돈에 눈이 먼 도박꾼처럼 달려들었다. 더 심각한 문제는 틸이 경쟁적인 삶에 의문을 품기 시작했다는 것이다. 그는 법학대학원에 다닐 때 평소처럼 열심히 공부하지 않았으며, 전처럼 우수한 성적을 받지도 못했다. 도대체 그런 것들이 무엇에 필요한 것인지 정확히 몰랐기 때문이다. 고등학교 때는 성적이 좋아야 좋은 대학에 간다는 사실을 알았지만, 그때처럼 '그러니까 당신은 고등학교 교사밖에 못 하는 거야'라는 생각이 자동적으로 떠오르지는 않았다. 『스탠퍼드 리뷰』에서 마지막으로 편집자의 글을 실을 때는 불안감을 감춘 채 확신을 갖고 모욕하는 태도가 역력했던 그였다.

법무법인에서 7개월 근무한 뒤, 그는 이 일을 그만두고 크레디트 스위스Credit Suisse 은행에 들어가 파생상품 거래(통화옵션)를 했다. 이 일은 수학적인 매력이 있었고, 법무법인보다 월가의 생활을 더 오래 버티기는 했지만, 크게 마음이 쏠리지는 않았다. 설리번 앤드 크롬웰에서 느낀 것과 똑같은 문제가 있었다. 동료들과 미친 듯이 경쟁하면서도 사회적 이해관계에 대한 확신은 거의 없었다. 그 일의 경제적 가치는 분명치 않았고(금융개혁은 수확체감의 법칙에 이른 것으로 보였다), 분명히 돈을 벌 만큼 거래라는 게임에 통달할 수 있을지 의문이 생겼다. 그는 수다를 떨거나 험담하는 것을 포함해 정치적인 기교가 부족했다. 그리고 법이나 금융, 두 분야 모두에서 나이 든 세대(1960년대 중반에 들어와 1970년대에 커다란 보상을 받은)는 젊은 사람들이 승진하기가 훨씬 더 어려워졌다는 사실을 안중에도 두지 않았다.

그의 '비틀거리는 청년의 위기'에는 철학적인 차원도 있었다. 그는 스탠퍼드에서 르네 지라르René Girard라는 프랑스인 교수의 강의를 들은 적이 있었는데, 이때 지라르의 저서에 관심을 가지며 애독자가 되었다. 지라르는 사람들이 욕망을 학습하고 이로써 똑같은 대상을 원하고 경쟁하게 된다는 '모방 욕망' 이론을 개발한 사람이다. 지라르는 이 이론으로 폭력의 기원을 설명하려고 했다. 이 이론에는 신성하고 신비로운 측면이 담겨 있었는데(보수적 가톨릭 신자인 지라르는 사회적 갈등을 해소하는 문제에서 희생과 속죄양의 역할을 설명했다), 이런 부분이 틸에게 설득력을 발휘하면서 부모의 근본주의가 배제된 기독교 신앙의 토대를 제공했다. 모방 이론은 틸의 세계관에 대해 도전적인 측면도 있었다. 집단적 끌림으로 인간의 행동을 설명하는 부분이 그의 자유지상주의와 부딪쳤기 때문이다. 그는 경쟁심이 강하면서도 갈등을 싫어했다. 또 험담을 하지 않았고, 다른 사람과 일 때문에 생기는 마찰을 피했으며, 친밀한 관계를 맺는 데는 장벽이라 할 합리적인 태도를 보였다. 그리고 폭력에 대한 공포가 있었다. 결국 그는 지라르의 관점에서 자신을 규정하면서 이렇게 말했다.

"사람들은 사물을 대상으로 심하게 경쟁을 벌입니다. 그런데 그 대상을 차지하면 다소 실망하죠. 사람들이 모두 그 대상을 원한다는 사실 때문에 열심히 경쟁했지만, 그 대상이 반드시 좋은 것은 아니기 때문입니다. 나는 다른 사람들보다 그에 대한 죄의식이 강했기 때문에 지라르의 이론에 많이 마음이 갔어요."

지라르가 지적한 현대어 중에 '지위'라는 말이 있다. 뉴욕은 어디를 가나 지독한 싸움이 벌어진다. 하늘 높이 치솟은 고층 건물에서 누구나 누군가의 머리 위에서 일한다. 아래를 내려다보아도 까마득하고, 위를 올려다보아도 까마득하다. 오랜 세월 승진의 계단을 오르면서도 자신이 정말 올라온 것인지, 아니면 단순히 낙관적 환상은 아닌지 계속 의심한다.

1994년 여름에 틸은 룸메이트와 몇몇 다른 친구들과 함께 햄프턴에서 콘도를 하나 빌렸다. 그런데 모든 것이 비싼 데다가 서비스도 엉망이라 악몽 같은 주말이 되었다. 휴가 기간 내내 다른 사람과 싸우며 보냈다. 진정한 가치를 고려하지 않을 때 생기는 전형적인 예였다. 뉴욕은 물가가 너무 비쌌는데, 그럴 수밖에 없었다. 변호사들은 비싼 양복에 고급 넥타이를 매야 했고, 은행원들은 호화로운 식당에서 먹고 마셔야 했기 때문이다. 1996년에 틸은 크레디트 스위스에서 1년에 10만 달러를 벌었고, 같은 방을 쓰는 동료는 30만 달러를 벌었다. 이 동료는 31세로 틸보다 세 살이 많았는데, 그만 돈이 떨어져서 아버지에게 도움을 요청할 정도였다.

틸이 뉴욕을 떠나 정착할 목적으로 실리콘밸리로 돌아간 것은 바로 그때였다.

밸리는 4년 전 틸이 떠날 때의 모습이 아니었다. 그사이에 인터넷이 등장한 것이다. 1970년대 중반부터 1990년대 초반 사이에 개인용 컴퓨터가 발달해 실리콘밸리를 비롯한 전국적인 첨단기술 중심지에는 수많은 하드웨어와 소프트웨어 회사가 세워졌다. 1970년대와 1980년대를 거치면서 새너제이의 인구는 배로 늘어나 100만 명에 육박했고, 1994년에는 밸리의 공개기업이 315개나 되었다. 신생 기업 중에 가장 두각을 나타낸 회사는 휴렛패커드와 인텔, 애플이었다. 매킨토시가 나온 이후 컴퓨터 회사는 기업 혁신보다 합병의 경향을 보였고, 논란의 여지 없이 확실한 승자는 시애틀에 있었다. 애플 이후 실리콘밸리에서 가장 중요한 회사는 처음에 모자이크Mosaic라고 불렸는데, 1994년 전직 스탠퍼드 총장이자 실리콘그래픽스Silicon Graphics의 설립자인 짐 클라크Jim Clark와 22세의 일리노이 주립대학 출신으로 졸업 1년 전에 월드 와이드 웹을 위한 최초의 그래픽 브라우저를 개발한 마크 안드레센Marc Andreessen이 설립했다. 인터넷의 상업적 사용에 대한 마지막 제한이 해제된 1995년에 이 회사는 넷스케이프Netscape라는 이름으로 기업 공개를 했고, 마운틴뷰에 있는 스탠퍼드 남부에 본사를 두었다. 이 회사의 획기적인 상품은 넷스케이프 내비게이터라고 불린 웹 브라우저였다. 이후 5개월 동안 회사가 이익을 못 내고 있는 동안에도 넷스케이프의 주식 가격은 열 배로 뛰었다. 1995년부터 새천년이 될 때까지(브라우저 전쟁 시대) 세계적으로 웹 사용자의 수는 해마다 두 배로 늘어났다. 야후Yahoo가 1996년, 아마존Amazon이 1997년, 이베이eBay가 1998년에 각각 기업 공개를 하는 와중에 넷스케이프는 실리콘밸리의 기술기업들에게 엄청난 파도를 몰고 왔다. 이 회사들은 인터넷을 기반으로 했기 때문에 출범 시에 많은 자본금이 필요 없었다. 또 창업 인력도 대학 졸업자나 재학생, 중퇴자로 이루어졌다.

1996년 틸이 돌아갔을 때 막 닷컴 열풍이 불기 시작했다. 그는 멘로공원에 있는 아파트로 이사하고, 친구들과 가족에게서 100만 달러를 모아 틸 캐피털 매니지먼트Thiel Capital Management라는 헤지펀드사를 차렸다. 이곳엔 어떤 분위기가 존재했다. 그가 아는 사람들이 신생 산업에 뛰어들고 있었고, 틸도 그 일을 하고자 했다. 그는 말했다.

"구조적으로 사람들과 비경쟁적인 관계를 맺고 싶었어요. 친구이자 적인 사람들과 일하고 싶지 않았죠. 오로지 친구들과만 일하고 싶었습니다. 실리콘밸리에서는 그것이 가능해 보였어요. 내부 구조상 사람들이 점점 고갈되는 자원을 놓고 경쟁을 벌일 이유가 별로 없었거든요."

뉴욕과 달리 실리콘밸리에서는 제로섬 게임이 없었다.

이후로 2년이 더 걸렸다. 1998년 여름에 틸은 스탠퍼드에 가서 통화무역에 대한 초청강연을 했다. 아주 더운 날이었는데, 강연을 들으러 온 사람은 여섯 명밖에 안 되었다. 이들 중 한 명이 23세 된 우크라이나 태생의 컴퓨터 프로그래머로, 이름은 맥스 레브친Max Levchin이었다. 일리노이 주립대학을 갓 졸업한 레브친은 이해 여름 막연히 회사를 차릴 생각만 갖고 실리콘밸리로 와서 친구 집 방바닥에서 잠을 자며 지내고 있었다. 강연이 있던 날도 그는 에어컨이 있는 시원한 방을 찾다가 강의실에 들어온 것이었다. 레브친은 틸의 강연을 들으며 흥분했다. 틸은 젊고 멋졌으며, 티셔츠에 청바지 차림은 단순히 게임에서 한발 앞서가는 것 이상으로 보였다. 강연 내용도 투자보다는 체스에 대한 이야기가 많았다. 게다가 레브친과 마찬가지로 자유지상주의자였다. 강연이 끝난 뒤, 레브친은 앞으로 나가 자신을 소개했고, 두 사람은 다음 날 아침 식사를 같이하며 레브친의 회사 설립 아이디어에 대해 이야기를 나누기로 약속했다.

두 사람은 스탠퍼드대학 운동장 쪽에 있는 엘 카미노 리얼 도로 맞은편의 호비스Hobee's라는 허름한 식당에서 만나 스무디를 마시기로 했다. 학생들이나 젊은 닷컴 사업가들이 자주 모이는 곳이었다. 틸이 짜증 날 정도로 늦게 도착한 레브친은 두 가지 사업 아이디어를 내놓았다. 하나는 온라인 소매업과 관련된 것이었고, 또 하나는 손바닥 크기의 암호화장치에 대한 것이었다. 틸은 첫 번째 아이디어는 듣는 즉시 외면했지만, 두 번째에는 호기심이 생겼다. 암호 작성은 힘든 일이어서 할 수 있는 사람이 많지 않았기 때문이다. 그는 레브친에게 사업을 시작하는 데 돈이 얼마나 드는지 물었다. 레브친은 20만 달러는 있어야 한다고 대답했다. 틸은 사업자금을 50만 달러로 올려 잡았다. 다음에 만났을 때 그는 자신이 14만 달러를 투자하겠으며, 나머지를 마련하는 데도 레브친을 돕겠다고 말했다.

두 사람은 만나는 시간이 늘어났고, 서로 수수께끼를 내고 풀면서 상대를 알아나갔다. 주로 수학적인 수수께끼였다. 이를테면 "125의 100승은 몇 자릿수인가?" 같은 것이었다.(정답은 210.) 틸이 낸 수수께끼 중에는 가상의 원형 탁자에 대한 것이 있었다. 두 사람이 교대로 탁자 어딘가에 동전을 놓는다. 상대가 놓은 동전에 겹치면 안 된다. 최종 승자는 동전이 탁자 가장자리에 걸치지 않은 상태로 마지막 동전을 놓는 사람이 된다. 이기기 위한 최선의 전략은 무엇인가? 먼저 시작하는 것이 유리한가, 아니면 두 번째가 유리한가? 레브친이 이 답을 찾아내는 데 15분이 걸렸다. 해답은 상대의 전략을 교란하는 것이 최선의 전략이라는 것이었다.(교란은 틸이 좋아하는 단어 중 하나였다.)

수수께끼를 좋아하는 두 사람은 서로 상대가 자신과 어울릴 만한 인물인지 확인하려고 했다. 어느 날 밤, 팰로 앨토에 있는 프린터스 잉크 카페에서 너덧 시간이나 수수께끼 시합이 벌어졌는데, 틸이 낸 수수께끼가 너무 어려워 레브친은 일부밖에 풀지 못했다. 마라톤 게임이 되어버린 이날 저녁, 두 사람의 우정이 깊어짐과 동시에 사업 파트너로서의 신뢰감이 탄탄해졌다.(틸이 생각하는 구조적인 비경쟁 관계라는 것도 알고 보면 꽤나 경쟁적이었다.)

두 사람은 '신용confidence'과 '무한infinity'이라는 단어를 조합해 회사 이름을 '컨피니티Confinity'라고 지었다. 레브친의 암호화 아이디어는 조금 애매해 회사의 대표를 맡기로 한 틸이 좀더 가다듬었다. 컨피니티는 팜 파일럿Palm Pilot 같은 장치로(핵심은 디지털 차용증의 형태) 돈을 벌었다. 이 장치는 곧 세계를 압도할 것으로 보였다. 필요한 비밀번호를 입력하면 팜 파일럿의 적외선이 정보를 발신하며 페이팔PayPal이라는 소프트웨어 애플리케이션을 이용해 신용카드나 은행 계좌, 다른 팜 파일럿에 연결해주었다. 언뜻 보면 성가시거나 무의미한 서비스 같기도 했지만, 벤처 자본가들이 10대 여성의 온라인 커뮤니티인 키부닷컴kibu.com이나 웹상으로 향기를 전해준다는 디지센츠DigiScents에 돈을 쏟아붓는 시점에 이 이상한 아이디어는 혁신적이면서도 매혹적으로 보였다. 호비스 부근의 중국 식당에서 떠도는 소문을 들은 한 벤처기업 투자자는 이 회사가 하는 일이 애매하기는 했지만 다른 투자자와 같은 호기심을 느끼고 투자 대열에 합류했다.[그가 고른 포춘쿠키에 거래를 하라는 말이 들어 있었다.]

1999년 7월, 틸은 450만 달러의 자금을 조달했다. 레브친과 기술자들은 5일간 밤을 새워가며 암호화작업을 했고, 이미 실리콘밸리의 전설이 된 우드사이드의 레스토랑 벅스Buck's에서 열두 명의 기자를 모아놓고 신제품 발표회를 가졌다. TV 카메라가 돌아가는 동안 노키아Nokia에서 온 벤처 투자자들이 하나의 팜 파일럿에서 다른 팜 파일럿으로 사전에 입력된 수백만 달러를 송금하는 데 성공했다. 틸은 기자들에게 "여러분의 친구 누구나 가상의 소형 현금자동인출기ATM처럼 될 것입니다"라고 말했다.

틸의 전략은 인터넷상에서 경쟁자를 제압하는 열쇠는 바이러스 같은 성장이라는 믿음으로 가능한 한 빠른 시간에 규모를 키우는 것이었다. 새로운 고객은 누구나 가입할 때 10달러를 받았고, 새로 사람을 소개할 때마다 다시 10달러씩 받았다. 컨피니티는 회사에서 세계제패지수 World Domination Index라고 이름 붙인 데이터베이스와 계산기를 연결하는 방법으로 끊임없이 사용자들의 정보를 얻어냈고(회사 컴퓨터에 뜬 팝업 상자는 1~2분 간격으로 땡 하는 소리와 함께 새 숫자를 올렸다), 1999년 11월, 출범한 지 몇 주 되지 않았는데도 회사는 매일 7퍼센트씩 성장했다. 페이팔 웹사이트에 계좌를 개설하면 이메일 주소가 있는 사람은 누구와도 거래를 할 수 있었기 때문에 팜 파일럿은 식당에 앉아 짝을 찾는 것보다는 송금 수단으로서 훨씬 인기가 많다는 사실이 분명해졌다.(모바일 인터넷은 아주 초창기여서 작은 결함이 있었다.) 이메일 아이디어는 너무 단순해서 경쟁자들이 기술을 따라잡는 것은 시간문제였다. 또 추격 속도도 엄청 빨라졌고, 일주일에 100시간씩 일하며 미친 듯이 쫓아왔다. 가장 위험한 경쟁사는 남아프리카 출신의 엘론 머스크Elon Musk라는 사람이 세운 엑스닷컴 X.com이었다. 엑스닷컴은 대학로에서 불과 네 블록밖에 떨어져 있지 않았다. 컨피니티는 엑스닷컴과의 전쟁에 대비해 매일 전략회의를 가졌다. 어느 날, 한 기술자가 자신이 디자인한 실제 폭탄의 설계도를 보여주었지만, 이 아이디어는 즉시 보류되었다.

틸은 조달자금으로 계속 인력 채용에 정신을 쏟았다. 그가 찾는 것은 기업의 경험이 아니라 자신이 아는 사람, 자신처럼 빈틈없는 사람, 리드 호프먼 같은 스탠퍼드의 친구, 데이비드 삭스나 케이스 래보이스 같은 『스 탠퍼드 리뷰』의 동창생들이었다. 자전거 매장 위층에 자리 잡은 비좁고 검소한 컴퍼니티 사무실은 곧 아무렇게나 옷을 입고 단정치도 못한 20대 젊은이들로 채워졌다.(32세의 틸은 그중 연장자였다.) 대개 체스를 잘 두는 사람이거나 수학의 귀재, 자유지상주의자들이었으며, 아내나 자녀 때문 에 정신을 빼앗길 일이 없는 사람들, 텔레비전이나 스포츠 따위의 취미로 시간을 낭비하지 않는 사람들이었다.(한 지원자는 농구를 즐긴다는 이유로 거절당했다.) 일부 직원은 자신의 책상에서 인스턴트식품으로 끼니를 때웠 고, 수명을 연장해준다는 저칼로리 식품을 먹는 사람도 있었다. 회사는 『스탠퍼드 데일리』에 "멋진 신생 기업의 훌륭한 스톡옵션에 대학을 중퇴 할 만한 가치가 있다고 생각하나요? 지금 당신을 채용합니다!"라는 광고 를 실었다. 그리고 종업원 복지 혜택의 일환으로 극저온 냉동고를 제공한 세계 최초의 기업이 되었다.

틸은 성공적인 기업을 세워 부자가 되고 싶었지만, 동시에 세계를 혼 란에 빠질 만큼 놀라게 하고 싶은 마음도 있었다. 특히 종이 화폐라는 오 래된 기술과 통화정책의 답답한 시스템을 뒤흔들어놓고 싶었다. 궁극적 인 목표는 정부의 통제를 앞지르는 기술로 온라인 대체통화를 만들어내 는 것으로, 자유지상주의적인 목표라고 할 수 있었다. 맥스 레브친을 만 난 여름에 틸은 그 전해에 로드 윌리엄 리스 모그Lord William Rees-Mogg와 제임스 데일 데이비슨James Dale Davidson 공저의 『주권적 개인The Sovereign Individual』을 읽었다. 컴퓨터 혁명이 민족국가의 권위와 국민의 충성, 전통 적인 직업의 계급을 잠식하는 미래 세계를 묘사한 책이었다. 세계화된 전 자상거래로 개인이 힘을 얻고, 온라인의 전자화폐가 금융 구조를 해체할 것이며, 부의 불평등이 가속화하는 사이에(1990년대 후반에 이미 부의 불평등은 거의 상상할 수 없을 정도로 극심했다) 복지국가의 민주주의가 매장될 것이라는 내용이었다. 동시에 지역 마피아가 운신의 폭을 넓혀가며 멋대로 폭력을 행사할 것이라는 이야기도 있었다. 이 책은 어둠이 드리운 꿈으로서 자유지상주의적 종말론을 그린 내용이었고, 페이팔에 영감을 주는 측면도 있었다.

틸은 인간의 분규와 일상적인 경영에서 빚어지는 마찰을 싫어했다. 이런 일은 다른 사람에게 맡기고 직원들에게는 좀더 거시적인 자신의 비전을 보게 했다. 그는 간부들에게 "페이팔은 세계 시민들로 하여금 지금까지 그들이 했던 것보다 더 직접적으로 통화를 통제하게 해줄 것입니다"라고 말하면서 덧붙였다.

"부패한 국가가 오래전부터 써먹던 수법(초인플레이션과 대대적인 평가절하 같은)으로 국민의 부를 훔치는 일은 거의 불가능해질 것입니다. 이렇게 하려고 해도 국민이 가치가 없어진 지역 통화를 투매해가며 좀더 안정적인 달러나 파운드, 엔화로 바꿀 것이기 때문입니다."

틸은 다음과 같이 결론을 내렸다.

"나는 우리 회사가 세계적인 금융거래 시스템으로서 지불 기능에서 마이크로소프트가 될 기회를 잡았다는 것을 의심하지 않습니다."

페이팔은 엄청난 속도로 성장하면서 이용자가 100만 명에 육박했고, 한 달 경영 자본이 1000만 달러를 초과하면서 거의 상상할 수 없는 이익을 올렸다. 혹시 넷스케이프나 네덜란드 튤립(17세기 초에 천정부지로 치솟은 튤립 구근 가격의 버블 현상_옮긴이)처럼 최대로 커졌다가 한순간에 꺼지는 건 아닐까? 넷스케이프 자체는 1999년에 거의 죽은 것이나 다름없었다. 이해 내내 틸은 닷컴 기업이 갈수록 빠른 속도로 비틀거리는 것을 지켜보았다. 아이다호의 억만장자는 밸리에 나타나 투자할 사람을 찾아다녔고, 벅스에서 브런치를 먹거나 일 포르나이오Il Fornaio에서 저녁 식사를 하게 되면 파산한 사업가들은 1000달러나 되는 음식 값을 회사 주식으로 계산하려고 했다. 출시 기념 야간파티에 초대하는 내용의 이메일 목록 엄선작업은 록밴드 연주로 유명세가 결정되는 별 표시의 순위 시스템을 따랐다. 실리콘밸리에는 회사가 400개가 넘었고, 팰로 앨토의 평균 집값은 77만6000달러였다. 이제 스탠퍼드 쇼핑센터의 주차장은 블루밍데일즈Bloomingdales'와 루이비통에서 쇼핑하는 사람들이 세워놓은 아우디와 인피니티로 가득 찼다.

틸은 종말이 갑자기 찾아올 것을 예감했다. 20세기 마지막 날 밤, 페이팔의 신년 전야제에서 그는 프린스Prince가 부르는 「1999년」을 들었다. 1980년대 초반에 나온 노래로, 온통 미친 한 해를 주제로 한 영화의 사운드트랙 같았다. 어쨌든 프린스는 수년 전에 이런 현상을 예견했다.

2000년이 되면 파티가 끝난다고 말했기 때문이야.

이런, 시간이 없네.

그래서 오늘 밤 1999년처럼 파티를 즐기려는 거지.

2000년 2월, 『월스트리트저널Wall Street Journal』은 페이팔의 자산 가치를 대략 5억 달러로 평가했다. 다른 직원들은 다음 금융라운드(금융투자시장 변화_옮긴이) 이전에 더 큰 규모로 손을 뻗고 싶어했지만, 틸은 말했다.

"너희는 미쳤어. 이건 거품이라고!"

3월에 접어들어 시간이 얼마 남지 않았음을 감지한 틸은 외국으로 나가 다시 1억 달러를 모았다. 3월 10일, 나스닥지수가 5133으로 절정에 오른 다음(그 전년 11월만 해도 3000에 불과했다) 떨어지기 시작했다. 한국에서는 금융위기로 여전히 동요하는 투자자들이 거의 절망적인 심정으로 페이팔의 비밀정보를 캐내기 위해 호텔 로비에서 틸이 하는 대화를 들으려 야자수 뒤에 숨어 있었다. 서울의 공항에서 틸의 신용카드가 결제가 안 되자(그는 그달 사용한도를 초과했다) 이 모습을 본 투자자들은 온라인

지불회사의 경영상태가 악화되었다는 신호로 받아들이는 대신, 그에게 즉석에서 일등석 항공권을 사주었다. 이튿날 그들은 기간 협상이나 서명 절차도 거치지 않고 페이팔에 500만 달러를 송금했다. 나중에 회사에서 이 돈을 돌려주려고 하자 한국인들은 "우리가 당신에게 준 돈이니 받아야 해요. 어디서 나온 돈인지는 말하지 않을 거요. 그러니 돌려줄 필요는 없습니다"라고 말했다.

3월 31일 금요일, 틸은 1억 달러를 조달하기 위한 여행을 끝마쳤다. 나스닥 지수는 4000 선으로 내려가면서 1000을 향해 곤두박질치고 있었다. 닷컴 거품이 꺼지기 시작한 것이다.

페이팔은 살아남은 소수의 기업 중 하나였다. 시장 붕괴 직전에 페이팔은 엑스닷컴과 합병되었다. 틸은 최고경영자에서 물러났고, 2000년에 머스크가 강제로 사임한 뒤에 복귀했다. 2002년 2월, 페이팔은 상장기업이 되었다. 9·11테러 이후 최초의 상장기업이었다.(이 사건은 페이팔의 자유지상주의적 야망에 치명적이라는 것이 입증되었다. 전자통화 시스템은 돈을 숨기려는 테러리스트들에게 갑자기 이상적인 수법으로 보였기 때문이다.) 기업 공개 파티에서 틸은 열두 명의 직원을 상대로 동시에 스피드 체스 게임을 했다. 2002년, 페이팔은 이베이의 경매에 참여한 고객 중 절반 이상이 선택한 지불 수단이 되었으며, 좀더 성공적인 대안을 만들어내기 위해 가능한 온갖 조치를 취한 끝에 이베이는 10월에 페이팔을 15억 달러에 인수했다. 틸은 그날로 자리에서 물러나 투자액 24만 달러 외에 5500만 달러를 챙겨 나갔다.

페이팔 마피아라고 불리는 사업가들은 유튜브Youtube, 링크드인LinkedIn, 테슬라 모터스Tesla Motors, 스페이스 엑스SpaceX, 옐프Yelp, 야머Yammer, 슬라이드Slide 등 수많은 성공적인 기업을 세웠다. 틸은 팰로 앨토에 있는 침실 한 개짜리 아파트에서 나와 샌프란시스코의 포시즌스 호텔에 있는 콘도로 옮겼다. 페이팔을 떠난 지 일주일도 지나지 않아 그는 클래리엄 캐피털 매니지먼트Clarium Capital Management라는 펀드사를 새로 차렸다. 실리콘 밸리 벤처기업의 CEO라는 경력의 끝은 기술기업의 거물로 새로운 인생을 출발하는 신호였다.

1999

세기 전환기를 향한 모험. 입심 좋은 클린턴 진영은 최종변론을 선택했다.

"이것은 섹스 문제가 아니다"라는 말을 들으면, 이것은……

빌 클린턴과 힐러리 클린턴은 시험별거를 생각하고 있다. 『드러지 리포트』가 확인한 바로는……

1999년 같은 파티, 1959년 같은 향기.

한편 수사관들은 퍼피의 팬들이 소란을 떠는 사이에 뉴욕 클럽 안에서 40구경 권총으로 두 발을 발사한 신원 미상의 남자를 쫓고 있다.

인터넷이 새로운 천국이다?

『토크Talk』 매거진을 위한 호화 파티와 'Hip' 목록.

티나는 날씨의 신과 타협한 것이 틀림없다. 별빛이 비치는 맨해튼의 야외 만찬은 자유의 여신상의 신비로운 조명을 배경으로 믿을 수 없을 만큼 눈부시고 완벽했다. 내빈들이 춤을 추는 동안 성조기가 멋지게 펄럭였다.

콘밀은 공장을 폐쇄하고 투자 팀을 개편했다.

비상대책위원회. 어떻게 시장 상인 세 명이 세계 경제의 붕괴를 막 았는가를 두고 설왕설래하고 있다.

백만장자? 이 정도는 너무 흔하다. 마사 스튜어트의 개인 제국은 그녀를 억만장자의 대열에 올려놓았다.

엿 먹으라고 그래, 마사 스튜어트. 마사는 전혀 쓸데없는 일을 하 고 있다고. 다 소용 없어! 소파가 어떻고, 녹색 줄무늬가 어떻고, 다 개소리야.

전국적으로 부동산 담보대출이 급증하고 있다.

오늘의 탈여성주의 시대는 포스트모더니즘 시대이기도 하다. 이 런 시기에는 아마 누구나 기호학적 암호와 문화적 전통 이면에서 벌어지는 일을 다 알 것이다. 또 누구나 어떤 패러다임에서……

유에스 뱅크US Bank의 원인 제공. 글래스-스티걸 법을 즉시 사문화 하면 거대한 미국 금융사들은……

미국은 대부분의 다른 국가보다 새천년을 축하하는 방식에 더 민 감한 것으로 보인다. 아마 이 나라는 떠들썩한 파티가 어울린다 고 생각할 만큼 돈이 많고 낙관적인지도 모른다.

전국적으로 폭죽을 쏘아 올리다.

"지금은 우리나라만의 고유한 순간입니다."

클린턴은 금요일 심야에 벌어진 내셔널 몰 경축행사의 군중을 향해 입을 열었다.

"20세기의 빛은 사라져도, 미국에는 다시 태양이 떠오를 것입니다."

※ 새천년을 앞둔 1999년의 미국 상황을 『뉴욕타임스』 『드러지 리포트』 『타임』 『피플』 등의 언론기사와 클린턴에 대한 상원의 탄핵심리, 올드 스파이스Old Spice 애프터셰이브 광고, 이해에 나온 영화 「파이트 클럽」의 대사, 데이비드 포스터 월리스David Foster Wallace의 소설 『섬뜩한 남자와의 인터뷰Brief Interviews with Hideous Men』를 인용해 묘사하고 있다_옮긴이.

딘 프라이스

2003년, 여덟 살 난 딘의 아들 라이언은 노스캐롤라이나로 가서 아빠와 함께 살게 해달라고 엄마를 졸랐다. 엄마는 마침내 라이언에게 말했다.

"네 아빠 전화번호 기억나면 전화해서 데리러 오라고 하렴."

라이언은 밤새 전화번호를 기억해내려고 애를 썼다. 아침 6시 30분쯤, 마침내 번호를 기억해낸 라이언은 아빠에게 전화했다. 10시가 되자 딘이 현관 계단에 모습을 드러냈다.

딘은 두 번째 부인과 이혼 수속을 밟고 있는 중이었다. 그와 라이언이 본채로 들어가고 딘의 모친은 뒤쪽의 아파트로 거처를 옮겼다. 딘은 자신의 가족이 앤디와 오피, 비 숙모 셋이 한 지붕 아래 사는 「앤디 그리피스 쇼The Andy Griffith Show」와 비슷하다는 생각이 들었다. 딘은 어릴 때 아버지에게 얻어맞으며 살았던 그 집을 이제 자신의 소유로 만들었다. 그는 집 안 곳곳에 좌우명을 새겨서 걸어놓았다. 벽난로 위에는 '꿈'이 걸려 있었고, 그 위쪽의 굴뚝 옆에는 '단순하게, 단순하게, 단순하게'가, 거실과 서재 사이의 공간에는 '가능성을 보라'가 걸려 있었다. 게티즈버그 연설은 침대 머리맡의 벽에, 로버트 리Robert E. Lee가 말한 '신사의 정의'는 거실 탁자에 있었고, 서재에는 담뱃잎을 액자에 담아 걸어놓았다. 마우스패드에는 정면을 바라보는 백발의 토머스 에디슨 사진과 함께 '언제나 더 나은 방법이 있다. 그것을 발견하라!'라는 말이 쓰여 있었다. 서가에는 에머슨Emerson의 에세이, 『토바코 로드Tobacco Road』, 카네기와 링컨의 전기, 기업에 대한 책과 『생각하라 그러면 부자가 되리라』가 꽂혀 있었다. 현관 쪽

복도에는 12구경 엽총 두 자루가 있었다. 난방은 굴뚝과 연결된 목탄난로를 사용했다. 차고에는 농기계와 오래된 간판, 그가 좋아하는 성경 구절인 마태복음 7장 7절을 적은 액자 같은 것이 어지럽게 널려 있었다. 자신의 눈으로 미래와 과거를 만들어낸 한 남자의 집이었다.

2003년이 되자 딘은 편의점 사업에 염증을 느꼈다. 그는 사업을 경영하기보다는 사업을 구상하고 창업하는 능력이 더 뛰어났다. 매일 반복되는 장사도 따분했다. 그는 농사를 짓고 자신의 농작물을 팔려고 이 사업에 뛰어들었지만, 2400킬로미터 떨어진 산지에서 실어온 시저 샐러드에 관심을 갖는 고객은 없었다. 이건 진정한 사업이 아니었다. 하는 일이라고는 고작 계산기나 두드리며 이익이나 손실을 따지는 일뿐이었다. 전체 종업원은 200명이나 되었지만, 온통 가난뱅이 흑인 아니면 쓰레기 같은 백인들이었고, 미혼모도 많았다. 또 이들에게 최저임금에 가까운 대우를 해가며 의료혜택을 주지 못하는 것도 마음에 걸렸다. 도대체 그 돈으로 어떻게 아이들을 키운단 말인가? 하지만 처우를 개선해 시간당 10달러나 12달러를 지급한다면 사업은 절대 성장하지 못할 것이 분명하고, 그렇게 준다 해도 2년만 지나면 다시 원래대로 낮출 수밖에 없을 것이다. 그가 이 사업을 하며 사람들을 이용하는 것이 분명했지만, 달리 도리가 없었다. 패스트푸드점에서 일하는 사람들은 가장 밑바닥 계층으로 야망도 없었고, 이런 환경은 음식에 고스란히 반영되었다. 딘은 종업원 일부가 돈을 빼낸다는 것을 알았다. 이들 중에는 마약 복용자도 많았다. 밤새 마약에 취해 있다가 아침이면 덜 깬 상태로 출근하기 일쑤였다.

한번은 손님 한 명이 딘에게 전화를 걸어 "방금 네 식당에 다녀오는 길이야"라고 말한 적이 있었다. 딘이 물었다.

"정말? 그래, 어땠어?"

"식당으로 들어가서 커피 한잔 하며 여종업원에게 '할 만해요?' 하고 물었지. 그랬더니 그 여자가 '엄청 할 만하죠. 빌어먹을 보쟁글 식당인데요'

라고 말하는 거야."

딘은 언제나 동업자에게 점포 감독을 맡기고 장부를 관리하게 했다. 이 일은 매부가 맡았지만, 매부가 누이와 이혼하는 바람에 5만 달러를 주고 그를 내보냈다. 그래서 새 동업자가 필요했다. 가장 친한 친구로 크리스가 있었는데, 옛날에 캘리포니아에 가서 폭스바겐 버스에서 같이 생활하던 녀석이었다. 두 사람은 서로 죽이 잘 맞았는데, 크리스는 술집을 경영하다가 마약을 하는 바람에 가진 것(술집과 아내, 자녀)을 몽땅 날렸다. 크리스는 친절하고 도량이 넓은 남자였다. 딘은 플로리다에서 그를 찾아내고는 노스캐롤라이나로 돌아와 남동부에 레드버치 체인점을 세우는 것을 도우며 새 출발 하지 않겠느냐고 의사를 물었다. 딘은 훌륭한 바텐더가 언제나 훌륭한 패스트푸드 요리사가 된다고 생각했다. 날렵한 솜씨 때문이었다.

딘과 크리스는 크리스의 서른일곱 번째 생일인 2003년 6월 6일까지 사업 파트너로 일했다. 이날 두 사람은 함께 골프를 치고 다른 친구 한 명과 마틴즈빌에 있는 식당으로 저녁을 먹으러 갔다. 운전은 딘이 하기로 했고, 크리스는 맥주를 많이 마셨다. 크리스는 식사 도중 일어나더니 자리를 떴다. 딘은 화장실에 갔으려니 생각했지만, 15분이 지나도 돌아오지 않자 걱정이 되었다. 화장실에 가봤지만 크리스는 없었다. 딘은 밖으로 나가 주차장을 살펴봤지만, 크리스는 그림자도 보이지 않았다. 그는 트럭을 몰고 두 시간 반가량 마틴즈빌 일대를 돌아다녔지만, 가장 친한 이 친구는 보이지 않았다. 그는 할 수 없이 크리스의 아내(두 번째 부인)에게 전화를 했다.

"믿기지 않겠지만 당신 남편이 사라졌어요."

딘을 만난 크리스의 아내는 말했다.

"그냥 집에 들어가세요. 내일 전화해서 무슨 일인지 알려줄게요."

딘이 말했다.

"아뇨, 오늘 밤 안으로 알아야겠어요. 내 책임이니까."

크리스의 아내는 딘의 트럭에 타고 시내 부근의 한적한 거리에 있는 폐가로 차를 몰게 했다. 창문에 허름한 판자를 대고 못질을 한 집이었다. 두 흑인 남자가 현관 베란다에 앉아 마리화나 같은 것을 피우고 있었다. 새벽 1시였지만 그 집 안에 있던 크리스는 딘이 불러도 나오려고 하지 않았다. 딘은 급소를 한 방 맞은 듯 가슴이 쓰라렸다. 그는 크리스를 사랑했기 때문이다. 그는 스톡스데일 집으로 돌아가 뜬눈으로 밤을 지새우며 울었다. 크리스는 딘이 떠난 후에 폐가에서 나와 한밤중에 마틴즈빌에 있는 보쟁글 식당 뒤의 레드버치 사무실로 들어간 것으로 밝혀졌다. 딘은 크리스가 궁지에서 벗어나려고 사무실 금고에서 현금과 수표를 꺼내 갔다고 단정했다. 딘은 후에 크리스가 한동안 돈을 빼돌려왔다는 결론을 내렸다. 이튿날 아침 그는 크리스에게 전화를 했다.

"페어리 스톤 주립공원에서 만나자."

딘은 바셋 부근에 있는 이 공원에서 만나 복숭아나무 몽둥이로 크리스를 흠씬 두들겨 패줄 생각이었다. 크리스는 두 사람을 위해 일하는 모든 사람의 생활과 가족들까지 엉망으로 만들고 있을 뿐 아니라, 그 자신과 딘까지도 망쳐놓고 있었다. 그래서 따끔한 맛을 보여줄 필요가 있었던 것이다. 하지만 크리스는 딘을 만나려고 하지 않았다.

딘은 어떻게 하면 좋을지 고민했다. 나폴레온 힐은 앤드루 카네기에게 '지도자에 대한 이론을 들어서 알고 있었다. 이 이론은 중요한 목표를 위해서는 두 사람 사이에 협동하려는 노력이 필요하다는 것이 골자였다. 산소와 수소가 만나 새로운 결과(물)를 만들어내듯이, 두 가지 비슷한 정신이 결합해 제3의 정신이 만들어지며, 여기서 신성한 능력 또는 힘이 나온다는 것이다. 지도자의 정신이 동맹을 맺으면 혼자 일할 때는 나타나지 않는 아이디어가 나올 수 있다. 딘과 크리스의 관계가 꼭 이랬다. 하지만 나폴레온 힐은 두 사람 중 한쪽이 마약 복용자로 드러났을 때 어떻게 할 것인지에 대한 지침은 말하지 않았다.

이때 딘에게 링컨에 대한 이야기가 떠올랐다. 어느 날, 링컨은 통나무 오두막 밖에 있는 떡갈나무 고목 밑에 앉아 있었다. 그때 다람쥐 한 마리가 위에서 내려오더니 나무 중간에서 사라졌다. 이상하게 생각한 링컨은 나무로 기어 올라가 다람쥐가 사라진 쪽을 내려다보았다. 그리고 고목의 속이 전부 비어 있다는 것을 알게 되었다. 링컨은 당장 결정을 내려야 했다. 나무가 따가운 햇볕으로부터 집을 보호하는 그늘을 만들어주니 그대로 둘 것인가, 아니면 강풍에 쓰러질지도 모르니 베어버릴 것인가? 그가 좋아하는 나무였기 때문에 쉬운 선택이 아니었지만, 링컨은 나무를 베어버렸다.

"나도 크리스에게 그렇게 해야 했죠. 헤어질 수밖에 없었다고요. 그래서 크리스의 인생은 망가졌어요."

딘과 크리스는 다시는 서로 말하지 않았다. 크리스는 플로리다로 돌아가 포트마이어스 부근에 구둣가게를 차렸지만, 1~2년 지나 빚쟁이를 피해 어디론가 자취를 감추었다는 게 딘이 들은 마지막 소식이었다.

당시를 돌이켜보면, 딘이 크리스를 잃은 것은 계속되는 불운의 시초였다. 이 불운은 끝내 그를 편의점 사업에서 손을 떼게 만들었다. 하지만 처음에는 뜻밖의 횡재처럼 기분 좋게 다가왔는데, 인도인인 데이브Dave와 애시Ash 형제가 그를 찾아왔기 때문이다. 이들 형제는 20년 전에 미국으로 이주해 노스캐롤라이나의 벌링턴에 살고 있었는데, 플로리다에 핫 디지티 도그Hot Diggity Dog라는 핫도그 판매점을 가지고 있었다. 크리스가 떠나고 얼마 지나지 않을 때 데이브와 애시가 스톡스데일 점포에 들러 명함을 남기고 갔다. 딘이 전화하자 인도인 형제는 스톡스데일 화물차 휴게소를 매입하고 싶다고 말했다. 이 일을 계기로 이들 형제는 레드버치에서 내리 여덟 시간씩 점포 경영을 감독하게 되었고, 애시는 마지못해 하루종일 계산기로 숫자를 두드렸다. 그로서는 이런 방법이 안전장치였기 때문에 이상이 없을 때도 거듭해서 숫자를 확인했다. 그러다가 희망을 본 그의 눈은 활기가 넘쳤다.

딘은 점포를 팔고 싶었다. 그는 처음 점포를 열 때 많은 빚을 지고 시작했기 때문에 늘 빚을 갚느라 정신없었다. 집을 걸고 도박하는 사람들과 다를 바 없었다. 인도 형제들은 딘의 점포를 들락거리면서 사업의 세부적인 내용을 하나하나 점검했다. 마침내 데이브와 애시는 딘에게 150만 달러를 지불했다. 딘이 이 정도의 돈을 만져보기까지 20년이 걸렸다.

그는 이때 당장 편의점 사업에서 빠져나올 수도 있었다. 나머지 두 군데의 화물차 휴게소도 데이브와 애시에게 넘기거나, 한 조각 아메리칸 드림을 사려는 다른 인도인을 찾을 수도 있었을 것이다. 하지만 그 대신 딘은 생각을 바꿔 이 돈 일부를 댄빌의 피드먼트 몰 건너편에 있는 '백 야드 버거스Back Yard Burgers' 판매점을 사들이는 데 썼다. 백 야드 버거스는 숯불에 구워 맛을 내는 곳으로, 다른 패스트푸드 체인점에 비해 백인 중산층 고객을 대상으로 삼았다. 딘은 누이 세 명에게 식당 경영을 맡길 작정으로 이들을 내슈빌에 있는 본사로 보내 교육을 받게 했다. 그는 2004년 크리스마스 2주 전에 대대적인 개점을 할 계획을 세웠다.

이해 추수감사절에 딘과 누이들, 모친은 음식을 만들어 아버지에게 가지고 갔다. 아버지는 메이요든에 있는 유니파이 매뉴팩처링 밖 주차장 입구에 있는 경비 초소에서 일하고 있었다. 그는 벌링턴에 있는 아내와 이혼하고 65세의 나이에 메이요든에 있는 셋집에서 혼자 살았다. 폐쇄된 공장 옆에 있는 노란색의 조그만 집이었다. 창문도 없는 콘크리트 건물이 수백 미터에 걸쳐 뻗어 있는 유니파이 매뉴팩처링은 그 일대에서 여전히 가동 중인 마지막 공장이었다. 아버지는 요행히 이곳에서 일자리를 얻었다. 침을 질질 흘리는 데다 말에는 조리가 없었고 진통제 과다복용으로 위벽이 헐어 소화를 제대로 못 시켰기 때문에 성인용 기저귀를 차야만 하는 신세였다.

딘은 12월 13일에 댄빌의 백 야드 버거스를 개점했다. 그리고 3일 뒤, 그의 부친은 침대에서 357구경 권총으로 자신의 가슴을 쏘았다. 유서에는 휘갈겨 쓴 글씨체로 '더 이상 견딜 수 없다'라고 적혀 있었다.

피트 프라이스는 프라이스 담배농장 안, 아버지 노어플리트가 잠든 묘지 옆에 묻혔다. '오로지 은총으로 구원받은 죄인'이라는 말이 새겨진 돌 십자가 밑에. 수년 뒤에 딘은 이 무덤을 내려다보며 말했다.

"이것이 이분의 사고방식이었어요. 바로 그게 문제였죠. 아버지는 자신이 죄인이라고 생각했어요. 아버지가 진정 하느님의 자녀였다면 무슨 일이든 했을 것이고, 자신도 모르는 힘을 부여받았을 거예요."

아버지가 자살하기 몇 달 전, 딘은 아버지와 아이들과 함께 올랜도에 있는 디즈니월드로 가족 휴가를 갔다. 하루는 딘과 아버지가 '생명의 나무'(올랜도의 디즈니월드를 상징하는 나무로, 갖가지 조각이 들어간 인공 구조물_옮긴이) 밑에 앉아 종교와 성서에 대한 대화를 나누었다. 언제나 딘의 마음에 떠오르는 성경 구절 중 하나는 "말씀이 육신이 되어 우리 가운데 거하시매"라는 말이었다. 디즈니월드에서 딘은 부친에게 이렇게 말했다.

"이 말씀의 의미는 아버지의 생각과 말이 아버지의 현실이 된다는 거예요. 그리고 아버지는 자신의 생각과 말을 지킬 필요가 있다는 거고요. 말이 씨가 된다고. 결과로 나타나는 걸 보고 싶지 않은 것은 절대 말하면 안 되는 거죠. 긍정적으로 생각하라는 말이에요."

아마 딘이 이렇게 말한 것은 스톡스데일 점포를 매각한 거금이 수중에 있어서 큰 성공을 거둔 것처럼 보였기 때문인지도 모른다. 또 어쩌면 아버지의 사고방식이 아버지를 그 지경으로 만들었기 때문인지도 모른다. 두 사람이 생명의 나무 밑에 앉아 있는 동안 그의 부친은 아들의 말을 들었다. 살아생전 처음이자 마지막으로 아들의 말에 귀를 기울인 것이다.

2005년 8월 29일 월요일, 허리케인 카트리나가 뉴올리언스 일대를 강타했다. 이날 아침 1200킬로미터 떨어진 곳에서 딘은 이 사태를 텔레비전으로 지켜보았다. 금요일이 되자 걸프 연안에 있는 정유공장들이 휴업에 들어가면서 디젤유(경유) 값이 갤런당 2달러 25센트에서 3달러 50센트로 뛰었다. 마틴즈빌과 바셋에 있는 딘의 화물차 휴게소는 연료가 바닥났고, 220번 도로에서는 거래가 뚝 끊겼다. 그리고 노스캐롤라이나의 공립학교는 스쿨버스의 연료가 떨어져 거의 휴교 상태나 다름없었다. 딘은 어떻게 해서든 연료를 확보하려고 애쓰면서 도로용 디젤 탱크에서 비도로용 디젤유를 팔았다. 딘 같은 독립업자들은 터무니없는 가격을 받는다는 비난을 받았지만, 이들은 단지 얼마 남지 않은 연료를 아끼려 했을 뿐이었다. 만일 낮은 가격에 그대로 팔면 연료가 동이 나는 것은 시간문제였기 때문이다. 이 지역이 연료 위기에서 벗어나는 데는 두 달이 걸렸다.

딘은 카트리나의 재앙을 두고 '주님의 섭리를 깨달은 순간'이라고 표현했다.

그는 오래전부터 자신과 같은 독립 화물차 휴게소는 손발이 꽁꽁 묶여있다는 것을 알고 있었다. 이윤이 너무 박해서 소규모 주유소에서는 갤런당 10센트도 남기지 못하는 실정이었다.

"처음 사업에 매달릴 때부터 나는 늘 자금 부족에 시달렸어요. 언제나 자금을 끌어들이려고 갖은 애를 다 썼죠. 게다가 이 일대의 실업률이 20퍼센트가 넘는 실정에서 틈만 나면 종업원들이 돈이나 물건을 빼돌리는데다 신용카드 회사나 대형 정유사, 세금의 등쌀에 어디 기회나 한번 제대로 잡을 수가 있겠어요?"

카트리나 때문에 딘은 거의 사업을 접을 뻔했고, 살아남으려면 뭔가 대책을 세워야 한다는 각성을 하게 되었다. 그는 자신의 화물차 휴게소가 외부의 영향을 받지 않도록 독립적인 에너지를 확보할 필요가 있었다. 그렇게 되면 220번 도로에 있는 다른 휴게소 전체를 능가하는 경쟁력이 생길 것이다. 딘은 미국이 얼마나 외국의 석유에 의존하는지 알고는 깜짝 놀랐다. 미국과는 다른 나라, 미국인을 죽이려고 테러리스트를 파견하는 나라, 현재 미국인이 전쟁을 치르며 죽어가고 있는 나라에서 수입했기 때문이다.

"정부에 진저리가 났죠. 조지 부시나 나머지 모든 패거리가 실제로 우리 모두의 생존을 위협하는 상태로 이 나라를 몰고 갔으니까요. 모두 탐욕과 돈에 눈이 멀어 이들 다국적 기업을 믿고, 우리가 먹고 입는 것뿐 아니라 연료까지 의존하게 만든 거죠."

카트리나가 덮치기 한 달 전에 월마트가 로킹엄 카운티에 최초의 대형 쇼핑센터를 열었다. 6개월 후에는 두 개가 더 생겼는데, 그중 메이요든 중심가와 220번 도로 사이의 고속도로에 들어선 점포는 넓이가 1만4500제곱미터나 되었다. 고작 인구 9만 명의 가난한 시골 카운티에 월마트가 세 군데나 생긴 것이다. 이 여파로 지역에 남아 있던 식품점, 의류점, 약국이 줄줄이 문을 닫았고, 월마트에서는 할인연료도 팔았기 때문에 급기야 화물차 휴게소의 소유주들까지 망했다. 월마트 메이요든점에서 구하는 307명의 '동료' 자리에 2500명이 지원했다. 급료는 한 시간에 보통 9달러 85센트 또는 1년에 1만6108달러였다. 2006년 1월 31일, 메이요든 시장과 미스 로킹엄 카운티는 135번 고속도로에서 화려하게 열린 개장식에 손을 잡고 나타나 자리를 빛냈다.

딘은 인터넷 서핑을 하다가 슈퍼스토어(의료품, 잡화를 중심으로 한 매장으로, 식료품을 중심으로 한 슈퍼마켓의 반대 개념_옮긴이) 소매점이 들어선 지역에서는 1달러에 86센트 정도가 그곳에서 소비되어 어디론가 사라진다는 글을 읽었다. 지역에 살면서 일하고 쇼핑하는 사람들에게는 남는 돈이 거의 없다는 것이다. 1갤런을 팔면 겨우 10센트가 남는 지역 내의 화물차 휴게소도 다를 바 없었다. 월마트가 들어서기 전에도 매디슨과 메이요든의 중심가는 텅텅 비다시피 했으며, 상권의 중심은 로우스Lowe's와 편의점이 들어선 고속도로로 옮겨 가고 있었다.

딘이 말했다.

"생각해보세요, 이곳에서 철물점이나 신발가게, 작은 식당을 경영하는 사람들을요. 이들이 지역사회를 떠받치는 토대거든요. 어린이 야구팀 감독이나 자치단체 의원들 같은 지역의 유지들이고요. 이곳에서는 누구나 우러러보는 인물들이란 말입니다. 이런 사람들을 잃어버린 거예요."

미국 다른 지역은 호경기를 맞고 있는데(월가와 실리콘밸리에는 더 많은 돈이 몰렸다), 로킹엄 카운티와 피드먼트는 불황으로 무너지고 있었다. 전국적으로 금융 투자자들과 소프트웨어 개발자들은 얼마나 많은가? 그렇다면 농부가 얼마나 되는지도 생각해볼 일이다.

딘의 생각은 짧은 시간에 많은 변화를 겪었다. 그는 1992년 로스 페로 Ross Perot를 지지했을 때를 빼고는 언제나 공화당에게 표를 주었지만, 카트리나의 강타를 맞은 뒤로는 부시도 다국적 기업이나 정유회사들과 똑같이 한 패거리라는 사실을 깨달았다. 자신의 우상인 레이건조차도 산유국과 뒷거래하며(이란-콘트라 사건이었던가?) 중대한 잘못을 저질렀고, 미국이 30년 동안이나 화석연료에 의존하게 만들었다. 역사는 레이건에게 준엄한 심판을 내릴 것이다.

어느 날, 딘은 주방 식탁 의자에 앉아 인터넷을 하다 한 웹사이트를 보았다. '위스키와 화약: 금과 일용품, 이익과 자유를 위한 독립 투자자의 일간 안내'라는 곳이었는데, 짜증 나는 다이얼 접속으로 확인한 것은 모두 스톡스데일에서 구할 수 있는 것이었다. 여기서 딘의 눈에 '피크오일 peak oil'이라는 말이 들어왔다. 이것은 석유 추출이 최대치에 이르렀다가 떨어지기 시작하는 시점을 뜻하는 말이었다. M. 킹 허버트 M. King Hubbert 라는 걸프 정유사의 지질학자가 1956년에 세운 이론이었다. 허버트는 세계 최대의 산유국인 미국이 1970년을 전후해 국내 생산량이 최대 고비를 맞을 것이라고 예측했다. 실제로 이 말대로 되었고, 1970년대 내내 유류 가격이 심한 변동을 일으킨 이유가 설명되었다. 허버트의 이론에 따르면,

세계 다른 지역에서는 2005년 무렵에 피크오일이 일어날 것이라고 했다.

자리에서 일어난 딘은 다리가 후들거려 뒤로 넘어졌다. 피크오일이 자신이 사는 곳에 일으킬 사태가 눈에 훤히 보였다.(카트리나가 이미 부분적으로 보여주었다.) 장거리 화물차가 모두 멈추면서 식품이 고속도로에서 발이 묶일 것이고, 지역 주민은 먹지도 못하고 일도 못 하는 상태에서 집에 난방도 하지 못할 것이다. 폭동이나 혁명이 일어날 수도 있다. 적어도 빠른 시간에 대혼란에 빠질 것은 분명하다. 이 일대에 사는 사람들은 총을 가지고 있는 데다가 스코틀랜드-아일랜드계처럼 호전적인 기질이 있다. 어쩌면 계엄령이 발동되거나 쿠데타가 일어날지도 모른다. 지금 미국이 이런 사태에 직면한 것이다. 딘은 나폴레온 힐을 발견했을 때처럼 이런 순간을 맞게 되리라는 것을 깨달았다. 나폴레온은 집중력에 대한 글을 썼다. 언제라도 한 가지 주제에 정신을 집중하다 보면 모든 것이 머릿속에서 갑자기 순간적으로 번히면서 알아야 할 내용을 깨닫는다는 것이다. 딘은 지금 그런 현상이 자신에게 일어나고 있다는 느낌을 받았다. 그는 즉시 자신의 멘토라고 할 로키 카터에게 전화를 했다. 마틴즈빌 자동차 전용도로에 화물차 휴게소를 차릴 때 자금을 투자했던 카터는 딘에게 나폴레온 힐을 가르쳐주어 이런 깨달음을 얻게 해준 사람이었다.

2006년 봄, 딘이 피크오일이라는 말을 알게 된 무렵에 그의 친구인 하워드는 CNN을 보다가 테네시에 사는 한 남자가 에탄올을 제조해 갤런당 50센트에 판다는 말을 들었다. 하워드는 딘보다 열두 살이 많았는데, 딘의 담배농장에 있는 25달러짜리 월세 집에서 온 식구가 북적거리는 가운데 성장기를 보냈다. 그는 땅딸막한 몸에 성미가 급했고, 허연 콧수염에 억센 팔뚝을 가지고 있었다. 하워드는 성인이 된 뒤로는 텔레비전 케이블을 설치해주며 술과 싸움질로 세월을 보냈고, 오토바이를 몰고 다녔다. 앞니가 몇 개 없었는데, 내기 당구에서 폭주족들에게 밀리자 꽁무니를 빼고 달아났다가 술집에서 한바탕 싸움이 붙어 그렇게 된 것이었다.

하워드는 53세의 나이에 억세고 삐쩍 바른 여자와 결혼했다. 그의 표현에 따르면, '사다리용 밧줄보다 질긴 여자'였다. 이 여자는 10대 때 하워드의 첫사랑이었으나, 다른 남자와 결혼하는 바람에 그가 거의 평생을 기다린 끝에 살림을 차리게 된 것이다. 두 사람은 매디슨에서 아내의 딸과 함께 트레일러에 살고 있었는데, 이 딸은 너무 뚱뚱해서 장애인 보조금을 받고 있었다.

에탄올을 만든다는 사람은 잭 다니엘Jack Daniel의 고향인 테네시 주 린치버그 교외에 살고 있었다. 어느 날 하워드와 딘은 여덟 시간이나 차를 몰고 가서 안개가 낀 구불구불한 길 끝자락의 강가에서 그를 찾아냈다. 키가 작고 반짝이는 동그란 눈에 배가 나온 이 남자는 밀주를 만들기도 하고, 휘발유에 혼합 물질을 섞는 일도 했다. 또 증류기를 2100달러에 팔았는데, 기다란 구리 튜브에 몇 개의 밸브가 달린 모양이 꼭 커다란 바순 같았다. 딘과 하워드가 첫 손님은 아니었다. 카트리나가 휩쓸고 지나간 끝이고 유류 가격이 오른 데다가 CNN에서 방송을 했기 때문에 에탄올 남자는 그날만도 증류기를 10여 대는 팔았다.

딘과 하워드는 노스캐롤라이나로 돌아와서 동네 농부에게 옥수수를 사들인 다음 설탕과 이스트를 이용해 에탄올 제조를 시작했다. 두 사람은 이내 에탄올을 만드는 데 비용이 너무 많이 든다는 사실을 알았다. 물과 알코올을 분리하는 데 에너지가 필요했고, 게다가 정부의 승인을 받아야 했다. 딘은 또 다른 대체연료에 대한 글을 읽었다. 바이오디젤(재활용 연료)이라는 것이었다. 카트리나가 덮치기 전에는 들어본 적도 없는 말이었고 어떻게 쓰는지도 몰랐지만, 바이오디젤은 여러 가지로 귀가 솔깃했다. 에스테르 교환(생산과정을 이렇게 불렀다)에는 에탄올을 만들 때보다 에너지가 덜 들어갔고, 한 통으로 다섯 통의 연료를 만들 수 있었다. 바이오디젤은 트리글리세리드라는 지방 합성물로 만드는데, 콩이나 빻은 카놀라 씨, 또는 동물 지방이나 식당에서 내버리는 식용유 찌꺼기 등 다양한 공급 원료에서 기름이 나왔다. 비교적 적은 비용에 소규모 시설로도 만들 수 있었다. 2번 디젤유를 20퍼센트의 농도로 바이오디젤과 혼합하면 구조를 전환할 필요 없이 곧바로 엔진에 사용할 수 있었다. 엔진 구조를 살짝 바꾼 경우는 100퍼센트 바이오연료를 써도 된다. 정치인들은 유권자의 생활과 직결되는 문제인지라 유류 가격을 걱정했지만, 사실 바이오디젤은 경제를 살릴 뿐 아니라 시장의 음식물에서도 얻을 수 있는 것이었다.

딘과 하워드는 다시 테네시로 갔다. 에탄올 남자는 독일인 두 명과 함께 일했는데, 독일인들은 바이오디젤을 '비오디젤'이라고 불렀다. 딘은 로키 카터에게서 이 사업에 투자하겠다는 언질을 받고 미끄럼판이 달린 이동 반응장치 한 개를 2만 달러에 샀다. 반응장치는 하루에 1000갤런을 생산할 수 있었다. 딘과 하워드는 이것을 가지고 돌아온 뒤, 버지니아 해리스버그에 사는 한 농부에게 에탄올 증류기를 주고 약 20만 제곱미터의 밭 두 군데서 수확한 카놀라와 바꿨다. 카놀라는 유채에서 추출했다. 씨를 빻으면 44퍼센트는 기름이 되고 나머지는 가축 사료로 먹였다. 딘은 카놀라유가 2번 디젤유 비티유BTU(영국식 열량 단위_옮긴이)의 93퍼센트의 효과를 내며, 다른 공급 원료보다 연료로 전환하는 데 에너지가 적게 든다는 것을 어디선가 읽었다. 사슬지방산이 낮은 온도에서 용해되기 때문이라는 것이다. 카놀라는 사실 겨자씨였다. 겨자씨에 대한 비유는 성서에도 나온다. 예수는 이것을 천국에 비유하며 "겨자씨 한 알과 같으니 땅에 심길 때에는 땅 위의 모든 씨보다 작은 것이로되 심긴 후에는 자라서 모든 풀보다 커지며 큰 가지를 내니 공중의 새들이 그 그늘에 깃들일 만큼 되느니라"라고 말했다.

딘이 카놀라 씨를 심고 수확해보니 꼭 후추처럼 생긴 작고 까만 알갱이였다. 그는 이 씨를 작은 분쇄기에 넣고 두 번 돌린 다음 기름으로 짜서 정제했다. 이어 기름을 반응장치에 붓고 가열했다. 바이오디젤을 만들기 시작한 것이다. 독일인들과 달리 그는 입을 한껏 벌리고 첫 음절에 강세를 두어 발음했다. 마치 옛날 침례교 찬송가 첫 구절을 부를 때처럼. 이것은 딘에게 자유를 줄 재료였다. 딘이 말했다.

"내 평생 언제나 하고 싶었던 일은 농사를 짓고 혼자 사는 거였어요."

태미 토머스

1990년대 후반, 태미의 고등학교 때 애인인 배리가 다시 나타났다. 태미는 세월이 흐르면서 몇 차례 그와 우연히 마주치기는 했지만 말을 나눈 적은 없었고, 배리가 어느 모임에 나온 것을 보았을 때는 아이들을 데리고 도망치기까지 했다. 태미의 대모 아들의 결혼식 피로연 자리였는데, 거기서 배리는 음식을 나르는 숙모를 도와주고 있었다. 배리는 태미를 보고는 쫓아와서 그간의 사정을 설명할 테니 5분만 시간을 내달라고 했다. 힌 번도 태미를 저버릴 생각을 한 직이 없으며, 아직도 사랑하고 있다는 것이었다. 또 딸을 낳은 태미가 그해 여름에 배리와 함께 있는 것을 목격했던 그 임산부와 결혼한 것을 후회한다는 말도 했다. 태미는 말했다.

"5분만 시간을 내준다는 것이 7년을 허비한 결과가 되었죠."

한동안 배리와의 관계는 현실에서 일어난 한 편의 동화 같았다. 마치 하늘이 두 사람의 화해를 바라기라도 한 것처럼 보였다. 태미의 큰딸은 1999년 7월 3일 엄마와 결혼할 타임 워너 케이블의 기사가 자신의 아빠라고 들었다. 딸은 그 이듬해 졸업했고 오하이오 주립대학에 진학해 연극을 공부했다. 그래서 엄마의 새 남편이 마음에 들지 않아도 별문제가 되지 않았다. 하지만 나머지 두 아이는 모두 계부와 가까워지지 못했다. 그리고 몇 년이 지나자 태미와 배리는 다투기 시작했고, 결혼생활은 깨졌다.

태미는 남부의 교회에 다니다가 그만두었다. 배리의 가족이 오래전부터 다니던 교회였다. 한동안은 그 지역에서 얼굴을 들고 다니기도 싫었다. 태미가 말했다.

"영스타운은 아주 좁은 곳이죠. 어쨌든 우리가 함께 사는 것을 보고 놀라는 사람들이 많았어요. 떨어져 있을 때보다 더 힘들었어요."

과거에 태미를 억누르던 삶의 많은 부분이 다시 그녀를 고통스럽게 했다. 신에 대한 믿음과 사촌의 영향으로 태미는 애크런에 있는 대형 교회로 발길을 돌렸다. 다인종이 모이는 이 교회에서는 '신도들 사이의 교제가 우선'이라는 구호를 내걸었다. 태미는 이곳이 자신의 마음을 치유할 곳이라고 판단했고, 일주일에 몇 차례씩 봉사를 하기도 했다. 2~3년 동안은 교회가 태미의 인생이었다.

태미는 남부에서 네 군데나 옮겨 다니며 살았는데, 동부보다 더 못했다. 야간 조 근무를 나갈 때면 한밤중에 차를 모는 것도 불안했고, 어두워진 뒤에 막내딸을 집에 혼자 두고 나오는 것도 마음이 놓이지 않았다. 태미는 온갖 소동을 치른 뒤 집을 배리에게 주었다.(그는 2~3년 뒤에 이 집을 압류당해 날려버렸다.) 태미는 서부로 이사할 수도 있었다. 서부는 그때까지 시에서 유일하게 주택들이 제대로 남아 있는 곳으로, 동부와 남부에서 빠져 나온 백인들이 모여 사는 마을이었다. 태미는 그곳에 들어가 사는 것이 썩 내키지 않았다. 2005년 7월, 태미는 배리와 이혼하고, 8월에는 차고가 딸린 수수한 집을 7만1000달러를 주고 매입했다. 리버티라고 불리는 영스타운 북쪽 모퉁이 구역으로, 치안이 잘 유지되는 거리에 있었다. 태미는 처음으로 출근길에 마음을 놓을 수 있었다.

10월에 이 집으로 태미는 이사했다. 같은 달, 패커드 일렉트릭이라고 이름이 바뀐 회사가 파산 선언을 했다.

태미가 이 회사에 다니는 동안 패커드 일렉트릭은 워런의 노동력을 꾸준히 감원했다. 1970년대 초반에 1만3000명이던 종업원은 1990년대 초반에는 7000명으로 줄었고, 2005년이 되자 3000명밖에 남지 않았다. 같은 기간에 외국인 노동자는 점점 늘어나 10만 명이 넘었고, 패커드 일렉트릭의 자동차 부품 공장들은 멕시코의 마킬라도라스에서 각각 최대의 소유주로 성장했다. 태미는 제14공장 같은 일부 공장에서 봉쇄 조치가 이루어지지 않고 있다는 것을 알게 되었다. 그리고 시간이 지나면서 기계 설비는 모두 남부 국경으로 옮겨졌다. 이와 동시에 해당 부서의 일자리도 없어졌다. 과거 제철 노동자들의 고통이 반복되는 것 같았다. 이번에는 서서히, 자연감소하듯 진행되었을 뿐이다.

태미는 노조가 갈수록 힘이 약해지는 모습을 지켜보았다. 1993년에 회사가 717지부와 맺은 계약으로 새로운 제3계층의 노동자가 형성되었는데, 이들은 전액 임금도 받지 못하고 아무 혜택도 없는 인력이었다. 태미는 회사 관리자들이 1993년 계약직을 어떻게 차별대우하는지 주목했다. 노동 조건이 더 엄격해진 상태에서 토머스 로드의 태미 조립 라인과는 말도 나누지 못하게 했고, 뒤에 서서 일일이 작업과정을 감독하기 때문에 다들 불안할 수밖에 없었다. 열두 시간 교대 조에게는 보상을 해주었지만, 사실 이런 중노동은 태미처럼 가족이 딸린 종업원들에게는 불가능한 것이었고 건강에 문제가 있는 사람에게도 힘든 일이었다. 이는 장기 근속자의 퇴사를 종용하고, 1993년 계약자들을 더 고용하려는 수법으로 비쳤다.

1999년, 패커드 일렉트릭을 포함해 각 현장을 델파이 오토모티브 시스템즈Delphi Automotive Systems라고 불리는 단일 공장으로 통합하면서 GM은 델파이를 독립법인으로 분리하고 상장하는 동시에 투자자들에게는 '당기순이익 확대'를 약속하는 사업 계획을 발표했다. 가격 경쟁력을 높이고 다양한 대외 구매와 인력 확보, 비용 절감을 위한 분석을 통해 생산 현장마다 개선이나 매각, 아니면 철수를 단행하겠다는 것이었다. 월가에서는 GM이 적어도 1년간 델파이를 분리하도록 종용하고 있었다. 소규모 자동차공장의 형태가 실질적 기업 가치가 높을 것이고, 수직적으로 통합된

GM보다 분리된 회사들이 더 낫다고 생각했기 때문이다.

태미는 전체적인 분리 독립이라는 방침이 의심스러웠다. 태미는 말했다. "패커드 일렉트릭이 이익을 낼 때 우리가 델파이 산하로 들어갔는데, 그때부터 이익을 내지 못했거든요. 뭔가 잘못되었다는 느낌이었죠. 나는 음모론자는 아니지만 불길한 징조라고 생각했어요. 장기 근속자 일부를 내보내려는 계획이 있었던 거예요. 이 사람들을 따로따로 분리해서 한 우산 속으로 헤쳐 모이게 해라. 그러면 이들과 협상하지 않아도 된다. 더 이상 GM의 종업원이 아니기 때문이다. 이런 계산이었던 거죠."

새 회사는 이름만 독립기업이었다. 델파이의 운명은 최대 고객인 GM에 좌우되는 신세였다. 시간이 흐르면서 분리 방침은 회사에 남아 있는 미국인 인력을 솎아내려는 전략임이 분명해졌다. 처음부터 델파이는 이익을 낸다고 주장했지만, 이것은 거짓으로 밝혀졌다. 최고경영진이 3년 동안이나 회계부정에 가담한 사실이 드러났기 때문이다. 회사는 증권거래위원회의 조사를 받았고, 연금사 두 곳에 의해 제소된 상태였으며, 임원들은 자리에서 물러났다. GM이 2000년대 초에 깊은 불황에 빠지자 델파이는 수십억 달러의 손실을 보았고, 급기야 2005년 파산법 제11조에 따라 파산 신청을 하기에 이르렀다.

하지만 파산도 전략이었다. 오로지 북미지역 회사의 경영실태에만 적용되었기 때문이다. 델파이는 파산법 제11조에 의거해 구조를 재편하면 종업원과의 계약을 파기하고 단계적으로 인력을 감축할 수 있다고 주장했다. 이사회는 신임 회장으로 로버트 S. '스티브' 밀러Robert S. 'Steve' Miller를 영입했다. 그는 불량 기업을 떠맡아 새로운 투자자를 위해 구조조정을 하고 이익을 내는 기업으로 전환하는 데 전문가였다. 밀러는 전에 베들레헴 제철Bethlehem Steel에서도 이런 일을 했으며, 2008년에는 『방향을 전환한 아이The Turnaround Kid』라는 자서전을 내기도 했다. 델파이 이사회는 밀러에게 3500만 달러의 보상금을 지급했고, 최고경영진들에게는 8700만 달러의 보너스와 차후 5억 달러의 가치가 나갈 스톡옵션을 주었다. 제이피모건 체이스JPMorgan Chase와 시티그룹 등 두 월가 은행은 델파이에 45억 달러를 융자해주고, 회사가 파산의 수렁에서 빠져나오는 와중에 앞장서서 이자와 수수료를 챙겼다. 돈을 챙긴 것은 최고경영자인 밀러와 은행이었고, 손해는 고스란히 델파이의 미국인 노동자들에게 돌아갔다. 무슨 일이 일어나고 있는지 말해주는 사람은 아무도 없었지만, 델파이에는 노스스타NorthStar라는 암호의 기밀문서가 있었다. 품목별 생산 중단과 현장 통합, 레거시legacy(낡은 기술이나 방법론, 컴퓨터 시스템, 소프트웨어_옮긴이) 비용 절감의 수단으로 공격적 원가 인하를 단행한다는 내용이었다. 이 계획은 『디트로이트 뉴스The Detroit News』에 새나갔고, 한 달 뒤에 파산 선언이 나왔다.

그때까지도 태미는 어떤 사태가 다가오는지 알지 못했다. 태미는 시간당 약 25달러의 임금으로 1년이면 초과수당과 세금을 포함해 5만5000달러를 집으로 가져가고 있었다. 태미는 10년을 채웠기 때문에 회사에서는 6개월 이상 휴직시킬 수 없었고, 휴직하면 태미가 받는 임금의 80퍼센트를 지급하게 되어 있었다. 작은딸은 곧 고등학교를 졸업할 것이고, 딸이 졸업하고 나면 태미는 자신의 인생을 위해 여행이라도 떠날 계획이었다. 40이 가까운 그녀의 인생은 앞으로 20여 년은 순조로울 것이었다. 13년만 지나면 조기퇴직도 할 수 있었고, 그때가 되면 형편이 피어 원하는 것을 할 수 있으리라는 생각이었다. 자신을 만족시키고 마음에 드는 일이라면 얼마가 들든지 상관없었다. 태미는 결혼 관련 사업을 접고 영스타운 주립대학에서 상담직과 관련된 강의를 들을 생각이었다. 은퇴할 때가 되면 박사학위를 딸 수도 있을 것이다. 아니면 연금으로 제3세계 나라로 가서 살 수도 있을 것이다.

이 무렵 태미는 일자리가 점점 사라지고 있다는 사실을 알았다.(기계 하나를 다루다가 두 개를 담당하게 되었다.) 워런이 더 작은 공장으로 변하고 있다는 생각이 들었다. 설마 공장 전체를 닫지는 않겠지?

"아니, 공장에서 무슨 일이 일어난다 해도 폐쇄는 상상할 수 없어. GM 이 잘나가는 한 우리도 아무 문제 없을 거야. 그렇게 많은 초과근무를 했는데, 문제가 생긴다고 순순히 따를 순 없지. 내 일자리가 없어진다고 말할 수 있는 사람은 아무도 없어."

30년 전, 강판강관의 노동자들이 상상하지 못했던 것과 똑같았다.

2006년 3월, 델파이는 미국 내 29개 공장 중 21개를 폐쇄하고 전체의 3분의 2에 해당하는 시간제 근로자 2만 명을 감원한다고 발표했다. 워런은 계속 공장을 가동했지만 인력은 급격히 줄어들었고, 살아남은 종업원도 임금이 40퍼센트나 깎였다. 태미의 임금은 시간당 13달러 50센트로 떨어졌다. 델파이는 워런의 시간제 근로자 3000명을 650명 이하로 줄이려고 했기 때문에 종업원들에게 일시불을 받고 희망퇴직하는 길을 장려했다. 돈을 받고 나간다는 것은 연금의 대부분을 잃는다는 것을 의미했다. 회사에서는 동시에 100명씩 대형 회의실에 불러놓고 파워포인트로 이 사실을 알렸다. 모든 종업원이 희망퇴직에 관한 안내 서류를 받고 8월까지 거기에 서명하라는 말을 들었다. 이들은 회의실을 나가면서 울음을 터뜨렸다. 태미는 너무 놀라 기절할 지경이었다.

하지만 태미의 마음속에서는 어떤 변화가 생겼다. 마음이 가라앉으면서 아무래도 상관없다는 생각이 들었다. 전에도 힘들 때마다 이런 기분을 숱하게 경험했다. 이를테면, 열 살 무렵 벽장에 살 때도 그랬고, 열여섯에 엄마가 되었을 때, 스물아홉에 약혼자를 잃었을 때도 겪었던 것이다. 동료들은 겁에 질려 "이제 어떡하지?"라는 말만 주고받고 있었다. 태미는 동료들에게 말했다.

"그거 알아? 패커드 밖에는 넓디넓은 세상이 있어."

태미는 실제로 조금 흥분하기까지 했다. 퇴직위로금을 받으면 종일 강의를 들으며 정식으로 대학에 다닐 수도 있을 것이고, 집안에서 딸에 이어 두 번째로 학사학위를 딸 것이다. 그 뒤에 무엇을 할지는 아직 몰랐지만, 어릴 때 이후 처음으로 자신의 꿈을 품게 될 것이다.

태미의 친구인 미스 시블은 언제나 태미에게서 자신의 모습을 보았다. 동부 출신의 소녀, 미혼모, 공장 노동자, 영스타운에서 버티며 야망을 품은 여자라는 공통점이 있었기 때문이다. 어떤 점에서 시블은 더 힘든 시절을 보냈다고 할 수 있다. 그녀가 1971년 제너럴 일렉트릭에서 일을 시작했을 때, 흑인 여성은 밑바닥에서도 가장 밑바닥 대우를 받았기 때문이다. 그러나 태미가 나이가 들어 한 세대가 지났을 때는 모든 것이 무너졌다. 시블은 60대에 퇴직할 때까지 계속 GE에 근무했지만, 태미는 나이 40에 너무도 큰 변화를 겪었다. 시블은 태미가 처한 위기를 정확하게 알았다. 시블은 말했다.

"태미는 스스로 길을 찾아 판단해야 했어요. 나는 그녀의 세 아이가 분명히 큰 자극이 되었을 거라고 생각해요. 패커드 일렉트릭은 엄청 좋은 직장이었어요. 패커드 일렉트릭에서 쫓기다시피 나왔을 때 태미는 오히려 엄청난 기회를 잡았죠. 태미에게는 그럴 만한 결단력과 추진력이 있었으니까요. 패커드 일렉트릭을 나온 사람들 중에 내가 아는 사람은 대부분 얼굴에 광채가 사라졌습니다. 다들 풀이 죽었어요. 하지만 위험을 무릅쓰면 실패하지 않는 법이죠."

태미는 2006년 마지막 날, 퇴사 조건을 받아들였다. 그리고 하늘이 무너져도 솟아날 구멍이 있다는 속담을 생각했다.

"아니, 하늘은 더 넓은 문을 열어줄 거야."

2003

이라크 전쟁에 대한 항의시위로 전 세계의 도시가 몸살을 앓고 있다.

잔인한 독재와 테러리즘으로 연결되는 무모한 공격의 역사, 엄청난 잠재적 부가 주요 지역을 지배하도록 그냥 보고 있지는 않을 것입니다.

나는 오줌을 누도록 황금 문 옆에서 등불을 들어 올리며 남자들을 자유롭게 하리라고 맹세하며, 또 그들의 대량살상무기를 찾아낼 것이니······.

부시가 이라크에 대한 전쟁을 개시하다.

종말이 가까워지면 전국에 흩어진 그린과 밀러 가문은 일족끼리 모이고 싶어한다. 이들은 전화가 불통될 것에 대비해 비상계획을 짰다. 캔자스 위치타의 '평원의 수호자'라는 13.5미터 높이의 인디언 전사 강철 조각상 밑에서 모인다는 것이다.

보르도 와인의 유입을 제대로 막지 못해 프랑스인에 대한 분노는 커져가고······.

우리나라를 책임지는 이놈들은 서로 짜고 도둑질하며 잘난 체하는 멍청이들이다. 이놈들을 주저앉히고 제거하고 우리가 통제할 수 있는 전혀 새로운 시스템으로 대신해야 한다.

라틴계는 이제 미국에서 최대의 소수집단이다.

교황이 동성애자에게: 여러분의 방식은 악입니다. 동성 결혼과 입양이…….

LA 스테이플스 센터에서 있었던 감성적인 기자회견에서 24세의 브라이언트는 아내 바네사의 손을 꼭 잡고 외도를 사죄했다.

'부시 독트린'은 일시적으로 반짝 빛난다.

지나친 특권이 다른 사람들로부터 얼마나 고립시키는지 알면 웃음이 나온다. 가령 매일 사회면을 읽는 22세의 힐튼은 우물이 뭔지 도무지 모르며, 월마트라는 말은 들어본 적도 없다.

월가의 대형 금융사들은 경기침체 속에서도 성장을 지속한다.

그는 세계의 지배자들이 지닌 또 다른 특징을 보여준다. 전설적인 미술 소장품, 커다란 옷방, 자신보다 키가 몇 인치나 더 큰 금발의 매혹적인 둘째 부인…….

투자자의 가장 안전한 천국, 주택 보유.

플로리다에 집을 소유한 것을 기뻐하라.

하지만 나는 복무 지원서에 서명했고, 미국이 치르는 전쟁에서 전투 의무를 다했기 때문에 내가 빌어먹을 상황에 놓였었다는 말

을 할 권리가 있다.

미군의 헬리콥터는 열여섯 명을 사살하면서 이라크에 착륙했다.

"고달픈 한 주였지만, 우리는 주권국가로서 자유를 누리는 이라크를 위해 전진했다"라고 그는 말했다.

난 전쟁을 지지했어요. 우리를 믿으니까요. 오늘을 위해 레드 와인을 바쳤죠. 웨스트 브로드웨이, 프랭클린 정거장 부근의 몽라셰에서요.

※이라크 침공으로 기억되는 2003년. CNN 닷컴, 「뉴욕타임스」 「월스트리트저널」 등의 보도와 조지 W. 부시의 유니언 주립대학 연설. 2003년에 발표된 프레데릭 자이델의 시 「낮술」, 마이클 무어의 저서 「이봐, 내 나라를 돌려줘 Dude, Where's My Country?」, 앤서니 스워포드의 「해병대원Jarhead」의 구절을 인용한다_옮긴이.

제도사회의 인물 (1) 콜린 파월

옛날 미국에는 여러 섬에서 건너온 옅은 검은색 피부의 이민 가정들이 있었다. 이들은 이주자 지역인 뉴욕의 라과디아, 디마지오, 코니아일랜드에서 살았다. 집에서는 어머니들이 일요일 저녁이면 소꼬리 수프를 끓였으며, 금요일 밤에는 촛불 옆에서 할라 빵을 준비했다. 아버지들이 시칠리아어나 폴란드어로 된 신문을 읽으며 소리치는 동안 지갑에 든 콘돔을 가지고 놀던 남자애들과 소리 내어 껌을 씹던 여자애들은 거리의 미국인이 되었다.

사우스 브롱크스의 켈리 거리에 있는 952번지 건물 3층 거실 벽에는 성조기와 국회의사당을 배경으로 찍은 루스벨트 대통령의 사진이 걸려 있었다. 공동주택 밖에서는 부모와 두 명의 아이가 정부 기관에서 쏟아져 나오는 인파를 물끄러미 바라보고 있었다.

더빈스키 국제여성봉제노동자노조ILGWU(무려 30만 명이 가입한)의 당당한 노조원인 어머니는 가먼트 지구(뉴욕의 패션 상업지구_옮긴이)의 긴즈버그 봉제공장에서 바느질을 하며 여성 정장에 단추나 장식을 달았고, 아버지는 이곳의 수송부에서 십장 일을 했다. 일은 언제나 널려 있었고, 대공황 때도 예외가 아니었다. 이들 가족은 일요일이면 세인트 마거릿 성공회 교회에 나갔고, 작은아들은 재미난 구경거리와 향냄새가 좋아 복사服事 노릇을 했다. 이 아이는 39 공립학교와 52 공립학교를 거쳐 모리스고등학교에 다녔다. 그리고 성적이 중간밖에 되지 않았지만, 고등학교 졸업장과 뉴욕 시민이라는 신분, 10달러의 수수료로 뉴욕 시립대학 입학 허가를 받았다. 1847년에 자유대학이라는 이름으로 개교한 대학으로, 초대 학장 호러스 웹스터Horace Webster는 다음과 같은 말을 남겼다.

"시민의 자녀가, 전 국민의 자녀가 교육을 받을 수 있는지 없는지 시험해봐야 한다. 또 최고의 교육기관을 소수 특권층이 아니라 대중의 의지에 맞게 통제할 수 있는지도 시험해봐야 한다."

그리고 전국적으로 도시의 불빛 뒤로는 중산층 민주주의의 전후 질서를 떠받치는 구조가 자리 잡고 있었다. 제너럴 모터스, 산업별 노동총연맹, 전국 노동관계위원회, 도시 주권, 농민이익 대표단, 공립학교, 연구대학교, 카운티 친목회, 포드 재단, 로터리클럽, 여성유권자연맹, CBS 뉴스, 경제개발 및 사회 안전 위원회, 사회복지국, 매립국, 연방주택국, 연방 고속도로 지원법 본부, 마셜 플랜 본부, 나토, 외교협회, 제대군인 원호처, 미 육군 등.

이 중 맨 마지막 기관이 이 소년의 본거지가 되었다. 그는 뉴욕 시립대학에 입학한 첫해에 ROTC에 들어갔고(어떤 식으로든 징집될 수 있었다), 퍼싱 라이플즈Pershing Rifles(미국 대학 내의 군사훈련 조직_옮긴이)에 가입했다. 제복과 규율은 새로운 소속감의 증거였다. 그는 성공을 위한 구조가 필요했다. 그는 훗날 이렇게 기록했다.

"나는 가입 즉시 지휘자가 되었다. 나는 우리의 계급질서에 이타적인 정신이 있음을 알았고, 이것은 내 집안의 가풍을 지키는 것과 비슷했다. 인종과 피부색, 배경, 소득수준, 이런 것은 아무런 의미가 없었다."

1958년에 그는 소위로 임관했다. 군대는 이후 10년간 인종차별이 없었으며, 미국에서 가장 계급을 따지는 기관인 동시에 가장 민주적이기도 했다.

"어떤 남부의 시청이나 북부의 기업에서보다 차별이 적으면서도 더 진정한 실력본위제, 더욱 공정한 경쟁이 우리의 군사기지 안에는 존재했다."

근면, 정직, 용기, 희생. 이 젊은 장교는 군대가 동등한 기회를 제공한다는 확신 속에서 보이스카우트의 미덕을 실천했다. 그의 미국 여행(파월의 자서전 『나의 미국여행My American Journey』에서 따온 표현_옮긴이)은 1962년 남베트남을 거쳐 1963년 버밍햄, 1968년 다시 베트남으로 이어졌다.

대위 시절에는 어샤우 계곡에서 죽창 덫에 걸리기도 했고, 박격포 공격을 뚫고 빠져나오기도 했다. 몇 달 뒤 본토로 귀환한 그는 조지아 주 포트베닝 부근의 군용 드라이브인(자동차를 탄 채 이용할 수 있는 극장, 식당 등을 일컫는 말_옮긴이) 햄버거 가게에서 복무하라는 제의를 거절했다. 소령 시절에 꽝응아이Quang Ngai 부근에서 헬기가 추락했을 때는 자신도 살아남았고, 다른 사람 몇 명을 구조하기까지 했다. 사고 순간에도 신중하게 눈금 조정으로 균형을 유지할 수 있었기 때문이다.

그동안 모아놓은 각종 훈장과 상관들이 준 표창장은 한 아름이나 된다. 그는 인종주의로 굴욕을 받는 것을 거부했으며, 가진 것이 없는 미국인이 전투를 수행해야 하는 어리석은 전쟁을 받아들이지 않았다. 인종주의와 어리석은 전쟁, 두 가지는 그의 민주주의적 신념에서 볼 때 화가 나는 것이었다.

"베트남의 많은 비극 중에서도 노골적인 계층차별은 모든 미국인은 동등하게 태어났고 똑같이 조국에 충성할 의무가 있다는 이상에 가장 해로운 것으로 나를 가슴 아프게 한다."

하지만 그는 이 같은 이상을 기반으로 자신의 삶을 구축했고, 그대로 실천했다. 그의 극기정신은 거의 비인간적일 정도로 냉정했다. 그가 속한 제도사회는 자질이 있는 사람을 발탁함으로써 건전한 풍토를 보여주었으며, 이렇게 발탁된 사람은 경로를 이탈할 때조차 궁극적으로는 자기 교정 능력이 있었다. 그리고 그는 자신을 의심하는 어떤 상대에게든 이 자질을 보여주었다.

중령으로 진급한 뒤에는 백악관 회원이 되었는데, 워터게이트 사건으로 한창 시끄러울 때였지만 미국 역사상 최악의 정치적 스캔들조차 민주주의의 제도적 강점을 입증했다. 의회와 법원, 언론, 대중의 의지가 암세포를 도려냈기 때문이다.

대대장으로 복무한 한국에서는 베트남전 이후 흐트러진 군대의 올바른 명령과 규율을 회복하는 데 힘을 쏟았다. 이후 캠벨부대에서 사단장을 지냈고, 카터 행정부에서는 국방부로 들어갔다. 1979년에는 육군 역사상 최연소 나이인 42세에 별을 달았다. 카슨부대와 레번워스부대를 거쳐 레이건 행정부에서 다시 '군 복무의 명예가 회복된 곳'이라는 국방부로 들어갔다.

1986년에 소장이 된 그는 국방장관실 바로 문 앞에 있는 자리에 앉아 내키지 않는 임무를 수행했다. 육군의 대전차 미사일 4000기를 CIA로 넘기라는 백악관의 명령을 처리해야 했기 때문이다. 이 미사일은 테헤란으로 가는 것으로, 무기인 동시에 인질들을 위한 성서이자 케이크였다. 이란-콘트라 사건은 그의 명성에 유일한 오점이었지만, 오히려 이 때문에 그는 레이건 행정부에서 백악관 국가안보 담당 부보좌관을 맡았고, 혼란 상황을 하나하나 수습하는 임무를 수행했다.

"이란-콘트라 사건이 아니었다면 나는 여전히 어딘가에서 이름 없는 장군으로 복무하다가 아무도 모르게 퇴역했을 것이다."

올바른 명령과 규율을 위해 국가안전보장회의의 기능을 회복하는 일은 중장이 된 그에게 완벽하게 어울리는 직책이었다. 그는 또 낡은 볼보와 사브를 수리하기를 좋아했다. 그는 능률적이고 감동을 주는 관료사회의 달인이었으며, 세계에서 가장 훌륭한 참모장교였다. 권력의 정점에 있는 것은 각급 기관들이었다. 무엇보다 이 기관들은 냉전에서 이기는 것을 목표로 삼았다.

1988년, 크렘린의 성 카타리나 홀에서 고르바초프는 반짝이는 눈으로 그를 정면으로 쳐다보며 말했다.

"이제 최대의 적이 사라졌는데 뭘 할 건가요?"

이듬해에 장군은 52회 생일 전날, 네 번째 별을 달았다. 몇 달 뒤에는 역사상 최연소 합동참모본부 의장이 되었다. 최대의 적이 사라진 뒤에도 미국은 다시 전쟁을 치렀다. 그리고 그는 베트남 전쟁과 파나마(파인애플로 위장해 마약을 거래한 국가) 전쟁 이후 최초의 본격적인 전쟁에서 '사막의 폭풍' 작전을 지휘했다. 지상군을 투입한 이 작전으로 4일 만에 사담후세인을 쿠웨이트에서 몰아냈다. 미국은 권위를 되찾았다. 이것은 총지휘자로서 베트남전의 고통을 명확한 목표, 국가적 이익, 정치적 지원, 압도적인 군사력, 조기 철군이라는 신조로 전환한 그의 공로 덕분이었다.(쿠르드족과 시아파는 자생할 것이며, 보스니아인들도 똑같을 것이다.)

장군이 35년간의 군 복무를 마치고 은퇴했을 때, 그는 미국에서 가장 존경받는 인물이 되어 있었다. 그가 어느 정당을 지지하는지 아는 사람은 아무도 없었다. 한때는 케네디와 존슨, 카터를 지지했다가 이후에는 공화당을 지지했기 때문이다. 양당의 구심점 역할을 했기 때문에 민주·공화 양 진영에서 모두 그를 신뢰했다.(일부에서는 같은 이유로 그를 불신하기도 했다.) 그는 드와이트 아이젠하워처럼 신중하게 핵심에 다가가는 국제파였다. 구심점 역할을 유지하는 동안에 그의 명성은 계속 올라갔다. 역사는 묘하게도 그에게 유리하게 베트남 문제로 관심을 돌리면서 워싱턴의 어느 누구에게도 없는 권위를 그에게 부여했다. 그는 미국의 힘이 계속 작동한다는 것을 누구나 느끼게 만들었다.

1995년, 그는 자신이 공화당원임을 선언했다. 잘 알려진 당원인 그의 친구 리치 아미티지Rich Armitage는 그렇게 하지 말라고 사전에 경고했다. 공화당은 더 이상 아이젠하워의 당도 아니고, 레이건의 당도 아니라는 이유에서였다. 뭔가 나사가 풀렸고, 외교정책에서조차 부패하고 불합리한 정신이 지배하는 정당(냉전은 불투명한 상황이 걷히는 가운데 약화되고 있었고, 이런 점에서 고르바초프가 옳았는지도 모른다)이라고 했다. 여전히 말고삐를 쥔 것은 주류파였지만, 말은 아무것도 모르는 '노우—나씽Know-Nothing' (1849년에 창설된 비밀 결사인 '성조기회'를 빗댄 표현. 원래 그들이 누군지 아는 사람이 아무도 없다는 뜻에서 붙여진 별칭으로 공화당을 비유한다_옮긴이) 상태였다. 하지만 그는 당의 매력을 확산시키고 싶다고 말했다.

그는 최초의 흑인 대통령이 될 수도 있었다. 하지만 그는 대선에 나서는 대신, 빈곤한 학교의 빈곤한 아이들을 위해 자원봉사하며 시간을 보냈다. 그가 전하는 신념은 언제나 똑같이 근면과 정직, 용기, 희생이었다.

정부의 부름을 받고 신임 국무장관이 되었을 때는 간신히 당선되어 갈피를 못 잡는 대통령보다 더 큰 주목을 받았다. 그보다 경륜과 능력이 있고 인기가 높은 사람은 없었다. 그는 본격적으로 외교에 매달렸다. 러시아와 중국을 주시하면서 발칸 반도를 주무르고 중동에 기름칠을 했으며 이라크에 대해서는 엄격했다. 이러는 와중에 기강이 문란해진 부처에 올바른 명령과 규율을 회복시켰다. 하지만 국무부 부장관이 된 친구 아미티지는 부시가 그를 국무장관에 임명한 것은 그의 의사가 아니라 지지율을 의식해서라고 생각했다.

국무장관으로 재직하는 2년 동안 그는 전 세계에 미국의 가장 좋은 모습을 보여주었다. 비행기가 쌍둥이 빌딩과 충돌하는 사건이 일어났을 때, 그는 리마에서 라틴아메리카 지도자들과 회의 중이었는데, 신중한 태도를 유지하며 끝까지 남아 미국—남미 간 민주헌장을 위한 표결을 했고, 그 배후에 담긴 가치를 재확인했다.

"그들은 빌딩을 폭파할 수 있고, 사람들을 죽일 수도 있다. 또 이런 비극으로 우리를 슬픔에 잠기게 할 것이다. 하지만 그들은 결코 민주주의 정신마저 죽일 수는 없을 것이다. 그들이 우리 사회를 파괴할 수는 없다. 민주주의에 대한 우리의 믿음까지 파괴할 수는 없다."

그는 파키스탄을 궁지로 몰면서 탈레반에 맞서는 다국적군을 편성했다. 또 미국이 불량국가가 아니라는 (우방국에게는 여전히 중요한) 사실을 세계에 알렸다. 사우스 브롱크스 흑인 이주민의 아들을 세계를 향해 사자로 파견한 나라가 지지할 가치가 있다는 말은 할 필요가 없었다.

그리고 대통령이 이라크로 눈을 돌렸을 때 장관은 신중을 기하도록 당부했다. 안 된다고 말하지는 않았지만 브레이크에 발을 올려놓고 주행속도를 조절하려고 했다. 국무부는 정보부를 불신했다. 그는 물건을 깨뜨리면 변상해야 한다는 새로운 신조를 명확하게 밝혔다. 그는 유엔이 개입하기를 바랐다. 또 구심점의 역할을 잃고 싶지 않았다. 그는 이미 늦었다는 사실도 모른 채 외교적인 역량을 결집시키려고 했다. 효율적인 구조가 필요했지만, 전후 질서를 떠받치던 구조는 이미 허약해진 상태였다. 외교협회와 포드 재단은 더 이상 힘이 없었으며, 정치인과 장군들은 컨설턴트와 전문가로 변해 있었다. 육군에는 시민이 아니라 직업 군인들이 포진해 있었다. 공립학교는 반半문맹 시민들의 자녀를 외면했고, 정당은 소모전에 여념이 없었다.

그는 제도권에서 실패한 기능을 되살리려고 애썼지만, 미국의 거대 기관에서 쏟아내는 번쩍이는 정책은 이를 이해하지 못했다. 행정부는 그런 제도적 기능을 경멸하는 이념가들과 첩보원들로 부패해 있었다. 그는 이런 세력이 자신을 고립시키고 주저앉힌다는 사실을 알지 못했다.

미국에서 가장 인기가 높았지만, 그는 외로웠다.

대통령은 지지율에만 정신을 쏟았다. 백악관은 그에게 빽빽이 채운 48쪽짜리 연설문을 써서 건넸다. 그는 일주일을 소비하며 거짓말을 없앴지만, 그래도 시간이 모자랐다. 연설문의 전제에 도전했던 그에게 시간은 어차피 부족했을 것이다.

2003년 2월 5일, 장관은 이스트 강변에 있는 유엔 본부로 갔다. 오래전에 불에 타서 없어진 켈리 거리 952번지 건물에서 20분 거리였다. 그는 오디오 테이프와 사진 및 그림 자료, 하얀 분말이 든 병이 놓인 안보리 회의석상에 앉았다. 그리고 전 세계에 텔레비전으로 생중계되는 가운데 후

세인 정권의 위협에 대해 75분간 연설했다. 그는 대단한 권위를 갖추고 엄청난 자제력을 발휘하면서 발언했고, 대다수 미국인은 그의 말을 굳게 믿었다. 미국이 여전히 작동하고 있다는 것을 보여준 인물이었기 때문이다.

발언을 마친 그는 일어서서 군인답게 꼿꼿한 자세로 걸어 나갔다. 그는 죽창 덫에 빠졌을 때보다, 남부의 고집불통 정치인들이 그에게 해를 가했을 때보다 이 연설로 훨씬 더 심한 상처를 입었다.

전쟁이 시작되었을 때, 대통령은 자신이 어린애처럼 잠을 잘 잔다고 말했다. 그의 말에 장관은 이렇게 대답했다.

"저도 어린애처럼 잠을 자죠. 두 시간마다 소리를 지르며 잠에서 깬답니다."

제프 코너턴

코너턴은 정치에서는 별로 때를 맞추지 못했지만, 로비에서는 완벽에 가까운 활동을 했다. 1997년 그가 처음 이 세계에 발을 들여놓았을 때, 기업들은 미국 수정헌법 제1조에 따라 '불만사항의 구제를 위해 정부에 청원할 수 있는 권리'를 행사하며 연간 약 12억5000만 달러를 쓰고 있었다. 12년 뒤 그가 워싱턴을 떠날 때, 이 액수는 거의 세 배로 늘어났다.(이것은 단지 직접 로비스트에게 건네지는 액수일 뿐, 보고되지 않은 홍보비용 수십억 달러가 추가된다.) 이런 규모의 현금이 일단의 정치인들에게 뿌려진 것이다. 1998년부터 2004년 사이에 현직에서 물러난 하원의원의 42퍼센트, 상원의원의 절반이 전직 동료들을 상대로 로비활동에 나섰다. 수천 명에 이르는 의원 보좌진도 속속 K가(로비스트 사무실이 밀집한 워싱턴 거리_옮긴이)로 몰려들었다. 클린턴 행정부에서 일했던 코너턴의 전직 동료 수백 명도 마찬가지였다. 1997년 그가 처음 회전문 수단으로 워싱턴 영주계급에 합류했을 때까지만 해도 로비활동은 '품절'이라고 불렸다. 2009년 그가 다른 길을 걷고자 했을 때, 로비는 뭔가 부럽고 감탄할 만한 활동이며 어떤 면에서 부득이한 것으로 인식되었다. 동시에 '돈벌이가 되는' 것으로 알려졌다.

2000년 1월, 코너턴의 상사인 잭 퀸은 아놀드 앤드 포터를 그만두고 (부분적으로는 코너턴이 재촉하기도 했다) 새로운 회사를 차렸다. 당시로서는 올바른 결정이었다. 퀸은 워싱턴에서 앨 고어의 사람으로 알려졌고, 고어는 가을의 대선에서 승기를 잡은 것으로 보였기 때문이다. 퀸의 정치 경력은 1968년 유진 매카시Eugene McCarthy의 유세 전용기를 타던 시절로 거슬러 올라가며, 클린턴 시절에는 5년간 백악관 최고위직에 있으면서 온갖 위기 상황에도 꿋꿋이 버텼다. 고객들은 그와 자리를 함께하는 것만으로도 이것이 백악관에서 큰 문제에 대처하는 방식이라고 믿었다. 놀랍게도 퀸의 새 동업자(파트너)는 칼 로브Karl Rove의 사람인 에드 길레스피Ed Gillespie였다. 길레스피는 하원에서 딕 아미Dick Armey를 도와 '미국과의 계약'의 초안을 쓴 인물로, 조지 W. 부시가 백악관에 들어가면 공화당에서 주 해결사의 한 명으로 일할 것으로 보였기 때문이다.

퀸 길레스피 앤드 어소시에이츠Quinn Gillespie & Associates, QGA는 모턴Morton 식당 북쪽의 M가와 N가 사이에 있는 코네티컷 거리의 우아한 5층 사무실에 세를 얻었다. 여기서 회사는 번창했다. 코너턴은 창업 주역으로 참여해서 부사장을 맡았고, 봉급 외에 7.5퍼센트의 지분을 받았으며, 퀸과 길레스피가 나머지를 나눠 가졌다. 다른 로비회사들은 민주당이나 공화당 어느 한쪽에 속해 있어서 상대 당이 집권할 때는 고객을 잃었다. 이와 달리 QGA의 로비스트는 양당이 망라된 상태였다. 퀸과 길레스피는 폭스뉴스에서 서로 싸우는 상대로 만났다가도, 다음 날 아침에 엘리베이터에서 내릴 때는 오직 회사와 고객만 생각하는 사람으로 변해 있었다. 의회는 이념 노선에 따라 갈라지고 있었고, 유권자들은 선거 때마다 점점 더 양쪽으로 몰렸으며, 각 주는 빨간색(공화당)이나 파란색(민주당)으로 쏠렸지만, QGA의 사람들은 전원이 녹색당이라고 말하기를 좋아했다. 물론 엄격한 분업이 이루어져 회사의 공화당원은 공화당 정치인에게 기부금을 내며 그들을 위한 모금행사를 했고, 민주당원은 민주당 편에서 똑같은 일을 했다. 2000년 대선이 다가오자 코너턴은 자신이 팀의 승리에 열광적이었던 전과 전혀 다르다는 사실을 깨달았다. 부시가 이기든 고어가 이기든 어차피 QGA는 상관없다고 생각했기 때문이다. 선거일 밤에 퀸은 고어 팀과 내슈빌에 있었고, 길레스피는 부시 팀과 오스틴에 있었다. 그리고 플로리다 선거 결과가 엎치락뒤치락하자 두 파트너는 블랙베리로 최신 뉴스를 공유했다. 길레스피는 플로리다에서 재개표가 이루어지는 동안 공화당 편에서 주요 역할을 했고, 대법원이 부시의 당선을 선언한 뒤, 워싱턴에서 아주 막강한 내부자의 한 사람이 되었다. 회사는 이제 정부의 모든 권력 중심과 연결고리를 갖게 되었다.

코너턴은 워싱턴의 고위층과 직접 접근할 방법이 없었다. 그는 거래를 성사시키는 변호사도 아니었고, 정당의 실세도 아니었다. 정부에서 그가 담당했던 직위는 백악관 고문실의 특별보좌관이 최고였다. 그가 보여준 것이라곤 성실하고 유능한 업무 처리와 상원과 백악관에서 보낸 몇 년간의 경험(답전을 받을 수 있는 보좌관으로서), 탄핵 기간에 클린턴을 위해 케이블 뉴스에 출연한 공로 정도였다. 또한 그가 사실 코프먼의 사람이었고, 곧 퀸의 사람이 되기는 하지만 바이든 사람이라는 인식도 빼놓을 수 없을 것이다. 그는 곧 1년에 50만 달러 이상을 벌었다. 봇물 터지듯 돈이 쏟아져 들어왔고, 2주마다 돈더미에 파묻혔다. 워싱턴에서는 코너턴뿐만 아니라 이름도 들어보지 못한 사람들이 1년에 50만 달러 이상 버는 일이 흔했다.

퀸과 길레스피는 이 업계에서 유능한 인물로 자처했다. 로비는 이제 단순히 고객을 위해 문 하나를 열어주는 사업이 아니었다. 그러기에는 워싱턴의 권력이 너무 널리 퍼져 있었기 때문이다. 로비는 광범위한 전략적 활동에 종사하면서 서로 다른 경로로 서로 다른 청중과 만나고, 사안마다 언론의 견해에 영향을 주며 지역의 입법자들에게 압력을 행사하기도 하는 일이었다. QGA는 마치 유기적으로 풀뿌리를 지원하는 것처럼 지역 시민들을 끌어들이면서 일시적인 '풀머리grasstop'(풀뿌리의 반대 개념_옮긴이) 공조체제를 만들어내는 데 전문이었다. 회사는 논쟁에서 물러서는 일이 없었다. 억만장자로서 스위스에서 도피생활을 하던 퀸의 법적 의뢰인인 마크 리치Marc Rich가 클린턴 임기 마지막 날 대통령 사면을 받자 퀸은 몇 주간 큰 논란에 휘말렸다. 하지만 한쪽에서는 퀸이 의뢰인을 위해 어렵고 힘든 일을 해냈다는 다른 관점도 있었다. 과거의 워싱턴(언론, 사회단체, 고위급의 지지자들)이 도덕적 감정에서 분개하는 체했다면, 새로운 워싱턴은 마크 리치의 사면이 기업에 유익하다는 것을 이해했다.

회사의 고객에는 미국석유협회, 요양보호 산업, 영국-컬럼비아 목재무역협회, 버라이즌Verizon, 뱅크 오브 아메리카, 휴렛패커드, 래리 실버스타인Larry Silverstein, 세계무역센터 건물의 임차인이 포함되었다. QGA는 엔론을 도와 회사가 부도나기 직전에 캘리포니아 전기제품 시장에 대한 규제시도를 저지했으며, 팬암항공 103기 승객의 가족들을 대표해 리비아에서 배상금을 받아내는 일을 맡았다. 코너턴이 큰 성공을 거둔 것 중의 하나는 온라인 광고회사의 일이었다. 그는 광고 이니셔티브 네트워크라는 풀머리 그룹의 대변인이 되었다. 이 기업을 위해 1년 중 반을 소비해가며 자율규제 시스템이 가동되도록 애를 썼고, 이를 위해 연방통상위원회의 위원 다섯 명 전원과 일곱 개 주의 법무장관을 만났으며, 하원에서는 인터넷 과다 사용자들이 웹사이트에서 자료를 수집하지 못하도록 하는 법안을 저지하는 데 힘을 쏟았다. 이것은 일류 법무법인의 변호사가 아니면 하기 힘든 복잡한 일이었다. 조 바이든은 어떤 일이건 코너턴의 의견은 결코 알려고 하지 않았다.

아놀드 앤드 포터에 있을 때 코너턴은 독일 보험사인 알리안츠Allianz의 일을 맡는 데는 분명히 선을 그었다. 이 회사는 제2차 세계대전 이후 유대인 계약자들을 속였다는 혐의를 받고 있었다. 퀸은 클린턴 정부에서 담배소송이 타결되도록 도왔고, 담배회사 편에서는 일하려고 하지 않았다. 하지만 QGA는 발칸전쟁의 결과로 생겨난 보스니아-세르비아의 통합체인 스릅스카 공화국Republika Srpska과 아이보리코스트Ivory Coast(코트디부아르의 영어식 명칭)의 일은 맡았다. 아이보리코스트는 내전에 휩쓸린 상태였는데, 정부가 암살단을 조직했다는 소문이 나돌고 있었다. 코너턴은 국제적인 사업이 매력이 있다는 것을 알았다. 그리고 회사에서 아이보리코스트 정권이 선거를 실시해 올바른 방향을 찾도록 노력하고 있다고 생각했다.(어쨌든 프랑스와 폴란드는 외부 세력의 개입을 불순하게 생각하며 이것을 바라지 않았다.) 2005년, 비행기를 타고 아비장으로 간 그는 살벌한 분위기의 검문소를 지나 대통령 궁으로 안내되었다. 여기서 그는 대통령인 로랑 그바그보Laurent Gbagbo의 옆자리에 앉았다. 하지만 대통령은 자신의 로비스트가 무슨 말을 해야 하는지에 대해 전혀 신경을 쓰지 않았고, 민주주의에 대해서도 관심을 보이지 않았다. 그가 원한 것은 오로지 훌륭한 홍보였다. 코너턴은 해변의 노점에서 커다란 코끼리 조각상을 사서 회사의 최고 공화당원인 길레스피에게 선물했다. 이로부터 6개월 뒤에 아이보리코스트의 위탁업무는 끝났다.

회사의 동료 한 명은 언젠가 QGA가 새로운 로비스트를 고용한다면 중요한 것은 오직 두 기지뿐이라고 말했다.

"하나는 그가 자신을 위해 친절을 베풀라고 친구들에게 편하게 요청할 수 있는가? 다른 하나는 그가 기꺼이 이 일을 할 것인가?"

이 동료는 다리를 벌리는 동작을 해 보이고는 덧붙였다.

"우리가 여기에 있는 것이 돈을 벌기 위해서라는 것을 그가 이해할까? 악착같이 돈을 벌려는 게 아니라면 그는 자신이 할 필요가 있는 일을 한다는 이유로 매일 나오지는 않을 거야."

워싱턴에서 그토록 오랜 시간을 보낸 뒤 코너턴은 허기를 느꼈다. 단순히 돈벌이에 굶주린 것이 아니었다. 그는 일을 마무리하고 고위층과 어울리고 싶었다. 물론 그러기 위해 바이든과 일한 것은 결코 아니었다.(공무는 승리보다는 굴욕을 안겨주는 쪽이었다.) 하지만 민간 부문은 능력주의 사회와 더 가까웠다. 상사의 변덕이나 결점이 아니라 무엇을 성취했는가에 따라 보상을 받았다. 이 일은 엄청난 압박을 주었지만(이 업계의 대표들은 특히 힘들었다), '멍청이'는 아무도 없었다. 퀸과 길레스피, 코너턴 세 사람은 평민 출신의 아일랜드계로서 근면과 충성심의 결과를 믿는 남자들이었다. 이들은 잭 아브라모프Jack Abramoff 같은 사기꾼이 아니었다. 코너턴은 동업자들을 좋아했고, 그들과 함께 일하는 것을 좋아했다. 그는 워싱턴 생활 중 QGA에서 가장 행복한 시절을 보냈다. 그래서 사람들이 로비가 뭔가 지저분한 일이라고 말할 때면 조금은 옹호하는 태도를 보였다. 사실 워싱턴 사람들은 모두 기업의 젖을 빠는 아이 같았고(그는 이것을 코빙턴 앤드 벌링에서 보았다), 대부분 모든 사람의 죄를 뒤집어쓰며 1000~2000명의 등록된 로비스트로서 똑같은 일을 하고 있었다.

그는 위탁계좌를 개설했고, 맞춤 양복도 몇 벌이나 되었다. 2~3년 뒤에 그는 처음으로 자신 소유의 집을 구입했다. 조지타운에 있는 연립주택이었다. 이어 멕시코의 플라야 델 카르멘에 콘도를 샀다. 멕시코 만에 있는 42만 달러짜리 집이었다. 그리고 선체가 12미터나 되는 멋진 이탈리아제 모터보트도 샀다. 중고품으로 값은 17만5000달러였다. 하지만 자동차는 계속 구형 미국 차를 탔다.

바이든의 대통령 선거에서 만난 코너턴의 친구가 한번은 이렇게 말한 적이 있다.

"미국인 99퍼센트에게는 이상하게 들릴지 모르지만, 1년에 40만 달러를 벌어도 옛날처럼 그리 오래가지 못해. 그레이트폴스에 있는 집은 담보대출을 받은 거지, 두 아이는 사립학교에 보내지.(워싱턴에서는 누구나 자녀를 사립학교에 보냈다.) 그러니 40만 달러에서 조금이라도 저축한다면 다행이야."

코너턴이 워싱턴에서 가장 친한 친구들을 만난 것은 선거에서였다. 이들 중 일부는 코너턴처럼 돈을 벌었지만, 공직에 있는 친구들은 재정적으로 궁지에 몰려 있었다. 워싱턴에서는 기업도시의 사업과 상반되는 경향도 없고, 또 그런 활동 기회도 없다. 워싱턴은 지구의 수도라고 할 수 있었고 미국 역사상 어느 때보다 상상할 수 없을 정도로 돈이 흘러넘쳤지만, 여전히 세계와는 고립된 도시였다. 어떤 점에서 로비는 워싱턴의 연줄에 토대를 둔 일이었다. 이것이 의원 보좌진들이 K가에서 잘 팔리는 한 가지 이유였다. 상원의원의 수석보좌관이라면 자신이 가깝게 알고 지내는 로비스트로부터 전화가 왔다는 것을 알았을 때, '아무래도 그 친구를 좀 도와주고 싶군. 후원금 행사가 필요할 때 그 친구가 나를 위해 애써줄 거야. 또 쓸 만한 정보도 들을 수 있을 테고'라고 생각하면서 답전을 하게 마련이다. 로비활동을 통해 기업과 정부 관리 사이에 가치 있는 정보와 분석 자료가 오고 간다. 상원의원이 일종의 판사 역할을 한다면, 로비스트는 소송의 한쪽 편에서 최선의 주장을 전달하는 변호사라고 할 수 있다.

이것은 물론 보통 다른 쪽의 주장을 전달하지 않는다는 점에서 문제라고 할 수 있다. 또 절대 어느 누구도 로비스트와 선거전에 돈을 대준 것과 같은 식으로 기업이 돈을 내도록 획책할 수는 없다. 어쨌든 상원의원이 판사는 아니었다. 아마 전에는 그랬을지 모른다. 또 윌리엄 프록스마이어William Proxmire(예산 낭비에 경종을 울리기 위해 '황금양털상'을 제정해 낭비가 가장 심한 정부 기관과 사업에 수여한 위스콘신 주 상원의원_옮긴이)나 제이컵 K. 재비츠Jacob K. Javits(뉴욕 주 개발에 공헌한 뉴욕 주의 상원의원_옮긴이) 같은 사람이라면 그렇게 말할 수도 있을지 모른다. 하지만 이제 상원의원들은 사안을 판단할 때(정책뿐 아니라 돈 문제까지도) 보고서만 보고 결정하지는 않는다. 로비스트는 단지 중개인이자 청부업자에 지나지 않았다. 돈을 싸 들고 달려드는 특수 이익집단이라는 비난을 받는다. 그리고 그 뒤에는 선거에 돈이 몰리는 것을 허용하는 선거자금법이 있다.

코너턴은 이런 식으로 말했다.

"내가 여기 있는 것은 당신을 위해 돈을 마련했기 때문이죠. 나는 당신이 더 많은 돈을 만드는 지위에 오르도록 도와줄 수 있습니다. 일이 잘 안 되면 당신은 잭과 나를 다시 찾을 겁니다. 우리는 훌륭한 변호를 하는 능력자들이니까요."

코너턴은 훗날 1980년대 이후 미국인의 삶에서 나타나는 돈의 '보편적 이론'을 개발해 다음과 같이 말했다.

"월가와 워싱턴 양쪽에서 이익이 폭발적으로 증가할 때, 기업이 전리품으로 수백만 달러를 만드는 것이 가능해질 때(내가 살아 있는 증거죠. 아무도 나에 대해 들어본 적이 없지만, 나는 워싱턴을 떠날 때 수백만 달러를 챙겼으니까요), 어떤 행위에 따르는 비용이 줄어들 때, 사람들이 떼돈을 버는 것을 억제하는 기준이 침해되고 사라질 때, 문화는 변했습니다. 그런 변화가 월가에서, 또 워싱턴에서 발생한 겁니다."

그럴 생각은 아니었지만 코너턴은 직업적인 민주당원이 되었다. 이것이 그가 '워싱턴 사람의 계급'(로비스트, 변호사, 고문, 컨설턴트, 전문가, 상담역)이라고 부르는 것으로서, 수도로 쏟아지는 기업의 현금 소나기와 민주당 정치에서 점점 중요해지는 지위 사이를 오가는 코너턴 같은 사람을 일컫는 말이다.(물론 직업적인 공화당원도 있다. 에드 길레스피도 그중 한 사람이다. 이들도 최소한 직업적인 민주당원처럼 워싱턴에서 활동한다. 입당할 때 기업이나 거액의 자금이 드는 정치를 찬성하지 않는 체하도록 요구받지 않기 때문이다.) 권력에 부가 더해지고, 권력은 다시 부를 늘렸다. 이들은 후원금 모금이라는 접착제를 이용해 특수 이익집단과 당 관계자를 연결해주었다. 이들은 정치인과 조찬 모임을 가졌고, 점심은 동업자 모임의 수장들과, 저녁은 다른 직업적인 민주당원들과 같이했다. 이들의 책상 뒤에는 이들이 아는 고위급 정치인 옆에서 미소 짓는 사진들이 걸려 있었다. 이들의 충성은 회사가 가장 우선이었고, 그다음이 이전에 모시던 정계의 보스와 당이었다. 그다음이(민주당원의 경우) 대통령이었다.

워싱턴은 누구나 한두 사람 건너면 통하는 작은 도시였고, 저녁 식사 전의 휴식 시간에 통화하는 사람이라면, 또는 자신에게 어떤 역할을 할지 알려주는 투자정보 서비스 기관 사람이라면 누구에게나 친절하게 대할 필요가 있다. 그렇지 않으면 그 결과가 즉시 되돌아오기 때문이다. QGA는 소속 로비스트들이 매일 밤 외출하는 것을 장려했다. 네트워크를 통해 만들어지는 정보는 가치가 있기 때문이다. 코너턴은 자신의 역할을 다했다. 그러다가 시간이 지나면서 역할이 줄어들었다. 그는 요란한 파티를 싫어했다. 나중에는 행사가 너무 많아 대리주차를 시켜놓고, 파티장에 들어갔다가, 몸에 두드러기가 나서 결국 자리를 떠나곤 했다. 새로 만난 누군가와 몇 마디를 나누고 나면 두 사람은 상대가 워싱턴에서 어떤 위상을 차지하는지 서로 확인을 마친다.(바이든의 사람이었고, 클린턴 시절 백악관에 있었으며, 잭 퀸 밑에서 일했다 등등.) 이것이 그들이 상대방을 얼마나 알 필요가 있는지를 결정한다. 아직도 앨라배마의 시골티가 남아 있는 코너턴은 자신의 중요성에 대해 허풍을 떨 수가 없었다.

그는 몇 차례 결혼할 기회가 있었음에도 독신으로 남았다. 만일 결혼했다면 그의 로비 사업은 비약적으로 성장했을 것이다. 고위직 부부는 정부와 민간 부문 사이의 연결에 신경 쓰지 않았다. 한쪽 배우자가 돈을 버는 동안 나머지 한쪽은 그때까지 수집한 정보를 공유하면서 정부의 승진 코스를 따라 고위직으로 올라갔다. 코너턴은 어느 상원의원의 수석보좌관과 금융 문제를 놓고 거래하다가 그가 금융권의 고위경영자와 결혼했다는 사실을 알았다. 워싱턴에서는 베갯머리송사가 수백만 달러의 가치가 있을 수 있다. 어떤 부부는 월가와 워싱턴의 축이라고 할 금융 부문(재무부 관리, 은행위원회 임원, 규제 담당자)과 관계가 있는 워싱턴 영주계층의 부분집합에 속했다. 코너턴은 이들을 '블로브Blob'(얼룩)라고 불렀다.(다른 블로브도 있다. 예컨대 그로서는 알 수 없는 방위산업의 군산복합체 등) 금융 부문 블로브의 구성원들은 이상할 정도로 서로 밀착되어 있었다. 어느 부부의 경우, 남편은 상원의 주요 위원회에서 일했던 전직 로비스트였고 부인은 증권거래위원회와 가까웠던 전직 재무부 관리였다. 블로브는 장기적인 게임을 하면서 밤낮으로 연줄을 확대했고, 이들 가운데 어느 두 사람이 이익을 보기로 결심하면 그들은 거액의 가치를 내기 마련이었다.

QGA는 가능하면 정치인을 위한 후원금 모금은 하지 않기로 했다. 시내에서 이런 행사를 개최하는 것은 돈벌이방식으로 볼 때 2등급밖에 안 되었다. 회사에서는 이 방법이 능력과 전문성을 갖출 때 승산이 있다고 보았다. 하지만 정치인들이 그냥 내버려두지 않았다. 코너턴은 수석보좌관을 통해 고객과 상원의원의 만남을 주선했다. 며칠 후 그는 1000달러 후원금 모금행사에 참석해달라는 상원의원의 전화를 받았다. "기꺼이 참석하겠습니다"라는 것밖에는 달리 할 말이 없었다. 오래전, 동업자들은 선거 주기마다 5만 달러 제한 조건을 최대한 활용했다. 그리고 QGA는 선거자금에서 할당된 몫을 채웠다. 물론 거의 매주 행사를 연 패턴 보그스Patton Boggs나 포데스타Podesta 같은 대형 업체의 규모에는 절대 미치지 못했지만.

QGA의 모금행사는 회사의 회의실에서 열리는 조찬 모임이 전형적인 방식이었다. 상원의원들이 확실히 워싱턴에 있는 화요일과 수요일, 목요일 아침에만 여는 베이컨-계란 뷔페였다. 이 행사는 8시경에 시작했는데, 코너턴은 상원의원이 7시 45분에 오면 '이런 젠장, 저 사람이나 나나 잠이 덜 깼는데 15분이나 어떻게 접대하지!' 하는 생각에 쩔쩔맸다. 행사 주최자로서 코너턴이나 퀸은 상원의원을 소개할 때 당황해서 상식에서 벗어난 말을 하기도 했다.

"우리 시대의 위대한 공복公僕 중 한 분이자 개인적으로 놀라운 인간인 이분이 우리 아이가 아팠을 때 전화를 주시기도 했습니다."

그러면 서투른 농담 몇 마디를 하고 있던 상원의원을 향해 웃음이 쏟아지고, 그런 다음 이들은 본론에 들어갔다. 코너턴이 로비활동을 시작했을 때 모금활동과 병행해서 쟁점을 논의하는 것은 적합하지 않은 것으로 보였다. 하지만 모든 일이 그렇듯 시간이 지나면서 그 경계가 무너졌고, 크리스 도드 같은 전문가를 보면 그런 건 기우에 불과했다. 언제나 여유가 넘치고 재미있는 도드는 뻘건 얼굴에 짙은 눈썹, 상원의원답게 숱이 많은 은발 머리를 하고 기부자 한 사람 한 사람에게 "뭐가 걱정이죠?"라고 물었다. 이 행사가 있고 3주 뒤에 코너턴은 상원의원의 수석보좌관에게 전화했다. 그러자 상대는 "끊지 말고 기다려요. 의원님이 당신과 직접 통화하고 싶어해요"라고 말했다. 이 말은 이제 코너턴이 그 상원의원의 정치적 가족이라는 의미였다. 1년 동안 한 번도 행사를 치르지 않고 지나가면 상원의원과 통화를 한다는 것은 거의 불가능했다. 그러면 코너턴은 다른 조찬 모임 계획을 짜는 수밖에 없었다.

2001년 그와 퀸은 바이든을 위한 모금행사를 기획했다. 바이든은 막 상원 외교위원장이 되었고, 2002년 선거에서 상원의원 6선에 도전했을 때였다. 과거에 모셨던 보스를 위한 이 행사에서 거의 7만5000달러가 모금되었다. 2년 뒤에 그는 또 다른 행사에서 주인 노릇을 했다. 이 두 차례의 행사에서 바이든은 그에게 끝내 고맙다는 말을 하지 않았다. 이것은 너무 지나친 처사였고, 코너턴은 친하게 지내는 동료에게 불만을 토로했다. 1979년에 터스칼루사에서 강연하기 전부터 바이든을 위해 일하던 이 동료는 코너턴이 모금에서 2위의 실적을 올린 것에 감사하는 뜻으로 점심 식사에 초대했다. 그리고 2주가 지난 다음에 바이든이 그에게 "제프, 자네는 언제나 나를 위해 일했지. 내가 언제나 자네와 함께한다는 걸 알아주면 좋겠네"라는 쪽지를 보냈다.

코너턴은 진정 바이든의 인맥 노릇을 한 적은 결코 없었지만(12년 동안 단 한 번 바이든에게 고객과 만나달라고 요청했을 뿐이었다), 측근이라는 인상을 계속 보여줄 필요가 있다고 냉정하게 계산했다. 이것은 모욕을 계속 견뎌야 한다는 의미였다. 바이든 본인을 제외하고 바이든이 대통령이 될 거라고 생각하는 사람은 아무도 없었지만(이 미묘한 부분은 농담의 소재가 된다), 어쨌든 그는 외교위원장이라는 강력한 지위에 있었다. 그리고

2004년 대선 기간에 바이든은 존 케리의 국무장관 최종 선발 명단에 올라 있었다. 아무튼 워싱턴 일대에서 '예전 바이든 사람'으로 알려지는 것이 큰 가치는 없었다. 바이든 사람이라는 것은 코너턴에게 워싱턴을 조종하려고 하는 법인회사 같은 인상을 안겨주었다. 적어도 공적으로는 그중의 한 사람으로 남았다.

2003년 하반기에 QGA는 런던의 법인으로 세계 최대의 광고회사인 WPP에 매각되었다. 동업자의 매출 지분은 이후 4년에 걸쳐 3회 분할로 지급받기로 했다. 최종 액수는 QGA의 수익성에 달려 있었다. 이익을 볼 때마다 그 액수는 늘어나게 되어 있었다. 코너턴은 전보다 더 열심히 뛰었으며, 술집이나 식당이나 가리지 않고 밤늦게까지 일했다. 회사의 손익 계정이 달라질 때마다 끊임없이 계산을 하며 냅킨 뒷면에 자신이 예상하는 수백만 달러의 규모를 가늠해보았다. 2005년부터 2007년까지 QGA는 해마다 거의 2000만 달러의 이익을 냈으며, 이익회수 기간이 다가올 때면 퀸은 소파에 앉아 소득은 최대화하고 비용은 최소화하는 작업에 몰두하면서 뭔가 다른 변화 요인이 없는지 캐는 중이라고 말하곤 했다. 이런 식으로 코너턴은 마침내 부자가 되었다.

THE UNWINDING :
AN INNER HISTORY OF
THE NEW AMERICA

제**2**부

딘 프라이스

떡갈나무와 가래나무, 물푸레나무 숲 사이로 난 2차선 도로의 나무 그늘 속에 있는 담배 건조장은 세월의 무게를 견디지 못하고 무너져갔다. 안쪽으로 경사진 금속 지붕과 측면의 널빤지는 못이 헐거워진 채 간신히 붙어 있었다. 창문 유리가 떨어져나간 부근의 하얀 판잣집은 나뭇가지와 덩굴에 반쯤 가려진 채 길가에 웅크리고 있는 모습이었다. 바깥벽에 손으로 쓴 글씨는 불길에 그을리기는 했지만 여전히 '분쇄'라는 작업을 알려주고 있었다. 조금 더 가자 길이 꼬부라지면서 목장에 딸린 작은 벽돌집이 나왔다. 적갈색 들판을 배경으로 앞으로 튀어나온 지붕의 접시안테나가 황금빛 햇살에 반짝였다. 다시 길을 돌아가자 경사가 완만한 언덕이 나오면서 우거진 숲이 이어졌고, 그 가운데 공터에는 버려진 창고가 외롭게 서 있었다. 거기서부터 길이 곧고 평평해지면서 신호등이 나타났다. 길 양쪽으로 스트립몰strip mall(번화가에 상점과 식당이 일렬로 늘어서 있는 곳_옮긴이)이 늘어선 가운데, 주차장은 자동차로 가득 차 있었다. 월그린Walgreen과 맞은편의 맥도날드, 셸Shell과 BP 주유소도 마주 보고 있었다. 또 한쪽에는 문을 닫은 자동차 판매 대리점, 찌그러진 쇳덩어리와 목재가 산처럼 쌓인 널따란 고철 하치장, 그 옆으로는 죽어서 토막토막 팔려나간 거대한 고래처럼 다 쓰러져가는 방직공장이 있었다. 그다음이 중심가였다. 인적이 끊긴 조그만 중앙로, 태권도장, 사회복지 사무실, 문 닫은 식당, 세를 내놓은 이름 없는 모퉁이 가게. 네 블록을 가는 동안 행인은 단 두 명뿐이었다. 그다음에 눈에 들어온 달러 제너럴Dollar General 쇼핑센터는 시가지의 끝이라는 신호였다. 곧이어 다른 쪽 풍경이 나타나면서 길 양쪽으로 들판이 보였다. 한쪽에는 옥수수 밭이 보였고, 그다음에는 잡초와 흙더미 외에 아무것도 보이지 않았다. 이어 과거에 누군가의 담배농장이었던 곳으로 보이는 곳 맞은편에 일렬로 늘어선 똑같은 형태의 2층 주택단지가 보였다. 그리고 그 너머에는 철도 울타리 기둥과 인공호수 뒤쪽으로 풀밭 한가운데에 유명한 '나스카'(미국 개조자동차 경주대회_옮긴이) 레이서의 거대한 모조 성城이 홀로 서 있었다.

딘이 평생 살 생각으로 돌아온 이곳의 풍경은 미국 어디서나 볼 수 있듯 아주 오래된 모습인 동시에 새로운 모습이기도 했다. 또 흔한 풍경이면서 아름다운 모습과 추한 모습을 동시에 간직했다. 딘의 상상 속에서 그 풍경은 악몽이 되었다. 너무도 잘못되어서 그는 이것을 '죄로 가득 찬 모습'이라고 불렀다. 그는 뜨내기 관광객이나 먼 곳에 사는 사람들보다 더 이 죄를 싫어했다. 하지만 그는 아직 여기서 있을 법하지 않은 찬란한 꿈을 보기도 했다. 이 꿈은 오직 토박이 아들의 환상에 휩싸인 마음의 눈만 충족해줄 수 있는 것으로, 옛날을 되찾겠다는 욕망이었다.

클리블랜드 카운티를 통과하는 동안 딘은 우연히 침례교회 옆을 지나갔다. 그의 부친이 한때 설교자로 들어가려고 했다 실패한 근본주의 교회였다. 여기 들어가는 데 실패하면서 아버지는 기가 꺾였다. 당시 딘은 아버지를 따라 클리블랜드 카운티로 내려가 아버지가 하는 설교를 들었다. 그때가 1975년이니 수십 년이 지난 뒤 이 교회를 알아본 것이다. 그 오른편에는 빌어먹을 보쟁글이 들어선 것이 눈에 띄었다. 딘이 볼 때 미국인의 생활에서 잘못된 것은 무엇이든 보쟁글과 관계가 있었다. 식품을 제조하고 전국으로 운송하는 방식, 도축용 가축에게 먹이려고 농작물을 재배하는 방식, 식당에서 일하는 인력을 고용하는 방식, 지역사회에 남은 돈을 관리하는 방식 등 모든 것이 잘못되었다. 그는 자신의 사업인 주유소와 패스트푸드 일이 지긋지긋했다. 그리고 그는 자신의 방식에서 아버지는 전혀 저지르지 않은 과오를 보았다. 과거를 돌이켜보면 아버지의 유산과 자신의 과오가 결합해서 나온 모순이 그에게 고통을 안겨주었다. 그는 이면에 감추어진 진실을 보고 있었다. 때로는 밤늦도록 현관 베란다에 앉아 위스키 잔을 기울이며 220번 도로 남쪽으로 질주하는 화물차 소리를 들었다. 살아 있는 닭을 도축장으로 싣고 가는(대대적으로 수치스러운 밀매를 하듯이 언제나 어둠 속에서 이루어지는) 차로, 호르몬 주사가 잔뜩 주입된 닭들은 몸이 너무 무거워 걷지도 못할 정도였다. 딘은 똑같은 모습을 한 이 닭들이 도축장에서 고기 조각이 되어 집 위쪽의 조명이 비치는 보쟁글 식당으로 돌아오는 광경을 생각해보았다. 또 직업에 대한 염증을 요리한 음식에 쏟아붓는 종업원들이 그 고기를 기름통에 넣고 튀기는 모습, 이 요리를 고객들이 먹고 살이 쪄 결국 당뇨나 심장마비로 그린즈버러의 병원으로 실려 가는 모습을 눈앞에 그려보았다. 그것은 사회적인 부담이었다. 딘은 이들이 메이요든의 월마트에서 전동카트를 타고 다니는 모습을 볼 것이다. 호르몬 주사를 맞아 비대해진 닭처럼 이들은 너무 몸이 무거워 대형 슈퍼마켓의 통로를 걸어 다닐 수 없을 것이기 때문이다.

그가 운영하는 체인점에 활력을 불어넣는 220번 도로의 교통량을 보면, 그 모든 차량이 연소하는 연료가 미국의 적이라고 할 해외 국가에서 들어오며, 지역경제의 엄청난 돈이 정유사나 대형 소매점으로 새나간다는 생각이 들었다. 그가 마라톤 주유소로 트럭을 몰고 가 주유를 할 때면, 탱크 위에 있는 마라톤사의 로고가 눈에 띄었다. 거기에는 미국 지도가 그려진 깃발 위에 '모든 길은 자유로 통한다'라는 글귀가 쓰여 있었다. 그러면 그런 위선적인 거짓말에 속아 그곳으로 오는 사람들 생각에 머리가 돌 것 같았다. 기업에 의존하는 습관에 젖어 독립정신을 잃어버린 사람들이었다. 유사 미국인이 아니라 진정한 미국인이 되어야 했건만, 이들의 마음속에서 민주주의는 퇴조하고 있었다. 피드먼트 사람들이 각성하고 행동하려면 뭔가 커다란 자극제가 필요했다. 딘의 생각으로는 피크오일 같은 문제가 21세기에는 가장 중요한 것이었다. 저가 에너지 시대는 에드윈 드레이크Edwin Drake 대령이 1859년에 펜실베이니아 타이터스빌에서 최초의 유정을 팠을 때 시작되었고, 일찍이 보지 못한 엄청난 산업 동력을 만들어냈다. 그런데 그것이 이제 끝나가고 있는 것이었다.

『생각하라 그러면 부자가 되리라』의 마지막 단락에서 나폴레온 힐은 "우리가 생각이 같다면 다시 만날 것이다"라는 에머슨의 말을 인용했다. 크게 깨달은 딘은 그의 저서나 클러스터퍽 네이션Clusterfuck Nation이라는 블로그를 통해 제임스 하워드 쿤스틀러James Howard Kunstler라는 작가를 알게 되었다. 뉴욕의 북쪽 주에 사는 쿤스틀러는 그가 '장기적 위기'라고 부르는 현상이 닥칠 것으로 예측하면서, 연료 부족 사태에 빠진 미국의 종말론적 그림을 그려 보였다. 자동차에 의존하는 교외 거주자들의 생활 방식이 벽에 부닥칠 것이고, 공공질서가 무너질 것이며, 곳곳에서 산발적인 폭동이 일어나고, 반半자치적인 지역이나 지방이 몰락할 것이라는 예언이었다. 또 반세기 동안 '사상 유례가 없던 사치와 안락, 여가의 축제'를 즐기던 사람들이 엄청난 고난에 직면할 것이라는 말이었다. 살아남는 데 가장 유리한 여건을 갖춘 사람들은 시골이나 소도시에 살면서 지역사회에 애착을 갖고 유용한 직업과 실용적인 기술, 성숙한 시민의 책임의식을 갖춘 미국인이 될 것이다. 사무실 밀집 지역에서 65킬로미터가량 떨어진 약 370제곱미터의 집에서 아메리칸 드림을 좇으며 타깃Target이나 홈디포Home Depot(미국에 본사를 둔 건축 자재 및 인테리어 도구 판매업체_옮긴이)에서 쇼핑을 하고, 식량이나 연료를 만드는 방법을 오래전에 잊어버린 전前 도시 거주자는 살아남지 못할 것이다. 지리적인 여건과 역사·문화적인 이유로 남부인들은 장기적인 위기에서 형편없는 대우를 받을 것이다. 그 결과, 남부에는 유난히 고도의 망상적 사고와 폭력이 야기될 것이다. 이상이 청교도적 예언의 오랜 전통에 서 있는 저자가 환영할 뿐만 아니라 바라기까지 하는 것으로 보이는 미래였다.

딘은 이 모든 말에 깊이 공감했다. 독자를 압도하는 발언, 전부 아니면 전무라는 예측, 대부분의 사람이 귀 기울이지 않는 비밀을 취득하는 감각이 그의 사고방식에 들어맞았다. 하지만 하나의 세계관이라는 것은 현실에 대한 심리적 경향을 투사한 것에 지나지 않았다. 그리고 딘은 낙관주의자로서 현대판 호레이쇼 앨저Horatio Alger(미국의 대중적인 아동문학가로, 흔히 미국판 성공이나 꿈과 연관되어 인용된다_옮긴이)였다. 휴거가 없는 아마겟돈(휴거는 그리스도가 세상에 다시 올 때 기독교인들이 공중에 함께 올라가 그분을 만난다는 것을 가리키는 기독교 종말론의 미래학적 해석이며, 아마겟돈은 성서 요한계시록에서 최후의 날에 선과 악의 대결전을 뜻하는 말로, 희망이 없는 종말론적 상황을 비유한다_옮긴이)은 있을 수 없었다. 그는 이런 몰락의 상황이 새로운 상황을 낳을 것이라고 굳게 믿었다. 완전히 새로운 삶의 방식이 이곳 로킹엄 카운티를 비롯해 전국적으로 나타날 것이라는 믿음이었다. 10년 정도 지나면 전체적인 풍경은 달라질 것이다. 그때는 더 이상 월마트도 엑슨 모빌도 없을 것이고, 어리석은 아처 대니얼스 미들랜드Archer Daniels Midland는 폐물이 되어 죽어갈 것이다. 유가가 1갤런에 6~7달러로 뛰어올라 중앙 집중화와 장거리 수송 및 대규모 거래 대신에 새로운 경제가 도입되어 분산되고 지역화되며 소규모로 변할 것이다. 피드먼트 같은 시골지역은 부흥의 첨단을 걸으며, 필요한 모든 것을 바로 손에 쥐고, 휴경지로 놀리던 땅에는 부가 넘쳐날 것이다. 나룻배로 여행하는 시대가 오면서 80킬로미터 간격을 두고 방앗간이 들어설 것이며, 여기서 사람들은 수력을 이용해 밀가루를 만들 것이다. 앞으로는 소규모 정유사와 육류 가공회사가 220번 도로에 80킬로미터 간격을 두고 갑자기 들어설 것이다. 대량생산 대신 대중이 생산하는 시대로 바뀔 것이다. 미래는 미국을 과거로 돌려보낼 것이다. 20년만 지나면 전혀 몰라볼 정도로 변할 것이다. 일어나기 힘든 변화이기는 하지만, 일단 그렇게 되면 완전히 아름다운 미국으로 변해 있을 것이다. 딘은 말했다.

"땅에서 퍼 올린 값싼 기름을 펑펑 쓰며 살아오던 곳에서는 150년 만의 이례적인 현상이지만, 이 현상이 일단 풀리기 시작하면 우리는 예전의 상태로 돌아갈 것입니다. 다만 아직은 우리가 취득한 이 새로운 기술을 시행하는 모든 과정에서 많은 것을 배워야 하죠."

그리고 그가 믿는 열쇠는 바로 바이오연료였다.

"이것이 우리가 앞으로 따라야 할 모델인 새로운 녹색경제입니다. 이 자동차들을 힘차게 굴러가게 할 뭔가를 만들어내지 못하는 한, 또 무한한 유용성을 지닌 뭔가를 발명하지 못하는 한, 이 새로운 경제가 앞으로 천 년을 지배할 것입니다. 이것은 농업경제인 동시에 지역경제라고 할 수 있어요. 앞으로 무슨 일이 일어날지는 모르지만, 이 농부들이 자신이 먹을 농작물을 재배하고 스스로 트랙터를 몰 연료를 직접 생산하며 어느 누구를 위해 일하는 것이 아니라 스스로가 자신의 주인이 된다는 것은 엄청난 변화죠. 그리고 내가 보기에는 우리가 이런 현상을 풀어나가는 게 아니라, 우리 생애에 일찍이 보기 힘든 거대한 경제적 폭발이 될 것입니다. 식량이든 연료든 의복이든 상층부로 집중되어 있던 모든 돈이(그 밖에 이들이 지배하는 것이 뭐가 있겠어요, 은행업 말고?) 곳곳에 흩어진 소도시로 돌아가기 때문이죠. 이런 현상이 일어나고 있는 모습이 눈에 보입니다."

이런 비전에 사로잡혀 딘의 정치색은 이상한 방향으로 흘러가고 있었다. 그는 자신이 과거에 품었던 생각뿐 아니라 가족이나 지역사회의 보수적인 견해를 더 이상 받아들이지 않았다. 이제 그는 나라의 문제점은 공화당에서 비롯되었다고 믿었다. 레이건에 대한 존경심도 사라졌고, 부시는 절대 지지하지 않았다. 그렇다고 정확하게 민주당원도 아니었다. 그는 인터넷을 사용하면서 스스로의 판단에 따라 일을 했다. 정당이나 동업자조합, 노조, 신문 따위는 전혀 안중에 없었다. 어떤 제도적 기관도 그를 이끌고 뒷받침해줄 거라고 여기지 않았다. 이런 것 중에 신뢰할 만한 것은 하나도 없었기 때문이다. 그는 은행과 기업을 싫어했지만, 대기업과 음모를 꾸미는 것처럼 보이는 정부도 믿지 않았다. 그의 생각은 19세기 후반의 '농촌 포퓰리즘'에 가까워지고 있었다. 딘은 "나는 때로 내가 100년은 늦게 태어났다는 생각이 들어요"라고 말했다.

딘의 주방과 벽을 맞대고 있는 방에서는 모친이 하루 종일 폭스뉴스를 보았다. 딘이 어렸을 때는 가족이 모여 월터 크롱카이트의 뉴스 프로그램을 보았다. 당시 그의 어머니는 뚜렷한 정치적 견해를 입 밖에 낸 적이 없었지만, 지금은 갈수록 보수적으로 변하고 있었다. 모친의 정치적 관점은 '성서 원리'에 토대를 둔 것으로, 이것은 낙태와 동성애를 반대한다는 의미였다. 그리고 폭스사와 공화당이 종교적으로 똑같은 입장을 취하게 된 이후 모친을 이들로부터 떼어놓을 방법은 전혀 없었다. 그래서 어머니와 딘은 정치적인 화제를 피했다.

2007년 로키 카터가 딘에게 게리 싱크^{Gary Sink}라는 남자를 소개했다. 은발에 체격이 건장하고 보수적인 게리는 인쇄·포장 사업을 하다가 은퇴하고 그린즈버러에서 피드먼트 스포츠 낚시 클럽의 대표로 활동하고 있었다. 이 사람도 바이오디젤이 미래에 유망한 사업이라고 생각했고, 딘

프라이스를 독창적인 비전을 품은 카리스마 있는 사업가로 보았다. 또 말하고 듣는 법을 알고 상대의 생각을 읽을 줄 아는 인물이라고 생각했다. 2007년 2월, 게리와 로키, 딘은 종자 분쇄기를 구경하기 위해 함께 오리건 주로 갔다. 이들은 결국 분쇄기 세 대를 구입한 다음 차에 싣고 버지니아로 돌아왔다. 이 여행으로 세 사람은 더 가까워졌으며, 함께 벌이려는 벤처 사업에 확신을 갖게 되었다. 세 사람은 9월에 동등한 지분으로 '레드버치 에너지Red Birch Energy'라는 법인을 설립하고 게리가 사장을, 딘이 부사장을 맡았다.

이 사업에 세 사람 똑같이 약 3만 달러씩 투자했다. 로키가 투자한 몫은 버지니아 바셋의 화물차 휴게소 옆, 딘이 소유한 미개발지 한쪽에 있는 저장시설을 개량하는 데 들어갔다. 곡물 저장고 옆에 있는 금속판과 옹이투성이의 송판으로 된 구조물을 바이오디젤 정유소로 개조한 것이다. 정유소의 설계를 위해 이들은 데릭 고트먼Derrick Gortman이라는 윈스턴세일럼의 기사를 고용했다. 데릭은 약 80만 제곱미터에 이르는 담배농장에서 자랐는데, 담배 건조장이 불에 타버린 뒤 옥수수를 재배하고 이어 딸기농사를 지었지만 겨우 수지를 맞추는 정도여서 지금은 농장을 휴경지로 묵히고 있었다. 데릭은 레드버치에 합류해서 반응장치를 설치했다. 딘은 골동품점과 벼룩시장에서 수집한 소다, 아이스크림, 빵이 그려진 간판을 벽에 걸었다. 완전생산이 가능해질 2009년을 위해 레드버치는 25명의 지역 농장주들로부터 약 500만 제곱미터의 밭에서 재배한 겨울 카놀라를 1부셸(약 36리터)에 9달러씩 주고 구입하기로 계약을 맺었다. 옥수수보다 가격이 두 배나 비쌌다. 딘은 또 정유소와 220번 도로 사이에 있는 조그만 밭에 카놀라를 직접 심기도 했다. 지역 농부들에게 잘 알려지지 않은 이 농작물이 피드먼트의 황토 흙에서 잘 자란다는 것을 보여주기 위한 의도였다. 연료는 딘의 화물차 휴게소 옆에서 팔 계획이었다. 20퍼센트 혼합 바이오디젤을 주유 탱크에서 트럭으로 직접 채우는 방식이었다. 모든 것이 한 군데서 이루어지는 자동 재활용 시스템으로, 농장에서 탱크로 오는 과정에 일체의 중간 상인이나 수송비를 없애 정상적인 디젤유 가격보다 싸게 팔기 때문에 경쟁력이 있었다.

2008년 초여름에 전국 어디에서도 볼 수 없는 정유소 시설을 완비했을 때는 행운이 다가오는 것처럼 보였다. 유류 가격이 전국적으로 갤런당 4달러 50센트로 치솟아 피드먼트 주변의 도로가 텅 비다시피 하고, 대선 후보들이 저마다 성난 민심을 달래려고 갖은 애를 쓰는 상황에서 딘과 게리는 '레드버치 에너지. 미국 최초의 바이오디젤 화물차 휴게소'라는 간판을 자랑스럽게 내걸었다.

이들은 곡물 저장고 지붕 위로 대형 성조기를 높이 매달았다. 고속도로 옆에 있는 카놀라 밭에는 허리 높이로 자란 카놀라 줄기에 노란색의 꽃이 탐스럽게 피어 있었다.

이해 여름 지역신문들은 220번 도로에서 벌어지는 흥미로운 현상에 주목했다. 신문사마다 딘 프라이스의 말을 들어보려고 앞다투어 기자를 파견했다. "우리가 재배하고 제조하고 팝니다"라고 딘은 『윈스턴세일럼 저널Winston-Salem Journal』 기자에게 설명했다. 『뉴스 앤드 레코드』 기자에게는 "모든 것이 집 안에 있습니다. 우리는 연료를 구하려고 어딘가로 갈 필요가 없죠. 카놀라는 미래의 환금작물로 담배를 대신할 것입니다"라고 말했다. 『리치먼드 타임스 디스패치Richmond Times-Dispatch』 기자에게는 "8달러짜리 가솔린이 이 나라에 큰일을 해냈어요. 그것 때문에 가솔린을 쓰지 않게 되었으니 말이죠. 수많은 트럭 운전자가 농부고, 수많은 농부가 트럭 운전자예요. 서로 후원하는 구조라고 할 수 있습니다"라고 말했다. 또 『마틴즈빌 불레틴Martinsville Bulletin』 기자에게는 "이 산업에는 고소득을 올리는 그린칼라 일자리가 무궁무진하죠"라고 했다. 화물차 휴게소마다 75~100개의 일자리가 있고, 이 중 일부는 시간당 25달러를 받는다는 말도 했다. 중국에 외주를 줄 필요가 없는 일자리, 실업률이 20퍼센트가 넘는 버지니아 헨리 카운티의 사람들에게, 또 레드버치 모델의 판매 대리점이 뻗어나갈 시골 구석구석의 사람들에게 돌아갈 일자리라는 것이었다. 농작물을 재배하고 장비를 만들어내며 정유소를 세우고 연료를 만드는 일자리, 주 정부와 연방 정부에서 규정을 제정하고 지역 대학에서 기술을 가르치는 일자리였다. 딘은 『캐롤라이나 버지니아 파머Carolina-Virginia Farmer』 기자에게 말했다.

"우리가 옹호하는 것은 농부가 소유한 소규모 바이오 정유소입니다. 지역에서 생산된 바이오연료에 소비되는 돈의 90퍼센트는 지역에 남게 됩니다. 이때 지역사회의 경제에서 5~6회씩 순환되는 경제적 효과를 생각해보십시오. 그것은 이 나라에 엄청난 경제적 활기를 불러일으킬 것입니다."

바이오연료는 친환경적일 뿐 아니라 대형 트레일러트럭의 연비도 향상시켜주었다. 딘은 땅을 경작하는 사람들에 대한 제퍼슨의 말을 인용하며 국가의 시민적 가치가 소생할 때의 변화를 주제로 말을 꺼냈다. 그는 애국심과 미국의 독립정신에 대고 호소했다. 이란과 이라크가 유전을 두고 싸우고, 미국이 중국과 전쟁을 치르며, 무슬림 테러리스트가 동부 해안의 전력망을 방사능 오염 폭탄으로 파괴한다 하더라도 레드버치는 생산활동을 멈추지 않을 것이며, 220번 도로의 화물차는 계속 굴러갈 것이라는 말이었다. "이것은 윈-윈-윈-윈-윈 게임입니다"라고 딘은 말했다.

딘이 언급하지 않은 말이 하나 있다면 지구온난화였다. 또 국내에서 딘이 하는 일에 온난화 효과를 의심하는 사람들이 많았다. 이들은 지구온난화라는 말을 듣는 즉시 더 이상 귀를 기울이지 않고 논쟁을 벌였다. 딘 자신은 온난화라는 말이 맞는다고는 절대 생각하지 않았다. 그가 훨씬 더 확신하는 것은 피크오일이었다. 이곳 미국에서 실제로 일어난 일이었기 때문이다. 그가 매출을 올리는 데 지구온난화는 필요 없었다.

게리는 때로 딘이 너무 앞서가면서 지키지도 못할 약속을 남발하는 것이 걱정되었다. 그는 딘이 사회의 관심을 독차지하는 것에 화가 났다. 또 딘이 출자를 더 많이 하려고 하는 것이 의아했다. 그 자신은 2만8000달러밖에 투자한 것이 없었기 때문이다. 레드버치 에너지는 정유소가 자리하고 있는 딘의 밭 일부를 사들이기 위해 25만 달러를 대출했다. 또 게리는 자신이 노동 제공형 가옥 소유제도(노동자에게 일정 기간 싼값에 임대한 후 최종적으로 주택 소유권을 부여하는 제도_옮긴이)에 돈을 들이고 환급금을 위한 영수증을 전혀 보관하지 않는데도 딘이 그들의 새 회사를 위해서는 이익금에서 단 한 푼도 투자하지 않는 것이 걱정되었다. 하지만 딘은 재정적인 손실을 보는 옆의 화물차 휴게소 때문에 압박을 받았으며, 휴게소를 유지하는 데 돈이 들어갔다. 이때 딘의 땅 등기가 잘못되었다는 소식이 들렸다. 딘이 자금을 보충하려고 동업자들에게 말도 하지 않고 땅을 떼어갔다는 것이다. 알고 보니 정유소는 측면도로의 절반과 주차 공간, 저장 탱크가 있는 땅의 일부를 잃었으며, 면적이 좁아져서 담보 가치가 떨어져 있었다.

하지만 딘은 지역 지도에 레드버치 에너지가 실리게 만들었다. 그는 어느 누구보다 아이디어를 파는 법을 잘 알았고, 게리는 딘처럼 말하는 법을 배워야 할 정도였다. 8월이 되자 이들은 시장에서 사들인 폐식용유와 콩기름, 동물 지방에서 정제된 바이오디젤을 주행용 디젤과 혼합해 옆에 있는 주유소에서 팔기 시작했다. 딘과 게리는 며칠 밤 동안 새 연료를 채운 트럭의 엔진 소리가 어떤지 들어보느라 잠도 자지 못했다. 엔진 소리는 전혀 이상이 없었다. 이들은 분쇄기를 활발하게 돌리며 노스캐롤라이나의 실험 농장에서 사온 카놀라 씨를 처리했다. 기계에서 분출된 기름이 통 안으로 쏟아졌고, 가축 사료로 팔릴 기름진 검은 분말 찌꺼기는 따로 걸러냈다. 기름이 바이오디젤로 전환되기 이전에 트리글리세리드와 화학적 첨가물을 분해하고 화합물에서 글리세린을 씻어내는 데는 이틀이 걸렸다. 정유소는 옆에 있는 딘의 화물차 휴게소에서 하루에 2000갤런의 연료를 팔았다. 목표는 하루에 1만 갤런, 1년에 250만 갤런으로 매출을 올리는 것이었다.

이해 여름 레드버치 에너지는 돈을 벌기 시작했다. 이들은 20퍼센트 혼합 바이오디젤을 1갤런에 4달러를 받고 딘의 주유탱크에서 팔았는데, 다른 화물차 휴게소보다 10센트 싸게 공급했기 때문에 우위에 설 수 있었다. 딘은 그들의 사업이 모든 면에서 더 낫다고 생각했다. 대규모 정유사가 볼 때는 판도라의 상자가 될 수 있을 것이다. 일단 알려지기만 하면 "큰일 났다!"는 비명 소리가 들릴 것이다. 지역 주민들은 바이오디젤이 필요하다는 사실을 알게 될 것이고, 정유회사와 외국이 자신들을 꼼짝 못하게 묶어놓았다는 사실도 깨달을 것이다. 다음 단계는 버지니아와 노스캐롤라이나의 전 시골지역에서 바이오디젤 생산방식의 특허를 따내는 것이었다.

하지만 딘이 꿈을 구체화하는 것과 동시에(사실 이것이 가장 중요했고, 이 꿈을 완성하는 것은 낡은 마찻길과 관계된다는 것을 그는 알았다) 그가 등을 돌렸던 다른 사업인 패스트푸드와 편의점 체인은 다른 방향으로 치닫고 있었다. 레드버치 에너지가 출범한 2008년, 몇 달 동안 주택 가격이 전국적으로 떨어졌고, 10년 동안 경기가 침체된 피드먼트에서는 경제위기로 사람들이 주택담보대출을 갚든가, 유류 가격이 사상 최고치로 오른 상황에서 자동차에 연료를 채우고 출근하든가, 두 가지 중 하나를 선택해야 하는 상황으로 내몰렸다. 별 가치가 없었던 부동산에도 압류 조치가 여기저기서 나타났다. 딘은 이 위기를 연료 가격 상승의 파급 효과로, 피크오일의 결과로 보았다. 신경제에 좋은 것은 구경제에는 나쁜 것이었다. 그리고 차입금이 지나치게 많은 그의 사업은 도미노현상처럼 하나씩 무너지기 시작했다.

가장 먼저 타격을 받은 것은 댄빌의 백 야드 버거스였다. 주간 매출이 1만7000달러에서 1만2000달러로 30퍼센트가 떨어졌다. 패스트푸드점의 손익분기점은 1만2500달러였다. 가처분소득(개인이 자유로이 처분할 수 있

는 금액_옮긴이)이 바닥나자 고객은 치즈버거와 감자튀김을 5달러 50센트
나 주고 먹을 수는 없다고 생각해 4달러 50센트에 파는 건너편의 맥도날
드로 가버렸다. 이익 감소가 커지면서 불과 60일도 지나지 않아 사업 기반
이 무너졌다. 이듬해 딘은 15만 달러의 적자를 보고 이 식당을 처분했다.

게다가 딘은 단일 기업(마틴즈빌 레드버치사)에 속한 모든 점포와 식당
을 하나의 은행권에 묶어놓는 치명적인 실수를 범하고 말았다. 한쪽 벽
에 금이 가자 건물 전체가 주저앉기 시작했다. 식당 한 군데의 문제가 드
러나자 딘은 다른 식당을 건사하기 위한 대출을 할 수가 없었다. 그다음
에는 마틴즈빌 자동차도로 부근에 있는 화물차 휴게소 차례였다. 보쟁글
식당은 2009년 하반기에 독점판매권을 확보하려고 옵션을 행사했기 때
문에 그는 2010년 초에 화물차 휴게소의 문을 닫을 수밖에 없었다. 이후
그는 마틴즈빌에 있는 독립 업체인 보쟁글 식당을 닫았다. 딘은 이 두 곳
을 매각해서 은행 빚을 충분히 갚을 수 있었지만, 문제는 그에게 매각한
사람 중 일부가 이제는 그의 채권자가 되어 있었다는 사실이었다. 스톡
스데일 점포를 인도인에게 팔아 남은 돈 전부가 연기처럼 사라졌다. 딘은
말했다.

"나는 100만 달러를 벌었어요. 그리고 100만 달러를 잃었죠."

범인은 경제위기만이 아니었다. 딘은 점포에 대한 관심을 완전히 잃어
버렸고, 경영을 마틴즈빌에 사는 경리에게 위임했다. 그러자 종업원들은
딘 모르게 돈을 빼냈다. 딘의 친구인 하워드는 말했다.

"딘은 직원들의 업무를 감독하지 않았어요. 그들은 딘 몰래 돈을 훔쳤
어요. 딘이 앞에서 호미로 번 돈을 뒤에서 가래로 빼낸 거죠. 그의 등 뒤
에서 강탈한 겁니다. 바셋의 점포에 있는 직원이 주범 중의 하나죠. 딘은
전혀 낌새도 못 챘고요."

딘은 "나는 바이오디젤에만 온 관심을 쏟았어요"라고 말했다. 하지만
미래에 대한 그의 꿈은 그의 과거에 의존한 것이라는 사실이 드러났다.

그의 사업이 실패하기 시작했을 때 도미노의 마지막 조각은 '미국 최초의 바이오디젤 화물차 휴게소'였다.

무의 여왕, 앨리스 워터스

앨리스 워터스Alice Waters는 아름다운 것美을 열렬히 추구했다. 언제나 주변이 아름답기를 바랐다. 앨리스는 감각적으로 아름다운 환경에서 살았으며, 어디서든 신선한 꽃으로 장식하는 걸 좋아했다. 그리고 오후가 되면 황금 햇살이 주방 가득 흘러들도록 서쪽 창의 커튼을 걷을 줄도 알았다. 앨리스의 미각은 완벽했고, 요리를 먹어보면 그 맛을 결코 잊지 않았다. 앨리스가 "레몬을 조금 더 넣어야 해"라고 말하면 정확한 지적이라는 것이 드러났다. 앨리스의 요리는 단순하고 소박하면서도 보기기 좋았다. 겨울 근채 수프, 염소치즈로 버무린 메스클렝 샐러드(어린 채소로 만든 샐러드_옮긴이), 돼지고기 구이, 아스파라거스 비네그레트, 타르트 타탱(프랑스식 사과파이_옮긴이).

앨리스는 맛이라는 말을 좋아했고, 월리스 스티븐스Wallace Stevens의 시를 좋아해서 1960년대 버클리대학에 다닐 때는 주방 식탁 위에 걸어놓기도 했다. 훈족이 1만1000명의 처녀를 학살할 때, 자신마저 순교를 당할 위기에서 성녀 우르술라(4세기에 활동했다고 전해지는 순교자로, 잉글랜드 왕국의 공주였으며, 로마로 성지순례를 갔다가 돌아오던 길에 훈족에게 피살당했다_옮긴이)는 왕에게 무와 꽃으로 공물을 바친다. 그녀는 왕에 대해 이렇게 묘사했다.

미묘한 떨림을 느꼈네.
천상의 사랑도 아니고

동정도 아닌.

앨리스는 이 시에서 학살 대신 무와 꽃을 보았다. 그리고 거기서 자신의 내면의 욕구를 보았다. 앨리스는 언제나 요리와 의상, 남자, 아이디어에 애착을 가졌다. 또 자신이 원하는 것을 좀처럼 놓치는 법이 없었으며, 그것을 차지하기 위해 뭐든 아끼지 않았다.(돈에는 언제나 무관심했다.) 작고 아담한 몸매, 바삐 뛰어다니는 생활, 소녀 같은 신경질적인 목소리, 부드러운 손길 속에는 강철 같은 의지가 숨어 있었다.

앨리스의 생애를 단적으로 보여주는 자기 계시가 두 번 있었다. 첫째는 미에 대한 것으로, 그녀가 프랑스에 갔을 때 찾아왔다. 감각을 만족시켜주는 모든 것을 대표하는 나라였다. 1965년, 앨리스는 자유발언운동(1960년대 중반 캠퍼스 내의 자유로운 발언과 학술 연구를 주장한 학생운동으로, 버클리대학에서 시작해 미국 전역으로 확산되었다_옮긴이)의 바람이 거세게 불어닥치고 난 후 버클리대학을 한 학기 휴학하고 공부하기 위해 친구와 프랑스 파리로 갔다. 파리에 가서는 이내 공부는 뒷전이고 양파 수프와 골루아즈 담배, 노천시장, 프랑스 남자들에게 빠져 지냈다. 한번은 앨리스와 친구가 브르타뉴로 여행을 갔는데, 돌로 지은 조그만 집으로 들어가 분홍 식탁보를 씌운 10여 개의 식탁이 있는 2층에서 식사를 했다. 창문 밖으로는 시냇물과 정원이 보였는데, 거기서 키우는 송어와 나무딸기로 요리를 해서 내놓는 집이었다. 식사가 끝났을 때 손님들은 일제히 박수를 치면서 요리사를 향해 큰 소리로 외쳤다.

"정말 환상적이에요!"

그것은 앨리스가 살고 싶은 방식이었다. 꼭 끼는 1920년대의 클로슈(종모양처럼 생긴 프랑스식 여자 모자_옮긴이)를 쓴 채 아침에는 살구 잼을 바른 바게트와 카페오레로 식사를 하고, 오후에는 카페에서 느긋하게 보내며 브르타뉴에서처럼 유난히 신선한 저녁 요리를 먹는 프랑스 여자처럼 살고 싶었다. 사실 앨리스는 직접 식당을 경영하며 친구들에게 맛난 음식을 차려주고 몇 시간이고 앉아서 웃고 떠들면서 영화 이야기도 나누고 춤도 추는 생활을 하고 싶었다. 하지만 앨리스는 프랑스식 생활에 대한 동경을 가지고 청교도적이면서 대량생산방식으로 사는 미국으로 돌아갔다.

앨리스는 1960년대 후반에 버클리에 감돌던 혁명적인 분위기를 좋아했지만, 그녀 자신의 분위기는 즐거움을 함께 나누는 감각의 혁명 쪽으로 나가게 된다. 1970년 무렵 미국의 요리는 주로 손이 많이 가는 프랑스 레스토랑의 요리와 스완슨Swanson의 냉동식품이 혼합된 형태였다. 맥도날드는 1969년에 50억 개째의 햄버거를 팔았고, 1972년에는 100억 개로 늘어났다. 그리고 두드러진 음식문화의 변화기라고 할 1971년 여름에 셰 파니스Chez Panisse 식당이 버클리 섀턱 거리에서 문을 열었다. 옛날 마르셀 피뇰Marcel Pagnol의 영화에 나오는 인물의 이름을 딴 것이었다. 선택할 수 있는 메뉴는 오로지 한 가지뿐으로, 칠판에 다음과 같이 적혀 있었다.

파테 앙 크루트(구운 고기 또는 생선을 빵 껍질로 싼 요리_옮긴이)
올리브를 넣어 요리한 오리고기
자두 타르트
커피
3달러 95센트

손님이 문 밖까지 줄을 설 정도였다. 일부는 차례가 오기까지 두 시간이나 기다렸고, 그날 밤 끝내 들어가지 못한 사람도 있었다. 주방은 어지러울 정도로 뒤죽박죽이었지만, 식당 안은 요리의 천국 같은 아늑한 분위기였다. 모든 재료는 그 지역에서 난 것(샌프란시스코 차이나타운에서 기른 오리, 일본인 거류지에서 재배한 채소)으로, 자두도 그 지역의 나무에서 가장 잘 익은 것을 따 왔다. 27세의 앨리스는 갑자기 주목을 받기 시작했다.

세 파니스는 지역에서 제철에 재배한 재료를 쓴다는 소문이 나면서 독특한 요리를 파는 곳이라는 찬사가 퍼져 나갔다. 앨리스와 직원들은 재료를 구하기 위해 베이 에어리어(샌프란시스코 만을 끼고 형성된 도심지구_옮긴이) 일대를 뒤지고 다녔으며, 때로는 원하는 채소와 열매를 구하려고 시냇가나 철로변을 뒤지고 다녔다. 앨리스는 냉동식품이나 다른 주에서 트럭으로 운반된 재료를 쓴다는 것을 끔찍한 일로 여겼다. 한번은 냉동식품 기업에서 전문가들을 초대해 신선한 재료와 냉동식품을 가리는 경연대회를 연 적이 있었다. 신선한 것과 냉동제품으로 된 똑같은 재료 20가지로 다양한 요리를 만들었다. 앨리스는 여기서 신선한 재료를 쓴 요리를 하나하나 다 맞혔다.

세 파니스는 인습을 무시하는 보헤미아풍으로도 유명했다. 신선한 재료와 단순한 요리라는 극단적인 우월의식의 한편에는 개방적이면서 격식을 차리지 않는 분위기가 깔려 있었다. 직원들은 서로 연애를 했고(아무런 부담 없이 자신이 애착하는 것을 거리낌 없이 좋아한다는 점에서 앨리스를 따를 사람은 없었다), 히피의 마약 자금으로 운영비를 충당했는가 하면, 요리사는 일을 계속하기 위해 코카인을 복용했다. 웨이터는 식당을 들락거리며 마리화나를 피웠고, 보조 웨이터는 교대하기 전에 아편을 항문에 끼웠다.(구역질을 피하기 위해.) 앨리스는 경영자로서 영감이 번득였고, 까다로우면서도 제멋대로였다. 시간이 지나면서 적자가 늘어났고 몇 번인가는 식당 경영이 거의 마비될 지경에 이르기도 했지만, 그때마다 짧은 머리에 아담하고 섬세한 표정을 짓는 이 여자는 "할 수 있어. 잘 될 거야. 다시 일어날 거야. 두고 봐"라고 말하곤 했다. 그리고 세 파니스는 자체적으로 끊임없이 화제를 불러일으켜 유명했다.

세 파니스가 미국에서 가장 유명한 레스토랑이 되기까지는 여러 해가 걸렸다. 1980년대에는 전국에서 이 식당의 요리를 모방하는 사태가 벌어졌고, 돈을 벌기 시작한 젊은 세대는 오로지 가장 좋은 요리만 먹으려고 했다. 아니면 적어도 그렇게 한다는 말을 들었다. 앨리스의 식당은 부와 명성을 갖춘 사람이 드나드는 장소가 되었다. 1990년대가 되자 앨리스는 전국적인 명사가 되었다. 앨리스는 믿을 수 있는 음식이라는 복음을 전파하면서, 자신의 요리는 유기농 재료로 만든 것이며, 고기는 도축되기 전에 아주 행복한 환경에서 자란 동물을 쓴 것이라고 주장했다. 앨리스는 귀를 기울이는 누구에게나 "좋은 요리는 권리지 특권이 아니다"라거나 "먹는 습관이 세상을 바꾼다" 또는 "아름다움은 사치가 아니다"라고 말하며 가는 곳마다 지속 가능성이라는 기쁜 소식을 전파했다. 또 빌 클린턴을 위한 후원금 모금 만찬회를 열었을 때는 기쁨의 윤리주의자이자 보헤미아풍의 잔소리꾼이 되었다. 또 젊은 대통령과 영부인에게 미국적인 모델로서 백악관 뜰에 밭을 일궈 채소를 재배하라고 귀찮게 조르는 편지를 쓰기도 했다. 대통령 부부가 이 조언을 따르지 않아 당황하기는 했지만, 대도시의 부부들이 토요일이면 농장을 빈번하게 드나들며 재래종 토마토나 포르치니 버섯을 사는 것을 보면 전국적으로는 앨리스의 메시지가 통한 것처럼 보였다. 음식에 관심을 쏟는 사람들 사이에서 유기농보다 더 효과를 발휘하는 말은 없었다. 그 말에는 신성한 힘이 작용하는 것 같았다.

1990년대 중반에 앨리스는 두 번째 자기 계시를 경험했다. 이번에는 추한 것을 보면서 시작되었다. 하루는 지역신문의 기자가 그녀와 인터뷰하기 위해 세 파니스로 찾아왔다. 교외의 놀리는 땅에 경작을 하는 주제로 이야기를 나눌 때 앨리스가 갑자기 말했다.

"사용하지 않는 땅이 얼마나 되는지 단적인 예를 볼까요? 우리 동네에 어마어마하게 넓은 부지를 가진 학교가 있는데, 아무도 신경을 쓰지 않아요. 지금 세상에서 잘못된 것은 모두 이 학교에서 볼 수 있는 현상과

밀접한 관계가 있죠."

그녀가 말한 것은 마틴 루터 킹 중학교였다. 앨리스는 매일 차를 타고 이 학교의 콘크리트 건물과 아스팔트 운동장을 지나가면서 버려진 땅이라고 생각했다. 이 말이 신문에 보도되자 교장이 그것을 보았고, 앨리스가 초대를 받아 학교를 방문하기 한참 전부터 뭔가 변화의 조짐이 엿보였다.

학교를 찾아가면 학교 부지 모퉁이에 방치된 채 놀리는 땅에 채소를 가꿀 수 있는지 물어볼 생각이었다. 아이들에게 팔리는 식품('워킹 타코 walking taco'라고 불리는 것으로, 콘칩을 통에 붓고 쇠고기, 토마토와 범벅을 해서 숟가락으로 떠먹는 요리)은 그녀의 눈에 완전히 삐뚤어진 문화의 상징으로 비쳤다. 패스트푸드는 단순히 건강에 해로울 뿐 아니라 나쁜 가치관을 심어주는 것이었다. 앨리스는 기발한 아이디어가 떠올랐다. 학생들이 학교에 밭을 일궈 케일과 배추를 비롯해 10여 가지의 작물을 재배하고, 학교 주방(현재는 수리비가 없어 폐쇄한 상태)에서 영양가 있고 맛있는 음식을 준비해 함께 앉아 공동으로 먹는 것이다. 그러면 생활에 허덕이느라 기능을 상실한 가정에서 사라진 공동체 문화를 되찾을 것이며, 동시에 기본적인 식사예절도 익히고 음식을 통해 새로운 인간관계를 일깨워줄 수 있을 것이라는 생각이었다.

앨리스는 열악한 환경에 놓인 캘리포니아의 공립학교에서 드러난 문제점이 채소밭이라는 급진적인 생각으로 개선될 것이라고는 생각하지 않았다. 또 금주운동가의 면모가 마음 한구석에 있었는지 빈민가를 지나다닐 때면 왜 남자들이 그렇게 술을 많이 마시는지 의아했지만, 일단 그런 걱정은 잊어버리기로 했다. 일의 경중을 따져 우선순위를 논하는(대체교사와 수업에 들어갈 예산도 부족한 학교에서 '지속 가능성의 교육에 돈을 쓰는 것이 합당한 일일까?) 앨리스의 눈빛에는 단호한 결심이 엿보였다.

"할 수 있어. 잘 될 거야. 다시 일어날 거야. 두고 봐."

이 순간 앨리스는 혁명가에서 복음 전도사로 변신했다. 개인적으로 돈을 모아 공식 승인을 받고, 전 교직원과 학생들의 참여(이것이 가장 힘들었다)를 이끌어내기까지는 몇 년이 걸렸다. 하지만 일단 '에더블 스쿨야드 Edible Schoolyard'(학교 부지 내에서 손수 키운 농작물을 요리하는 자연주의 교육 프로그램_옮긴이)운동이 시작되자 전국적으로 도시마다 이 아이디어를 채택할 만큼 성공을 거두었다. 2001년, 앨리스는 딸이 신입생으로 입학한 예일대학에도 이 운동을 전파했다. 4년 뒤에 앨리스의 아이디어는 내셔널 몰에서도 뿌리를 내렸다.

그리고 버락 오바마가 백악관 주인이 되자 앨리스는 즉시 그에게 편지를 보냈다.

"바로 지금 이 순간 대통령께서는 어떻게 우리나라가 식량을 자급자족할지 기조를 정하는 절호의 기회를 맞이했습니다. 청정과 건강을 중심으로 하는 오바마 운동이 펼쳐진다면 반드시 미국에서 가장 눈에 잘 띄고 상징적인 곳이라고 할 백악관에서 식품에 대한 노력이 병행되어야 할 것입니다."

2009년 5월에 미셸 오바마가 백악관 뜰에서 채소를 가꿀 것이라는 계획을 발표하자 사람들은 앨리스를 미셸의 대모로 간주했다.

1960년대에 미국인은 대개 똑같이 좋지 않은 식품을 먹었다. 양상추 조각을 곁들인 치킨 알라킹(닭고기와 화이트소스를 곁들인 영국식 치킨 요리_옮긴이)이 흔한 요리였다면, 좀더 의욕적인 사람들 사이에서는 퐁듀(알프스 지역과 그 주변지역을 발상지로 하는 전골 요리의 총칭_옮긴이)가 인기를 끌었다. 새천년이 되자 다른 모든 것이 그렇듯이 미국인은 음식으로 구분되었다. 일부에서는 전보다 더 좋은 요리를 더 신중하게 골라서 먹는 데 비해 나머지는 비만을 부르는 가공식품을 먹었다. 교육을 받고 형편이 넉넉하며 걱정거리가 없는 사람들은 일주일에 이삼일은 지역에서 재배한 재료로 성심껏 준비한 저녁 식사를 가족이 함께 앉아 먹었다. 함께 먹더라도 패스트푸드를 사 와서 차에서 먹는 사람들도 있었다. 앨리스는 음식

문화를 사회 변화의 문제이자 청결한 생활방식과 관계된 것으로 보면서 정치적인 데서 원인을 찾으려고 했지만, 세 파니스를 경영하던 시기에 음식이 계급화되는 것을 막을 수는 없었다. 자신의 기준을 참고하라는 그녀의 제안은 혁명적인 발상 때문에 다른 사람들에게는 혼란을 안겨주었다.

　일부 미국인에게 지역에서 생산한 유기농 식품운동은 소비자의 선택으로 규정되는 올바른 윤리라는 특색을 띠었다. 이 운동과 윤리의식은 '우리가 얻지 못하는 것이 무엇이든, 우리의 몸을 청결하게 하는 것은 어렵지 않다'라는 선언을 함으로써 사회의 각 분야에 압력으로 작용했다. 이 운동이 효과를 발휘했다는 증거는 기를 쓰고 식품을 가리는 풍조에서 드러났다. 어떤 엄마는 동네 리스트서브Listserv(특정 그룹 전원에게 전자우편으로 메시지를 자동 전송하는 시스템_옮긴이)를 이용해 자신의 어린 딸이 핫도그를 먹이는 엄마를 둔 딸과 친구로 지내도 되는지를 물을 정도였다. 이 여자는 무질서하고 위험하게 오염된 사회 환경에서 자신과 딸의 위생을 지키려고 한 것이다. 이 사회가 빈곤층의 생활과 몸에서 뿜어져 나오는 공기로 오염되었다고 본 것이다. 앨리스는 엘리트주의자를 혐오했지만, 그녀 자신의 방식이 엘리트의 선택을 의미한다는 것은 부인할 수 없었다. 세 가지 직업에 매달리는 미혼모의 처지에서는 제대로 된 곳에서 키운 케일을 집에서 요리하며 선행에 대한 앨리스의 고상한 믿음을 따를 만한 시간도 돈도 정력도 절대 있을 수 없기 때문이다.

　앨리스는 사람들에게 보다 나은 삶을 제공하고 싶었지만, 워킹 타코에서 즉시 만족감을 느끼는 것이 정확하게 열두 살 아이가 원하는 것이라는 사실을 생각하면 걱정이 되었다. 여기저기에서 비난의 목소리가 들려오자 앨리스는 무와 꽃에 대한 흥미를 잃었다. 앨리스는 유기농 딸기에 관심을 기울이는 사람이라면 누구나 그것을 살 능력이 있다고 믿었다.

　"우리는 매일 무엇을 먹을 것인지 결정합니다. 어떤 사람은 나이키 신발을 사고 싶어하고(그것도 두 켤레쯤!), 또 어떤 사람은 브롱크스 포도를 먹어 영양보충을 하려고 하죠. 나는 팁까지 준답니다. 이것이 내가 원하는 생활이니까요."

탬파

탬파는 미국의 차세대 대도시가 될 것으로 보였다. 이 말은 1982년에 나온 책 『메가트렌드Megatrends』에 나오는 것으로("탬파는 '엄청난 기회를 지닌 신도시' 열 곳 중 하나가 될 것이며, 이 10대 도시 전체가 선벨트 안에 들어 있다"), 1985년에 이곳 상공회의소는 유흥도시라는 1970년대의 모토보다는 더 고차원적인 목표를 세웠다. 바로 '날로 행복한 생활로 다가가는 곳, 탬파'라는 목표였는데, 이것이 '미국의 차세대 대도시'라는 이름으로 바뀐 것이다. 이 말은 거리의 광고판과 자동차의 범퍼 스티커에 등장했으며, 사람들이 입고 다니는 티셔츠에도 들어갔다. 그러니 탬파에 새 국제공항이 들어설 때 이 말이 입증될 것이라는 점을 누가 의심하겠는가? 탬파는 1984년의 슈퍼볼 경기를 개최한 곳이고, 미국미식축구리그NFL 팀이 있으며, 약 100만 제곱미터나 되는 웨스트쇼어의 상업 쇼핑지구도 있고, 따뜻한 햇볕과 해변이 있다. 그러니 전국 어느 도시 못지않게 빠르게 성장하지 않겠는가? 해마다 5000만 명이 플로리다를 찾는 데다가 따뜻한 햇살과 해변이 어디나 있는 것이 아니니 탬파는 성장을 멈추지 않을 것이며, 성장을 거듭하면서 대도시가 되지 않겠는가?

실제로 탬파는 끊임없이 성장했다. 성장을 위한 성장이었다. 탬파는 1980년대 내내 호황기든 불황기든 가리지 않고 성장했으며, 친성장 정책의 보수파가 카운티 행정위원회를 장악했을 때나 친도시 계획의 진보파가 장악했을 때나 똑같이 성장했다. 또 탬파베이에 미국아이스하키리그 NHL 라이트닝 팀과 메이저리그 데블레이스 팀이 생기고 슈퍼볼 경기가 한 차례 더 열렸던 1990년대에도 계속 커졌다. 새천년으로 바뀐 뒤에도 무서운 속도로 커지기만 했다. 플로리다의 주지사 젭 부시Jeb Bush는 토지개발업자 출신이었기 때문에 성장을 잘 알았으며, 그가 한두 표를 마음대로 좌우할 수 있는 상황에서 카운티 행정위원회는 공화당이 다수파가 되었다. 어쩌면 개발업자나 토지수용 변호사, 건축업자의 돈이 들어갔을 수도 있으며, 랠프 휴즈Ralph Hughes가 돈을 뿌렸는지도 모른다. 휴즈는 중폭행죄로 유죄 판결을 받은 전직 복서였는데, 죽을 때는 캐스트크리트Cast-Crete라는 회사의 소유주로서 체납 세금이 3억 달러가 넘었다. 이 회사는 힐스버러 카운티에 세워지던 개발지구 전체의 출입구에 들어갈 조립식 콘크리트 빔을 제조했다.

실제로 이 카운티는 커졌다. 탬파 시의 인구가 30만 명으로 조금씩 늘어난 데 비해 지자체로 인가되지 않은 거대한 농장지대와 목초지, 습지가 들어 있는 힐스버러 카운티는 100만 명을 훌쩍 넘어섰다. 결국 미국의 차세대 대도시라는 말은 매력 포인트가 아니었던 셈이다. 탬파는 이제는 사라진 시가(여송연) 공장이 있던 낡은 항구에 지나지 않았고, 역사적으로 노사분규와 높은 범죄율로 유명했으며, 라틴계와 이탈리아계, 앵글로계, 흑인 등 다양한 인종과 민족이 뒤얽힌 불안정한 도시였다. 성장은 실제로 도시생활에는 적대적인 요인이다. 확대된 도시가 주는 것이라고는 도심에서 자동차로 한 시간 걸리는 새로운 택지에서 겉만 번지르르한 채 고립된 생활을 하는 아메리칸 드림밖에 없었다. 개발회사의 홍보 책자는 '대도시 생활의 고물가와 세금, 혼잡에서 벗어난' 수백 제곱미터의 안락한 삶을 약속하며 '와서 탬파의 주민으로 사는 것만이 그 꿈을 실현하는 것'이라고 강조했다. 이것이 선벨트의 정신이었고, 1970년대 이래 선벨트를 국가의 미래 모델로 만들었다.

유입 인구가 작년보다 올해가 더 많고 올해보다 내년이 더 많은 한, 계속해서 더 많은 주택이 세워질 것이고, 공사현장에 더 많은 일자리가 생길 것이며, 부동산 거래와 그에 따른 소비도 늘어날 것이다. 부동산 가격은 꾸준히 상승할 것이고, 주 정부는 소득세가 없어도 판매세와 부동산 거래 수수료만으로도 예산을 충당할 수 있을 것이다. 성장을 촉진하기 위해 카운티 행정위원회의 위원들은 친절하게도 새 도로나 송수관에 드는 비용 충당을 목적으로 개발회사에 부과해야 할 개발 부담금을 보류했다. 탬파베이 주변에 형성되고 있는 외곽지대의 재산세는 계속 낮은 수준에 머물렀고, 새로 들어선 학교와 소방서에 들어갈 예산은 미래 성장 전망에 따라 유동적인 채권 발행으로 충당했다. 어떤 면에서는 누구나 내일 또는 내년에 발생할 투자에서 이익을 본 셈이 되었다.

일부에서는 이런 전략이 폰지 사기(신규 투자자의 돈으로 기존 투자자에게 이자나 배당금을 지급하는 다단계방식의 금융사기_옮긴이)를 닮았다고 비판했지만, 도시가 전반적으로 확대되는 추세에서 이 말에 관심을 갖는 사람은 아무도 없었다.

파스코 카운티의 54번 주도변에 있던 소나무와 야자수, 오렌지 숲은 성장기제growth machine(도시 공간을 교환 가치로 따져 정치·사회·경제의 역학관계를 설명하는 이론_옮긴이) 논리에 따라 깨끗이 베어졌다. 아폴로 비치의 숲도 완전히 사라졌으며, 플랜트 시티 주변의 딸기농장에는 아스팔트가 깔렸다. 75번 주간고속도로 남쪽에 있는 리 카운티에서는 성장기제에 따라 포트마이어스 부근 습지에 대학교를 세웠다.(코니 맥 상원의원이 육군 공병대에 전화해서.) 케이프 코랄 배수로 사이에 있는 공터는 1000제곱미터씩 쪼개져 할부로 팔려나갔고, 농장주와 목장주가 현금을 받아 챙기는 동안에 과수원과 목장, 늪지가 있던 곳에는 갑자기 개발회사가 세운 동네가 반짝하고 들어섰다.[이런 도시를 붐버그boomburg(도심 확대로 대도시 주변에 형성된 인구 10만 명이 넘는 신도시_옮긴이)라고 불렀다.] 그리고 이름도 마치 영국 영주의 안락한 생활을 연상시키듯, 애슈턴 오크스Ashton Oaks, 새들 리지 이스테이츠Saddle Ridge Estates, 해먹스 앳 킹즈웨이Hammocks at

Kingsway 하는 식으로 붙였다.(트레일러 전용 주차장의 이름을 이스트우드 이스테이츠라고 붙이듯이.) 하룻밤 사이에 바랭이풀밖에 없던 벌판을 포장해 올드 웨이벌리 코트Old Waverly Court, 롤링 그린 드라이브Rolling Greene Drive, 펌프킨 리지 로드Pumpkin Ridge Road 같은 이름의 곧고 평평한 교외 거리로 바꿔놓은 것은 성장기제 때문인 것으로 보였다. 그리고 연석을 따라 나무도 없는 조그만 뜰이 딸린 진입로가 만들어지면서 2층 콘크리트 주택들이 세워졌다. 노란색이나 베이지색 페인트를 칠한 스투코stucco(골재나 분말, 물 등을 섞어 벽돌, 콘크리트나 목조 건축물 벽면에 바르는 미장 재료_옮긴이) 벽과 현관 위로 기둥이 세워진 아치 통로는 우아하다는 착각을 할 수도 있지만, 건축비용만 더 들어갔을 것이 분명했다. 개발회사는 레크리에이션 센터와 운동장, 호수가 들어설 것이라고 선전하는 동시에 6개월 내로 잡지 않으면 30만 달러로 오를 것이라고 부추기며 투기용 주택을 23만 달러에 팔았다. 지금 사지 않으면 영영 놓칠 것이라는 식이었다. 주변에 갑자기 쇼핑몰과 대형 교회가 들어서면서 2차선 고속도로는 너무 혼잡해 확장이 불가피했다.

개발하는 데 너무 외딴 지역이라거나 발전 가능성이 없는 곳은 어디도 없었다. 깁슨턴은 탬파베이의 동부에 있는 동네로, 플로리다에서 오래된 시골지역이었다. 낚시점과 오두막집, 그리고 스패니시 모스(수염틸란드시아. 파인애플 과의 여러해살이풀_옮긴이)가 길게 늘어진 떡갈나무밖에 없던 이곳은 카니발 광대가 겨울을 나던 곳이었다. 그러다가 마이애미에서 온 레나 홈즈Lennar Homes라는 건축업자가 깁슨턴에 있던 열대어 양식장을 진흙과 콘크리트로 매립한 뒤 382가구를 수용하는 주택단지로 만들었다. 부근에는 트레일러로 된 이동식 주택 말고는 학교도 없었고, 몇 킬로미터 떨어진 월마트 외에 쇼핑할 곳도 없었다. 자동차로 45분 거리 안에서는 일자리를 찾을 수 없었다. 그런데도 이곳은 커졌고, 카운티 행정위원회는 자체 개발계획자들의 경고를 무시해가며 레나가 물어야 할 개발 부담금과 세금에 온갖 특혜를 주었다. 그리고 2005년이 되자 캐리지 푸앵트Carriage Pointe의 사업이 시작되었다. 주택지구에는 중심가가 없었고, 아예 시가지 자체가 없었다. 단조로운 평지에 변화를 줄 시설이 없기 때문에 위치파악시스템GPS 없이는 자신이 어디에 있는지도 알 수 없었고, 시계가 없으면 시간이 얼마나 되었는지도 알 수 없었다. 눈부신 열대성 햇빛에 거의 변화가 없었기 때문이다. 이정표가 될 만한 것은 두 개의 8차선 도로 교차점 사거리에 세워진 신호등뿐이었다. 첫 번째 사거리에는 퍼블릭스Publix(식료품 매장)가 있었고, 그다음에는 샘즈 클럽Sam's Club(대형 할인마트), 세 번째는 월그린스Walgreen's(체인 약국), 네 번째는 셸 주유소가 있었다. 지자체로 인가되지 않은 인구 10만 명의 거대한 붐버그인 브랜든에는 브랜든 타운센터라는 그럴듯한 이름의 점포가 있었지만, 브랜든에서 가장 큰 쇼핑몰에 지나지 않았다. 브랜든의 중앙로는 웨스트 브랜든 불바드나 유에스 60이라고 할 수 있는데, 신호등 사이 약 800미터의 거리에는 상점 간판들이 얼룩이 번지듯 죽 늘어서 있었다. 아인슈타인 브로스 바젤스 플로리다 카 워시 스테이트 팜 데어리 퀸 익스프레스 루브 제시스 스테이크스 맥도날드 파이브 스타 페인트 볼 아쿠아리움 센터 선샤인 스테이트 페더럴 크레디트 유니언 미스터 카 워시 위버스 타이어 오토모티브 웬디스.

성장기제는 직업소개소 역할을 했다. 식당이나 대형 매장 말고는 일자리가 없었고, 부동산업 외에는 다른 사업거리를 찾는 것도 힘들었다. 호황기의 계급구조에서 빈곤층은 공사현장에서 일하는 멕시코인 일당노동자들이었다. 임금노동자 계층은 건축업에 종사했고, 은행 창구 직원이 하위 중산층을 형성했다. 중산층은 부동산업자와 부동산물권보험대리업자, 토목기사였고, 상위 중산층은 토지수용 변호사와 건축가, 부유층은 개발업자들이었다.

매수자 일부는 전혀 들어보지도 못한 컨트리워크라는 곳에서 꿈에 그리는 주거공간을 제공한다는 선전을 믿고 탬파에서 빠져나온 이들이었다. 대부분은 주 밖에서 온 사람들이었다. 하지만 이곳은 수준 높은 스노버드snowbird(겨울을 따뜻하게 보내기 위해 남쪽을 찾는 사람_옮긴이)의 목적지라고 할 마이애미도 아니고, 팜비치도 아니었다. 주로 하위 중산층이 이곳에 정착했으며, 이들 중 상당수는 오하이오나 미시간 등 검소하고 신중한 풍토의 중서부에서 살다가 I-75 간선도로를 따라 내려온 사람들이었다. 힐스버러와 그 이웃의 카운티들은 일요일에 교회에 나가는 보수적인 지역으로 변했고, 모델하우스와 지방흡입술을 선전하는 고속도로 광고판 사이에는 낙태 반대와 최후심판일을 묘사한 간판들이 드문드문 보였다. 그 와중에 이 같은 낡은 가치들은 눈부신 정오의 햇살에 무색해진 등불처럼 시들해졌다.

미시간에서 온 리처드와 아니타 처럼 호화롭게 사는 사람들도 있었다. 아니타의 부친은 헨리 포드와 월터 로이터Walter Reuther를 기억할 정도로 포드 리버 루지Ford's River Rouge 공장에서 아주 오랫동안 일한 사람이었다. 그리고 아니타는 리처드의 건축회사에서 1980년대에 그를 플로리다의 새 사무실로 발령 낼 때까지 디어본 시에 직장이 있었다. 아니타는 아버지에게 물려받은 검약정신을 세인트 피터스버그까지 가지고 가 쿠폰 여왕이 되었다. 이후 아니타는 와코비아 은행Wachovia Bank에 들어갔는데, 이 은행은 캘리포니아에서 월드 세이빙World Savings을 인수한 뒤에 지나치게 서브프라임 론(비우량주택담보대출) 경영에 빠지고 말았다. 이 대출금은 흔히 '피커페이Pick a Pay'라고 불렸는데, 고객이 이자와 지불방식을 선택해서 스스로 융자금의 성격을 설계하도록 유도한 것이었다. 이 자금을 쥐어짜서 나온 유난히 수익성이 높은 주스는 성장기제를 추진하는 연료가 되었다.

제니퍼 포모사Jennifer Formosa도 미시간 출신이었지만, 어머니와 살며 플로리다에서 자랐다. 고등학교를 졸업한 뒤 제니퍼는 케이프 코랄에 있는 은행에서 출납계 직원으로 일했고, 아이 아빠와 결혼했다. 이 지역 출신으로 론Ron이라는 이름을 가진 이 남자는 고등학교는 나오지 못했지만, 콘크리트 기초 사업에 적잖은 돈을 쏟아붓고 있었다. 론과 제니퍼는 11만 달러의 주택담보대출을 해서 침실 세 개짜리 집을 지었다. 그리고 대출금을 갚기 위해 재융자를 받았고, 지붕을 새로 올리기 위해 '순가 서비스equity line'(담보, 과세 등을 뺀 가격의 2차 담보대출_옮긴이)를 받았다. 이후 차를 바꾸고 테라스 공사와 보트 구입을 위해 융자를 또 받았다. 그러다가 유람선 여행을 하고 아이들과 디즈니랜드에 놀러 다니며 나머지를 다 날렸다.

뉴욕 퀸즈의 유토피아 파크웨이에서 자란 버니가 있었다. 버니는 태양과 행복한 삶을 찾아 하와이, 애리조나, 웨스트 팜비치를 전전하다가 마침내 파스코 카운티 54번 주도의 트윈 레이크스라고 불리는 주택지구로 왔다. 여기서 11만4000달러에 주택을 구입한 버니는 이 집이 6년 만에 28만 달러로 오르는 것을 지켜보았다. 더 먼 곳에서 온 사람도 있었다. 우샤 파텔Usha Patel은 인도 구자라트에서 성공한 청부업자의 딸이었다. 우샤는 운전사가 딸린 자동차를 타고 쏘다니는가 하면, 밥 먹은 접시를 한 번도 치워본 적이 없을 만큼 버릇없는 아이로 자랐다. 하지만 1978년 집안에서 18세가 된 우샤를 런던에 근무하는 인도 기사에게 출가시켰을 때 모든 것이 변하고 말았다. 1991년, 남편의 요통 때문에 우샤 부부는 두 아이와 함께 무더운 탬파로 이사하기로 결심했다. 이곳에서는 우샤의 오빠가 의료업에 종사하고 있었다. 탬파에서 우샤는 처음부터 다시 시작하며 죽도록 열심히 일했다. 우샤는 아침 6시부터 오후 2시까지 주유소의 계산대 앞에서 일하며 일주일에 300달러를 벌었다. 힐스버러 카운티 남부의 마약 우범지대에 있던 이 주유소는(우샤는 두 번이나 권총강도를 당했다) 전에 오빠가 사둔 곳이었다. 주유소 일을 마친 뒤에는 학교에서 돌아오는 아이들 시간에 맞춰 차로 브랜든에 있는 집으로 가서 아이들에게 밥을 먹이고 숙제를 봐주었다. 그런 다음 우샤는 다시 멕시코 식당의 웨이트리스 제복으로 갈아입고 4시부터 11시까지 식당 일을 했다.

"그렇게 돈을 벌었어요."

우샤는 끊임없이 저축했으며, 아이들에게도 저축하도록 가르쳤다. 어린 아들이 에어 조던(농구화)을 사달라고 조르면 우샤는 "그건 그냥 마이클 조던의 이름만 파는 거야"라고 말하곤 했다. 우샤는 아이들이 대학을 졸업할 때까지 집도 장만하지 못했다.

아이들이 직장에 다니던 무렵, 우샤는 파텔이라는 이름을 쓰기 전 구자라트에 살 때부터 이미 이곳의 이민자들이 경험한 선택의 기로에 직면했다. 주유소에 계속 나갈 것인가, 아니면 모텔을 인수할 것인가? 우샤는 늦은 밤 시간에 계산대 앞에서 근무하는 것이 위험하다는 것을 잘 알았기 때문에 2005년에 컴포트 인Comfort Inn이라는 모텔을 인수할 생각을 하게 되었다. 컨트리워크에서 5킬로미터도 안 떨어져 있는 파스코 카운티 한가운데에 있는 곳으로, 54번 주도 맞은편의 I-75 간선도로 바로 옆에 위치한 곳이었다. 크래커 배럴Cracker Barrel과 아웃백 스테이크 하우스 사이에 자리 잡은 이 2층짜리 모텔은 객실이 68개가 있었고, 하룻밤 숙박료는 50달러였다. 주차장 옆에 조그만 수영장도 딸린 이 모텔을 우샤는 320만 달러에 계약하고, 50만 달러는 현금으로 지불했다. 나머지는 두 군데서 융자를 받았는데, 중소기업청에서 120만 달러, 비즈니스 론 익스프레스Business Loan Express라는 상업 대부업체에서 150만 달러를 빌렸다. 돌이켜 생각하면 이 거래는 터무니없이 비싼 가격으로 사기에 가까웠지만, 대출해주는 곳에서 권하는 바람에 우샤는 그만 신청서를 작성하고 말았다.

"그 사람들은 사탕발림으로 빚을 떠안게 했어요"라고 우샤는 말했다. 모텔은 다른 곳의 '컴포트 인' 모텔처럼 평범했고, 어쩌면 더 못할지도 몰랐지만, 어쨌든 우샤의 소유였다.

매수자들 중에는 각지에서 모여든 투기꾼이 많았다. 6개월에 5만 달러의 이익을 노리는 단기투자자에서부터 연봉 3만5000달러를 받으며 100만 달러나 되는 5~10채의 주택으로 사기 치는 사무원, 2년 만에 주택 가격이 두 배로 뛰어 거금을 손에 쥐는 자동차 판매 사원에 이르기까지 다양했다. 주택 가격이 미친 듯이 솟구친 2005년에는 12월 29일에 39만 9600달러 하던 포트마이어스의 주택이 12월 30일에 58만9900달러로 뛴 적도 있었다. 터무니없는 값으로 가격 폭등을 부추기는 자들은 단기투자자들이었다. 마이크 로스Mike Ross는 단기투자자였다.

마이크는 캘리포니아의 뉴포트비치에서 자랐으며, 열한 살 때 플로리다로 이사했다. 마이크 집안은 오랫동안 보트를 제작했는데, 9학년 때 학교를 중퇴한 그는 탬파베이 맞은편 걸포트에 있는 '패서디나 요트 앤드 컨트리클럽'에 들어가 부호들의 요트를 수리하는 일을 했다. 처음에는 단순 근무 조에 속해 일하다가 시간이 지나면서 시간당 150달러를 받고 알루미늄 흡입구의 샌드블라스팅(강재, 석재, 콘크리트, 타일 등의 청소나 광택을 지우기 위해 압축 공기를 써서 모래를 뿜는 일_옮긴이)이나 광택 작업으로 표면을 끝손질하는 일을 했다. 광택 작업은 사라진 기술이어서 보수가 많았다. 그의 고객 중에는 듀퐁 레지스트리duPont Registry(고급 자동차를 소개하는 잡지사_옮긴이)의 회장이 있었는데, 이 사람은 마이크 부부를 자신의 전용기에 태우고 바하마제도로 데리고 가서 자신이 소유한 배의 광택 작업을 하게 한 적도 있었다. 또 다른 고객으로 짐 월터Jim Walter가 있었는데, 이 사람은 전국적으로 싼 집을 뚝딱 지어 파는 탬파의 대부호였다. 마이크는 자신의 기술에 자부심이 있었고 일은 끝없이 널려 있었지만(혼자서 1년에 7만 달러씩 벌며 3년 만에 계류장 일의 60퍼센트를 도맡아 했다), 뜨거운 햇빛 아래에서 하기에는 너무 고된 일이었다. 게다가 고속 완충제의 화학성분이 얼굴로 날아드는 험한 일이기도 했다.

2003년 어느 날, 마이크는 더위에 기진맥진한 나머지 오한이 나고 구토를 했다. 이때 그는 보트 수리 일을 그만두기로 결심했다. 당시 42세였던 그는 비만이었고, 만성피로에 시달렸다. 그는 늘 주택 단기투자를 하고 싶었지만, 그러기에는 겁이 너무 많았다. 그러나 그와 함께 보트 일을 하는 사람들 중에는 단기투자를 하거나 잠깐 손을 대 돈을 번 사람이 많았기 때문에 용기가 생겼다. 마이크와 아내는 스위프트 펀딩Swift Funding에서 정상 이율보다 3퍼센트 더 주기로 하고 돈을 빌려(이른바 거짓말쟁이의 융자라고 하는 주택담보대출) 최초로 부동산에 투자했다. 이것만큼 쉬운 일도 세상에 없었다. 5만 달러짜리 주택이었는데, 두 달 동안 주방과 욕실을 새로 꾸민 다음 6만8000달러에 팔았다. 다음에는 자신이 소유하고 있던 세인트 피터스버그의 집을 수리하느라 6개월을 소비했다. 1985년에 4만8000달러를 주고 산 집이었다. 금요일 오후 5시에 마이크는 '주인 직매'라는 간판을 내걸었다. 전화통에 불이 나면서 마이크 부부는 이 집을 16만9000달러라는 놀라운 액수에 팔았다. 그다음 두 사람은 마이크의 부모 집 부근에 있는 100년 된 조지아 시골 농가를 매입해 이사한 다음 수리를 시작했다. 더 이상 겁날 게 없었다. 주택시장이 후끈 달아올랐을 때였기 때문에 아주 쉬운 일이었다.

또 마이클 밴 시클러Michael Van Sickler의 이야기를 꺼내지 않을 수 없다. 밴 시클러는 클리블랜드 교외에서 이 도시가 파산에 직면했던 1970년대와 1980년대에 성장기를 보냈다. 그의 부친은 넬라 파크에 있는 제너럴 일렉트릭의 기사로 근무하면서 회사의 축제 조명을 관리하고 있었다. 이 때문에 크리스마스 때면 밴 시클러의 집에는 언제나 동네에서 가장 화려한 크리스마스 등불이 반짝이곤 했다. 변두리 생활에 권태를 느끼던 밴 시클러는 여름철에는 하릴없이 빈둥거리며 '도대체 사람들은 다 어디 있는 거야?'라고 생각하곤 했다. 고등학교 때는 갑갑한 동네를 빠져나가 친구들과 클리블랜드 하이츠에서 시내로 가는 경전철을 타고 뮤니시펄Municipal 스타디움에서 열리는 인디언스 팀의 야간경기를 볼 수 있었다. 당시에도 그 구장은 철거를 앞둔 시절이라 그랬는지 늘 관중석이 비어 있었다. 그때는 친구들과 쿠야호가 강변의 폐쇄된 공장들만 남은 플래츠 지역을 얼쩡거리다가 사람들이 많이 모이는 술집으로 발길을 돌려 여자애들을 쫓아다니기도 했다. "그때는 아마 도시가 보여줄 수 있는 마술을 이해한 것 같아요"라고 밴 시클러는 말했다. 클리블랜드처럼 생기 없는 러스트 벨트의 도시였는데도 그랬다.

"사람들이 있어야 하죠."

1990년대에 대학을 마친 밴 시클러는 부모를 따라 플로리다로 이사해 뉴 탬파에 정착했다. 그는 신문학 석사를 따려고 게인즈빌대학에 들어갔는데, 수업은 주로 밥 우드워드Bob Woodward와 칼 번스타인karl Bernstein, 존 디디온Joan Didion에 대한 것이었고, 그 밖에 그의 상상력을 자극하는 고전적인 장르가 있었다. 석사과정을 마친 그는 플로리다에서 중간 정도 규모인 신문사 몇 군데에서 일했다. 많은 실수를 저지른 끝에 그는 거대한 놀이터라고 할, 시청을 취재하는 법을 배웠다. 그가 처음 레이크랜드의 『레 처Ledger』지에 쓴 기사는 모두 다른 데서 인용한 것으로 채워졌는데, 스스로 뭔가를 말할 권위가 없다고 느꼈기 때문이다. 이것이 바로 주제에 완전한 확신을 주기 위해 그가 노리는 것이었다. 그러면 독자들은 기사를 읽으면서 무슨 말인지 알게 마련이었다.

2003년, 밴 시클러는 남동부 최대의 신문사인 『세인트 피터스버그 타임스St. Petersburg Times』에 입사했다. 꿈의 무대라고 할 수 있었다. 사실 신문은 전망이 어두워지고 있었다. 신문 일이라는 게 알맹이가 없는 껍데기에 지나지 않았으며, 몇몇 신문사는 인터넷의 압력에 굴복하는 상황이었고, 광고도 빠져나가고 있었다. 그래도 『세인트 피터스버그 타임스』는 대다수의 다른 신문사보다는 형편이 좋았다. 특히 탬파베이 맞은편에 있는 경쟁지인 『탬파 트리뷴The Tampa Tribune』은 『세인트 피터스버그 타임스』 때문에 몰락하다시피 했다. 버지니아 리치먼드의 거대 복합기업으로서 언론사를 소유한 사주가 불필요한 시설을 제거하고 기본적인 것만 남겼기 때문에 시시한 3류 신문 수준으로 전락한 것이다. 『세인트 피터스버그 타임스』는 지역 소유였으며 영리 기업이 아니었기 때문에(넬슨 포인터Nelson Poynter가 1978년 사망하면서 보유 주식을 포인터 언론 연구소에 기부했다) 『시카고 트리뷴』이나 『로스앤젤레스타임스』처럼 경영 악화로 몸살을 앓는 거대 신문사와 똑같이 이익을 남길 필요가 없었다. 이 두 신문사는 곧 더 큰 이익을 노리는 개인 투자자들 때문에 쪼개진다. 밴 시클러와 마찬가지로 신문사에서 일하는 그의 아내는 세미놀 하이츠에 있는 1930년대식 벽돌 방갈로(별장식 단층집)를 매입했다. 탬파 중심가 바로 북쪽에 있는 유서 깊은 동네인 세미놀 하이츠는 환경이 황폐해진 뒤 슬럼화하고 있었다. 이곳은 클리블랜드 플래츠 주변을 밤에 거닐 때의 정취를 느끼게 해주었지만, 밴 시클러는 '차세대 대도시' 사업 전체가 의심스럽다고 생각했다.

『팜비치 포스트The Palm Beach Post』에서 시청 출입기자로 뛰면서 그는 도심 개발에 깊은 관심을 갖게 되었다. 도시계획 입안자들이 기자보다 영향력이 작다는 것을 깨달을 때까지는 한동안 직업을 바꾸려는 생각까지 할 정도였다. 그의 서가에는 『스프롤 휴대용 도감』(스프롤은 도심 확대 현상을 말한다_옮긴이), 『잔디의 역사』 『교외 국가』 같은 책이 꽂혀 있었고, 『막강한 중개인』과 『미국 대도시의 죽음과 삶』 두 가지는 그에게 성서나 다름없었다. 밴 시클러는 『미국 대도시의 죽음과 삶』의 저자인 제인 제이컵스Jane Jacobs의 신봉자가 되었다. 그녀는 그가 클리블랜드 하이츠에서 자랄 때, 무척이나 갑갑한 여름날 오후를 보내며 주위에 아무도 없을 때 느꼈던 욕구에 대한 어휘, 가령 인조화강석이나 보행자 접근성, 혼합용도, 거리시야 안전성, 조밀도 같은 용어를 가르쳐주었다. 삶은 서로 다른 배경을 가진 사람들이 직접 얼굴을 맞대고 생각을 주고받는 곳에서 가장 풍요롭고 창조적이었다. 그리고 이런 일은 도시에서, 그것도 독특한 특징을 지닌 도시에서 일어났다.

이 모든 것은 탬파로 이사하면서 분명해졌다. 특히 신문사에서 밴 시클러에게 도시계획과 확대에 대한 취재를 맡긴 2005년 이후에 기회가 찾아왔다. 1990년대 초반 그가 스물두 살이었을 때 탬파 시는 활기차 보였고, 장래성이 있을 것 같았다. 하지만 2000년대가 되자 전혀 도시 같지가 않았다. 약 50명이 출퇴근하던 중심가에는 앞으로 수년 동안 늘어날 수요를 흡수하려고 거리와 아무 상관도 없는 거대한 콘도가 세워졌지만, 정작 모든 상권과 최고의 사무실 공간은 수 킬로미터 떨어진 공항 부근의 웨스트쇼어로 몰렸다. 탬파는 대도시를 목표로 지름길을 택했지만, 전혀 뜻대로 되지 않았다. 중심가는 응집력이 없었고, 사무직이나 하키 경기, 재판 외에는 사람들을 끌어들일 요인이 아무것도 없었다. 시내에서는 자전거를 타는 것도 위험했으며, 자동차들이 질주하는 대로를 건너가는 것도 위험하기는 마찬가지였다. 탬파는 자전거 이용자와 보행자의 사망사고가 전국 2위였다. 걸어가는 사람이 보인다면 그 사람의 차가 고장 났을 가능성이 높았고, 길가에 쭈그리고 앉은 여자가 보인다면 대기소도 없는 데서 한 시간째 버스를 기다리고 있는 것이라고 보면 되었다. 통근열차 안건이 카운티 행정위원회에서 통과되지 못한 가운데 탬파베이는 미국에서 디트로이트 다음으로 비교도 안 될 만큼 큰 대도시권으로 남았다. 그 결과 외지에서 온 사람들끼리는 전혀 서로 어울릴 필요가 없었다. 밴 시클러는 말했다.

"탬파에서 우연한 만남이 이루어지는 일은 없어요. 그런 일이 생긴다고 해도 불쾌한 경우밖에 없죠."

이 같은 경직된 사고는 도시생활이 비미국적이라는 말이었다. 그리고 밴 시클러는 힐스버러 카운티의 성장기제에서 이 같은 현실을 느꼈다. 기업에서 지은 단지의 주택들은 꼭 지하 벙커처럼 창문도 작고, 옥외 통로나 기후에 어울리는 안뜰도 없었으며, 동굴처럼 어두운 데서 에어컨만 계속 돌아갔다. 가족들이 카펫이 깔린 거실의 대형 텔레비전 앞에 앉아 있는 실내는 블라인드로 햇빛이 차단되어 있었다. 집 밖으로 나가면 천편일률적인 주택들이 지루하게 이어지는 긴 거리가 펼쳐져 있었다. 사람들은 걸어 다닐 이유가 전혀 없었기 때문에 차에서 내리면 현관 진입로를 거쳐 집까지 걷는 것이 고작이었고, 이웃에 누가 사는지도 몰랐다. 이런 생활은 세상에서 물러나 은거하는 형태였으며, 고립된 상황은 전반적으로 퍼진 치안에 대한 불안감 때문에 더 심해졌다. 곳곳에 교통사고 전문 변호사와 주택자금 신속대출, 벼락부자 설계를 선전하는 광고판이 보였고, 플로리다의 자동차 보험료는 다른 어느 도시보다 비쌌다. 보험회사들은 이 현상을 보고 '사기가 판치는 주'라고 불렀다. 플로리다는 잠시 머물거나 뿌리가 없이 헤매는 사람들을 불러들였다. 협잡꾼이나 사기꾼 못지않게 한몫 잡을 요량으로 끝없이 제2의 기회를 선전하는 말에 넘어간 사람들이었다. 그러니 이웃집 남자가 이들 중 한 사람이 아닌지 누가 알겠는가?

캐리지 푸앵트 같은 주택지구는 제인 제이컵스가 말한 지옥 같은 사례에 해당했다. 2006년, 밴 시클러는 탬파 주변에서 주택을 구입하는 사람들에 대한 기사를 썼다. 이들 중 다수는 다른 지역에 살고 있었는데, 전화로 연결이 되면 그는 먼저 이 말부터 물었다.

"그 집에 살고 계신가요? 아니면 집이 비어 있습니까? 왜 러스킨에서 휴가를 보내려고 하시죠? 거기는 휴가지가 아닌데요."

그러면 적어도 매매의 절반은 투자 목적이라는 것이 밝혀졌다. 그 숫자는 엄청났다. 주택 소유라는 개념 자체가 완전히 왜곡되어 있었다. 이런 집들은 처분 가능한 상품에 지나지 않았다. 이런 생각이 수요를 부채질했다.

밴 시클러는 탬파와는 전혀 어울리지 않았다. 그는 큰 키에 얼굴이 창백했고, 붉은빛이 섞인 금발에 헐렁한 바지와 소매가 긴 셔츠를 입고 다녔다. 목소리는 옛날 라디오 기자처럼 조금 딱딱했으며, 중서부 출신답게 진지한 태도는 사기성의 다른 측면이라고 할 '햇빛 주'(플로리다의 별칭_옮긴이)의 반갑게 인사하는 풍토에는 어색한 것이었다. 그는 특히 자신의 직업에 아주 성실했다. 취재에 매달리는 기자는 이상주의자가 될 수밖에 없었다. 밴 시클러는 기자들이 냉소적이라는 생각에 찬성하지 않았다. 신문은 양쪽의 이야기를 전하거나 적당한 선에서 얼버무리면 신문사 자체나 독자들에게 도움이 되지 않았다. 왜냐하면 어떤 일에는 객관적인 사실이 있을 수 있고, 기자는 그 사실을 말해야 하기 때문이다.

밴 시클러는 때로 자신이 기자로서 너무 무뚝뚝하고 검사 같은 태도를 지닌 것에 겁이 났다. 공화당 카운티 행정위원인 마크 샤프Mark Sharpe는 개발업자의 선거 후원금에 대해 묻는 밴 시클러의 전화를 받고 이내 문제가 생길 거라는 사실을 알아차렸다. 질문이 시작되자 처음에는 단순하게 사실을 확인하는 순진한 목소리로 들렸지만, 질문이 하나하나 이어지면서 밴 시클러는 샤프가 전에 그에게 해주었던 말을 낱낱이 기억하고 있다는 것이 드러났다. 마침내 이 기자는 샤프가 처음부터 예상하고 있던 문제를 꺼내며 덫을 놓았다.

"만일 이 남자가 주요 기부자라면 당신이 개발 부담금 완화에 찬성한 것이 잘못된 것이라고 생각하지 않나요?"

밴 시클러는 기자에는 단순히 사건을 전달하는 기자와 비리를 폭로하는 기자, 두 부류가 있다고 믿었다. 그는 물론 후자 쪽이었다. 하지만 그가 기를 꺾어놓은 사람은 소니 킴Sonny Kim이 유일했다.

2006년 봄에 밴 시클러는 케니 러싱Kenny Rushing이라는 남자에 대한 소문을 들었다. 탬파에서는 이례적으로 흑인 부동산 판매업자였다. 이 남자의 이름과 얼굴은 광고판과 텔레비전 광고에도 나왔는데, 「대장, 저 머저리를 구해줘요!Captain Save-a-Hoe」라는 랩송을 패러디한 '대장, 집을 구해줘요!'에서 망토를 걸친 영웅의 모습으로 나왔다. 케니 러싱은 관객이 꽉 들어찬 천막 쇼에서 그의 사진으로 장식한 허머 자동차의 호위를 받으며 캉골(영국 모자 브랜드_옮긴이) 모자를 쓴 모습으로 하얀 벤틀리를 몰고 모습을 드러냈다. 그는 도시의 가난한 흑인도 투매로 나온 부동산을 매점

하고 커다란 이익을 남기는 방법으로 다른 사람들처럼 주거운동에서 일익을 담당할 수 있다는 설교를 했다. 러싱은 이보 시티에 모인 청중에게 말했다.

"이제 자신을 위해 행동할 때입니다. 흑인이 지배하는 분야가 뭡니까? 스포츠와 연예죠. 나는 흑인에게 부동산을 지배하라는 말을 하고 싶어요. 내가 아는 어떤 분야보다 부동산에서 많은 백만장자가 나왔으니까요."

그가 하는 말은 권한 부여나 시민권, 부자가 되는 법에 관한 것이 전부였다. 러싱은 10대 때 디모인에서 마약 공급책 노릇을 하다가 플로리다 감옥에서 4년을 살았던 사람이었다. 그는 이야기 도중에 동기유발을 위한 선전을 하며, 젊은 마약꾼들에게 그들도 생각을 바꿔 합법적인 수단으로 단기투자를 해서 자신도 부자가 되고 돈이 필요한 흑인 주택 소유자들에게도 이익이 돌아가게 하라고 말하고 있다. 벤 시클러는 말했다.

"제이지Jay-Z와 카네기를 합친 모습이었죠. 이것이 호황기에 플로리다의 경제가 보여준 모습이었어요. 실제로는 거의 호황의 기미가 없었지만, 경기가 좋았다면 오로지 한 가지 분야, 부동산뿐이었죠. 내부 실정을 모르는 사람은 다들 그랬듯이 고생만 했어요."

벤 시클러는 케니 러싱을 조사했다. 러싱은, 자기 말로는 단순히 하급 마약 공급책에 불과했지만, 사실 크립스 갱단에 뒷돈을 대는 엄청난 거물이었다. 골든글로브상을 수상했다는 이야기는 날조된 것이었다. 그리고 '대장, 집을 구해줘요' 광고에서 보여준 이미지는 매진될 정도로 인기를 끌던 세미나에서 그가 공공연히 비난한 약탈자의 모습과 정확하게 일치한다는 사실이 밝혀졌다. 그는 탬파 하이츠라는 낙후된 동네의 73세된 할머니를 설득해 낡고 초라한 집을 자신에게 2만 달러에 넘기게 했다. 시에 저당이 잡혀 있었기 때문에 할머니가 손에 쥔 돈은 결국 1729달러밖에 되지 않았다. 몇 주 뒤, 러싱은 이 집을 랜드 어셈블Land Assemble이라는 투자신탁에 7만 달러에 팔았다. 밴 시클러는 이 거래에 대해 러싱에게 물었다. 러싱은 이렇게 답했다.

"그 집이 7만 달러의 가치가 있다는 것을 알았다면 할머니에게 더 많은 금액을 지불했을 겁니다. 6만 달러 정도는 쉽게 내줬을 거예요. 내 말을 왜곡하지 말아요. 나는 여자를 등쳐먹는 사람이 아니란 말입니다."

검사 기질이 있는 밴 시클러는 '대장, 집을 구해줘요' 광고에서 남긴 이익 일부를 할머니에게 돌려줄 수도 있지 않은지 물었다. 그러자 "내 말은 여기 있는 모든 것을 부동산에서 벌었다는 뜻이 아니에요"라는 대답이 돌아왔다.

4년 만에 러싱과 그의 동업자들은 100만 달러 이상의 이익을 올렸다. 거래 중 열다섯 건은 탬파 하이츠의 무려 5억 달러짜리 재개발 프로젝트의 계획단지에서 이루어졌다. 1900가구의 부유층 콘도와 연립주택이 들어선 단지였다. 러싱은 탬파에서 가장 막강한 개발업자 두 사람의 대리인 노릇을 했다. 그는 사람들을 거의 만나지 않았으며, 개발회사에서도 그를 모른다고 했다.

밴 시클러는 한때 마약계의 큰손이었던 자가 도시의 엘리트로 변신한 사실이 당혹스러웠다. 그는 5월에 이 이야기를 정리해 신문에 발표했다. 전국에서 가장 부동산 열기가 뜨거웠던 곳의 이면을 다룬 기사였다. 이 이야기를 정리하는 동안 그와 말을 나눈 어떤 중개인은 한 가지 조언을 해주었다.

"케니에게 뭔가 의혹이 있다고 생각한다면 소니 킴을 조사해봐요."

밴 시클러가 소니 킴을 따라잡았을 즈음에는 주택 열기가 식었을 때였다.

플로리다의 부동산업자들 중에서는 사건이 발생하는 정확한 순간을 아는 사람들이 있다. 포트마이어스와 케이프 코랄의 중개인인 마크 조셉

Marc Joseph이 (광기의 눈으로) 볼 때는 2005년 12월에 집값이 평균 32만 2000달러로 최고치를 기록했을 때 전화벨이 평소처럼 울리지 않은 기간이 꼭 일주일이었다. 마치 타이어에 펑크가 난 자동차가 속도가 느려지면서 멈추는 것 같았다. 다른 중개인들은 한두 달 차이로 이 시기를 맞혔으며, 이 사태를 전등 스위치가 꺼진 것에 비유했다. 2005년 말이나 2006년 초 어느 시점에 이르러 주택시장이 10년간의 중간 가격에서 어지럽게 요동치자 투기꾼들은 갑자기 자신감을 상실했고, 플로리다를 떠받치던 믿음도 무너졌다. 경기는 마치 공중에 매달려 있다 아래로 떨어지는 애니메이션 「루니툰」의 등장인물처럼 수직 낙하했다. 주택 가격은 대출자나 대부자, 단기투자자, 월가의 거래꾼들이 오랫동안 도박을 한 결과였다. 신용부도스와프 사무실과 패니 매이, 아시아계 은행들이 8퍼센트 금리의 급전을 찾아다니는 와중에 CNBC(미국의 경제 및 금융 전문 방송 채널_옮긴이)의 괴상한 후원사들이나 앨런 그린스펀은 이런 시테가 일어나리라고는 전혀 상상도 하지 못했다. 모든 것이 무너지기 시작했다.

1~2년이 지나자 이 같은 여파가 곳곳의 붐버그와 중개인 사무실, 공사현장, 쇼핑몰 등 현장 일대에 나타났다. 2007년 초, 얼라이드 밴 라인즈 Allied Van Lines(운송회사)의 한 임원은 탤러해시에 있는 플로리다 상공회의소에 플로리다 주로 들어오는 사람보다 빠져나가는 사람이 더 많다는 사실을 보고했다. 2007년에서 2008년 사이에 플로리다의 전력 네트워크는 기록을 시작한 이후 40년 만에 처음으로 감소했다. 그리고 성장기제의 원동력이라고 할 주민의 순유입률이 처음으로 0으로 줄어들었다.

목재 하치장과 제재소, 자동차 판매 대리점에서는 영업사원을 해고했고, 개발업자들의 파산 신청이 봇물을 이루는 동시에 이들의 아내는 이혼소송을 제기했다. 2008년 초, 론 포모사Ron Formosa가 근무하는 케이프 코랄의 콘크리트 회사도 감원을 시작했다. 론의 경우, 처음에는 근무 시간이 반으로 줄어들더니 결국 직장을 잃고 말았다. 그리고 변동금리가 오르는 동시에 담보대출의 지불기한이 만기가 되었다. 이것은 포모사처럼 돈을 빌린 사람들은 소득원이 사라지고 부동산 가격이 폭락하는 시기에 대출금을 상환하기가 훨씬 더 힘들어졌다는 것을 의미했다. 론과 그의 아내 제니퍼는 파산 신청을 하려고 했다. 론은 압류된 주택의 자물쇠를 바꿔주는 자물쇠 제조공으로 일자리를 구했는데도 1400달러의 신청 수수료조차 낼 능력이 없었다. 포모사 가족이 1년 동안 상환금을 갚지 못하자 은행은 출입문에 노란 경매 딱지를 지저분하게 붙여놓았다. 이들이 주변에 비어 있는 셋집을 찾아냈을 때, 제니퍼는 이제부터 돈을 쓰지 않고 모으겠다고 맹세했다. 그녀는 말했다.

"다시 집을 사지 않을 것 같아요."

이것이 주택 압류가 전염병처럼 번질 때의 모습이었다.

파스코 카운티의 54번 주도에서는 개발업자들이 컨트리워크의 프로젝트 중간평가 작업을 중단하고 현장에서 철수했다. 거리의 포장도로에서 몇 미터 떨어진 곳에는 이미 잡초가 무성하게 자랐고, 집은 없이 조명과 간판만 덩그러니 남았으며, 집이 있어도 사는 사람은 없었다. 테니스장과 비치발리볼 경기장을 건설할 것이라는 약속은 실행되지 않았다. 어떤 집 앞뜰에는 쓰러져 있는 산타클로스 풍선 옆에 '집 팝니다'라는 팻말만 쓸쓸하게 남아 있었다. 펌프킨 리지 드라이브 30750번지의 주택 앞 포장길에는 누렇게 바랜 『탬파 트리뷴』 신문 세 부가 떨어져 있었고, 주방에는 쓰레기가 쌓인 채 냉장고 문이 열려 있었다. 이 집의 뜰에도 '주인 직매'라는 팻말이 보였다. 주택은 절반 또는 3분의 2 정도가 비어 있었지만, 컨트리워크에 남아 버티는 주민들은 비어 있는 진입로에 주차를 하고 샌 오거스틴 마을의 잔디를 깎아가며 폐허로 변했다는 인상을 감추려고 애를 썼다. 좀더 몰락한 구역에서는 변화가 뚜렷했다. 진입로의 잡초는 15센티미터 정도의 길이로 자라 있었고, 에어컨의 구리선이 뜯겨나갔으며, 현관문에 '빈집' 또는 '버려진 집'이라는 표시가 붙어 있는 가운데, 베이지색 스투코 벽에는 군데군데 푸른곰팡이가 피어 있었다. 하지만 폐허로 변한 공장이나 버려진 농장이 보이지 않아 폰지 사기의 비참한 결말은 별로 눈에 띄지 않았다. 유령도시로 변한 주택지구는 어떤 면에서 아름답게 보이기도 했다. 눈부신 푸른 하늘 아래 펼쳐진 주택들은 한 폭의 그림처럼 보였고, 매끈하고 질서정연하게 늘어서 있는 집마다 블라인드가 쳐져 있어 겉보기에 때 묻지 않은 인간의 삶을 보여주는 풍경 같았다.

주택 가격은 하늘 높은 줄 모르고 빠르게 치솟았다가 다시 똑같은 속도로 곤두박질쳤다. 트윈 레이크스에 있는 버니의 집은 6년 동안 11만 4000달러에서 28만 달러로 올랐다가 2년 만에 다시 16만 달러로 떨어졌다. 버니가 사는 동네의 주택 중에는 단기투자자의 집도 있었고 일부는 들어가 살 능력이 없는 사람의 집도 있었지만, 어떤 경우든 사람은 살지 않았다. 유토피아 파크웨이에서 온 버니는 주말 오후면 주변에 인적이라고는 없는 가운데 엉덩이에 꽉 끼는 카프리 진과 소매 없는 상의 차림에 은녹색의 아이섀도를 바르고 잔디에 물을 주었다.

우샤 파텔의 컴포트 인은 첫해에 100만 달러를 벌어들였고, 2년째는 80만 달러의 소득을 올렸다. 우샤는 미국인 종업원들이 가망 없는 사람들이라는 사실을 깨달았다. 그들은 하루살이 같은 생활을 했으며, 아이들을 키우면서도 금요일에 나오는 급료를 모았다가 클럽에서 춤을 추거나 파티를 여는 데 써버렸다. 월요일에는 근무를 빼먹기 일쑤였고, 화요일에 느지막이 출근하고는 급료가 너무 적다는 이유로 당연히 할 일도 거부했다. 언제나 불평이 많았고, 늦게 출근해서는 "아들이 열쇠를 가지고 가서 늦었다"는 핑계를 댔다. 일주일 열심히 일했다 하면 휴가를 요구했다. 또 담배를 피우지 않는데도 10분마다 담배를 피운다는 이유로 쉬었다. 우샤는 미국인과 대화할 때면 코를 찡그리고 입을 삐쭉거렸으며, 마치 불쾌한 화제를 대할 때처럼 저절로 양미간이 좁혀졌다. 미국인들은 우샤 자신이 어릴 때 그랬던 것처럼 버릇없이 자란 사람들이었다. 값싼 노동에 종사하는 외국인들은 다 마찬가지였다. 우샤가 고용한 종업원 중 마음에 드는 사람들은 우샤 자신처럼 이민 온 사람으로, 신용이 있었고, 낮은 급료에도 열심히 일했는데, 아일랜드에서 온 야간 지배인과 인도에서 온 남자 직원, 스페인 출신의 가정부, 세 사람이었다.

하지만 미국에 대한 우샤의 낙관적인 생각은 분명했다. 미국은 누구에게나 기회의 땅이었기 때문이다. 우샤는 말했다.

"나는 미국이 좋아요. 외국인은 누구나 와서 성공할 수 있어요. 여기 사는 사람들은 일을 하려고 하지 않으니까요."

우샤는 미국의 규칙과 법이 좋았고, 부패가 적은 것이나 누구나 정당한 대우를 받을 수 있다는 것도 마음에 들었다. 우샤의 아들은 젊은 사업가가 되었다. 탬파 쇼핑센터에 컴퓨터 가게도 가지고 있었고, BMW를 타고 다녔으며, 시내 중심가의 26층 맨션에 살고 있었다. 인도와 비교하면 미국은 꿈의 나라였다.

모텔을 운영한 지 3년째 되던 2007년에 우샤의 소득은 50만 달러로 떨어졌다. 살아남으려면 객실 점유율이 50퍼센트는 되어야 하는데, 25퍼센트밖에 안 되었다. 모텔 사업에 방해가 되는 요인은 두 가지였다. 첫째는 주택시장이 붕괴되어 경제가 전반적으로 침체되었다는 것(우샤는 양질의 외국인 인력을 차단한 국경 단속을 비난했다)이었고, 또 하나는 컴포트 인과 I-75 간선도로 사이의 진입로 부근에 새 쇼핑몰을 짓는 건축공사였다. 이 때문에 손님이 줄어든 것이다. 이 공사 때문에 밤이면 출구가 차단되었고, 고속도로에 세운 모텔 간판도 치워버려 영업에 막대한 지장을 초래했다.(또 공사가 언제 끝날지도 알 수 없었다.) 우샤는 매월 2만5000달러에 이르는 대출 상환금을 걱정했다. 아들은 엄마를 돕겠다고 나섰지만, 이미 오래전에 경영은 악화된 상태였다.

마이크 로스는 가정이 위기에 직면한 와중에 큰 타격을 입었다. 그는 법원에 손자들에 대한 양육권을 신청했다. 세인트 피터스버그에 사는 딸과 딸의 남자친구가 아이들을 학대했기 때문이다. 마이크의 말에 따르면, 남자친구라는 녀석이 뇌성마비에 걸린 아이를 수영장에 집어 던지고 낄 낄 웃었다는 것이다. 마이크와 교통사고로 장애인이 된 아내가 양육권을 얻었을 때는 2년 동안 조지아에 있는 농가의 보수공사를 할 때였다. 이 공사가 끝나기 전에 주택시장에 변화가 생겨 결국 18만 달러짜리 주택을 11만 달러에 팔아야 했다. 전에 요트 사업을 할 때 같이 일하던 동료는 아이들을 학대하는 부모와 멀리 떨어진 북캘리포니아로 이사해 단기투자 자의 재건축 주택을 사라고 충고했다. 하지만 이들 부부가 손자들을 데리 고 배커빌에 도착했을 때는 경기가 침체되어 일자리가 없었고, 하다못해 주유소나 세븐일레븐의 아르바이트 자리도 없었다. 게다가 금융 규정이 완전히 바뀌어 대출금으로 단기투자 사업을 할 수도 없었다. 또 이사비용 으로 가진 돈의 절반 가까운 5만 달러가 나갔다. 캘리포니아에서 6개월 을 버틴 부부는 다시 동부로 돌아가 배커빌처럼 나무가 우거진 롤리 교외 의 작은 마을로 옮겼다. 하지만 노스캐롤라이나도 모든 것이 캘리포니아 의 복사판이어서, 마이크는 무슨 일이든 하려고 애를 썼지만 공사장이나 자동차 정비소의 일자리도 없었다. 결국 부부는 돈이 떨어졌고, 마이크는 길거리로 나앉지나 않을까 두려웠다. 손자들을 데리고 딸과 딸의 남자친 구가 살고 있는 세인트 피터스버그로 돌아가는 것 외에는 달리 선택의 여 지가 없었다.

마이크는 요트 사업을 할 때 알던 옛날 고객들과 함께 일해보려고 했 지만, 그들은 마이크의 사업을 인수한 수리업자와 잘 지내고 있었다. 그 는 잠시 패서디나 요트 앤드 컨트리 클럽에서 시간을 보냈지만, 한 통의 의뢰 전화도 오지 않았다. 그는 결국 예전 동료에게 돈을 빌려 가족과 함 께 빈민촌에 있는 월세 아파트로 들어갔다. 그런데 이곳의 주차장에서 노 는 아이들이 뇌성마비에 걸린 손자를 괴롭혔다. 마이크 가족은 식량배급 표로 끼니를 때우며 아내의 장애인 보조금과 손자에게 나오는 생활 보조금 및 자선기금으로 근근이 생계를 유지했다. 마이크는 심신이 허약해지면서 수없이 정신이 오락가락했다. 노숙자로 전락하는 것을 두려워하다가 자살을 기도하기도 했고, 이들이 세인트 피터스버그로 돌아왔다는 것을 모르는 딸의 남자친구에게 쳐들어갔다가 정신병원에 실려 가기도 했다. 마음속으로 계속 불길한 일이 벌어지는 상상을 하다가 실제로 그 일이 벌어진 것처럼 헛것을 보았다. 그러다가 안정을 찾으면 푸른 하늘 아래의 계류장에서 요트에 광택을 내는 상상을 하며 가슴이 부풀었다. 동시에 자조적인 웃음을 지을 때면 무테 안경으로 내비치는 두 눈에는 슬픔이 가득 고인 모습이었다. 마이크는 요통 때문에 비코딘(진통제)을, 불안감 때문에 자낙스(신경안정제)를 복용했다. 한번은 괴로움을 견디다 못해 잠으로 고통에서 벗어나려고 자낙스 30알과 비코딘 네 알을 먹었다가 이틀 동안이나 혼수상태에 빠지기도 했다. 그는 말했다.

"이 모든 게 불경기 탓이에요. 그게 나를 갈가리 찢어놓고 살고 싶은 의지를 빼앗았죠. 나는 그렇게 봐요."

마이크는 3일 동안 정신병동에 갔혔다. 그는 여기서 나온 뒤에 탬파 위기관리센터에서 상담을 하고 전기요금을 지원받았다. 언제나 자신을 중산층으로 여기던 그는 노숙자 합숙소의 생활과 다를 바 없는 처지를 생각하면 기가 막혔다. 하지만 정신병동과 위기관리센터는 어떤 점에서 그를 정신 차리게 해주었다. 마이크는 『충격을 극복하는 삶을 찾아서Finding Life Beyond Trauma』라는 책을 읽고 마음을 가다듬으며 정신력을 되찾고 지나치게 비관적인 생각에서 벗어나는 법을 배웠다. 의료계는 불경기에도 끄떡없었기 때문에 그는 정부 보조로 훈련과정에 등록하고 가정간호사 자격을 땄다. 마이크는 시간당 10달러 50센트에 다른 혜택은 전혀 없는 일자리를 찾아냈고, 치매에 걸린 91세의 제2차 세계대전 참전용사를 목욕시켜주는 일을 했다. 이 일은 백만장자의 요트를 수리해주는 일보다 힘들지는 않았다. 마이크는 자신이 쓸모 있는 존재라는 사실이 기뻤다.

밴 시클러와 신문사의 몇몇 동료는 힐스버러의 압류주택에 대한 많은 자료를 처리했다. 압류주택은 어디나 있었지만, 특히 구시가지의 슬럼가와 공동화된 주택단지에 밀집해 있었다. 밴 시클러의 매핑mapping(가상주소와 물리주소의 대응 관계 또는 가상주소로부터 물리주소를 찾아내는 일_옮긴이) 소프트웨어는 깁슨턴의 양어장 위에 있는 캐리지 푸앵트의 개발지에서 빨간 점이 반짝이는 것을 보여주었다. 이곳의 주택 압류 비율이 카운티 최고인 50퍼센트나 되었기 때문이다. 밴 시클러와 사진기자인 크리스 주파Chris Zuppa는 저녁때까지 이곳에서 무슨 일이 일어났는지 파악한 다음 캐리지 푸앵트를 빠져나왔다.

이곳은 밴 시클러가 기자생활을 한 이후 가장 수상한 냄새가 났다. 어느 날 밤 그와 주파는 단독주택들 사이의 공터에 서 있는 삐쩍 마른 암소들을 보았다. 몇몇 집주인이 세금우대 혜택을 받을 목적으로 농사를 짓는다는 주장을 하기 위해 데려다놓은 소였다. 그런데 아무도 먹이를 주지 않아 굶어 죽어가는 중이었다. 밴 시클러와 주파는 수많은 집의 문을 두드렸지만 사람을 찾기가 힘들었고, 어쩌다 사람이 있어도 말을 하려고 하지 않았다. 이곳에서 오도 가도 못하고 발이 묶인 집주인들은 여기저기 헤매다가 캐리지 푸앵트에서 처음으로 집을 장만한 사람들이었다. 집 값이 50퍼센트나 떨어지는 상황에서 이들은 곤궁한 처지로 내몰리며 수영장과 시민문화회관을 짓겠다는 약속과 함께 투자용 주택을 20퍼센트로 제한하겠다고 큰소리를 친 개발업자 레나를 향해 분노를 쏟아냈다. 이런 사실이 알려졌을 때, 포트밀이나 사우스캐롤라이나, 오존 파크, 뉴욕 같은 곳에 사는 수많은 등기 소유자들은 캐리지 푸앵트에 발이 묶인 사람들이 어떤 생활을 하는지 전혀 관심을 두지 않았다. 압류된 주택 중에는 마약꾼이나 밀입국 주선자들의 아지트도 있었고, 이런 집에는 밀수품이 흐트러져 있었다. 또 총격 사건이 벌어지기도 했다. 밤이면 보안관보들이 캐리지 푸앵트를 순찰했다. 극심한 공포가 번져가는 가운데 어떤 사람은 밴 시클러에게 진입로에 설치한 보안 카메라를 자랑스럽게 보여주기도 했다.

"교외에서는……."

밴 시클러가 입을 열었다.

"비명을 질러도 아무도 듣지 못해요."

폰지 사기는 오로지 상대가 상식을 팽개칠 때만 성공할 수 있는 신용 사기였다. 여기에 넘어간 사람은 누구나 자신도 속아 넘어가면서 또 누군가를 끌어들였다. 그 결과 전반적으로 쉽게 믿는 풍조가 생겼고, 덩달아 공포심리가 번져나갔다. 캐리지 푸앵트는 아메리칸 드림의 한 단면을 보여주는 것이지만, 막상 그 실태는 세상의 종말로 느껴질 정도로 비참했다. 밴 시클러는 이곳에 대한 보고서를 쓰면서 파산은 무책임한 주택 소유자들의 잘못만은 아니라는 결론을 내렸다. 그는 이런 재앙이 일어난 배경에는 개발업자와 선출직 관리들이 맡은 역할이 있음을 폭로하는 냉철한 기사를 썼다.

소니라는 별명을 지닌 김상민은 한국에서 탬파로 왔다. 그는 아시아풍의 피어싱과 문신을 해주는 '바디 디자인 태투'의 주인이었다. 주택 열기가 뜨겁던 10년의 어느 중간 시점에 소니 킴도 탬파 일대에 100채의 주택을 소유했다. 이 중 대부분은 환경이 열악한 시내 북쪽에 있었는데, 케니 러싱이 투기를 하는 곳과 같은 지역이었다. 사실 케니와 소니는 서로 상대에게 집을 파는 사업 파트너였다. 밴 시클러가 킴을 추적하던 2008년 여름에 소니는 400만 달러의 이익을 올렸는데, 이상하게도 그가 소유한 주택의 3분의 1을 압류당한 상태였다.

밴 시클러는 소니 킴의 부동산을 조사하기 위해 탬파에서 가장 빈곤한 동네에 속하는 벨몬트 하이츠와 설퍼 스프링스 일대를 차로 돌아보았다. 노스 17번가 4809번지에 있는 2층 스투코 주택은 지붕에 파란 방수포를 씌우고 창문에는 판자를 두른 채 폐허로 변하고 있었고, 풀이 무성하게 자란 뜰에는 매트리스가 쌓여 있었다. 킴이 2006년에 유죄 판결을 받은 마약꾼에게 권리 포기서를 받는 대가로 100달러를 주고 인수한 집이었다. 3개월 후, 킴은 이 집을 어레이슬리 레인즈Aracely Llanes라는 사람에게 30만 달러를 받고 팔았다. 매수인이 워싱턴 뮤추얼 뱅크Washington Mutual Bank의 자회사인 롱비치 모기지Long Beach Mortgage에서 전액 대출한 돈이었다. 밴 시클러는 뜰에 서서 집을 바라보면서 그 대출금에 대해 생각해보았다. 도저히 믿을 수 없었다. 은행에서 나온 누군가가 차를 타고 지나가면서 이 집을 제대로 살펴보기나 했을까? 18개월 후에 이 집은 압류를 당했고, 은행은 3만5000달러를 요구했다. 밴 시클러는 아직도 사는 주민이 있는지 알아보려고 동네를 돌아다녔다. 하지만 위험한 동네의 밤 시간이었는지라 문을 두드려도 내다보는 사람이 아무도 없었다. 마침내 탬파의 경찰차가 멈추면서 경찰 한 명이 나왔다. "이 동네에 당신을 좋아하지 않는 사람이 있어요"라고 경찰이 말했다. 동네 주민 한 사람이 키 큰 백인이 이 일대를 배회하는 것에 불만을 품고 신고했다는 것이다.

밴 시클러는 어레이슬리 레인즈라는 사람을 추적했다. 이 여자는 오파로카Opa Loca라는 주소는 있었지만, 전화번호가 없어 접촉할 수가 없었다. 킴에게 집을 구입한 사람들 중에는 마약꾼과 방화범이 있었고, 정신병자도 있었다. 밴 시클러는 킴이 단기투자를 한 주택을 10여 채는 보았는데, 하나같이 똑같았다. 버려진 부동산이거나 최소액의 구입가, 터무니없는 가격의 신속한 재매각, 앞뒤 가리지 않고 무분별한 대출을 하는 매수인, 현금이 전혀 없거나 얼마 없는 매수인이라는 특징이 있었다. 매수인들은 어디서도 찾을 수 없었고, 모두 빈집이었으며, 대출금은 미지불 상태였다. 이때 한 전문가가 밴 시클러에게 매수자(대리매입자로 알려진)는 존재하지 않을 수도 있고, 신원 위장 절도의 희생자일 수도 있다고 귀띔해주었다. 아니면 주택담보대출 사기를 저지른 소니 킴의 파트너일 수도 있다는 것이었다. 또 중개인이나 평가사, 공증인, 소유권 이전 대행업자, 나아가 은행원도 이 거래에 가담했을 가능성이 있었다. 이런 사람들은 어디서나 볼 수 있었다. 모두가 소니 킴의 사업으로 돈을 버는 셈이었다. 제2, 제3의 소니 킴이 이런 사업을 벌이는 동안 부실채권은 허공으로 사라졌다.

밴 시클러는 9월에 들어서도 계속 보고서를 제출했다. 9월 중순경, 리먼 브라더스Lehman Brothers가 파산했다. 리먼 브라더스는 소니 킴의 대리 매수인에게 대출을 해준 은행 중 하나였다. 또 다른 대형 금융사들(워싱턴 뮤추얼 뱅크, 와코비아, 제이피모건 체이스, 컨트리와이드, 뱅크 오브 아메리카, 패니 매이, 프레디맥)도 속속 언론의 주목을 받으며 파산에 직면했다. 밴 시클러를 통해 활자화된 기사 제목은 몸서리치는 전율을 전했다. 태투 스튜디오의 주인에 대한 지역 기사(너무 길어져서 편집실에서 인내를 갖고 기다려야 했던)가 수십 년 만에 발생한 최대의 금융위기에 대한 기사와 연관된다는 사실이 분명해졌다. 탬파에 있는 그는 뉴욕이나 워싱턴의 더 유명한 기자들이 취재하지 못한 증거(그 자신의 눈으로 근거를 확인한)를 갖고 있었다. 월가의 붕괴는 노스 17번가 4809번지나 캐리지 푸앵트와 컨트리 워크의 주택으로 원인을 거슬러 올라갈 수 있는 문제였다.

은행은 문제가 많은 주택에 지나치게 많은 값을 치르기 위해 사기 수법을 쓰는 대출자들에게 아낌없이 돈을 퍼부었다. 그에 따르는 리스크는 즉시 다른 누군가에게 옮겨 가기 때문이었다. 금융권에는 새로운 용어가 생겼다. 적어도 그중 하나는 밴 시클러가 전혀 들어보지 못한 '주택저당증권mortgage-backed securities'이란 것이었다. 이것은 대부업체가 월가에 팔아넘기는 대출서류 뭉치로, 월가에서는 이것을 채권으로 묶어 다시 투자자들에게 파는 수법으로 엄청난 이익을 남겼다. 이 용어는 신종 바이러스 이름처럼 공포를 불러일으켰다. 이제 밴 시클러는 주택담보대출이 증권 가치를 지닌다는 사실을 이해했다. 그리고 상환 불능이 된 대출금이 세계 금융 시스템을 마비시켰다는 것도 알게 되었다.

지금까지 기자들 사이에서 일반화된 지식은 누구나 금융위기에 책임이 있다는 것이었다. 밴 시클러는 말했다.

"탐욕 때문에 통제가 불가능해진 겁니다. 이유는 모르지만 우리는 모두 탐욕스러워진 것이 사실이고, 감당하지도 못할 집을 너도나도 원한 거죠. 내 생각에 이것은 나태한 언론의 태도를 말해주고 있어요. 또 문제를 다른 각도에서 보려는 정치인들의 관점이기도 했고요. 우리 모두가 이 문제로 비난을 받아서는 안 됩니다."

그는 잘못된 균형을 취하려 들면서 사실을 전달하려는 기자의 면전에 서마저 올바른 결론을 외면하는 식의 보도 방침을 혐오했다. 자신의 임무에 매달리면서 그는 '모든 사람'이 아니라 특정 기관(정부 기관과 부동산업체, 특히 은행)에 주목했다. 소니 킴은 겉으로 드러난 대리인에 불과했다.

"이것은 조직적인 현상이었어요. 은행은 눈으로 직접 확인하지도 않고 대출을 승인했죠. 엄청나게 구미가 당기는 일이었으니까요. 그렇지 않고서는 그렇게 신속하게 주택담보대출을 해줄 수는 없었어요."

밴 시클러의 기사는 추수감사절 직후에 1면을 가득 채웠다. 일주일 후, FBI가 이 사건을 맡은 직후에 소니 킴은 도청장치를 달고 수사에 협조하게 됐다. 밴 시클러는 먹이사슬의 상층부를 파악하기 위해 FBI 수사관들을 기다렸다.

실리콘밸리

피터 틸과 그의 친구 리드 호프먼은 스탠퍼드 시절 이후, 사회의 본질을 놓고 논쟁을 벌여왔다. 1994년 크리스마스 연휴 기간에도 두 사람은 캘리포니아 해변에서 며칠간 쉬면서 인터넷 사업을 시작하는 방법에 대해 난상토론을 벌였다. 호프먼은 틸에게 닐 스티븐슨Neal Stephenson이 쓴 『스노 크래시Snow Crash』라는 소설을 읽어보라고 말했다. 미국의 상당 부분이 막강한 사업가와 마피아에 의해 민영화되어 독자적인 영역으로 변한다는 디스토피아를 묘사한 책으로, 『주권적 개인』에 대한 일종의 선구적인 가상 세계를 그린 작품이었다. 여기에 등장하는 인물들은 주변에서 자행되는 폭력과 사회의 붕괴를 피해 메타버스metaverse라는 인터넷 후속장치를 통해 가상의 현실 세계로 들어간다. 이 세계에서는 아바타로 자신을 표현한다. 『스노 크래시』는 호프먼에게 사업 아이디어를 제공했다. 이후 그는 곧 애플의 일자리를 그만두고 소셜넷닷컴이라는 데이터 서비스를 하는 웹사이트를 운영했다. 아마 인터넷을 기반으로 한 최초의 소셜 네트워크였을 것이다. 몇 가지 이유로 성공을 거두지는 못했지만(사람들은 아바타를 통한 수단을 원치 않고 직접 접촉하려고 한다는 사실이 밝혀졌다), 호프먼은 이 아이디어를 다시 가다듬었다. 그리고 2002년에 페이팔이 이베이에 매각된 뒤 자신이 받은 지분으로 링크드인이라는, 사업가를 위한 소셜 네트워크를 설립했다. 호프먼이 숀 파커Sean Parker를 만난 곳은 링크드인이었고, 틸이 마크 주커버그Mark Zuckerberg를 만난 것은 호프먼과 파커를 통해서였다.

2004년 봄, 틸과 호프먼은 운동과잉증이 있는 24세의 친구 파커에게 그가 설립한 온라인 주소록 관리회사 플락소Plaxo의 투자자인 세쿼이아 캐피털Sequoia Capital에 소송을 제기하지 말라고 설득했다. 파커는 자유분 방한 기질 때문에 그로부터 몇 년 전 음악 공유 사이트인 냅스터Napster에 서 쫓겨난 것처럼 자신이 세운 회사에서도 쫓겨났다. 틸은 파커에게 소 송에 말려들기보다 새로 회사를 창립하는 것이 낫다고 충고했다. 3개월 후에 파커는 페이스북의 대표가 되었다는 소식을 가지고 틸을 찾아왔다. 직원 네 명이 일하는 대학 소셜 네트워크인데, 가입하려고 아우성치는 학 생 수가 급격히 늘어나 곧 컴퓨터가 마비될 지경이어서 설립자인 하버드 대학 2학년생에게 자금이 필요하다는 것이었다. 페이스북과 마크 주커버 그를 살피고 있던 호프먼은 선도 투자자가 되는 길을 피했다. 페이스북이 링크드인과 이익을 놓고 마찰을 빚을 것으로 보였기 때문이다. 자연스럽 게 투자의 선택은 틸의 몫이 되었다.

　　틸은 원칙적으로 하드코어의 자유주의자는 소셜 네트워크에 돈을 투 자해서는 안 된다는 말을 입에 올리곤 했다. 오로지 개인만 있을 뿐 사회 라는 것이 존재하지 않는다는 전제를 받아들인다면 어떻게 투자에 대한 회수가 가능하겠느냐는 논리였다. 아인 랜드라면 페이스북에 투자하지는 않을 것이라고 판단했다. 하지만 이념적 순수성보다 합리적 이기심을 우 위에 두는 방식이 객관적인 원칙과 완벽하게 일치한다고는 볼 수 없던 틸 은 잠시 소셜 네트워크에 관심을 가졌다. 페이스북은 프렌즈터Friendster 같 은 사업이 실패하는 상황에서 성공할 수도 있을 것처럼 보였기 때문이다. '소비자 인터넷Consumer Internet'은 여전히 폭락 후의 침체기에 있었으며, 아 이디어는 넘쳐나도 선뜻 나서는 투자자는 많지 않았다. 페이스북은 마치 브레즈네프 독트린(한 사회주의 국가가 자본주의의 위협을 받은 경우, 이를 사 회주의 진영 전체에 대한 위협으로 보고 다른 사회주의 국가의 개입을 정당화한 과거 소련의 정책_옮긴이)이 자비로운 모습으로 전파되듯 이미 20여 개 대학에서 이용하고 있었다. 일단 한 대학이 공략 대상이 되면 단 며칠 사이에 예상보다 훨씬 많은 학생이 가입했으며, 일단 가입하면 탈퇴는 없었다. 이처럼 사용자 기반이 아주 탄탄했기 때문에 페이스북은 눈에 띄게 번창할 것으로 보였다. 호프먼이 기술 담당자들과 이야기를 나눠보니 모두 능력이 뛰어난 것 같았다. 이런 이유로 2004년 한여름에 틸은 샌프란시스코 금융지구 한복판에 있는 클래리엄 캐피털Clarium Capital 사무실에서 주커버그를 만나는 데 동의했다. 이곳은 캘리포니아 거리 555번지에 있는 견고한 초고층 빌딩의 43층에 있었는데, 1998년 샬럿으로 이사할 때까지 뱅크 오브 아메리카의 본사가 있던 건물이다.

파커는 주로 페이스북에 대한 이야기만 했지만, 틸은 계속 주커버그의 인상을 살폈다. 고작 스무 살의 나이, 티셔츠와 청바지 차림에 고무 샌들을 신은 주커버그는 자신이 원하는 것에 고집스럽게 초점을 맞췄는데, 프로그래머의 내성적인 기질이 있는 동시에 다른 사람에 대해서는 아스퍼거 증후군(사회적·화학적 상호작용에 어려움을 겪는 자폐 스펙트럼 장애_옮긴이)에 걸린 듯(소셜 네트워크의 창립자가 자폐라니 역설적이다) 둔감했다. 그는 사무적으로 페이스북의 극적인 성장에 대한 설명만 했으며, 틸에게 좋은 인상을 주려는 노력 따위는 하지 않았다. 틸은 이것을 진정성이 있는 태도로 받아들였다. 이날의 만남은 거의 오후 내내 이어졌고, 만남이 끝날 무렵 틸은 페이스북의 엔젤 투자자(신생 기업이나 벤처기업의 투자자_옮긴이)가 되기로 결심했다. 그는 50만 달러를 투자하고(종잣돈), 10.2퍼센트의 지분으로 5인 이사회에 참여하기로 했다.

모임이 끝날 때, 틸은 주커버그에게 "말아먹지만 마!"라고 말했다.

수년이 지나 주커버그가 말아먹지 않으면서 페이스북 이용자 수는 5억명을 돌파했고, 틸의 지분 가치는 15억 달러를 넘어섰다. 그리고 할리우드에서 사업 초창기의 이야기를 영화로 만들었는데, 주커버그와 파커를 묘사한 장면은 두 사람 다 크게 과장하지 않고 적절히 그려내고 있었다. 틸은 친구 몇 명과 함께 샌프란시스코의 영화관에 가서 이 「소셜 네트워크」를 보았다. 그와 주커버그가 만나는 대목은 영화에서 34초 동안 묘사되었으며 비교적 잘 나왔지만, 틸은 자신의 역할을 맡은 배우가 너무 나이 들어 보이고 지나치게 투자은행의 직원처럼 보인다는(틸은 일할 때 단추가 달린 파란색 와이셔츠가 아니라 보통 티셔츠를 입었다) 느낌을 받았다. 시간이 좀더 지나 2012년 5월, 페이스북이 상장된 뒤에 주가는 즉시 떨어지기 시작했다. 틸은 보유하고 있던 주식을 대부분 팔아치웠다. 50만 달러에서 출발해 총 10억 달러가 넘는 현금이 손에 들어왔다.

주커버그와 만나던 2004년에 틸은 또 팰런티어 테크놀로지Palantir Technologies라는 회사를 공동 설립했다.(회사 이름은 그가 좋아하는 『반지의 제왕』에 나오는 수정구슬 같은 돌에서 따온 것이다.) 이 회사는 페이팔에서 러시아 폭력조직의 사기 수법과 싸우기 위해 사용하던 소프트웨어를 응용해 복잡한 데이터를 분식하는 용도로 개발했다. 엄청나게 쏟아지는 정보의 난해한 형식에 정부 기관이 좀더 쉽게 접근해서 테러리스트나 사기꾼, 그 밖의 다른 범죄를 찾아내도록 도와주는 소프트웨어였다. 종잣돈의 일부는 CIA의 벤처 기금에서 나오기도 했지만, 초창기에 팰런티어 테크놀로지는 틸이 투자한 3000만 달러에 주로 의존했다. 틸은 대표이사가 되었고, 페이스북이 팰로 앨토 중심가의 대학로 156번지에 있는 지나치게 큰 사무실로 이전한 뒤, 팰런티어 테크놀로지는 페이팔이 출범했던 곳 바로 맞은편의 건물로 들어갔다. 팰런티어 테크놀로지는 기업 가치가 25억 달러로 평가되었다. 틸은 세계에서 가장 성공한 기술 투자자 대열에 오르고 있었다.

한편 클래리엄 캐피털은 어느 모로 보나 잘나갔다. 틸이 설립한 이 회사는 세계적인 매크로 펀드였는데, 세계 시장과 최고위급에서 이루어지는 각국 정부의 정책에 대한 분석에 의존하는 방식이었다. 2003년 첫해 1년간 이 회사는 2억 5000만 달러를 관리하며 65퍼센트의 투자 수익률을 올렸다. 틸의 전략은 장기적으로 넓은 관점에서 보며 전통적인 지식에 역행해서 베팅하는 것이었다. 이를테면, 일본 국채의 경우 다른 사람들이 팔 때 충분히 보유했고, 피크오일이 현실이며 세계적으로 공급이 달린다는 것을 확신했기 때문에 에너지 주식을 충분히 보유했다. 또 2001년 부시 정권의 경기 후퇴에 따르는 취약한 경제를 예측했기 때문에 미국 국채를 오랫동안 보유하는 식이었다. 해를 거듭하며 클래리엄 캐피털은 급성장했고, 2008년 여름에는 6년 만에 700배로 성장해 약 70억 달러의 최고 기록을 세웠다. 금융권의 언론은 틸을 역방향의 투자 천재로 소개했다. 그에게 이 말은 자신이 독자적으로 생각했다는 의미에 지나지 않았다. 사람들은 대부분 생각을 외부에서 빌려 왔으며, 다수 집단의 움직임에 따랐기 때문이다. 로빈슨 크루소 같은 존재는 별로 없는 세상이었다.

클래리엄 캐피털은 프레시디오 공원 모퉁이에 있는 벽돌과 유리창으로 된 건물 4층으로 이사했다. 창밖으로 금문교와 태평양의 장관을 바라볼 수 있는 위치였다. 구석에 있는 자신의 사무실에서 틸은 알카트래즈 섬과 마린 힐스를 볼 수 있었다. 건물은 루커스필름Lucasfilm의 샌프란시스코 본부 부지에 지어진 것으로, 1층에는 틸이 좋아하는 영화에 나오는 다스 베이더와 요다(『스타워즈』의 등장인물_옮긴이)의 조각상들로 장식해놓았다. 클래리엄 캐피털의 휴식공간은 단단한 재질의 나무로 만든 책장으로 막아놓았는데, 거기에는 세비녜 부인의 작품과 찰스 디킨스, 찰스 다윈, 조지 엘리엇의 가죽 장정본 외에 구조화금융 및 양적연구에 대한 책들이 꽂혀 있었다. 한복판의 탁자에는 쉴 때 둘 수 있도록 체스판을 구비해놓았다.

오전 10시 반에 열리는 중개인 회의에 지각하면 100달러의 벌금을 내게 했다. 어느 화요일 아침의 회의 안건은 일본에 대한 것이었다. 넥타이를 매지 않은 채 파란색, 흰색, 줄무늬 셔츠를 입은 참석자들이 긴 회의 테이블에 둘러앉자 맨 끝에 앉은 틸이 회의를 주재했다. 틸이 입을 열었다.

"일본의 불가사의는 아무런 변화도 없다는 겁니다. 내가 일본인이라면 수년째 불황을 겪으며 진저리가 날 텐데. 하지만 난 일본인이 아니니 알 수가 있어야지."

틸의 수석중개인으로 전에 스탠퍼드에서 물리학 박사과정을 마친 케빈 해링턴이 끼어들었다.

"나이 든 일본인들은 현실에 만족하고 있어요. 자산 가치가 올라가니까 말이죠. 미국에서 경기를 부채질하며 만사가 잘될 거라고 생각하는 사람들과 같죠."

그러자 다른 중개인이 물었다.

"그럼 보유 기간을 줄여야 한다는 말입니까?"

틸이 대답했다.

"지난 20년 동안 일본 쪽의 기간을 줄이는 것은 실수였어요. 확실한 판단을 내릴 수는 없지만, 뭔가 조짐이 좋지 않다면 계속 그 상태로 갈 겁니다. 정치적인 관점에서 볼 때, 일본은 권위주의적인 국가입니까, 아니면 무정부 상태의 국가입니까? 나는 민주주의 국가라고는 보지 않지만 이 문제는 접어두고, 1970년대의 일본은 누구나 많은 돈을 벌게 해주는 권위주의적인 법인형 국가였잖아요. 아니면 캘리포니아나 미국처럼 아무도 통제할 사람이 없다는 데 비밀이 있는 거 아닌가? 사람들은 통제를 받는 척하지만 아무도 통제하지 않는다는 데 남모르는 비밀이 있어요."

회의는 일본의 역사와 문화에 대한 세미나로 바뀌었다. 마침내 틸이 물었다.

"낙관적으로 보는 사람들은 누구죠?"

"미국과 캐나다의 석유 회수 증진법(유층의 틈에 계면 활성제를 주입해 유동화시켜 석유의 회수율을 높이는 것_옮긴이) 말인데요……."

패트릭 울프라는 젊은 중개인이 말했다. 그는 스피커폰을 이용해 회의에 참여하고 있었다.

"내가 주장하는 자유지상주의에는 어긋나는 말이지만, 지금 에너지에 대한 국가의 독점권이 급격히 침식되고 있습니다."

틸이 말했다.

"다음 주에, 사람들이 낙관적으로 생각하고 희망적으로 보는 것이 무엇인지 의논하면 도움이 될 겁니다."

페이팔에 있을 때 틸은 자신과 같은 사람들을 고용했다. 클래리엄 캐피털은 사장을 두려워하고 사장의 업무방식을 열심히 배우며 체스를 즐기고 스포츠를 혐오하는 자유주의적 두뇌를 가진 젊은이들을 직원으로 채용해서 명성을 쌓았다. 틸은 주택경기가 거품이라는 것을 알았기 때문에 직원들이 주택을 소유하지 않는다는 원칙을 엄격하게 지켰다. 그 자신도 클래리엄 캐피털에서 가까운 마리나의 930제곱미터짜리 맨션에 세를 들었다. 하얀 웨딩케이크처럼 생긴 건물로, 테라스 밖으로는 화려한 조명 아래 예술의 전당의 둥근 지붕과 아치가 보이는 곳이었다.

틸은 실리콘밸리의 억만장자다운 삶을 누렸다. 금발에 검은 제복을 입은 여자 비서 두 명과 하얀 코트를 입은 집사, 매일 셀러리와 비트, 케일, 생강 주스를 준비하는 요리사를 고용했다. 개인적으로 여는 만찬에 초대한 손님들에게는 요리를 선택할 수 있게 인쇄된 메뉴를 돌렸다. 또 먼 곳에 갈 때는 어디든 개인 전용기로 이동했다. 어느 해인가는 가까운 친구들과 니카라과로 가서 서핑을 즐겼고, 짐바브웨로 가서 경호원의 보호를 받으며 강에서 래프팅을 한 적도 있었다. 틸은 속을 내비치지 않으면서 호감을 주기는 했지만, 최소한의 방종을 보여줄 만큼은 퇴폐적인 기호도 있었다. 자신이 연 파티에 환상적인 모습으로 등장할 때는 마치 옛 연인의 환심을 사려고 큰 부자가 된 개츠비 같았다. 그는 재미와 속도를 만끽하기 위해 페라리 360 스파이더를 구입했고(평소에는 메르세데스 SL500을 타고 다녔다), 라스베이거스 자동차 경주장의 운전교습에 등록하기도 했다. 또 스톡 카(중고 승용차의 엔진 등을 바꿔 시판하는 경주용 차_옮긴이) 레이싱과 사냥, 낚시, 컨트리뮤직 중심의 '나스카' 생활방식을 위주로 하는 잡지 『아메리칸 선더American Thunder』를 창간했다.[창간호에서 데일 언하트 주니어(미국의 스톡 카 레이서_옮긴이)를 크게 다루고 월마트 전체 지점의 3분의 2에 뿌렸는데도 『아메리칸 선더』는 4호를 발행한 뒤로 폐간되었다.] 틸은 프리송 Frisson이라는 샌프란시스코의 레스토랑 겸 나이트클럽을 매입하고, 여기서 페이스북 100만 이용자를 위한 파티를 열었다. 이 밖에 50~100명의 손님을 자신의 맨션에 초대해 기부자 파티, 출판 기념 파티, 회사 창립 파티 같은 것을 열기도 했다. 이런 파티에서 접대를 하는 남자들은 윗옷을 벗었거나 앞치마밖에 걸치지 않은 아주 이상한 모습을 할 때가 많았다. 틸은 보수파 운동이나 후보자들에게 수백만 달러를 기부했다. 주택거품이 꺼진 뒤, 그는 샌프란시스코에 있는 650만 달러짜리 맨션을 구입했고, 그다음에는 마우이에 있는 바닷가의 목장을 2700만 달러를 주고 사들였다. 또 맨해튼의 유니언 스퀘어 공원 위쪽에 있는 건물의 꼭대기 층을 세내기도 했다. 그가 소유한 주택들은 딱히 뭔가를 모방하지는 않았어도 완벽하게 현대의 유행 감각으로 장식되었다.

틸은 훗날 말했다.

"그런 이상한 생활방식에 젖으며 불평등의 크기는 계속 커져만 갔어요. 1970년대에 나는 누가 백만장자인지도 몰랐어요. 그 정도만 되어도 정말 부자로서 흔하지 않았죠. 스탠퍼드에 다니던 1980년대 후반에는 그 이상으로 부유한 사람들도 몇 명 있었고, 2000~3000만 달러 정도면 엄청난 부자였어요. 부모가 돈이 많은 사람들이었는데, 정말 엄청나 보였죠."

이후 1997년에 실리콘밸리를 배경으로 한 소설 『언제나 첫 2000만이 가장 힘들다The First 20 Million Is Always the Hardest』가 출판되었다.

"2000만 달러는 상상할 수 없는 돈으로 보였죠. 그 이상의 돈은 역효과가 난다는 것이 내 생각이에요. 2000만 달러면 충분해요. 지금 우리가 보는 모든 문제는 그 이상 욕심내는 데서 생기는 겁니다."

하지만 해를 거듭하면서 그는 "왠지 지금까지 달려온 방향으로 계속 나가게 되었다"라고 말했다.

이 불평등한 세상에서 남들에게 뒤처지지 않으려고(남들이란 자신보다 조금 더 돈이 많은 사람을 말한다) 애를 쓰다가는 반드시 실패하게 마련이다. 아무리 가진 것이 많아도 언제나 남들이 한발 앞서 부를 늘리기 때문에 자신은 한참 뒤처졌다고 느낀다. 사막의 신기루처럼 영원히 잡을 수 없는 목표를 따르는 꼴이다. 이 불평등한 세상에서는 욕심을 멈추고 자신의 닻을 내릴 공간이 있어야 한다.

자유지상주의자로서 틸은 자신이 어디에 서 있는지, 어디로 향하는지 알게 해주는 낡은 제도에 의존하지 않고도, 또는 오랜 안정의 원천과 적당히 타협하지 않고도 살 수 있는 미국을 반겼다. 과거의 제도와 원천에 담긴 모든 것은 틸의 세계관으로 볼 때 혐오스러운 것이었다. 그는 야망과 재능, 추상적인 관념으로 자신을 창조하면서 홀로 허공을 향해 달려들었다. 이렇게 고삐가 풀린 정신이 그가 번성한 바탕이라고 할 수 있다. 하지만 동시에 그는 거의 남자들로 이루어진 유대가 견고한 친구 집단의 중심에 있기도 했다. 이들은 대부분 거의 동시에 실리콘밸리의 성공신화를 일으키며 부를 거머쥔 같은 성향의 젊은이들이었다. 여기에는 실리콘밸리 특유의 '2진법 계단함수'가 작용했다. 어느 날 갑자기 엄청난 돈을 벌었지만(물론 틸만큼 벌지는 못했다), 이들은 청바지와 티셔츠를 입고 다녔다. 이 친구들은 틸이 자신의 옛 현실을 계속 붙잡게 해주었고, 덧없거나 독성이 있는 지위 표시를 가려내게 했다. 2007년 흥미 위주의 온라인 신문이 틸의 이면을 폭로했을 때, 그는 이 신문을 "실리콘밸리의 알카에다"라고 불렀다. 그리고 자신의 사생활을 지속하면서 가까운 친구라고 할지라도 깊은 대화는 기피했다. 이들은 저녁 식사를 할 때 섹스와 종교, 또는 다른 사람의 생활에 대한 대화는 하지 않았다. 대신 사업 아이디어와 세계적인 사건, 기술의 미래 같은 이야기를 했다. 가장 감탄할 만한 투자자의 이름을 물으면 틸은 은둔생활을 하는 억만장자 하워드 휴즈를 지목했다.

2008년 대선 기간에 틸은 자유주의 노선의 잡지 『리즌Reason』과 인터뷰했다. 그는 "내 낙관적인 판단으로는 비록 정치가 매우 반자유주의적 방향으로 나간다고 해도 그 자체는 세계가 더욱 자유주의 노선으로 치닫고 있다는 사실을 보여주는 신호라고 할 수 있죠. 어쩌면 이것은 단순히 좋은 징조인지도 모릅니다"라고 말했다.

9월 들어, 70억 달러라는 기념비적인 목표를 초과하면서 클래리엄 캐피털 대부분의 조직과 직원의 90퍼센트는 맨해튼 중심부로 옮겨 갔다. 틸은 세계적인 수준의 헤지펀드 경영자 반열에 다가가면서 월가에 좀더 영향력을 발휘하고 싶어했다.

같은 달, 금융시장이 붕괴했다. 누구나 공포에 휩싸인 상태에서 틸은 하락 주를 잡으려고 했지만, 이번에는 역방식이 그에게 적이 되었다. 정부의 중재 노력으로 세계 경제가 안정되기를 기대하면서 그는 연말까지 계속 주식시장에 매달렸다. 하지만 주가는 계속 떨어졌으며, 그가 운영하는 펀드는 엄청난 돈을 날렸다. 2009년, 그가 주식을 처분하자 주가가 올라갔다. 클래리엄 캐피털이 계속 손실을 입자 투자자들은 돈을 회수하기 시작했다. 일부는 틸이 아이디어는 뛰어나지만 때를 맞추고 리스크를 관리하는 능력은 부족하다고 불평했다. 틸은 수년 동안 부동산경기의 침체를 예언했지만, 정작 그 순간이 되자 기회를 이용하지 못했다는 것이다. 2010년 중반, 출혈이 계속되자 클래리엄 캐피털은 뉴욕 사무실을 폐쇄하고 다시 샌프란시스코로 돌아갈 수밖에 없었다. 회사를 옮기는 과정에서 극심한 혼란을 대가로 치러야 했다. 2011년, 펀드 자산은 3억5000만 달러로 떨어졌으며, 그중 3분의 2가 틸의 돈으로, 그의 순유동자산 전체에 해당하는 것이었다. 클래리엄 캐피털은 사실상 가족 사무실로 전락했다.

평생 처음으로 틸은 세상이 다 지켜보는 가운데 자신이 높이 평가한 일에서 명백한 실패를 맛보았다. 그는 콧대가 꺾였지만, 좌절감에 푹 빠졌던 페이팔에서와는 달리 패배를 인정하고 직원들과 평온을 유지했다. 그 무렵 미국에 대한 그의 관점도 점점 어두워졌다. 그가 다시 1970년대 이후의 세월을 돌이켜보니 밝고 희망에 찬 것으로 보였던 그 시절은 이제 페이스북을 포함해 특히 실리콘밸리에서 그 빛을 잃었다. 하지만 틸의 비관적인 생각은 동시에 그에게 미래에 대한 급진적인 새 아이디어를 가다듬게 해주었다.

2008

힐러리를 꺾은 역사적 승리: 유권자들이 변화의 메시지를 포용하면서 그는 흑인 최초로 아이오와 코커스Iowa Caucus(대통령 후보 지명을 위한 대의원을 뽑는 당대회_옮긴이)에서 승리를 거둔다.

부동산 평가: 불안에서 비판으로 바뀌다.

GM의 기록에 따르면, 2007년 미국 자동차산업은 7만4000명의 미국 노동자를 조기 퇴직시키며 387억 달러의 손실을 기록한다.

석유파동: 분석가의 예측에 따르면, 유가는 갤런당 7달러를 기록하며 미국 자동차의 '대대적인 퇴조'가 발생한다.

불황은 새 세기의 문제로 복귀한다.

이라크 전쟁 기념 주간에 오바마의 유세가 신문 1면을 장악하다.

오바마의 선거는 전체적으로 계급투쟁과 인간 선망으로 점철된다. 그가 줄기차게 강조하는 '변화'는 새로운 것이 아니다. 그것은 개인의 자유를 사회주의적인 부드러운 권위주의로 축소하는 변화일 뿐이다.

미국에서 무슨 일이 벌어지고 있어. 우리는 정치적인 견해로 구분되지 않아. 우리는 한 민족, 한 국민이야.

리먼 브라더스의 파산 신청, 메릴린치 매각, AIG 보험사의 유동성 확보 노력.

부시가 7000억 달러의 긴급구제를 요청하다.

존 매케인이 자유무역을 찬양하기 위해 침체 중인 오하이오 공장을 찾았다. 그는 영스타운처럼 침체에 빠진 러스트 벨트 도시들을 되살릴 수 있다는 것을 보여주기 위해 최근에 있었던 자신의 정치적 행운(공화당 후보가 되기 위해 예기치 않게 복귀한 데 따른 극적인 오버랩)을 이용했다.

사라 페일린이 문화전쟁을 재점화하다.

우리는 우리가 찾아온 이 작은 도시에 미국 최고의 모습이 담겨 있다고 믿습니다. 여러분 모두 열심히 일하며 진정한 애국자임을 보여주는 이 작고 놀라운 골짜기를 나는 진정한 미국이라고 부르겠습니다.

아마 분명히 빈 라덴은 바보 같다는 느낌이 들었을 거야. "아니 뭐야, 미국이 아니고 엉뚱한 데를 폭격했잖아?"

히스 레저가 화요일에 사망했다는 소식이 페레즈힐튼닷컴에 독점 공개되다.

실리콘밸리는 지금까지 금융위기의 타격을 거의 받지 않았다.

안녕하세요? 페이스북을 사랑해야 해요. 당신 정말 멋져요! 나와

가족의 사진을 빨리 내려받으면 좋겠어요.

당신이 선거일을 애타게 기다리는 모습을 상상할 수 있어요. 아직도 공화당을 열렬히 지지하나요? 어쨌든 나는 우리의 우정을 소중하게 생각한답니다.

"변화가 찾아왔습니다."

최초의 흑인 대통령 당선자: 경제에 대한 불안이 민주당에 압도적 승리를 안겨주다.

그리고 우리는 다 함께 대서양에서 태평양까지 울려 퍼지는 '네, 우리는 할 수 있어요Yes, we can'라는 짧은 말로 미국 역사의 다음 장을 시작할 것입니다.

※대통령 선거가 있었던 2008년을 대선과정과 오바마의 당선 같은 정치적 이슈, 소셜 네트워크 서비스 페이스북의 확산 같은 사회적 이슈, 금융위기를 비롯한 경제적 이슈로 묘사한다. 「뉴욕 데일리 뉴스」 「세인트 피터스버그 타임스」 「시카고 트리뷴」 「월스트리트저널」 등의 언론 보도와 오바마의 뉴햄프셔 예비선거의 연설과 여기서 따온 선거 캠페인송 「네, 우리는 할 수 있어요」, 정치 풍자 뉴스 프로그램 「더 데일리 쇼」의 발언, 페레즈힐튼닷컴의 배우 사망 소식, 페이스북 포스트 내용 등이 소개된다_옮긴이.

제도사회의 인물 (2) 로버트 루빈

1947년 마이애미비치. 맨해튼에서 새로 전학 온 로버트 루빈Robert Rubin은 4학년이 되어 반장에 선출되자 깜짝 놀랐다. 사실 그는 어떻게 반장이 되는 건지도 전혀 몰랐다. 고등학교 때는 성적이 우수했지만, 아마 변호사인 아버지의 변호사 친구가 입학 사정관에게 추천서를 써주지 않았다면 하버드대학에는 절대 들어가지 못했을 것이다. 하버드대학에 들어가서도 그는 1학년 때 낙제하는 신입생 2퍼센트 안에 들 것이라고 예상했지만, 우수한 성적을 받았다. 그리고 1960년에는 최우수상 그룹인 '파이 베타 카파' 클럽 소속으로 졸업했다.

밥(로버트) 루빈이 주디스 옥센버그Judith Oxenberg를 만났을 때는 그렇게 총명하고 아름다운 여자가 자신과 데이트를 하리라고는 예상하지 못했기 때문에 그녀를 자신이 다니던 예일대학 법학대학원 친구들에게 소개했다. 친구들이 이에 대한 보답으로 자신의 수준에 더 맞는 여자를 소개해주기를 바랐기 때문이다. 하지만 이로부터 몇 달 지나지 않아 밥과 주디는 브랜퍼드 교회에서 결혼식을 올렸다.

1966년, 클리어리 고틀립Cleary Gottlieb(국제법무법인)에서 파트너를 구할 가망이 없다고 판단한 로버트 루빈은 월가에서 일자리를 찾아다녔다. 당시 법무법인에서 투자은행으로 방향을 전환하는 것은 아주 이례적인 일이었지만, 그의 부친이 라자르 프레르Lazard Frères와 골드만삭스에 보낼 추천서를 마련해주었고, 놀랍게도 두 군데에서 동시에 입사 제의를 받았다. 그는 골드만삭스의 재정거래부로 들어갔지만, 재정거래(차익거래)가 무엇인지도 몰랐다. 또 거래를 앞두고 의문이 들 때 임원들에게 전화를 해 물어볼 용기가 자신에게 있을 것 같지도 않았다. 전설적인 인물로 골드만삭스의 총수이던 거스 레비Gus Levy는 루빈이 멍청한 질문을 할 때마다 호통을 쳤지만, 레비는 언젠가 루빈이 회사를 지휘할 것이라고 예상했다. 아마 루빈 자신이 알았다면 터무니없는 생각이라고 말했을 것이다. 재정거래부에서 잘 적응하기는 했지만, 루빈은 파트너의 지위를 제안받으리라고는 꿈에도 생각하지 못했기 때문에 1971 회계연도의 첫날 막상 자신이 파트너의 자리에 오르자 놀라서 다른 일자리를 찾으려고 할 정도였다. 그리고 몇 년 지나지 않아 그는 경영위원회의 일원이 되었다.

루빈은 평생 노란색 리갈 패드(서양의 변호사, 판사들이 즐겨 쓴다 하여 법조계 노트라 불리며, 절취선이 있어 메모하기에 편리하다_옮긴이)를 끼고 살며 뭔가를 적거나 수를 세어가며 다른 결과가 나올 가능성을 분석하기도 하고, 리스크와 예상되는 가치를 계산했다. 그는 자신이 가능성에 대한 사고훈련으로서 거래에 흥미를 느낀다는 것을 알았다. 협력 가능성을 생각한다는 것은 있을 법하지 않은 우연을 고려한다는 의미이기도 했다. 차익거래에서 오는 다양한 변화와 스트레스는 언제나 신경을 피곤하게 하고 불안과 탐욕으로 눈이 멀게 만들었지만, 그는 언제나 중대한 거래의 압박감을 용케도 잘 견뎌나갔다. 그는 꽤나 이재에 밝은 사람이었지만 돈벌이를 목표로 삼지는 않았으며(그는 사람은 오직 자신의 내면에서만 만족을 찾는다는 것을 배웠다), 정체성이 직업에 좌우되지도 않았다. 이런 생각 때문에 그는 자유로운 상태에서 리스크를 더 투명하게 볼 줄 알았다.

그는 거래 하나하나가 100년 후에도 중요한 것은 아니라는 장기적인 관점에서 생각했고, 회사의 구성원이라는 사실 자체를 즐기며 틈나는 대로 레프트 뱅크에 있는 카페에 앉아 『북회귀선Tropic of Cancer』을 읽거나 인생의 의미에 대한 대화를 나누기도 했고, 스프루스 크리크나 티에라 델 푸에고에서 제물낚시를 즐겼다. 확실하게 입증되는 것은 아무것도 없다는 신념이 있었기 때문에 그는 시장이라는 불확실한 세계에서 자신의 역할을 다할 수 있었다.(그는 또 포커 솜씨가 아주 뛰어났다.) 이렇게 철학적으로 초연한 태도 덕분에 그는 놀랄 정도로 성공적인 차익거래자가 되었다.

당시의 골드만삭스는 이후에 보여준 모습과는 전혀 다른 곳이었다. 중개거래가 아니라 투자은행 업무를 보는 훨씬 더 작고 초라한 개인 협력 전문 대행업체였고, 임원급 파트너들도 고객의 요구를 관리하는 데 시간을 보내는 실정이었다. 1970년대에 루빈은 침착하면서도 합리적인 태도로 골드만삭스에 파생상품 장외거래(옵션거래)와 원자재거래를 끌어들였는데, 이 사업은 폭발적인 성장을 가져다주며 엄청난 수익원이라는 것을 입증했다. 1981년에 그는 최초의 주요 인수 대상으로 J. 아론J. Aron 원자재 무역회사를 선택하도록 경영진을 설득했다. 새 사업 부문에 문제가 발생하자 그는 리스크를 더 떠안는 방식으로 이 난관을 돌파하면서 이 일에 큰 흥미를 느꼈다.(J. 아론의 직원 절반 이상을 해고하는 민감한 과제였다.) 이때부터 그는 골드만삭스의 고정소득 부문의 책임자로 승진했고, 여기서 루빈과 그의 파트너인 스티브 프리드먼Steve Friedman은 유동성 위기에 따른 엄청난 손실을 막아야만 했다. 그는 자본을 늘리기 위해 월가의 다른 대기업처럼 골드만삭스를 상장시키고 싶어했지만, 소액 지분을 보유한 젊은 협력자들이 반대했다. 1987년에 프리드먼과 함께 부회장이 된 루빈은 1990년에 마침내 회장 자리에 올랐다. 그는 회장이 된 뒤에 자신도 놀랄 만큼 겸손한 태도를 유지하면서 야망을 품었고, 대담한 용기를 발휘할 때도 침착한 모습을 잃지 않았다.

루빈은 정치적으로 중립을 지키며 민주·공화 양당의 눈치를 살폈다. 하지만 빈곤층의 곤경에 관심을 둔 그는 어디까지나 민주당 성향이었다. 그는 레이건 정부에서 누적된 적자가 늘어나는 것도 걱정했다. 그는 정치에 관여하고 싶었기 때문에(백악관 내부의 시각으로 세계를 바라본다는 생각보다 그에게 더 매력적인 것은 없었다) 민주당을 위해 후원금을 모금하기 시작했다. 1982년, 친구인 밥 스트라우스Bob Strauss가 루빈에게 의회 모금행사 대표를 맡아달라고 부탁했다. 루빈은 충분한 후원금을 모금할 수 있을지 확신이 없었지만(당시 금융권에 민주당원은 많지 않았다), 모금을 위한 만찬을 열었을 때 100만 달러가 넘는 돈이 걷혔다. 당 지도부에서는 그에게 월가의 돈을 걷는 일을 지원해달라고 졸랐다. 그리고 1984년에 월터 먼데일을 위해 400만 달러에 가까운 후원금을 모았으며, 1988년에는 마이클 듀카키스를 위해 비슷한 액수의 돈을 모금했다.

루빈은 나이가 들며 정수리 부분은 아직 숱이 많았지만 백발로 변하기 시작했고, 반쯤 아래로 처진 눈에는 더 슬픈 빛이 엿보이며 자신감은 줄어든 것 같았다. 월가가 점점 규모가 커지면서 변덕스러운 괴물로 변해가는 동안에도 루빈은 계속 침착한 태도를 유지했고, 몸은 여전히 그레이하운드처럼 날씬했다. 금융 부문이 규제를 받을 때도 그는 용케도 잘 비켰다. 그는 동료들이 집을 다섯 채나 소유하고 둘째 부인을 두며 규칙적으로 화려한 외출을 하는 동안에도 절대 이목을 끄는 일을 벌이지 않았다. 골드만삭스에서 반평생을 보낸 뒤, 그는 재산이 1억 달러가 넘었고 파크 애버뉴의 고급주택에 살았지만, 구겨진 양복을 입고 출근했고, 낡은 카키색 바지 차림으로 동네를 걸어 다녔으며, 틈만 나면 독서와 낚시를 즐겼다. 동료들은 그가 하루에도 여남은 번은 "단지 한 사람의 의견"이라는 말을 하는 것을 들었다. 그는 야망을 드러낼 때 겸손하게 둘러말했고, 리스크를 떠안을 때 걱정스러운 표현을 잊지 않았다.

1992년 빌 클린턴이 대통령에 당선되었을 때, 자신에게 새 행정부의 직책이 주어지리라는 확신은 없었지만, 루빈은 신설된 국가경제회의 초대 의장이 되었다. 그는 백악관에서 맡을 역할에 대해 전혀 짐작이 되지 않았고, 심지어 '결정 안건 메모decision memo'라는 말조차 몰랐다. 그는 제퍼슨 호텔에 방을 하나 빌려 노란색 리갈 패드를 들고 들어가서 브렌트 스코크로프트Brent Scowcroft와 조디 파월Jody Powell 같은 워싱턴의 노련한 전문가들에게 자문을 받았다. 오발 오피스(대통령 집무실)와 루스벨트 룸에서 회의가 열릴 때면, 루빈은 가능하면 대통령 가까이 앉지 않으려고 했다. 그는 중앙에서 멀리 떨어진 자리에서 참석자들의 표정을 읽는 것을 좋아했으며, 월가에 있을 때와 마찬가지로 워싱턴에서도 조금 떨어진 곳에 앉은 채 잘 나서지 않았다. 언젠가 대통령은 "당신은 백악관에서 가장 막강한 힘을 갖게 될 겁니다"라고 말했지만, 루빈은 말도 안 된다고 생각했다. 그는 그저 정부에 기여할 수 있기만을 바랐다.

회의석 끝자리에 앉은 루빈은 클린턴에게 대선과정에서 언급한 교육과 직업훈련, 중산층의 세금 인하에 대한 공약을 포기하고 대신 채권시장의 동요를 막기 위해 적자 감축에 대한 신뢰성을 구축해야 한다고 말했다.(정부 지출을 줄이고 최상위계층 1.2퍼센트에 대한 세금을 인상할 것을 주장했다.) 적자가 레이건―부시 정부의 수준에서 벗어나지 못하는 상황에서 금리가 오를 것이며, 금리가 오르면 경제성장의 숨통이 막힐 것이라는 말이었다. 이 말은 단순히 월가의 견해였을 뿐만 아니라 기본적인 루비노믹스(로버트 루빈이 재무장관 시절 단행한 일련의 경제정책의 성격을 특징짓는 표현_옮긴이)이기도 했다. 자신의 정부가 아이젠하워 시절의 공화당처럼 비치는 것에 대해 계속 부아가 치밀던 클린턴은 루빈의 지적에 동의했다. 또 회의석 끝자리에서 루빈이 '부유층'이나 '기업지원정책' 같은 계급 기반의 극단적인 용어 사용에 반대한다는(계급 연대의 시각에서가 아니라 대통령에 대한 기업의 신뢰를 상실하는 것에 대한 두려움에서) 충고를 계속할 때도 막지 않았다. '기업의 책임'이란 말은 도를 넘을 정도였다. 노동장관인 로버트 라이시Robert Reich가 포퓰리즘 정책과 언어를 사용할 필요가 있다고 말하자 루빈이 나섰다.(목소리를 높이지 않고 차분하게.)

"이봐요, 나는 거의 평생을 월가에서 보냈어요. 분명히 말하는데, 그것은 지금 문제를 자초하는 겁니다."

클린턴 시절의 백악관에서는 거의 평생을 월가에서 보낸 경력을 당할 만한 경험은 없었다. 채권시장은 당면한 현실이었고, 그 밖의 나머지는 이해집단의 문제였기 때문이다.

루빈은 언제나 공평무사하게 가치를 기준으로 최고의 경제자문을 했다.(우연히 월가의 견해를 드러냈다고 해도 이미 경제는 금융 부문이 지배하고 있었으며, 민주당 출신의 어떤 대통령도 금융 부문의 신뢰를 잃는다면 몰락했을 것이다. 특히 민주당이 대부분의 자금을 월가에서 조달한 이후에는 더 말할 나위도 없었다.) 결국 중산층에 대한 포퓰리즘으로 당선된 클린턴은 친기업적인 중도노선으로 통치하게 되었다. 1995년 재무부로 옮긴 루빈은 멕시코와 아시아, 러시아의 금융위기를 진정시키고, 미국 정부의 재정적자를 완전히 해결했으며, 미국에 역사상 최장기의 경제성장을 안겨주면서 엄청난 찬사를 받는 장관 중 한 명이 되었다.

1998년, 여성으로서 상품선물거래위원회 위원장으로 있던 브룩슬리 본Brooksley Born은 거대하고 불투명한 장외파생금융상품 시장을 규제해야 한다고 주장했다. 루빈이 20년 전에 골드만삭스를 이끌고 들어갔던 바로 그 시장이었다. 재무부에서 한 시간 회의를 하는 동안 동료들의 눈에는 루빈이 그 어느 때보다 더 화를 내는 것으로 보였다.(그는 브룩슬리 본의 말이 귀에 거슬렸지만, 본은 물러서지 않았다.) 그래서 루빈은 본에게 훈계조로 파생상품 시장에서 손을 떼라고 말했다. 위원회 소속의 정부 변호사들이 아니라 은행 변호사들의 주장에 귀를 기울여야 한다는 말이었다. 그는 자신의 대리인인 래리 서머스Larry Summers와 연방준비제도이사회FED 의장인 앨런 그린스펀 등으로 팀을 꾸려(『타임』 표지에서는 이 팀을 두고 '세계구제위원회'라고 불렀다) 공화당 의원들을 설득해 브룩슬리 본을 막게 했다.(루빈이 파생상품에 대한 우려를 하지 않은 것은 아니었다. 사실 그는 중개인들이 거래 규모를 키울 때마다 마지못해 동의하기는 했지만, 골드만삭스의 파생상품 규모에 대해 언제나 걱정했다. 그리고 재무장관으로서 파생상품의 리스크를 끊임없이 걱정했다. 금융 기관을 혼란에 빠뜨리고 시장의 과열을 부추겼기 때문이다. 그는 원칙적으로 파생상품 규제를 반대하지 않았다. 다만 브룩슬리 본이 나서는 것을 반대했을 뿐이다. 물론 이에 대해 어떤 조치를 취하는 데는 전혀 관심이 없었다. 월가나 나머지 세계구제위원회 위원들이 반대를 하고 나설 수도 있었기 때문이다.)

2000년, 의회는 어떤 정부 기관도 파생상품을 규제하지 못하게 하는 법안을 통과시켰고, 클린턴은 이 법안에 서명했다. 대통령 임기 중 마지막으로 서명한 법안이었다.(상품선물현대화법이 등장했을 때는 루빈이 정부에서 나왔을 때였기 때문에, 그 자신이 훗날 지적했듯이 이 법으로 어떤 부작용이 초래된다고 해도 책임질 일이 없었다.)

1999년 의회가 통과시키고 클린턴이 서명한 금융서비스현대화법에도 똑같은 이치가 적용된다. 이 법은 1933년에 제정된 글래스-스티걸 법을 무효화한 것으로서, 한 지붕 아래에서 상업은행과 투자은행이 겸업하는 길을 터놓았다.(루빈이 주로 상업은행과 투자은행의 벽이 이미 허물어졌다는 이유로 글래스-스티걸 법의 폐지를 주장한 것은 분명했다. 다만 알렉산더 해밀튼 이후 가장 많은 찬사를 받은 재무장관에게 결정권이 없었다는 것도 기정사실이다.)

1999년, 루빈은 뉴욕의 집으로 돌아갔다. 그는 노란색 리갈 패드를 꺼내 헨리 키신저와 워런 버핏과 대화한 내용을 점검하며 다음 행보에 대한 문제들을 적었다. 그는 공공정책에 관여하고 싶었지만, 금융 수도사가 될 이유는 없었다. 물론 최고경영자의 책임을 떠맡는 데도 관심이 없었다. 바꿔 말하면, 미국 시민이나 주주들의 이익에 봉사하면서 월가와 워싱턴 사이를 끊임없이 오가는 인물로서 다른 분야에 몸담고 더글러스 딜런이나 애버럴 해리먼같이 현명한 사람으로 남고 싶었다.(사실 월가에서 일하면 당면한 금융 문제에 관여할 수 있고, 그렇게 되면 그는 정책 입안자들에게 쓸모 있는 존재가 될 것이며, 의례적으로 공평무사하고 가치에 기반을 둔 자문을 해줄 수 있었을 것이다.)

뉴욕의 기업은 저마다 루빈의 명성을 탐냈지만, 시티그룹의 샌퍼드 웨일은 실제로 필요한 제안을 하며 끈질기게 루빈을 설득했다. 루빈이 실행위원회 의장으로 은행 제국의 총수 자리에 앉아야 한다는 말이었다. 이 자리는 조직 내의 법률고문으로서 전략적인 결정을 유도하지만, 일상적인 경영에는 책임을 지지 않아도 되었다. 이 자리를 맡음으로써 루빈은 연봉 1500만 달러에 추가로 스톡옵션의 보너스를 보장받았다.(그는 이재에 민감한 인물이었다.) 이 밖에 그는 낚시여행이나 유람을 다닐 때 시티그룹의 전용기를 이용할 수 있었다.(세계 최대의 금융사인 시티그룹은 그 전년도에 시티코프Citicorp와 트래블러스Travelers를 합병해 탄생한 기업으로서, 이런 거래는 글래스-스티걸 법에 저촉되지만, 글래스-스티걸 법은 더 이상 존재하지 않았다. 물론 루빈은 이 법의 폐지에 직접적인 책임이 없었고, 비판은 불가피했다고 해도 그가 당당히 시티그룹에서 보상을 받는 것을 놓고 비난하는 것은 정당성이 없었다.)

루빈은 낚시와 독서를 하고 상원의원들에게 자문을 해주었으며, 외국 지도자들과 대화하고 시티그룹 실행위원회를 이끄는 동안에 자서전을 집필했다. 그는 현명한 사람이었고, 머리숱은 여전히 많았으며, 몸은 호리호리했다. 그는 각 기관의 모든 부문에 관여했고, 포드나 하버드 이사회, 외교협회에 합류하거나 브루킹스 연구소에서 중요한 역할을 맡으면서 기업과 정부의 많은 분야에서 쌓은 경력을 키워나갔다. 재정상의 무모한 결정이나 단기투자에는 경고를 보냈다. 비록 이후에 무너지기는 했지만, 그는 미국 역사상 최장기 호황을 이끌었다는 영예를 누렸다.

결국 루비노믹스는 그다지 큰 변화를 이끌어내지 못했다는 사실이 드러났다. 1993년부터 1999년 사이의 기간은 한 세대에 걸쳐 진행된 경제 흐름의 속도를 간신히 늦추는 데 머물렀을 뿐이다. 1970년대 후반부터 2007년까지 루빈이 골드만삭스의 고위경영진에 있을 때, 백악관과 재무부, 시티그룹 등 금융 부문은 괄목할 만한 성장을 했으며, 금융 부문을 감시하던 규칙과 기준은 무너졌다. 미국의 금융사들은 기업 이익에서 차지하는 몫이 두 배로 늘어났고, 금융사 직원의 급여도 국민소득에서 차지하는 비율이 두 배로 늘어났다. 상위 1퍼센트 계층의 소득이 국민소득에서 차지하는 몫은 세 배 이상 늘어난 반면, 중산층의 소득은 겨우 20퍼센트 늘어나는 데 그쳤으며, 최하층의 소득에는 전혀 변화가 없었다. 2007년에 최상위 1퍼센트 계층이 국부의 40퍼센트를 소유한 데 비해 전체 국민의 5분의 4에 해당하는 최하층이 소유한 몫은 단지 7퍼센트에 불과했다. 루빈이 월가와 워싱턴의 고위층에 머물렀던 시기는 불평등의 시대였다. 세습적 불평등의 양상은 19세기 이후 미국 역사에서 가장 극심했다.

제도권에 속한 현명한 남자의 입장에서 루빈은 골드만삭스에서 했던 것처럼 시티그룹에서도 엄청난 규모의 거래로 리스크를 무릅쓰는 경영을 추진했다. 그는 또 리스크는 신중하게 관리할 필요가 있다는 충고도 잊지 않았다. 이후 그가 별 주의를 기울이지 않았던 2003년부터 2005년 사이에 시티그룹은 부채담보부증권CDO과, 탬파 같은 곳에서처럼 악성 대출로 가득 찬 주택저당증권의 발행을 세 배로 늘렸다. 탬파는 수년간 소득의 증가가 없던 사람들이 전 재산을 주택에 쏟아붓고 마치 집을 현금인출기처럼 써먹는 도시였다. 2007년 하반기에 이 은행이 장부에 보유한 CDO는 무려 430억 달러에 이르렀다.

이 중 대부분은 가치가 없는 것으로 드러났고, 2008년 금융위기가 발생하자 시티그룹은 사실상 국가의 관리를 받았다. 시티그룹은 손실이 무려 650억 달러에 이르러 두 군데서 엄청난 긴급구제자금을 받아야 했다. 미국 정부가 심각하게 국유화를 고려한 것은 이 은행이 유일했다.

루빈은 활동 기간 동안 자신과 월가의 이익을 미국의 이익과 조화시키려고 애썼다. 그리고 2008년에 이런 목표가 불가능해지자 자취를 감췄다. 그는 거의 모든 인터뷰 요청을 거절했으며, 어쩌다 기회가 생겨도 공석에서 제기되는 모든 비난을 무시하면서 이렇게 말하곤 했다.

"내가 아는 역할에 비추어 볼 때 나에게 책임이 있다고 생각하지는 않습니다. 뭔가 잘못되었다는 것은 분명합니다. 하지만 그렇게 완벽한 폭풍이 닥칠 것을 예상한 사람은 아무도 없었죠."

앨런 그린스펀조차 자신의 과오를 인정했지만, 언제나 겸손한 표정에 가려진 루빈의 자부심은 과오를 인정하는 것을 용납하지 않았다.

2009년 1월, 10년간 자문해준 대가로 1억2600만 달러를 벌며 순자산을 두 배로 늘린 루빈은 시티그룹의 직책을 사임했다. 2010년 4월, 그는 워싱턴의 금융위기 조사위원회에 출석해 증언했다. 조사위원에는 브룩슬리 본도 포함되었는데, 그녀가 파생상품 규제에 대해 질문하자, 루빈은 본이 주장하는 말 한마디 한마디에 서둘러 동의했다. 그의 얼굴에서 평소의 침착하고 여유 있는 표정은 찾아볼 수 없다. 구겨진 양복 차림으로 증인석에 앉은 그는 잠을 제대로 못 잤는지, 눈이 충혈된 채 불안해 보였다. 그는 조사위원회를 향해 설명했다.

"방금 언급하신 대로 내가 의장으로 있던 이사회의 실행위원회는 관리 조직이었습니다. 결정권이 없었어요. 하는 일은 이사회의 여러 의견을 조정하는 정도였죠. 이사회 자체도 열리는 경우가 아주 드물었어요. 어쨌든 의사결정과정에 관여하는 독립적인 기구는 아니었습니다."

그의 말에 위원장인 필립 안젤리디스Philip Angelides가 입을 열었다.

"일석이조를 노린 건지도 모르죠. 당신이 직접 결정한 게 아니라면 임무를 게을리한 거예요."

루빈은 자신이 이사라고 해도 세계 최대 은행의 임원들이 내리는 모든 결정을 알 수는 없었다고 말했다. 안젤리디스가 다시 추궁했다.

"당신은 보통 이사가 아니었잖아요? 누가 보더라도 이사회의 실행위원회 의장이라면 지도자를 뜻하는 겁니다. 연봉 1500만 달러라면 분명히 지도자의 권리와 책임이 똑같이 포함되는 거죠."

루빈은 자신이 2007년의 보너스를 거절했다는 사실을 언급했다.(죄책감에서가 아니라 사심 없는 결정이었으며, 이 때문에 은행은 그 돈을 다른 용도에 충당할 수 있었다는 말이었다.)

다시 안젤리디스가 말했다.

"결국 당신의 책임을 평가할 수 있는 사람은 당신 자신밖에 없을 것입니다."

세 시간 동안 이어진 청문회가 끝나자 루빈은 서둘러 그곳을 떠났다.

제프 코너턴

코너턴은 거품을 눈여겨보지 않았다. 2007년, 그는 멕시코에 있는 콘도를 매입가의 세 배를 받고 팔아 엄청난 이익을 남겼다. 이 돈과 회사를 매각한 자금이 생긴 그는 다시 휴가용 별장을 보러 다녔다. 또 다른 콘도에 단기투자를 하려는 계획이었다. 그는 코스타리카의 해안을 물색하고 다녔다. 세계적으로 이름난 해변을 낀 서핑의 천국이라고 할 말파이스라는 곳이었다. 이곳에는 브라질의 슈퍼모델인 지젤 번천이 지은 집이 있었는데, 지도에도 나오지 않아 할리우드 스타들에게는 은밀한 휴가지로 주목받고 있었다. 주택 가격이 마구 치솟을 때였다. 그는 이해 여름 비행기를 타고 가서 태평양이 바라다보이는 경관이 뛰어난 언덕을 둘러보았다. 그곳에 두 필지의 부동산이 매물로 나와 있었다. 그는 두 군데를 모두 사들여 한 곳에 집을 지은 다음 이익을 남겨 빨리 처분하고 나머지 한 곳에 스스로 살 집을 지을 계획을 세웠다.

QGA에 있을 때 코너턴이 거래하던 회사 중에 젠워스 파이낸셜Genworth Financial이라는 민영 담보대출 보험사가 있었다. 이곳에 있는 사람들이 그에게 전국적으로 압류사태가 번지고 있다고 말했다. 그러면서 빨라도 2009년까지는 부동산을 매입하지 말라고 경고했다. 바이든이 다시 대선에 출마했기 때문에 코너턴은 선거캠프에 합류해 디모인으로 떠났다. 이곳에 가자 시의원 한 사람이 그에게 아이오와의 3대 쟁점 중 하나가 압류 문제라고 말했다. 코너턴은 이 말을 다시 바이든의 참모 한 사람에게 전해주었다. 주택시장의 과열에 초점을 맞추라는 말이었다.[바이든이 초선 상원의원이었던 1970년대에도 휴버트 험프리는 바이든에게 이렇게 충고했었다. "자신의 문제가 될 쟁점을 골라야 해. 자네는 '미스터 하우징(주택공급)'이 되어야 한다는 말일세. 앞으로는 하우징이야."] 이 생각은 여전히 유효했다. 하지만 대선 후보들은 압류에 대해 거론하지 않았다.

코너턴도 이런 경고를 무시했다. 2007년 가을에 시장이 한껏 달아올랐을 때, 그는 코스타리카에 있는 부동산을 100만 달러 가까이 주고 계약했다. 그는 그 땅이 시세보다 높게 평가되었다는 것을 알았지만, 그 이상으로 오를 것이라는 기대가 있었다. 네덜란드의 튤립 가격이 매달 두 배로 오를 때, 네 배로 뛰기 전에 잡아둬야 한다고 생각한다면, 이 생각은 합리적일까 아닐까? 이 질문에 그는 "그건 욕심이죠"라고 대답했다.

코너턴은 15년 동안 워싱턴에서 활동하며 바이든을 위해 어느 누구보다 많은 돈을 모금했다. 그리고 바이든이 두 번째 대선에 출마했을 때 유나이트 아우어 스테이츠Unite Our States라는 정치활동위원회의 회계 관리자로 캠프에 합류했다. 하지만 처음부터 어두운 그림자가 드리워졌다. 바이든은 기본적으로 자신이 할 말을 요약해 즉석에서 가두연설을 하곤 했다. 한 곳에서 뛰어난 연설을 했다면 그다음에 하는 연설은 지리멸렬했다. 그리고 여전히 선거를 위한 모금을 혐오했다. 어느 날 젊은 참모 한 사람이 그가 있는 차 안으로 명단을 들고 들어와 "준비됐습니다, 상원의원님. 몇 군데 후원금 기부를 위한 전화를 하실 차례입니다"라고 말하자 바이든은 버럭 소리를 질렀다.

"당장 내리지 못해!"

그는 토론에서 상대 후보를 압도하는 것이 개인적으로 전화하는 것보다 더 많은 돈을 모을 수 있다고 믿었다. 30년 전 터스칼루사에서 매혹적인 연설로 코너턴의 인생 목표를 바꾸게 만든 정치인 바이든. 그와 함께 대선전에 뛰어든 경쟁자들은 그보다 인기가 더 많은 힐러리 클린턴과 존 에드워즈, 버락 오바마였다. 여론조사에서 바이든은 한참 밀렸다.

코너턴은 아이오와에서 12월을 보냈다. 워싱턴의 영주계층은 2년마다 '실제의 사람들'이 사는 '실제의 미국'을 찾아 각처를 돌아다니며 그들이 지지하는 후보를 위해 선거운동을 했다. 그들은 이런 식으로 활동을 증명한 다음 그룹의 일원이라는 자격을 얻었다. 2000년, 코너턴은 아침 6시에 위스콘신의 와소에 있는 한 교차로에서 고어 피켓을 들고 서 있었다. 모든 흑인 운전자와 여자의 반은 엄지를 추켜올리며 지지 의사를 보였고, 백인 운전자들은 눈살을 찌푸렸다. 아이들을 태우고 지나가던 스쿨버스 운전자는 그에게 야유를 보내기까지 했다. 2004년에는 상원 민주당 지도자인 톰 대슐Tom Daschle을 위해 3주 동안(하루에 열 시간씩) 사우스다코타에서 집집마다 돌아다니며 문을 두드리느라 녹초가 되기도 했다. 그는 이곳의 빈곤한 현실에 충격을 받았다. 래피드 시티에 있는 트레일러 이동식 주택들은 대부분 바닥에 구멍이 나서 밑에 있는 쓰레기가 다 보일 정도였다. 솜더 나은 이동주택에서는 공화당을 지지했다.

"대슐은 끝났어!"

그가 만난 루터파 여자들은 낙태에 대한 상원의원의 태도가 위선적이라고 생각했다. 사우스다코타에 있을 때와 워싱턴에 있을 때가 다르다는 것이었다. 대슐이 이들의 마음을 돌려놓는다기보다 이들이 대슐의 마음을 돌려놓으려고 할 만큼 태도가 분명한 사람들이었다. 낙태는 한 정치인을 단번에 날려버릴 수 있는 몇 안 되는 쟁점 중 하나였다. 상원의원이 증권소송개혁법에서 어떤 표결을 하는가에 대해 관심을 갖는 사람은 아무도 없었다.

파인 리지 인디언 보호구역 부근에서 만난 한 아메리칸 원주민 여자는 코너턴에게 "당신들은 4년에 겨우 한 번씩 우리에게 관심을 보일 뿐이죠"라고 말했다. 그는 이 말이 사실이라는 것을 알았기 때문에 속마음을 들킨 기분이었다. 그는 대선이 있을 때마다 이 여자처럼 곤경에 빠진 사람을 보면 마음이 아팠지만, 시간이 지나고 나면 다시 잊어버렸다. 그는 이 빈곤한 지역의 마을회관에 컴퓨터를 기증하는 계획을 세웠지만, 대슐 진영에서 이 계획을 추진하는 사람은 아무도 없었다. 그는 미국 중부의 오지 한가운데에서 힘이 없다는 사실을 절감했다. 해변과 대도시를 돌아다니며 사업을 구상할 때의 열정은 마치 세포 활동이 멈춘 듯 사라지고 없었다. 밤에 호텔로 돌아온 그는 너무 지쳐 그대로 쓰러졌다. 호텔 바는 그와 똑같은 이유로 일시적으로 사우스다코타에 머무는 워싱턴 로비스트들로 북적거렸다. 이해 11월, 대슐은 패배했다.

2007년의 유세과정에서 코너턴은 바이든과 함께 시간을 보내는 일이 늘어났다. 한번은 모금행사를 앞두고 바이든과 단둘이 있게 되었다. 코너턴은 습관대로 미소를 짓고는 이렇게 의원님과 있으니 좋다고 말하면서 바이든이 연설할 청중에 대한 정보를 또박또박 전해주었다. 이때 바이든이 갑자기 의아한 표정을 지으며 코너턴을 똑바로 쳐다보았다. 마치 "왜 나와 있는 것이 좋지? 왜 우리는 친구가 못 되는 거지?"라고 묻는 것 같았다. 그리고 실제로 무슨 말인지 하려고 했다.

"왜 자네는, 왜 우리가……?"

코너턴은 바이든의 말에 대꾸하지 않았다. 몇 초의 시간이 흐른 다음 행사 담당자들이 들어왔다. 20년도 더 지난 다음에 "할 말 있으면 해봐"라는 식으로 기회가 주어진 셈이었고, 할 말은 너무도 많았다. 다만 그러기에는 너무 늦었을 뿐이다.

바이든 진영에서 선거운동을 하는 것은 일종의 집단적인 자기 기만에 대한 훈련이었다. 바이든의 수석참모인 테드 코프먼은 코너턴에게 말했다.

"대선운동에서는 그저 하는 체하는 거야. 그러지 않으면 죽어."

2008년 1월 3일, 코너턴은 워털루 부근의 고등학교에서 실시된 아이오와 코커스를 모니터로 지켜보고 있었다. 버락 오바마 쪽 대의원이 약 80명 선출되었고, 힐러리 클린턴이 60명, 조 바이든 쪽은 겨우 6명이 선출되는 데 그쳤다. 아이오와에서 5번째 대의원 대회를 마친 날 밤, 0.9퍼센트밖에 확보하지 못한 바이든은 후보를 사퇴했다. 바이든은 참모에게 선거과정에서 가장 많은 공을 세운 운동원 명단을 가져오게 했다. 코너턴은 3위였다.

오랫동안 하는 척해온 코너턴은 바이든이 사퇴하자 오히려 마음이 놓였다. 그는 30년간의 인생에서 기록해놓은 상상의 장부를 덮었다. 그와 바이든의 관계는 끝났다.

이후 1월 중에 코너턴은 비행기를 타고 코스타리카로 가서 건축기사와 미국인 개발업자와 함께 저녁을 먹으러 나갔다. 이 개발업자는 뉴욕의 리먼 브라더스와 메릴린치의 대출위원회 회의를 끝내고 온 참이었다. 그는 "두 회사 모두 사실상 파산했어요"라고 말했다.

"뭐라고요? 그럴 리가."

코너턴이 반문했다.

개발업자는 이 은행들의 자산 구조는 현재 가치보다 부채가 더 많은 실정이라고 설명했다. 코너턴은 그래도 곧이듣지 않았다. 그 말이 사실이라면 그가 경영대학원에서 배운 효율적 시장이나 법학대학원에서 배운 은행 투자정보 공개의 수준, 은행이 자료정보 공개와 투자자 보호를 위해 고용한 변호사와 회계사의 직업적 의무 같은 것은 모두 거짓말이었다. 그는 이런 제도를 믿었다. 믿어야만 했다.

"내 예상으로는 앞으로 3년간 불황이 이어질 겁니다."

개발업자가 말을 이었다. 코너턴은 계속 이의를 제기했다. 한참 시간이 흐른 뒤, 코너턴은 이때 이 남자가 자신의 자리로 건너와 멱살을 움켜쥐고 "두 회사는 사실상 파산이오. 내 말을 믿고 당장 행동에 들어가라고! 늦기 전에 가진 것을 전부 팔아요!"라고 소리쳐주었으면 좋았을 것이라는 생각이 들었다.

워싱턴으로 돌아간 코너턴에게 전직 은행가인 찰스 R. 모리스Charles R.

Morris라는 사람이 쓴 『1조 달러의 증발The Trillion Dollar Meltdown』이라는 신간이 눈에 들어왔다. 지나친 차입금에 의존하는 은행과 부채의 늪에 빠진 고객이 감당도 못 할 주택담보대출을 남발해 신용 거품을 만들었고, 이 거품이 곧 꺼지면서 세계적인 금융재난이 일어날 것이라고 주장하는 책이었다. 코너턴은 이 책을 읽고 한쪽으로 던져버렸다.

이해 3월, 베어스턴스Bear Stearns가 파산했다. 코너턴은 계속 자신의 주식을 주시하고 있었다. 그의 재산은 대부분 세계적으로 다양하게 분산된 주식 포트폴리오에 담겨 있었다. 시세는 계속 하락하고 있었지만, 폭락 사태는 아니었다. 그는 기껏해야 10퍼센트의 조정이 고작일 것이라고 예상했다. 때를 맞춰 발을 빼고 다시 적기에 발을 담그는 것은 절대 쉽지 않았다. 그는 다우지수가 1만 선으로 떨어질 때도 계속 보유하고 있었다. 리먼 브라더스가 파산하고, 월가의 나머지 기업들도 덩달아 몰락할 듯 보였다. 찰스 R. 모리스의 파산(무려 2조 달러의 규모)은 상상했던 것보다 훨씬 빨랐다. 한두 달 사이에 코너턴의 주식 포트폴리오와 코스타리카의 부동산은 거의 반값으로 떨어졌다. 하지만 이 몇 달 동안 그의 정치적 주식은 반대로 절정을 향해 치달았다. 11월 4일, 조 바이든이 미국 부통령에 선출되었기 때문이다. 이해 말, 코너턴은 다시 정부로 발길을 돌렸다.

태미 토머스

2008년 초, 태미가 공장의 일자리를 잃고 1년이 조금 지났을 때 커크 노든Kirk Noden이라는 남자가 만나서 커피나 한잔 하자고 연락해왔다. 노든은 환경 정비 전문가(개인이나 기업체의 환경 정비, 시간 관리, 서류 정리 같은 일을 도와주는 신종 직업_옮긴이)였다. 그는 영스타운에서 멀지 않은 곳에서 성장했고, 켄트 주립대학을 다녔으며, 시카고와 버밍엄, 영국 등지에서 동네 환경을 정비하는 일을 한 사람이었다. 2006년에 해외에서 귀국해 영스타운으로 왔을 때, 그는 솔 앨린스키Saul Alinsky의 방식에 따라 여기서도 타 지역에서 쌓은 경험을 살리려고 했다. 지역사회 조직화의 선구자인 앨린스키는 집단으로 세력을 끌어모아 시청이나 지역 개발회사로 몰려가 나무를 흔들고(적극적인 반응을 유발하고) 거기서 떨어지는 동네의 자원을 확보하라고 외친 인물이다. 이런 접근방식은 권한이 각 도시 중심으로 통합되었던 20세기 중반에 나온 것이었다. 1년간 노력한 끝에 노든은 이런 방식이 영스타운에서는 부적절하다는 사실을 깨달았다. 흔들어서 떨어질 자원이 없었기 때문이다. 과세 기반이 이미 무너지고, 시장市長은 별 권한이 없었다. 예전의 모습이 사라진 산업단지는 유령처럼 변했다. 권력의 중심은 어디론가 사라졌다. 전 세계로 뿔뿔이 흩어진 것 같았다. 영스타운은 그가 예상한 것 이상으로 피해가 심해 다른 방법을 강구해야 했다.

그는 원 재단(워런의 옛 자산)에 자문을 구했는데, 이곳은 영스타운의 다른 지도층이나 기관과는 달리 향수에 대한 환상을 떨쳐버리고 마호닝 밸리의 부활을 위해 급진적인 대책을 모색하고 있었다. 2007년 여름, 노든과 윈 재단은 마호닝 밸리 협력기구MVOC라는 지역사회 조직을 새로 출범시키기로 했다. 이 기구를 주 전체가 공동으로 쇠퇴의 원인과 결과(실업, 인종과 계급에 따른 불평등)에 맞서 싸우는 기본 토대로 삼는다는 생각이었다. 산업이나 노조, 교회, 각급 정부 기관 같은 영스타운의 대규모 기관은 실패했기 때문에 한결같이 신뢰를 잃었다. 밸리에 변화를 가져오는 유일한 방법은 구역별 변화밖에 없다는 데 의견이 모였다.

노든은 2008년 봄, 공식 출범에 앞서 조직책을 찾았다. 윈 재단 이사장인 조엘 래트너Joel Ratner는 노든에게 구세군에서 일하던 여자를 만난 이야기를 들려주었다. 영스타운 주립대학에서 사회학 학사과정을 밟으면서 구세군에 나와 재단이 후원하는 실습에 참여한 여자였는데, 거기서 미혼모를 위한 워크숍을 이끌고 있었다는 것이다.

래트너가 말했다.

"그 여자를 만나봐요. 귀한 인재일지도 모르니까."

노든은 이 말대로 접촉을 하고 태미와 4월 중으로 태미의 집 부근에 있는 밥 에반스Bob Evans 식당에서 오후에 만나기로 약속했다.

노든이 커피를 마시는 동안 태미의 눈길을 먼저 사로잡은 것은 이 백인 남자가 마치 열세 살 정도로 보일 만큼 동안이었다는 점이다.(그는 30대였다.) 노든이 새 조직의 일을 맡을 가능성이 있다고 언급했을 때, 태미는 회의적인 반응을 보였다. 학위를 따려면 아직도 1년이나 남은 데다 학과 공부를 따라가느라 힘이 들었기 때문이다. 솔직한 심정으로는 진작부터 사회봉사라는 것에 조금 실망하고 있었다. 두 사람은 견해차가 너무 컸다. 두 사람 모두 시민들에게 봉사하는 것보다 자신의 주관을 고집하는 것에 더 관심이 있는 것 같았다.

노든은 지역사회 조직책이 되는 것이 무슨 의미인지 설명하려고 했다. 태미가 권리에 책임을 지는 사람들을 가르칠 것이라는 말이었다. 태미로서는 한 번도 상상해보지 못한 일 같았다.

태미가 물었다.

"그게 무슨 말이죠? 여기는 국회의원이 감옥에 가고, 보안관도 감옥에 가는 곳이라고요. 그런 사람들에게 책임을 지게 한다는 건가요?"

태미는 잠시 생각에 잠긴 다음 덧붙였다.

"누군가가 할 필요는 있겠죠."

노든은 태미의 어린 시절에 대해 물었다. 공장을 기억하는지, 아이들을 키우며 공장에서 일하는 것이 어땠는지 물었다. 태미는 이런 식으로 자신에 대해 말하는 데 익숙하지 않았지만, 노든의 질문에 성의껏 자세하게 대답했다. 어릴 때 자란 동네가 폭력배와 상관없이 얼마나 안전했는지, 이런 동네가 변해 거리에 갱단과 강도가 얼마나 우글대는지 설명했다. 그러면서 내심으로는 상대가 이런 문제를 어느 정도는 알고 있을 것이라는 생각이 들었다.

무엇이 태미를 화나게 만들었을까?

사실 사람들은 동부가 베이루트 같다는 말을 자주 했다. 겉으로 말은 안 했어도 태미는 속으로 '도대체 무슨 말을 하는 거예요? 여기는 내 고향이라고요'라고 생각하고 있었다. 다시 태미는 노든에게 말했다.

"여기서 아이들을 키우고 가르칠 수밖에 없었다고 생각하면 정말 화가 나요. 아이들을 외지로 내보낸 것도 여기서는 기회가 없었기 때문이에요."

태미의 큰딸은 올랜도에 살고 있었고, 아들은 노스캐롤라이나로 이사할 생각을 하고 있었으며, 막내딸은 제 언니와 함께 살고 싶어했다. 딸들은 전부터 델파이가 매각되면 엄마도 플로리다로 옮겨야 한다고 생각하고 있었다.

"나는 비행기를 타고 아이들을 보러 갈 겁니다. 당신 말대로는 안 될 것 같군요. 이 지역에서 자란 아이들이니 집도 여기서 장만하면 좋았겠지만. 내 할머니는 일에 파묻혀 사시느라 동네가 어떻게 돌아가는지도 모르셨죠. 할머니는 이 집 저 집 돌아다니며 요리와 청소를 해주셨는데, 그런 집들이 이제는 폐허처럼 변하고 있어요. 지금도 할머니와 손을 잡고 시내로 쇼핑하러 가던 기억이 생생해요."

태미는 실제로 누구에게 책임이 있는지에 대해서는 한 번도 생각해본 적이 없었다. 또 책임을 지도록 누군가에게 압력을 가할 수 있다는 생각도 해보지 않았다. 그런데 이제는 화가 치밀어 올랐다. 노든이 그렇게 만든 것이다. 노든은 다른 방법으로 사람들을 도와주는 이야기를 하고 있었다. 그는 시카고를 예로 들며, 거기서 진지하게 권리를 되찾으며 변화를 촉진하는 사람들이 벌이는 운동에 대한 이야기를 들려주었다. 또 일부는 시민권 운동과 연결된다는 말도 했다. 태미는 이 모든 이야기에 흥분되는 느낌이었다. 두 사람은 오랫동안 함께 앉아서 이야기를 나누었다. 태미가 자신에 대한 이야기를 하는 동안 노든은 그녀를 가만히 지켜보았다. 그 모습에서는, 그가 훗날 그녀에게 말해주기도 했지만, 태미 자신은 잘 볼 수 없는 뭔가 야성적인 힘 같은 것이 엿보였다. 그 힘은 동부에 대한 태미의 열정과 모두가 그곳을 잊어버린 안타까운 현실에서 나온 것이었다. 노든은 그 힘이 그녀가 결코 만만치 않을 직업에 자나 깨나 매달리게 된 불씨라고 보았다. 태미는 거듭나기 위해 과감한 도약을 할 준비를 하고 있었다. 쉽게 마음이 변할지도 모르지만, 콜럼버스나 주 밖에서 영스타운으로 오는 어느 누구보다 더 눌러 참고 이곳에 머물 것 같았다. 태미는 지역사회의 흑인 역사를 잘 알았다. 바로 자신의 이야기였기 때문이다. 노든이 공식 면접을 받아보라고 하자 태미는 그러겠다고 했다.

면접은 영스타운 주립대학 부근에 있는 엘름 가의 유니테리언 교회(18세기에 등장한, 이신론의 영향을 받은 반삼위일체론 계통의 기독교 교회_옮긴이)에서 이루어졌다. 태미는 그런 교회가 있다는 말은 전혀 들어본 적이 없었다. 이혼한 뒤로 태미는 애크런 교회에 깊이 빠져 있었다. 태미는 면접

장소로 데려다준 사촌에게 유니테리언교에 대해 물어보았다. 사촌이 대답했다.

"거기서는 모든 종교와 신앙을 받아들여."

"그게 무슨 말이야?"

"내 말은 네가 악령 숭배자라고 해도 유니테리언 교회에서는 환영한다는 뜻이야."

"말도 안 돼."

"신중하게 생각해. 너를 위해 기도할게."

사촌이 말했다.

교회 정문에서 태미를 만난 노든은 준비가 될 때까지 교회 안에서 기다리라고 했다. 그때 태미는 머리를 길게 땋았고, 그 몇 년 새 몸이 불어난 상태였다. 또 면접관에게 자신의 피부가 얼마나 검게 보일지 신경 쓰지 않을 수 없었다. 태미는 자리에 앉아 주위를 둘러보았다. 어디에도 십자가가 보이지 않았다. 태미는 너무 놀라 이상하다는 생각이 들었다.

'십자가가 없는 교회는 정말 처음 보네.'

어쨌든 마음을 가라앉혀야 했다. 자동차 부품 조립 라인에서 면접을 본 이후로 20년 만에 처음으로 취업을 위해 인터뷰하는 자리가 아니던가. 태미는 찬송가 책을 집어 들고 몇 장 넘겼다. 하지夏至에 대한 노래가 눈에 들어왔다. 웬 하지? 마귀를 숭배하는 교회에 들어온 거 아닌가!

막 찬송가 책을 내려놓을 참에 노든이 돌아오더니 여자 두 명과 남자 한 명이 기다리는 사무실로 태미를 데리고 갔다. 교회 분위기 때문에 너무 충격을 받은 태미는 실내가 눈에 선명해질 때까지 정신을 가다듬어야 했다. 이어 기다리는 사람들에게 눈길을 보내며 "안녕하세요, 반갑습니다"라고 인사했다. 먼저 노든이 공정하지 못한 대우 때문에 상사에게 맞선 일이 있으면 예를 들어보라고 말했다. 태미가 패커드 일렉트릭에서 바닥에 주저앉아 기름때를 닦던 여자 이야기를 들려주자 그들은 깊은 인상을 받은 눈치였다. 면접을 하는 내내 그들은 탄성을 질렀다. 태미는 마음 한구석에서 만일 자신이 일을 시작하면 새 동료들이 자신이 들어온 이후로 문손잡이가 언제나 반짝거리는 것을 보고 의아하게 여길 거라는 생각이 들기도 했다. 그야 당연히 태미 자신이 매일 기름을 발라 닦을 것이기 때문이었다. 태미는 가장 먼저 고용된 그룹에 속했다. 학교도 계속 다닐 수 있었고, 마음에 쏙 드는 일을 하며 보수가 좋은 데다가 여러 혜택까지 따랐다. 태미는 '하느님이 문을 열어주리라는 것을 알고 있었지'라고 생각했다.

노든은 새 조직책들에게 운동 지시를 내렸다. 밖으로 나가서 모든 교회와 동네 모임을 상대로 메시지를 전하고 잠재적인 지도자를 찾아내라는 것이었다. 그러면서 모임에 참석할 사람 75명을 모아 행동조직을 만들지 못하면 해고하겠다고 했다. 노든은 태미가 동부를 잘 알기 때문에 그곳에서 일할 것으로 예상했지만, 태미는 동부로 가기를 거부했다. 그곳에는 가봤자 문제밖에 드러날 게 없기 때문이다. 친척이나 친구 등 아는 사람이 너무 많았고, 동생들이 무슨 일을 하는지 뻔히 아는 데다가, 공연히 이해 대립이 발생할 수도 있었다. 대신 태미는 북부에서 조직 활동을 시작했다. 그러니가 백인 가정에 일을 해주러 다닐 때의 모습을 더 이상 찾아볼 수 없게 된 이곳은 영스타운의 나머지 지역과 비슷해지고 있었다.

어느 날, 태미는 노란 수첩을 들고 집집마다 문을 두드리고 돌아다니면서 북부를 조사했다. 사람이 보일 때마다 자신을 소개하고 5분을 넘기지 않으려고 애를 썼다.

"이 동네는 어떤가요? 저 앞의 집은 얼마 동안이나 비어 있었나요? 저집이 철거되지 않은 이유가 뭐라고 생각하세요? 저 아래쪽에서 만난 사람도 똑같은 말을 하더군요. 주인이 버리고 떠나서 철거해야 할 집이 시내에 너무 많아요. 내 말은 이제는 뭔가 변해야 한다는 겁니다. 모임에 나와주시겠습니까? 이렇게 혼자서 시내를 뒤지고 돌아다닌다고 해서 문제가 해결되지는 않겠지만, 우리가 모두 같은 생각이라면 다르지 않겠어요? 네, 그래요. 나는 영스타운 출신이에요. 여기서 나고 자라면서 이 도시가 어떻게 변하는지 지켜보았어요. 무슨 말인지 아시겠습니까? 지금이 기회라서 하는 말이지 다른 뜻은 없습니다. 이대로 두고 볼 수는 없어요. 동네 사람 50~60명 정도 모아서 모임에 나와 함께 토론해요. 전화번호 좀 알 수 있을까요?"

목표는 지역의 사람들을 모아 지도자로 훈련하는 것이었다. 그러면 이들은 다른 사람들에게도 똑같이 할 것이고, 무기력해진 사람들에게 차츰 주인의식이 생기면서 가만있지 않고 의견을 말할 것이다.

태미가 아랫길로 들어서자 여자 두 명이 현관 베란다에서 깔깔거리며 이야기하는 소리가 들렸다. 현관에는 피츠버그 철강의 표지판과 여러 용구가 널려 있었다. 앞뜰에는 많은 장식물이 흩어져 있는 것으로 보아 중고 가정용품을 판매하고 있는 것 같았다. 두 여자는 태미가 '피티 파티'(자신의 처지를 한탄하고 슬퍼하며 서로 동정하는 모임_옮긴이)라고 부르는 시간을 보내고 있었다. 한 여자는 건강보험료를 감당하지 못해서 불평을 늘어놓는 중이었다. 태미는 접근하기 좋은 기회라고 생각했다.

"건강보험을 어떻게 생각하세요?"

태미는 자신을 소개하면서 자연스럽게 지역 조직화를 홍보했다. 건강보험을 걱정하던 여자는 그 집의 주인으로 이름은 해티 윌킨스Hattie Wilkins였고, 록밴드 스틸러의 팬이었다. 키가 작고 몸이 풍풍한 50대의 해티는 금발로 물들인 머리를 길게 땋아 내렸으며, 쉰 목소리에 태도는 거칠었다. 알고 보니 태미의 계부와 먼 친척 사이였다. 해티가 관심을 보이자 태미는 막다른 길에서 빠져나온 기분이 들었다.

태미는 미스 해티에게 자신과 일대일 면담을 하고 MVOC에서 지도자

훈련을 받지 않겠느냐고 물었다. 해티가 말했다.

"나는 이미 지도자예요. 훈련은 필요 없어요."

해티는 20년간 서부에 있는 베개공장에서 지역노조 책임자로 있었다. 회사에서는 그녀가 너무 문제를 일으킨다는 이유로 위로금을 주고 자진 퇴사하도록 조치했다. 해티가 건강보험을 다시 살리려고 애를 쓰는 것은 바로 그 때문이었다. 해티의 집 왼쪽에 있는 세 채의 주택은 비어 있었고 (옆집의 잔디는 해티가 계속 깎았다), 철거되어서 생긴 공터가 두 군데나 있었다. 해티는 이 공터 중 한 곳을 '쓰러진 꽃의 정원'으로 만들었는데, 이렇게 부른 까닭은 파티를 마치고 나오다 총에 맞아 열여섯의 나이로 숨진 손녀 마리사Marissa를 추모하기 위해서였다. 해티는 버려진 집들을 돌아다니며 뜰에서 튤립과 수선화의 뿌리를 캐고 장미덤불을 걷어 오면서도 꽃은 꺾지 않았다. 마리사가 한 송이 꽃처럼 쓰러졌기 때문이다.

직장을 그만둔 해티는 수백 명이 일하는 베개공장의 세력 기반을 잃었다. 이제 조직으로 활용할 수 있는 인력은 동네에서 알고 지내는 너덧 명밖에 남지 않았다. 전혀 지도자라고 할 수도 없을뿐더러 어쩌면 태미의 지원이 필요할지도 몰랐다. 해티는 일대일 면담에 동의했다. 태미는 자신이 훈련해야 할 지도자들과 깊은 유대를 맺는 재주가 있었으며(노든은 이를 처음부터 알아보았다), 자신의 임무에 초점을 맞추며 정열을 기울이는 태도에 감동한 그들은 태미의 부름에 따라 기꺼이 버스 앞에 모였다. 해티는 태미가 말하는 태도나 사람들의 눈길을 집중시키며 계속 주목하게 하는 방법이 마음에 들었다. 해티는 동네 아이들 틈에서 올바른 어법을 사용하기 위해 대학 강의를 들었다. 동네에서 쓰는 은어 대신 텔레비전 뉴스 캐스터처럼 말하는 법을 배우기 위해서였다. 해티는 태미에게 "내가 자랄 때 꼭 당신처럼 말하고 싶었어요"라고 말했다.

조직의 첫 번째 대형 프로젝트는 영스타운의 지도를 제작하는 것이었다. 구역별로 돌아다니며 시내의 모든 집을 조사해 어느 집에 사람이 살고 어느 집이 비어 있는지, 철거된 집이나 철거해야 할 집은 어디에 있는지 밝혀내는 것이 목적이었다. 조사원들은 담당 구역에 있는 모든 집의 상태를 평가했다. 태미가 동부를 조사했다면 샬럿 1319번지에 버려진 채 앙상한 몰골을 드러낸 집에는 아마 F를 매겼을 것이다. 태미는 그래니와 함께 퍼넬 맨션에 살던 시절, 백조에게 먹이를 주던 공원에서 멀지 않은 북부에서 두 블록을 조사했는데, 스물네 곳 중 열세 군데가 버려진 집이었다. 태미는 우편집배원에게 어느 집에 사람이 사는지 물어보았다. 그리고 겨울이 오자 현관 진입로에 타이어 자국이 있는지 없는지 보려고 눈이 내리기를 기다렸다.

영스타운 구획지의 40퍼센트는 비어 있는 것으로 밝혀졌다. 또 빈집의 4분의 1가량은 캘리포니아 등지에서 들어온 사람들이 멋대로 차지하고 있었고, 오스트리아나 중국에서 온 외국인들도 있었다. 부동산경기침체로 오갈 데 없는 단기투자자들, 크레이그리스트Craigslist(지역정보 공유 사이트_옮긴이)나 페니포클로저닷컴pennyforeclosure.com 같은 데서 보고 매입하는 것이 무엇인지 제대로 몰랐던 인터넷 사용자들도 있었다. 태미가 돌아다니며 들은 불만 중에 공통된 것은 빈집이 범죄를 불러들인다는 말이었다. MVOC는 조사 결과를 집계해 비어 있는 곳은 녹색, 버려진 구조물은 빨간색 하는 식으로 색깔이 들어간 지도를 만들었다. 지도에서 넓은 자리를 차지한 동부는 녹색이 많았고, 여기저기 선명한 빨간색이 흩어져 있었다.

영스타운의 흑인 시장인 제이 윌리엄스Jay Williams는 버려진 건물을 신속히 해체한다는 방침을 세웠지만 너무 많아서 제대로 추진하기가 힘들었고, 철거 대상이 되는 건물이 모두 어디에 있는지 아는 사람도 시청에는 없었다. 게다가 도시계획 담당자도 없었다. 색깔로 표시한 MVOC의 지도만이 시의 실제 상황에 대처할 수 있는 유일한 기능을 했다. 2005년, 영스타운의 미래를 논의하기 위해 스탬보 공회당에서 주민 1400명을 소집한 뒤에야 시는 '2010 플랜'이라고 불리는 야심찬 문서를 작성했다. 이 것이 몰락해가는 시의 실태에 대처하기 위한 최초의 합리적인 노력이었 다. 영스타운은 마치 병을 앓아 살이 쪽 빠지는 바람에 전에 입던 옷이 헐렁해진 사람처럼 넓은 공간과 구조물을 채울 사람이 없었다. 도시의 크기와 거주민 수의 불균형은 거리를 배회하는 몇몇 행인 말고는 도시가 텅 비었다는 인상을 주었다. '움츠러든 도시'(종종 디트로이트에 적용된 표현) 라는 말이 유행했다. 그리고 2010 플랜은 줄어든 인구에 걸맞게 시정市政 서비스를 현실적인 수준으로 축소해야 한다는 논의를 담고 있었기 때문 에 영스타운은 선구적인 도시라는 찬사를 들었다. 동네 정원과 소공원, 양봉장, 닭장 같은 시설에 대한 많은 논의가 있었다. 2005년, 『뉴욕타임 스 매거진』은 2010 플랜을 올해의 우수 아이디어 목록에 실었다. 영스타 운은 매스컴을 탈 상황에 놓였다.

영스타운 밖에서는 이 계획이 결코 시행되지 못하리라는 것을 아는 사 람이 아무도 없었다. 또 너무 폭발성이 강한 아이디어이기도 했다. 일부 시민은 이사해야 한다는 의미였기 때문이다. 그렇다면 누가 이사한단 말 인가? 동부에 집을 소유하고 있는 나이 든 흑인들은 떠나지 않을 것이라 고 다짐하면서 자신의 역사가 담긴 터전을 사수하려고 했다. 이들 중에는 산업시설이 복구될 것이라고 믿는 사람이 많았다. 또 가면 어디로 간단 말인가? 서부 같은 백인 지역으로 갈 수는 없는 노릇이었다. 소식을 들은 태미는 이 계획이 마땅치 않았다. 즉시 아는 사람들이 떠올랐다. 퇴직한 철강노동자로서 노조에서 활동한 아를렛 게이트우드Arlette Gatewood 같은 사람은 여전히 펜실베이니아 주 경계선 부근의 동부 초입에 살고 있었는 데, 이곳은 숲으로 변하고 있었다. 또 태미의 나이 든 친구인 미스 시블도 동부 출신이었다. 태미는 작은할아버지가 지은 집이 생각났다. 그렇다. 영 스타운은 도시 전역에 걸쳐 쓰레기를 수거하지 못했고, 수도관을 공급하 지도 못했다. 태미는 핵심을 간파했다.

"또 미스 존스가 왜 돈을 주고 구입하고 아이들을 키운 집을 버리고 다른 데로 가겠는가?"

2010 플랜 대신 태미는 자신이 훈련하는 지도자 이웃들로부터 작은 실천을 유도하는 데 초점을 맞추었다. 태미는 특별한 행사를 기획하고 마크 킹이라는 빈민가의 악덕 집주인을 나오게 해서 문제를 제기하려고 했다. 주택거품이 일던 시기에 시 전체에 300군데의 부동산을 사들인 다음 그중 20퍼센트를 사람이 살 수 없게 방치한 자였다. 이 이야기가 지역신문에 보도되자 다음 날 킹은 시내에 있는 협력기구 사무실에 나타나 언론의 비판을 막으려면 무엇을 해야 하는지 물었다. 태미는 미스 시블을 이 행사의 연사로 추가하면서 동부 주민들이 목소리를 낼 필요가 있다고 말했다. 이 일을 계기로 태미는 MVOC의 부회장이 되었다. 미스 시블은 태미에게 동부 사람들이 희망에 부풀어 동네의 조직을 짜기 시작했다고 말했다.

"물에 빠진 사람에게 밧줄을 던져주면 무조건 잡게 되어 있어."

이 일을 하면서 태미는 영스타운을 새로운 눈으로 보게 되었다. 거리를 걸어 다니며 집집마다 문을 두드리고 동네마다 지도를 만드는 일을 함으로써 자신이 평생 살아온 곳에 대해 처음으로 더 넓은 시야를 확보하고 전체를 보는 눈이 뜨인 것 같았다. 전에는 언제나 자신을 돌보지 못한 개인들에게 비난을 돌렸다.

"아무것도 하려 하지 않고 아무 노력도 하지 않으면서 아무런 바람도 없는 사람을 볼 때면 좌절감을 느껴요. 동기부여가 되지 않아 더 나아지기를 바랄 줄 모르는 사람 말이에요."

영스타운에는 이런 사람이 많았지만, 이제 태미는 이 현상(가난의 대물림, 학교 중퇴, 실직 등)을 개인의 책임이 아니라 지역사회의 문제로 보았다.

"이 중 많은 문제가 그들이 보다 나은 환경을 원치 않아서 생긴 결과가 아니라는 거죠. 몇몇 경우에는 시스템 자체가 이들이 그렇게 하도록 만들었고, 이들의 생각을 엉망으로 만들었으니까요. 그런 시스템에 갇혀 살았기 때문에 그걸 멈추게 하는 방법을 모르는 겁니다."

태미는 자신의 삶에서 이런 시스템을 멈추게 했지만, 시와 주, 국가라는 차원에서 정치를 생각해본 적은 결코 없었다.

태미는 영스타운의 흑인 중에서는 가장 늦게 버락 오바마에 대한 이야기를 들었는지도 모른다. 아이들을 키우면서 직장과 학교 수업, 교회에 매달려 사느라 뉴스를 들을 정신이 없었기 때문에 2008년 대선이 시작되기까지는 흑인이 강력한 경쟁력을 갖춘 대통령 후보라는(무엇보다 이 사람도 한때 지역사회 조직운동을 했다는) 사실을 알지 못했다. 태미가 열여덟 살이 되었을 때, 그래니는 선거인 명부에 등록하고 민주당에 입당해 민주당을 찍으라고 말했다. 그래서 태미는 늘 투표를 했지만, 후보자에 대해서는 아무런 관심도 없었다. 태미는 대통령 선거보다는 시장 선거에 대해 아는 것이 더 많았다. 패커드 일렉트릭에서도 정치 이야기를 하는 사람들이 있었다. 태미는 2004년에 왜 그렇게 많은 노동자들(특히 백인 여자들)이 자신처럼 매일같이 일에 매달리는 노동계층인데도 단지 종교적인 신앙 때문에 부시를 지지하는지 이해가 되지 않았다. 물론 태미는 대체로 정치를 지저분한 사업으로 생각하고 있었다. 영스타운은 미국에서 부패가 극심한 도시 중 하나였으니 그럴 만도 했다. 판사가 감옥에 가고 보안관이 감옥에 가는 도시였으며, 태미의 성인 시절 대부분의 기간 동안 하원의원이었던 제임스 트래피컨트는 비리 정치인이었지만 수뢰와 갈취 혐의로 의회에서 쫓겨나 감옥에 간 뒤에도 영스타운에서는 인기가 높았다. 그 이유는 영스타운이 포퓰리즘에 약하고 반제도적인 도시인 데다가 트래피컨트가 권력을 쥔 사람들이 자신에게 아부하도록 할 만큼 경력이 화려했기 때문이다.

패커드 일렉트릭 시절 태미의 친구였던 카렌은 오바마에게 관심이 많았다. 태미는 미국이 아직 흑인 대통령을 배출할 준비가 안 되었다고 생각했다. 흑인 남자보다는 백인 여자를 더 인정하기 때문에 힐러리 클린 턴이 후보가 될 것이라는 생각이었다. 그러다가 2월에 카렌을 따라 영스 타운 주립대학에 가서 오바마의 연설을 들었다. 태미는 이날 깊은 인상 을 받고 집에 돌아와 오바마가 한 말 몇 구절을 공책에 적기까지 했다. 태 미는 여름 내내 동부의 가정마다 문을 두드리고 다니며 투표를 독려했 다. "드디어 흑인이 대통령이 될 기회가 왔군요"라고 말하는 사람도 있었 고 "흑인을 대통령으로 뽑지는 않을 거요"라고 말하는 사람도 있었지만, 태미는 그처럼 사람들이 대통령 선거에 흥분하는 모습은 일찍이 본 적 이 없었다. 태미의 아버지조차 민주당 자원봉사자가 되어 지역사무소에 서 전화로 지원활동을 했다. 전에는 이런 일을 한 적이 전혀 없던 아버지 가 이제는 자나 깨나 오바마를 입에 달고 다녔다. 태미가 이혼하고 새 직 장을 다닌 뒤로 이들 부녀 사이에는 큰 틈이 벌어졌지만, 이제는 오바마 때문에 하나가 되어 서로 전화를 하며 선거 판세에 대한 이야기를 나눌 정도가 되었다. 한번은 태미의 아버지가 전화를 해 "오바마가 당선되어도 결국 암살될 것이기 때문에 지지하지 않겠다고 말하는 사람이 있다만, 만일 그렇게 되면 나도 죽고 말 거야"라고 말한 적도 있었다.

선거일 밤에 MVOC 사무실에서 피자 파티가 열렸다. 태미가 제임슨 피자를 맛본 것은 이날이 처음이었다. 오바마가 승리하고 가족과 함께 당 선 연설을 하러 나왔을 때, 태미는 그 광경을 도저히 믿을 수가 없었다. 태미가 어렸을 때 그래니가 세 권으로 된 흑인 성공 시리즈를 사다 준 적 이 있었는데, 역사적으로 흑인이 이룩한 업적을 다룬 내용이었다. 그리 고 이제 어른이 된 자신은 언제나 아이들이 흑인이라는 것에 자부심을 갖도록 노력을 게을리하지 않았다. 태미는 학교에서 '흑인 역사의 달Black History Month' 기간에 아이들이 상습 용의자 취급을 받지 않는 인물에 대 한 보고서를 쓸 거라고 확신했다. 큰딸은 5학년 때, 엘라 베이커Ella Baker 라는 민권운동가에 대한 보고서를 썼다. 그런데 교사가 베이커라는 사람은 들어본 적이 없다며 과제로 인정해주지 않았다.

어떤 사람이 훌륭한 발명가나 행동가인지 아닌지는 사람에 따라 평가가 다를 수 있겠지만, 흑인 대통령이라는 사실은 이제 누구도 부인할 수 없었다. 이것은 이제 단순히 흑인의 역사가 아니라 미국의 역사였다. 이후 태미는 자신의 사무실 책상 뒤에 있는 벽에 44대 대통령의 사진을 액자에 담아 걸어놓았다. 선거일 밤에 오바마가 시카고의 군중에게 손을 흔드는 사진이었다. 사진 밑에는 선거 기간에 오바마가 한 말이 적혀 있었다.

"우리의 운명은 우리를 위해 쓰인 것이 아니라 우리 스스로 쓰는 것입니다."

딘 프라이스

버락 오바마는 딘이 투표한 최초의 민주당 정치인이었다. 오바마가 백인이었다면 아마 전국적으로 80퍼센트의 지지를 받는 것은 일도 아니었을 거라고 그는 생각했다. 선거가 있던 해 그 무덥던 8월, 버지니아 마틴즈빌에 온 사람은 존 매케인이나 사라 페일린이 아니라 오바마였다. 그는 지역 전문대학 체육관에 모인 군중을 향해 말했다.

"나는 매일 여러분을 위해 싸울 것입니다. 백악관에 들어가서도 아침에 잠을 깨면 마틴즈빌과 헨리 카운티 사람들을 생각할 것이며, 어떻게 하면 여러분의 삶이 나아질지 고민할 것입니다."

오바마는 과거의 시스템이 실패했다는 것을 알고 있었으며, 바이오디젤을 알든 모르든 끊임없이 새로운 녹색경제라는 말을 하고 있었다. 이 말이 딘의 귀에는 달콤한 음악처럼 들렸다.

2008년, 미국의 나머지 지역도 피드먼트와 같은 양상을 보였다. 9월에 월가가 붕괴되고 수백만 명이 일자리를 잃은 뒤, 오바마가 공식 취임하며 '새로운 책임의 시대'를 다짐한 1월은 수십 년 만에 닥친 최악의 시기였다. 제너럴 모터스 같은 거대 기업이 무너지고 있었다. 윈스턴세일럼의 지주 역할을 했던 와코비아 은행이 파산하고, 월가에서 시애틀에 이르기까지 나머지 은행들도 뒤를 이었다. 기반이 탄탄하던 기관들도 잇달아 흔들리다가 쓰러졌다. '대불황'과 '교외지역의 종말'이란 표현이 나돌고 있었다. 최악 중에서도 최악의 시기였다. 딘은 미국인들이 급격한 변화에 대비하고 있다고 생각했다. 흑인 대통령을 선출한 것이 바로 그 변화의 시작이었다. 딘이 속한 노스캐롤라이나 제5선거구의 하원의원은 공화당 소속으로 버지니아 폭스Virginia Foxx라는 60대 여자였다. 회색빛 머리에 완고한 성격을 지닌 폭스는 교육학을 전공한 평의원으로서 조지 부시의 신임을 받은 인물이었다. 테네시 주 경계를 따라 블루리지 산맥에서부터 그린즈버러 서부까지 이어지는 이 지역구에는 2만5000명이 넘는 도시가 없었으며, 주민의 90퍼센트는 백인이었다. 바꿔 말해 사라 페일린(선거 3주 전에 그린즈버러의 후원금 모금행사에 와서 연설한)의 표현을 빌린다면, '실제의 미국'을 대표하는 지역이었다. 물론 페일린이 한 말은 휴경지와 장애자 지원금, 균열 등을 의미하는 것은 아니었다. 폭스는 재선에는 쉽게 성공했지만, 2008년에 들어와서는 과거의 유물처럼 보였다. 이런 생각은 비단 유권자뿐 아니라 그녀가 속한 당에서도 마찬가지였을 것이다.

주 경계선 너머 버지니아 제5선거구는 작은 지변이 일어난 지역구였다. 이민 반대론자이며 흡연 찬성론자로서 보수적 민주당 의원인 버질 구드 Virgil Goode가 공화당으로 소속 정당을 바꾼 곳이었기 때문이다. 이에 맞서는 상대 당 후보는 젊은 변호사로서 '소신정치'의 실천가로 자처하는 34세의 톰 페리엘로Tom Perriello라는 사람이었는데, 땅딸막하고 떡 벌어진 어깨가 꼭 공격 자세를 갖춘 대학 레슬링 선수처럼 생겼으며, 얼굴은 넓적하고 억센 턱선에 눈매가 날카로웠다. 출마 여부를 결정하기로 한 날, 페리엘로는 샬러츠빌 부근에 있는 양친의 집 밖에서 말벌 50마리에 쏘여 과민성 쇼크로 비틀거리며 숲 속으로 들어갔다. 소아과 의사인 그의 부친이 맞은편 잔디밭에서 우연히 이 모습을 보고는 에피펜을 챙겨 들고 숲으로 쫓아가 이미 눈을 하얗게 까뒤집은 아들에게 주사를 놓았다. 주사제는 최근 알레르기 반응을 보였던 어머니 때문에 수중에 갖고 있던 것이었다. 톰 페리엘로는 이 사건이 하늘의 계시인지 아닌지는 몰랐지만 출마하기로 결심하고 구드의 의원직에 도전하겠다고 발표했다.

페리엘로가 실제로 무슨 일을 하며 생계를 꾸렸는지(그 자신은 '국가안보

컨설턴트' '사회정의 활동가' '공익 사업가'로 자처했다) 아는 사람은 아무도 없었다. 그는 컨서스 힙합을 즐겨 듣고 잭 다니엘 잔을 들어 '보다 나은 세계'를 위해 건배하는 인물이었다. 그가 독신이고 한때 턱수염을 길렀으며 성인이 된 뒤로는 대부분 뉴헤이븐과 뉴욕, 아프리카의 시에라리온, 다르푸르에서 떠돌며 지냈다는 사실이 알려지자 구드 진영에서는 부분별 문화적 복지의 현대적 적용이라는 폭넓은 선거 전략을 짰다.

오랫동안 민주당을 지지해온 절반의 미국인에게는 '왜 작은 시골구석에 묻혀 사는 백인들이 갈수록 가난해지는데도 점점 더 공화당을 지지하는가'가 가장 큰 수수께끼였다. 왜 1세기 전에 윌리엄 제닝스 브라이언을 열렬히 지지했던 미국인들이 이제는 월가의 규제를 철폐하고 양도소득세를 감면해주려는 정당을 지지하는가? 샬러츠빌 남부에 있는 29번 도로변의 잡초가 우거진 오두막 밖으로 거대한 구드 지지 현수막을 당당히 내거는 이유는 또 무엇인가? 하지만 2008년에 접어들자 상황은 피드먼트의 지지 성향을 변화시킬 만큼 악화일로로 치달았다. 페리엘로는 대도시 자유주의 노선의 전형적인 언어를 사용하지 않았기 때문에 선거구민들은 그의 정책을 쉽게 알아들었다. 페리엘로는 끊임없이 하느님을 언급했고, 총기 소지 찬성과 동성애자 결혼 반대를 외쳤다. 또 '기업의 포로가 된 정부'를 비난하며 거대 은행과 다국적기업이 워싱턴과 결탁해 평범한 시민의 경쟁을 불가능하게 했다고 비판하는 목소리는 경제 문제에 대해 급진적인 것처럼 들렸다. 페리엘로의 주장은 확실히 21세기의 브라이언처럼 들렸다. 사실 그렇지는 않았지만(그의 친구들 중에는 인권운동가, 워싱턴 싱크탱크의 전략가, 『뉴 리퍼블릭』의 필진, 내부 전문가와 진보 노선의 언어를 사용하는 동부 엘리트들이 있었다), 그는 제5선거구에서 생활에 쪼들리는 농부와 실직한 재봉사, 영세 상인들을 위해 순수한 열정을 쏟으며 목소리를 높일 줄 알았다. 그는 미국 정치의 커다란 수수께끼가 너무도 불가사의하다는 사실을 납득할 수 없었다. 그는 말했다.

"어떤 식으로든 가난한 노동계층이 자신의 이익에 반해 투표를 할 만큼 무지하다는 추정을 할 수밖에 없어요. 순수하게 자신의 이익을 좇아 투표하는 부자 중에 민주당 지지자가 있으면 어디 말해봐요."

11월 4일, 페리엘로는 샬러츠빌 대학가 주변의 교육수준이 높은 선거구를 휩쓸었다. 여기서는 젊은 층의 투표율이 높았는데, 오바마의 이름이 투표용지 맨 위에 있었기 때문이다.(페리엘로는 버락 오바마가 자신의 인생에 영감을 준 최초의 정치가라고 말했다.) 또 노스캐롤라이나 접경을 따라 이어진 남부의 낙후된 도시와 시골 등 구드가 유리한 지역에서도 표를 잠식했다.

선거일 밤, 개표 결과는 페리엘로가 전체 31만5000표 중 745표 차로 앞지른 것으로 나왔다. 구드는 재개표를 요구했다. 그리고 6주 뒤, 페리엘로는 공식적인 당선자로 확정되었다. 보수적인 지역에서 그의 승리는 그해의 최대 이변 중 하나로 꼽혔으며, 2008년을 선거의 분수령이 된 것처럼 보이게 했다. 페리엘로는 딘의 성향에 맞는 정치인이었으며, 버지니아 제5선거구는 딘이 미국 최초로 바이오디젤 화물차 휴게소를 세운 곳이었다. 돌이켜보면 이 두 사람의 만남은 불가피한 운명 같기도 했다.

페리엘로가 의회에 들어가 가장 먼저 취한 조치의 하나는 측근 한 명을 지역구(뉴저지보다 더 큰)에 파견해 선거구 주민들이 의회에서 통과시킬 경기부양책으로 어떤 혜택을 받는가를 알아내는 것이었다. 이 측근은 남부의 농촌과 소도시를 돌아다니며 재생에너지에서 경기회복의 희망을 엿볼 수 있다는 사실을 알아냈다. 댄빌 교외의 낙농장에서는 거름으로 전기를 생산했고, 도로 맞은편 양어장에서는 굿이어Goodyear 사의 전직 엔지니어 한 사람이 에너지를 생산하고 있었다. 또 마틴즈빌의 한 쓰레기 매립지에서는 공무원들이 메탄가스로 전력을 생산하는 방법을 모색하고 있었다. 이들에게 그렇게 하라고 말한 사람은 아무도 없었다. 이런 일들은 피드먼트에서 과거와는 달리 신경제의 확실한 바람이 불고 있다는 것을 보여주는 예로서 페리엘로가 강조하고 싶은 사업이었다. 지역사회의 돈을 빨아들이고 나서 그 지역을 외면하는 대규모 공장이나 대형 매장과 달리, 이런 사업은 한번에 5~10개의 일자리를 창출할 뿐 아니라 돈이 지역에서 순환하게 하는 소규모 프로젝트였다.

마침내 페리엘로는 레드버치 에너지를 알게 되었다.

딘은 홍보활동에 박차를 가했다. 파워포인트를 이용해 사진을 보여주며 청중이 있는 곳이면 어디든 달려갔다. 그는 언제나 카놀라 씨와 카놀라유, 바이오디젤유가 담긴 단지 세 개를 가지고 다녔는데, 바이오디젤 연료가 담긴 세 번째 단지는 위쪽에 금빛 액체가 떠 있었고, 밑에는 암갈색의 글리세린 찌꺼기로 된 침전물이 고여 있었다. 그는 허리케인 카트리나가 걸프 만을 강타한 그 주에 영감이 번뜩였다는 이야기로 홍보강연을 시작했다. 레드버치 에너지를 시작하게 된 이야기를 하며 땅을 경작하는 사람들에 대한 제퍼슨의 말을 인용하기도 했다. 또 카놀라에서 에너지를 추출하는 많은 과정과 정규 디젤유보다 바이오디젤이 갖는 이점, 큰 사업에 비해 소규모 사업에서 오는 혜택, 돈을 지역에 남게 해야 하는 이유를 논리적으로 잘 설명했다. "농부와 화물차 휴게소 주인이 연료의 새 거물이 될 것입니다! 월가가 아니라 이들에게서 돈이 쏟아지게 합시다!"라고 외치면서 그는 청중에게 피크오일이라는 말을 들어본 사람이 몇 명이나 되는지 물었다. 그러자 안다고 대답한 사람은 15퍼센트, 많아도 20퍼센트를 넘지 않았다. 딘은 레드버치 한 곳이 문을 열면 5000개 지역의 레드버치가 뒤를 이을 것이라고 굳게 믿었다. 그는 최초로 1마일 4분의 벽을 깬 로저 배니스터(불가능의 장벽을 깬 인물로 흔히 인용되는 영국의 육상선수_옮긴이)의 이야기로 끝을 맺었다. 배니스터가 이 위업을 달성하고 5년도 지나지 않아 4분 벽을 깬 사람이 100명도 넘었다고 했다.

"그는 결승선을 통과하면서 관중에게 할 수 있다는 것을 보여주었습니다. 바로 이것이 우리가 레드버치 에너지에 거는 기대입니다.”

홍보활동을 계속하면서 딘은 청중에 따라 말하는 내용이나 방식을 조금씩 조절했다. 스타마운트 컨트리클럽에서 있었던 그린즈버러 키와니스클럽의 조찬 모임에서는 바이오연료의 투자 가능성에 대해 말했다. 때로는 청중 앞으로 다가가기도 했으며, 시간이 가면서 정부 관리들을 대상으로 정제과정을 충분히 설명하지 않았다든가, 공화당 카운티인데도 민주당 출신의 대통령을 지나치게 언급한다는 사실을 깨닫기도 했다. 하지만 딘이 하는 말은 언제나 뭔가 흥분할 만한 새로운 것이 자신에게 처음으로 일어났다는 것처럼 들렸다. 또 실제로 그랬다. 그리고 이 방법이, 이 방법만이 모두를 위한 구원에 이르는 길이라는 말로 들렸다. 그 자신이 실제로 그렇게 믿었기 때문이다. 물건을 판매하는 사람이라면 자신이 파는 물건을 믿어야 한다. 딘의 믿음에는 개종한 사람의 열정이 담겨 있었다. 그는 바이오디젤의 조니 애플시드^{Johnny Appleseed}(평생 사과의 중요성을 전파한 미국의 묘목상_옮긴이)처럼 각 도시를 돌아다니며 새 소식을 전파했다.

딘은 언제나 사업가와 사기꾼은 종이 한 장 차이밖에 없다고 말했다. 무엇이 글렌 터너를 사업가가 아니라 사기꾼으로 만들었는가? 터너는 어쩌면 ‘재벌에 도전하자’라는 자신의 말을 정말 곧이곧대로 믿었는지도 모른다. 또 그 방법으로 돈과 명예를 얻었는지도 모른다. 물론 딘도 행운을 잡고 싶어했다. 그러면 무슨 차이가 있는가? 딘은 말했다.

“처음 사업을 시작할 때, 나는 스스로를 점검해야 했습니다. 사람들이 내 말에 따를까? 혹시 내가 사기를 치는 것은 아닌가? 바이오디젤이라는 이름으로 가짜 기름을 파는 것은 아닌가?”

하지만 그가 파는 기름은 가짜가 아니라는 데 차이가 있었다. 바이오디젤은 분명한 사실이었다. 소식을 들은 사람은 누구나 바이오디젤이 침체에서 벗어나 미래로 가는 길이라는 것을 완전히 이해했다. 이후 딘은 ‘이것이 꿈은 아니겠지? 지금까지 노력해서 이 절정의 순간에 이르렀단 말인가?'라고 생각하면서 자신을 꼬집어볼 정도였다. 정말 믿기 어려운 현실이었다.

2009년 2월 초 어느 날, 딘이 홍보차 버지니아 농업 지도자회의에 참석하기 위해 리치먼드 옴니 호텔에 머물 때였다. 스타벅스 커피 한 잔을 가지러 가던 그는 낯익은 사람이 노트북을 앞에 놓고 앉아 있는 것을 보았다. 톰 페리엘로였다. 텔레비전 광고에서 본 적이 있었기 때문에 그 얼굴을 알아본 것이다. 딘은 자신을 소개한 뒤 "곧 돌아오겠습니다"라고 말하고는 방으로 올라갔다. 방에는 『유에스 카놀라 다이제스트』 1·2월호 세 부가 있었는데, 워싱턴의 변화와 미국 시골지역을 주요 기사로 다룬 내용이었다. 그리고 "레드버치 에너지는 오바마 행정부의 모델로 부족함이 없을 것이다. 독립적이고 지속 가능하며 지역사회에 초점을 맞추고 있을 뿐만 아니라 영감을 주는 에너지이기 때문이다"라는 기사가 실려 있었다. 페리엘로는 기다리고 있었다. 딘이 잠시 한 부를 가시고 내려와서 레드버치를 소개한 부분을 보여주자 페리엘로는 흡족한 표정을 지었다. 두 사람은 20분간 이야기를 나누었다. 그리고 헤어지기 전에 딘은 페리엘로에게 레드버치를 한번 방문해달라고 초대했다. 페리엘로에게 딘 프라이스와의 만남은 그가 지난 몇 년간 믿어온 것, 그리고 선거과정에서 미국의 엘리트 계층은 노동계층과 중산층의 문제에 대한 답을 갖고 있지 않다고 주장한 유세 전략이 옳았음을 확인했다는 의미가 있었다. 엘리트 계층의 사고라는 것은 누구나 컴퓨터 프로그래머나 금융 전문가가 될 필요가 있으며, 시간당 8달러를 받는 일과 억대 연봉을 받는 일 사이에 다른 직업은 없다는 식이었다. 페리엘로는 미국에서 역사를 만드는 새로운 아이디어는 다시 한적한 시골에 사는 무명의 시민들에게서 나올 것이라고 믿었다.

이로부터 두 달이 지난 4월 초에 페리엘로는 지역 관리들이 수행하는 가운데 버지니아 주지사인 팀 케인Tim Kaine과 보좌관, 기자들과 함께 레드버치 정유소를 방문했다. 갈색 상의에 넥타이를 매고 검은 머리에 가운데 가르마를 탄 딘의 모습은 검은색 양복 차림의 남자들 틈에서 시골 소년처럼 어색해 보였다.(게리 싱크는 짙은 남색 옷을 입었다.) 그는 안에 모인 방문객들에게 홍보를 시작했다. 앞줄에서 꾸벅꾸벅 조는 케인의 모습을 보고 딘은 하마터면 그를 깨울 뻔했다. 어릴 때 교회에 가서 졸면 아버지가 불러서 깨우던 일이 기억났기 때문이다. 하지만 페리엘로는 귀를 기울이고 들었다. 그는 딘이 만났거나 만나려고 하는 정치인들과는 달랐으며, 마치 딘 자신이 짧은 시간에 끈질기게 달라붙는 구두 판매원 같다는 느낌이 들게 만들었다. 공식행사를 마친 다음 딘은 공장 뒤편으로 페리엘로를 안내하고, 전속력으로 돌아가는 분쇄기를 보여주었다. 하원의원은 딘에게 휴대전화 번호를 주며 워싱턴에 오면 맥주나 한잔 하자고 말했다. 이후 딘은 한 번 전화를 해보았지만, 페리엘로는 받지 않았다. 딘은 아무 메시지도 남기지 않고 전화를 끊었다.

이들은 7월에 댄빌 북쪽에 있는 한 농장에서 다시 만났다. 이 자리에는 오바마 내각의 두 각료(톰 빌색 농무장관과 스티븐 추 에너지장관)도 미국 농촌을 순회하는 일정의 하나로 참석했다. 그 전달에 페리엘로는 정부의 에너지 법안('온실가스 배출권 거래제' 또는 '기후변화법안'이라고 알려진)에 찬성 표결을 했는데, 이 표결로 그는 일부 선거구 주민 사이에서 인기가 뚝 떨어졌다. 대개 이 법안으로 전기요금이 오르거나 광산의 일자리가 사라질 것을 우려하는 에너지 회사와 보수집단에 설득된 사람들이었다. 농장에 온 빌색과 추는 재생에너지가 어떻게 무시되거나 사라진 노동윤리와 농촌지역의 가치를 발전시킬 수 있는지에 대해 말했는데, 딘은 오바마 정부의 최고위직 관료들이 자신과 생각하는 방향이 똑같다는 느낌을 받았다. 어느 시점에 레드버치에 대한 언급이 나오자 페리엘로는 딘을 일으켜 세우고 일행에게 소개했다.

한번은 딘이 페리엘로가 언젠가 대통령이 될 거라고 말하자, 페리엘로는 대통령과 5분간 면담했으면 하고 자신이 바라는 미국인이 있다면 그 사람은 바로 딘이라고 응수했다. 하원의원은 레드버치를 백악관의 레이더 망에 노출되게 한 것이다. 8월 어느 목요일, 레드버치에 '소중한 친구에게' 라는 제목의 이메일이 왔다. 내각의 장관들과 백악관 참모들 모임에서 현재 진행 중인 미래의 에너지에 대해 논의하고, 어떻게 하면 긍정적인 결과를 이끌어낼 수 있을지 토론하는 자리에 '각 지역 및 전국의 에너지 지도자 선발집단'으로 초대한다는 내용이었다. 이 행사는 그다음 월요일에 열리기로 되어 있었다. 일요일, 딘과 게리는 워싱턴행 열차를 타고 저녁에 도착해 유니언 역 부근의 호텔에서 하룻밤을 묵었다. 이튿날 아침 딘은 녹색 넥타이에 한 벌뿐인 정장(2004년 12월에 세 번째 아내의 딸이 모교 동창회 무도회에 갈 때 동행하기 위해 구입한 검은 옷으로, 같은 주에 있었던 아버지 장례식에도 입었던 양복)으로 갈아입고 게리와 함께 택시를 타고 펜실베이니아 거리 1600번지로 갔다.

두 사람은 사실 백악관에는 발을 들여놓지 못했다. 행사는 그 옆에 있는 프랑스 제2제정 양식의 거대한 건물인 구 행정부 청사 3층에서 열렸다. 옛날 마크 트웨인은 '미국에서 가장 추한 빌딩'이라고 불렀지만, 딘은 어디에서도 느껴보지 못한 경이감에 사로잡혔다. 화강암으로 지어진 홀과 대리석 계단, 역대 대통령을 따라 이름이 붙여진 각 방의 역사에 압도당했다. 회의의 마지막 연사는 대통령의 젊은 측근으로 '녹색 일자리의 제왕green-jobs czar'이라 불리는 밴 존스Van Jones(『녹색경제』의 저자로, 경기부양 법안에 담긴 녹색 일자리의 예산 배정을 담당했다_옮긴이)였는데, 참석자 중에 가장 활기가 넘쳤다. 존스는 말솜씨가 뛰어나 도심을 배회하는 젊은이들을 내후성 구조 건물의 공사에 고용하는 이야기가 나오자 "우리는 그들의 핸드건(권총)을 빼앗고 대신 코크건(금속판의 이음새를 메우는 도구_옮긴이)을 내줄 것입니다!"라고 재치 있게 말했다.

마지막 질문은 우연히도 딘의 차지가 되었다. 그는 자리에서 일어나 말했다.

"이제 우리 모두가 지향하는 목표는 똑같다는 사실이 확인되었으니, 나가서 복음을 전할 차례입니다. 먼저 그 일환으로 피크오일을 언급할 필요가 있어요. 그것을 모른다면 우리가 하는 일에 아무런 의미가 없기 때문이죠. 정부는 피크오일을 어떻게 생각하고 있습니까?"

존스는 피크오일에 대한 오바마의 정책이 낯설거나 피크오일이 무엇인지 모르는 것 같았다. 그는 질문에 대한 답변을 에너지부에서 나온 한 여자에게 넘겼다. 이 여자는 30초가량 답변했는데, 존스보다 별로 나을 것이 없었다. 이후 딘은 피크오일이 정치인들이 다루기에는 너무 어려운 과제라고 생각했다. 이 문제는 교외생활이나 패스트푸드, 미국의 산업은 물론 월가의 종말을 의미하는 것이었기 때문에 백악관에서 어떤 입장을 취하지 않는다는 것이 놀랄 일은 아니었다. 그래도 딘은 행사가 끝날 무렵 존스, 게리와 셋이서 손바닥을 마주 치고 나서 밴 존스와 사진을 찍었다. 그러고 나서 2주 뒤에 딘에게는 우려할 만한 일이 생겼다. 글렌 벡Glenn Beck을 비롯한 보수파 진영에서 존스가 9·11테러와 무미아 아부자말(급진적인 흑인 민족주의운동의 글을 쓰다가 경찰 살해 혐의로 사형 선고를 받고 복역 중인 지식인. 전국적으로 구명운동이 벌어지는 가운데 살해 혐의가 벗겨져 종신형으로 감형되었다_옮긴이)의 투옥에 대해 극단적인 견해를 표명한 것과 하원의 공화당 의원들에게 '머저리들'이라고 한 표현을 문제 삼자 밴 존스가 사임했기 때문이다. 또 밴 존스는 녹색 에너지 운동을 위해 로킹엄 카운티의 농부들을 불러 모으는 데도 실패했다. 이들은 샌프란시스코 출신의 과격한 흑인이 하는 말을 들으려고 하지 않았다. 그렇다고 오바마를 좋아하는 것도 아니었다. 딘이 워싱턴에 다녀온 뒤 동네 식당에서 마주친 남자들 중 몇몇은 "자네 그 검둥이 보러 갔었나?"라고 물을 정도였다. 농부들이 따르려고 한 사람이 한 명 있다면 티 분 피켄스T. Boone Pickens라는 남자를 꼽을 수 있었는데, 기업사냥꾼으로 알려진 억만장자였다. 나이 든 백인인 피켄스는 천연가스와 재생에너지 광고에 출연한 적이 있었다.

워싱턴에 갔을 때 딘은 오바마 근처에도 가보지 못했다. 대통령은 그 주에 마서즈 비니어드 섬에서 휴가 중이었기 때문이다. 하지만 한두 달 뒤에 실제로 대통령을 만날 기회가 생겼다. 2010년 3월, 앤드루 공군기지에서 최초의 바이오연료 전투기 공개 행사가 열렸는데, 이 자리에 딘이 초대받은 것이다. 딘은 아들 라이언을 데리고 참석해 대열에 섞여 기다리다가 오바마가 군중을 향해 인사하는 모습을 지켜보았다. 직접 말을 나눌 시간은 없었지만, 대통령의 손을 잡아볼 기회가 생겼을 때 딘은 그 촉감에 깜짝 놀랐다. 그가 악수해본 남자들 중에 가장 부드러운 손이었다. 그것은 오바마가 그때까지 살면서 단 한 번도 육체노동이라고는 해본 적이 없다는 방증이었다.

레드버치 에너지는 하원에서 통과된 경기부양 자금에 기대를 걸고 있었다. 회사는 지원이 설실했다. 2008년 연말 몇 주간, 유류 가격은 어느 때보다 더 빠른 속도로, 그리고 큰 폭으로 떨어졌다. 갤런당 4달러 이하로 떨어지자 레드버치는 경쟁력을 잃으면서 손실을 보기 시작했다. 2009년 봄이 되자 카놀라 재배 농부들이 차에 카놀라 씨를 싣고 정유소로 몰려들었다. 딘과 게리는 돈이 없어서 수확된 카놀라를 계약한 대로 사들일 수 없다고 말했다. 이들이 할 수 있는 것이라고는 약속한 수매금액에 대해 6퍼센트의 이자를 무는 것밖에는 없었다. 농부들은 대개 이들의 처지를 이해했지만, 일부는 게리와 딘을 위협했고, 레드버치를 고소하겠다고 벼르는 이들도 있었다. 노스캐롤라이나에서 온 존 프렌치라는 농부(할리 오토바이를 몰고 다니는 멋쟁이 스타일)는 승용–화물 겸용의 대형 4륜구동차에 카놀라를 잔뜩 싣고 왔는데, 이 사람이 짐을 부리기 전에 딘은 돈이 없다고 말했다. 딘은 이 사람이 즉석에서 호통을 칠 것으로 예상했다.
"일단 여기 두면 분쇄해서 연료로 팔아볼게요."
딘은 이렇게 말하며 재빨리 덧붙였다.

"아니면 다시 농장으로 가지고 가서 다른 사람에게 팔아보세요."

딘은 일단 입을 열면 그를 미워하는 것이 불가능할 만큼 묘하게 사람의 마음을 휘어잡는 재주가 있었다. 이 농부는 군말 없이 짐을 싣고 온 그대로 겸용 화물차를 몰고 노스캐롤라이나로 돌아갔다. 하지만 피드먼트 일대에서 회사의 명성은 큰 타격을 입었다.

휘발유 가격이 5달러 선을 회복하지 않는 한 레드버치가 이익을 남기는 것은 불가능했다. 이것은 딘과 게리가 2009년 카놀라 수매에서 큰 실패를 겪으며 배운 쓰라린 교훈이었다. 이들은 또 사업 모델을 바꿔 카놀라를 1회 사용으로 끝내는 것이 아니라 2단계로 사용하는 방법이 있다는 사실도 깨달았다. 먼저 공급 원료를 요리용 식용유로 만들어 지역 식당에 갤런당 10달러를 받고 판 다음, 거기서 쓰고 버리는 기름 70퍼센트를 모아 다시 바이오디젤로 만드는 방법이었다. 식용유 급의 기름을 만들 수만 있다면 농부들에게 1부셸에 18달러를 줄 수도 있었고, 그러면 카놀라 수매량도 늘리고 그만큼 이익도 늘어날 것이다. 하지만 그러자면 50만 달러나 하는 새 분쇄기가 필요했고, 공장시설을 농무부 규정에 맞게 바꿔야 했다. 페리엘로의 사무실에서는 이들을 리치먼드의 공무원들과 연결해주었는데, 여기서는 카놀라 식용유는 경기부양 보조금 대상이 아니라고 말했다. 대신 마이크로터빈microturbine을 구입하면 보조금을 신청할 수 있을 것이라고 격려했다. 바이오디젤을 만들고 버리는 글리세린에서 전력을 생산하는 마이크로터빈이 있으면 기존의 정유소 시설은 필요도 없고, 레드버치가 다른 소비자들에게 전력을 팔아 새로운 소득의 흐름을 만들어낼 수도 있을 것이라는 말이었다. 딘은 마감 시간 몇 분 전에 보조금을 신청했다. 이후 2010년 1월, 페리엘로가 레드버치의 마이크로터빈 구입자금으로 75만 달러의 연방 보조금을 전달하기 위해 마틴즈빌에 왔다.

보조금 전달식은 1400만 년 전의 고래 뼈를 매달아놓은 자연사박물관 중앙 홀에서 열렸다. 페리엘로와 다른 고관들이 참석했고, 딘과 게리 외에 다른 수령자도 있었다.(이날 딘은 노란 상의에 노란 셔츠, 검은 바지를 입었다.) 페리엘로가 연단에 오르자 실내가 조용해졌다. 짙은 색 정장 옷깃에 성조기 문양의 핀을 꽂은 페리엘로는 앞선 연사들에 비해 나이가 절반밖에 안 되어 보였고, 꼭 화가 나서 불안한 사람의 얼굴이었다.

그는 "다음으로 이 지역에서 이룩할 업적은 청정에너지라고 불릴 것입니다"라고 말문을 열었다. 이어 게리와 딘을 '사업가이자 자유의 투사'라 소개하며 큰 소리로 레드버치를 외쳤다.

"화물차 휴게소를 운영하며 1달러에 3~4센트를 남기는 대신, 이제는 90센트를 남기게 될 것입니다. '파산하도록 방치하기에는 너무 크다^{too big to fail}'(리먼 브라더스를 시작으로 투자은행들이 줄줄이 파산의 위기에 직면할 때 미국 정부가 구제정책의 필요성을 강조한 표현_옮긴이)라는 말이 있습니다만, 이 사업이야말로 제일 먼저 시작하는 모델로는 너무 클지도 모릅니다. 우리는 지금 변화의 첨단을 달리고 있으며, 그 때문에 무척 흥분됩니다. 일종의 산업혁명이 일어나는 순간이라고 할 수 있습니다."

페리엘로는 대기업을 선호함으로써 미국 영세 생산업체의 경쟁력을 떨어뜨리는 양당의 정책을 싸잡아 비난했다.

"나는 그런 정책에 넌더리가 납니다. 무엇이든 중국을 비롯해 해외에서 사들이고, 나라의 돈을 석유 수출국의 독재자들에게 갖다 바치는 정책에도 신물이 납니다. 미국은 역사상 교전국 양쪽을 모두 지원하는 유일한 국가가 되었습니다!"

그의 목소리는 갈수록 커졌다.

"양당의 정치인들은 사진을 찍기 위한 것 말고는 농장이라고는 가본 적이 없어요. 그들은 농장 일이 과거의 직업이라고 생각합니다만, 나는 미래의 직업이라는 것을 분명히 말해두겠습니다. 이곳은 큰 타격을 받았지만, 다시 벌떡 일어나 경쟁에 대비하는 자랑스러운 지역이 될 것입니다."

TV 뉴스 취재진이 카메라를 들이댔다. 기자들은 딘과 게리 주변으로 몰려들어 인터뷰하기에 바빴다. 이 보조금은 바이오디젤 화물차 휴게소가 터무니없는 사업이 아니라는 것을 고위층에서 인정한 것이며, 미국에서 가장 막강한 힘을 가진 권력층이 그 가치를 알아본 사업이라는 의미였다. 이날(2010년 1월 14일)은 레드버치 에너지로서는 최고의 순간이었다.

행사가 끝난 뒤, 딘은 차를 몰고 노스캐롤라이나로 돌아갔고, 게리는 플로 잭슨Flo Jackson과 점심을 먹기 위해 공장으로 갔다. 게리가 새 사업의 회계를 위해 고용한 40대 중반의 흑인 여성이었는데, 레드버치를 찾은 것은 이날이 처음이었다. 플로는 과거에 대학 농구선수로 활동했고, 제임스매디슨대학에서 경영학 석사학위를 딴 사람이었다. 플로는 타깃과 월마트에서 쇼핑몰을 관리한 경험이 있었기 때문에 게리가 레드버치의 재무 상태를 정비하도록 그녀를 영입한 것이다.

가장 절박한 문제는 정유소의 주요 고객이라고 할 화물차 휴게소가 바로 옆에 있다는 데 있었다. 딘은 이미 오래전부터 자신의 업체에는 관심을 두지 않았으며, 거기서는 종업원의 반이 돈을 빼돌릴 뿐 아니라 마약 테스트에 절대 통과하지 못할 정도로 마약에 빠져 있었다. 2009년 10월, 딘은 파산법 제11조에 의거해 파산 신청을 했다. 이를 바탕으로 화물차 휴게소(마틴즈빌의 레드버치)를 당분간 계속 유지하면서 부채를 정리할 시간이 생겼다. 고용계약에 따르면, 플로는 화물차 휴게소 경영에는 책임을 지지 않게 되어 있었지만, 그녀는 이해 내내 딘의 사업을 점검하느라 시간을 들였다. 처음에는 어떻게든 사업을 살리기 위해 복잡하게 엉긴 것을 풀어보려고 했다. 장부는 온통 어지럽게 기재되어 있었고, 무려 25만 달러에 이르는 지출 항목이 단순하게 '소유주 회수'라고만 적혀 있었다. 화물차 휴게소는 은행에 200만 달러의 부채가 있었기 때문에 그 빚을 떠안으려고 하는 매수자가 없었다. 플로가 딘에게 몽상가처럼 사업을 경영했다고 말하자 딘은 그녀에게 화를 냈다. 게리가 외부에서 영입한 이 여자는 현실적인 원칙을 들먹이며 거칠고 퉁명스러운 여자 특유의 날카로운 어조로 딘이 듣고 싶어하지 않는 말을 했기 때문이다. 시간이 흐르면서 딘이 정유소에 나타나는 일이 뜸해졌다. 딘의 처지는 마치 새로 들어선 정권이 구정권을 쥐어짜는 형국이었다.

2010년에는 좋지 않은 일이 연속으로 터졌다. 먼저 전달해주기로 한 보조금의 절반도 형식적 절차 때문에 나오는 데 9개월이나 걸렸으며, 그러는 사이에 보조금에 대한 소문이 나서 헨리 카운티의 공무원들이 레드버치 에너지를 주목하게 되었다. 이들은 2007년부터 2009년까지 화물차 휴게소에서 체납한 세금 8만5000달러를 받으려고 눈독을 들였다. 딘은 이것을 정치적인 보복으로 판단했다. 레드버치는 페리엘로와 같은 편으로 알려진 데다가 헨리 카운티는 공화당 색깔이 진했기 때문이다. 카운티에서는 정유소의 기름 유출을 지적하며 벌금을 부과했다. 게리는 "카운티 행정관은 우리를 몰아내기 위해 할 수 있는 모든 수단을 동원했어요"라고 말했다. 노스캐롤라이나 출신인 게리와 딘은 마틴즈빌처럼 폐쇄적인 지역에서는 발붙이기가 쉽지 않았다.

바이오디젤 정유소와 화물차 휴게소는 붉은 언덕배기, 같은 크기의 부지에 약 50미터의 포장도로를 사이에 두고 자리 잡고 있었기 때문에 고속도로에서 보면 같은 업체의 시설로 보였다. 2008년, 사업 전망이 밝았을 때는 이런 배치를 '폐쇄루프 시스템'(사전에 문제를 예측하거나 해결책을 찾는 피드백 원리로 테스트와 통제가 통합된 관리체제_옮긴이)이라고 부르며 환영하는 분위기였다. 하지만 2010년에 금융위기가 발생하면서 이 두 업체는 어떤 점에서 이해관계가 상반되는 다른 사업이라는 것이 분명해졌다. 화물차 휴게소(마틴즈빌 레드버치)는 전적으로 딘의 소유였다. 이에 비해 정유소(레드버치 에너지)는 합작투자 형태로, 갈수록 게리의 지분이 늘어났다. 정유소가 화물차 휴게소의 채권자에 포함되자 게리는 연료를 보관하기 위해 8만 달러를 대출해야 했고, 딘은 레드버치 에너지의 주식을 양도

하는 방법으로 이 금액을 게리에게 갚았기 때문이다.

9월 16일, 버지니아 서부지구 파산법원은 파산법 제7조에 따라 딘의 화물차 휴게소 경영을 중단하라는 명령을 내렸다. 이날 법원에 나가보니 딘 외에도 36명의 채무자가 있었다. 마틴즈빌 레드버치는 완전히 파산했으며, 화물차 휴게소는 전국 체인업체인 윌코헤스WilcoHess에 매각되었다. 휴게소를 인수한 윌코헤스는 난간과 목조 계단이 달린 2층 형태의 현관 베란다(1997년에 새로 차릴 당시만 해도 고풍스러운 시골 장터 같은 모습 때문에 딘의 고객들에게 사랑을 받았던)를 허물고 그 자리를 삭막한 흰색 콘크리트의 파사드(건물의 출입구로 이용되는 정면 외벽 부분_옮긴이)로 바꿔버렸다. 주유소는 바이오디젤 급유를 중단했으며, 다시 정규 2번 디젤유로 돌아갔다. 이것은 2005년 카트리나 때문에 공급이 중단된 수입 연료로, 딘에게 기쁨의 순간을 안겨준 것이기도 했다. 이렇게 레드버치 에너지는 주요 고객을 잃었고, 곧 정유소는 바이오디젤의 생산량을 10퍼센트로 줄었다. 공장 밖에 걸어놓은 간판은 엄밀히 말해 사실이기도 했다. 레드버치는 '미국 최초의 바이오디젤 화물차 휴게소로 여전히 남았기 때문이다. 하지만 명성은 끝났다. 레드버치는 더 이상 성장하지도 못하고 명성을 유지하지도 못한 채 매각되었다.

파산 명령이 내려지고 4일 뒤, 딘은 헨리 카운티 대배심에 기소되었다. 그의 사업체가 주 정부를 대신해 거둔 1만 달러 가까운 음식세를 납부하지 않은 혐의였다.

딘은 언제나 정부 권력을 가난만큼이나 두려워했다. 정부는 누구나 감옥에 보낼 수 있고, 감옥은 악몽이나 마찬가지였기 때문이다. 자유를 잃는다면 더 이상 버틸 재간이 없을 것 같았다. 그는 종종 자유를 박탈당하는 꿈을 꾸었는데, 이것은 그저 꿈인데도 신경쇠약에 걸릴 만큼 불안한 느낌을 안겨주었다. 이런 악몽에 시달리다 잠에서 깨어날 때면 안도의 한숨을 내쉬며 "아, 꿈이었구나!"라고 중얼거렸다. 2007년, 그가 바이오디젤에 여념이 없던 어느 날, 실제로 구치소에서 하룻밤을 보낸 적이 있었다. 당시 두 번째 부인과의 이혼소송 판결에 따라 그는 5년간 매달 3300달러를 이혼한 아내에게 지급해야 했다.(결혼생활 기간으로 따지면 하루에 800달러씩 내는 셈이었다.) 이후 전 부인이 재혼하자 딘은 이제는 궁지에서 벗어났다 여기고 위자료를 지급하지 않았다. 그런데 딘은 계속 지급할 의무가 있는 것으로 드러났고, 웬트워스에 있는 로킹엄 카운티 법원은 그의 구속을 명령했다. 딘과 함께 있던 열두 살 난 라이언은 아빠가 감옥으로 잡혀 가는 모습을 지켜보았다. 이날 딘은 10여 명의 낯선 남자들 틈에 섞여 감옥에서 하룻밤을 보냈다. 이후로 다시는 감옥에 가고 싶지 않았다.

딘은 이런 이야기를 하는 것을 좋아하지 않았다. 누군가 사업 여건이나 개인적인 재정상태 또는 법적인 고충을 물을 때면 그는 그저 "음……" 하며 불분명한 태도로 대답을 회피했다. 마치 대수롭지 않은 문제여서 처리될 것이거나 이미 처리되었다는 인상을 풍기며 나폴레온 힐의 지혜나 신녹색경제의 전망 같은 이야기로 화제를 돌렸다. 2010년이 되어서는 그의 인생이 담긴 220번 도로에 대한 것보다는 과거와 미래를 상상하며 지내는 것이 수월했다. 전화를 숱하게 걸었지만 답전은 없었다. 머리를 짓누르는 문제는 무시했고, 해야 할 셈은 뒤로 미루기 일쑤였다.

딘 프라이스의 인생에서 꽤나 힘들었던 한 해였지만, 2011년이 되자 상황은 한층 더 악화되었다. 하지만 그는 항상 결코 포기할 수 없다고 다짐했다. 자신의 희망에 대한 믿음을 절대 잃은 적이 없었다. 그는 나폴레온 힐이 말한 콜로라도의 사금 채취자 같은 신세는 되고 싶지 않았다. 금맥을 찾아 헤매던 이 사람은 너무 지친 나머지 채굴을 포기하고 모든 기계를 팔아치웠는데, 나중에 알고 보니 그가 파던 곳에서 1미터만 더 팠으면 엄청난 금이 묻힌 주맥을 발견했을 것이라는 이야기였다.

그냥 사업일 뿐, 제이지

모든 일은 정황을 따져야 한다.

숀 코리 카터Shawn Corey Carter는 1969년에 브루클린 지구의 베드 스타이에 있는 마시 주택단지에서 태어났다.(뉴욕과 넓은 세상은 이후에 찾아온다.) 점원으로 일하는 글로리아 카터Gloria Carter의 넷째이자 막내아들이었고, 아버지인 아드니스 리브스Adnis Reeves는 설교사의 아들이었다. 마시는 6층짜리 벽돌 건물 27개 동이 모여 있는 빈민단지로, 4000명의 주민이 복닥거리며 하루 생일파티를 벌이면 또 하루는 총을 쏘아대는 동네였다.

네 살 때 10단 기어 자전거를 받은 숀은 발을 올려놓고 옆으로 앉은 자세로 타고 다녔고, 이를 본 동네 사람들은 놀라서 비명을 질렀다. 처음으로 맛본 유명세는 느낌이 좋았다.

동네 구멍가게에는 수많은 레코드판이 담긴 우유 상자가 가득 쌓여 있었다. 커티스 메이필드, 스테이플스 싱어스, 컨펑션, 잭슨 파이브, 루퍼스, 오제이스……. 숀은 이 중에서도 마이클 잭슨이 가장 좋았다. 글로리아가 퇴근해서 집에 오면 숀은 「맘껏 즐겨라Enjoy Yourself」를 틀어놓고 따라 부르면서 방 안을 빙글빙글 돌았고, 누나들도 같이 부르면서 뒤를 받쳐주었다. 마시에서 여전히 인기가 있던 1970년대 노래는 이 아이에게 일종의 진기한 경험이었다. 아이들은 시멘트 바닥에서 주사위 게임을 했고, 깨진 유리조각이 널려 있는 경기장에서 미식축구를 했다. 마약 중독자가 벤치에서 꾸벅꾸벅 졸고 있을 때면 아이들은 겁 없이 달려들어 쓰러뜨리곤 했다. 그는 훗날 이렇게 말했다.

"우리는 그렇게 쓰러져가는 문명의 일부를 우리의 음악에 담아 새 세상을 만드는 데 이용할 수 있었죠. 우리는 음반 속에서, 거리에서, 그리고 역사 속에서 아버지들의 세계를 발견했어요."

1978년 여름, 숀은 그때까지 많은 사람에 가려 아무도 주목하지 않던 마시 아이를 우연히 만났다. 그 아이는 어떤 것에든 대구를 맞춰 라임을 지어내는 솜씨가 뛰어났고, 창녀나 거리의 여자들에 대해 라임을 지어 랩을 하면 사람들이 귀를 기울여 들었다. 직접 라임을 맞춘 노랫말을 지어 30분 동안 쉴 새 없이 부르는 멋진 솜씨는 뉴욕 최고라고 할 수 있었다. 숀은 '아, 정말 멋지다. 나도 할 수 있겠어'라는 생각이 들었다. 그날 밤 그는 집에서 라임을 맞춘 노랫말을 공책에 적어보았다. 자신의 생활에 대해 라임을 짓다 보니 공책은 이내 빽빽이 채워졌다. 아침마다 거울 앞에서 노래를 불렀고, 밤이면 잘 시간이 지날 때까지 주방의 식탁을 쾅쾅 치며 노래를 부르는 바람에 누니들은 미칠 지경이었다. 그러면 가능한 일이었다. 당시 숀보다 나이가 많은 재즈 오Jaz-O라는 아이가 큼직한 녹음기에 두 사람의 목소리를 담고 다시 들어보았다. 숀의 목소리는 그가 생각하던 것과는 뭔가 달랐다.

"난 거기서 뭔가 새로운 가능성을 보았죠. 나 자신을 재창조하고 나의 세계를 다시 상상하는 길이 열린 것 같았어요. 그 목소리를 다시 듣고 싶어 라임을 녹음하자마자 다시 틀어볼 정도였죠."

나는 힙합의 왕
리복처럼 새로운
자물쇠에 꽂힌 열쇠
너무 도발적인 라임
내가 살아 있는 한

마시 사람들은 그를 재지Jazzy라고 부르기 시작했다. 그는 6학년 때 너무 시험을 잘 치러 12학년생처럼 똑똑하다는 소리를 들었다. 그래도 학교는 그의 관심을 끌지 못했지만, 라임에 사용할 어휘를 찾느라 사전은 닳아 해질 정도였다. 어느 날인가 라우든 선생님이 교외 견학차 아이들을 맨해튼에 있는 자신의 집으로 데리고 갔다. 이때 냉장고 문에서 시원한 물과 얼음이 나오는 것을 보고 숀은 자신이 가난하다는 사실을 처음 알았다. 빈민 주택단지에 사는 사람들은 지저분한 관청의 플라스틱 의자에 앉아 자신의 이름이 불리기를 기다리느라 인생의 반을 허비했다. 아이들은 가난의 때가 묻은 사소한 것을 놓고 서로 다투기 일쑤였다. 자연히 이들은 수단을 가리지 않고 부자가 되는 이야기를 하기 마련이었다. 숀도 부자가 되기를 갈망했다. 하루 종일 교실에 앉아 있을 생각은 없었다. 훗날 은색 렉서스를 몰고 다닐 만큼 큰돈을 손에 쥐었을 때 그는 말했다.

"가난뱅이의 냄새와 수치심이 날아가버리는 느낌이었죠. 멋진 기분이었어요. 서글픈 건 아무리 돈을 많이 벌어도 가난의 때를 말끔히 지울 수는 없다는 거죠."

그가 6학년이었던 1980년, 그의 아버지가 다시 나타났다. 거의 11년을 그가 아버지인 줄 모르고 살았던 것보다 더 나빴다. 이 아버지라는 사람은 자신의 아이에게 빈민가를 날쌔게 돌아다니는 법과 어느 가게에서 코카인을 파는지, 그 가게 주인이 푸에르토리코인인지 아랍인인지 알아내는 법, 타임스 스퀘어에서 행인들을 살피는 방법 같은 것을 가르쳐주었다.(눈길을 끈 여자의 옷 사이즈는 얼마인지 같은.) 그러고는 사라져서 다시는 모습을 드러내지 않았다. 숀은 무엇에든 다시는 애착을 갖고 싶지 않았고, 무엇이든 마음속에서 털어내 버렸다. 다시는 마음의 고통을 맛보고 싶지 않았고, 누구든 자신의 마음을 다치게 내버려두지 않았다. 그는 신중하고 냉정해졌으며, 눈은 생기가 없어지고 얼굴에서는 미소가 사라졌다. 그저 귀에 거슬리는 소리로 "하하" 하고 웃을 뿐이었다.

이듬해 열두 살이 되었을 때, 형인 에릭Eric이 그의 장신구를 훔치는 일이 있었다. 에릭은 마약에 취해 눈이 풀려 있었다. 숀은 총을 집어 들고 눈을 질끈 감은 다음 에릭을 향해 방아쇠를 당겼다. 총알은 에릭의 팔뚝에 맞았고, 숀은 자신의 인생이 끝났다고 생각했다. 에릭은 경찰에 알리지 않았지만, 숀이 병원으로 찾아갔을 때 물건을 빼돌린 것을 사과하지도 않았다. 이후로도 마시에서는 걸핏하면 총기사고가 끊이지 않았지만, 숀은 다시는 총을 쏘지도 않았고 맞지도 않았다. 그는 운이 좋았다.

랩으로 몇 년 세월을 보낸 뒤, 1985년이 되자 크랙(코카인)의 시절이 시작되었다. 크랙은 마시를 뒤덮었고, 순식간에 모든 것을 되돌릴 수 없이 바꿔놓았다. 화장실이나 집 안에서만 사용하던 코카인이 공공연히 밖으로 나돌았고, 성인들은 중독자가 되었으며, 아이들은 밀매꾼이 되어 부모들은 자식들 걱정에 날을 샐 정도였다. 어른들의 권위는 사라졌고, 동네 분위기는 미친 것 같았다. 숀 카터는 또 다른 세계를 보았다.

그는 열다섯 살에 마약 장사에 발을 들여놓았다. 처음에는 그저 따라다니기만 했다. 아이들은 대학(교도소)에 드나들었고, 어디를 가나 대학 졸업자(전과자)는 널려 있었다. 아이들은 마약을 팔았고, 마약 밀매는 어디서나 흔했다. 그가 친구인 힐Hill과 함께 지역 공급책을 찾아갔을 때는 그 집으로 들어가 취업면접이라는 것을 보기도 했다. 공급책은 밀매가 얼마나 힘든 것인지, 얼마나 충성을 바쳐 전념해야 하는 일인지 말해주었다. 이 공급책은 그 후 피살되었다. 범인은 공급책의 고환을 절단해 입에 처넣고는 그의 뒤통수에 대고 총을 쏘았다. 이것만 봐도 마약 밀매가 얼마나 겁나는 일인지 알 수 있었다. 그래도 숀은 물러서지 않았다. 그는 조직에 들어가고 싶었다.

그는 전기요금을 벌어서 엄마를 돕고 있었다. 그는 혼자 힘으로 신변용품을 사들였다. 유잉 신발을 신고 뽐내며 여자애들과도 어울렸다. 그러면서 극도의 흥분을 맛보았다. 숀은 힐의 사촌과 함께 트렌턴에 있는 막

다른 길 하나를 장악했다. 그리고 주말이면 뉴저지의 트랜싯 구역을 점령했고, 얼마 지나지 않아 아예 뉴저지에서 살았다. 그는 자신이 하는 일을 숨겼고, 헐렁한 청바지와 빵빵한 외투 안에 무기를 넣고 다녔다. 두툼한 공사장용 부츠를 신어서 겨울밤에도 발은 따뜻했다. 사업가 기질이 다분한 그는 물건을 싸게 팔아 지역 경쟁자들에게 타격을 주었다. 페루인들이나 워싱턴 하이츠에서 싸게 물건을 확보했기 때문이다. 염가판매 때문에 그는 경쟁자들에게 원한을 샀으며, 어느 날 오후에는 공원에서 경쟁자와 맞붙어 총을 겨눈 적도 있었다. 서로 총은 쏘지 않았지만, 배짱으로 밀어붙이면 이기는 것이고, 겁이 나서 꽁무니를 빼면 장사를 포기해야 했다. 또 한번은 경찰에 체포되어(처음이라 기소되지는 않았다) 숨겨놓은 물건을 다 빼앗겼다. 그는 날린 돈을 채우기 위해 마시에서 내리 60시간을 잠도 자지 않고 과자 부스러기를 먹으며 정신없이 갈색 종이봉투에 라임을 적어야 했다.

그의 꿈은 스카페이스처럼 멋진 차에 큰 총을 싣고 다니는 부자가 되어 "내 작은 친구에게 인사나 하지"Say hello to my little friend"(영화 「스카페이스」의 총격전 장면에 나오는 대사_옮긴이)라고 외치는 것이었다. 마약 밀매는 편집증처럼 한번 발을 들이면 빠져나오기 힘들었다. 언제나 한쪽 눈을 뜨고 '범죄에 흥분하며 값비싼 사치품으로 마음을 달래는' 짓이었다. 그는 자신이 판 마약에 취한 중독자들처럼 스스로 거리의 쾌감에 맛을 들였다. 주황색 제복을 입고 맥도날드로 출근하는 녀석들은 순진하게 규칙을 잘 믿었기 때문에 속이기가 쉬웠다. 이들은 꿈이라고는 없이 살아남기 위해 돈 몇 푼 벌려고 교과서적인 생활방식을 따르는 부류였지만, 그는 그런 식으로 살 생각이 없었다. 대신 극단적인 삶을 추구했다. 그는 5C 아파트라고 불리는 빈민가의 쪽방에서 죽은 듯 지내는 것보다는 거리에서 큰 것 한탕을 노리다가 죽는 편이 낫다고 생각했다. 그는 마리화나를 피우는 일이 드물었고, 술을 마실 때도 정신이 말짱했으며, 의식적으로 돈을 버는 일에 신경을 집중했다. 언제나 돈을 생각했다. 물론 거리에서 죽는 것에 가치를 두지는 않았다. 그래서 돈에 온 인생이 걸린 것처럼 경쟁하고 이기는 법을 배웠다.

마약 장사를 한다고 랩을 그만둔 것은 아니었다. 그는 몇 주씩 마시로 돌아가 재즈 오와 함께 라임 작업을 했다. 하지만 수개월씩 길거리 생활을 하다 보니 공책에 라임을 적는 작업은 점점 멀어졌다. 그래서 그는 적지 않고도 긴 라임을 기억하는 법을 익혔고, 결국 이 방법에 의존하게 되었다. 한쪽 발은 랩에 담그고 나머지 한 발은 거리에서 생활하는 식이었다. 그가 마약 장사를 하느라 재능을 놀린다고 생각한 사촌 비 하이B-High는 그를 말렸다.

"지금 랩을 하는 놈들은 쓰레기야."

또 동료들은 "어디선가 백인이 나타나 돈을 몽땅 쓸어 갈 거야"라고 말했다. 그는 음악을 해서는 돈을 못 벌지나 않을까 겁이 났다. 그리고 사업이란 임금 삭감처럼 보일 때도 있었다. 특히 이엠아이EMI 레코드사에서 1988년에 재즈 오를 통해 음반 발매 계약을 하고 나서 보인 태도가 그랬다. 재즈 오와 숀을 런던으로 불러들여 몇 달 동안이나 붙어 다니며 작업을 했지만, 숀의 첫 싱글 음반이 실패로 돌아가자 관계를 끊었기 때문이다.

숀은 전설적인 브루클린의 래퍼인 빅 대디 케인 쪽으로 말을 갈아타고 그와 함께 버스 투어를 했다. 그는 투어 중간에 제이지라는 그럴듯한 이름으로 마이크를 잡고 랩을 했다. 그의 노래를 들은 사람은 누구나 그의 언어상의 기지와 자신감, 변두리 출신 특유의 무표정한 얼굴로 내뱉는 빠른 라임에 넋을 잃었다. 반응은 아주 좋았고, 어려울 것도 없었지만, 그는 이 모든 것을 대수롭지 않게 생각했다. 투어가 끝나고 그는 다시 마약 밀매로 돌아갔다.

그의 패거리는 이익이 많이 나는 메릴랜드와 워싱턴까지 판매망을 확장했고, 렉서스를 타고 I-95 고속도로를 오가며 일주일에 코카인 1킬로 그램씩을 날랐다. 그가 믿는 것이라고는 오직 돈뿐이었다. 30대가 되어서도 빈털터리로 거리를 헤맬 것이 두려웠다. 1994년에 메릴랜드에서 경쟁자가 그에게 총을 세 발이나 쏘는 일이 있었지만, '하늘의 도움'으로 총알은 빗나갔다. 마약 일을 한 지 10년이 되었을 때, 그는 음반을 팔면 마약을 파는 것만큼 큰돈을 벌 수 있을지 알아보기로 했다.

> 나는 생각했지. '빌어먹을. 왜 나 자신을 위험에 빠뜨리는지 라임에 적어볼 거야. 그리고 나를 느끼게 해주겠어. 네 마음에 안 들어도 그만이야.'

디제이 클라크 켄트DJ Clark Kent라는 브루클린의 음반 제작자가 그를 데이먼 대시Damon Dash라는 할렘 프로모터에게 소개했다. 데이먼은 회의적인 반응을 보이다가 제이의 나이키 에어포스원(농구화)을 보자 생각이 달라졌다. 하지만 레이블의 누구도 제이지를 원하지 않았기 때문에(너무 닳고 닳은 사람들이거나 너무 실리적이라서 그랬을지 모른다) 제이는 마약 밀매로 모은 돈을 털어서 대시와 함께 자신의 레이블을 설립했다. 그리고 서로 상대를 안심시키기 위해 이름을 라카펠라Roc-A-Fella라고 지었다. 두 사람은 세계를 정복할 야망에 사로잡혔다.

「합리적 의심Reasonable Doubt」은 1996년에 나왔다. 어찌 보면 26년의 삶이 고스란히 들어간 작업이었다. 이 노래는 복잡하고 불길한 인상을 주는 곡으로, 부모 세대가 좋아한 1970년대 음반의 관능미가 철철 흘러넘치는 라임으로 가득했다. 온갖 범죄를 저지르고 후회 속에 살 준비가 된 미래의 '잃어버린 세대' 출신의 젊은 마약 밀매꾼이 래퍼로 변신한 모습을 담았고, 병적인 생각 또는 돈과 다이아몬드, 롤렉스 시계, 고급 샴페인, 예쁜 여자애들, 도피의식 등이 담긴 곡이었다.

이 더러운 거리에 나뒹구는 이 못된 물건.
친구들 중 아무도 말 못 하네.
우리가 승리를 위해 애쓴다고.

세계를 정복하지는 못했지만 대단한 곡이었다. 제이지는 클럽을 전전하고 모퉁이 가게마다 테이프를 팔러 다니다가 음반 발매 계약을 하게 되었다. 그의 목소리는 마시 일대에 울려 퍼졌고, 미국이 지하실에 가둬놓은 악몽이 갑자기 아이들의 방에서 살아나기 시작했다. 사람들은 스카페이스나 제이지처럼 아메리칸 드림을 극단적으로 실현하고 싶어했고, 법을 어기면서라도 승리를 차지하려고 했다. 오직 바보만이 아직도 주황색 제복이나 싸구려 옷을 입고 다니며 승부가 정해진 게임에서 이길 수 있다고 생각했다. 제이지를 본 사람들은 단숨에 일확천금을 노릴 수 있을 것으로 생각했다. 이것은 과거의 숀 카터가 거둔 성공방식이었다. 랩을 아는 사람은 누구나 제이가 거물이 될 것이라고 생각했다.

음악은 또 하나의 마약 밀매였다. 그는 마지못해 음악을 한 것이고, 관심은 여전히 돈으로 쏠렸으며, 마약 밀매에 대해 사과하지도 않았다. 마약 장사를 오랫동안 잘하기 위해 예술이 필요했을 뿐이다. 그는 거리에서 지낼 때처럼 냉정하게 음악에 집중했고, 이후 7년 동안 일곱 개의 음반을 더 제작해서 모두 플래티넘(100만 장 팔린 음반_옮긴이) 기록을 세웠다. 과거의 흔적을 부드럽게 다듬고 노랫말을 단순하게 바꾸자(좀더 대중적인 삶을 늘리고 후회의 자취는 줄인) 청중은 더 늘어났고, 돈은 더 많이 들어왔다. 수많은 백인 젊은이들도 '돈, 현금, 창녀, 1000달러 뭉칫돈, 크리스털 렉서스, 솜씨를 보이다, 시작하다, 이성과 일하다, 음란한 여자, 마약 몇 그램, 총알, 검둥이들'에 대한 이야기를 한다는 사실이 드러났다. 제이는 끝없는 랩의 이야기("나는 왜 너보다 더 마약에 빠졌는가")를 수없이 다른 방식으로 말하는 재주가 있었고, 똑같은 대구는 하나도 없었다. 아이들은 그에게 열광했고, 그가 입는 옷을 입고 그가 마시는 것을 마시면서 그를 부자로 만들었다.

그는 의류 브랜드를 론칭했고, 이것은 그가 차린 음반사보다 더 많은 이익을 남겨 수억 달러를 안겨주었다. 영화사도 차렸고 그만의 리복 스니커즈(운동화)를 제작했으며, 자신의 보드카를 공급했고 자신의 향수를 제조했다. 또 제이지 블루라는 색깔의 상표등록을 함으로써 서로 홍보 상승효과를 창출했다. 1999년에는 타임스 스퀘어에 있는 어느 클럽의 귀빈석에서 자신의 네 번째 앨범의 음원을 무단 도용해 음반을 제작·판매했다는 이유로 한 음반 제작자를 흉기로 찔러 상해를 입히기도 했다. 그는 「대부 2」에 나온 알 파치노의 대사를 인용해 "랜스, 넌 내 가슴을 찢어버렸어"라고 말했다. 그러고는 마음을 가라앉히려고 트럼프 호텔에 숨어 변호사 및 호텔 직원들과 태연하게 굿스 게임(카드 게임)을 했다. 그리고 다시는 평정심을 잃지 않으리라 다짐하며 나중에 가벼운 죄를 인정했지만 집행유예로 빠져나갔다.

그는 기업형 래퍼, 불법 사업가가 되었고, 실리콘밸리의 신생 기업에 드나들듯이 스니커즈를 신고 중역실을 출입했으며, 마약 밀매꾼의 꿈을 품고 살면서 합법적인 세계에서 일했다. 2003년에는 매디슨 스퀘어가든에서 랩 가수로서 은퇴공연을 했다.(은퇴는 오래가지 않았다.) 이어 음반 사업 경영자가 되고 힙합계의 최대 레이블인 데프 잼Def Jam의 사장이 되었다. 라카펠라의 파트너 관계를 끊고 자신의 명의로 바꾸면서 제이지가 데이먼 대시에게 "그냥 사업일 뿐이야"라고 말할 때는 또 다른 영화 속의 갱이 하는 말처럼 들렸다. 그는 직접 노랫말을 지어 속마음을 표현했다.

나는 코카인 뭉치를 팔았어. 시도 팔 수 있을 거야.
난 사업가가 아니라 사업 자체라고.
내 사업 좀 하게 내버려둬, 빌어먹을!

완전히 마약 밀매와 다를 것이 없었다. 트렌턴 길모퉁이에서 하던 일을 도심 건물의 29층에서 할 뿐이었다. 랩이 주류사회를 모방하는 사이에 주류사회도 랩을 받아들였다. 제이지는 기업 경영자들보다 승부감각이 뛰어났다. 거리에서 승부를 배웠기 때문이다. 그를 배신자라거나 돈에 눈먼 자라고 비난하는 목소리가 들렸지만, 이때마다 그는 "이기심은 현실과 맞부딪칠 때 나오는 합리적 반응"이라는 말로 응수했다.

모든 일은 정황을 따져야 한다.

그는 최고 유명인사가 하는 짓을 그대로 따라 했다. 스스로 라이프스타일의 브랜드가 되었고, 스포츠 바 체인점을 열었으며, 체불 때문에 회사 직원들에게 고소를 당하기도 했다. 런던의 시가 룸(시가를 파는 카페_옮긴이)에서는 퀸시 존스와 함께 보노를 만나 박애주의 원칙에 서명했고, 『포브스』지가 선정한 미국 400대 부호에 드는가 하면(순자산 4억5000만 달러), 전·현직 대통령들과 어울렸다. 동시에 다른 유명인사들과는 불화를 겪기도 했다. 또 어느 모로 보나 스타로서 그와 격이 맞는 여자 가수와 어울리면서 생일선물로 섬 하나를 사 주는가 하면, 여자가 임신하자 예정일이 되기도 전에 산부인과 병동 하나를 통째로 빌려 개인 스위트룸처럼 사용했다. 그리고 딸을 낳자 아이의 이름을 독점적으로 사용하려고 상표등록을 하려고 했고(미국 특허청에서 거절했다), 블루 아이비 카터Blue Ivy Carter라는 이 아이가 네 살이 되자 랩으로 노래를 만들어 싱글 레코드를 발매했다.

"내 창작품 중 최고는 너였어. 너는 아직 스웨그가 뭔지 모를 거야."

성공을 거듭할수록 대중은 그를 따랐고, 어디를 가나 그를 보고 살 힘을 얻는 듯이 그의 돈과 권력을 마치 그들 자신의 것인 양 찬양했다. 콘서트에 몰려든 팬들은 일제히 두 손을 들어 올리며 라카펠라의 다이아몬드 로고를 마치 자신들도 지분 일부를 소유한 듯이 자랑스러워했다. 그는 거물이자 혁명가였고 우상이었다. 동시에 여전히 왜 자신이 남들보다 더 마약에 빠졌는지 대놓고 말하며, 상대를 거침없이 농락하고 차례를 지키지도 않은 채 최고가 되는 길을 숭배하는 갱(완벽한 마약 밀매꾼)이었다. 그리고 실패했을 때(라스베이거스에 있는 그의 스포츠 바가 파산하거나, NBA의 부정선수가 다수 포함된 그의 농구팀이 패했을 때, 또는 크라이슬러와 제이지 블루 색깔로 칠한 지프 커맨더 생산 계약이 수포로 돌아갔을 때)는 실패의 모든 흔적을 숨겼다. 마치 이런 사실이 알려지면 자신의 매력에 치명타가 되기라도 하는 것 같은 태도였다. 그는 계속 성공해야 했다. 오로지 성공 자체가 목적이었다.

제이지가 네츠Nets(NBA 농구팀) 지분의 극히 일부를 사들이고 앞장서서 팀을 브루클린으로 옮겼을 때, 그는 구단주이자 스타가 되었고, 흑인 브랜치 리키(인종 장벽을 허문 메이저리그 야구의 공로자로 다저스 구단주를 지냈다_옮긴이)가 되고, 범죄의 꼬리표를 단 재키 로빈슨(미국 메이저리그 사상 최초의 흑인 야구선수_옮긴이)이 되었다.

새 경기장이 개장되었을 때 제이지의 인기 때문에 8일 연속으로 표가 매진되었다. 흐릿한 어둠 속에서 그는 1만6000명의 팬들을 향해 말했다.

"나는 이곳에서 재키 로빈슨이 최초로 아프리카계 미국인 프로 선수가 되어 인종의 장벽을 허문 것이 우연이라고 생각하지 않습니다. 나는 또 내가 구단의 일원이 되어 네츠 팀을 뉴저지에서 이곳으로 옮긴 것이 우연이라고 생각하지 않습니다. 여러분은 내가 구단의 지분을 극히 일부밖에 갖고 있지 않다는 말을 들었을 것입니다. 소유 지분이 몇 퍼센트냐 하는 것은 중요하지 않습니다. 문제는 여기서 6분 거리밖에 안 되는 마시 단지의 편모슬하에서 자란 흑인 한 명이 그것을 해냈다는 것입니다. 그러니 얼마가 되었든 내가 이 프랜차이즈의 지분을 소유하고 있다는 사실 자체가 놀라운 것입니다. 이 지분으로 내가 이익을 본다는 사실이 정말 놀랍다는 말입니다. 그것 때문에 여러분의 성과를 축소하지도 말고, 여러분의 영광을 가리지도 마십시오."

제이지가 가운뎃손가락을 치켜들자 1만6000명도 가운뎃손가락을 들어 올리며 화답했다. 제이지가 자신의 삶을 돌아볼 때면 무슨 짓을 해도 상관없을 것처럼 생각했던 시절이 분명 있었다.

탬파

주택 압류 조치가 수천 건씩 계속 이어졌다. 압류사태는 컨트리워크와 캐리지 푸앵트, 탬파 시내와 외곽의 파스코, 또 걸프포트와 북동쪽의 세인트 피트로 번져나갔다. 현관 앞에 3개월 치 편지가 쌓여 있는 집, 아이들이 「탐험소녀 도라」(TV 애니메이션 시리즈_옮긴이)를 시청하는 동안 어른들이 전화를 받지 않는 집, 객실 점유율이 20퍼센트밖에 되지 않는 모텔, 낯선 거리 이름이 적힌 불투명한 이름의 투자기업에 압류조치가 가해졌다. 압류조치는 저승사자 같은 무뚝뚝한 집달관이 들이닥치는 식으로 이루어졌다.

압류는 고소장이 접수되면서 시작되었는데, 고소 내용은 한결같이 '상환할 부채가 있다'는 것이었다. 소송 당사자는 익히 알려진 금융사들이었다. 미국 HSBC(홍콩상하이은행), EMC 저당 금융사, 전에는 컨트리와이드 주택대출 서비스로 불리던 BAC 주택대출 합자회사, LSF6 머큐리 REO 투자신탁 시리즈 2008-1, 북미 시티은행, 2006-6 인증에 의거한 주택저당(모기지)증권 이전에 따른 베어스턴스 Alt-A 신탁 2006-6의 소유자를 위한 수탁 기관, 메리테크 모기지 서비스로 불리던 색슨 모기지 서비스의 IXIS 2006-HE3을 위한 수탁 및 보관 대리인……. 이런 기관의 고소장은 펜실베이니아의 데이비드 J. 스턴이나 마샬 C. 왓슨 같은 법률사무소, 플로리다 디폴트 법률 그룹 같은 곳에서 작성했다. 그리고 프로베스트 탬파 유한회사, 기센 앤드 자위어 소장 송달소, 힐스버러 카운티 보안관 사무실 같은 곳의 집달관들이 소환장을 교부했다. 소환장은 직접 전달하기도 했고, 현관문에 못으로 박아놓기도 했으며, 이웃집에 남겨두거나 올리비아 M. 브라운Olivia M. Brown처럼 빈집의 경우에는 쓰레기 더미 위에 던져놓고 갔다. 잭 하머스마Jack Hamersma, 미르타 델라크루즈Mirtha Delacruz, 옴슈리 오브 탬파Aum Shree of Tampa, LSC 투자, 존 도John Doe, 조세핀 기바르기제Josephine Givargidze와 조세핀 기바르기제의 익명의 배우자에게도 이런 형식으로 전달되었다. 소환장에는 다음과 같은 내용이 들어 있었다.

> 귀하에게 소송이 제기되었습니다. 이 소환장이 전달된 뒤로 본 법정의 서기가 첨부한 고소장에 대하여 귀하는 20일간 서면 답변을 작성할 시간이 있습니다. 전화 답변은 효력이 없습니다. 본 사건에 대한 귀하의 입장을 법정에 전하고 싶다면 상기한 사건번호와 양 당사자의 이름이 포함된 서면 답변을 반드시 제출해야 합니다. 정해진 시간 내에 서면 답변을 제출하지 않으면 귀하의 급료와 돈, 재산은 본 법정의 추가 경고 없이 압류될 수 있습니다.

사태는 이렇게 시작되었다. 소송은 탬파 시내에 있는 제13순회재판소의 조지 E. 에지콤George E. Edgecomb 법정 4층으로 집중되었다. 탬파 만 건너편에서는 세인트 피터스버그에 있는 제6순회재판소의 법원 건물로 엄청난 소송이 몰렸다. 소송은 끝없이 이어진 법률문서로 바뀌었고, 각각의 문서는 두툼한 누런 서류철이 되어 쌓였다. 서류철은 다시 수많은 상자에 담겨 수레에 실렸고, 수레는 지칠 대로 지친 정리原들이 법정으로 날랐다. 법정에서는 까만 가운을 입은 판사(이들 중 일부는 은퇴한 신분으로 이 소송 때문에 다시 나왔고, 600달러의 일당은 대부분 압류 신청 수수료로 충당되었다)가 플로리다에서 미처리된 50만 건의 압류소송을 처리하는 일에 착수했다. 마치 이전 세대가 탬파의 길을 닦기 위해 맹그로브 늪지대(홍수림)를 개척하던 것과 흡사했다.

압류소송은 너무도 많았고, 주 대법원에서 빨리 처리하라는 압력이 빗발쳤기 때문에 75세 정도 되는 한 선임법관은 한꺼번에 3000건을 처리하기도 했다. 12월 어느 오전의 경우, 힐스버러 카운티의 일일 소송일람표에는 60건의 소송이 잡혀 있었는데, 9시에 내셔널 시티 모기지 대 크리스토퍼 마이어Christopher Meier의 소송으로 시작해 정오에 체이스 주택금융 대 윌리엄 마르텐스William Martens의 소송으로 끝났다. 이때 정의를 실현한다는 명목하에 각 소송에 걸린 시간은 3분이 넘지 않았다. 점심시간이 끝나고 다시 1시 반에 웰스 파고 은행 대 스테파니 베서Stephanie Besser의 소송으로 시작해 5시에 도이치뱅크 대 레이먼드 루카스Raymond Lucas의 소송으로 마칠 때까지 담당 판사는 다시 60건이 넘는 소송을 판결했다.

베서나 루카스의 경우, 변호인이 대신했다면 로켓 목록(소송처리 속도가 로켓처럼 빠르다는 데서 붙여진 이름_옮긴이)이 일시적으로 느려지면서 뒤로 밀렸을 것이다. 최악의 경우는 베서나 루카스가 직접 법정에 출두했을 때다. 그러면 법정은 압류를 당한 사람과 직접 마주쳐야 하기 때문이다. 집을 날린다는 생각에 수심이 가득한 사람을 보면 마치 의사에게 가망이 없다는 진단을 받은 말기 암 환자가 들어온 것처럼 재판과정에는 거북한 분위기가 깔릴 것이다. 그리고 판사는 원고 대리인에게 몇 가지 까다로운 질문을 할 가능성이 높다. 다행히도 이런 일은 거의 일어나지 않았다. 대부분의 소송에는 이의 제기가 없었고, 오로지 은행을 대리하는 변호사들[거의 언제나 컴퓨터 시스템으로 사건이 자동 배당되는 '주택 압류 공장'(적법 절차 없이 형식적으로만 주택 압류를 처리하는 법률사무소_옮긴이)으로 알려진 플로리다 주변에 있는 몇몇 로펌의 변호사들]만 보였으며, 이들도 때로는 직접 나오지 않고 법정의 스피커폰을 통해 사건을 처리하는 실정이었다. 그리고 각 소송은 판사의 "이 소송기록에 특이사항이 있습니까? 뭐 빠진 것이라도?"라는 말로 끝났다. 그런 다음에는 두 층 아래의 202호실에서 강제집행에 따른 경매 날짜를 정하는 식이었다. 이따금 판사 외에 법정은 텅 빈 상태에서 법원 직원 한두 사람과 사건 서류가 담긴 수레를 끄는 정리만 드나들 뿐이었다. 그리고 시간을 절약하기 위해, 또 어쩌면 이 같은 사법 적치장의 모습을 외부에 노출하지 않으려는 이유로 많은 심리는 법정에서 이루어지지 않고 판사실처럼 은밀한 곳으로 제한되기도 했다.

2010년 여름, 조지 E. 에지콤 법원의 409호 법정에서 일일 압류목록을 처리하던 직원들은 뚜렷한 용무 없이 앉아 있는 여자에 주목했다. 이 여자는 뒷줄에 앉아 아무 말도 없이 소송절차를 일일이 기록하고 있었다. 뱀가죽 무늬의 브이넥 상의에 수를 놓은 재킷, 헐렁한 검은색 바지를 입고 귀갑테 안경을 쓴 모습은 변호사라기보다 법정 서기 같은 인상이었다. 체구는 땅딸막했고, 마른 밀짚 색깔의 단발머리에 나이는 60대 정도로 보였다. 보기 드문 행동을 하지 않았다면 아무도 주목하지 않을 타입이었다.

실비아 랜디스Sylvia Landis는 그저 평범한 시민이었지만, 쏟아져 나오는 압류를 법원이 어떻게 처리하고 이 사태에 사람들이 어떻게 휩쓸리는지에 개인적으로 관심이 있었다. 탬파에 사는 사람이라면 거의 누구나 그렇듯이 실비아도 펜실베이니아 도일스타운에서 온 외지 출신이었다. 아버지가 취업을 못 해 고생하며 세일즈맨 일을 했기 때문에 실비아는 빈곤한 환경에서 성장했다. 30대가 될 때까지 굶어 죽을지도 모른다는 악몽에 시달리면서도 용케 인사관리 분야의 석사학위를 땄고, 부모가 이루지 못한 중산층으로 신분상승을 했다. 실비아는 20년 동안 로스앤젤레스 경찰청에서 직업활동 트레이너로 일했다. 1999년, 실비아는 부동산에 뛰어든 중산층 사람들의 하위문화를 개발하는 일에 참여하면서 퇴직을 준비했다. 그러면서 남부 캘리포니아에서 투자의 달인으로 알려진 마샬 레딕Marshall Reddick의 강의를 들었는데, 세미나 시간에 경건한 영감을 불어넣는 이 사람의 좌우명은 '중산층의 빈곤을 퇴치하는 데 도움을 주는 것'이었다. 세미나 과정은 집을 구매하기 위해 뛰쳐나온 사람들이 모인 신앙

전도 집회 같았다. 실비아는 이 분위기에 휩쓸려 한때 소유한 주택이 다섯 채나 된 적도 있었다. 캘리포니아에 있는 두 집은 이익을 남겨 팔았고, 노스캐롤라이나의 애슈빌에 콘도 한 채, 그리고 플로리다에 두 채가 더 있었다. 플로리다의 집 중 탬파에 있는 한 채는 은퇴 후에 세를 놓을 생각이었고, 케이프 코랄에 있는 새집은 은퇴 후에 본인이 직접 들어가 살 계획이었다.

하지만 그렇게는 되지 않았다. 2004년 실비아는 난소암에 걸리자 어쩔 수 없이 로스앤젤레스 경찰청에서 퇴직하고 연금생활을 시작했다. 그리고 2007년에는 새로 일을 시작할 생각을 하며 애슈빌의 콘도로 거처를 옮겼다. 2008년 초에 시장이 침체되었을 때, 실비아는 호흡장애가 생겨 심장 전문 병원에 입원해야 했다. 이 무렵 케이프 코랄에 있는 침실 세 개짜리 집에 15만7500달러의 빚을 졌고(전국적으로 단일 지역 최고의 주택 압류율을 보인 이곳이 위기의 진원지였다), 그동안 집세를 받아 모은 돈은 반토막이 났다. 실비아는 집을 날릴 거라는 사실을 알았기 때문에 뱅크 오브 아메리카가 압류하기 전에 대출금보다 싸게 파는 쇼트세일을 해서(은행과 협의하에) 압류사태를 피하려고 했다. 이 무렵은 은행의 수법을 꿰뚫고 있을 때였다.

2009년 초에 구매자가 한 명 나타났다.(투자금의 절반을 날릴 참이었다). 실비아는 뱅크 오브 아메리카와 매일 전화했지만, 계속 통화 상대가 바뀌면서 매각은 이루어지지 않았다. 그러면서 그녀는 은행이 그녀가 지불할 비용을 불리고 있다고 생각하게 되었다. '로보사이닝robosigning'(부실압류 처리절차. 은행 압류 담당자가 마치 로봇처럼 사인한다고 해서 붙인 명칭_옮긴이)이란 말은 아직 쓰이지 않던 이 무렵, 실비아는 수상쩍은 서류를 받았다. 컴퓨터로 작성된 서류는 뱅크 오브 아메리카가 본래의 대출 기관인 컨트리와이드로부터 주택을 매입한 뒤에 저당권의 양도와 이전을 기입한 문서였는데, 날짜도 틀리고 서명도 의심스러웠다. 실비아는 은행 부지점장들을 비롯해 주 법무장관, 『뉴욕타임스』의 그레첸 모겐슨Gretchen Morgenson 등 관심을 가질 만한 사람이면 누구에게나 편지를 보냈다. 그러던 중 변호사비용으로 돈이 떨어지자 직접 본인이 나설 수밖에 없었다. 이 모든 과정은 암에서 회복하는 중에 발생했으며, 이때 받은 스트레스 때문에 건강이 나빠진 것은 더 말할 나위도 없었다.

2009년 말, 실비아는 케이프 코랄에 있는 집의 쇼트세일을 마무리했다. 그리고 2주가 지나자 마치 이런 일이 전혀 없었던 것처럼 은행의 법무법인인 데이비드 J. 스턴 로펌에서 실비아를 채무불이행으로 고소했다.(데이비드 J. 스턴은 플로리다에서 가장 악명이 높은 최대의 압류공장으로, 연간 10만 건의 소송을 처리하며 법적인 노동착취공장 같은 운영을 했다. 이 중 대부분은 패니 앤드 프레디에서 의뢰한 것으로, 여기서 막대한 이익을 남긴 이 회사의 사장은 주에서 사기 사건을 조사하기 전까지는 호화주택 네 채에 열 대의 고가 자동차, 두 대의 개인 제트기, 그리고 약 40미터짜리 요트를 사들이는 등 돈을 물 쓰듯 썼다.) 실비아는 넉 달이 지나 터무니없는 압류사태를 해결해줄 사람을 은행에서 찾았지만, 은행에서의 신용은 이미 바닥이 난 상태였다. 이 무렵은 탬파로 이사했을 때였다. 고정금리로 9만1000달러의 저당대출을 받은 집의 순수가격(세금과 대출금을 제외한 가격)은 5만 달러였다. 재정적으로 볼 때는, 큰 손실을 보더라도 애슈빌의 콘도를 처분하고 은퇴 후에 임대료를 받아 생활하려고 했던 탬파의 집에 사는 쪽이 이치에 맞았다. 그리고 유일한 친구라고 할 시추(실비아는 아이가 없었다)는 너무 활동적이어서 마당이 필요했다. 이 집은 노동계층이 사는 슈가우드 그로브라는 아주 평범한 구역에 있었는데, 동네 사람들은 화물차를 몰며 자기 집을 갖고 정착해 살고 있었다. 2007년에 100만 달러였던 재산은 이제 한 푼도 남지 않았다. 저축한 돈도 다 써버렸기 때문에 정부 보조금이 아니었다면 거리에 나앉았을 것이다. 실비아는 웨이지드 '로저' 샐럼Wajed 'Roger' Salam이라는 탬파의 합작투자 전문가에게 큰돈을 맡긴 적이 있었는데, 한

때 동기유발 연사인 앤서니 로빈스Anthony Robbins의 동료였다고 했다. 물론 맡긴 돈은 다시는 보지 못했다. 로스앤젤레스 시절에 마샬 레딕 클럽의 회원 일부는 플로리다의 부정 주택매각 혐의로 그들의 멘토를 상대로 집단소송을 제기한 적이 있었다.(실비아의 말에 따르면, 레딕은 과거 어느 때보다도 중산층을 빈곤으로 내몰았다고 한다.) 실비아는 파산사태를 보며 꺼림칙한 느낌이 있었음에도 큰돈이 남았을 때 시장에서 빠져나오지 않은 것을 여전히 후회하고 있었다. 하지만 지금은 주택담보대출(서브프라임 모기지) 기관과 똑같이 파산사태를 일으켰다고 비난을 받기는 해도 가장 먼저 부동산에 뛰어든 것이 부끄럽지는 않았다. 주도적으로 자구책을 마련하는 것이 미국인다운 방식이 아니었을까?

실비아는 언젠가 읽은 『뉴욕타임스』의 칼럼에서 완벽하게 묘사했듯 '전前 중산층'이었다. 그리고 수없이 많은 다른 사람도 똑같이 몰락의 길을 가고 있다는 것을 알았다. 실비아는 비정치적인 환경에서 성장하며 권위를 무조건 존중했고, 자신이 속한 로스앤젤레스 경찰청 노조의 이름도 몰랐지만, 은행을 경험하며 사람이 변했다. 그리고 은행의 행위를 '명백한 사기'라고 불렀다. 그들이 한 짓은 전혀 상상도 할 수 없는 것이었기 때문이다. 도일스타운 출신으로 보수적인 사고방식을 가지고 있던 실비아는 충격을 받았다. 혼란에 대한 공포심, 법과 질서에 대한 갈망이 그녀를 시내에 있는 제13순회재판소의 조지 E. 에지콤 법정으로 향하게 만든 것이다. 실비아는 정의의 심판이 이루어지는 현장에서 압류사태가 어떻게 처리되는지 보고 싶었다. 그리고 자신의 관찰이 다른 사람에게 도움이 될 거라고 생각했다.

실비아는 월요일 아침, 처음 법정에 발을 들여놓으면서 경외감 같은 것을 느꼈다. 본능적으로 공손해야 하고 야단법석을 떨어서는 안 된다는 느낌을 받았지만, 압류법정을 보면서 걱정이 생겼다. 공식적인 심리 일정이 보이지 않았기 때문이다. 6층에 있는 접수계 직원에게서 소송심리는 513

호실에서 열린다는 말을 들었지만, 513호실은 출입이 차단된 5층에 있었고 법원 직원들도 보이지 않았다. 실비아는 409호 법정으로 내려가보았다. 접수계 직원이 이곳에서도 심리가 열린다고 말했기 때문이다.(하지만 모든 것이 불투명했다. 안내를 위해 써놓은 것이 하나도 없었다. 그리고 법이란 성문화되지 않을 때는 아무 소용도 없는 것이다.) 409호 법정은 문이 열려 있었다. 안에는 여자 정리가 한 사람 있었다. 정리는 실비아에게 단순한 행정절차 외에는 그 방에서 볼 것이라고는 아무것도 없다고 말했다. 실비아가 물었다.

"안에 들어가 앉으면 안 될까요?"

재판장석에서는 더그 리틀Doug Little 판사가 한 수레나 되는 서류 상자를 들여다보며 전화를 하고 있었다. 스피커폰으로 들리는 목소리는 데이비드 J. 스턴의 법률사무소에 있는 변호사였다.

"안녕하세요, 재판장님."

꽥꽥거리는 스피커폰의 목소리는 시끄러웠지만, 소송절차에 어울리게 근엄했다. 로켓 목록이 진행되는 동안, 실비아는 관찰한 것을 기록했다. 본래의 모기지 문서는 서류뭉치에서 종종 빠지고 없을 때가 있었다. 그러면 판사는 통화를 하는 변호사에게 주말까지 그것을 준비하라고 말했다. 일부 사건의 경우에는 전체 문서가 통째로 빠져 있었다. 피고가 직접 나타나기도 했고, 아니면 변호사가 피고를 대리했다. 마이클 맥레이Michael Mcrae라는 피고는 18년간 자신의 집에서 두 아들과 살며 새 직장을 얻었는데, 새로 융자를 받으려고 했다.(판사는 매각 시한을 연장해주었다.) 또 하워드 허프Howard Huff는 교육을 많이 받지 못한 흑인 남자였는데, 자신이 아는 중개인에게 투자수단으로서 모기지에 자신의 이름을 올리는 것에 동의해준 뒤로 문제가 된 집이 어디에 있는지도 모르고 있다가 이제 와서 은행으로부터 고소를 당한 것을 알게 된 모양이었다.(돈에 쪼들리는 생활을 잘 아는 실비아는 허프가 나갈 때 쫓아가서 법률구조단을 찾아가보라고 설득했다. 허프는 어리둥절한 눈으로 실비아를 바라보았다.) 하지만 소송의 대다수는 이의 제기가 없었다. 실비아는 어떻게 이런 일이 벌어지는지, 어떻게 은행이 이들을 쓰러뜨리고 이들에게 거짓말했는지, 또 어떻게 이들을 속이고 전화를 해도 받지 않는지를 잘 알고 있었다. 그리고 기일이 되어 은행에서 법정에 출두할 때쯤이면 대부분의 피고가 이미 오래전에 포기해버린 상태라는 것도 잘 알았다. 정의는 눈 깜짝할 사이에 온데간데없이 사라진 것이다.

"사람들이 집을 날리는 데 걸린 시간보다 내가 맥도날드의 드라이브인 매장에서 보낸 시간이 더 많았을 거예요."

실비아는 훗날 이렇게 말했다. 그들의 입장이 되어보니 그녀가 겪은 시련의 스트레스와는 뭔가 다른, 어떤 감정이입이 되는 기분을 느꼈다.

오전 개정 시간이 끝날 무렵, 리틀 판사가 갑자기 실비아에게 물었다.

"무슨 볼일이라도 있으신가요?"

"소송 목록 사본을 가져갈 수 있습니까?"

판사는 멍한 표정으로 정리를 바라보았다. 정리는 단호하게 머리를 흔들며 말했다.

"목록은 매일 파기합니다."

그 뒤, 실비아는 정리가 법원 직원 한 사람에게 자신에 대해 수군대는 장면을 보았다. 하지만 실비아는 겉보기와는 달리 그렇게 쉽게 단념하는 사람이 아니었다. 실비아는 그날 소송이 끝날 때까지 기다렸으며, 다시 소송 목록을 요구하자 마침내 법정 서기가 사본을 한 부 내주었다. 실비아는 목록을 보며 자신이 보고 기록한 소송과 비교하면서 주택 소유자와 은행의 이름을 추가할 수 있었다. 그리고 그날 밤, 자신이 기록한 것을 보고서로 정리해 압류방지활동을 하는 플로리다 변호사 행동 네트워크로 보냈다. 이렇게 실비아는 아무런 대가 없이 압류에 시달리는 사람들의 눈과 귀가 되었다. 이것이 그녀가 가담한 최초의 운동으로, 스스로 '중산층

운동'이라 부른 것이었다. 중산층이란 언제나 사회체제를 믿기 때문에 살면서 한 번도 그 체제와 싸워본 적이 없는 중간계층의 순진한 미국인으로, 법과 재산권, 투명성과 민주주의에 관심을 갖는 모든 사람을 의미했다. 이것이 실비아가 매튜 웨이드너Matthew D. Weidner를 알게 된 경위였다.

'매튜 웨이드너, 펜실베이니아, 변호사'라는 표시가 보이는 대형 유리창에는 '부동산, 민사소송, 가족법, 법인법'이라고 쓰여 있었다. 기본적으로 웨이드너는 자신에게 들어오는 사건은 가리지 않고 받는 만능 변호사였다. 변호사 수임료로 수천 달러를 선불로 받는 법 세계의 자작농 같은 인물이었다. 허름한 그의 사무실은 세인트 피터스버그의 작은 환락가의 라운지 바와 비키니 바 사이에 있었으며, 어질러진 곡면 책상이 사용 가능한 공간의 대부분을 차지하고 있었다. 첫눈에 웨이드너는 조금 미숙한 변호사 같았다.

나이는 30대 후반으로 플로리다 태생이었다. 직불카드가 낡은 것을 보니 식당깨나 드나들어 한때는 뚱뚱했을 것 같았다. 하지만 웨이드너는 3종 경기를 시작해 체중을 줄였고, 책상 뒤의 벽에는 등급별로 수상한 각종 메달이 잔뜩 걸려 있었다. 그는 이혼하면서 상당한 대출을 받은 집을 아내에게 남겼고, 아내는 이 집을 팔려고 하지 않았다. 웨이드너는 허머 지프차가 이 구역에 나타났을 때, 파산사태가 임박했다는 것을 알았다. 모두 오만과 어리석음의 결과였다. 웨이드너 자신은 흰색 캐딜락을 빌려 타며 미국 자동차산업에 기여하는 태도를 보였지만, 실상은 트렁크에 비상용 배낭을 싣고 다니기 위한 위장일 뿐이었다. 그는 활기 넘치는 얼굴을 하고 팔자걸음을 걸었으며, 자신이 마주치는 모든 상황을 대수롭지 않게 농담처럼 말하는 습관이 있었다. 세인트 피터스버그 법원 건물의 400호실로 들어서며 짙은 색 정장을 걸친 온갖 부류의 변호사들이 나와 있는 모습을 보고는 놀란 듯 엷은 파란 눈을 크게 뜨고 "이 법정에는 악당들이 가득 찼군!" 하고 말하는 인물이었다. 일단 입을 열면 흥분과 분노의 감정이 뒤섞인 말이 거침없이 쏟아져 나왔다.

"어디서나 쓰레기를 소비하고 있지만, 하는 일이 있어야지. 아무 일도 안 하는데 미국 땅에서 어떻게 모기지를 갚는단 말인가? 브라운아웃(전력 수요 피크 시간대에 전압을 낮춰 전등 불빛이 갈색으로 보이는 현상_옮긴이)이나 블랙아웃(정전사태)이라도 우연히 발생해서 뉴욕 시나 시카고에서 조업이 중단되기라도 하면 어쩔 것인가? 당신은 그런 참사가 본격적으로 일어나기까지 앞으로 얼마나 더 걸릴 거라고 생각하나요?"

그런 다음에는 말머리를 자신에게 돌리며 "내가 히스테리 환자처럼 보였나?"라고 말하는 식이었다.

웨이드너가 미국에 대해 항상 종말론적인 시각을 가진 것은 아니었다. 그는 고향 데이토나 비치에서 봄방학 때 보이스카우트로 인생을 시작했다. 삼촌인 돈Don은 플로리다가 대부분 민주당 일색일 때 플로리다 공화당 위원장이었으며, 돈의 지휘하에 67개 전全 카운티에서 창당 작업이 이루어졌고, 1970년에는 최초의 주 당대회가 열렸다. 웨이드너는 로널드 레이건의 영향을 받으며 자랐고, 청년 공화당 행사에 참석하면서 신과 조국, 미국예외주의(미국은 다른 국가와는 차별성을 가지며 특별한 의미를 지니고 탄생한 국가라는 신념_옮긴이), 자립, 작은 정부를 굳게 신봉했다. 대학 시절에는 의회에서 깅리치 혁명이 일어나는 동안, 깅리치 투사로 자처했다. 또 "우리는 선행을 베풀어 석유 확보를 위한 전진 작전기지를 얻었다"라고 주장하며 이라크 침공을 적극 찬성했다. 하지만 이제와 돌이켜보니 부모와 자신의 세대를 포함해 이미 1970년대부터 부패의 싹이 자라기 시작했다는 것을 알았다. 웨이드너의 조부모는 제2차 세계대전 이후 열심히 일해서 집값을 다 갚고 세상을 떠났다. 안타깝게도 할아버지는 아버지가 퇴직하고 조부와 반대로 담보대출을 받아 10년 동안 큰 실수를 저지르는 동안에도 계속 일했다. 그는 말했다.

"우리 부모는 뚱뚱하고 게을렀어요. 조부모님이라면 모든 것을 저당 잡혀가며 대출에 기대 살지는 않았을 거예요. 지난 20년간, 특히 10년간의 GDP를 봐요. 그건 우리가 이룩한 것이 아니라, 그 이전 30년 동안 생산한 성과를 이용한 것에 지나지 않는단 말입니다."

웨이드너는 1999년에 플로리다 주립대학에서 법학 석사학위를 따고 플로리다 통증학회에서 로비스트로 일했다. 그가 하는 일은 플로리다 일대를 돌아다니며 의사들을 접대하고, 화이자Pfizer와 노바티스Novartis 제약에서 나온 사람들에게 통증학회 연차총회에서 5만 달러 정도 수표를 발행하게 하는 것이었다. 그가 탤러해시에서 열리는 각종 회의에 참석했을 때, 실내는 로비스트가 부드럽게 식탁 사이를 지나 기다리는 입법자들을 만날 수 있게 꾸며져 있었다. 결정적인 순간은 웨이드너가 주 하원의원과 눈을 맞추고 주머니에서 수표가 든 봉투를 꺼내며 악수를 할 때였다. 그러면 하원의원은 손바닥으로 봉투의 두께를 가늠하며 웨이드너가 원하는 법의 폐지가 왜 중요한지에 대해 설명할 시간을 얼마나 줄지 결정했다. 가령 아이가 감기에 걸려도 엄마는 임의로 감기약을 먹일 수 없기 때문에 환자는 하이드로코돈(마약성 진통제) 처방을 받기 위해 매번 의사를 찾아가야 했다.

그는 이런 행사장에 쫓아다니다가 병을 얻었다. 행사장을 나설 때면 '빌어먹을 변호사 개업이라도 해서 정직한 직업을 가져야지' 하는 생각이 들었다.

2001년, 그는 잭슨빌에 있는 삼촌 돈의 법률사무소에서 일을 시작했다. 12월 12일, 웨이드너는 삼촌 돈과 다른 변호사들 그리고 의뢰인 두 명과 함께 돈의 단발기 파이퍼 체로키를 타고 포트로더데일에 갔다 올 일이 생겼다. 그런데 비행기에 오르기 직전 판사에게 전화가 와서 그는 사무실에 남게 되었다. 그날 저녁, 짙은 안개 속에서 비행기가 잭슨빌 부근에 있는 늪지대의 소나무 숲에 충돌하는 바람에 탑승자 전원이 사망했다.

그는 충격이 가시자 쫓기듯이 세인트 피터스버그의 법률사무소로 가서 단독으로 변호사 활동을 시작했다. 처음 2~3년 동안은 앉을 자리조차 없었고, 어쩌다 건물 앞쪽의 특별실을 사용하는 변호사가 법정에 가고 없을 때면 그 자리를 이용했다. 그는 악착같이 일했고, 2007년 무렵까지 주로 이혼 사건을 맡으며 돈을 모았다. 그러다가 주택 압류사태가 일어나면서 대부분 압류 사건을 맡았다. 첫 소송은 사우스 세인트 피트처럼 비교적 빈곤층이 사는 곳에서 들어왔다. 그러다가 중산층 전문직들이 나타났다. 이들의 사건은 살육행위나 마찬가지였지만, 아무도 소송에 대해 드러내놓고 말을 하려고 하지 않아 모두 은밀하게 진행되었다. 자신이 모기지 변조 사기 사건에 속은 것이 부끄러워 웨이드너에게 차마 말할 용기가 나지 않았던 것이다. 사기를 당한 부부는 자리에 앉아 서로 비난하기 바빴다. 아내는 남편이 직장을 잃은 것을 비난했고, 남편은 아내가 큰 집을 원한 것을 비난했다. 이럴 때면 보다 못한 웨이드너는 이들을 제지하며 "이봐요, 지금 그 사건에 대해 맞서 싸우러 왔잖아요. 지나간 일을 후회해봤자 소용없고, 지금은 똘똘 뭉쳐야 한단 말입니다"라고 말했다. 그러고는 책상 주변을 서성이다가 부부 사이에 놓인 빈 의자를 굴리며 덧붙였다.

"이 사건이 아이들에게 미칠 영향을 생각해야죠."

일부 의뢰인들은 처음 찾아와서 "무슨 일이 있어도 내 집을 잃고 싶지 않아요"라고 말했다. 그러면 웨이드너는 이들에게 "나는 당신 편입니다. 당신을 위해 싸울 거예요"라고 대답하곤 했다. 2008년과 2009년을 지나오며 그는 정부와 은행이 대책 마련에 착수할 것이라고 판단했다. 미상환된 대출금을 쪼개 재무부가 액수의 절반을 은행에 지불하고, 은행은 나머지 절반을 불량대출로 결손 처리할 것이며, 이제 모기지는 연방준비은행의 손으로 넘어갔기 때문에 여기서 처음부터 다시 시작해 주택 소유자들을 집에서 살게 해줄 것이라고 본 것이다. 유령대출의 모든 문제를 증발시켜버린 은행 구제 같은 조치, 이런 것은 세계 역사상 일찍이 찾아볼 수 없는 것이었다. 그런데도 주택 소유자에게는 구제 조치가 없었다. 그의 의뢰인들은 전화기를 붙들고 은행과 쇼트세일이나 융자 재조정을 상담하느라 수개월씩 허송세월을 하고는 마침내 지쳐서 웨이드너에게 다시 찾아와서는 "떠날 준비가 됐습니다. 엄마가 내가 살 곳을 마련해주셨어요"라든가 "시내 어딘가에 세를 얻어야겠어요"라고 말하곤 했다.

그러면 웨이드너는 이들에게 "나는 압류소송에서 져본 적이 없어요"라고 말했다. 이 말은 사실이었다. 그때까지는 단 한 건도 지지 않았다. 그가 그만큼 변호를 잘해서가 아니었다. 물론 의뢰인들은 그가 겁이 없는 변호사라는 것을 알았지만, 원인은 압류제도가 너무 잘못되었기 때문이었다.

웨이드너는 어떤 식으로든 이의를 제기하면 은행의 고소는 이내 힘을 잃는다는 것을 알았다. 최초의 대출서류는 사라지고 없었다. 제목을 검색해도 지속적인 보관 상태를 알려주는 연결고리를 찾을 수 없었다. 모기지 전자등록 시스템 때문에 카운티의 등기사무소에서는 옛날의 실제 문서가 디지털 문서로 대체되었고, 플로리다 법에서는 이것이 효력이 없었다. 서류 정리 과정에서 위조된 서명이 등장했고, 날짜가 변조되었으며, 인장도 위조된 것이었다. 경제가 침체되는 사이에 이에 주목하는 사람은 아무도 없었다. 하지만 상황이 악화되고 사람들이 상환능력을 상실하면서 미국의 모기지는 사기제도라는 것이 드러났다. 아를렌 푸이노Arlene Fuino라는 의뢰인은 부동산 대리인으로 '쇼트세일 및 압류 방지' 일을 했는데, '구조화자산 2006-WF2 피신탁인 자격의 전미 은행협회'로부터 채무불이행으로 고소를 당했다. 이건 또 무슨 날벼락인가? 웨이드너는 고소장을 들고 제6순회재판소 판사에게 가서 원고 측 변호사의 법적 자격을 보여줄 것을 요구했다.

"우리가 요구하는 것은 내 의뢰인에게 수십만 달러를 내놓으라고 하는 존재가 도대체 누구인지 확인해달라는 것이 전부입니다."

기본적으로 월가는[그는 월가를 고담(영국에 있었다는 바보의 마을로, 흔히 뉴욕 시의 별칭으로 사용된다_옮긴이)이라고 부르며 "돈이란 돈은 모두 집어삼키는 국가의 블랙홀이자 항문이며 세계 종말의 중심"이라고 했다] 증권화의 수단으로 모기지를 여러 차례 조각내 패키지로 만들었고, 은행은 악성 대출을 만회하려고 많은 비용을 절감한 상황에서 어떤 기관도 누군가의 주택에 대해 투명한 권리를 입증할 수 없었다. 이런데도 보안관보가 찾아와 문을 쾅쾅 두드리는 사태는 막을 수 없었다.

웨이드너는 법정이 온당한 판단을 내린다는 것을 결코 의심해본 적이 없었다. 하지만 '재산소유권에 대한 전반적인 시스템이 혼란에 빠졌다'는 사실을 접하고는 깜짝 놀랐다.

어느 날 그가 세인트 피터스버그 법원 건물의 300호실에 앉아서 자신의 소송 차례를 기다리고 있을 때, 다른 압류 사건으로 원고 측을 대리한 여자가 판사에게 자신은 원고 측 변호인이 아니라고 말하는 일이 있었다. 웰스 파고를 대리해 대출처리 서비스라고 불리는 거대한 압류공장의 컴퓨터에 고용되었다는 것이다. 하지만 웰스 파고는 서류상의 채권자가 아니라는 사실이 밝혀졌다.(채권자는 유에스 뱅크였다.) 적어도 본인은 그렇게 생각했다. 파멜라 캠벨Pamela Campbell 판사는 여자에게 서류를 투명하게 보완하라고 말했다. 웨이드너의 사건 차례가 되자 그는 흐릿한 회색 카펫이 깔린 법정에서 일어나 말했다.

"재판장님, 방금 전의 사건에 대해 듣자니 화가 나서 머리가 터질 것만 같습니다."

캠벨 판사는 가볍게 미소를 지으며 대답했다.

"적법한 원고가 누구인지 밝혀내기를 기대합니다."

판사는 웨이드너의 이의 제기를 들은 다음, 압류 매각을 실시하라는 명령을 내리면서, 원고의 고소를 기각해달라는 요구를 거절했다. 어쨌든 그의 의뢰인이 갚을 돈이 있다는 이유에서였다. 이런 식으로 소송은 모기지 상황이 이루어지지 않는 가운데 해를 거듭할수록 힘들어졌다. 법정에서 이의를 제기하는 방법은 꽉 막혔고, 은행은 대출 조건을 변경해달라는 신청을 거절했다. 의뢰인들은 전혀 해결 방법이 없었다. 하지만 그들은 적어도 자신의 집에 머물렀다.

가령 잭 하머스마라는 의뢰인을 보자. 잭이 처음 웨이드너의 사무실을 찾았을 때 그는 요트 판매원이었는데, 한때는 카센터도 가지고 있었고, 주택 단기매매도 했던 남자다운 남자라고 할 수 있었다. 그는 50을 갓 넘긴 나이에 세인트 피트에 있는 집에 두 군데의 대출금으로 60만 달러의 빚이 있었다. 이 돈은 터무니없는 액수였다. 잭이 웨이드너를 고용할 무렵에는 집값이 절반으로 떨어졌기 때문이다. 잭은 자신이 고용한 변호사든 그 누구든 자신이 평생 열심히 일했고 그 집을 구입할 당시에는 집값을 감당할 만한 능력이 있었다는 것을 알아주기 바랐다. 일단 웨이드너가 이 사건을 수임하자 은행은 최초의 대출서류 전체를 모으지 못하고 몇 년 동안 소송을 질질 끌었다. 그러는 동안 잭은 요트 회사의 직장을 잃었고, 저축은 줄었으며, 세 가지 암(직장, 간, 임파)에 걸렸다. 웨이드너의 의뢰인 중에 이런 일은 비일비재했다. 보통 직장과 집, 건강을 잃는 순서였다. 웨이드너는 자신의 눈앞에서 잭이 바짝 말라가는 모습을 지켜보았다. 첫 상담을 한 뒤로 3년 동안 체중이 45킬로그램이나 줄었다. 어느 날 오후 소송 건 때문에 사무실로 절뚝거리며 들어오는 모습을 보니 바지 밑으로 나온 두 다리는 앙상했고, 천 가방을 멘 어깨에서 가슴까지 감싼 붕대 위로는 링거 줄이 걸려 있었다. 잭은 다섯 시간이나 항암치료를 받고 오는 길이었고, 48시간의 펌핑요법을 시작했을 때였다.

잭에게 자리를 권한 뒤 웨이드너가 말했다.

"내 의뢰인들 중에는 아픈 사람이 많아요. 이 일과 아픈 것이 무슨 관계가 있는지 모르겠네요. 왜 그럴까요?"

"스트레스를 너무 많이 받기 때문이죠."

잭이 쉰 목소리로 대답했다. 목 위쪽으로는 여전히 잘생긴 모습이 남아 있었다.

"일을 못 하니 여러 해 동안 수입이 없고, 그래서 힘들어요. 돈이 없는데 상환할 수가 있나요? 의도적으로 그런 게 아니죠."

"당신은 소송을 아주 오래 끈 경우예요."

"죽을 때까지 안 끝날 것 같습니다."

"아직 포기하기는 일러요."

웨이드너는 오래 생각하지 않고 사건을 맡았다. 잭이 찾아온 것만으로 충분했다.

"우리의 임무를 다하고 싶습니다. 마땅히 그래야죠. 준비를 해야겠어요. 너무 열심히 매달리다 보니 정부도 일거리를 제공하는 우리의 능력을 알게 되었어요."

"일자리 창출이 정부가 할 일인지는 모르겠지만, 사태 해결을 돕는 것은 그들이 할 일이죠. 어떤 식으로든 구조를 요청하면 그 사람들은 나를 괴물처럼 쳐다봐요."

잭은 완전히 빈털터리가 되었기 때문에 정부의 주택 압류 예방 프로그램을 받을 자격이 없었다. 치료비는 한 달에 3만5000달러나 나갔고, 정부에서 그의 의료 보조금 신청을 거절하면 치료도 끝날 판이었다.

"이제 막다른 길에 몰려 빠져나갈 구멍이 보이지 않아요. 나는 조만간 완전히 무너질 겁니다."

"우리 어머니는 당신보다 정부에서 보조를 받은 것이 더 없지만 지금도 멀쩡해요."

"나도 이 상황을 극복할 수 있다고 믿고 싶어요. 마음 같아서는 할 수 있을 것 같고요. 정신적으로는 말입니다. 하지만 의학적으로는 아니에요. 수술은 불가능합니다. 통계적으로 내 병은 2년밖에 못 산다고 하더군요."

화제는 잭의 소송으로 바뀌었다. 거의 절망적인 것처럼 보였다.

잭이 말했다.

"1년 동안 뱅크 오브 아메리카에서는 아무 말도 듣지 못한 것 같습니다. 가끔 웰스 파고에서 속달 우편을 보내오는데, 18만3000달러를 지불하면 당장 대출금을 청산한 것으로 해준다더군요."

"만일 오늘 당신이 그런 통보를 받고 내일 이의 제기를 한다면……."

"현실적으로 너무 늦었어요. 일을 복잡하게 만들 생각은 없습니다."

잭은 가볍게 웃어 보이려고 했다.

"긁어 부스럼 만들지 말라는 말이군요."

웨이드너는 다시 화가 났다. 빌어먹을! 미국의 50조 달러나 되는 부채가 어떻게 상환될 수 있단 말인가?

"계속 상환하는 사람만 몰아치는 것은 추상적인 이야기예요. 도대체 왜 갚아야 한다는 건가요? 부채라는 것은 모두 우리가 이 미국이라는 괴물을 먹여 살리는 것밖에 안 돼요. 모든 사람이 상환을 중단하면 이 괴물은 곤란에 빠질 겁니다."

그의 말에 잭이 말했다.

"더 이상은 누구에게도 상환하지 않을 거예요. 상환하려고 해도 할 수가 없어요. 방법이 없으니 말입니다."

누군가 홈디포 카드 사용 때문에 소환장을 가지고 와서 문을 두드려도 그는 대꾸하지 않았다.

웨이드너가 말했다.

"일말의 가능성이 있다면 전 세계에서 대대적으로 채무 변제 거부운동을 벌이는 겁니다. 빌어먹을, 깡그리 태워버리는 거예요. 그렇게라도 하지 않으면 당신의 아들은 평생 죽도록 일하고도 한 푼도 모으지 못할 겁니다. 개인 빚과 정부 빚, 기관 빚을 갚느라 정신없을 테니 말이죠."

"내 쪽에서 보자면 할 수 있는 게 아무것도 없어요. 그럼 당신은 뭘 할 건데요?"

"아무것도 없어요."

"아무것도 없다……. 그건 내 방식도 아니고, 내 성격과도 맞지 않네
요. 내 기질에 안 맞아요. 나는 이제 더 이상 선택의 여지가 없는 상황까
지 왔어요."

웨이드너는 왜 은행에서 잭의 집을 강제집행하지 않는지 의아했다. 그
집은 아직 얼마라도 돈을 받을 수 있었기 때문에 그동안 필사적으로 살
사람을 찾았다. 하지만 정해진 원칙이 전혀 없는 것으로 보였다. 이것은
어떤 시나리오보다 더 두려웠다. 어쩌면 은행은 주주들에게 보여주기 위
해 부채를 장부에 자산으로 남겨놓고 있는 건지도 모른다. 아니면 왜곡된
재정적 인센티브를 받든가, 실제로 시장이 머지않아 살아날 것이라고 생
각할 수도 있었다. 웨이드너가 또 이해할 수 없는 것은 왜 압류사태로 직
장을 잃은 전국의 주택 소유자들이 힘을 합쳐 대대적인 운동을 벌이지
않는가 하는 것이었다. 이 점에 대해 물어보자 잭이 대답했다.

"모든 활동에서 차단되었으니까요. 매일 아침 잠자리에서 일어나지만
목표가 없다고 상상해봐요. 일도 하지 않고 자존심은 망가지고 말이죠.
사람들과 접촉하지 않고 집 안에만 처박혀 있는 거예요. 전화가 와도 받
지 않고요. 고립된 겁니다. 나는 뭐 좀 먹으러 밖으로 나가지도 않아요.
15달러를 소비할 생각이 없으니까요."

웨이드너는 의자에 등을 기대고 머리 뒤로 손깍지를 끼며 말했다.

"좋은 소식은 당신이 계속 집에서 지낼 수 있다는 겁니다."

"정말 잘되었군요. 내일을 기약할 수 있다니……."

"그래요. 집에서 내일을 편하게 맞을 겁니다. 어디로든 갈 필요가 없어
요."

"차라리 돈이 바닥나서 어떻게든 덤벼들고 싶네요. 그들이 우리를 죽
일 수는 있어도 잡아먹지는 못하겠죠. 법이란 게 그렇잖아요?"

잭과 웨이드너는 같이 웃었다.

BAC 주택대출 서비스(공식적으로는 컨트리와이드 주택대출 서비스)와 잭 하머스마의 소송은 질질 끄는 가운데 결말이 나지 않았다. 잭은 계속 자신의 집에서 살다가 두 달 후에 거기서 세상을 떠났다.

웨이드너는 계속 머리가 터질 것 같았다. 그는 양당이 부추긴 부패한 도둑정치가 빠르게 무너지리라는 기대에 부풀었다. 미국의 대중은 식량 배급표로 구입한 유독성 음식을 먹고 살았고, 비숙련 노동자는 다시는 사회에 기여할 길이 없는데도 어리석게 과거의 일자리를 되찾을 거라고 믿었다. 고담의 은행들은 국가의 부에서 남아 있는 마지막 한 방울까지 빨아먹고 있었고, 기업은 국익이라는 관점에서 아무런 제한을 받지 않았으며, 재산권은 난장판이 되고 세계는 부채의 늪에 빠져버렸다. 그는 미국총기협회NRA의 회원으로 총기 소지 허가가 있었고, 침대 곁에는 스미스 웨슨 AR-15 반자동소총과 3-40 회전 탄창이 있었지만, 실제로는 안전하다는 느낌을 받지 못해 무척이나 힘들었다. 총기 수집가들이 각종 총기를 모아놓고 비밀 쇼를 하는 것을 본 데다가 얼마나 많은 플로리다 주민이 총기로 무장했는지 잘 알고 있었기 때문이다. 이들은 그처럼 타고난 애국자거나 참전용사였고, 위장복을 입은 스포츠맨이었으며, 각 도시에서 문신을 하고 모여든 이들을 보면 마치 민병대라도 창설할 것처럼 보였다. 오바마가 백악관에 입성했을 때는 거의 미친 것 같았다. 탄약은 동이 났고 총기상은 '조심: 나는 참전용사. 국토안보부에서는 나를 극단주의자로 보며, 국가안보에 위협이 될 수 있다고 결론 내렸음. 경고한 대로 접근하면 위험'이라고 쓰인 티셔츠를 팔았다. 이러니 탬파의 전력망이 무너지기라도 하면 무슨 일이 일어날까? 온통 혼란에 빠질 것이다. 앞으로 민간 소요사태가 발생하고 사회조직망이 해체될지도 모르는 일이었다.

웨이드너는 세인트 피트에 있는 콘도 안뜰에 작은 채소밭을 일구고 당

근과 상추, 토마토, 고추를 심었다. 채소를 직접 가꾸며 맛본다는 것은 놀라운 기분이었다. 그는 힐스버러 카운티 동부에 조그만 땅을 장만해 주말이면 여자친구를 태우고 놀러 갈 생각을 하고 있었다. 가는 도중에 자급농장에서 생꿀과 우유를 사기도 하고, 사슴과 멧돼지 사냥도 할 계획이었다. 미국인들이 다시 농사를 짓는 것만이 올바른 답으로 보였다. 중개인이나 투자자들은 손톱 밑에 흙이 끼고 볕에 그을린 얼굴로 피곤에 지쳐 잠자리에 들 것이며, 불안과 우울증을 떨어낼 것이 분명했다. 좀더 단순한 공동체생활을 하며 땅을 물려받는 것이다. 모든 것이 엉망이 되면 그곳을 피난처로 사용하게 될 것이고, 어쩌면 주택을 압류당한 참전용사 한두 명을 고용해 군대의 경험을 살려 그곳을 지키게 할 수도 있을 것이다. 이들이 아무것도 하지 않고 정신 나간 상태로 몰려다니는 꼴은 도저히 두고 볼 수 없는 노릇이었다.

웨이드너는 2009년에 블로그를 시작했다. 처음에는 사업수단으로 했지만, 얼마 지나지 않아 자신의 목소리를 내면서(과장되고 신중하며 장난기 있는 동시에 분노한 목소리로) 압류방지운동의 지도자가 되었다. 처음에는 실비아 랜디스에게 웨이드너를 소개한 에이프릴 차니April Charney라는 법률구조단의 변호사가 이끄는 잭슨빌의 변호사 그룹이 시작한 운동이었다. 그는 '미국인을 위한 싸움, 정치적 발언이 보호되는 한 주저 없이 말하기'라는 구호 아래 블로그 활동을 하며 매일 글을 올렸다. 매일 아침, 또는 늦은 밤에 때로는 장황하게 글을 썼다. 마틴 루터 킹의 생일 주간이 되자 그는 킹의 '버밍엄 감옥에서 보낸 편지'를 본떠 '사랑하는 변호사 동지들에게'라는 글을 다음과 같이 올렸다.

이 압류소송 법정에 갇혀 지내면서 나는 최근 여러분이 내가 현재 하고 있는 활동을 '지각이 없고 시기적으로 부적절하다'고 말하는 소리를 들었습니다. (…) 압류의 날카로운 화살을 맞아보지 않은 사람이 '기다리라'고 말하는 것은 쉬울 것입니다. 하지만 여러분이 평화로운 가정이 거리로 쫓겨난 모습을 보았다면, 은행이 문을 차서 쓰러뜨리고 법원의 명령도 없이 자물쇠를 바꾸는 것을 보았다면, 법의 힘이 '민사 문제'라고 말하며 수수방관하는 것을 보았다면, 또 법정 판결이 헌법과 합치되지 않는 것을 보았다면, 은행과 기업이 터무니없는 이익을 올리고 의뢰인들이 병에 걸리고 압류사태와 경제적 상황에 대한 스트레스와 고통으로 죽어나가는 모습을 보았다면, 독신 여성들이 세 번째로 현관문이 부서지지 않을까 떠는 극도의 공포를 보았다면, 또 오로지 부모가 고통만 당한다고 생각하는 아이들의 모습을 보았다면, 왜 우리가 기다리는 것을 힘들다고 생각하는지 이해할 것입니다.

웨이드너는 압류소송에 직접 나서서 스스로 변호하는 노부인을 도우려 했다가 법정질서 문란으로 제6순회재판소에서 경고를 받았다. 법정에서는 그가 의뢰인들을 부추긴다고 말했다. 그는 자신이 연방 정부에 플로리다의 로켓 목록을 인수하라는 청원을 넣은 것 때문에 주심 판사가 보복하는 것이라고 말했다. 그는 또 모기지 문서가 로보사이닝으로 만들어졌다고 비난했다는 이유로 팜 하버Palm Harbor사로부터 명예훼손으로 고소당했다. 기자들 중에서는 로보사이닝이라는 말을 유행시킨 공로를 그에게 돌리는 사람도 있었다. 『뉴욕타임스』와 『월스트리트저널』로부터 그에게 전화가 걸려왔고, 때로는 『세인트 피터스버그 타임스』에 그에 대한 기사가 실리기도 했다. 그는 기자들에게 말하는 것을 좋아했다. 언론은 그의 소송이 기댈 마지막 희망이었고, 그가 아직도 신뢰하는 유일한 기관이었다. 소송을 담당하는 대부분의 변호사보다 언론을 더 믿었을 것이다. 하지만 웨이드너는 여전히 초라한 사무실에서 나와 하얀 캐딜락을 몰고 여섯 블록 떨어진 카운티 법정을 드나들며 활동하는 평범한 변호사일 뿐이었다. 그는 말했다.

"나는 글로리아 스타이넘Gloria Steinem(미국의 여성 활동가_옮긴이) 같은 사람이 되고 싶어요. 나는 말솜씨가 좋고, 어떤 면에서는 사람들이 내 말에 귀를 기울이게 하는 재주가 있기 때문이죠. 하지만 나도 먹고살아야 해요."

머리가 터질 것 같은 상황에 그나마 위안이 되는 게 있다면 그의 사무실과 블로그에서 고담의 대형 은행들을 상대로 계산한 수백만 달러의 법정비용에 대한 기대감이었다.

어느 날 웨이드너는 우샤 파텔이라는 인도 여자에게 전화를 받았다. 비즈니스 론 익스프레스의 대출 담당자가 파스코 카운티에 있는 그녀 소유의 모텔 컴포트 인을 회수하려고 한다는 것이었다. 우샤는 한 묶음의 문서 파일을 이메일로 보냈고, 웨이드너는 문서를 끝까지 다 읽어보고 그녀의 말도 들어보았지만 사건 수임을 거절했다. 그는 주택 소유자들을 변호하는 데다가 우샤의 경우는 너무도 복잡하게 뒤얽힌 비즈니스 사건이었기 때문이다. 이후 이 사건이 법정에 오르자 그는 예정에 없던 이 사건에 뛰어들었다. 그는 기꺼이 이 사건에 관심을 가졌다. 우샤 파텔처럼 그렇게 열렬히 싸우는 의뢰인을 본 적이 없었기 때문이다. 우샤는 미국이 자체의 힘으로 아메리칸 드림을 되살릴 수 있다는 강한 신념이 있었다.

우샤는 자신이 대출금에 책임이 있다는 것을 알았고(어쨌든 대출서류에 서명했으므로), 2010년 초에는 가족과 함께 결혼식 참석차 런던에 갈 때 비즈니스 론 익스프레스와 새로운 대출 계획을 협상하기까지 했다. 이후 런던 여행을 마치고 탬파 공항에 도착했을 때 그녀의 아들이 전화기를 쳐다보며 말했다.

"엄마, 법원에서 긴급심리가 열린대요."

우샤의 긴급심리는 새천년을 여는 사기와 파산의 요란한 무대에서 보여준 촌극의 단적인 예였다. 시에나Ciena로 간판을 바꿔 단 비즈니스 론 익스프레스는 파산상태에서 법무부로부터 사기대출 혐의로 고소당했다. 시에나가 회사 채권자들에게 원금을 상환하는 방법을 모색하고 있을 때, 월가라는 윗물에서 발생한 파산은 파스코 카운티라는 아랫물에서 고전하는 우샤의 모텔로서는 위협적인 상황이었다. 웨이드너는 "위쪽의 고담에 군림하는 금융계의 거인들이 시에나의 시체 조각을 놓고 싸우는 동안 시에나의 촉수는 여기 아래쪽에서 우샤의 목을 휘감고 있다"라고 말했다. 대출 기관은 우샤를 속였다.(새로 융자를 해줄 의도는 없었다.) 그리고 3월 19일 긴급심리에서 파스코 카운티의 순회법정은 우샤 파텔이 평생을 쏟아부은 모텔을 위탁관리로 넘기라는 판결을 내렸다. 이것은 파산한 시에나와 채권자들을 대리하여 수익금을 빼내고, 우샤는 사업체를 빼앗긴다는 의미였다. 법정에서 우샤는 울었다. 그녀의 아들이 엄마에게 말했다.

"울지 말아요. 돈은 나도 있어요. 판사가 서명하기 전에 변호사에게 돈을 주면 될 거예요."

그날 우샤는 자신의 회사인 옴 슈리 오브 탬파를 보호하기 위해 파산법 제11조에 따라 시내에 있는 연방파산법원에 소장을 제출했다. 법원은 모텔의 집행정지 신청을 받아들였다. 이후 일은 복잡하게 꼬였다.

첫 파산심리에서 우샤는 원고가 이제 시에나나 비즈니스 론 익스프레스가 아니라 대출을 받은 이래 들어보지도 못한 이름이라는 것을 알게 되었다. 그녀의 새로운 상대는 은행 규모로 볼 때 전 세계에서 두 번째로 큰 HSBC였다. 이 은행이 그녀의 대출금이 포함된 주택저당증권의 '계약상의 수탁자'였다. 갑자기 HSBC로 배정된 모기지를 보여주는 문서들이 제출되었다. 공증인의 인장이 없는 문서, 증거나 날짜가 없는 문서, 가상의 부사장의 수상쩍은 서명이 담긴 문서 같은 것들이었다. 그리고 우샤의 소송은 전국을 강타한 주택 압류 대란에 휩쓸려 들어갔다. 자신과 해결을 보도록 은행에 힘을 쓸 수 없었던 우샤는 자신의 모텔을 건사할 유일한 무기로 서류작업에 매달렸다.

2년 가까이 우샤는 HSBC와 이 은행의 변호사 부대와 싸웠다. 그리고 자신의 변호사 사무실을 경유하는 문서를 하나하나 읽으면서 파산 및 재산법에 대한 것은 하나도 빼놓지 않고 배웠다. 소송 목록이 길어질수록 문서가 담긴 상자는 늘어났고, 이것을 자신의 도요타 RAV4 뒷자리에 싣고 다니며 모텔과 집, 아들의 컴퓨터 가게를 전전했다. 첫 번째 변호사가 사건을 포기할 수밖에 없는 처지가 되자 우샤는 다른 변호사를 고용했고, 이 사람이 포기하면 다시 세 번째, 네 번째 변호사를 고용했다. 그리고 마침내 매튜 웨이드너가 옴 슈리 오브 탬파의 주주 한 사람을 대리하는 자문역으로 나타난 것이다. 하지만 우샤는 어느 누구보다 이 사건을 잘 알았다. 변호사들에게 싸우도록 독려하는 사람은 거꾸로 우샤였다. 마침내 변호사비용은 20만 달러에 이르렀다. 돈은 이미 오래전에 바닥났기 때문에 아들과 미국, 영국, 구자라트에 있는 나머지 가족이 이 싸움에서 그녀를 후원했다. 마이크 로스나 실비아 랜디스, 잭 하머스마와 달리 우샤 파텔은 토착 미국인이 아니었기 때문이다. 다시 말해 혼자가 아니었던 것이다.

우샤는 말했다.

"모텔은 내 생존이 달린 거예요. 내 정성과 돈을 쏟아부었다고요. 내가 싸우지 않는다면 20년 동안 죽어라 일하고 나서 거리로 쫓겨날 판이에요."

재판을 몇 주 앞두고 우샤와 웨이드너, 그리고 그녀의 마지막 변호사는 우샤 아들의 컴퓨터 가게에서 날마다 자정이 지나도록 소송과 관계된 문서를 한 자도 빼놓지 않고 면밀히 검토했다. 재판이 열리기 이틀 전, 패소 가능성을 알게 된 HSBC 측은 갑자기 합의에 동의했다. 우샤는 15만 달러가 깎인 새 융자금을 매달 1만 달러씩 6퍼센트의 이자로 받게 되었다. 승소했다는 느낌은 거의 들지 않았지만, 우샤는 수천 달러를 들여 여러 변호사 및 후원자들과 함께 탬파의 가장 오래된 레스토랑에서 축하 모임을 가졌다. 세계적인 금융사와 싸운 끝에 무승부를 한 경험으로 그녀는 제2의 조국에 대한 시각을 수정했다. 정의는 자신이 아니라 부자들을 위해 있는 것이라는 결론을 내린 것이다. 자신이 무일푼 신세로 전락하는 사이에 돈을 번 것은 은행과 변호사들이었다. 은행은 돈을 무기로 서민들을 못살게 굴었고, 처음에는 항복하라고 위협하다가 나중에는 맞서 싸우는 그녀를 서류더미에 파묻히게 만들었으며, 그녀의 모텔 조건에 대해 허위 보고서를 제출하는 평가사와 검사관을 고용해 그녀를 중상모략했다. HSBC에 대해 말할 때면 그녀는 코를 찡그리고 입을 삐쭉거렸으며 미간을 찌푸렸다. 이런 태도는 그녀가 토착 미국인이 일하는 태도에 짜증을 낼 때 보이는 것과 똑같은 모습이었다.

그래도 우샤는 웨이드너와 똑같은 결론을 내리지는 않았다. 그녀는 미국이 몰락하고 있다는 말을 믿지 않았다. 그녀는 여전히 자신은 아니더라도 아이들을 위한 미래는 밝다고 보았다. 재판이 끝나고 그녀가 입을 열었다.

"이제는…… 신이 미국을 보호해줄 거예요. 나는 그렇게 믿어요."

THE UNWINDING :
AN INNER HISTORY OF
THE NEW AMERICA

제**3**부

제프 코너턴

2009년과 2010년, 코너턴은 매일 아침 일찍 매사추세츠 애버뉴를 따라 낡은 미국산 자동차를 몰고 캐피틀 힐을 오가는 일과에 짜증이 나기 시작했다. 그가 월가에 화가 난 것은 비단 은행 임원이나 변호사, 회계사 때문만이 아니라 더 많은 이유가 있었다. 무엇보다 자신이 경영대학원이나 법학대학원에서 배우고 곧이곧대로 믿은 법과 규칙, 제도적인 기준이 내팽개쳐지는 것에 화가 났다. 또 이런 실태를 방관하는 워싱턴에(양당에) 화가 났다. 규제감독기관이나 증권거래위원회, 저축기관 감독청OTS, 통화감독청OCC, 신용평가기관, 그 밖에 자신의 의무를 다하지 못한 여러 조력기관에도 화가 났다. 그는 미국인들을 대신해서 화가 난 것이다. 솔직하게 말하면, 곁에서 늘 보는 가난한 사람들이 아니라 규칙을 지키며 열심히 일하다가(클린턴의 말) 401k(퇴직연금)의 절반을 날린 중산층 사람들을 대신해 화가 났다. 이들은 퇴직을 대비해 저축했다고 생각하다가 갑자기 망하게 되었기 때문이다. 그의 분노는 나이 50에 느닷없이 집을 건사할 수 있을지 걱정해야 하는 탬파와 오스틴, 매디슨 일대의 학교 동창들을 대신한 것이기도 했다. 끝으로 그는 자기 자신에 대해서 화가 났다. 생전 처음으로 많은 것을 가진 상태에서 많은 것을 잃었을 때 그를 위해 울어줄 사람은 아무도 없었다. 그는 말했다.

"많은 것을 잃었다는 느낌이 강하게 드는 것은 어쩌면 내가 위기 상황에서 너무 많은 것을 가졌기 때문인지도 모르죠. 나는 단지 모든 시스템이 무너지는 상황에서 거금을 손에 쥔 겁니다. 만일 공화당이 부를 지켜준다는 믿음을 얻지 못한다면 그들을 무엇에 쓰겠어요?"

그는 자신만큼 열받은 사람이 많지 않다는 사실에 놀랐다. 민주당 온건파인 코너턴은 '정부를 금권정치로 몰고 가는 금융 엘리트들이 미국 정부를 장악했다는 어지러운 현실을 보면서 과격해지는' 과정에 있었다.

2008년 여름 바이든이 부통령 후보로 지명되었을 때, 코너턴은 미국 최대의 승부(대선)를 담당한 이너 서클(측근 그룹)에서 자신이 바깥 끝자락에 있다는 사실을 불쑥 깨달았다. 너무도 큰 승부였기 때문에 그는 망설임 없이 다시 바이든의 회계장부를 관리했다. 정신없이 기금 모금을 하며 안팎으로 역겨움을 맛보았지만, 이번에는 훨씬 빨리 현기증을 느꼈다. 덴버의 집회에서 그는 유배를 가듯이 시내에서 24킬로미터나 떨어진 호텔에 머물렀고, 바이든의 호텔 스위트룸에서 열리는 목요일 밤의 귀빈 파티 참석자를 심사하는 일(누구는 참석시키고 바이든과 가까운 척하는 누구는 배제하는)에서도 아무런 역할을 맡지 못했다. 파티에서 자신을 소개하는 순서를 기다리고 있을 때 누군가 그의 어깨를 감싸 안았다.

"이보게, 우리가 해냈어."

바이든이었다.

가을 선거에서도 기금 모금은 계속되었지만, 그는 거기에 끼지 않았다. 그때 그는 부통령 취임준비위원회의 공동 의장을 맡은 코프먼을 도왔다.(두 달간 사무실 공간을 포함한 모든 측면에서 부통령직의 모범적인 사례를 수집하는 일이었다.) 그리고 선거가 끝난 다음에는 이 변화의 대열에서 탈락했다. 로비스트는 2년간 신 행정부에서 배제되기 때문이었다.(로비스트 경력이 없는 사람은 제외하고.) 그가 조 바이든에게 무엇이든 부탁해본 적이 없다는 것도 소용이 없었다. 코너턴 같은 주류사회의 하위계층을 발탁하는 것에 대해 오바마는 조금 냉소적이었다. 그가 채용하는 계층은 대부분 어떻게든 많은 기업자금을 끌어들인 사람들이었다. 취임식이 열렸을 때 코너턴은 결국 무대에서 수백 미터 떨어진 곳에 서서 참관할 수 있는 파란색 입장권을 손에 쥐었지만, 몰려든 군중 때문에 그마저도 불가능했다. 할 수 없이 그는 바이든 사람으로 처음 활동할 때 단골로 드나들었던 캐피틀 힐의 호크 엔 도브 레스토랑에서 전직 바이든 참모 한 사람과 텔레비전으로 오바마 대통령과 바이든 부통령의 취임 선서를 시청했다.

코너턴이 막막한 바깥세상으로 빠져나가려고 할 때마다 그의 휴대전화가 울리면서 그를 붙잡곤 했다. 그것은 언제나 워싱턴에서 없어서는 안 될 동지인 테드 코프먼의 전화였다. 코프먼이 바이든의 상원 잔여임기 중 첫 2년을 물려받았을 때(델라웨어 주의 법에 따른 이 승계조치는 군 복무 중인 바이든의 아들에게 물려주려는 세습정치의 의도가 아니냐는 의혹을 샀다_옮긴이), 그는 코너턴에게 자신의 수석보좌관이 되어달라고 부탁했다. 더 정확하게 말하면, 바이든의 다른 참모 한 사람에게 그 자리를 주면 받을 것인지 코너턴에게 물어보라고 했다. 워싱턴에서 그 정도의 지위에 있으면서 거절 답변을 듣고 싶어하는 사람은 아무도 없기 때문이다. 코너턴으로서는 백악관의 고문실 같은 자리로 가고 싶었지만, 그는 등록된 로비스트라는 낙인이 찍혀 있었다. 바이든이 자신의 사람을 고위직에 앉히려고 넉넉지 못한 영향력을 행사해주기를 기대하기도 어려웠다. 그래서 코너턴은 주말 내내 궁리하다가 잭 퀸에게 자신이 가장 큰 성공을 거두었을 뿐 아니라 몇몇 절친한 친구를 사귀기도 한 회사를 그만두겠다고 알렸다. 그는 50이 다 된 나이에 상당한 연봉 삭감을 감수하면서 다시 상원으로 돌아갔다.

이때 금융위기는 전국적으로 최대의 이슈였으며, 코너턴과 코프먼은 이 사태를 똑같은 시각으로 바라보고 있었다. 첫째, 금융위기는 법제도의 붕괴를 드러낸 것이었다. 검증되지 않은 사기가 아니고서야 어떻게 그 많은 은행이 소수의 내부 관계자만 진실을 아는 상태에서 '기술적인 지급불능'에 이를 수 있단 말인가? 하지만 여기에는 보다 깊은 원인이 있었다. 은행업을 반세기 동안 지탱할 수 있었던 것은 법이 무너졌기 때문이다. 코너턴은 코프먼(케케묵은 와튼 경영대학원 출신에 나이 70이 된)을 합성담보부증권과 무담보 신용부도스와프의 시대에 잠에서 깨어난 '립 밴 윙클Rip Van Winkle'(20년 동안 계속 잠자다가 깨어서 세상이 변한 것에 놀란 이야기의 주인공_옮긴이)로 보았다. 상업은행 업무와 투자은행 업무 사이에 장벽을 세운 글래스-스티걸 법은 도대체 어떻게 된 것인가?(1933년에 의회에서 통과된 이 법은 1999년 양당에서 초당파적으로 폐지했고, 클린턴이 서명했다.) 공매도를 하기 전에 주식 가격이 오를 때까지 투자자들을 기다리게 한 '업틱룰uptick rule'은 또 어떻게 된 것인가?(1938년에 증권거래위원회가 도입했다가 2007년 폐지했다.) 장기적인 호황을 누리는 동안 발가벗겨진 자유시장의 진면목을 간과하기란 쉬운 일이었다. 코너턴도 마찬가지였다. 하지만 폭풍이 불어오자 바람을 막아줄 벽도 없고 땅의 침식을 막아줄 나무도 없는 가운데 모두 아우성이었다.

코프먼에게 주어진 상원의원 임기는 2년뿐이었다. 단두대를 의식하듯 선거 때문에 행동 하나하나에 목을 맬 필요도 없었고, 반나절을 K가에서 기금 모금 조찬으로 보낼 필요도 없었다. 코너턴도 해방감을 맛보았다. 그는 이미 손을 뗐기 때문에 미래의 고용 전망을 계산하면서 로비스트의 전화를 받을 필요도 없었다. 두 사람 모두 뒤탈에 대한 염려 없이 월가를 조사하는 여유를 누릴 수 있었다. 코프먼은 기자들에게 "재선에 출마한다면 나도 똑같이 하겠죠"라고 말했지만, 워싱턴의 생리를 잘 아는 코너턴은 이 말을 믿지 않았다. 이때는 오바마 대통령의 임기 첫해로, 경제적으로는 수십만 개의 일자리가 사라지는 상황이었다.

이에 앞서 선거운동 마지막 달인 10월, 코너턴은 코프먼으로부터 오바마가 로버트 루빈을 재무장관으로 임명하고 싶어한다는 말을 들었다.

"국민의 절반이 밥 루빈을 처형시키고 싶어한다는 사실을 몰라요?"

코너턴은 코프먼이 낙관적인 전망으로 기대감을 드러낼 때 이렇게 물었다. 코프먼은 훗날 "그때의 상황은 고장 난 자동차 같은 거였어. 우리는 정비공이 필요했다고!"라고 말했다. 행정부 경험도 없고 금융에서 초보자였던 오바마는 루빈과 그의 추종자들이 유일하게 이용할 수 있는 유능한 정비공이라고 믿는 것 같았다.

주류층이 재난 상황에서도 버젓이 행세하리라는 것은(어느 날 밤 서재에서 마주쳤을 때 클린턴이 꺼낸 말) 더 이상 말할 필요도 없었다. 뿌리 깊은 주류층은 실패하고 또 실패해도 살아남을 뿐 아니라 번성하기까지 한다. 그것은 마치 카지노에서 승부를 조작해서 따는 것과 같았다. 그러므로 일단 내부 관계자가 되면 지위를 걸고 뭔가 극적인 일을 해야 했다. 신랄한 논평을 하는 것처럼.(이때도 실명을 거론하지만 않는다면 공공 심리의 관점을 표현했다는 점에서 합격점을 받는다.) 루빈은 이제 더 이상 재무부의 적임자가 아니었지만, 그의 인맥은 오바마가 고려하는 유일한 후보군이었다. 오바마는 결국 어느 누구보다 불리한 환경에서 주류사회로 진입하기 위해 싸운 인물이었다. 클린턴 행정부에서 루빈의 수석보좌관을 지내고 훗날 시티그룹의 사장이 되는 마이클 프로먼Michael Froman이 루빈을 오바마에게 소개했다. 그는 오바마 인수위에서 인사처장으로 활동하는 동안에도 은행 업무를 계속했으며, 행정부에 합류하기 전 225만 달러의 보너스를 챙겼다. 시티그룹의 또 다른 경영자인 제이컵 루Jacob Lew 역시 90만 달러의 보너스를 챙긴 뒤에 국무부 부장관이 되었다. 골드만삭스의 로비스트인 마크 패터슨Mark Patterson은 로비스트 배제 규정에도 불구하고 재무부 수석보좌관으로 채용되었으며, 루빈의 부하 직원이자 구제금융을 설계한 티모시 가이트너Timothy Geithner는 재무장관에 임명되었을 뿐 아니라 자신이 이끌게 될 기관에 노골적인 세금 탈루 사실이 적발되었는데도 살아남았다. 또 1990년대 후반 곳곳에서 친은행 정책을 펼친 흔적이 남아 있고 앞으로 구제금융으로 이익을 볼 다양한 수혜자들로부터 강연료로 수백만 달러를 벌어들인 래리 서머스는 오바마의 백악관에서 수석 경제고문이 되었다. 공무원 출신으로 오바마의 수석보좌관인 람 이매뉴얼Rahm Emanuel조차 정부의 직책을 맡았던 30개월 동안 시카고 투자은행으로부터 1650만 달러를 받았다. 모두 해당 분야에서 최고위직이었고, 살아오는 동안 훌륭한 교육을 받았으며, 화려한 경력의 민주당원으로서 어느 한 사람은 예외 없이 국가적인 실패에 책임이 있는 인물들이었다. 이제 이런 자들이 폐허를 정리할 책임자로 기용된 것이다. 어떻게 이들은 함께 공부하고 일하고 먹고 마시며 함께 부자가 된 은행가들의 수법을 몰랐단 말인가? 실력주의meritocracy라는 정신 속에는 사회적 신분상승과 이익을 둘러싼 갈등이 잠재해 있었다. 그리고 일단 더러워진 걸레는 다시 깨끗해질 수 없었다.

코너턴은 이 모든 상황을 불안하게 지켜보았다. 그는 회전문 인사와 상호혜택, 무의식적인 권력 편향 같은 현상을 알고 있었다. 그 자신도 워싱턴에서 활동하는 내내 이런 세계(투자은행, 의회, 백악관, 로비활동)에 발을 담갔다. 하지만 금융위기라는 대형 참사는 수많은 사람에게 엄청난 고통을 안겨주었으며, 분노를 터뜨리기 시작한 대중은 눈을 부릅뜨고 지켜보고 있었다. 이제는 워싱턴에서 본격적으로 월가를 정리할 때였다.

상원의원이 영향력을 행사하기 위해서는 몇 가지 이슈를 선택해야 했다. 상원의원의 스케줄이나 머릿속에는 많은 문제를 담을 공간이 더 이상 없기 때문이다. 코너턴과 코프먼이 바이든을 위해 일하던 당시, 코너턴이 뭔가 새로운 문제에 상원의원의 관심을 돌리게 하고 싶을 때면 코프먼은 "제프, 자네가 뭔가를 배에 싣고 싶다면 다른 뭔가를 배에서 버려야 하네"라고 말하곤 했다. 은행감독위원회의 위원을 해본 적이 없는 코프먼은 처음부터 사기와 '파산하도록 방치하기에는 너무 큰' 문제, 두 가지에 초점을 맞췄다. 그는 사기범들을 추적하기 위해 FBI 요원의 증원과 연방검찰의 재정 지원에 3억4000만 달러의 지출을 승인하는 법안을 공동 작성했다. 단순히 롱비치와 탬파의 소소한 최초 대출기관(모기지 판매자)뿐만 아니라 조직 전체가 무너질 때까지 손실을 숨긴 월가의 고위경영자들까지 겨냥한 조처였다. 누가 조사받을 것인지를 결정하는 일은 법무부 소관이었지만, 짐작건대 리먼 브라더스의 딕 풀드Dick Fuld와 AIG의 조셉 카사노Joseph Cassano, 메릴린치의 스탠리 오닐Stanley O'Neal 같은 사람들이 해당될 것이고, 어쩌면 골드만삭스의 로이드 블랭크페인Lloyd Blankfein도 빼놓을 수 없을 것이다. 5월 중에 사기 수사 법안이 순조롭게 통과되고 코프먼이 (단순한 초선 상원의원으로) 대통령이 주관하는 백악관의 법안 서명식에 초대되었을 때, 그와 코너턴은 성공을 거두었다고 생각했다.

9월에 코프먼과 코너턴은 형사 담당 법무차관보로서 법무장관 에릭 홀더Eric Holder(미국 역사상 최초의 아프리카계 미국인 법무장관_옮긴이)의 대리인 중 한 사람인 래니 브로이어Lanny Breuer에게 만나자는 전갈을 했다.(두 사람은 코너턴이 10년 전 백악관 고문실에서 나가고 브로이어는 들어오던 당시 코빙턴 앤드 벌링에서 잠시 함께 일하던 때를 회상했다.) 금융사기에 대한 추적 작업이 전혀 이루어지지 않고 있어서 법무부가 수사를 하고 있는 것인지, 예산을 집행하고 있는 것인지 사실을 확인하고 싶었기 때문이다. 당시엔 정확한 실태 파악을 위해 감독청문회를 개최할 계획이었다. 이들은 러셀 빌딩 3층에 있는 코프먼의 사무실에서 만났다. 브로이어는 노트북도 부족하고 여러 가지로 제약이 많은 가운데 수사를 진행하고 있다고 설명했다. 그러면서 소송을 제기하기 위해 FBI 수사관의 전국적인 조직망에 의존한다고 말했다.

코너턴은 그가 말하는 걸 지켜보았다.

"래니, 당신은 당신의 조직을 가동해서 FBI와 미국 검찰이 이 문제를 최우선순위로 다루는지 확인할 필요가 있어요. 조직을 총동원해서라도 이 문제를 당신의 사건으로 만들라고요. 그냥 앉아서 기다리지 말란 말입니다."

격무에 시달리는 연방검찰의 평소 업무에 복잡한 사기 사건을 추가하는 것은 매우 힘들었다. 가해자들은 빈틈없이 흔적을 지울 만큼 노련했고, 범행을 저지르는 순간에도 고액을 주고 변호사와 회계사들을 고용해 방어막을 치고 있었다. 그러다가 문제가 터질 때는 사건과 무관한 서류로 조사관들에게 문서 폭탄을 안기기 일쑤였다. 그러므로 전담 부서를 설치해 1~2년 동안은 혐의가 가는 각 기관의 표적 수사에만 전념하게 할 필요가 있었다. 시간을 두고 무엇을 찾을지 배워가며 모든 이메일과 문자까지 샅샅이 확인해야 했다. 코너턴은 클린턴 시절에 브로이어와 함께 겪은 일을 언급했다.

"당신은 켄 스타Ken Starr(빌 클린턴의 섹스 스캔들을 조사한 특별검사_옮긴이)처럼 될 필요가 있어요. 스타가 클린턴을 겨냥했듯이 이들을 마약 총책처럼 다뤄야 한다고요. 또 이들 주위에 포진한 모든 부하가 반응을 보일 때까지 쥐어짜란 말이에요."

코너턴은 이날의 만남으로 법무부가 이 문제를 그다지 긴급한 과제로 여기지 않는다는 느낌을 분명하게 받았다. 코프먼의 감독청문회는 12월에 열렸다. 브로이어는 증권거래위원회와 FBI의 간부들과 함께 증인석에 앉았다. 이들은 한결같이 수사 중에 있으며 동기와 의도에 대해서는 내부 관계자들의 증언이 필요하므로 시간을 달라고 말했다.

코너턴은 이들의 말을 믿고 싶었다. 하지만 2009년에서 2010년으로 바뀌었는데도 전혀 진전이 없었다.

2010년 1월 중순, 코너턴과 코프먼은 뉴욕으로 가서 연방준비은행의 노老총수인 폴 볼커Paul Volcker를 만났다. 볼커는 카터와 레이건 정부 시절에 인플레이션을 잡느라 지나친 고금리 정책을 펼쳐 극심한 경기침체를 부른 인물이었다. 이런 이유로 은행 쪽에서는 그를 좋아했지만, 워싱턴에서는 그를 비난하는 농부와 건설노동자의 시위로 교통이 마비될 지경이었다. 하지만 볼커는 평범한 주류파 인사들과는 달랐다. 그는 정치와 금융 엘리트들이 뒤얽힌 세계의 심장부(지나치게 교활한 책략과 터무니없는 급여가 난무하는)에서 지냈지만 월가를 신랄하게 비판하는 인물이 되었고, 이제는 내부의 반체제 인사로서 공식적으로는 존경을 받았지만 뒷전에서는 불신을 받는 처지에 놓여 있었다. 그는 언젠가 경영자들을 대상으로 다음과 같은 말을 하기도 했다.

"지난 20년 동안 내가 본 금융개혁 중에 가장 중요한 것은 현금자동인출기입니다. (…) 최근 몇 년간 금융시장에서 이루어진 엄청난 개혁이 경제 생산성 측면에서 가시적 성과를 올렸다는 증거는 거의 찾아볼 수 없습니다. 내 생각이 잘못되었다는 것을 여러분이 보여줄 수 있다면 좋겠습니다. 이런 모든 개혁이 없었던 1950년대와 1960년대에는 경제가 아주 잘 돌아갔다는 것이 내가 아는 전부입니다. 사실 신용부도스와프도 없고 증권화와 합성담보부증권도 없던 1980년대에도 경제 상황은 아주 좋았습니다."

볼커는 오바마를 돋보이게 하는 완벽한 역할을 했다. 그는 개혁가들을 달래면서 주류층을 감싸주는 데 이용되었다고 볼 수 있다. 대통령은 충분한 의견 수렴도 없이 볼커를 수석경제고문에 임명했다. 볼커의 주요 건

의사항[은행이 헤지펀드와 비공개(사모) 기업투자펀드를 못 하게 하고, 고객의 돈으로 거래하지 못하게 하는]은 글래스-스티걸 법 쪽으로 반 발짝 물러선 것이었다. 하지만 6개월이 지나도 아무런 성과가 없었다.

볼커는 워싱턴에서 온 이들과 시내의 회의실에 앉아 말했다.

"아시겠지만 은행은 누가 어떤 제안을 하든, 그것이 무엇이든 상관없이 이 정책은 대출을 제한할 것이며 경제에 해롭다는 주장을 하고 나설 겁니다."

큰 키에 작고 둥근 얼굴, 입가에는 잔주름이 자글자글한 그는 안경 때문에 커 보이는 눈을 껌뻑이며 한참 뜸을 들인 뒤에 다시 입을 열었다.

"그건 다 헛소리예요."

코프먼은 웃었다. 그는 자신의 큰 뜻이 글래스-스티걸 법의 완전한 회복에 있다는 것을 인정했다.

볼커는 "나는 뭔가 좀더 극적인 일을 하려는 사람을 방해할 생각이 없어요"라고 말했다.

그다음 주, 오바마는 자신이 볼커룰Volcker Rule(볼커의 제안으로 은행의 자기자본거래와 헤지펀드 등 위험투자를 규제한 법_옮긴이)이라고 명명한 법을 지지한다고 발표했다. 그는 인기가 바닥에 떨어진 상황에서 대통령직에 충격 요법을 쓰려고 했다. 당시는 스콧 브라운Scott Brown(전통적으로 민주당의 아성인 매사추세츠 주에서 상원의원에 당선된 공화당원으로, 오바마가 큰 타격을 받았다_옮긴이)이 테드 케네디가 차지하고 있던 의석의 보궐선거에서 승리한 상황이었다. 브라운은 상원에서 다수당이 시도하는 모든 결정마다 마지막까지 저지하는 공화당의 필리버스터를 막을 능력이 민주당에는 없다고 주장한 인물이었다. 대통령의 건강보험 법안은 부결될 것처럼 보였다. 그리고 대공황 이래 이토록 많은 실업자가 있었던 적은 없었다.

코너턴은 의료법안의 시기가 좋지 않다고 생각했다. 그해 대부분은 의료법 문제가 워싱턴의 분위기를 지배했다. 그것이 실업 문제나 금융위기와 정확히 무슨 관계가 있느냐는 불만이 터져나왔다. 아마 이런 불만은 코너턴의 마음속에 자리 잡은 남부인의 기질과 통하는 것이었을지도 모른다. 하지만 그는 나라가 엉망진창이 되는 동안 의료법 체계처럼 방대하고 복잡한 문제를 정리하며 수천 페이지에 달하는 법안을 작성할 능력이 워싱턴 당국에 있을지 의심스러웠다. 그는 금요일 아침이면 하트 빌딩의 회의실에 앉아 민주당 수석보좌관들과 회의를 하며 대통령 비서관들이 백악관 건강보험 회의의 '외부적 인상'이나 '문자 캠페인'에 대해 열광적으로 설명하는 것을 들었다. 이들은 경비 절감 같은 문구가 얼마나 세심한 설문을 거쳐 나온 것인지, 또 경제라는 단어가 한 번도 언급되지 않은 주가 몇 번이나 있었다든지 하는 주장을 열심히 늘어놓았다. 건강보험 문제에서 코프먼은 민주당 지도부의 노선을 따랐다. 하지만 코너턴이 염려한 것은 월가였고, 이 문제에 대해 그와 코프먼은 그들 자신의 생각을 밀고 나갔다.

월가의 개혁 법안을 담당하는 상원의원은 은행감독위원회(공식적으로는 은행통화위원회_옮긴이) 의장인 크리스 도드였다. 코너턴은 1995년 이후로 도드를 싫어했다. 당시 코너턴은 클린턴을 설득해 증권소송개혁법을 놓고 기업들과 싸울 것을 주장했는데(그가 처음으로 다룬 월가 문제였다), 도드가 이 법안을 저지하려고 한 인물이었기 때문이다. 오랫동안 월가에서 수천만 달러의 선거자금을 모아온(2007~2008년에만 거의 100만 달러) 도드는 그에게 금융위기의 책임을 개인적으로 지우려는 수많은 지지자에게 갚을 빚이 너무 많았다. 그가 담합으로 모기지를 받았고, AIG의 경영자들에게 구제금융 기금에서 수백만 달러의 보너스를 받도록 승인해주었다는 사실이 드러나자, 코네티컷의 유권자들은 분노를 쏟아냈다. 도드는 이런 메시지를 접하고 2010년 말에 사임하겠다고 발표했다.

이런 상황은 코프먼과 월가를 조사하는 업무에서 그를 자유롭게 했어야 했지만, 코너턴은 이것을 반대로 보았다. 만일 도드가 다시 유권자들과 얼굴을 맞댈 수밖에 없다면 그는 가혹한 법안을 피할 길을 안내하라는 압박감을 느낄 것이라는 생각이었다. 대신 그는 돈의 위력이 자신의 활동을 계속해서 위협하는 상원을 떠나 나머지 인생을 준비할 자유를 맛볼 것이다. 주류사회를 건드리려면 그 전에 먼저 깊이 생각할 필요가 있다. 대세를 따르면(도드가 시작하려고 하는 영화산업의 고위급 로비스트가 되는 것처럼) 편안한 삶을 누릴 길이 얼마든지 있지만, 주류사회에 맞서면 자신에게 활동 공간을 만들어줄 미국의 다수 사회에서 고립될 것이기 때문이다. 시류에 영합하든가 퇴출되든가 둘 중 하나일 뿐이다.

도드는 양보를 거듭하고 초당파적인 법안을 원한다고 주장하면서 겨우내 은행감독위원회의 장막 뒤에서 공화당과 협상하느라 시간을 소비했다. 하지만 그는 어느 쪽에서도 성과를 얻지 못했다. 앨라배마 주의 리처드 셸비Richard Shelby는 협조를 하지 않았고, 테네시 주의 밥 코커Bob Corker는 영향력이 없었다. 볼커룰은 버릴 수 있는 카드로 변했으며, 글래스-스티걸 법은 어디서도 찾아볼 수 없었다. 법안을 몇 달 동안 질질 끌자 코너턴은 도드가 공화당과 초당파적으로 협조한다는 구실로 금융개혁을 약화시키고, 결국 월가가 받아들일 수 있는 법안을 놓고 결심이 흔들리고 있다고 의심했다. 그는 법안에 무엇을 담고 무엇을 뺄지, 수정안을 위원회나 상원에 상정할지 말지, 또 무엇이 살아남고 무엇이 죽을 것인지를 결정하는 위원장의 최고 권력을 이해했다. 자신의 상관이 위원회를 떠난 후 코너턴은 이곳의 진행방식에 대해 별로 아는 것이 없었다.

어느 날 그는 옛날 회사에 들른 김에 잭 퀸에게 전화를 했다.

"은행감독위원회에 접근할 수 없네요. 그쪽에서도 법안에 대한 정보를 얻기가 힘든가요?"

퀸은 "어제 크리스 도드와 꼭 45분간 만났어"라고 말했다. 퀸은 자신이 대리하는 보험사의 CEO와 함께 도드를 마주한 자리에서 어떤 일이 일어나고 있는지 정확하게 간파했다. 반면, 금융개혁에 큰 관심을 가진 상원의원의 핵심 대리인인 코너턴에게는 아무런 정보가 없었다. 그는 다른 수석보좌관에게 메시지를 보냈다.

"나는 월가를 변화시키려고 정부에 들어왔는데, 지금 보니 상원 내부에서보다 내가 떠난 직장에서 법안에 대한 정보를 더 많이 얻는 것 같습니다."

상대 보좌관이 답장을 보냈다.

"정말 슬픈 현실이에요."

코너턴은 자신의 이름을 밝히지 않는 조건으로 기자 몇 명과 접촉하고 '상원 수석보좌관' 신분으로 언론에서 도드를 공격했다. 그는 CNBC에서 이렇게 말했다.

"내가 아는 한 도드는 한발 물러난 법안을 추진하고 있습니다. 양보란 누군가의 지지를 받기 위해 한다는 것이 내 생각입니다. 그는 4개월간의 협상 끝에 공화당의 동의를 구하려고 양보했습니다. 그런 타협안은 도저히 받아들일 수 없습니다."

또 『뉴스위크』기자에게는 "대통령이 위기가 무엇인지 깨닫기를 바라는 수밖에요"라고 말했다.

코프먼은 이 사태를 상원에서 터뜨리기로 결심했다. 그는 코너턴 및 다른 보좌관과 함께 월가의 월권과 금융위기, 어떤 범죄자도 처벌하지 못하는 실태를 주제로 연설문을 작성했지만, 그가 상원에 들어가 연설문을 읽기 시작했을 때 그것을 귀 기울여 듣는 사람은 아무도 없었다. 다수당의 초선의원이자 사회를 맡아 상석에 앉아 있던 의원은 『뉴욕타임스』를 읽거나 블랙베리 화면을 들여다보고 있었다. 그는 텅 빈 의석에 대고 연설하는 것이나 다름없었다. 연설이 반쯤 지났을 때 다음 발언권이 있는 의원이 회의장 뒤에 있는 문으로 들어와 자신의 자리로 걸어갔다. 그는 코프먼에게 눈길 한 번 주지 않은 채 준비된 원고를 읽었다. 사회자석 위쪽에 있는 기자석에서도 연설을 듣거나 메모하는 이는 없었다. 그저 시스팬의 무인카메라만 돌아가면서 발언자에 초점을 맞추거나 텅 빈 의석을 비출 뿐이었다. 오로지 두 명의 상원의원이 서로의 주장을 들으며 논쟁하는 희한한 광경이 연출되고 있을 때, 오리건 주의 초선의원인 제프 머클리Jeff Merkley가 회의장으로 들어왔다. 그는 민주당 의원과 공화당 의원 단 두 사람이 설전을 주고받는 모습을 지켜보며 발길을 멈추고 생각했다.

'와아, 이런 일이 있나. 딱 두 명이 서로 주장하고 반박하면서 치고받는 대화를 하고 있다니.'

2010년 세계 최대의 심의기관에서 국민적 관심사를 다루는 모습은 이런 식이었다.

코너턴은 아무도 코프먼의 연설을 듣지 않으리라는 것을 알았다. 연설은 그만큼 길고 세부적이었으며, 역사적인 설명과 격렬한 논쟁의 예로 가득했다. 다만 지지 세력(아리아나 허핑턴이나 MIT의 경제학자이자 블로거인 사이먼 존슨 등)이 이 내용을 인터넷으로 유포해 널리 알려지기만 바랄 뿐이었다. 3월 11일, 코프먼은 다시 빈 회의장에서 목소리를 높였다.

"월가의 무모한 행위뿐만 아니라 우리의 정책과 규제가 실패해 돌아온 값비싼 대가를 감안할 때, 왜 과거에 입증된 법과 규제로 돌아가자고 주장하는 우리가 효과를 입증하는 부담을 져야 한단 말입니까?"

그는 발언을 계속 이어갔다.

"증명의 부담은 금융규제에 대한 현행 시스템을 만지작거리기만 하고 결단을 못 내리는 사람들에게 돌아가야 합니다. 이렇게 엄청난 위기를 겪었는데도 우리가 주장하는 개혁 일부가 그 많은 핵심 분야에서 사실상 현상을 유지하는 방향으로 나가고 있다는 것이 놀라울 뿐입니다."

이어서 그는 규제 담당자들이 법 집행을 잘함으로써 은행이 내부적으로 붕괴할 것이라는 점을 믿을 수 없다고 덧붙였다. 의회는 간단명료한 법안을 만들어 규제 담당자들의 힘을 덜어주어야만 하고, 도드의 법안은

'파산하도록 방치하기에는 너무 큰' 문제를 해결하지 못할 것이라고 했다.

"우리는 파산하기 전에 이런 기관들을 해체할 필요가 있습니다. 그들이 파산할 때 손을 내밀어주려는 계획을 가지고 기다릴 때가 아닙니다."

3월 15일, 사기 수법이 회사의 몰락으로 이어졌다는 사실을 강하게 암시하는 리먼 브라더스에 대한 파산심사 보고서가 발표되고 나서, 코프먼은 다시 발언권을 얻었다. 그는 1985년의 조 바이든을 연상시키는 어조로 말했다.

"결국 이것은 우리가 갖고 있는 이 나라의 법체계가 하나인지 둘인지 시험하는 계기가 될 것입니다. 만일 우리가 투자자들에게 수백만 달러의 사기를 자행한 월가의 기업을 금전등록기에서 500달러를 훔친 사람과 똑같이 취급하지 않는다면 어떻게 이 나라의 시민들이 법질서를 신뢰할 수 있겠습니까?"

3월 22일, 도드의 은행감독위원회에서 새로운 법안이 나왔다. 볼커룰을 약화시킨 것이었다. 파생상품에 대한 규제도 줄이고 은행의 책임을 얼마나 물을 것인지에 대한 분명한 문안도 없었다. 코너턴과 코프먼은 신랄한 비판이 담긴 연설문을 준비했다.

"이걸 보면 도드와 행정부는 펄쩍 뛸걸요."

코너턴이 조심하라는 신호를 보냈다. 코프먼이 말했다.

"나이 든 사람들에게 하는 말이야."

이 연설은 주목을 끌었다. 윌밍턴의 『뉴 저널News Journal』 지는 연설문을 1면 가득 실었고, 사설에서도 우호적으로 다루었다.

『타임』 지는 코프먼의 인물평을 실었으며, 허핑턴은 그를 칭찬했다. 의회 대표단을 이끌고 활동하던 중 중앙아메리카에서 걸려오는 전화로 골치를 썩던 도드는 코프먼에게 "내 법안에 대한 악담을 중지하시오"라고 말했다. 코너턴이 도드 은행감독위원회의 부서장에게 전화하자 그는 안심시키듯이 말했다.

"비판한 것에 대해 신경 쓸 것 없어요. 결국 크리스가 이길 것이니 말이오."

그 말은 사실이었다. 도드는 먼저 다른 위원회의 의장들을 자신의 편으로 끌어들였다. 또 대통령 수석고문들의 지지도 받았다. 4월 초가 되자 래리 서머스는 코프먼의 사무실을 찾아와 최대 규모의 은행들을 해체하려는 상원의원의 행동이 왜 잘못된 것인지 설명했다. 그렇게 하면 국제금융경쟁에서 미국의 경쟁력을 떨어뜨릴 것이며, 또 실제로 대형 은행들은 소규모 은행보다 무너질 가능성이 적을 것이라는 말이었다. 코프먼은 물러서지 않으리라 단단히 결심하고 서머스의 팔을 부드럽게 잡고는 앨런 그린스펀의 말을 인용하며 그의 간섭을 반박했다. 한 달이 지나자 가이트너가 찾아왔다. 코너턴은 코프먼의 사무실 밖에 앉아 재무부 차관보와 농담을 주고받다가 상대가 재치 있을 뿐만 아니라 활기 넘친다는 것을 느꼈다. 두 사람이 코프먼의 사무실로 들어갔을 때, 코너턴은 자신의 상관에게 살며시 말했다.

"자세히 살펴보았는데, 저 친구는 의심할 필요가 없겠어요."

가이트너는 서머스보다 좀더 타협적인 태도로 대형 은행은 어차피 세계시장의 새로운 자금 수요 때문에 축소될 것이라고 설명했다. 코프먼은 과거의 규제 실패 사례를 언급하며 또다시 구제금융을 못 하도록 막는 확실한 방법은 오로지 은행의 규모를 제한하는 것이라고 말했다. 결국 이들은 서로 이견이 있음을 인정했다.

마침내 도드는 백악관도 자신의 편으로 끌어들였다. 대통령을 설득한 것이다. 코너턴은 바이든이 자신들의 핵심 지지세력이 될 것이라고 예상하며 상원으로 돌아왔다. 그는 과거의 동지에게 전화를 걸어 고위급을 기소할 생각이 없는 법무부에 압력을 넣을 것과 재무부를 움직이게 해서 금융개혁을 진지하게 취급하도록 종용할 것을 부탁하라고 코프먼을 설득했다. 언제나 그렇듯이 코프먼은 바이든의 보호막이었다. 월가는 바이든의 관심 영역이 아니었다. 이 문제만으로도 배의 절반이 찰 텐데, 이미 바이든 호라는 배는 이라크와 경기부양, 중산층 문제로 꽉 차 있는 실정이었다. 코너턴은 이 기묘한 현상을 이겨낼 수 없었다. 그들의 옛 상관은 이 나라에서 두 번째로 높은 지위에 있었고, 대통령 집무실과 몇 발짝 떨어져 있지 않은 자리에 앉았지만, 그들 자신은 월가에 해가 되는 조치는 아무것도 취할 수 없었기 때문이다. 공화당은 실패한 집단이었는데도 그랬다. 코너턴은 쓰라린 심경을 꾹꾹 눌렀다가 자신의 팀원들에게 털어놓았다.

"당신들도 똑같이 영주계층의 신세를 지게 될 거야. 국가적인 위기상황에서 사정을 봐주다가는 말이지."

4월 하순, 코프먼과 오하이오 주의 쉐로드 브라운Sherrod Brown은 도드 법안에 대한 수정안을 제출했는데, 은행의 비예금성 부채를 국내총생산의 2퍼센트로 제한하는 내용이었다. 사실상 브라운-코프먼 수정안은 일정 규모 이상으로 비대해진 은행의 해체를 강요하는 것이었다. 이들 두 상원의원은 발언권을 얻어 앞서거니 뒤서거니 하며 원고도 없이 발언했다. 코끝에 안경을 걸친 코프먼이 자리에서 일어나 입을 열자 그의 떨리는 목소리가 장내의 공기를 갈랐다.

"1933년에 우리는 3세대 동안 우리를 도와준 결정을 내렸습니다. 그런데 왜 우리는 앞으로 2~3세대 동안 효과를 발휘할 법안을 통과시키지 않는 것입니까? 이것은 우리가 선출한 대통령이 자유시장이 있어야 한다는 사실을 믿는지 아닌지를 알려줄 것입니다. 또 우리의 규제기관이 옳은지 옳지 않은지 알려줄 것입니다. 왜 미국의 상원이 할 일을 해서는 안 되는 것입니까?"

코너턴은 러셀 빌딩에 있는 사무실에서 이 광경을 텔레비전으로 지켜보고 있었다. 그의 마음은 수년 전으로 거슬러 올라갔다. 그는 혼잣말로 중얼거렸다.

"꼭 바이든 같아."

이후 코너턴은 코프먼에게 메시지를 보냈다.

"원칙에 대한 문제로 유일한 반대의 목소리를 내는 것보다 더 명예로운 일은 없는 법입니다."

그해 겨울과 2010년 봄의 몇 주 동안은 코너턴이 이 분야에 종사하는 동안 가장 바삐 움직인 시간이었다. 그는 7시 30분이면 사무실로 출근했고, 밤이 되어 집으로 퇴근한 뒤에도 노트북을 열고 자정까지 자료를 읽으면서 일했다. 주말 내내 꼼짝하지 않고 앉아서 2000페이지에 이르는 리먼 브라더스의 파산심사 보고서를 보았고, 이것을 참고삼아 코프먼의 연설문 초안을 작성했다. 세월이 가면서 용케 피했던 그 옛날 정치에 대한 열망이 다시 돌아온 기분이었다. 표류와 좌절의 시간들, 기금 모금 조찬회와 행복했던 시절, 자신도 모르게 타협에 몰입했던 순간들, 이 모든 것이 희미하게 멀어졌다가 다시 가까워진 것 같았다. 모든 것 중에서도 가장 고상해 보이는 소명감에 전념하며 터스칼루사에서 출발했던 시절로 돌아간 느낌이었다.

하지만 그것은 30년 전의 일이었다. 워싱턴에서 보낸 세월은 '금권의 포로가 된' 시간이었다. 그 자신도 금권에 사로잡혔던 것이다. 그런데 지금까지도 기업의 영향력(로비활동, 언론 홍보, 조직의 리더십, 회전문 현상 등)이 워싱턴을 얼마나 변화시켰는지 완전히 파악하지 못했다.

"정부로 돌아왔을 때, 그곳이 공공의 이익에 대해 얼마나 왜곡된 모습을 보이는지 봤잖아. 사실 나를 찾아온 사람들 중에 진실한 여론에 대해 알려주려는 사람은 아무도 없었지."

그는 자신을 정치에 오염되고 환멸감을 느끼는 『모두가 왕의 부하들All the King's Men』(로버트 펜 워런이 1946년 발표한 소설, 또는 이 작품을 소재로 한 영화_옮긴이)의 주인공처럼 보게 되었다. 인간의 본성은 변함없지만, 돈의 위력이 왜곡과 과장 효과를 일으키면 그것은 인간의 행동을 천 갈래의 다양한 모습으로 타락시킨다. 그는 중얼거렸다.

"워싱턴이 나를 변하게 했어. 그리고 내가 변했다면 수많은 다른 사람도 분명히 변했을 거야."

캐피틀 힐에는 의회를 상대로 은행이 자초한 파산에 대해 어떤 기본적인 조치도 취하지 말라고 촉구하는 로비스트가 3000명이나 몰려다니고 있다. 그러면 다른 편에서 활동하는 사람은 누가 있는가? 분노와 실의에 가득 찬 대중은 권력의 지렛대를 활용하는 방법을 알지 못했다. 소수의 영향력 있는 블로거들은 설득당한 그룹에 속했다. 지난 1980년대에는 노조와 법정 변호사, 소비자 보호단체가 연대해서 싸웠지만 2010년의 경우 이들 대부분은 지쳐 있었다. '금융개혁을 위한 미국인'이라고 불리는 조직이 새로운 소비자 기관 설치를 추진한다는 소문을 들은 코너턴은 어쩔 수 없이 이들에게 전화해서 물었다.

"당신들은 어디에 있습니까? 캐피틀 힐에서는 보이지 않으니 말입니다."

만일 브라운-코프먼 수정안이 미국의 경제계에 혜택을 주는 것이었다면 코너턴은 로비스트와 전략가, 기업 지도자들과 팀을 이루어 의회에 대대적인 압력을 가했을 것이다. 대신 그는 사실상 자신의 방법을 밀고 나갔다.

코프먼과 코너턴은 주식시장의 취약한 구조를 강조하기로 했다. 물론 주식시장이 금융위기를 부른 것은 아니지만, 그곳은 수많은 미국인이 금융세계에 발을 들여놓을 때 여전히 진입점 역할을 하고 있었으며, 투자자들과 함께 무너졌기 때문이다. 채권이나 주식은 이제 코너턴이 경영대학원과 월가에 있을 때와는 달랐다. 주식시장은 이제 파란 코트를 입은 중개인들이 큰 소리로 거래주문을 외치던 몇몇 증권거래소 대신 전국적으로 50개도 넘는 현장에서 컴퓨터로 조종되는 카지노로 변했다. 이곳은 도박장의 고리대금업자 같은 고빈도 거래자가 지배하는 곳으로, 진화된 알고리즘으로 1초에 수천 건의 거래를 성사시키며, 미세한 주가 변동에도 엄청난 이익을 챙기는 곳이었다. 코너턴은 수개월간 이 새로운 시장을 조사하며 전자세계의 미로에서 드러난 불투명성을 보고 깜짝 놀랐다. 그는 아주 노련한 투자자였지만, 이제는 자신이 주문한 거래에서 무슨 일이 일어날지 알 수 없었다. 내부 관계자 중에서도 이런 현상을 설명할 수 있는 사람은 아무도 없는 것 같았다. 평범한 투자자는 엄청난 불이익을 받을 수 있으며, 시장도 극단적인 불안정에 피해를 입을 수 있었다. 증권거래위원회의 기능은 이 과정을 감시하는 것이 고작이었다.

코프먼은 증권거래위원회의 고빈도 거래에 대한 감독을 개선하도록 촉구했다. 처음에 코너턴은 그들이 성과가 있는 것으로 생각했다. 오바마가 위원장으로 임명한 메리 샤피로Mary Schapiro는 자신도 코프먼과 같은 관심을 가지고 있으며, 증권거래위원회가 증권시장의 구조를 재조사할 것이라고 말했다. 한 차례 만난 자리에서 증권거래위원회의 한 관리는 코너턴에게 말했다.

"아, 여기서 기업에서 나오지 않은 사람의 말을 듣다니 놀랍군요."

F가의 유니언 역 옆에 있는 증권거래위원회에 드나드는 사람은 규제정책에 투덜대는 금융계 인사들 말곤 아무도 없었기 때문이다. 하지만 월가가 공세를 취하며 미세한 변화밖에 보이지 않을 때에도 증권거래위원회는 타성에 젖어 미적거리기만 했고, 결국 바뀐 것은 아무것도 없었다.

2010년 5월 6일, 이날 코너턴의 두 번째 정부활동은 종말을 고했다. 이른 오후 시간에 주식시장이 갑자기 700포인트나 폭락하고 잠시 반등하는 사이에 1조 달러에 가까운 부가 순식간에 사라지고 만 것이다. 이후 플래시 크래시(순식간의 폭락사태_옮긴이)라고 불린 이 사태는 일찍이 코프먼이 경고한 자동화거래방식이 원인이었다. 한두 시간 뒤, 버지니아 주의 민주당 상원의원인 마크 워너Mark Warner가 이 사태의 경과를 상원에 설명하고 있을 때 코프먼은 사회자석에 앉아 있었다. 워너는 "나도 믿게 되었습니다"라고 말하며 코프먼에게 발언대로 내려와 세상을 향해 사태의 본질을 말해달라고 부탁했다. "내가 말한 대로잖아요"라고 코프먼은 입을 열었다. 이어 그는 자신의 수정안을 한 번 더 강조하며 글래스-스티걸 법 시대의 규정과 제한조치로 돌아가자고 호소했다.

같은 날 오후, 몇 주 동안 브라운-코프먼 수정안의 상정을 거부하던 크리스 도드는 갑자기 이날 밤 안으로 즉석표결을 하자고 제안했다. 수정안은 언론과 의회에서 추진력을 받고 있었고, 앨라배마 주의 리처드 쉘비를 비롯해 소수의 공화당 의원과 은행감독위원회의 간부회원도 지지 표명을 하고 있었다. 이제는 브라운-코프먼 법안을 밀어붙일 때였다.

표결 직전, 상원에서 최고 부자 의원 중 한 사람인 캘리포니아 주의 다이앤 페인스타인Dianne Feinstein이 일리노이 주의 리처드 더빈Richard Durbin에게 물었다.

"이 수정안은 어떤 거죠?"

"은행을 해체하자는 겁니다."

페인스타인은 놀라서 멈칫했다.

"여기가 미국 맞나요?"

밤 9시 조금 지나서 수정안은 61 대 33으로 부결되었다.

결과가 발표된 뒤, 도드는 연단으로 올라와 이날이 리처드 쉘비의 생일이라고 상원에 알렸다. 도드는 오후 네 시 무렵 은행감독위원회가 축하 케이크를 돌렸다고 말했다.

"우리는 논쟁 중에도 생일을 축하했습니다. 중요한 것은 이 나라 사람들이 생각에 큰 차이가 있을 때도 마음을 합칠 수 있다는 것을 안다는 것입니다. 중요한 사안에 대해 서로 의견이 다를 때도 우리는 개인적인 차원에서든 시민의 차원에서든 서로 즐겁게 교제할 수 있습니다."

이어 도드는 쉘비 상원의원의 생일을 축하한다는 말을 덧붙였다.

이날 밤늦게 코프먼은 러셀 빌딩에 있는 사무실로 돌아갔다. 코너턴이 무엇을 보도자료로 돌려야 할지 묻자, 코프먼은 '실망스럽다'라는 단 한 마디로 대답했다. 운이 나빴다는 것은 알았지만 너무도 충격적인 패배였다. 플래시 크래시가 발생해 이들의 정당성이 입증되고 '파산하도록 방치하기에는 너무 크다'라고 주장하는 자들에게 일격을 가하고 나서 불과 몇 시간 만에 벌어진 사건이었다. 실패한 목표에 대해 낭만적인 믿음을 갖는 남부인 기질의 코너턴은 옆에 있던 직원을 향해 입을 열었다.

"그래도 싸울 가치가 있는 일들은 있는 법이야."

5월 21일, 도드 법안은 상원에서 통과되었고, 7월 21일에는 오바마 대통령이 도드-프랭크 월가 개혁 및 소비자보호법에 서명했다. 볼커룰은 이제 실체가 없는 유령으로 변했고, 세부사항은 규제 담당자들에게 맡겨졌다. 코프먼은 한때 이 법안이 너무 무기력해서 지지를 받지 못할 것으로 확신했지만, 결국 표결할 때는 당의 방침에 따랐다.

'금융개혁을 위한 미국인'처럼 강력한 법안을 원했던 주요 로비단체는 파티를 열고 코프먼의 보좌관을 내빈으로 초대했다. 새 법안의 결실로 소비자금융보호국이라는 연방 기구가 설치되었기 때문이다. 이 기구는 미국 대중을 위한 논의의 장으로서, 도드-프랭크 법안 중에서 코너턴의 마음에 든 부분이기도 했다. 이 행사를 위해 시내에서 멀리 떨어진 초라한 극장을 빌렸는데, 파티에 나온 요리라고는 흰 빵과 벌로니(볼로냐소시지), 도리토스(나초 과자)뿐이었다. 코너턴은 각 기업의 행사에 참석했던 시절을 돌이켜보았다. 그때는 호화로운 시내의 회의장에서 작은 새우와 로스트 비프 같은 요리가 나왔었다. 그래도 그는 지금의 이런 파티가 즐거웠다.

코프먼의 짧은 임기도 이제 4개월밖에 남지 않았지만, 큰 싸움은 끝났다. 그동안은 대부분 패배하고 무시당하는 사건의 연속이었지만, 무시당하는 것이 패배하는 것보다 더 나빴다. 코너턴 같았으면 도드-프랭크 법안이고 볼커룰이고 간에 단순하게 법을 집행하는 것 말고는 모든 것을 팽개쳤을 것이다. 월가를 매섭게 심판하고 고위경영자 몇 명을 감옥에 보내는 것이 새로운 규정 전체를 합친 것보다 훨씬 더 효과가 컸을 것이다.

엘리자베스 워런Elizabeth Warren의 후임으로 구제금융 감독위원장 자리를 이어받게 된 코프먼이 코너턴에게 앞으로 무엇을 하고 싶은지 물었다. 행정부에 자리 하나 만들어줄까? 금융개혁을 위한 워싱턴의 비영리기구를 이끌고 싶은가?

코너턴은 자신이 내무부 직원으로 일하는 모습을 상상해보았다. 점심시간이면 서남 C가에 나가 핫도그 노점에 들러 "하베이, 오늘 사우어크라우트(독일식 양배추 절임_옮긴이) 있나요?"라고 물어보는 모습이었다. 비영리기구라는 발상은 왠지 쓸쓸해 보였다. 공화당이 정권을 잡는다면 그것도 한 방법이겠지만, 백악관에 있는 동료들이 한 팀에 합류해야 할 것이다. 만일 그가 주류사회로 편입하려 한다면 그것은 오바마와 바이든이 군림하는 워싱턴에서 한다는 의미는 아니었다. 8월 하순 어느 날, 그가 텔레비전 채널을 돌리고 있을 때 글렌 벡이 자신의 프로에서 몰Mall(미국 워싱턴에 있는 넓은 산책길과 잔디밭_옮긴이)에 엄청난 군중이 모였다고 말하며, 변화는 워싱턴에서 나오는 것이 아니라 전국의 현실적인 삶의 터전에서 현실적으로 살아가는 사람들에게서 나오는 것이라고 말하는 장면이 보였다. 벡은 멍청이였지만 아리아나 허핑턴도 이틀 뒤에 나온 칼럼에서 똑같은 말을 했다. 이들의 말이 맞았다. 코너턴은 마음속으로 티파티Teaparty(작은 정부, 세금 인하를 주장하는 미국 공화당 내의 강경 보수파_옮긴이)에 공감했다.

그는 아무 때나 QGA로 돌아갈 수 있었지만, 거기서 다시 시작한다면 그곳은 자신의 무덤이 될 것이라고 판단했다. 반면, 코프먼과 보낸 시절은 일생에서 가장 자랑스러운 시기로, 그로서는 워싱턴에서의 활동 기간

중 마지막 경력이 될 것이다. 얼마 안 있으면 51세가 되는 그는 누군가의 2인자 노릇을 하는 것에 지쳤다. 무엇을 하든 상관 가까이 대기하는 생활을 한다면 자신이 바이든 사람이라는 허황된 이야기를 계속 늘어놓아야 할 것이다. 그리고 어쩌면 자신이 사반세기 동안 충성을 바쳤던 그 사람에게 다시 굴욕을 당할지도 몰랐다. 코너턴이 입을 열었다.

"괴롭지만 솔직하게 털어놓는다면…… 부통령 바이든과 함께 일하며 사기꾼이 되는 것에 질렸어요. 그 일을 하며 돈이 얼마나 생기든 관심 없어요. 나에게 술을 사주고 싶어하는 사람이 얼마가 되든 관심 없어요. 그저 하기 싫을 뿐입니다. 거울로 나 자신을 들여다보는 것과 같죠."

생각하면 할수록 결론은 분명했다. 선택할 길은 워싱턴을 떠나는 것밖에 없었다.

그는 9월 중 단 하루 만에 조지타운에 있는 연립주택을 팔았고, 11월 1일에는 워싱턴 생활을 정리했다. 그다음 날은 대통령 선거일이었다. 하원은 공화당이 다시 장악했고, 최근의 위기에 대해 은행과 은행 경영진에게 책임을 지워 다음 위기를 방지할 기회는 모두 사라졌다. 이튿날 아침 코너턴은 뉴욕행 기차에 올랐다. 로어맨해튼에 있는 뉴욕 연방준비은행의 토론회에 다른 상원의원 보좌관 대신 참석해달라는 부탁을 받았기 때문이다. 그의 토론 주제는 '금융위기와 금융범죄'였다. 6층 강당에는 300명의 청중이 모였다. 월가의 경영자들과 규제감독관, 각 선거구의 변호사들이었다. 그는 2년 동안 작업한 내용을 15분 분량으로 요약하려고 했다.

코너턴이 발언을 시작했다.

"첫째, 금융위기 와중에 사기가 저질러졌는가? 둘째, 범죄에 대한 대응으로서 법 집행은 금융사기를 억제할 만큼 효과적인 성과를 냈는가? 셋째, 연방 사법기관은 갈수록 복잡해지는 시장에서 사기와 시장조작을 적발할 충분한 능력이 있었는가? 그리고 마지막으로 월가는 이 모든 사태에 대해 자체적으로 관심을 가져야 했는가?"

그는 잠시 말을 멈췄다.

"이 물음에 대한 나의 대답을 순서대로 하자면 '예, 아니요, 아니요, 예'입니다."

그는 리먼 파산사태의 조사관과 상원 상설 조사소위원회가 수많은 증거를 찾아냈음에도 법무부에서 고위층을 기소하는 데 실패한 예를 다시 거론했다. 또 고빈도 거래자들이 주식시장을 조작하는 사태를 뻔히 알면서도 증권거래위원회는 제 기능을 발휘하지 못했다는 말도 했다. 쥐 죽은 듯 조용한 가운데 청중은 그의 말에 귀를 기울었다.

그는 결론 삼아 말했다.

"코프먼 상원의원과 상원 보좌관으로서의 내 시간은 12일밖에 남지 않았습니다. 이것은 상원의원 한 사람이 담당할 문제가 아닙니다. 이것은 법치주의의 토대와 미국의 경제적인 성공에 대한 물음입니다. 공익의 측면에서 나는 여러분이 이 물음에 현명한 답을 내리기를 기대합니다."

밖으로 나와 낫소와 월가의 길모퉁이에 서자 기분이 상쾌해졌다. 그는 방금 미국 금융의 심장부에서 자폭에 가까운 행동을 했다. 다시는 영주계층의 일원이 되겠다는 생각이 없었다.

코너턴의 상원 일은 11월 15일에 끝났다. 그는 비행기를 타고 코스타리카로 가서 나가 여덟 시간 동안 하이킹을 한 후 호텔 방으로 돌아와 샤워기를 틀어놓고 옷도 벗지 않은 채 샤워를 했다. 그는 온몸으로 물줄기를 맞으며 서 있었다. 깨끗해졌다는 느낌이 들 때까지 계속해서 흠뻑 젖게 두었다.

2010

소득 격차가 확대되다. 권리를 주장하는 티파티가 폭동 기미를 보이다.

독점보도: 스누키, 에밀리오가 유명해지려고 자신을 이용한다고 비난.

존 매케인이 스누키에게 보낸 메시지: 나는 당신의 일광욕 침대에 절대 세금을 물리지 않습니다! 오바마 대통령의 세금·소비 정책은 정말 '세상에 이런 일이!' 감이죠. 하지만 자외선 차단제는 바르라고 권하고 싶네요.

돈이 없을 때 당신은 더 화를 내며 자유에 매달릴 것이다. 흡연이 당신을 해치더라도, 아이들을 먹여 살릴 능력이 없더라도, 또 아이들이 정신병자의 총에 맞아 쓰러지더라도 마찬가지다. 당신은 가난할지 모르지만, 아무도 당신에게서 빼앗아갈 수 없는 것이 하나 있다면, 그것은 당신이 인생을 누릴 자유다.

이것이 국법: 건강보험 개혁안 서명. 은행이 국민적 분노를 무릅쓰고 거액의 보너스를 약속하다.

골드만삭스는 2009년에 직원 한 사람당 평균 59만5000달러를 지급할 것으로 예상된다. 2009년은 141년 역사에서 엄청난 이익을 낸 해에 해당한다.

저스틴 비버 열풍이 마이애미를 강타하다.

중국이 세계 2위의 경제 대국인 일본을 앞지르다.

양당, 대중주의자들의 분노를 돌릴 방법 모색!

나는 여러분이 몇 달 전에 시험공부를 하느라 밤늦게까지 잠을 자지 않았다고 생각합니다. 어쩌면 비 오는 아침에 침대에서 빠져나와 그럴 만한 가치가 있는 일이었는지 궁금해하기도 했을 것입니다. 이건 의심할 여지가 없습니다.

당신은 버락이라는 이름을 미국과 동일하게 보지 않습니다. 무엇 때문에 버락이라는 이름을 쓰나요? 유산 때문에? 유산이라면 케냐의 아버지에게서 물려받은 것이겠죠. 정말 아버지가 급진주의자였나요?

99주가 지나면 실업자는 절망에 빠질 것.

나는 소문과 달라요. 나는 여러분과 같습니다. 완벽한 사람은 없습니다. 주변에서 보는 것만으로 행복한 사람이 어디 있겠습니까? 정치인들은……

클로에 카다시안은 남편인 라마 오돔이 도착하기 전에 비키니왁스를 하는 것을 잊었다. 그래서 수년째 직접 왁스를 해오던 그녀의 언니 코트니에게 제모를 맡겼다. 이 일은 결국 성기에 심한 화상을 입는 결과를 낳았다.

오바마, 금융 시스템 정비안에 서명.

공화당, 전국적인 승리로 하원 장악.

나는 집을 생각할 때 절대 사랑을 생각하지 않아. 나는 아직도 갚아야 할 돈이 있지. 이웃들은 내가 아는 사람들과는 다 사이가 멀어지네.

※ 2010년 한 해의 세계상과 미국의 정치적·경제적·사회적인 모습을 「뉴욕타임스」, CBS, CNN, 폭스뉴스, 「허핑턴 포스트」, 레이더온라인 등의 언론을 통해 조명한다. 연예인과 트위터를 하며 오바마를 비난한 존 매케인. 대학생들과 대화하는 오바마. 델라웨어 주 공화당 상원의원 후보인 크리스틴 오도넬이 고등학교 때 마녀놀이를 했다는 발언에 대한 비난. 연예인에 대한 선정적 보도 같은 것을 발췌해 소개하며 이해의 성공작으로 조너선 프랜즌의 소설 「자유Freedom」와 인디밴드 '더 내셔널'의 히트곡 「블러드버즈 오하이오Bloodbuzz Ohio」를 인용한다_옮긴이.

시민 기자, 앤드루 브라이트바트

1969년 2월, 미국에서 가장 신뢰받는 앵커 월터 크롱카이트의 「CBS 이브닝 뉴스CBS Evening News」를 보는 시청자가 2000만 명이나 되고 여섯 가구에 한 가구꼴로 이 뉴스를 보던 시절, 생후 3주가 지난 아일랜드 태생의 아기가 로스앤젤레스의 한 유대인 가정에 입양되었다. 스테이크 전문점을 운영하던 제럴드 브라이트바트Gerald Breitbart와 아일린 브라이트바트Arlene Breitbart 부부는 아기에게 앤드루Andrew라는 이름을 지어주었다.

앤드루가 두 살이 되었을 때, 『뉴욕타임스』와 『워싱턴포스트』는 닉슨 행정부의 언론 탄압에 맞서 펜타곤 문서(제2차 세계대전 때부터 1968년 5월까지 인도차이나에서의 미국의 역할을 기록한 보고서_옮긴이)를 공개했다. 이듬해, 『워싱턴포스트』의 밥 우드워드Bob Woodward와 칼 번스타인Carl Bernstein은 민주당 선거본부 침입 사건을 취재하라는 지시를 받았다. 앤드루의 유아기는 기존 미디어의 황금시대였다.

브라이트바트 집안은 부유하고 자유로운 성향의 브렌트우드에 살며 공화당을 지지하는 상류 중산층 가정이었다.(계곡이 보이는 전망을 갖춘 집에는 침실이 네 개에 수영장도 있었다.) 앤드루는 미국의 대중문화와 영국의 뉴웨이브 음악, 할리우드 스타들 속에서 성장했다. 그는 아버지에게 "어떤 유명인사가 식당에 오나요?"라고 묻곤 했다.(레이건 부부, 브로더릭 크로포드, 셜리 존스, 캐시디 가족, 이 밖에 수많은 유명인사가 그들의 식당에 방문했다.) 앤드루는 말리부에서 최고 프로에게 테니스를 배웠고, 한번은 코치를 기다리느라 파라 포세트Farrah Fawcett(영화배우)와 함께 잊을 수 없는 15

분을 보낸 적도 있었다.

앤드루가 열한 살이던 1980년에는 케이블 뉴스 네트워크CNN가 방송을 시작했다. 열세 살 때는 「맥러플린 그룹The McLaughlin Group」(시사토론 쇼)과 「크로스파이어Crossfire」(토론 프로그램)가 큰 주목을 받으며 뉴스 분석을 시작했다. 앤드루는 어릴 때부터 특종 뉴스의 열광적인 팬이었다. 브렌트우드 학교에 다닐 때는 고등학교 생활을 다룬 「브렌트우드 이글Brentwood Eagle」에 나오는 이야기를 익살맞게 꾸며 자랑스럽게 떠들어대며 유명하지도 않고 부자도 아닌 신분을 바꿔보려고 했다. 그는 친구들의 수준에 맞추기 위해 피자 배달 일을 해야 했고, 저지 레인홀드Judge Reinhold(배우) 같은 사람들에게 두둑한 팁을 받아보기도 했다. 브라이트바트는 근본적으로, 훗날 그 자신이 말하듯, 'X세대의 게으름뱅이'였다.

"특별히 정치적인 성향도 없었고, 돌이켜보면 태만한 진보주의자였다. 나는 일주일에 네 번씩 영화관에 갔고, 유선방송 프로그램을 꿰뚫고 있으며, 타워 레코드에서 시간 보내는 것을 미국인의 타고난 권리라고 생각했다."

1987년(연방통신위원회가 1949년 이후로 공중파는 중요한 현안에 대해 정직하고 공평한 보도를 해야 한다고 규정한 '공정성 원칙'을 4 대 0의 표결로 폐지한 해. 이 표결은 새크라멘토의 라디오 진행자였던 러시 림보가 자신의 보수적인 토크 쇼를 전국적으로 동시 진행하는 길을 열어주었다), 브라이트바트는 툴레인 대학에 들어갔다. 그는 4년 동안 뉴올리언스에서 부유하고 방탕한 친구들과 파티를 벌이며 자신의 본분을 잊고 살았고, 부모가 준 돈으로 도박을 하며 미식축구 경기와 주사위 게임에 빠져 지냈다.

정신적으로 나약했던 브라이트바트는 미국학 교수들과 이들의 추천도서에서 치명적인 영향을 받았다. 그 목록에는 에머슨과 트웨인이 아니라 푸코와 호르크하이머, 아도르노, 마르쿠제가 들어 있었다. 다행히 술에 취한 날이 많아 비판이론(호르크하이머, 아도르노, 마르쿠제 등 프랑크푸르트

학파의 자본주의 산업사회에 대한 분석 이론_옮긴이)이 철저하게 주입되지는 않았지만, 그의 가치관은 불가피하게 도덕적 상대주의가 지배하는 철학에 침식되었다. 프랑크푸르트학파와 밤마다 고주망태가 되는 것 사이에 큰 괴리는 없었다.

브라이트바트가 졸업하기까지의 과정도 순탄치 않았다. LA의 집으로 돌아왔을 때 부모는 더 이상 학비를 지원해줄 수 없다고 말했고, 그의 생활은 타격을 받았다. 베니스 비치 부근에서 식당 서빙 일을 시작한 그는 힘든 일을 하면서 성취감을 맛보았다.

"도피생활에서 내 가치를 되찾은 기분이었어요."

1991년 가을, 클래런스 토머스Clarence Thomas의 청문회(연방대법원 판사로 임명된 보수적 흑인 클래런스 토머스의 인사청문회. 여교수인 아니타 힐Anita Hill이 그에게 성희롱당했다고 주장해 논란을 빚었다_옮긴이)를 시청하던 그는 아니타 힐과 민주당에 거는 기대가 컸다. 하지만 그는 토머스 판사를 파멸시키는 데 동원된 증거가 고작 포르노 대여물과 콜라 캔에 붙은 음모陰毛 한 올을 보고 던진 말 한마디였다는 것, 그것도 토머스 판사가 보수파이고 흑인이기 때문에 제소되었다는 것을 알고는 격분했다. 중립을 자처하는 기자들이 군중을 선동한 것도 못마땅했다. 브라이트바트는 눈을 뜨기 시작했고, 그의 쾌락주의적인 정신 속에서는 혐오감이 싹텄다. 그는 절대 주류언론을 용서할 생각이 없었다.

이후 몇 년이 더 지나 앤드루 브라이트바트는 인생의 사명을 찾았다. 1992년(『워싱턴포스트』의 주요 투자자인 워런 버핏이 "한때 강력했던 언론기업의 경제력은 독자를 위한 판매방식이 변하고 광고와 연예를 선호할수록 계속 떨어질 것"이라고 경고한 해), 브라이트바트는 할리우드 주변에서 대본을 배달하는 일거리를 얻었다. 그는 사브 컨버터블을 몰고 다니며 FM 라디오를 즐겨 들었고, 마이클 오비츠Michael Ovitz(월트 디즈니의 사장을 역임한 쇼비즈니스맨_옮긴이)의 외부 사무실에서 아첨을 하거나 "나는 「너에게 빠졌어「Mad About You」(미국 NBC 방송의 시트콤_옮긴이)의 의상 준비실에서 일해"라고 말하는 사람들의 파티에 참석하는 것을 좋아했다. 하지만 '그런지'(1980년대 말과 1990년대 초에 유행한 록 음악의 형식_옮긴이)가 얼터너티브 록 방송국을 장악하자("이 짜증나고 한심한 변태는 누구야?") 싫증이 난 그는 AM 라디오로 바꿨다. 여기서 그를 기다린 것은 라디오 토크 프로그램이었다.

그는 하워드 스턴Howard Stern과 짐 롬Jim Rome이 진행하는 프로그램이라면 뭐든지 좋아했고, 차에서 나와 대본 배달을 할 때도 워크맨을 끼고 다녔다. 하지만 이때까지만 해도 그는 생각 없는 진보파였기 때문에 여자 친구 아버지이자 TV연기자인 오슨 빈Orson Bean의 탁자에 놓인 림보의 저서 『사필귀정The Way Things Ought to Be』을 보자마자 경멸 조로 비웃을 정도였다.

장래의 장인이 그에게 물었다.

"림보에 대해 들어본 적이 있나?"

"그럼요, 나치 나부랭이 아닙니까?"

"자네 정말 림보에 대해 들어본 거야?"

1960년대부터 게임 쇼 프로그램에 단골로 출연하던 오슨 빈은 「투나잇 쇼The Tonight Show」에서 일곱 번째로 많이 초대받은 손님으로, 그의 의견은 무시할 수 없는 것이었다. 1992년 대선 기간에 수개월간 림보의 토크 쇼를 청취한 뒤, 브라이트바트는 엘 러시보(러시 림보의 애칭_옮긴이)를 자신의 진정한 스승으로 간주했다.

"그가 특종 뉴스를 소개하고 텔레비전에서는 한 번도 볼 수 없었던 방식으로 재미있고 명쾌하게 분석하는 것을 보고 놀랐어요."

시청자를 사로잡는 비결은 분명해졌다.

같은 해, 고등학교 동창생이 자신의 아파트에 들른 그를 보고 말했다.

"너의 미래는 인터넷이야."

브라이트바트가 물었다.

"인터넷이 뭔데?"

1994년 어느 날 밤, 그는 인터넷에 연결될 때까지 꼼짝도 하지 않겠다고 맹세했다. 필스너 우르켈 맥주 여섯 캔과 로티서리 치킨을 먹으며 당시의 원시적인 모뎀으로 몇 시간째 진땀을 흘렸다. 그러다가 마침내 딱 하는 소리가 들리며 앤드루 브라이트바트는 인터넷에 연결되었다. 무엇이든할 수 있다고 말하고, 또 그렇게 생각하는 '민주당 미디어 복합체'(아이젠하위의 '군산복합체'에서 착안한 브라이트바트의 정언복합체라는 표현으로, 민주당과 진보적인 주류언론의 협조 시스템을 가리키며, 단순히 '복합체'라고도 한다_옮긴이)를 넘어서는 공간이었다. 그는 다시 태어난 기분이었다.

얼마 지나지 않아 브라이트바트는 『드러지 리포트』라는 1인 뉴스 다이제스트를 찾아냈다. 정치 뉴스와 할리우드의 가십, 일기예보 같은 것을뒤섞어 내보내는 사이트였다. 그는 여기에 빠져들었고, 드러지가 언론에서 꺼리는 클린턴의 섹스 스캔들을 폭로하자 자신이 무엇을 하며 살지 깨달았다. 드러지와 인터넷은 그의 세대가 품은 냉소적 아이러니의 세계에서 그를 구출해냈고, 한 개인이 정언복합체의 부패상을 폭로할 수 있는힘을 그에게 보여주었다. 경외감에 사로잡힌 브라이트바트는 정체도 모르는 드러지에게 이메일을 보냈다.

"거기서는 50명이 일합니까? 100명인가요? 건물은 있나요?"

드러지는 이혼하고 LA에 거주 중인 그리스 태생의 부유한 여자 아리아나 허핑턴에게 그를 소개했다. 허핑턴은 드러지와 똑같이 웹을 기반으로멋진 추문 폭로 사업을 하고 싶어했다. 1997년 여름(MSNBC와 폭스뉴스가 출범하고 1년이 지났을 때), 브라이트바트는 브렌트우드에 있는 허핑턴의집에 초대받았다. 여기서 아리아나는 그에게 스파나코피타(그리스식 파이_옮긴이)와 아이스티를 대접한 다음 일자리를 주었다. 그를 본 순간 놓치고싶지 않았기 때문이다.

브라이트바트의 머릿속에서 인터넷과 보수파운동은 기막히게 결합 했다. 그는 카밀 파글리아Camille Paglia의 책을 읽으며 학술적인 정치를 배웠고, 정언복합체의 전체주의적인 권력을 조명하는 일에 인생을 걸었다. 그는 태어난 이후로 줄곧 적의 전선 후방에서 살아왔다. 할리우드의 진보적 파시즘liberal fascism(20세기 미국에서 파시스트의 지적 활동과 자유-진보운동의 연계성을 이르는 말_옮긴이)과 주류매체의 좌편향, 그리고 나치를 피해 망명한 뒤 툴레인대학에서 대학교육을 지배한 철학자들이 바로 그 적이었다. 이들은 LA에 정착해 살면서 역사상 가장 자유분방한 학생들의 생활방식을 파괴했고, 커트 코베인 류의 우울하고 허무주의적인 마르크스주의를 학생들에게 주입했다. 좌파는 우파가 무시하는 것이 무엇인지 알았다. 그것은 워싱턴보다 더 중요하다고 할 수 있는 뉴욕과 할리우드, 대학 캠퍼스였다. 정치적 싸움이 문화에 대한 전부였다. 독학과 취업난에서 주의력결핍장애와 인터넷 중독증으로 전환한 X세대는 이런 싸움에서 유난히 잘 무장되었다.

이후 8년 동안 브라이트바트는 아리아나, 드러지와 함께 일했다. 브라이트바트는 아리아나를 도와 클린턴의 친구에 대한 정보를 입수해 그가 알링턴 국립묘지에서 발굴된 자신의 전쟁 기록을 날조했다고 폭로함으로써 최대의 성공을 거두었다. 『뉴욕타임스』 따위는 필요 없어!

"우리는 로스앤젤레스에서 최소한의 자료만 갖고도 워싱턴에서 수백 명의 기자를 거느린 주류매체보다 얼마든지 더 많은 일을 할 수 있다고."

브라이트바트가 어슬렁거리며 놀 만한 영역이 줄어들고 무너지다가 갑자기 활짝 열린 것 같았다. 기존 매체를 떠받치는 기둥은 돈을 벌고 주의가 산만한 독자를 계속 붙잡아둘 목적으로 인포테인먼트infotainment(정보 information와 오락entertainment의 합성어로서, 정보 제공과 오락적 성격을 지닌 멀티미디어 서비스_옮긴이)와 오피니언 저널리즘(뉴스나 오락을 중심으로 한 저널리즘과 달리, 의견을 발표해 여론에 호소하는 것을 주목적으로 하는 저널리즘_옮긴이)으로 바뀌고 있었다. 제이슨 블레어Jayson Blair가 『타임스』에 날조된 이야기를 쓰고 댄 래더Dan Rather가 「60분」 프로그램에서 위조문서를 바탕으로 방송을 한 후 기자들은 겁을 먹었다. 좌우파의 감시기구가 편향적인 보도의 단서를 볼 때마다 사납고 잔인하게 혹평을 해댔기 때문이다. 새로운 매체(뉴미디어)에서 갑자기 스타가 된 사람들은 위축된 게이트키퍼(사회적 사건이 대중매체를 통해 사람들에게 전달되기 전에 미디어 기업 내부의 각 부문에서 필요한 내용을 선택하고 검열하는 직책_옮긴이)를 보며 야유를 퍼부었다. 이제 무엇이 옳고 무엇이 진실인지 아는 사람은 아무도 없었다. 아무도 언론을 믿지 않았고, 언론 그 자체에 대한 신뢰도 무너졌다. 브라이트바트가 그 자신의 주장을 펼치기에는 완벽한 환경이었다.

2005년[래더가 CBS 방송에서 해고되고, 『월스트리트저널』이 지면의 폭을 38센티미터에서 30센티미터로 줄이는가 하면, 『로스앤젤레스타임스』가 뉴스 제작실 인원을 62명이나 감원하고 당시 진보 노선을 등진 아리아나가 브라이트바트의 도움으로 『허핑턴 포스트』를 창간한 해. 그는 훗날 정언복합체 안에서 '제5열Fifth Column'(적국에서 교란이나 스파이 활동을 하는 집단_옮긴이)로 키울 생각이었다고 말했다], 브라이트바트닷컴이 출범했다. 이것은 통신망 이야기를 위한 뉴스 보도 집중 사이트였으며("여러분은 기존 매체를 쳐부수고, 동시에 그것을 정보원으로 이용할 수 있다"), '진실을 위한 수색보트 참전용사회Swift Boat Vets'와 기타 시민 기자들의 정신으로 사실을 말하기 위한 논단이었다. 뉴미디어의 강력한 힘은 '누구나 이 일을 할 수 있다'는 정신에서 나왔다. 브라이트바트는 아무 때나 뉴욕으로 날아가면 주류언론의 파티에 초대받을 수 있다는 것을 알았다. 그는 이런 자리에 참석하면 애플 마티니와 피노누아를 마시며 자신이 그들의 편이라고 생각하게 했지만, 만찬이 끝날 무렵이면 그들의 앞에 나가서 말했다.

"당신들은 이해 못 할 거야. 미국인들은 지금 진실이 담긴 이야기를 원한다고. 당신들 힘으로는 안 돼. 그런 이야기를 알아도 절벽 밑으로 떨어뜨릴 테니까."

2009년 8월이 되자 모든 것이 브라이트바트에게 유리하게 변했다. 이해에 『시카고 트리뷴』이 외국 지사를 폐쇄했고, 『워싱턴포스트』는 뉴욕과 시카고, 로스앤젤레스에 있던 국내 지사의 문을 닫았기 때문이다. 이때 제임스 오키프James O'Keefe라는 젊은 시민 기자 한 명이 편집되지 않은 비디오 한 무더기를 들고 브라이트바트의 집을 찾아왔다. 이 비디오는 「위대한 사회의 아부 그라이브Abu Ghraib of the Great Society」('위대한 사회'는 린든 존슨 대통령이 미국 사회를 조롱하며 지칭한 말로 아부 그라이브는 이라크 수감자를 학대하기로 악명 높은 미군 수용소가 있는 이라크의 도시_옮긴이)였다. 비디오는 오키프와 한나 가일스Hannah Giles라는 다른 시민 기자를 보여주었는데, 이들은 엘살바도르에서 데려온 미성년 소녀들을 이용해 매음굴을 차리려는 포주와 창녀로 위장한 모습이었다. 이들은 또 볼티모어와 뉴욕 등 전국에 산재한 좌파기구 에이콘ACORN(개혁을 위한 지역공동체_옮긴이) 사무실에 몰래카메라를 설치했다. 비디오에는 하급 직원들이 마주 앉아 이익을 위해 연방 세법을 피하는 법을 가르치는 모습이 담겨 있었다.

"절벽 밑으로 떨어지는 서구문명을 지켜보는 기분이었어요."

브라이트바트는 무엇을 해야 할지 정확하게 알았다. 특종 뉴스로 뉴스를 만들어라. 개를 훈련시키듯 미디어에 먹이를 주어라. 생생한 이야기를 담아 기존 매체의 거짓말과 편견을 폭로하되 에이콘과 뉴스 보도에서 방심하는 것을 포착해 먹이 전체를 한꺼번에 주는 대신 한 번에 비디오 하나씩을 터뜨려라. 또 효과를 극대화하기 위해 폭스뉴스처럼 우호적인 네트워크를 활용하라. 수단과 방법을 가리지 말고 계속 공격하라.

그의 진정한 목표는 주류매체였다. 사실 약탈적인 대출기관으로부터 에이콘이 보호하는 가난한 주택 소유자들, 혹은 임금 인상을 위해 싸우는 저소득 노동자들에게 누가 신경을 쓰겠는가? 몇 달 지나지 않아 에이콘은 사라졌고, 브라이트바트는 '티파티'의 영웅이 된 가운데, 대형 매체에서는 앞다투어 그의 신상을 소개하기 바빴다. 마치 사용이 금지된 1급 마약을 한꺼번에 삼킨 기분이었다.

신나는 일이었다. 진실을 말한다는 것은 얼마나 재미있는가! 그를 밀어주는 미국인들이 있다는 것도 재미있고, 신경질적인 중견 기자들을 골려주는 것도, 주류매체를 자멸의 길로 유도하는 것도 재미나는 일이었다. 브라이트바트는 계속해서 「빌 마어와의 실시간Real Time with Bill Maher」(미국 HBO 방송사의 토크 쇼_옮긴이)에 출연했고, 자신과 러시를 옹호하며 고향 청취자들의 정치적인 견해를 바꿔놓았다. 그의 인생에서 믿을 수 없을 정도로 열정적인 시기였다. 그는 자신을 애국적인 불평가들의 느슨한 조직을 이끄는 지도자로 생각했으며, 그의 눈앞에는 건국의 아버지들이 누렸던 것과 똑같은 기회가 펼쳐져 있었다. 정언복합체에 맞서 혁명의 싸움을 할 기회가.

그리고 그는 셜리 쉐로드Shirley Sherrod라는 농무부 공무원의 정보를 우연히 입수해서 마치 그녀가 반백인주의적인 주장을 한 것처럼 거짓으로 편집한 비디오(사실은 정반대였다)를 공개함으로써 쉐로드를 해고당하게 만들었을 때도 개의치 않았다. 빌어먹을! 그럼 저쪽에서는 공정한 보도를 하나? 어쨌든 진실과 객관성에 대한 기존 매체의 규칙은 죽었어! 중요한 것은 적당히 이야기를 꾸며서 최대의 반응을 이끌어내는 거라고! 이것이 브라이트바트가 언론에 적대적인 세력으로부터 폭넓은 도움을 받아 승리한 비결이었다. 또 그가 대학 시절 도덕적 상대론 수업 시간에 적어도 반쯤은 술에 취해 있었던 이유이기도 했다.

2010년, 브라이트바트는 맨해튼이고 워싱턴이고 안 가는 곳이 없었다. 티파티 회의나 백악관 특파원 만찬에 나타나 블랙베리로 대화하는 동안에도 트위터와 유튜브를 활용했다. 또 자신을 비추는 카메라를 향해 불그레한 얼굴과 예리한 파란 눈, 출렁거리는 회색 머리를 내밀곤 분노한 기색으로 서툰 유머를 쏟아내며 손가락을 치켜들었다.

"『뉴욕타임스』의 케이트 제나이크Kate Zernike, 당신 거기 있어? 당신은 야비해. (…) 테드 케네디는 보기 드문 똥 덩어리라고. 비열하고 멍청한 쌍놈이야. (…) 당신은 건강보험을 어떻게 해야 한다고 봐? 나는 당최 모르겠어. 너무 복잡한 문제라서 말이지. (…) 때가 안 묻었다고 하는 존 루이스John Lewis 하원의원이 나서든가 입을 닥치든가 할 때라고. (…) 사람들은 나를 주저앉히거나 해칠 수 있다고 보겠지. 그래 봤자 나를 더 띄워주게 될 거야. (…) 빌어먹을, 당신이나 존이나 포데스타 말이야. (…) 당신, 텔레비전에서 나를 본 적이 있나? 나는 언제나 미디어에 맞게 주제를 바꾸지. (…) 미디어가 전부야. (…) 그것이 나에게는 근본적인 흠이고. 죽으면 어떻게 될지, 그런 건 나도 잘 몰라. (…) 나를 미친놈이나 얼빠진 놈, 불안한 놈이라고 말하고 싶겠지. 좋아, 상관없다고! 엿 먹어, 엿 먹어. 빌어먹을!"

　2012년 3월 1일, 하원의원인 앤서니 위너Anthony Weiner(트위터의 여성 팔로어들에게 자신의 외설 사진을 보낸 사건으로 연방 하원의원직에서 물러난 정치인_옮긴이)가 셀프카메라로 회색 팬티 위로 발기된 성기를 찍어 보낸 사건을 폭로해 대대적인 성공을 거둔 지 1년도 지나지 않았을 때, 와인을 마시며 이야기를 나누다가 브렌트우드 바를 떠난 직후에, 브라이트바트는 심장마비로 쓰러져 43세의 나이로 사망했다.

탬파

2010년 초에 『타임스』는 마이클 밴 시클러가 주택 문제에서 손을 떼게 하고, 세인트 피터스버그 시청을 담당하게 했다. 밴 시클러는 그 이유를 잘 알았다. 신문사의 예산은 빠듯했고, 수백 명이나 감원하는 실정이었기 때문이다. 그는 소니 킴에 대한 취재를 계속하면서 그런 거래를 가능하게 한 관계자들을 조사하고 싶었지만, 정확히 어떻게 배후에 접근할 것인지를 편집실에 말할 수 없었고, 3개월 안에 진상을 폭로할 자신도 없었다. 또 편집실에서도 마냥 기다릴 수만은 없는 노릇이었다.

6월에 소니 킴은 연방검찰에 의해 기소되어 돈세탁과 사기죄를 인정했다. 플로리다 중부재판소로서는 감당하기 힘든 큰 사건이었지만, 밴 시클러는 힘들이지 않고 이 사건을 인계했다. 연방검찰은 킴에게 공범이 있으며 아직 수사가 끝나지 않았다고 발표했지만, 수개월이 지나도록 소환된 사람은 아무도 없었다. 밴 시클러는 의아한 생각이 들었다.

"거물급을 잡아들였다는 소식은 왜 안 들리는 거지? 그 많은 은행가와 변호사, 부동산 전문가들은 다 어디 간 거야?"

킴은 거대한 범죄의 깃털에 불과했다. 조직 전체는 어떻게 된 거냐고? 워싱턴이나 뉴욕이나 다를 것이 없었다. 대형 은행이 저지른 형사 사건은 하나도 드러난 것이 없었다. 밴 시클러는 어리둥절했다.

"오바마가 대통령이 되었는데도 에릭 홀더가 이 사태에 중점을 두지 않는 것은 역사상 엄청난 수수께끼 중 하나가 될 거야."

2010년 탬파 일대의 경기는 최악이었다. 힐스버러 카운티의 실업률은

12퍼센트를 넘어섰다. 주택시장이 얼어붙으면서 부동산경기가 침체되기 시작했다. 중산층은 어떻게 하면 정부의 혜택을 받을 수 있을까 갈팡질 팡하며 긴급대책본부와 사회복지기관에 얼굴을 내밀고 있었다. 자동차에서 잠을 자는 4인 가구나 학교 친구들에게 사는 곳을 말하고 싶어하지 않는 학생들을 다룬 TV 프로그램도 있었다. 라디오의 귀금속 광고는 주식시장이 붕괴하고 워싱턴과 월가를 축으로 하는 신경제가 고인플레이션 속에 불황을 맞으리라고 경고했다. 하지만 2015년경으로 예상되는 주택시장의 회복을 기다리는 것 말고 딱히 해결방안을 제시하는 사람은 아무도 없었다. 힐스버러 카운티 주변에 흩어진 수만 군데의 주택 구획지가 텅텅 비었는데도 카운티 위원회는 규제를 철폐하고 개발영향부담금을 낮추는 예전의 방식으로 돌아가 어떻게 해서든 성장기제를 가동시키려고 몸부림쳤다. 위기감이 뜨겁게 타오르면 적당한 습도를 찾아 다시 식히는 과정이 반복되었다. 어쨌든 이곳에는 태양과 해변이 있지 않던가! 세상의 종말이 수면 아래서 잠복하고 있었다.

그러던 중 탬파 사람들 일부가 기발한 아이디어를 생각해냈다. 바로 철도였다. 그것은 탬파를 미국의 차세대 대도시로 키우자는 과거의 정책으로 돌아간 것으로, 선벨트 경쟁 도시(샬럿, 피닉스, 솔트레이크 시티) 중에서는 통근을 위한 철도망을 갖춘 곳이 없었기 때문이다. 현재 이 도시들은 모두 탬파를 앞지르고 있다. 탬파는 영업세를 인상해 경전철 노선 개발의 재원을 확보한다는 계획을 세웠지만, 힐스버러 카운티 위원회는 계속해서 이 안건을 표결에 부치기를 거부했다. 그러다가 2010년 들어 변화가 생겼다. 공화당 카운티 위원인 마크 샤프가 경전철 프로젝트를 지지하며, 이 계획이 경제발전을 가져올 것이고 종국에는 사반세기 동안 비껴갔던 영광을 탬파베이에 안겨줄 것이라고 말한 것이 계기가 된 것이다. 샤프는 보수파로서 1994년에는 깅리치 혁명에도 가담하려 했고, 그로버 노퀴스트Grover Norquist(미국 세제개혁운동의 리더_옮긴이)의 반조세정책을 공약으로 내걸고 하원의원에 출마하기도 했던 인물이다.(그는 민주당 현역의원에게 패했다.) 하지만 2010년이 되자 그는 공화당이 너무 시야가 좁고 극단적으로 변한 것을 보고 충격을 받았다. 그는 존 매케인 같은 개혁가가 되고자 열망했으며, 다른 공화당 선출직 관리라면 감히 엄두도 못 낼 정도로, 전국을 하나로 묶기 위해 운하와 도로가 필요하다고 역설한 존 퀸시 애덤스John Quincy Adams와 연방을 유지하기 위해 철도에 특혜를 주자던 링컨, 주간고속도로 시스템을 강조한 아이젠하워의 말을 인용하고 다녔다. 그리고 청중을 향해 껄껄 웃으며 "정부가 연방 차원에서 도로 건설에 매진하는 것은 '합헌적'인 것"이라고 말했다. 하지만 이제 고속도로는 자동차로 만원이고, 휘발유 가격은 고질적으로 고가행진을 이어가고 있으며, 275 주간고속도로를 확장하는 데는 한계가 있다는 것이었다. 샤프는 성장기제를 비웃었다.

"사람들은 뭔가를 세우고는 레이지 옥스(통나무집이 들어선 숲 속의 리조트_옮긴이)라고 부르죠. 그러고는 그 사이를 지나는 운하가 들어서기를 기대하면서 골프장을 건설합니다. 당신은 어떨지 모르지만, 나라면 골프를 한두 번 친 다음에는 지루해질 겁니다."

경전철은 정규 철도나 지하철보다 속도가 느리고 가격이 싼 전차 같은 것으로 인식되었다. 이 계획에는 공항에서 웨스트쇼어를 거쳐 탬파 시내와 사우스플로리다대학, 뉴 탬파까지 이어지는 단일 노선에 75킬로미터의 궤도가 필요했다. 궤도는 한때 탬파를 종횡으로 교차하던 것으로, 오래전에 사라진 노면전차 노선의 일부를 따르는 방식이었다. 2010년 11월, 힐스버러 카운티 위원회는 마침내 '1센트 판매세'를 위한 주민투표를 실시했다.

밴 시클러는 클리블랜드 급행열차를 타고 공설운동장이나 플랫 지구까지 다니던 10대 시절부터 기차를 좋아했다. 그는 경전철이 탬파가 안고 있는 난개발 문제에 대한 답이 될 수 있다고 보았다. 궤도와 정거장을 건설하면 일자리 창출도 되겠지만, 더 중요한 것은 경전철이 생활방식을 바꿔놓을 것이라는 점이었다. 시민들이 기차에서 내리면 걸을 것이고, 걷는 모습은(교통사고 사망에 대한 공포 없이) 도심 풍경을 바꿀 것이다. 쇼핑 플라자와 주차장, 주유소, 도로변의 연립주택 표지, 카페, 서점 일변도의 천편일률적인 거리 풍경에서 벗어나 보행자들이 오래 머물도록 자극하는 형태의 공간이 생겨날 것이다. 이 모습은 다른 산업체의 밀집을 유도할 것이고, 머지않아 인구밀도가 높아져 제인 제이컵스(『미국 대도시의 죽음과 삶』이라는 저서로 유명한 인물로, 살아 있는 유기체로서의 도시계획을 역설했다_옮긴이)가 말하는 천국의 모습을 갖출 것이다. 낯선 사람들 사이에 아무 부담도 없는 우연한 만남이 이루어지면서 서로 의견을 주고받는 일이 일어날 것이다. 그러면 탬파는 젊은 지식층과 신생 기술기업을 끌어들일 것이고, 이미 통근열차라는 수단을 확보한 기업체의 본사가 들어서면서 경제를 부동산보다 더 확실한 토대 위에 올려놓을 것이다. 중심 기능은 그 사이에 중요성을 상실한 컨트리워크나 캐리지 푸앵트에서 다시 도심으로 이동할 것이다. 치명적인 성장기제에 대한 답이 있다면, 그것은 바로 철도였다.

카렌 제이록Karen Jaroch은 퇴역한 육군 장교의 딸로, 탬파에서 성장했다. 16세가 되던 1980년에 카렌은 용기를 내어 웨스트쇼어 케네디로의 길모퉁이에서 레이건과 폴라 호킨스Paula Hawkins를 지지하는 피켓을 들었다. 호킨스는 공화당원으로, 그해의 보수열풍 속에서 플로리다 최초로 여성 상원의원이 된 인물이었다. 그것은 카렌의 30여 년 가까운 시간 중 공공연한 정치적 행동으로서는 마지막이었다. 카렌은 사우스플로리다대학에 같이 다니던 학생과 결혼했는데, 그는 그녀가 만난 가장 진보적인 남자였다. 처음에는 정치적인 대화를 할 수 없었지만, 카렌은 해를 거듭하면서 조용하면서도 합리적인 방법으로 남편을 자기편으로 끌어들였다.

두 사람은 같이 엔지니어 훈련을 받고, 아직 공식적으로 시에 편입되지 않은 북쪽 변두리의 붐버그인 뉴 탬파의 골프장 옆에 살았는데, 카렌은 전업주부로서 교회에 다니고 교사–학부모 간담회PTA 활동을 하며 네 아이를 키웠다. 지리적으로 불분명한 중부 억양을 쓰는 것까지 모든 면에서 평범한 중산층 여성이었다.

카렌은 사각형 얼굴에 짙은 색 머리를 80년대식으로 앞으로 늘어뜨리고 다녔다. 그녀는 부시가 행한 처방약에 대한 건강보험 혜택 확대와 낙제 학생 방지법 등 정부의 과잉 개입을 좋아하지 않았지만, 언제나 공화당에 투표했다. 카렌과 그녀의 남편은 25만 달러짜리 주택을 소유한 상태였고 언제나 수입 범위 안에서 생활했다. 어쩌다 저녁 파티에서 만난 한 부부가 그녀의 남편보다 벌이가 훨씬 적은데도 70만 달러짜리 집에 산다고 말했을 때는 깜짝 놀랐다.

"그 사람들은 거품경기를 이용해 돈을 벌려고 했어요. 1년 동안 그 집에 살면서 이자만 지불했죠. 그들은 거창한 계획을 갖고 있었어요. 그리고 여기서 우리가 하고 있는 모든 일은 합법적이에요. 그들이 잘못했다는 걸 당신도 알 겁니다."

카렌은 이런 문제에 대해서 정부도 비난했다. 규제 완화와 월가, 모기지 대출자들을 비난한 것이 아니었다. 1992년, 지역사회 재투자법의 규정을 바꿔 더 많은 미국인이 주택 소유자가 되도록 자격이 검증되지 않은 사람들에게 서브프라임 대출을 해주라고 은행을 종용한 것은 정부였기 때문이다. 정부가 은행을 강요한 거지, 은행이 정부에 떼를 쓴 것이 아니었다. 왜 은행이 돈 날릴 일을 하겠는가?

카렌은 2008년까지만 해도 정치 문제에 적극적이지 않았다. 그러다가 그해 초에 카렌은 경기부양책의 일환으로 시행된 세금환급(600달러)을 받고 나서 생각했다.

"왜 이런 일을 하지? 왜 정부는 이 돈을 모든 사람에게 송금하는 것일까? 돈을 걷고 나서 재분배하는 것이 정부가 할 일은 아닌데."

하지만 카렌은 그해 대선에 투표하지 않았다. 존 매케인이 자신의 문제에 관심을 보이지 않았기 때문이다. 그러다가 8월에 사라 페일린이 등장했다. 페일린은 카렌에게 자극을 주었다.

"나는 수많은 측면에서 그녀와 관계를 맺을 수 있었죠. 자신의 견해를 전하고 드러내고 말하면서도 부끄러워하지 않는 페일린의 용기를 보았어요. 페일린은 나와 같은 나이였죠. 결혼한 나이도 같았고, 아이들을 키우는 것이나 교사—학부모 간담회 활동을 하는 것, 경제를 바라보는 관점도 같았어요."

카렌은 채식주의자였지만, 페일린이 고기를 먹고 사냥을 즐긴다는 사실에 개의치 않았다. 페일린이 엘리트 출신이 아니라는 점도 카렌과 같았다. 탬파는 웨스트쇼어를 세운 앨 오스틴Al Austin 같은 강력한 기업 엘리트의 통제 아래 있었다. 지나친 정부 개입에서 오는 똑같은 실수를 계속 반복하는 사람들이었다. 카렌의 첫 정치적 경험은 레이건 때부터 시작되었다. 페일린처럼 정치 영역에 처음 발을 디딘 아웃사이더로서 기존 체제에 완강하게 저항했다. 페일린의 방식이야말로 카렌이 찾던 것이었다.

은행 구제조치에 이어 오바마의 경기부양책, 중고차량 현금 보상 프로그램Cash for Clunkers, 자동차산업 구제금융auto bailout 등 통제 밖에 있는 지출은 큰 정부와 결탁한 대기업의 수법처럼 보였다. 누군가 돈을 번다면 그것은 소기업이 아니었다. 카렌은 경기부양의 3분의 1은 세금 감면이라는 것을 몰랐고, 또 알 필요도 없었다. '단기 건설사업'이라는 말을 듣는 순간 그것에 반대했기 때문이다. 사람들은 아낌없이 돈을 쓰는 소비자들을 구제하는 문제에서 마땅히 물어야 할 것을 묻는 그녀를 좋아했다. 오바마는, 그의 행동으로 보건대 땀 흘려 열심히 일할 때 대가가 오고 자신이 벌어들인 것을 지킬 수 있다는 미국적 이상을 믿지 않는 것처럼 보였다. 오바마가 한 권의 책으로 쓰기도 했던 그의 아버지는 공산주의 색깔

을 지녔고, 오바마의 급진적인 멘토들은 그의 정신 속에 다른 사상을 그
려 넣었다.

카렌은 자신이 자라난 미국이라는 나라가 무서워졌다. 자신의 아이들
이 살 만한 나라가 아니라는 생각이 들었기 때문이다. 어느 날 카렌은 중
간고사를 앞둔 아들의 시험공부를 돕다가 고대 이집트에 관한 내용을 읽
고 생각에 잠겼다. 처음에는 모든 사람이 나일강변의 땅에서 농사를 지
었고, 수확한 쌀을 파라오에게 바쳤다. 하지만 파라오는 오로지 자신의
영광을 위해 피라미드를 건설했다. 그는 사람들에게서 세금을 걷기 시작
했다. 똑같은 일이 로마 시대에도 벌어졌다. 그리고 이와 똑같은 일이 미
국에서도 일어난 것이다. 미국은 몰락하고 있으며, 자신의 자녀들에게는
그녀와 달리 기회가 없을지도 모른다는 생각이 들었다.

카렌은 오랫동안 글렌 벡(벡은 2000년에 탬파에서 라디오 토크 쇼로 기회
를 잡은 인물이다)의 애청자였다. 더욱이 그가 카렌이 느끼는 문제에 대해
많은 발언을 했기 때문에 카렌은 벡이 폭스뉴스에서 새로 맡은 TV 프로
그램을 녹화할 정도였다. 「글렌 벡 쇼」는 버락 오바마의 당선 직후에 인
기가 폭발했고, 매일 오후 거의 300만 명이 시청했다. 2009년 2월 초, 대
통령 취임식이 끝나고 1~2주가 지난 다음, 벡은 시청자들에게 서로 만나
라고 주문하며 "여러분이 있는 그곳에는 생각 이상으로 여러분과 비슷한
사람들이 있습니다"라고 말했다. 이 말을 듣고 감동한 카렌은 10달러를
들여 최초로 탬파 9·12프로젝트 모임을 조직하기 위한 만남 사이트를 개
설했다. 벡의 개혁운동은 '미국은 선한 국가'라든가 '나는 내가 가진 것을
위해 열심히 일하고 내가 원하는 사람들과 나눌 것이다' 등의 9대 원칙과
존경과 희망 같은 12대 가치를 토대로 한 것이었다.

2009년 3월 13일, 켄터키의 헤브론과 애리조나의 골든밸리 등 전국 각
지에서 사람들이 이 모임에 참석하기 위해 모였다. 탬파 에일 하우스에서
는 80명의 만남이 이루어졌다. 시간은 글렌 벡 쇼가 진행되던 오후 5시였

다. 2001년 9·11사태의 비디오가 상연되었다. 이 용감한 모임이 당시의 테러를 보는 가운데 짧은 금발에 가는 세로줄 무늬의 상의를 입고 운동화를 신은 글렌 벡은 무대 뒤편에 서 있다가 카메라를 향해 한 발 다가섰다. 화면을 가득 채운 그의 얼굴은 애써 눈물을 참는 모습이었다.

"여러분은 9·11 그날 이후 9·12프로젝트에 따라 사는 사람이 될 준비가 되었습니까? 몇 주 전에 나는 '여러분은 혼자가 아니다'라고 말했죠."

벡은 위를 올려다보며 팔을 벌렸다.

"나는 열렬한 텔레비전 전도사로 변했어요!"

그의 목소리는 갈라져 나왔고, 눈두덩은 부어 있었으며, 얼굴은 자신을 바라보는 수백만 시청자를 위해 수많은 실패와 불만의 처량한 상처를 과장하는 표정을 지었다. 그는 눈물을 훔치며 말했다.

"미안해요. 그저 내 나라를 사랑하고 걱정이 되어서 그럽니다. 우리의 지도자들이나 특별한 관심에서 나오는 목소리, 또는 언론의 목소리처럼 보이겠죠. 그들이 우리를 둘러싸고 있으니까요. 그 목소리는 우리를 협박하는 것처럼 들릴 것입니다. 하지만 여러분 아십니까? 장막을 걷으면 그곳에 아무도 없다는 것을? 고작 도화선에 불을 붙이는 소수의 사람만 있을 뿐입니다. 그마나 그들의 목소리는 정말 약하죠."

벡은 카메라로 한 발 더 다가서면서 날카로운 시선으로 카메라를 응시했다.

"진실은 그들이 우리를 둘러싸고 있지 않다는 것입니다. 우리가 그들을 둘러싸고 있는 거예요. 이것이 우리나라죠."

외지에서 탬파 에일 하우스로 모여든 사람들은 쇼를 전부 다 보지 못했다. 이들은 서로 이야기하는 데 더 관심이 있었다. 카렌은 성인인데도 언제나 부끄럼을 탔다. 꼭 교사–학부모 간담회를 위한 철자 경시대회에 참여할 때 겁이 났던 것처럼. 하지만 이제는 대담해졌다. 카렌은 말했다.

"우리는 서로 어느 정도 알고 있었어요. 서로 아는 얼굴은 아니었지만,

하나로 연결되었다는 느낌이 있었으니까요. 우리는 목소리를 낸 적이 없다가 이제 막 자신의 목소리를 만들어내기 시작한 거죠."

이들은 그녀와 같은 사람들이었다. 공화당의 컨트리클럽 회원들이 아니라 뭔가 잘못되고 있다는 느낌을 공유한 사람들이었다. 그리고 이들을 한데 모이게 한 사람은 카렌이었다. 이것이 카렌 제이록의 정치 인생이 시작된 순간이었다.

그해 여름은 오바마케어(오바마 대통령의 이름과 의료보험제도인 메디케어를 합친 말로, 건강보험 의무가입을 핵심으로 하는 의료개혁법안_옮긴이)와 이에 대한 극심한 반발로 전국이 들끓었다. 8월 6일, 탬파의 민주당 하원의원인 캐시 캐스터Kathy Castor가 한 방에서 시민 모임(타운 홀 미팅)을 열었는데, 1500명이 들어가기에는 장소가 너무 비좁았다. 9·12프로젝트의 회원들이 캐스터와 오바마케어에 흥분한 상황에서 회의장은 일대 혼란에 빠졌다. 게다가 항의하는 수백 명의 참가자들 앞에서 비좁은 방으로 통하는 출입문이 잠기자 이들은 일제히 소리를 질렀다.

"당신은 우리를 위해 일하는 거야! 우리를 위해 일하는 거야! 폭정이야! 폭정!"

이들의 고함은 캐스터가 연설을 포기하고 경호원의 보호를 받으며 퇴장할 때까지 멈추지 않았다. 카렌도 그 자리에 있었다. 그리고 이튿날 오후에 그녀는 CNN 프로듀서의 전화를 받았다. 그날 밤 시내로 나와 「캠벨 브라운 쇼」에 출연해줄 수 있는지 묻는 전화였다. 세 시간 뒤, 카렌은 통신위성과 연결된 스튜디오에 혼자 앉아 있었다. 이어폰으로 들리는 목소리는 카렌이 응시하는 카메라 렌즈 바로 밑의 작은 비디오 화면과 입이 잘 맞지 않았다. 자신이 마치 자동차 전조등에 노출된 사슴 같다는 생각이 들었다.

캠벨이 카렌에게 질문했다.

"시민참여운동에 대해서는 나도 대찬성이지만, 하원의원을 향해 고함

지르고 내몰고 또 장내에 모인 사람들을 향해 고함을 친 이유가 무엇인지 설명 좀 해주시죠. 실제로 당신들을 그렇게 행동하게 한 것은 무엇이었나요?"

카렌이 대답하려고 하자 캠벨이 가로막으며 다시 입을 열었다.

"당신들이 고함을 멈출 때까지 거기 모인 사람들 누구도 말할 기회가 없었어요. 모든 사람이 소리를 치는 현장은 완전히 혼란의 도가니였다는 거죠."

"사람들은 좌절감에 빠졌어요."

카렌이 입을 열자 앞머리가 흘러내려 왼쪽 눈을 가렸다. 카렌의 머리는 캠벨의 머리와 화면을 반분하기도 했고, 때로는 이 사건에 대한 의견을 밝히기 위해 쇼에 초대된 세 명의 전문가(공화당 전략가, 케이블 분석가, 웹 작가)와 함께 화면의 8분의 1을 차지하기도 했다.

"중부 미국인들은 선거권을 박탈당했다는 느낌을 받았어요. 우리가 하는 말은 무시되고 있죠. 우리가 뽑아준 의원들은 성급하게 법안을 통과시키고 말입니다. 사람들은 자신의 건강보험에 대한 권리를 잃지나 않을까 겁을 내고 있어요. 이 법안으로 어마어마한 재정적자가 발생해서 우리 아이들에게 엄청난 여파가 미칠 것을 걱정하는 거예요."

캠벨은 모임을 이끄는 사람들이 누구냐고 물었다.

"우리는 풀뿌리 모임이에요"라고 카렌이 말했다. 부드러웠지만 자신의 주장을 굽히지 않는 대답이었다.

"각 지역의 조직이 연합한 거죠. 어느 누구에게든 단 한 푼도 받지 않습니다."

카렌은 캠벨이 실제 이상으로 난폭한 단체로 매도하여 티파티를 왜곡하고 있다는 느낌을 받았다. 상관없었다. 자신이 아는 사람들은 어차피 다른 데서 뉴스를 들을 테니까. 함께 운동하는 그녀의 친구들은 카렌이 사회에서 잊어버린 미국인들을 옹호하고, 주류언론의 편견과 어리석음을 부각했다며 이날의 활약상을 축하해주었다.

이후 이슈가 된 것은 철도였다. 오바마와 의회가 탬파에 납세자의 보조금으로 경전철 시스템을 건설하자고 한 제안만큼 카렌을 자극한 것도 없었다. 카렌은 2010년 내내 이 문제에만 매달렸다. 카렌은 '철도를 위한 세금 반대No Tax for Tracks'라고 불리는 단체를 만들었고, 헤리티지 재단의 철도반대 보고서를 통독하며 벼락치기 공부를 했다. 카렌은 이 시스템이 너무 많은 비용을 초래하고, 일자리 창출도 하지 못할 것이며, 승객을 확보하지 못할 것이라고 주장했다. 그녀는 또 이것이 다른 지역에서 이미 실패한 정책이며, 이에 따른 부담으로 지역 경제는 수십 년간 부채에 허덕일 것이라고 강조했다. 자신의 주장 일부를 약화시키는 사실이 드러날 때면 카렌은 논점을 바꿨다. 어쨌든 자신이 주민투표에 반대하는 진정한 이유는 마일당 경비 같은 사소한 문제를 훨씬 넘어서는 것이었기 때문이다.

19세기에 철도는 교통의 미래를 상징했고, 미국에 부를 안겨준 원동력이었다. 그러나 20세기에 들어서자 철도는 공공정책과 예산 전문가들에게 따분한 주제가 되었다. 2010년 시점에서 철도는 미국이 진정 두려워하고 증오하는 모든 것의 상징이었다. 큰 정부, 세금과 지출, 유럽식 사회주의, 외국인에게도 돌아가는 공공서비스의 부담을 지우고 그들을 위해 지출을 강요당하는 사회를 상징했다. 철도는 노선의 종점으로 예상되는 뉴 탬파의 생활방식에 위협적이었다. 뉴 탬파에서는 일주일에 한 번 슈퍼마켓으로 차를 몰고 가거나(도시의 일상이 그렇듯이 걷거나 버스를 타는 대신), 주말이면 홈디포에 가서 미니밴에 물건을 잔뜩 싣고 돌아오는 형태였다. 카렌은 도시 개발자들의 영향력을 비난하고 '의제 21Agenda 21'에 대해 경고하는 연설을 했다. 의제 21은 1992년 6월 브라질 리우데자네이루에서 채택된 '지속 가능한 개발'을 실현하기 위한 국제적 지침으로, 많은 티파티 회원은 이것을 세계정부를 위한 트로이의 목마로 간주하며, 미국의 주권뿐만 아니라 단독주택과 포장도로, 골프장에 불길한 위협이 될 것이라고 생각했다. 오바마 대통령이 도시 간 고속철도를 자신이 내건 경기 부양 법안의 골자로 삼았다는 사실은 이들이 우려한 최악의 의혹을 실제로 확인해주었을 뿐이다. 이렇게 경전철은 전국적인 분노에 불을 붙였고, 2010년에 티파티의 서명운동을 촉발시킨 문제가 되었다. 세금 감면과 낙태가 이전 세대의 보수파에게 미친 영향과 같았다.

언젠가 경전철 사업 배후의 정치적 실세라고 할 탬파 시장 팸 아이오리오Pam Iorio와의 TV 토론을 앞두고 무대 뒤에 있던 카렌은 남편이 최근에 토목기사직에서 해고되었다고 말했다. 이 때문에 그녀의 가족은 건강보험 혜택을 받지 못하게 되었고, 힘든 시절을 보내고 있었다.

이 말을 들은 시장은 "카렌, 경전철 사업이 남편을 직장에 복귀시키지 않을까요?"라고 말했다.

카렌은 "아니요, 당신의 계획은 일자리를 전혀 만들지 못할 겁니다"라고 응수했다. 게다가 이것은 신성한 원칙의 문제였고, 그녀는 가족의 불행 때문에 자신의 의지가 흔들리는 것을 원치 않았다. 철도와의 싸움은 카렌에게 골리앗과 맞선 다윗 같은 느낌이 들게 했다. 이 밖에도 다른 쪽에서 많은 압력이 있었다. 상공회의소, 남부 탬파 엘리트 집단, 『세인트 피터스버그 타임스』의 사설, 마크 샤프 카운티 위원 등등. 또 철도 제안자들은 100만 달러가 넘는 홍보비를 쓰고 있었다. 카렌 편에는 지칠 줄 모르는 티파티의 조직자로서 샤론 캘버트Sharon Calvert라는 사람이 있었다. 캘버트의 닷지 듀랑고 범퍼에는 '나를 밟지 마라!'라는 스티커가 붙어 있었다. 또 포르노·코카인·알코올·퀘일루드(진통제)·아티반(수면제)·수음 중독자였다가 포르노와 동성애, 철도에 맞서 싸우는 십자군으로 변신한 데이비드 케이튼David Caton, 브랜든의 사업가로서 포커 전문가처럼(그 자신이 포커 선수였다) 눈매가 날카로운 카라치 태생의 샘 라시드Sam Rashid가 있었다. 라시드는 마크 샤프를 포함해 우파 정치 지망생들을 후원했는데, 샤프가 배신자로서 거짓말을 하며 철도 세금을 지원하는 자유주의 공화당원RINO이라는 사실 등 용서할 수 있는 한계를 벗어났다는 판단이 들자 후원을 중단했을 뿐 아니라, 중간선거에서 그가 좋아하는 철도 사업과 함께 단단히 혼내주겠다고 공언하고 다닐 정도였다.

　11월 2일, 경전철 안건은 힐스버러 카운티에서 58 대 42로 부결되었다. 카렌 제이록과 티파티가 시내의 기업가들이나 정치인들보다 더 활기차게 운동한 결과였다. 아직 시에 편입되지 않은 붐버그나 공동화된 구획지의 유권자들이 철도의 이점을 인정하지 않은 데다 가뜩이나 불경기에 세금을 한 푼이라도 더 내는 것을 원치 않았기 때문이다. 티파티의 영웅이자 신문사 논설위원들과 만나기를 거부하고, 그들 중 어느 누구에게서도 승인받지 못한 릭 스콧Rick Scott이 시장에 선출되었다. 이로써 1998년으로 거슬러 올라가는 플로리다의 공화당 원칙은 깨지지 않았다. 스콧은 취임하자마자 탬파-올랜도 간 고속철도를 위한 연방 경기부양 예산 24억 달러의 수령을 거부하는 결정을 내렸다. 예산을 받으면 수 주 안에 공사를 시작하도록 되어 있었다.(이 예산은 캘리포니아로 갔다.) 새로운 철도 터미널이 들어서기로 되어 있던 탬파의 약 28만 제곱미터의 부지는 주간고속도로 옆에 지저분하게 방치된 채 거대한 벌판으로 그대로 남았다. 한 통계자료 회사에서는 실업률과 통근 시간, 자살률, 알코올 사용량, 폭력범, 강절도범, 정신병자, 흐린 날 등을 기준으로 인근 50개 대도시의 통계를 조사하고, 탬파가 미국 내의 단일 도시 중에 스트레스 지수가 가장 높다고 발표했다. 상위 10대 도시 중 여덟 개 도시가 선벨트 안에 있었고, 다섯개 도시가 플로리다 주에 있었다.

　마크 샤프는 샘 라시드가 직접 추천한 티파티 후보의 도전을 물리치고 살아남았다. 카운티 위원으로 재선된 뒤에 샤프는 힐스버러 지역교통당국위원회의 투표에서 카렌 제이록이 위원으로 들어가게 했다. 어쨌든 그녀의 편이 철도전쟁에서 이겼기 때문이다. 또 샤프는 티파티 출신의 수많은 철도 반대자 중에서는 카렌이 가장 합리적이라고 보았다.

선거가 끝나고 2~3주가 지난 뒤, 마이클 밴 시클러는 피넬러스 카운티 교통 태스크포스의 회의를 취재하라는 지시를 받았다. 이 회의는 세인트 피터스버그 클리어워터 공항 부근 어딘가의 에피센터라고 불리는 정부·학계·기업 공동 사용시설에서 열린다고 했다. 차를 몰고 2층짜리 아파트 건물과 쇼핑플라자, 번지도 없는 사무실 빌딩을 지나는 동안 밴 시클러는 아무리 해도 에피센터를 찾을 수 없었다.

"클리어워터에서 길을 잃은 꼴이로군."

그는 포드 포커스의 운전대를 잡은 채 중얼거렸다.

"지리적인 특징이 있어야 말이지. 표지판은 어디 있는 거야?"

리오 비스타, 베이 비스타…… 지명도 엉터리야! 그는 이곳에 나온 것이 싫었다. 소리를 질러봤자 들을 사람도 없을 것이다.

경전철 계획이 수포로 돌아간 것은 그에게 생각 이상으로 큰 실망을 안겨주었다. 마치 미국이 더 이상 자체의 역량을 믿지 않는 것 같았다. "우리는 할 수 없어, 할 수 없어, 할 수 없어. 어차피 소용없으니 철도 프로젝트는 때려치웁시다! 차세대의 대도시는 될 수 없다고! 그저 가진 것에 만족하는 거야. 가진 것으로 행복할 수 없다 해도 더 나아질 수도 없어!"라고 외치는 것 같았다. 이것은 그가 자란 나라의 모습이 아니었다. 그는 이보다 훨씬 낙관적인 나라에서 자랐다.

밴 시클러는 30분을 더 헤매다가 열받아서 얼굴이 벌게진 채로 에피센터에 도착했다. '피넬러스 카운티 교통 태스크포스'는 힐스버러에서 패배한 뒤에 이곳의 철도 프로젝트를 계속 밀어붙일 것인지를 놓고 토론을 벌이고 있었다. 회의실에는 100여 명이 모여 있었는데, 그중에는 카렌 제이록도 있었다. 앞줄에는 20대 남자 두 명이 앉아 있었는데, 한 사람은 아일랜드를 상징하는 클로버 무늬가 들어간 녹색 티셔츠 차림이었고, 또 한 사람은 '나는 여전히 나의 구제금융을 기다린다!'라고 쓰인 빨간 티셔츠를 입고 있었다. 태스크포스의 담당자 한 사람이 "우리가 '경제가 살아나면' 이라는 말을 계속하는 이유 중 하나는 이렇게 해서 경제를 살리기 위한 것"이라고 말할 때마다 앞줄에 앉은 티셔츠 차림의 두 남자는 얼굴을 가리거나 고개를 뒤로 돌리고 소리 없이 웃었다.

회의가 끝난 뒤, 코듀로이 상의에 넥타이 차림을 하고 노트북을 든 밴 시클러는 행운을 상징하는 녹색 티셔츠 차림의 남자에게 접근해 자신을 『세인트 피터스버그 타임스』의 기자라고 소개했다. 남자는 날카로운 시선으로 그를 쳐다보았다. 밴 시클러는 이 토론을 어떻게 생각하는지 물었다.

"내 생각에 저들은 세금 인상을 원하는 공산당 떨거지들이에요. 저들이 하는 말을 들어보면 진실을 말하지 않고 대중을 속인다는 것을 알 겁니다. 자신들이 원하는 의제를 시민들에게 주입시키는 거죠. 당신이라면 경전철을 타겠어요? 내가 가고 싶은 곳으로 가지 않는데도요? 파스코에서 누가 경전철을 타겠어요? 암소들이 타나요? 목장 울타리가 탑니까?"

남자의 이름은 매트 벤더Matt Bender였다. 그는 떠돌이 건설노동자로 어떤 일이든 마다하지 않았지만, 실업 수당을 신청하는 것은 거부했다. 벤더는 말했다.

"나는 내 갈 길을 갈 겁니다. 우리는 행복을 추구하는 거지, 그에 대한 보증을 해달라는 것이 아닙니다. 나는 시민들의 말에 귀를 기울이지 않는 양당이나 부패, 내부거래, 뒷거래에 질렸어요. 정치꾼들을 하나하나 제거해야 해요."

기사를 작성하기 위해 사무실로 돌아왔을 때, 밴 시클러는 벤더가 자신을 바라보던 눈빛을 생각했다. 그것은 경멸의 시선이었다. 밴 시클러의 기사 일부가 웹에 오르고 난 뒤 나온 논평이 그렇듯이, 그들은 그가 작성한 기사와 상관없이 이미 결심이 굳어 있었고, 어차피 모든 지역 뉴스는 전국적인 케이블 뉴스의 소란에 파묻히고 말았다. 미국의 모든 사람이 처음부터 동의하는 사실은 더 이상 존재하지 않았다. 한 예로, 그의 신문사는 경전철의 비용뿐만 아니라 거기서 나올 혜택에 대한 정보를 캐내느라 엄청난 노력을 기울이고 많은 돈을 썼지만, 충분히 납득하는 사람은 아무도 없었다. 결국 누구나 이해하고 마음에 새긴 것은 '철도를 위한 세금 반대!'라는 구호밖에 없었다. 아마 그저 제자리에 쭈그리고 앉아 자기 일에 매달리며 가족을 부양하려고 하는 힐스버러 카운티 주민들에게는 경전철 사업이 공상으로 비쳤기 때문인지도 모른다. 소니 킴이나 금융위기 와중에 그가 저지른 엄청난 이야기와 똑같았다. 밴 시클러는 2년간 고위급 인사들이 걸려들기를 기다렸지만, 연방검찰은 깃털에 불과한 사기꾼 몇 명 말고는 아무것도 밝혀낸 게 없었다. 그는 신문이 맡은 기능의 타당성에 대해 의심이 들었다. 뭔가 변화할 것이라는 기대 속에 취재기자가 몇 주, 몇 달씩 공을 들여가며 열심히 이 사건을 조사했지만, 결국 아무 일도 일어나지 않았다. 그는 무엇을 위해 그렇게 열심히 뛰었단 말인가? 그 자신을 만족시키기 위해서였나? 이 문제가 어느 누구에게도 중요하지 않은 것처럼 보여서였다.

하지만 그는 저널리즘에 대한 믿음을 저버릴 생각이 없었다.

"무언가에 대한 신뢰는 있어야 하지 않습니까? 나는 신을 믿지 않지만, 이 말은 믿어요. 나는 우리가 스스로 개선될 수 있다는 가능성을, 문명사회의 구성원으로서 우리가 나아질 수 있다는 것을, 저널리즘이 뭔가 사태를 해결하는 데 일익을 담당한다는 것을 믿습니다."

20세기 대부분의 기간, 인류 역사에서 그랬던 것처럼 미국 사회는 잘 굴러갔다. 설령 이제는 그것이 사실이 아니고, 자신과 같은 기자를 대부분의 미국인이 신뢰하지 않는다 해도 어떤 대안이 있단 말인가? 그 밖에 누가 대중의 눈과 귀가 될 것인가? 그는 시청에서 '데일리 코스Daily Kos'(진보적 의견과 뉴스를 전하는 미국의 정치 블로그_옮긴이)나 '레드 스테이트Red State'(미국의 보수적 정치 블로그_옮긴이)를 보지 못했고, 카운티 위원회에서 구글이나 페이스북을 보지 못했다.

　어느 일요일 아침, 밴 시클러는 선크림을 바르고(아직 3월이기는 했지만) 힐스버러 카운티 동부로 차를 몰고 나갔다. 그는 카운티에서 가장 가난에 쪼들리는 지구인 캐리지 푸앵트에서 무슨 일이 일어나는지 보고 싶었다. 그가 10여 차례나 방문해서 장문의 보고서를 쓴 곳이었다. 그곳은 여전히 매우 삭막한 모습이었고, 그가 주인과 인터뷰를 했던 집은 비어 있었다. 그는 거리(그늘이라고는 없는)를 따라 걸어가다가 셔츠 차림의 여자가 앞마당에서 일하는 모습을 보고 말을 걸기 위해 발을 멈췄다. 또 웨스트 팜비치에서 온 흑인 남자는 옥외 차고에 가족과 함께 앉아 있었다. 마을 풍경을 보니 사람들이 다시 이곳으로 오기 시작한 듯 보였다. 이들 대부분은 집을 살 능력이 없기 때문에 셋집에 살고 있었다. 이들은 동네에 대해 아는 것이 전혀 없었고, 혹시 길 위쪽에 있는 방과 후 교육센터에 의존할 생각이었다면 운이 나쁘다고 할 수밖에 없었다. 카운티 예산이 삭감되는 바람에 센터가 문을 닫았기 때문이다. 또 가장 가까운 일자리도 차로 45분이나 걸리는 곳에 있었기 때문에 임금의 상당 부분을 연료비에 충당해야 했다. 차가 고장이라도 난다면 생활은 완전히 엉망이 될 판이었다. 하지만 캐리지 푸앵트는 여전히 살아 있었다. 밴 시클러는 차를 몰고 동네를 빠져나오면서 5~10년 후 미래의 모습이 떠올랐다. 그것은 인적이 드문 곳에 형성된 빈민가였다. 부자는 도시에 살고, 가난한 사람은 도심과 교외 중간에 살 것이며, 탬파는 성장기제가 다시 가동될 때까지 경기침체가 지나가기를 기다릴 것이다.

딘 프라이스

2010년 중간선거 몇 주 전에 버지니아의 남부나 노스캐롤라이나의 피드 먼트 트라이어드 일대를 지나가본 사람이라면 도로변을 따라 '11월이 오고 있다'라는 검은 광고판이 서 있는 것을 보았을 것이다. 이 광고판은 뜻이 모호하고 불길한 느낌을 주었지만, 이 말의 의미를 모르는 사람은 아무도 없었다. 이 지역에서는 '11월이 오고 있다'라는 문구가 쓰인 검은 버스가 돌아다니기도 했는데, '실패한 부양책'이나 '건강보험 양도' '탄소배출권 거래 에너지세'에 따른 희생을 묘사한 형상들로 장식되어 있었다. 이런 광고판이나 버스의 운영자금을 대는 곳은 딘이 한 번도 들어보지 못한 미국번영재단Americans for Prosperity이라는 단체였다. 그리고 이 재단의 예산을 지원하는 사람은 캔자스 출신의 석유 및 가스 재벌인 코크 브라더스Koch brothers로, 이들 형제는 오바마 대통령이 자유기업제도를 고의적으로 파괴하고 있다고 믿었다.

딘의 구역에서는 티파티의 세력이 너무 막강해 그는 자신의 개인적인 견해를 전파할 형편이 못 되었으며, 그가 볼 때 티파티는 나치 돌격대와 다름없었다. 딘의 동네에서는 오바마에게 전혀 기회를 주지 않았다. 이들은 오바마를 사회주의자, 급진파, 무슬림이라고 불렀는데, 핵심은 'n'으로 시작하는 글자(검둥이nigger_옮긴이)에 있었다. 이들은 글렌 벡 같은 선동꾼에게 쉽게 조종당하는 사람들이었다. 딘은 벡이 CNN에서 쇼를 진행하는 모습을 지켜보곤 했는데, 이 방송이 정규 뉴스 채널이었기 때문이다. 벡이 9·11테러 이후 온갖 예언을 늘어놓을 때면(내일 어느 시간에 폭탄이 터질 거라는 다른 쇼 구성도 있었다) 딘은 '주님, 자비를 베푸소서! 그런 일이 일어나면 이 나라는 망합니다'라고 생각하곤 했다. 이런 일을 몇 차례 겪은 뒤로 그는 벡이 미치광이라는 결론을 내렸다. 더 이상 연예인이 아니라 떠돌이 약장수 같은 허풍쟁이라고 본 것이다. 하지만 벡을 추종하는 집단이 있었고, 딘의 집안에도 벡의 추종자가 있었다. 또 한편으로 MSNBC(케이블 뉴스 채널)도 한심하기는 마찬가지였다. 여기서 쇼를 진행하는 레이첼 매도Rachel Maddow는 꼭 남자 역할을 하는 레즈비언 같았고, 뉴스를 진행하는 키스 올버만Keith Olbermann도 딘의 마음에 들지 않았다.

딘은 개인적으로 오바마에게 관심이 많았다. 그는 여전히 대통령을 좋아했고 존경했지만, 왜 오바마가 신경제에 대한 자신의 생각을 좀더 똑 부러지게 설명하지 않는지 이해할 수 없었다. 워싱턴은 바이오연료에 대한 세금공제를 2009년에 끝내려고 했고, 투자자들은 이 문제가 앞으로 어떻게 진행될지 몰라 막막한 상태였다. 모든 초점을 지구온난화에 맞추다 보니 혼란만 가중되었으며, 지나치게 편파적이었다. 오바마는 여전히 재생에너지에 관심을 보였지만, 자신이 무엇을 해야 할지 모르거나 이 나라가 감당할 수 없는 문제라고 보는 것 같았다. 아니면 큰 것이 더 좋다는 과거의 사고방식에 여전히 사로잡힌 것처럼 보였다. 오바마 정부의 농무장관인 빌색은 '당신의 농부와 먹거리 알기'라는 구호로 소규모 생산을 줄기차게 권했지만, 기업농장에 등을 돌리지도 않았다. 이러지도 저러지도 못하면서 양다리를 걸치고 있는 꼴이었다. 누구나 오바마가 사태를 파악하고 사실을 말할 것이며 다국적 기업의 편을 들지는 않을 것이라고 믿었지만, 그가 매수당할지도 모르는 일이었다. 과연 그런 일이 있을 수 있을까? 아니면 그가 애초에 문제 있는 사람들을 끌어들인 것은 아닐까? 가령 서머스와 가이트너를 보면 고양이에게 생선가게를 맡긴 꼴이었다. 어쨌든 미국인들은 현상유지도 못한 채 2008년으로 급속히 회귀한다고 생각하고 있었다.

딘은 오바마에 대한 생각을 많이 했다. 오바마에게 물어볼 것도 많고, 의논할 것도 많았으며, 궁금한 것도 많았다. 마치 두 사람이 서로 아는 사이라도 되는 것처럼. 딘은 오바마에 대한 꿈을 꾸기까지 했다. 이유는 알 수 없었지만 그는 그러한 꿈을 꾸기 위해 애쓰기까지 했다. 깨어나는 순간 마지막으로 떠오른 생각이 있었는데, 그것은 오로지 자신의 인생에서 보고 싶은 것이 중요하다는 것이었다. 스스로가 그것을 원하도록 거의 강요하는 식이었다. 일단 잠이 들면 그 토대에서 잠재의식이 가동되고 끊임없이 그 힘에 집중하도록 끌어당겼기 때문이다. 그 힘은 나폴레온 힐이었다. 침대에 누운 채, 딘은 먼저 무엇을 해야 행운을 잡을 수 있을지 생각해보았다. 그는 매우 구체적인 비전을 갖고 있었다. 그러다가 잠이 들면 딘은 대통령과 함께 있는 꿈을 꾸었다. 방 안에는 오로지 두 사람만 앉아 있었고, 오바마는 딘이 하는 말을 듣고 있었다. 딘은 자신이 한 말을 기억하지는 못했다. 그 말은 단지 원인에 대한 것이었다. 원인, 원인……

11월이 되자 티파티가 톰 페리엘로를 향해 다가오고 있었다.

그를 비난하는 TV 광고가 처음 등장한 것은 그가 당선되고 한 달도 지나지 않았을 때였다. 그 무렵 의회 내의 공화당 의원들은 그의 전화에 답전을 멈췄다. 그는 말했다.

"무엇이든 흔적을 남기려고 하지 않는 지도부의 고단수 결정이었죠. 2010년 11월 이전에는 경제가 호전될 수 없다는 것을 잘 아는 사람들이었으니까요. 나와 부딪칠 수도 있었죠. 노련한 전략적 행동일지는 모르지만, 기본적으로 부도덕하고 비애국적인 처사였어요. 어쨌든 내가 볼 때 그런 행동은 악한 짓이었습니다."

페리엘로의 지역구에서는 불황이 너무 심각해 지방 관리들은 학교 문을 닫든가 재산세를 올리든가 결정해야 하는 기로에 직면했다. 처음에는 연방 기금을 받는 것에 대해 거의 반대가 없었다. 버지니아 은행가협회 의장이자 공화당 성향을 지닌 댄빌의 한 은행가는 경기부양 법안에 왜 공황기의 시내 우체국 정비사업 같은 공공사업 예산이 배정되지 않는지 의아해했다. 이것만 봐도 사태는 절망적이었다. 페리엘로 자신은 경기부양책을 '매우 소심한 정책'으로 간주했다. 그는 '전국적인 스마트 그리드'(전기의 생산·운반·소비 과정에 정보통신기술을 접목해 공급자와 소비자가 서로 상호작용함으로써 효율성을 높인 지능형 전력망 시스템_옮긴이)처럼 좀더 규모가 큰 환상적인 정책을 원했지만, 경기부양법으로 그의 지역구에 배정된 3억 달러는 학교 교사 충원비용과 포장도로 건설비용으로 나온 것이었다. 하지만 수개월이 지나도록 불경기가 지속되고 경기부양책으로 댄 강의 노후한 로버트슨 다리를 개축할 조짐도 보이지 않자 워싱턴의 공화당 의원들과 공중파 방송의 글렌 벡은 경기부양책이 단 하나의 일자리도 만들지 못했다는 거짓말을 끝없이 반복하면서 정부가 하는 일을 사사건건 비난했다. 제5선거구의 여론은 오비미와 페리엘로에게 등을 돌리기 시작했다.

그런 다음에 2009년의 지옥 같은 여름이 찾아왔다. 페리엘로와 하원이 6월에 대통령의 에너지 법안에 찬성 표결을 한 뒤, 미국번영재단 같은 반오바마 단체로부터 외부화폐(경제의 내부에 대한 채권이 아닌 자산에 의해 뒷받침된 화폐. 구체적으로는 정부증권, 금 또는 외국환 준비에 의해 뒷받침된 화폐_옮긴이)가 지역구에 흘러들어왔다. 지역의 티파티가 샬러츠빌에 있는 페리엘로의 사무실 밖 주차장에서 항의시위를 준비하자 50~100명의 군중이 모였다. 페리엘로가 이들과 이야기를 나누려고 밖으로 나오자 이들은 연방 에너지 정책을 공공연히 비난하면서, 이 법안이 분명히 자신들의 가정에 들이닥쳐 냉장고의 효율성까지 점검하려 들 것이라고 주장했다. 하지만 이런 소란은 건강보험에 대한 반발의 준비운동에 불과했다. 8월에 페리엘로는 지역구 일대에서 시민 모임을 21회나 열었다. 의회의 어느 의원이 연 것보다 많은 숫자였다. 그가 가는 곳이면 어디나 군중이 500

명, 1000명, 1500명씩 노인복지관이나 극장으로 몰려들어 인터넷에서 내려받은 화제를 입에 올리며 종이를 꺼내들었고, 때로는 몹시 화를 내면서 페리엘로의 직원을 걸어차거나 침을 뱉기까지 했다. 이들은 떼로 몰려와 폭언을 하면서 사망선고위원회death panels(실제로는 생명윤리에 대한 자문을 담당하는 기구이나, 공화당의 사라 페일린이 오바마의 의보 정책에 제동을 걸기 위해 만들어낸 다소 자극적인 표현_옮긴이)라든가 헌법위반이라고 고함을 질렀다.("당신은 정부가 의사의 진단까지 통제하기를 바라는 거야? 당신 미쳤어? 아니면 어리석은 거야, 원래 악한 거야?") 그러면 스물두 살 청년처럼 파란 셔츠와 카키색 바지를 입고 넥타이를 맨 페리엘로는 마이크를 든 채 땀을 흘리며 고개를 끄떡이기도 하고 메모를 하면서 연신 물을 마셔댔고, 마지막 유권자의 말이 끝날 때까지 귀를 기울인 다음 쉰 목소리로 대답했다.("지난 200년 동안 연방대법원은 헌법 제1조를 아주 폭넓게 적용했습니다.") 이런 소동이 다섯 시간씩 이어지기도 했지만, 그로서는 어쩔 수 없는 노릇이었다.

훗날 그는 이렇게 말했다.

"마음을 돌리려고 하는 사람은 아무도 없었어요. 그저 인내할 수밖에 없었죠."

이날 모임은 텔레비전 뉴스에 나오기도 했는데, 실제로는 이 자리에 참석한 많은 사람이(참석하지 않은 사람도 많았다) 찬성하거나 마음을 정하지 못했음에도 마치 선거구의 모든 사람이 건강보험 개혁에 반대한다는 인상을 주었다. 하지만 찬성의 목소리는 조용했으며, 큰 소리로 옹호해야 하는 상황에서도 이들은 침묵했다. 그리고 그달 내내 조용한 반응을 보였던 사람들은 텔레비전으로 처음의 소란한 광경을 지켜보면서 신경을 쓰지 않기로 마음먹었다. 결국 8월 말이 되자 페리엘로 선거구의 티파티는 의회가 거의 만장일치에 가까운 반대 의견을 무시한다고 믿었다.

그날의 광경은 너무도 추해서 오래된 시민단체나 로터리 클럽, 가든 클럽, 지역사회의 비당파적 유지들은 반발이 두려웠던 나머지, 의원들에게 의례적인 초대장을 보내는 일을 중단하기에 이르렀다. 그리고 페리엘로도 평소 회원들에게 사실에 기초한 유용한 정보를 주거나 정부와 최선의 방법으로 협상하는 법을 설명해주는 소기업이나 지역은행가연합회 같은 동업자조합이 이제는 대중의 눈치를 보면서 제 기능을 잃어가거나 앞으로 나서려 하지 않는다는 것을 간파했다.

오바마 행정부가 들어서고 첫 여름이 끝날 무렵, 사람들은 전국 곳곳에서 바로 9개월 전에 대대적인 승리를 거둔 대통령에게 반감을 드러내고 있다는 인상을 받았다.

페리엘로는 어렵사리 건강보험에 찬성표를 던졌다. 그리고 2010년 3월에 법안이 통과된 후, 티파티 활동가들은 샬러츠빌 외곽의 페리엘로의 집 주소를 게시하고, 회원들에게 자신의 의견을 알리라고 종용했다. 그런데 그것은 페리엘로의 동생 부부와 네 자녀가 사는 집의 주소로 밝혀졌다. 그리고 다음 날 누군가 이 집의 가스 공급선을 차단했다.

페리엘로는 자신이 정치를 하도록 영감을 준 최초의 정치인이 이제는 위기에 빠진 자신을 나 몰라라 하고 있다는 느낌을 받았다. 한편 오바마는 자신이 정치를 통해 해내려는 일에 대한 믿을 수 없을 만큼 강한 의지로, 그 평생에 어떤 정당도 감히 나서지 못했던 문제를 떠안았다. 다른 한편으로 대통령은 자신의 임기 첫해를 한 치도 양보하려고 하지 않는 공화당 사람들과 합의하는 데 치중한 나머지, 금융위기로 불신받은 은행가들에게 무리를 하면서까지 체포를 피하는 길을 열어주었다. 대통령은 '새로운 책임의 시대'라고 말했지만, 그 말은 그런 자들에게는 해당되지 않는 것처럼 보였다. 오바마 행정부는 상상력이 부족한 사람들로 채워졌고, 이들은 월가와 너무 친한 데다가 메인 스트리트(월스트리트에 상대적인 개념으로, 보통 시민과 중소기업의 거리_옮긴이)의 일자리를 창출하는 법을 몰랐다.

페리엘로는 말했다.

"만일 당신이 월가에서 여섯 자리나 일곱 자리 숫자의 돈을 버는 사람 밖에 모른다면, 당신이 하는 일은 모두 1990년대로 돌아가게 되어 있습니다. 알다시피 1990년대에 내 선거구 구민들은 엄청난 숫자의 일자리를 잃었습니다."

엘리트 계층은 스스로 대대적인 실패를 했는데도 다른 엘리트 쪽으로 치우치는 성향을 보였다.

"제국은 엘리트 계층이 무책임할 때 몰락한다."

오바마는 진보적인 인사이더였지, 대중적 아웃사이더가 아니었다. 그리고 페리엘로는 밖에서 잘못된 정보를 접하면서 분노를 터뜨리고 싸우는 유권자들 앞에서 굳이 정부를 옹호하려고 하지 않았다.

시민회의의 소란은 라디오와 케이블 TV를 통해 알려졌고, 인터넷에서도 화제가 되었다. 석탄회사와 보험회사, 코크 브라더스가 비용을 대는 적대적인 광고와 익명의 광고가 공중파 방송을 채웠다. 돈을 둘러싼 다툼과 이익집단이 판을 치는 가운데 캐피틀 힐은 줏대 없이 오락가락했고, 오바마가 있는 백악관은 이상하리만치 무기력했다. 피드먼트는 여전히 불황의 늪에서 헤어나지 못했다. 이 모든 일이 벌어지는 와중에 레드 버치나 페리엘로의 노력을 누가 알아주겠는가?

그에게 도전하고 나선 공화당 인사는 여섯 명이나 되었다 예비선거의 승자는 로버트 허트Robert Hurt라는 사람으로, 시류에 영합하는 재주를 가진 주 상원의원이었다. 중간선거를 석 달 앞둔 8월 어느 날, 페리엘로는 구토 증세를 보이더니 이를 멈추지 못했다. 며칠 동안 잠도 잘 수 없었다. 2년 동안 하루 종일 커피와 다이어트 콜라를 마시고 밤이면 스카치나 잭 다니엘을 마시다 보니 물을 제대로 섭취하지 않아 완전히 탈수증에 걸린 것이다.

11월이 되었다. 선거 하루 전, 페리엘로는 마틴즈빌에서 상원의원인 마크 워너와 함께 미친 듯이 선거운동을 했다. 두 사람은 설로인하우스에서 저녁 식사를 하는 사람들 사이를 돌아다니며 인사를 건넸지만, 일부는 치즈 프라이를 먹으면서 고개도 들지 않았다. 딘 프라이스도 인사를 하고 행운을 빌기 위해 그 자리에 나와 있었다. 딘과 페리엘로는 포옹의 인사를 나누었다.

페리엘로가 딘에게 말했다.

"당신이나 나나 어지간히 참고 견뎠네요. 어쨌든 우리는 옳은 길을 걸은 겁니다. 정당한 길이죠. 나는 이 지역의 돈을 석유 독점재벌에게 보내는 대신 지역에서 돌게 하기 위해 당신이 하는 일을 믿습니다."

텔레비전 카메라가 돌아가는 가운데 딘은 적당한 말이 생각났다.

"그것이 바로 제가 '새는 바구니 효과'라고 부르는 거죠. 석유 1달러당 90센트와 대형 매장의 1달러당 80센트가 이 지역에서 빠져나간다는 말입니다."

페리엘로는 목소리를 낮췄다.

"몇 주 지나 이 광풍이 가라앉으면 맥주나 한잔 합시다."

더 이상 이야기를 나눌 시간이 없었다. 페리엘로는 다음 행사장으로 가는 도중이었고, 이날 할 일은 이제 시작일 뿐이었다.

이튿날 로나Lorna라는 여자는 리지웨이 루리턴 클럽에서 투표했다. 마틴즈빌 남부의 고속도로 부근에 있는 1층짜리 콘크리트 벽돌 건물이었다. 투표를 마친 로나는 허트 현수막이 걸린 보도로 나왔다. 로나는 일흔 살쯤 되는 퇴직 교사로, 작고 둥글둥글한 몸을 녹색의 모직 후드코트로 감싼 채 호피무늬 안경테에 립스틱을 짙게 바른 입술을 꼭 다물고 있었다.

"이 나라는 사회주의가 아닙니다. 우리는 유대교와 기독교의 전통에 뿌리를 두고 있다고요"라고 투덜대는 로나는 불만이 많아 보였다.

"그리고 필요하다면 나도 거리로 뛰쳐나갈 거예요. 대통령이라는 사람이 이토록 권위를 떨어뜨리다니 얼마나 부끄러운 일인지 모르겠어요. 옷

차림이 마음에 들길 하나, 특정인들을 적이라고 부르지를 않나. 특정 네트워크에 대해 거론하는데, 그 사람의 본모습은 시카고 선동가일 뿐입니다. 대통령의 자질도 없고, 모든 국민을 대표할 자격이 없어요. 전에는 정치 지도자들이 있었지만 지금은 온통 정치꾼들뿐이죠. 나는 일찍이 이 나라를 통째로 바꾸려고 애쓰는 대통령을 본 적이 없어요. 이 나라는 변화가 필요한 게 아닙니다. 시카고 선동가가 일으키는 변화는 더욱 필요가 없어요."

로나는 토크 라디오(청취자가 전화로 의견을 말하는 라디오 프로그램_옮긴이)를 듣고 폭스뉴스를 시청했는데, 다른 매체는 명백히 편파적이었기 때문이다. 데이비드 브로더David Broder만 해도 어제 오바마가 어느 누구보다 능력이 있다고 말하지 않았던가! 또 앨 고어라는 사람은 호화주택에 살면서 개인 전용기를 타고 다녔다. 로나는 남편과 유람선 여행을 해본 적도 없고 고급차를 사본 적도 없으며 남편이 듀퐁의 관리자로 일하며 번 돈을 푼푼이 저축했건만, 이제는 가지고 있는 모든 것을 세금으로 날릴 판이었다. 부부가 함께 여생을 즐기면서 은퇴 후에 골프를 치러 다닐 수도 있었지만, 로나는 그런 기회를 누리지 못했다. 만일 죽은 남편이 아내가 이런 식으로 주절주절 늘어놓는 것을 듣는다면 무덤에서 벌떡 일어나 "로나, 입 닥쳐!"라고 소리칠지 모르지만, 이제 학교에서 은퇴할 정도로 나이가 든 로나는 하고 싶은 말을 못 할 것도 없었다. 마음속에 쌓인 불만이 너무 많았기 때문이다.

"나는 내가 먹고 싶은 것을 먹을 거예요. 나에게 프렌치프라이를 먹고 코카콜라를 마시라고 하는 사람들에게 나는 그럴 수 없다고 분명히 말할 겁니다. 그들은 내 생각까지 간섭하려고 해요. 나는 평생 나 스스로 생각했어요. 그래도 전혀 문제가 없었으니까요. 나는 아무런 배경도 없지만, 요즘처럼 낙심해본 적은 없답니다. 경제가 무너지는 판에 세계적인 초강대국이 될 수 있겠어요? 내가 바라고 기도하는 것은 그저 이 나라가 다시 올바른 길을 찾는 것뿐입니다."

로나의 화는 가라앉았다. 로나는 이곳의 하원의원에 대해서는 한마디도 하지 않았다.

이날 밤 페리엘로는 가족 및 참모와 함께 조그만 금융서비스 회사 사무실에서 개표 결과를 기다렸다. 제5선거구의 최고 전성기에 형성된 유서 깊은 샬러츠빌 시내의 와인 바 위층에 있는 곳이었다.

"조짐이 좋습니다, 여러분!"

페리엘로가 소리쳤다.

"댄빌에서 1000표나 이겼어요."

환호성이 이어졌다. 8시에 선거구의 절반이 개표되었을 때, 페리엘로는 53 대 45로 뒤지고 있었지만, 개표가 끝난 곳은 주로 농촌지역이었다. 하지만 샬러츠빌의 개표가 시작되었을 때도 허트가 계속 앞섰다. 페리엘로의 공보비서는 각 방송국에서 걸려오는 전화를 차단하기 위해 애쓰고 있었다. 페리엘로는 쓴웃음을 지었다.

"계속 뒤지고 있군! 별로 큰 차이는 아니니 쫓아갈 거야. 차이 좀 줄여보자."

8시 30분이 되자 헨리 카운티의 개표도 끝이 났고, 페리엘로는 여기서도 패했다. 레드버치는 득표에 전혀 역할을 하지 못했다.

페리엘로는 결국 51 대 47로 패했다. 버지니아에서 패배한 다른 민주당 후보들보다는 근소한 차이의 패배였다. 오랫동안 현역에 있었던 후보나 안전하다고 장담한 후보들보다도 더 적은 차이였다. 2009년 초에 지역구를 돌며 선거기금 모금활동을 했던 참모가 페리엘로에게 "우리는 강풍을 맞은 겁니다"라고 말했다. 대통령이 속한 당은 전국적으로 참패를 면치 못했다.

페리엘로는 집안사람들을 모두 불러 모았다. 우는 사람도 있었다. 방안에 모인 사람 중에서는 페리엘로의 표정이 가장 밝았다.

"여러분에게 말해두겠는데, 이유는 모르지만 나는 기분이 좋아요. 자, 이제 모두 내려놓읍시다. 4000만 명의 미국인을 건강보험 보상 범위에 들게 하고 기존 조건을 유지하기 위한 싸움에서 오늘 밤 모두 진 것은 아닙니다. 전국의 에너지 전략을 제안한 싸움에서도 오늘 밤 모두 진 것은 아닙니다. 고위험에 고수익이 따른다, 이것이 우리의 방식이죠. 자, 모두 내려놓자고요."

페리엘로는 미소를 지었다.

"마음이 한결 가벼워진 기분이야."

라이언이 열세 살 되었을 때, 딘은 아들을 데리고 버지니아 힐즈빌에서 열린 노동절의 벼룩시장과 총기박람회에 갔다. 딘의 권고로 라이언은 수중에 있던 돈으로 풍선껌 기계를 샀다. 바셋의 바이오디젤 정유소 옆에 있는 편의점에 갖다 놓고 푼돈을 벌게 하려는 생각이었다.

딘은 말했다.

"라이언에게 세상 사는 법을 가르친 거라고 할 수 있죠. 내가 볼 때, 많은 사람이 가난에서 헤어나지 못하는 이유는 자산과 부채의 차이를 모르기 때문입니다. 사람들은 대부분 자신의 집을 자산이라고 생각하지만 그건 부채예요. 그 차이를 쉽게 설명한다면, 당신이 주머니에 돈을 집어넣으면 자산이고, 돈을 주머니에서 꺼내면 부채가 되는 겁니다. 아주 간단해요. 나는 풍선껌 기계를 사서 그 자산으로 수익을 올리는 것이 아주 값진 교훈이라고 본 거죠."

그 이듬해 화물차 휴게소를 정리하고 점포를 날렸을 때, 딘은 풍선껌 기계를 집으로 가져와서 창고에 처박아놓았다. 딘은 이런 식으로 라이언의 투자액이 사라지는 것이 안타까웠다. 하지만 나폴레온 힐은 모든 역경에는 그만큼에 해당하는 이익의 씨가 들어 있다고 말했다. 딘은 그 이익을 찾고 있었다.

그는 정유소 때문에 무력감을 느꼈다. 레드버치 정유소의 지분에서 남은 것이라곤 거의 없었고, 경영권도 게리와 플로의 손에 넘어갔다. 딘은 게리에게 그의 경영방식이 전부 잘못되었다고 말했다. 게리는 사업을 일으키기보다 단기간에 많은 돈을 벌려고 했다. 게리는 레드버치 모델의 면허에 터무니없는 가격을 불러서 잠재적인 고객을 놓치고 있었다. 뉴저지에서 한 사업가와 있었던 일이었다.

딘이 게리에게 말했다.

"돼지가 살찌면 잡아먹히는 법이지."(욕심이 지나치면 화를 부른다_옮긴이)

"그게 무슨 말이야?"

체중이 많이 분 게리가 재빨리 물었다. 게리는 이제 100만 달러 가까운 회사 부채 전체를 책임져야 하는 처지였다. 이 때문에 어쩔 수 없이 자기 소유의 집과 요트를 담보물로 내놓고 서명할 수밖에 없었다. 딘은 게리와 관련된 문제에서는 어느 누구의 돈이라도 기꺼이 쓰려고 했지만, 자신의 돈은 내놓지 않았다. 제3의 동업자인 로키 카터는 주택경기 침체로 건설사업이 큰 타격을 입는 바람에 지분을 넘기고 싶어했지만, 게리는 그럴 만한 돈이 없었다. 부채 때문에 세 사람의 관계는 배배 꼬였다. 게리와 딘은 사사건건 말다툼을 벌였다. 어느 날 게리가 딘에게 말했다.

"나는 이제 자네가 싫어. 자네는 완전히 딴사람이 됐어."

게리는 딘이 제정신인지 물으며, 딘이 결국 그의 아버지처럼 될 것이라고 넌지시 말했다. 그 말은 다른 어떤 말보다 딘의 속을 뒤집어놓았다. 그는 기가 죽었다. 그의 동업자가 모멸감을 심어준 것이다.

2011년 겨울, 갑자기 모든 것이 분명해졌다. 먼저 세금소송이 찾아왔다. 버지니아 헨리 카운티는 그 전년 9월에 거의 1만 달러에 가까운 음식세를 내지 않았다는 이유로 딘을 기소했다. 2011년 1월 27일, 딘은 경범죄 처분을 받고 미납된 세금 외에 2500달러의 벌금과 법정비용 100달러를 지불하라는 명령을 받았다. 그 겨울에 레드버치는 국세청의 회계감사를 받았다. 딘은 이사 신분으로 세금 채무를 졌기 때문에 회사의 연료 제조 면허는 취소되었고, 레드버치는 7주 동안 영업을 하지 못했다.

3월에 딘은 자리에서 물러나면서 10달러를 받고 남아 있는 지분을 포기했다. 동시에 급료지불수표의 권리도 포기했다. 국세청은 그의 소유권을 해제했고, 정유소는 딘이 빠진 상태에서 다시 영업을 시작했다. 딘 프라이스로서는 이것이 마지막이었고, 바이오디젤 회사에서 그의 이름은 그가 쏟아부은 영감과 함께 흔적도 없이 완전히 사라졌다. 그가 공동 소유주에서 빠진 뒤 얼마 지나지 않아 레드버치 에너지의 홈페이지에 공고문이 하나 올라왔다. '소유권과 경영권 변화'라는 제목으로 보도자료란에 링크된 내용은 다음과 같았다.

'주식회사 레드버치 에너지의 전前 공동 소유주인 딘 프라이스는 이제 레드버치 에너지와 아무 관련이 없고, 2011년 4월부로 어떤 형태로든 회사에 지분이 없습니다.'

그런데 게리는 딘이 계속 레드버치에 대한 말을 하고 다니며 자신이 회사 소속이라고 주장한다는 소식을 들었다. 그래서 6월에 딘에게 편지를 한 통 보냈다.

딘,

우리 사이에 이런 문제를 가지고 자네에게 편지를 쓴다는 것이 정말 힘드네. 하지만 내가 다른 선택의 여지 없이 이렇게 할 수밖에 없게 만든 사람은 자네일세. 나는 몇 번이나 자네와 이야기를 나눠보려 했지만 헛수고였지. 이제 자네의 인생이 꼬인 것을 아는 마당에 다시 이런 부담을 지우는 것이 정말 내키지 않지만, 나로서는 다음과 같은 결론을 내릴 수밖에 없네.

결론이란 잘 알다시피 자네가 이제 레드버치 에너지 소속이 아니고, 우리와 아무 관계도 없다는 것일세. 정말 미안하네. 하지만 자네와 레드버치 에너지의 관계가 어떤 형태로든 끝났다는 것을 지적할 수밖에 없네.

딘, 자네도 알다시피 우리는 자네와 자네 가족을 위해 건강보험 혜택을 주고 있었지. 자네가 더 이상 우리와의 관계를 원치 않기 때문에 2011년 9월 1일을 기해 그 혜택을 중단할 수밖에 없을 것 같네.

딘, 매우 개인적인 편지에서 이런 말까지 하게 되어 정말 안타깝네. 정말 이렇게까지 하고 싶진 않았는데……. 우리가 처음 사업을 시작할 때만 해도 자네는 훌륭한 파트너였어. 하지만 화물차 휴게소가 실패하면서부터 자네는 변했지. 그래, 자네는 아직도 좋은 사람이야. 하지만 자네는 회사의 모든 책임을 회피했고, 우리 모두와 대화를 단절한 데다 많은 부분에서 거짓말까지 했어. 그런 상태로 계속할 수도 있었겠지만, 그러고 싶지 않았네. 자네가 잘되어서 다시 올바른 인생을 되찾기를 바란다는 것이 내가 할 수 있는 말의 전부네.

건투를 빌며,
게리 N. 싱크
대표

딘은 회답하지 않았다. "그 친구들이 나를 이용하고 버린 거죠"라고 딘은 말했다. 그 사이에 사업을 정리했지만, 부채 문제를 해결하지는 못했다. 화물차 휴게소의 채권자 중 하나는 그에게 연료를 공급해주는 곳으로, 로킹엄 카운티의 에덴 오일이라는 작은 회사였다. 딘은 리드 티그Reid Teague라는 이 회사의 소유주를 친구로 여겼지만, 에덴 오일이 미지불된 연료대금 32만5000달러를 딘이 지급해야 한다는 판결을 법원에서 받아낸 뒤로 티그는 딘의 원수가 되었다. 티그는 먼저 화물차 휴게소에 연료공급을 중단했는데, 이것은 파산법 제7조에 따른 조치였다. 딘은 마틴즈빌의 레드버치를 청산했는데도 보호받지 못했다. 티그가 그의 개인 재산에까지 손을 뻗치려고 했기 때문이다. 2011년 2월, 딘은 자신의 집이 5월 15일 웬트워스에 있는 로킹엄 카운티 법원의 경매절차에 들어갈 예정이라는 사실을 알게 되었다. 그의 외할아버지 버치 닐이 1934년 포커에서 딴 땅에 세운 집이었다. 그의 어머니가 자라고, 닐 가문이 수십 년 동안 담배농장을 경영한 집이었으며, 그의 아버지가 한 지붕 아래에서 살던 마지막 날 그를 패대기친 집이기도 했다. 또 1997년 펜실베이니아에서 돌아와 들어간 집이었고, 1년을 들여 고속도로변에서 언덕 아래로 옮긴 뒤 새 터전에 다시 지은 집이었으며, 아들 라이언이 아빠와 함께 살려고 찾아왔을 때 라이언의 집으로 만들어놓은 집이었다. 또 공동 소유자인 어머니의 집이기도 했다. 딘은 어머니에게 이 사실을 알리지 않았지만, 지역신문에 경매 공고가 났다. 한번은 6촌 누이가 경매 전에 찾아와서 옛날 생각이 나서 들렀다고 말했다. 하지만 이 누이는 돌아가면서 실은 그 집의 매각가격을 평가하려고 왔다고 말했다.

딘은 2009년 말부터 개인 파산신고를 하려고 했지만, 이런저런 이유로(그는 바이오디젤에만 정신을 쏟고 있었다. 그의 변호사는 1500달러의 사례비를 챙긴 뒤로는 딘이 전화를 해도 받지 않았다. 파산한 사람과 마주치고 싶어하는 사람은 아무도 없었다) 실행에 옮기지 못했다. 그러던 중 경매 예정일을 6일 앞둔 5월 9일 월요일, 딘은 자영업자로서 파산법 제7조에 따라 그린즈버러에 있는 노스캐롤라이나 중부지구의 미국 파산법정에 파산 신청을 했다. 집을 건사하기 위해서였다. 그날 법정에는 딘 외에도 26명의 채무자가 있었다. 이해가 지나는 동안 전국적으로 141만653건의 파산 신청이 있었다.

딘의 부채는 총 100만 달러에 이르렀다. 그의 자산은(스톡스데일 집의 지분 절반, 프라이스 담배농장에 남아 있는 18만 제곱미터의 땅 중 4분의 1, 가구와 트랙터, 옷, 책, 엽총, 골동품 간판, 1988년식 포드 픽업트럭, 그리고 라이언의 열여섯 번째 생일에 산 중고 지프 랭글러) 모두 노스캐롤라이나에서 허용된 면제 범위에 포함되었다. 그래서 딘은 이것들에 의존해 재기를 노릴 수 있었다. 그는 신용상담을 받고 재정관리 과정을 이수해야 했다.

7월 25일, 딘은 채권자들을 만나기 위해 그린즈버러 법정에 출두했다. 이날 심리는 1층에 있는 방에서 열렸는데, 채권자들은 거의 보이지 않았고 그와 같은 처지에 놓인 채무자들만 가득했다. 대부분 휠체어에 앉아 있거나 지팡이에 의존해 걷거나 아니면 인공호흡장치로 숨을 쉬는 노인들로, 파산관재인이 자신의 이름을 부르기를 기다리고 있었다. 이들을 보던 딘은 아버지를 떠올렸다. 아버지가 실패에 어떻게 산산조각 났는지를. 그는 이런 식으로 아버지의 그림자가 자신에게도 드리워졌다고 느낀 적이 단 한 번도 없었다. 아버지의 바지 주름이 자신에게도 생긴 것이다.

파산에 처했을 때 사실 그는 모든 것을 끝내고 싶다는 생각을 몇 번이고 했다. 하지만 아이들을 두고 결코 그럴 수는 없었다. 어쩌면 그것이 쉬운 길이었을지도 모르지만, 어떤 면에서는 파산이 새 출발을 하게 해주었으니 근사한 일이었다. 다행히도 그가 사는 나라는 빚을 졌다고 해서 죽어야 하는 곳은 아니었다.

8월 30일, 딘의 소송은 끝이 났다. 그는 소송 기간 내내 하늘의 가호가 내렸다는 느낌을 받았다.

이때 딘은 벌써 앞으로 나갈 길을 보고 있었다. 게리를 포함한 동업자들에게 버림받은 뒤로 그는 바이오디젤과의 인연을 완전히 끊으려고 했지만, 바이오디젤은 그의 인생에서 아주 소중한 것이라는 사실이 드러났다. 그렇지 않았다면 그가 새로운 아이디어를 떠올리는 일은 결코 없었을 것이다. 그는 레드버치에 남아 다시 죽기 살기로 해보기로 작정했다.

그는 어딘가에서 읽은 헨리 포드의 어록이 생각났다.

"실패는 단지 더 지혜롭게 다시 시작하기 위한 기회일 뿐이다."

태미 토머스

태미는 활동하는 것을 좋아했다. 또 더 큰 무대, 더 규모가 큰 운동을 좋아했다. 대중연설을 하면 태미는 자신도 모르게 흥분되었다. 2009년, 조직이 노조나 다른 집단과 손을 잡고 오하이오 일대와 워싱턴에서 건강보험 개혁과 다른 운동을 위한 집회를 열었을 때, 태미는 버스에 올라타 앞장서서 노래를 부르고 구호를 선창했다. 태미는 극적인 효과를 불러일으키는 감각이 있었고, 그 효과가 가라앉을 때는 되살리는 법을 알았다. 한번은 콜럼버스의 체이스은행 밖에서 조직책 한 사람이 휴대용 확성기를 들고 오바마의 '네, 우리는 할 수 있어요'의 스페인어에 해당하는 '시 세 푸에데'라는 구호를 따라 하도록 선창하고 있었는데, 모인 사람들 중에 라틴계는 거의 없었다. 그러자 태미가 확성기를 들고 모두가 노래를 부르게 만들었다. 그리고 다시 한번 '시 세 푸에데'를 외치도록 유도한 다음, 그날의 활동을 마무리했다.

이들은 보수적인 백인 도시인 메이슨에서 유나이티드 헬스케어(미국의 의료서비스 집단_옮긴이)의 로비로 몰려들어 노래를 부르고 구호를 외쳤다. 워싱턴에서는 태미를 선두로 영스타운에서 온 사람들(미스 해티처럼 태미가 모집한 지역 주민들)이 전국적인 진보단체와 K가에서 합류해 교차로 한 군데를 완전히 점거하는 일도 있었다. 그리고 거기서부터 뱅크 오브 아메리카까지 행진하면서 월가를 비난하는 구호를 외쳤다. 그런 다음에는 은행 임원들의 집을 찾아다니며 앞뜰에서 항의시위를 했다. 폭우가 쏟아져 태미는 쓰레기봉투를 판초 우의처럼 뒤집어썼는데도 온몸이 흠뻑 젖었다. 이 뒤로 태미는 병이 났지만, 오히려 기분은 좋았다.

'당신도 맛 좀 봐! 우리를 괴롭히고 모든 사람을 한없이 괴롭혔잖아. 한 발만 양보하는 것이 어때?'

태미는 일어서서 "더 이상 참을 수 없어!"라고 소리쳤다. 태미는 자신이 알고 있는 압류사태와 이스트사이드 같은 흑인 구역에서 대출을 받지 못해 툭하면 고리로 급전을 쓰는 일을 머리에 떠올렸다.

"나는 다른 사람을 이용하는 자들에게 질렸어. 당신도 가난한 사람들을 이용했지? 이것이 미국 아니야? 짐승과 다를 게 없어. 우리는 갈수록 깊은 수렁에 빠지고 있어!"

태미는 자신이 패커드 일렉트릭에서 강제 퇴직당하고 모든 직원이 일자리에서 쫓겨나는 동안, 지역사회가 죽어가는데도 CEO와 고위급 임원들은 보너스를 챙기고 있다는 사실을 생각했다. 또 자신이 낸 세금으로 일부 은행은 구제금융을 받았지만, 자신은 매달 모시시를 갚아야 하는 입장인데 은행 대출은 한 푼도 못 받았다.

"이게 뭐냐고, 빌어먹을! 너무 불공평해!"

이런 활동으로 태미는 꿈꿔보지도 못했던 무대의 지도자 반열에 올랐다. 오하이오 램프 공장에서 시멘트를 운반하다 막 퇴직한 미스 시블은 워싱턴으로 가서 오바마 행정부의 주택도시개발부 장관인 숀 도너번Shaun Donovan을 만났다. 시블은 도너번에게 경기부양 지원금의 일부를 주택 철거비로 사용해야 한다고 말했다. 시블은 MVOC의 지도를 꺼내들고 영스타운의 문제는 뉴욕이나 시카고처럼 고급주택화와는 상관없다고 설명했다. 영스타운에 필요한 것은 저소득층의 주택 건설이 아니라 비어 있는 집을 철거하는 것이라는 말이었다. 세 차례의 만남이 이루어진 뒤에 장관은 시블의 제안을 받아들였고, 시블의 이름까지 기억했다.

미스 해티는 지역의 명사가 되었다. 태미가 시키는 대로 미스 해티는 건강보험과 빈집, 또 은행이 동네에서 하는 일 등 지역의 모든 현안에 대해 말했다. 그러면 동네 주민들이 그녀의 가게로 찾아와 말했다.

"당신은 나를 몰라도 나는 당신을 알아요. 텔레비전에서 당신을 보았어요. 당신은 우리 모두를 위해 우리가 하지 못하는 말을 해요."

이후 태미는 해티를 데리고 워싱턴으로 갔다. 해티는 캐피틀 힐의 수많은 사람 앞에 나서는 것이 불안해서 거의 죽을 맛이었다. 말을 더듬거리다가 뭔가 엉뚱한 말이 튀어나왔을 때, 트래피컨트의 뒤를 이어 영스타운의 하원의원이 된 팀 라이언Tim Ryan은 해티를 안아주며 "당신의 말에는 힘이 있어요. 언제나 자신감을 갖고 자신을 소개해요"라고 말했다. 마치 어렸을 때 엄마가 등을 토닥거리며 "다 잘될 거야"라고 말해주는 듯했다. 그 뒤로 미스 해티는 의욕적으로 활동하기 시작했다. 해티는 훗날 "태미가 나를 지금의 지도자로 만들었어요"라고 말했다.

미스 해티는 잔디를 깎아 만든 자신의 꽃밭 맞은편에 있는 빈터에 '페어몬트 소녀들과 인근 지역을 위한 채소정원'을 가꾸었다. 해티는 교외 지역에서 흔히 볼 수 있는 하얀 말뚝 울타리를 치고 버려진 목재와 판지를 이용해 화단을 만들었다. 공장의 팔레트(화물 운반대)로는 퇴비 상자를 만들었다. 또 조진 레스토랑에서 나온 15킬로그램 정도의 음식 쓰레기를 매일 자신의 트럭으로 실어 날랐고, 담당 의사의 농장에서 말똥을 얻었다. 태미는 윈 재단에 보내는 지원금 신청서를 작성했고, 미스 해티는 여기서 3700달러를 지원받아 이 사업을 시작했다. 해티는 동네 미화작업에 공을 들였고, 아이들에게는 아무도 빼앗을 수 없는 뭔가를 가르쳤다.

"처음에는 내키지 않을지 모르지만, 너희도 곧 채소요리를 할 수 있을 거야. 매일 고기만 먹을 필요는 없는 거라고. 열심히 일하기만 하면 아주 싸게 먹거나 무료로 먹을 수도 있고 말이지. 열심히 일하면 못 할 것이 없어. 나도 어렸을 때는 잘 몰랐지만, 나이가 들면서 깨우친 지혜란다."

채소정원은 평화를 상징했다. 이곳을 가꾸며 미스 해티는 아버지가 가꾸던 밭을 떠올렸다. 하지만 동네 아이들은 이제 모두 10대가 되었고, 정원 사업에 관심을 갖게 하는 것은 힘들었다. 또 정원 옆집의 일곱 살 난 남자아이가 성냥을 갖고 놀다가 다락방에 화재를 낸 사건도 도움이 되지 않았다. 집주인은 고철로 팔아치우려고 즉시 알루미늄 벽널을 뜯었다.

미스 시블도 똑같이 동부에서 지역 채소정원 사업을 시작했다. 콘크리트 위에 부식토와 채소 쓰레기를 깐 도시의 채소밭이었다. "우리는 누구나 흙으로 돌아갑니다. 모든 것이 흙으로 돌아가죠"라고 시블은 말했다. 미스 시블은 그저 먹을 줄만 알았지 원예에 대해서 아는 것이 하나도 없었지만, 동네 주민들과 함께 사람이 먹을 수 있는 것이면 무엇이든 키웠다. 누구나 자신의 뜻대로 정원을 가꾸고 원하는 작물을 심으면 된다. 정원을 망치지만 않으면 된다. 밭을 파헤치는 마멋(유럽·아프리카산 다람쥣과의 설치동물_옮긴이)과 사슴이 아닌 이상 누구나 할 수 있는 사업이었다.

태미와 MVOC는 영스타운의 두 번째 표본조사를 실시했다. 이번에는 식료품점이 조사 대상이었다. 지도상으로 봤을 때 영스타운에서는 신선한 식품이 귀하거나 비싼 것으로 드러났다. 시 전체에서 제대로 된 가게를 거의 찾아보기 어려웠다. 동부의 일부 지역에서는 버스를 타고 신선한 식품을 사러 가는 데 왕복 네 시간이나 걸렸다. 그러다가 남부에 '바텀 달러Bottom Dollar'(할인 식품점 체인_옮긴이)가 개업하면서 변화의 계기가 찾아왔다. 어느 구멍가게에서는 감자와 양파, 짓무르기 시작한 양상추를 조금씩 갖다놓았지만, 나머지는 대부분 셰히 거리의 철거된 비키네 집 옆의 F&N 푸드 마켓처럼 패스트푸드와 술, 담배를 팔았다. 태미의 조직에서는 구멍가게 주인들에게 압력을 넣어 신선하고 영양분이 많은 식품만 취급하고 밀매꾼들이 얼씬하지 못하도록 하는 협정에 서명하게 했다.

식품 캠페인을 벌이면서 태미는 영스타운 남부에 있는 백인 개신교 교회와 접촉했다. 목사인 스티브 포튼베리Steve Fortenberry는 12만5000제곱미터의 밭에 협동농장 사업을 시작했다. 신도들 중에서 나이가 들고 좀더 보수적인 사람들은 환경운동이라면 무조건 의심하고 들었기 때문에 포튼베리는 이 프로젝트를 굶주리는 사람들을 위한 사업이라고 홍보했다. 그러자 농작물은 쉽게 팔렸다. 여름 내내 영스타운의 10대 아이들과 장애인, 전과자들이 교회 농장에서 일했다. 태미와 포튼베리는 트럭에 작물을 싣고 다니며 영스타운의 각 마을회관과 농산물직판장에 공급하기로 결정했다.

태미는 젊은 시절에 스티브 포튼베리 같은 사람을 만나본 적이 없었다. 또 커크 노든 같은 사람도 보지 못했다. 노든만큼 사회적 약자를 위해 열정적으로 일하는 사람을 보지 못했던 태미는 그를 '내가 아는 사람 중에 가장 흑인에 가까운 백인 남자'라고 불렀다. 태미는 이 사업에 온갖 정성을 기울였다. 이 일 때문에 가정을 돌볼 여유가 없었고, 예전만큼 교회에 자주 나가지도 못했으며, 대청소 같은 것에도 신경을 쓸 겨를이 없었다. 하지만 MVOC는 태미가 다른 사람들과 어울리면서 색다른 경험을 쌓을 기회를 만들어주었다. 심지어 낯선 요리도 접하게 되었다.(커크는 태미에게 낙지를 먹게 하고, 인디언 요리에 맛을 들이게 했다.) 태미는 레게머리를 한 백인들을 보면 '왜 이 사람들은 머리를 흑인처럼 하고 다닐까?'라고 생각하곤 했지만, 이제는 그런 모습을 봐도 이상하게 생각하지 않았고, 유니테리언 교회의 별난 모습을 보거나(가령 노래를 부르고 종을 치며 모임을 시작하는 여자) 다른 종교들을 봐도 아무렇지 않았다. 이 모든 것이 문화적 경험의 일부였다. 이혼한 뒤로는 교회에 더 깊이 빠져들면서 술도 끊었고, 다른 조직책들과 함께 음식과 음료에 대해 장기적인 전략회의를 열었다. 그리고 언제나 끝에 가서는 운동의 승리와 실패의 여파를 비교하며 전쟁을 치른 과정을 놓고 토론했다. 태미는 이들만큼 자신이 하는 일에 열정을 가진 사람을 본 적이 없었다. 인생은 태미가 아는 것보다 훨씬 다양한 모습을 담고 있었다. 그리고 사람들이 커크가 흑인을 이용하려고 한다거나 인종주의자라는 말을 할 때만큼 열 받는 일도 없었다.

"지금 날 놀리는 거예요? 그 사람이 나와 내 가족을 위해 한 일을 알기나 해요? 그가 나를 채용할 필요는 없었다고요. 아무 경험도 없고, 필요한 학위도 없으니까요. 커크는 여기서 필요한 일이 뭔지 알고 올바른 답을 제시하는 사람이에요. 당신들은 무슨 일이 해결되거나 개선되기를 바랐지만, 지난 20년 동안 뭘 했나요? 뭘 기다리는 거죠?"

태미가 델파이를 나오면서 퇴직 위로금으로 받은 돈은 14만 달러 정도였다. 많은 돈처럼 보일지 모르지만, 알고 보면 다른 일자리에 대한 보장 없이 2년 반 동안 받는 보수에 지나지 않았다. 태미는 퇴직금의 절반 이상을 잃은 셈이었다. 그래도 결국엔 운 좋게도 좋은 일자리를 얻었다. 태미의 가장 친한 친구로 열 살 더 많은 카렌도 퇴직 위로금을 받았지만, 일자리를 구하지 못해 태미가 공장에서 알고 지낸 거의 모든 이들처럼 남편과 힘든 생활을 했다. 회사는 직원들에게 겁을 주며 퇴직시키는 임무를 잘 수행했다. 그런데 너무 많은 사람에 위로금을 주다 보니 워런 공장의 경우에는 수백 명을 다시 불러들여야 했고, 임시직을 650명이나 충원해야 했다. 태미가 아는 사람들 중에 고속프레스 구역에서 일하기 위해 복직한 사람들도 있었는데, 이들은 시간당 13달러를 받으며 서너 대의 기계를 돌려야 했다. 전에 비해 일은 두 배로 늘었는데 급료는 절반밖에 안 되는 셈이었다.

언론에서는 터무니없는 임금 삭감 때문에 파업이 일어날 것이라고 예측했지만, 노조는 급여와 연금이 대폭 삭감된 상황에서 협상해야 할 때 유난히 조용했다. 델파이는 1932년부터 1999년까지 소유권이 있던 GM에 공장 설비를 대부분 매각한 상태에서 2009년의 파산사태를 벗어났다.(2009년에 GM은 파산법 제11조에 따라 미국 정부로부터 500억 달러의 투자를 받아 회사를 재편했다.) 델파이의 잔여자산은 개인 투자자들 소유로 넘어갔고, 이후 회사의 이름도 바뀌었다. 처음에는 패커드 일렉트릭으로 시작해서 델파이 오토모티브 시스템즈로, 다음에는 델파이 주식회사로 바꾸었다가 이제는 DLPH 지주회사가 되었다. 2007년에 서브프라임 모기지 공매로 40억 달러를 번 헤지펀드 매니저인 존 폴슨John Paulson은 이 새로운 법인에 들어 있는 주식 2050만 달러어치를 팔아치우고 1400만 달러를 투자해 4억 3900만 달러의 이익을 남겼다. 이 무렵 회사는 전 세계적으로 15만 명의 노동력을 충원했지만, 미국에서 고용한 인력은 2만 명이 채 안 되었다.

태미가 일했던 공장들(플랜트 8, 허버드, 토머스 로드)은 폐쇄되었다. 공장이 있던 곳은 이내 깨진 창문과 잡초가 우거진 아스팔트, 마호닝 밸리곳곳에 늘어선 빈 주차장 풍경으로 변했다. 태미와 동료 직원들이 자주드나들던 식당과 주점들은 대부분의 고객을 잃어버렸다. 델파이는 파산사태를 이용해 임금을 삭감한 전형적인 기업이라고 욕을 먹었다.

2007년에 받은 퇴직 위로금에서 세금을 제하고 나니 태미에게 남은돈은 8만2000달러였다. 태미는 이 돈 일부를 어머니와 아이들을 돌보는비용으로 사용하고, 일부는 3퍼센트의 이자를 받고 양도성 예금증서CD를 사는 데 썼다. 하지만 2007년 당시에는 아직 MVOC에 채용되지 않았을 때였기 때문에 영스타운을 떠날 생각도 해보았다. 영스타운을 떠나 고정수입이 있으려면 남은 돈 외에 조금 더 벌어야 했다. 게다가 아직 학교도 마치지 않은 상태였다. 태미의 시가 쪽 친척 중에 그 지역의 부동산 중개인이 있었는데, 이 사람의 도움으로 태미와 배리는 남부의 집을 사는데 융자를 받을 수 있었다. 그는 태미를 수완가라고 부르며 칭찬을 늘어놓았다. 역경 속에서 살아남는 법을 알고 결코 좌절하지 않는 사람이라는 것이다. 그러면서 언제든 생각이 있으면 자신을 찾아와 함께 일하자고했다.(그는 잔디 관리 사업과 어린이집 운영, 그리고 교도소에서 출소한 사람들을 돕는 비영리사업도 했다.) 때로는 태미를 '딸'이라고 부르기도 했다. 그는태미에게 부동산에 투자할 기회를 주었고 연리 10퍼센트에 매달 이자를받을 수 있는 계약서를 써주었다. 태미는 퇴직 위로금 중에서 마지막으로 남은 돈 4만 8000달러를 그 남자에게 맡겼다.

첫해에는 이자가 잘 들어왔다. 매달 들어오는 이자는 집과 자동차 유지비로 쓰기에 충분했다. 2년째에 접어들었을 때는 2008년 중반으로 주택시장이 붕괴할 때였는데, 그는 태미에게 투자기간을 1년 연장하고 이율도 8퍼센트로 인하하자고 했다. 하지만 크리스마스가 되자 남자는 5퍼센트의 이자밖에 지급하지 않았고, 그것도 매번 기한을 어겼다. 2009년이 되자 이자 지급은 완전히 끊겼다.

어머니의 건강이 악화되고 있었기 때문에 태미는 어머니를 요양원에서 모시고 나와 버젓한 집에서 살게 하고 싶었다. 그녀는 친척에게 자신이 투자한 돈에서 1만 5000달러를 값의 두 배는 나갈 것으로 보이는 주택의 입찰에 넣자고 했다. 그하지만 입찰을 따냈는데도 계약금 5000달러를 내놓지 못하는 친척을 보자 태미는 무언가 잘못되었다는 것을 깨달았다. 태미가 투자액을 돌려줄 깃을 요구하자 그 남자는 그 돈이 자신에게 없다고 말했다.

"미안해, 잘 해결될 거야. 파산 신청을 하려고 했지만 그러면 아무도 돈을 못 받을 것 같아 그만뒀지. 내가 재기하면 당신도 돈을 받을 수 있을 거야."

태미는 그가 애쓰고 있다는 것을 알았다. 그 돈을 돌려받지 못하면 태미는 자신이 사는 집도 건사하지 못할 것이고, 은행은 저당권을 행사하려 들 것이다. 그는 어찌어찌해서 융자 조정에 필요한 돈 1200달러를 마련해주었다. 하지만 태미가 투자한 돈은 여전히 갚지 못했다. 태미는 그가 자신의 돈으로 다른 사람에게 갚을 몫을 해결하는 수법으로 폰지 사기를 했다는 생각이 들었다. 그리고 바로 그 시기에 메이도프^{Madoff}가 그랬듯이 시장 붕괴라는 치명타를 맞은 것이다. 태미는 그에게 걸려든 다른 사람들의 말도 들어보았다. 캘리포니아에서 온 사람이 그에게 투자했다가 돌려받지 못했다는 이야기도 있었고, 그가 중개인 면허를 이용해 모기지를 친척들 명의로 바꾼 다음 그들에게 알리지 않고 재융자를 받았다는 이야기도 있었다. 그의 직원들은 월급도 못 받고 있었다. 태미는 그를 만나 경찰에 신고하겠다는 말까지 했다. 교회 집사로 있는 그 친척은 "기독교 신자들끼리 그런 일을 해서는 안 되지"라고 말했다.

태미는 언제나 올바른 신자로서 옳은 일만 하려고 하는 사람이었다. 어쨌든 경찰 조서로 얻을 것이 뭐가 있겠는가? 그래서 태미는 그를 신고하지 않았고, 가족들에게도 이 사실을 말하지 않았다. 마침내 그 친척은 태미에게 갚아야 할 돈에 해당하는 수표를 발행해서 주었다. 그런데 태미가 이 수표를 현금교환기에 집어넣으니 도로 튀어나왔다. 그때는 이미 그가 전화도 받지 않고 사라진 뒤였다. 그리고 다시는 그의 소식을 들을 수 없었고, 돈도 돌려받지 못했다. 델파이에서 퇴직한 이후 궁핍한 시기를 대비해 남겨둔 돈이었다. 태미는 자신에게 화가 났다. 이자가 낮더라도 안전한 CD에 맡겨놓아야 했다. 아니면 일부를 실험 삼아 주식시장에 투자할 수도 있었을 것이다.

"이 바보야! 어쩌자고 그랬어? 왜 그 남자를 믿은 거냐고!"

태미는 자신에게 욕을 퍼부었다. 그 남자보다 자신에게 더 화가 났다. 그럼에도 불구하고 태미는 그가 안쓰러웠다. 그도 파산했기 때문이다.

이런 실수의 와중에 태미는 부모를 잃는 슬픔을 겪었다. 태미의 아버지는 비비 꼬인 성격에 호전적인 사람이었다. 태미는 10대 이후로 아버지에게 늘 반항했지만, 마지막 모습을 보니 아버지에게도 부드러운 면이 있다는 생각이 들면서 아버지가 속으로는 자신을 사랑했다는 것을 알 수 있었다. 아버지는 간암에 걸렸는데, 2009년 9월에 자다가 숨을 거두었다. 병원에서 나와 집으로 와서 같이 살던 아내와 둘 사이의 자녀들과 함께 바비큐와 수박, 포도를 먹고 맥주 한 잔을 마시고 난 뒤였다.

비키의 마지막은 이와 달랐다. 비키는 C형 간염에 골조직 붕괴 등 심각한 헤로인 부작용으로 수년째 건강이 좋지 않았다. 게다가 우울증에 걸려 정신적으로도 무너진 상태였다. 태미는 그녀를 집으로 데려가 돌보는 방법을 모색하고 있었다. 추수감사절 연휴 동안 비키가 성 엘리자베스 병원에 입원하고 있을 때 태미는 엄마를 보러 갔다. 태미는 12월 2일에 수술을 하고 한 달간 회복기를 갖기로 치료 일정을 짰다. 누군가에게 근무를 맡기고 휴가를 내는 것은 생각도 할 수 없었던 태미는 수술 전에 밀린 업무를 처리하느라 며칠을 소비했고, 엄마와 세 차례 통화를 했지만 다시는 그녀를 보지 못했다. 더구나 그녀는 딸에게는 알리지 않고 병원 측에 치료를 중단해달라고 요구했다. 이틀 뒤 그녀는 울혈성 심부전으로 응급실로 옮겨졌으며, 거기서 61세를 일기로 세상을 떠났다. "엄마는 혼자 돌아가셨어요. 나는 제때 병원에 갈 수가 없었어요. 엄마와 함께 있겠다고 약속했는데 말이죠. 엄마에게는 내가 필요했는데 가지 못한 거예요"라고 태미는 말했다. 태미는 이 자책감을 떨쳐버릴 수가 없었다.

비키와 태미에게는 살면서 할 일이 많이 남아 있었다. 비키는 비록 태미에게는 알리지 않았지만, 오래전부터 죽음을 맞을 준비를 했다. 엄마가 떠나자 태미는 어릴 적 엄마 침대로 기어오르던 시절이 그리웠다. 옆에 누워 아무 말 없이 엄마를 안으면 엄마는 태미의 머리를 쓰다듬어주었고, 그때의 안락한 느낌은 어느 누구도 대신할 수 없는 것이었다. 그동안에 무슨 일이 있었든 그녀에게는 엄마였으니까.

이후 오랫동안 태미는 자신과, 엄마의 마지막 모습을 지켜보지 못하게 한 자신의 일에 의문을 품었다. 또 자신의 삶을 그토록 많은 싸움으로 채우고 자신이 사랑하는 많은 것을 빼앗아간 신에 대해서도 의문이 생겼다. 이제 아이들을 빼놓고는 모든 것을 잃었다.

탬파

사우스 데일 마브리 고속도로는 탬파 만에 인접한 시 아래쪽의 맥딜 MacDill 공군기지 정문에서 끝난다. 이 공군기지에는 미 중앙사령부가 있으며, 세계적으로 유명한 4성 장군(토미 프랭크스Tommy Franks, 존 애비자이드John Abizaid, 데이비드 퍼트레이어스David Petraeus)이 이곳에서 아프가니스탄 및 이라크 전쟁 계획을 세웠다. 이들이 수십만 명의 전투 병력을 지휘하고 개인 전용기로 책임 구역을 비행하면서 엄청난 전략적 과오를 범하고 뒤늦게 잘못을 수정한 곳도 이곳이다. 여기서 미국의 외교정책을 짜는 동안 이들은 탬파 상류층 여성들로부터 아낌없는 환대를 받았고, 이집트에서 파키스탄에 이르기까지 세계적으로 민감한 지역에 위치한 국가들의 운명을 좌우하면서 로마 시대의 총독 못지않은 권세를 누렸다. 테러와의 전쟁을 치르는 동안 백악관과 펜타곤(국방부)을 제외하고 맥딜보다 더 막강한 권력을 행사한 곳은 없다. 그리고 여기서 네 블록 떨어진 곳에 하르첼Hartzell 가족이 살고 있었다.

하르첼 가족은 가장인 대니Danny와 부인인 로네일Ronale, 둘 사이에 난 아들인 브렌트Brent와 딸 다니엘Danielle, 그리고 대니의 남동생인 데니스Dennis와 고양이 네 마리였다. 이들은 맥딜 모텔 맞은편에 있는 사우스 데일 마브리 고속도로변의 집에 살았는데, 종합단지 1층의 침실 두 개짜리 아파트(임대용 공동주택)였다. 동네 주민들은 마약을 했고, 어쩌다 누가 쳐다보기라도 하면 화를 내는 사람들이었다. 하르첼 집안 사람들은 부동산 전문 방송인 HGTV를 규칙적으로 시청하기는 했지만, 너무 가난했기 때문에 주택 단기투자를 해서 압류사태로 집을 날리거나 매튜 웨이드너를 찾아올 일이 없었다. 이들은 자동차도 없기 때문에 힐스버러 지역 순환버스에 의존하는 형편이었다. 대니는 1년에 2만 달러 이상을 벌어본 적이 없었고, 여윳돈을 만져보는 것도 세금 정산 때 꼭 한 번밖에 없었다. 어느 해인가는 근로소득세액공제제도로 환급받은 돈을 컴퓨터를 사는 데 썼고, 다음에는 비닐 안락의자와 소파를 사는 데 썼으며, 또 그다음에는 값이 싼 평면 텔레비전을 사는 데 소비했다. 또 친척들과는 연락을 끊고 살았는데, 그들 대부분은 주정뱅이였다. 그들은 친구도 없고 소속된 교회도 없었으며(기독교인이기는 했지만), 가입한 노조도 없고(노동계급이었지만) 나가는 주민 모임도 없었다.[물론 이들은 아이들이 마음 놓고 '사탕 받기 놀이'go trick-or-treating(핼러윈데이에 아이들이 집집마다 돌아다니며 사탕을 안 주면 장난치겠다고 소리치는 놀이_옮긴이)를 할 만큼 동네가 안전하기를 바랐지만.] 정책에 대한 의견을 내는 적도 거의 없었다. 이들의 생각은 뭔가 다른 데 있었다.

2008년, 불경기의 한파가 탬파를 강타했을 때 대니는 시간당 10달러짜리 일자리에서 해고되었다. 마스터 패키징Master Packaging이라고 플라스틱 스낵식품 용기를 만드는 작은 공장이었다. 가장 서글픈 것은 대니와 고등학교를 같이 다닌 그의 감독관이 다른 사람을 시켜 해고 소식을 전했다는 사실이다. 대니가 해고통지서를 들고 집에 가서 보여주자 로네일은 "이제 우리는 어쩌면 좋아?"라고 말했다. 3월의 일이었다. 대니는 그해 내내 일자리를 구하는 데 매달렸다. 버스를 타고 다니며 홈디포와 샘스클럽, 퍼블릭스 등 60여 곳에 취업 신청을 하고 면접을 보았지만, 매번 그가 스물다섯 번째 응모자인데 자리는 하나밖에 없는 식이었다. 대니는 30대 후반으로 작은 키에 배가 볼록 나왔으며, 성긴 염소수염에 머리는 완전히 벗어져서 스틸러스(미국 미식축구팀) 모자를 쓰고 다녔다. 이는 몇 개가 빠졌고, 한쪽 귀가 난청이라 말을 할 때는 쉰 목소리로 소리를 지르곤 했다. 그는 자신을 '카운터 뒤에서 돈을 받고 드레스 사이즈를 재주는 타입'이 아니라 '블루칼라 형의 남자'라고 생각했다. 하지만 막상 소매점 매장에 일자리가 생겼을 때는 아무래도 외모와 세련미가 부족하다고 할 수밖에 없었다.

크리스마스가 막 지난 어느 날 밤, 가족은 비좁은 거실에 모여 있었다. 텔레비전에서는 10대 게임 쇼를 하고 있었고, 아이들은 회색 카펫 위에 손을 잡고 다정하게 앉아 있었는데, 카펫은 형편이 더 나았던 시절을 보여주는 듯했다. 열두 살 난 브렌트는 나이에 비해 키가 작았고, 아직도 산타클로스를 믿는 아홉 살배기 다니엘은 부모가 어떻게 성탄절 선물을 마련했는지 알 턱이 없으니 따로 걱정이 있을 리 없었다. 사실 대니와 로네일은 자선단체의 지원을 받아 올해 크리스마스를 넘겼다. 대니는 그런 도움을 받는 것이 마음에 들지 않았고(이들보다 형편이 더 안 좋은 사람들도 있었다), 다니엘을 무용학원에 보내지 못하거나 브렌트를 축구교실에 보내지 못하는 것도 싫었다. 로네일에 대해서는 매일 고마운 생각이 들었지만, 솔직히 대니는 낙담하고 있었다.

"왜 바깥세상에서는 나를 형편없는 사람으로 볼까? 그 사람들은 나를 모르고 내가 무슨 일을 했는지도 모르면서 기회를 주지 않는단 말이야. 내가 무슨 잘못을 했는지 정말 궁금해. 누구나 똑같이 받은 만큼 일하는 거 아닌가? 그러고는 갑자기 경제가 망가지고, 30명이면 될 자리에 3000명씩이나 몰려드니……."

어쨌든 대니는 여전히 자신을 질책했다. 고등학교를 중도에 때려치운 것도 이제 와서는 몹시 후회되었다. 세상이 그에게 무자비한 보복을 준비했다는 기분이 들었다. 또 이런 처지에 빠진 것도 다 자신의 잘못 때문이고, 자신의 잘못으로 실패했으니 누구에게 도움을 요청할 권리도 없다는 생각이 들었다.

대니는 피츠버그 교외에서 자랐다. 알코올 중독자였던 아버지는 철도 정비원으로 일하다 전력회사에 다녔고, 다음에는 어느 전문대학에서 일하다 대니가 열두 살 때 가족을 이끌고 탬파로 왔다. 1980년대 초반 제철 공장들이 폐업하던 시절이었다. 플로리다에 온 아버지는 술을 더 많이 마셨다. 아버지는 대니에게 방어적으로 운전하는 법을 가르치고 스틸러스팀을 응원하게 했지만, 평소에 대니에게 이를 닦으라는 등의 잔소리를 하는 사람은 아무도 없었다.

탬파에서 태어난 로네일은 성장 환경이 더 나빴다. 부모는 두 사람 다 주정뱅이였는데, 특히 엄마는 눈빛이 사납고 성질이 못된 여자였다. 두 사람은 로네일이 일곱 살 때 이혼했다. 이때부터 로네일은 엄마 손에 이끌려 플로리다와 노스캐롤라이나 일대를 돌아다녔다.(엄마는 술이 없을 때는 소독용 알코올을 마시기도 했고, 자신을 원하면 아무 남자하고나 동거생활을 했다.) 로네일은 차에서 살면서 숱하게 학교를 빠졌고, 리지스 컵(땅콩 초콜릿)을 훔쳐 먹었다. 엄마는 마약을 히는 데다 너무 이기적이어서 딸이 배가 고프다고 말해도 먹을 것을 사 주지 않았기 때문이다. 어린 로네일의 머릿속에는 나중에 크면 부모 같은 사람이 되지 않겠다는 생각이 단단히 박혔다.

대니가 10학년, 로네일이 9학년일 때, 두 사람은 공군기지 부근의 사우스 탬파에서 서로 이웃에 살았다. 대니의 형인 더그Doug가 로네일을 쫓아다녔는데, 두 사람이 붙어서 재미를 보려고 할 때마다 대니는 순전히 질투심에서 방으로 뛰어들어 방해하곤 했다. 그는 길거리에서 로네일이 보이면 지나가면서 "쌍년"이라고 욕했고, 그러면 로네일은 "머저리 같은 놈"이라고 대꾸했다. 그러다가 두 사람은 서로 이야기하고 싶어한다는 것을 알게 되었고, 평생 지속될 사랑이 시작되었다. 로네일은 대니보다 더 일찍 고등학교를 중퇴했다. 아이들에게 괴롭힘당하는 것에 질려서였다. "몇몇 아이들은 나를 정말로 죽이려고까지 했어요. 으슥한 데로 끌고 가서 옷을 벗기고 무슨 짓을 해도 도와줄 사람은 없었죠"라고 로네일은 말했다. 로네일은 빨래방으로 일하러 다녔고, 대니는 세인트 피터스버그의 용접공장에서 기계를 연마하는 일을 했다. 그러다가 1995년 로네일이 스물두 살에 브렌트를 임신했을 때, 이들은 함께 트레일러로 거처를 옮겼다. 1999년, 다니엘을 임신한 상태에서 두 사람은 결혼식을 올렸다. 이들이 함께 생활을 시작했을 때 하르첼 가정에 불리한 여건은 학력이 낮고 돈이 부족하다는 것뿐만이 아니었다. 이렇다 할 가족도 없었고, 어디에도 도움을 청할 수 없는 환경인 데다가 무엇보다 가족 모두 건강에 문제가 있었다. 대니는 난청에 충치로 시달렸고, 로네일은 충치뿐 아니라 비만에 당뇨가 있었다. 브렌트는 주의력결핍 과잉행동장애ADHD와 성장호르몬 문제가 있었고, 다니엘은 청각장애에 심리불안이 심했다. 이런 가족을 위해 일하며 대니는 단단히 결심했다. 부모는 술을 마시거나 마약을 해서는 안 되고, 아이들을 존중해야 하며, 아무리 힘들어도 가족은 함께 살면서 서로 아껴주어야 한다는 생각이었다. 또 가족이 빚을 지지 않게 해야 한다는 생각도 있었다. 한시라도 마음을 놓으면 빚을 질 수도 있는 상황이었다.

최초의 재앙은 2004년에 찾아왔다. 흔히 볼 수 있듯이 외부 상황과 실수의 악순환이었다. 우선 용접공장이 뉴포트리치의 해안으로 옮겨 갔을 때 대니는 따라갈 수가 없어서 직장을 잃었다. 하르첼 가족은 세인트 피트에서 트레일러를 임대해 살았다. 대니는 근로소득 공제로 환급을 받으면 곧 트레일러를 살 생각으로 트레일러 주인을 위해 잡일을 했다. 하지만 주인은 급료를 지급하지 않았고, 오히려 대니가 월세를 내야 한다고 주장하면서 트레일러를 비우라고 요구했다. 어느 날 밤, 대니의 아버지와 형 더그가 화가 난 나머지 대니의 편을 든답시고 술에 만취한 상태에서 트레일러를 부수는 사건이 있었다. 신고를 받은 경찰은 하르첼 가족이 묵고 있는 모텔로 찾아와 대니를 체포했다. 그리고 대니는 100명의 낯선 남자들 틈에 섞여 감옥의 콘크리트 바닥에서 평생 최악의 밤을 보냈다. 이

틀날 판사는 그가 전과가 없는 것을 확인하고 '서약후석방'(잘못을 인정하고 풀려나는 제도_옮긴이)으로 풀어주었지만, 이제 가족은 살 곳이 없었다.

이들은 한 달 동안 세인트 피트 일대를 돌아다니며 차에서 잠을 잤다. 로네일은 푸드 팬트리food pantry(굶주리는 사람들에게 음식을 기부하는 비영리 자선단체로 '푸드 뱅크'라고도 하며, 보통 창고 형태로 운영된다_옮긴이)에서 얻은 도시락을 비축해놓았고, 아이들이 햇볕에 심하게 타면 빨리 낫게 하려고 식초를 발라주었다. 브렌트는 비디오 게임을 못 해 심심해했고, 다니엘은 밤의 소음에 겁을 냈다. 훗날 다니엘은 갠디 브리지 밑의 해변에서 하룻밤 차에 앉아 있던 때를 회상하며 말했다.

"내 앞에 식품 상자가 한 무더기 있는 것이 보였어요. 그 너머론 바다까지 이어진 모래밭이 보였죠."

대니와 로네일은 매일 아침이면 마치 아무 일도 없다는 듯이 두 아이를 스쿨버스에 태워 학교에 보냈다.

이들 가족은 다시는 탬파로 돌아가지 않았고, 사우스 데일 마브리 고속도로변에 월 725달러짜리 아파트를 구했다. 대니가 마스터 패키징에 고용된 이후 4년간은 생활이 안정되었다. 대니의 동생인 데니스는 거실 소파에서 잠을 잤고, 월마트에서 쇼핑카트를 회수하는 시간제 근무로 돈을 벌어 생활비에 보탰다. 대니의 급료와 다니엘의 장애인 보조금, 그리고 식량배급표로도 식구들이 연명하는 데는 문제가 없었다. 그러다 해고가 되면서 불운이 이어졌다.

2009년 봄, 다니엘은 왼쪽 다리에 골육종 암이 생겼다는 진단을 받았다. 이후 1년 반 동안 하르첼 가족은 온통 병원에 매달려 있었고, 검사와 수술, 화학요법의 나날을 보냈다. 거의 모든 치료는 자선단체의 도움을 받았다. 낯모르는 사람에게 현금 기부를 받았을 때는 일자리를 구하러 다닐 때 이용하기 위해 2003년식 셰비 카발리에를 구입했다. 대니는 딸의 치료에 전력을 기울이기 위해 구직활동을 중단했고, 로네일은 학교

선생이나 고용주, 건물주, 동네 사람들에게 늘 불만이 많았지만 다니엘을 치료하는 의사들은 마음에 들어했다. 그리고 다른 암 환자 가족들과 어울리며 난생처음으로 공동체의 일원이라는 느낌을 받았다. 집 안에는 다음과 같은 격려 문구를 액자에 담아 걸어놓았다.

암도 어쩌지 못하는 것
사랑의 힘을 막지 못한다
희망을 꺾지 못한다
성령을 방해하지 못한다
믿음을 깨지 못한다
과거의 추억을 내쫓지 못한다

다니엘이 계속 자라기 때문에 의족은 규칙적으로 4밀리미터씩 늘려서 앙상한 왼쪽 다리에 붙여야 했다. 1년 내내 다니엘은 성공적으로 암 치료를 받았고, 가족들은 하늘에 감사했지만, 그 밖에 하르첼 가족에게 달라진 것은 아무것도 없었다.

2011년 늦봄, 대니 하르첼에게는 꿈이 하나 있었다. 가족을 거느리고 조지아로 이사하는 것이었다. 열두 살 때부터 탬파에서 살아온 그는 이제 덫에 빠진 느낌이 들었다. 아파트의 벽은 점점 허술해졌다. 특히 이웃집 부부가 두 어린애를 돌보지 않은 혐의로 체포되어 집이 불결하게 방치된 뒤로 더욱 심해졌다. 패스트푸드 용기가 여기저기 지저분하게 널브러려 있었고, 바퀴벌레가 벽을 타고 하르첼네 집으로 넘어왔다. 떼를 지어 몰려다니는 작은 종자였는데, 이놈들은 거실 벽과 천장이 만나는 부분에 까만 유충을 흔적으로 남겼고, 비닐 가구 위로 잽싸게 움직이면서 화장실 세면대나 주방의 그릇, 에어컨 배관에 똥을 싸는 바람에 온 집 안에 고약한 냄새가 진동했다. 로네일은 바퀴벌레 때문에 파스타 요리를 포기했고, 대신 월마트에서 벨베타 치즈 스킬렛이나 2달러 28센트 하는 여섯 개들이 솔즈베리 스테이크 같은 냉동식품을 사다 먹었다. 어쨌든 이런 것이 직접 요리하는 것보다 싸게 먹혔는데(재료를 하나하나 구입해서 만드는 것보다 케이크를 사 먹는 것이 비용이 적게 들었다), 때로는 대니가 인류 최고의 발명품이라고 극찬한 라면을 끓여 먹기도 했다. 바퀴벌레는 집 안에 살충제 폭탄을 터뜨리는 것 말고는 묘책이 없었다. 이 때문에 돈을 들여가며 모텔에서 사흘 밤이나 지내야 했다. 집 안을 청결하게 유지하는 것을 자랑스럽게 여겼던 대니와 로네일은 바퀴벌레 때문에 충격을 받았다. 그사이에 옆집에는 새 가족이 이사 왔는데, 이들은 큰 소리를 내면서 밤 1시에도 음악을 크게 틀어놓는 사람들이었다. 어느 날인가는 로네일이 화장실에 있을 때, 위층에서 변기 물이 넘치는 바람에 하르첼 집의 천장 석고보드에 구멍을 내는 일도 있었다. 그래도 관리실에서는 수리를 해주지 않았다.

대니는 한동안 타깃에서 시간제 근무를 했는데, 영업 시간 전 한밤중에 차에서 물건을 내리고 진열하는 일로 시간당 8달러 50센트를 받았다. 처음에는 한 주에 30~40시간 근무를 해서 그럭저럭 먹고살 만했지만, 연휴가 지나자 점포에서는 그의 근무 시간을 줄였다. 봄이 되었을 때는 주당 근무 시간이 10시간으로 줄었고, 2주마다 받는 급료도 세금을 제하고 140달러밖에 안 되었다. 그사이 점포에서 그의 부서에 급료가 싼 직원 세 명을 새로 고용했기 때문이다. 대니는 차라리 그곳에서 해고당하면 실업수당을 받을 수 있고 식량배급표도 두 배로 받을 수 있기 때문에 더 나을 거라고 생각했다. 어느 날, 대니는 그 전날 점포의 매출액이 5만2000달러라는 말을 지배인으로부터 우연히 듣고 재빨리 계산을 해보았다.

"일주일이면 거의 40만 달러나 되는데 나에게 줄 돈이 없단 말이야?

정말 욕심이 지나치군."

　타깃에서 처음 대니를 고용했을 때 그들은 노조의 악행에 대한 비디오를 보여주며, 누군가 그에게 접근해 노조에 가입하라고 하면 즉시 관리부에 보고해야 한다고 말했다. 대니는 노조에 대한 생각은 별로 해본 적이 없었지만, 노조가 무얼 잘못한다는 건지 의아했다. 어느 날 밤인가 그는 로네일과 히스토리 채널을 보다가 1920년대의 탄광 파업인 블레어 마운틴Blair Mountain 전투에 대해 이야기하는 것을 들었다. 이때 대니는 웨스트버지니아의 광부들이 주 남부에 있는 동료들을 돕기 위해 노조에 가입했으며, 이들 중 다수는 회사에서 고용한 살인 청부업자들에게 살해되었다는 사실을 알게 되었다. 이후로 이런 일은 다시 발생하지 않았다. 사람들은 너무 겁이 나서 노조에 가입하기를 꺼렸고, 돈이 많은 회사에서는 고소한다고 위협했기 때문이다. 그래서 요즘에는 사람들이 뭔가를 도모하기 위해 뜻을 모으는 일이 힘들지만 대니는 옛날 사람들이라고 형편이 더 좋지는 않았다는 것을 알았다. 그는 펜실베이니아에서 소년 시절을 보낼 때, 따뜻한 곳을 찾아 다른 집 부엌의 화덕을 기웃거리며 정부 구호품인 흑백 캔 속에 든 콩과 땅콩버터를 먹던 것을 기억했다. 하지만 그 이후로 사람들은 변했다. 요즘에는 인정이 메말랐기 때문에 각자가 알아서 살아남아야 한다.

　다니엘이 의사의 진료를 받기로 한 어느 날 아침, 타깃에서 출근하라는 연락이 왔다. 대니는 전화도 하지 않고, 출근도 하지 않았다. 전에는 이런 일이 없었다. 회사에서는 이것이 해고 사유로 충분하다고 생각했고, 그를 해고했다. 그는 실업수당을 신청했다. 대니는 취업 이전의 상황으로 돌아갔다.

　하르첼 가족은 플로리다에 질렸다. 로네일은 열 사람 중에 다섯 명은 일 없이 빌빌거리는 놈팡이라고 말했다. 지난번 선거에서는 대니와 로네일 모두 투표를 하지 않았지만, 이들은 새로 취임한 주지사 릭 스콧을 싫어했다. 신임 주지사가 학교를 포함해 가난한 사람들에게 필요한 예산을 몽땅 삭감했기 때문이다. 하르첼 가족은 왜 그들과 같은 미국인은 몰락하고 있는데 사우스 데일 마브리 고속도로 맞은편의 인도인들처럼 새로 미국으로 들어온 이주민들은 편의점에서 물건을 살 수 있는지 이해가 되지 않았다. 대니는 그런 이주민들이 처음 5년간은 면세 혜택을 받는다는 말을 들었다. 그는 인종주의자는 아니었지만, 그 말이 사실이라면 불공평하다는 생각이 들었다.

다니엘이 병이 들고 나서 로네일은 페이스북을 했는데, 대니는 로네일의 계정으로 어릴 때 탬파 시절의 친구와 접촉할 수 있었다. 이 친구는 조지아에서 지게차 운전을 하고 있었는데, 펜더그래스라고 불리는 작은 마을이었다. 이 접촉을 계기로 하르첼 가족은 딸과 함께 사는 이 친구를 찾아가 7월 4일(미국 독립기념일)이 낀 주말을 함께 보내기로 했다. 숲이 있고 낚시도 할 수 있으며, 집 밖에서 산책해도 다른 집은 보이지 않는다는 말을 듣자 마음이 들떴다. 또 학교 환경이 좋고 집값도 싼 것 같았다. 로네일은 그런 곳이라면 할 일 없이 빌빌거리는 놈팡이는 열 명 중에 두 명밖에 안 될 거라는 말까지 했다. 일자리도 많은 것 같았다. 게다가 조지아는 월마트도 더 좋아 보였다. 거기서는 7월 4일 주말에 직원들을 쉬게 한다는 말을 로네일이 들었기 때문이다. 그 친구는 하르첼 가족이 조지아로 오고 싶다면 자리를 잡을 때까지 자기와 함께 지내자는 말도 했다.

이 말을 들은 하르첼 부부는 6월 초에 조지아로 가서 살기로 갑작스러운 결정을 내렸다. 출발을 하고 싶었기 때문이다. 또 아파트 임대계약이 월말에 끝나는 데다 탬파에서 바퀴벌레가 없는 다른 곳으로 이사를 가봤자 장소만 바뀔 뿐 상황이 변하는 것은 아니었다.

대니는 말했다.

"틀에 갇혀서 오도 가도 못하는 신세 같았어요. 어쩌면 내가 그런 사람일 수도 있겠죠. 어쩌면 내가 더 이상 노력을 안 한 것일 수도 있고요.

세상과 너무 오랫동안 싸우다 보니 지쳐서 두 손 들어버린 겁니다. 궁지를 단번에 벗어날 수 없다면 적어도 움직여보기라도 해야 할 것 아니냐는 생각이 줄곧 들었죠."

대니의 꿈은 흥분되는 것인 동시에 두려운 것이기도 했다. 하르첼 부부는 마치 깊은 구덩이에서 사다리에 오르는 기분으로 그 꿈에 매달렸다. 대니는 자신이 가족을 위해 옳은 일을 하는 것인지 자신할 수 없었지만, 그렇게라도 하지 않는 것은 더 몹쓸 짓 같았다. 로네일은 수중에 29달러밖에 없는 상황에서 월말이 다가오고 있고, 다이어트 콜라나 닥터페퍼를 사기 위해 다니엘의 다음 달 장애인 보조금이 나올 때를 기다릴 수밖에 없는 생활에 질려버렸다. "겁을 내는 사람도 있지만, 때로는 거대한 도약을 하는 사람도 있죠. 믿음을 갖고 기도를 하는 거예요"라고 로네일은 말했다. 로네일은 디즈니월드와 다니엘의 담당 의사들 말고는 플로리다에 아쉬울 것이 없다고 생각했다. 대니는 일자리를 구하지 못했지만, 함께 가기로 한 데니스는 조지아의 월마트에 자리 하나를 약속 받았으며, 어쨌거나 아이들은 새로운 곳으로 이사 간다는 사실에 들떠 있었다. 작별 인사를 하고 자시고 할 사람도 없었다.

이사 가기로 한 날 하루 전인 6월 말일에 대니와 로네일은 이를 새로 해 넣어야 했다. 두 사람은 아이들을 차에 태우고 예약도 없이 치과로 향했다. 이스트 탬파의 지저분한 동네의 빈집 옆에 있는 치과였다. 두 사람은 잇몸이 부어오르고 뽑아야 할 이가 있어 수 주 동안 치료를 받고 있었다. 그런데 막상 새로 틀니를 해 넣을 시점에는 두 사람 다 완전히 이가 없는 상태였다.

대니가 대기실에서 말했다.

"묘한 기분이네. 내일이면 도리토(콘칩)를 먹는다고 생각하니 말이야. 도리토를 못 먹은 지 8년은 된 것 같아."

그는 진료실로 들어가 30분 뒤에 나왔는데, 미소를 지을 때는 가지런

한 새 이가 하얗게 빛나는 듯했다. 진료비는 거의 메디케이드(저소득층 의료지원 제도_옮긴이)의 지원을 받은 것이었다. 새 이를 하자 대니는 한층 젊어 보이고, 빈티가 별로 나지 않았다. 다니엘은 아빠 무릎에 앉아 아빠를 가르치듯 끼어들었다.

"아빠, '뎀' '제브라' '타이쿤' '돌핀' '월마트' 하고 발음해봐!"

대니는 틀니의 느낌이 싫지 않았다.

"이 모습이면 여자친구도 사귈 수 있겠다."

대니는 눈썹을 찡긋하며 능청을 떨었다.

로네일은 틀니를 고정시키는 데 한 시간이 걸렸다. 진료실에서 큰 목소리가 들리더니 로네일이 화난 얼굴로 나와 "윗니가 안 맞아서 잇몸이 아파!"라고 소리를 질렀다. 라틴계 여성인 치과의사는 이를 뽑아서 아픈 것이라고 참을성 있게 설명했다. 그러면서 며칠 동안은 15분마다 틀니를 빼서 따뜻한 소금물에 씻어야 한다고 했다.

"다음 주에 다시 오시면 자리를 잘 맞춰드릴게요."

"나는 내일 떠납니다. 계속 아파요. 다른 환자들은 아파도 참는데 나만 이런다면 미안합니다만, 제대로 안 되었어요. 이쑤시개로 잇몸을 쑤시는 느낌이에요."

로네일이 말했다.

"꽤 느슨하게 했는데요. 통증은 가라앉을 겁니다."

의사가 대꾸했다.

"가겠어요. 바보 취급을 받는 데 질렸어요."

집에 오는 동안에도 통증이 계속되자 틀니 때문에 입술을 찡그린 로네일의 얼굴은 꼭 고릴라 같았다. 대니의 이는 자리가 잘 잡힌 것 같았다. "당신은 운이 좋네. 나는 말할 때마다 아파"라고 로네일이 말했다.

"그럼 말하지 마."

대니가 대꾸했다.

"시끄러워, 바보 같으니라고!"

아이들은 곧 엄마에게 '제브라'와 '월마트' 같은 발음을 해보라고 말했다. 집에 도착할 무렵에는 차에 웃음이 가득했다. 로네일은 아파서 투덜거리는 와중에도 가족과 즐겁게 어울렸다. 집에 온 로네일은 틀니를 빼서 다시는 끼지 않았다. 동정심인지 혹은 익숙하지 않아서인지 대니도 아내를 따라 했다.

이튿날 아침 7월 1일에 대니는 돈을 탈탈 털어 버짓 트럭을 빌려 아파트 문 앞에 댔다. 그와 데니스는 한나절이나 걸려 텔레비전, 컴퓨터, 소파, 건조식품 상자 같은 살림살이를 차에 실었다. 아이들의 자전거와 다니엘의 한나 몬타나 교재도 실었다. 또 그동안 모아놓은 대니와 브렌트의 커다란 비디오 게임 꾸러미도 있었다.(로네일은 꼬박 열 시간씩 '월드 오브 워크래프트' 게임을 하고 있는 남편의 뒤통수를 보는 것도 신물이 났다.) 검은 비닐 안락의자를 비롯해 벌레가 들끓는 것들은 죄다 버리려고 했다. 하지만 대니는 바퀴벌레 일부가 어딘가로 숨어들어 함께 조지아로 가는 것을 막을 수는 없다고 생각했다.

이날 낮에 탤러해시에서 공문서가 하나 왔다. 실업수당위원회의 심사관이 귀책사유에 따른 고용 해지로 인해 대니의 수당 신청을 기각했다는 내용이었다. 대니는 편지를 옆으로 치우며 말했다.

"어쨌든 이 시점에서는 모두 지난 일이야. 우리가 이사 가서 다시 권리를 주장하는 것이 옳을까, 브렌트? 어쨌든 그곳에 가면 일이 잘 풀릴 거야. 모든 일을 산뜻하게 다시 시작하는 거라고. 올바른 결정이야. 어쨌든 여기서는 전혀 기대할 것이 없으니까."

교통체증과 더위를 피하기 위해 이들은 해가 지기를 기다렸다. 대니와 브렌트는 고양이 한 마리와 함께 임대 트럭에 탔고, 나머지 식구는 고양이 세 마리와 함께 카발리에에 탔다. 하르첼 가족은 해 질 무렵 탬파를 뒤로하고 출발했다.

이들은 조지아에서 한 달 남짓 버텼다.

대니의 친구는 그사이에 여자친구가 생겨 같이 살았는데, 이 여자는 하르첼 가족이 얼씬거리는 것을 달가워하지 않았다. 또 친구는 주인 행세를 했고, 같이 본 영화의 티켓 값을 갚으라고 요구했다. 게다가 로네일의 체중을 놓고 놀리는 등 아랫사람 취급을 하며 가능하면 빨리 떠나는 것이 여러 가지로 좋을 것이라는 암시를 했기 때문에 대니는 몹시 불쾌했다. 어느 날인가 아이들이 숲에서 놀다가 브렌트가 진드기를 묻혀온 일이 있었다. 그다음 날에는 데니스가 뜰에 있는 말벌집을 건드려 벌에 대여섯 군데나 쏘였다. 이들은 서둘러 고속도로변에 있는 트레일러를 찾아 거처를 옮겼다. 에어컨이 고장 났지만, 아이들은 개미벌에 쏘일 것이 겁나서 밤이고 낮이고 갑갑한 트레일러 안에서 지냈다. 반가운 소식은 대니가 멕시코 동료들과 트랙터 트레일러(화물 자동차_옮긴이)에서 용접 일을 하며 시간당 12달러 50센트를 받게 되었다는 것이다. 하지만 첫날 쇳덩어리가 떨어지는 바람에 등에 부상을 입었다. 이튿날 대니는 침대에서 일어날 수조차 없었다. 게다가 수년째 실업자로 지내거나 고작 매장 일밖에 하지 않았기 때문에 힘든 일을 할 수 없었다. 브렌트는 잘 적응했지만(브렌트는 가족과 비디오 게임이 있는 한 어디서든 잘 지냈다), 다니엘은 친구들을 그리워했다. 부모는 다니엘의 의족을 재조정하기 위해 병원에 가려면 여덟 시간이나 걸리는 여행을 정기적으로 해야 한다는 사실을 뒤늦게 깨달았다. 힘든 데다가 적잖은 비용이 나가는 일이었다. 또 조지아는 시골이라 어디를 가든 차로 멀리 나가야 했다. 데니스가 새로 취직한 월마트만 해도 트레일러에서 수 킬로미터 떨어져 있었으며, 가게가 멀어서 우유는 사 가지고 오는 도중에 벌써 상하기 시작했다. 또 가스비로 많은 비용이 나갔다. 무엇보다 심각한 것은 바깥세상으로부터 고립되었다는 것이었다. 대니는 이야기를 나눌 만한 친구 하나 없었다. 적어도 탬파에서는 의사와 지원 단체라도 있었지만, 이곳에는 아무것도 없었다.

이곳에서의 생활은 8월 초에 끝났다. 탬파로 돌아가기로 한 것은 자발적인 결정이라기보다 어쩔 수 없는 고육지책이었다. 병원에 있는 한 은인의 도움으로 이들은 리버런이라고 불리는 브랜든 근처의 트레일러 전용 주차장을 찾아냈다. 로네일은 인터넷으로 사진을 검색한 끝에 2주 치 보증금으로 400달러를 송금했다. 이들은 다시 트럭을 빌려 금요일 자정 직전에 조지아를 떠났다. 이튿날 아침 리버런에 도착해보니 그들이 들어가 살 트레일러에 구멍이 나 있었다. 미늘창은 열리지 않았고, 출입문에는 잠금장치도 없었다. 필요한 설비가 없는 것을 본 이들은 주저앉아 울음을 터뜨렸다. 아이들을 그런 곳에서 살게 할 수는 없는 노릇이었다. 이들은 탬파 시내로 차를 몰고 가서 월마트에 데니스를 내려주었다. 데니스는 전에 일했던 시간당 7달러 60센트짜리 자리에 복직을 신청할 생각이었다. 나머지 가족은 모텔을 찾기 시작했다. 일종의 귀소본능이 생긴 하르첼 가족은 맥딜 근처로 돌아갔고 거기서 하룻밤에 45달러짜리 방을 얻었다. 전에 살던 아파트에서 북쪽으로 몇 블록 떨어진 사우스 데일 마브리 고속도로변의 크로스타운 인이라는 모텔이었다. 토스트를 굽는 오븐이 있어서 이들은 하루 저녁은 구운 핫도그로 때웠고, 다음 날은 빵에 토마토소스를 바르고 슬라이스 치즈를 뿌려 구운 피자를 먹었다. 모든 재료는 임대 트럭에 있었는데, 트럭은 이미 반납기일을 하루 넘겨서 보증금의 절반을 날렸다. 또 리버런에 있는 트레일러의 보증금도 날렸다. 모텔에서 일주일 정도 버틸 돈은 있었다. 이후 대니와 로네일, 데니스가 차에서 자는 동안 아이들은 병원에서 알게 된 여자에게 맡길 수 있었다. 대니는 완전히 진퇴양난에 빠졌다. 그는 태연한 척하려고 애썼지만, 자신에게 화가 나는 것은 어쩔 수 없었다. 모든 여건을 검토하면서 결과를 따져보았는데도 이제는 아주 간단한 결정을 내리는 것조차 망설여졌다. 어느 날, 대니와 다니엘이 월마트 주차장에 차를 대고 저녁에 먹을 샌드위치용 고기와 빵, 감자 샐러드 등을 사러 갈 준비를 하는데 다니엘이 울음을 터뜨렸다.

다니엘은 다시 집을 잃으면 고양이들이 죽지나 않을까 걱정한 것이다. 대니는 언제나 아이들 앞에서 강한 아빠의 모습을 보이려고 애썼지만, 우는 다니엘을 품에 안으면서 자신도 모르게 눈물을 흘렸다.

위기 속에서 대니는 고통스러운 현실을 절감했다. 분명한 사실은 두 가지로, 하나는 모든 것이 다니엘의 건강과 관계될 수밖에 없다는 것, 그리고 또 다른 하나는 모든 것은 자신이 일자리를 구할 수 있는지 없는지에 달려 있다는 것이었다. 자신을 짓누르는 무력감을 떨쳐버리기 위해 대니는 탬파 일대로 차를 몰고 다니면서 일자리를 찾을 수 있는 곳이면 어디든 차를 세웠다. 패스트푸드점이든 무엇이든 직종은 중요하지 않았다. 월마트에서 데니스의 관리자로 있는 사람이 대니를 시간당 8달러짜리 자리에 추천해주었다. 짐을 내리고 진열하는 일이었다. 대니와 데니스가 월마트에서 버는 돈이면 사우스 루이스 애버뉴에 있는 월 745달러짜리 공영주택의 집세는 마련할 수 있었다. 약 1.5킬로미터밖에 안 떨어진 사우스 데일 마브리의 옛날 집보다 침실이 하나 더 있는 집이었다. 마치 신이 다른 곳에서 새출발할 생각은 잊고 원래 자리를 잡았던 곳에서 시작하라고 하는 듯, 멀리 한 바퀴를 돌고 제자리로 돌아온 기분이었다.

대초원의 대중주의자, 엘리자베스 워런

이 사람에 대해서는 두 가지 이야기가 있다. 하나는 그녀 자신에 관한 것이고, 또 하나는 미국에 관한 것이다.

엘리자베스 헤링Elizabeth Herring은 오클라호마 출신의 얌전한 여자였다. 가족들은 더스트볼(1930년대 최악의 가뭄과 모래폭풍으로 수천 세대가 떠난 것으로 유명한 미국 그레이트플레인스의 지역_옮긴이)에서 버티면서 끝내 해안지대로 떠나지 않고 살아남은 사람들로, 체면을 중시하는 보수적 감리교 신자들이었다. 집안에는 엘리자베스보다 훨씬 나이 많은 오빠가 셋이나 있었다. 1949년 엘리자베스가 태어날 무렵 아버지가 자동차 대리점을 하려고 모아놓은 돈을 동업자가 가지고 도망치는 사건이 있었다. 헤링 씨는 빚을 갚고 가족을 먹여 살리기 위해 오클라호마 시티에 있는 아파트의 관리인으로 일했다.

정확한 영어를 구사했던 부모는 아이들에게 안 된다는 말을 못 하게 가르쳤고, 리즈(엘리자베스)의 좋은 성적을 자랑스러워했다. 아버지의 직업에도 불구하고 자신의 집안이 확실한 중산층이라고 믿고 있었던 리즈는 어머니가 결혼할 때 멋진 드레스를 입지 못했다는 사실에 충격을 받았다. 리즈가 열두 살 때 아버지는 심근경색이 생겨 직장에서 좌천되었고, 이런 와중에 치료비까지 들었기 때문에 헤링 집안은 에어컨이 설치된 갈색 올즈모빌 대금을 갚지 못해 결국 이 차를 빼앗겼다. 헤링 부인은 오클라호마 시티 최고 학군에 있던 집을 건사하기 위해 시어스 백화점의 통신판매부에서 전화로 주문받는 일을 해야 했다. 근무 첫날, 리즈는 엄마가 울상을 한 채 낡은 거들과 까만 드레스에 불어난 몸을 억지로 집어넣는 모습을 지켜보았다.

"드레스가 너무 꼭 끼지?"

엄마가 물었다.

리즈는 잘 어울린다고 거짓말했다.

엄마는 다시 일을 해야 하는 처지를 투덜대면서 가족을 돌보지 못하는 남편에게 불만을 터뜨렸다. 아버지는 이 굴욕을 꾹 참았다. 리즈는 못 본 체 외면하며 태연한 얼굴을 했다.(평생 리즈는 남들에게 일그러진 표정을 보이는 법이 없었다.) 리즈는 베이비시터나 웨이트리스 일을 했고, 자신의 옷을 스스로 수선해 입었다. 아버지는 노스웨스트 클래슨고등학교에서 몇 블록 떨어진 곳에 딸을 내려주었기 때문에 학교 친구들은 리즈네 자동차가 오래되어 누리끼리해진 스튜드베이커라는 사실을 알 턱이 없었다. 리즈는 펩 클럽(고등학교의 스포츠 팀을 응원하는 모임_옮긴이)에 들어가 활동했고, '베티 크로커 미래의 주부상'을 수상했다.

그때가 1960대 중반이었고, 헤링 집안에 큰 변화는 없었다. 오클라호마 시티는 여전히 인종차별이 심한 지역이었다. 리즈의 오빠인 돈Don은 베트남전에 참전했으며, 집안에서는 당연히 아들과 전쟁을 지지했다. 리즈는 수업을 시작할 때면 일일기도를 암송했다. 여학생이 선택할 수 있는 진로는 간호사와 교사 두 가지라고 여겼던 리즈는 교사가 되겠다고 생각했다.

그녀는 토론 팀을 꾸려 활동하기도 했는데, 스스로 토론에 꽤 재능이 있다는 걸 알게 되었다. 리즈는 『타임』과 『뉴스위크』 지를 구독하며 1년간 핵 군축과 메디케어 문제를 집중적으로 파고들었고, 주 전체의 토론대회에 나가 우승했다. 더 넓은 세상이 기다리고 있다는 것을 리즈가 처음 깨달은 것은 초등학교에 다니던 여덟 살 때로, 졸업생 자격으로 학교를 방문한 TV 스타 제임스 가너James Garner의 남다른 토론 솜씨를 보면서부터였다. 16세가 되던 해에 리즈는 조지워싱턴대학에서 전액 장학금을 약속받았다. 이 무렵 헤링 집안은 다시 하위 중산층의 발판을 마련했다.

몇 년 지나 1970년대 초가 되자 리즈는 미 항공우주국NASA의 기사로 일하는 고등학교 때 남자친구와 결혼하면서 엘리자베스 워런으로 이름이 바뀌었다. 워런은 언어병리학 전공으로 휴스턴대학을 졸업했고, 딸 하나를 두었다. 그리고 몇 년 후 여러 직업을 전전하는 남편을 따라다니며 러트거스대학에서 법학 석사학위를 받는 가운데 아들을 낳았다. 남편은 아내가 집에서 아이나 키우기를 바랐지만, 워런은 활동적인 성격이었다. 1978년에 이혼한 워런은 휴스턴대학에서 법학 강의를 시작했다. 워런은 공화당원으로 등록했는데, 공화당이 정부로부터 지나친 압력을 받는 자유시장을 지지한다고 생각했기 때문이다. 같은 해, 의회는 소비자보호청의 신설을 위한 법안을 부결시켰지만, 파산 신청을 좀더 쉽게 하는 다른 법안은 통과시켰다. 워런은 이 애매한 문제를 학술적으로 연구하기로 결심했다. 워런이 원한 것은 왜 미국인들이 끝내 파산법정에 설 수밖에 없는지 그 이유를 밝히자는 것이었다. 워런은 자신의 어머니처럼 일체 용납하지 않는 냉정한 태도를 취했다. 훗날 워런은 말했다.

"나는 파산자들이 모두 사기꾼이라는 것을 입증했어요. 이들이 우리 같은 보통 사람을 이용하고 있다는 것을 폭로하려고 한 거죠."

워런은 두 명의 동료와 함께 이 연구를 하면서 1980년대를 보냈다. 그리고 앞에서 말한 첫 번째 이야기, 즉 그녀 자신의 문제를 파고드는 와중에 두 번째 이야기인 미국의 문제와 부딪친 것이다. 여기서 확인한 결론은 다음과 같았다. 1792년 조지 워싱턴 시절부터 10년 또는 15년마다 금융위기가 있었다. 공황상태와 뱅크런(예금인출사태), 신용 동결, 파산사태, 불황이 반복해서 나타나면서 농부는 농장을 잃었고, 가정이 무너졌다. 이런 현상이 100년 넘게 지속되면서 대공황을 맞았고, 오클라호마는 먼지 구덩이로 변했다는 것이다. 당시의 미국인들은 외쳤다.

"우리는 이보다 더 잘할 수 있어! 다시 호황과 불황의 주기가 반복되는 옛날로 돌아가지 않아도 돼!"

대공황으로 다음과 같은 세 가지 규칙이 만들어졌다.

> 연방예금보험공사: 당신의 은행 예금은 안전하다.
> 글래스-스티걸 법: 은행은 당신의 돈으로 장난치지 못한다.
> 증권거래위원회: 주식시장은 엄격한 감독을 받는다.

50년 동안 이 규칙으로 미국은 또 다른 금융위기를 피할 수 있었다. 단 한 번의 공황상태나 폭락사태, 동결조치도 없었다. 이 규칙은 미국인들에게 안정과 번영을 가져다주었다. 국가는 역사상 최대의 중산층을 만들어냈지만, 은행은 어리석었다.

워런의 본격적인 인생 역정은 이 시기에 시작되있으며, 비록 소녀 시설에 고생했지만 부모 형제는 안정된 생활을 했고, 워런 자신은 재정적인 기반을 쌓아나가며 30세가 되었다.

그러다가 1970년대 후반과 1980년대 초반에 새로운 흐름이 나타났다.

"규제라고? 아, 그건 고통스러운 일이야. 비용도 너무 많이 들고. 규제는 필요 없어."

정부는 규제조치를 풀기 시작했다. 그런 다음에 무슨 일이 일어났는가? 미국 저축대부조합 위기S&L crisis가 발생했다.

1980년대 후반, 워런과 동료들이 파산에 대한 연구 결과를 막 발표하려던 즈음 700개 기업이 파산했다. 워런의 예상과는 정반대되는 현상이 일어난 것이다. 그것은 시장과 정부에 대한 워런의 믿음을 뒤집어놓았다. 파산한 미국인은 도박을 하며 빈둥거린 사회의 낙오자들이 아니었다. 그들은 중산층이거나 중산층이 되려던 사람들이었고, 법정에 서지 않으려고 할 수 있는 모든 노력을 아끼지 않은 사람들이었다. 그들은 여전히 좋은 평가를 받는 학군 내의 집을 지키고 유지하기 위해(워런의 부모가 그랬듯이) 열심히 일했기 때문에 자녀들은 중산층으로 남거나 중산층에 가까운 생활을 할 수 있었다. 하지만 직장을 잃고 이혼과 질병에 시달리면서 저축한 돈을 날렸다. 그들은 갈수록 대출에 의존하는 생활을 했고, 마침내 남은 인생을 부채의 늪에서 허덕이지 않으려고 파산이라는 피난처를 찾았다. 파산자들은 대부분 무책임한 사람들이 아니었다. 책임감이 너무도 강한 사람들이었다.

소녀 시절 워런은 부채가 무엇을 의미하는지 알았다. 이제 워런은 자신의 어머니보다는 아버지의 눈으로 금융파산 사태를 바라보았다. 그것을 사회적 수치가 아니라, 유약한 기질과는 거의 무관한 개인의 비극으로 본 것이다. 그것은 오히려 규제가 약화된 결과였다. 은행이 규제를 철폐하라고 의회를 다그칠수록 더 많은 사람이 파산을 맞았다. 파산자 숫자는 폭발적으로 증가했다.

이때의 연구가 워런의 삶을 바꿔놓았다. 워런은 연구를 계속하면서 이후 20년간 글을 썼다.(1992년에는 하버드대학에서 그녀를 채용했다.) 그녀는 연방파산법위원회로부터 자문 요청을 받았고, 신용카드 회사와 은행이 의회에 수백만 달러를 써가며 소비자단체를 쓰러뜨리는 것을 지켜보았다. 2005년, 조 바이든과 크리스 도드, 힐러리 클린턴 같은 민주당 의원들의 도움으로 의회는 파산 신청 권한을 제한하는 법안을 통과시켰다. 이것은 업계 로비의 대대적인 승리를 의미했다. 워런은 워싱턴의 수법에 대해서 뭔가를 배웠다.

두 번째 이야기는 계속된다.

1998년, 롱텀 캐피털 매니지먼트가 파산하고 투자은행들이 그 뒤를 따르면서 보여준 것은 점점 자율권이 확대된 이런 금융계가 세계적으로 위험한 상태에서 서로 연결되어 있다는 사실이었다. 몇 년 뒤, 엔론이 무너지면서 회계장부가 엉망이라는 사실이 드러났다. 그래도 백악관과 의회는 계속 규제조치를 풀어주었다.

불경기에도 임금 수준이 유지되면서 부채에서 벗어나는 가정이 점점 늘어났다. 학교시설이 열악해지자 자녀를 중산층 지역에서 키우려는 부모들은 좋은 학군의 집을 소유하려고 혈안이 되었다. 그리고 이런 주택의 가격이 올라가면서 부모들은 전보다 더 열심히 일했다.(딸을 키우는 워런은 그런 노력의 주기를 보여주는 책을 한 권 쓰기도 했다.) 은행은 중산층이 가장 큰 수익원이라는 사실을 깨달았다. 은행은 주택담보대출과 신용카드, 소비자대출을 지원하는 끈을 조였다 늦췄다 했다. 7대 기관에 포진한 규제 담당자들은 서로 다른 일곱 개 분야에서 일했지만, 이들 중 소비자의 권익에 초점을 맞춘 사람은 아무도 없었다. 은행이 이 감독관들을 주무르며 갈수록 위험한 방법으로 모기지와 신용카드, 나아가 자동차담보대출 같은 상품을 파는 것은 힘든 일이 아니었다. 은행은 약속과 달리 미국 가정에 대출금을 할부로 상환하게 하면서 이 부채를 패키지 상품으로 만들었고, 이것을 다시 증권 패키지 상품으로 포장해 투자자들에게 팔았다. 이런 수법으로 발생한 세 가지 현상은 '폭발적인 이익' '엄청난 보너스' 그리고 '최고 수준의 리스크'였다.

그런 다음에 모든 것이 추락했다. 은행가들은 미국인들에게 등을 돌리고 말했다.

"이런, 문제가 정말 심각하네. 당신들은 우리를 구제해주는 것이 좋을 거야. 안 그러면 우리 모두 망한다고."

그래서 미국인들은 은행에 구제금융을 해주었다.

워런이 「더 데일리 쇼」에 나가 이 이야기를 5분으로 압축해서 말하는 데 30년이 걸렸다.

당시 국가는 엄청난 위기에 빠졌고, 이 위기는 워런 필생의 연구 대상이었다. 오바마 대통령은 2004년에 워런을 만난 후 '약탈적 대출'(대출금을 회수할 수 없는 사람의 집이나 자동차를 압수하는 등 은행에 의한 부당행위_옮긴이)이라는 수법을 알았다. 오바마는 압류대란이 시작된 2007년에 워런이 발표한, 소비자보호청 신설 제안을 골자로 하는 논문을 읽었다. 그 글은 "사람들이 갑자기 불이 붙어 집을 태워버릴 확률이 5분의 1이나 되는 토스터를 살 가능성은 없다"라는 말로 시작된다.

"하지만 기존의 집에 모기지로 재융자를 받아 가족을 거리로 나앉게 할 확률도 똑같이 5분의 1이다. 더구나 모기지는 집주인에게 이런 사실을 알려주지도 않는다."

워런의 아이디어는 의회로부터 독립된 연방 기구를 신설해 은행과 신용카드 회사들이 금융상품의 리스크와 불이익을 투명하게 밝히도록 강제력을 주자는 것이었다. 오바마는 이 아이디어가 마음에 들었다. 그가 대통령에 당선된 직후, 워런은 긴급구제자금 감독위원회 의장에 임명되었다.

이렇게 워런은 워싱턴에 진출했다. 하지만 그녀는 워싱턴에서 이질적인 존재였다. 우선 워싱턴 여성처럼 보이지 않았다. 워런은 단발머리에 무테 안경을 썼고 화장도 별로 하지 않았다. 또 호리호리한 몸매에 여교사처럼 밋밋한 스웨터나 헐렁한 터틀넥을 입고 다녔다. 말씨도 수도에서 활동하는 여성 같지 않았다. 그녀는 파산법 교수였지만, 말씨는 그녀의 헤어스타일만큼이나 평범했다. 워런은 호감이나 환심을 사려는 짓을 하지 않았다. 실제로도 은행을 싫어하는 것처럼 보였다. 워런은 과거의 생활방식을 유지해준 제도가 허물어지는 것을 보면서 그녀 이전의 수많은 보수주의자처럼 극단적인 생각을 하게 되었다. 때로는 날카로운 반응을 보이거나 화를 냈고, 피가 뚝뚝 떨어질 정도로 물어뜯는 것 같은 말을 했다. 비록 자신이 제안한 소비자보호청을 간절히 원하기는 했지만, 지원받아야 할 사람들을 향해 납세자의 돈에 대한 까다로운 질문을 던지는 등 자신의 정치적 목적에 도움이 되지 않는 일도 서슴지 않았다. 정치적 도박 따위는 몰랐다.

워런은 청문회장으로 걸어들어가 과거 미국의 대초원이 분노를 터뜨리고 보통 사람들에게 감동을 주는 투사를 길러내던 시대의 연단에 앉은 것처럼 보였다. 윌리엄 제닝스 브라이언William Jennings Bryan과 로버트 라폴레트Robert LaFollette, 조지 노리스George Norris, 휴버트 험프리가 그랬던 것처럼. 워런의 등장은 그 자체로 제도권 내부 관계자들에게는 불편한 존재였다. 그들에게 캐피틀 힐 주변에서 사업하는 기준이 되다시피 한 안정된 기반의 부패상을 일깨워주었기 때문이다. 그리고 그 방법은 용서할 수 없는 것이었다. 은행가들은 결코 워런을 용서할 수 없었다. 이들은 워런을 '악의 화신'으로 보았으며, 그녀가 소비자보호청을 신설하지 못하도록 의회 주변에 마구 돈을 뿌렸다. 이들이 워런을 물정 모르는 순진한 사람이라고 부르면서도 용서할 수 없었던 것은 워런이 그들 자신의 수법을 훤히 꿰뚫고 있다는 사실 때문이었다.

공화당 사람들 역시 워런을 결코 용서할 수 없었다. 워런은 물러설 줄도 몰랐고, 의례적인 호의를 베풀 줄도 몰랐다. 그들은 워런의 면전에서 거짓말쟁이라고 부르며 한껏 별렀고, 감히 자신들에게 대적하는 이 여자를 향해 마치 칼날을 갈듯이 행동하며 소비자보호청을 무산시키기 위해 전력을 기울였다.

민주당 일부에서도 워런을 결코 용서할 수 없었다. 백악관은 워런을 '골칫거리'로 간주했다. 도드는 워런의 자만심이 문제라는 암시를 했고, 티모시 가이트너는 한 비리청문회에서 거의 호통을 칠 만큼 윽박질렀지만, 그녀를 막을 수는 없었다.

그리고 대통령은 이런 여자를 어떻게 대해야 할지 몰랐다.

두 사람은 하버드 법학대학원을 다녔다는 공통점이 있었으며, 워런은 쪼들리는 중산층이라든가 공정한 경쟁의 필요성, 금융과잉 등 오바마와 같은 말을 했다. 하지만 워런은 이런 말을 엘리트 계층의 일원으로서 하지는 않았다. 동시에 "여러분, 이것은 개인의 문제가 아닙니다. 이성적으로 협상할 필요가 있어요"라는 말을 하지도 않았다. 이런 이유로 오바마의 가장 열성적인 지지층 일부는 그에게 등을 돌리고 워런을 지지했다.

2011년 여름, 대통령은 자기 자신과의 협상시한을 연장하고 승산 없는 싸움을 피하려는 목적으로 로즈 가든(백악관 뜰)에서 워런의 대리로 리처드 코드레이Richard Cordray를 신설된 소비자보호청장에 임명했다고 발표했다. 그런 다음 오바마는 워런의 뺨에 다정하게 키스했다.

하지만 워런의 마음은 이미 매사추세츠에 가 있었다. 한때 투사와 불굴의 정신에서 나오는 목소리가 보통 사람들의 영혼을 뒤흔들었던 곳에서 의원이 되기 위해서였다.

월스트리트

맨해튼에서 나고 자란 케빈 무어Kevin Moore(가명)는 1998년에 대학을 졸업
하자마자 정상권에 있는 한 미국 은행에 취직했다. 롱텀 캐피털 매니지먼
트가 파산하고 뒤이어 월가의 기업 대부분이 속속 무너지던 해였다. 글래
스—스티걸 법은 그 전년도에 폐지되었다. 당시 이런 상황은 케빈에게 별
의미가 없었다. 그가 사태의 중대성을 알기 전이었기 때문이다. 그는 직업
훈련과정을 이수한 사람으로서는 마지막으로 채용되었으며, 그가 직장을
구한 것도 대학을 졸업한 경쟁자들 대부분이 실리콘밸리 열풍에 따라 서
부로 몰려갔기 때문이었다. 또 채용은 되었지만 그가 직장을 먼저 그만둘
가능성이 가장 높은 상황이었다.

하지만 케빈은 은행업무가 별로 힘들지 않다는 사실을 재빨리 간파했
다. 월가는 의도적으로 불분명한 말을 해서 외부인들을 위협하기도 했고,
동시에 어느 정도는 수학이나 거짓말에 편한 맛이 들도록 만들었다. 앞의
수법은 거래를 유도했고, 뒤의 수법은 거짓말로 큰돈을 버는 판매 담당이
나 금융 분석 팀이 써먹었다. 고위직에 오르기 위해서는 더러운 넝마주이
같은 짓을 해야 했고, 57명의 동료 직원들을 비겁하게 해쳐야 했다. 이것
은 이들을 그 밑에 있는 열 명의 젊은 직원과 떼어놓는 유일한 방법이기
도 했다. 하지만 케빈은 이런 일에 관심이 없었다. 그의 목표는 가능하면
적게 일하고 자신이 원하는 생활을 하는 것이었다. 그가 바라는 것은 외
국여행을 자주 다니고 맛난 요리를 먹고 즐거운 음악을 들으며 멋진 계획
을 세우고 좋은 친구들과 어울리는 것이었다. 그는 금융가에 있는 은행에

서 연봉 8만 달러에 8000달러의 보너스를 받는 조건으로 근무를 시작했다. 입사해서 6년간 벌어들인 돈이 아마 25만 달러는 되었을 것이다. 그 이후 미친 돈이 들어오기 시작했다.

2001년 9월 11일 아침, 그날의 장세에 대해 이야기하고 있을 때 케빈은 지축이 요동치는 것을 느꼈다. 갑자기 서류가 창가로 날아다녔다. 건물 한쪽에서는 북쪽 타워(9·11테러로 폭파당한 세계무역센터 쌍둥이 건물 중 하나_옮긴이)에서 불꽃이 솟아오르는 광경이 직접 보였다. 영업 데스크에 있는 모든 텔레비전은 월가를 독점방송하는 CNBC에 맞춰져 있었다. CNN은 금융방송을 할 여력이 없었고, BBC는 너무 불확실한 데다 지나치게 국제 문제에 치우쳐 있었다. 또 로이터는 이곳에 방송 네트워크가 없었고, 폭스는 아무도 인정하지 않을 때였다. CNBC는 무역센터 건물의 영상을 보여주기 시작했다. 방송에서는 소형 비행기라고 말했지만, 케빈은 창밖으로 실제 광경을 보았기 때문에 빌어먹을 소형 비행기로 생긴 타격이 아니라는 것을 장담할 수 있었다. 비행 경로는 정상이 아니었다. 전혀 정상적으로 보이지 않았다.

그는 일을 마무리하기 위해 자리로 돌아갔다. 미국 국채가 갑자기 값이 치솟았을 때 런던에서 주문이 들어와 통화를 하고 있었는데, 그는 통화 상대에게 "오늘은 여기서 끝내야 할 것 같습니다"라고 말하고는 주문표를 찢어버렸다. 창밖에서는 색종이 퍼레이드를 할 때처럼 불타는 파편이 떠다니고 있었다. 불길은 점점 커졌다. 영업 데스크의 방송은 CNN으로 바뀌어 있었고, 영상 속에 갑자기 두 번째 비행기가 나타났다.

"맙소사, 비행기가 또 나타났어!"

그리고 꽝 하는 폭음이 들리며 지진이 발생한 듯 건물이 흔들렸다.

"모두 침착하게 있어요."

영업팀장의 목소리가 들렸다.

"어떻게 침착하게 있어요! 빌어먹을, 난 나갈 겁니다."

케빈이 말했다.

사람들이 소방대가 출동했다고 말하는 소리가 들렸다. 누구나 화재 훈련 절차를 따르게 되어 있었지만, 케빈은 이미 엘리베이터 쪽으로 향하고 있었다.

"엿 먹어, 무슨 얼어 죽을 화재 훈련 절차야. 해고할 테면 하라고! 해고하란 말이야! 난 그만둘 거야!"

케빈이 외쳤다. 그 외에는 아무도 움직이지 않았다. 해마다 수백만 달러를 벌어들이는 뛰어난 거래인들이 멍하니 서서 아무런 정보도 없는 어릿광대의 지시를 기다리고 있었다. 이들은 두 비행기의 정체를 오판했다.

거리는 영문도 모른 채 지하철에서 나온 사람들로 붐볐다. 모든 것이 정상적으로 보였다. 케빈은 부모가 사는 아파트에 가려고 시 외곽으로 가는 기차를 탔다. 아마 기차 안에서는 방금 일어난 사건을 목격한 유일한 승객이었을 것이다. 결국 그의 동료들도 대피했다. 그들은 남쪽 타워가 무너지며 일대가 먼지로 뒤덮였을 때 거리로 나왔다. 위기가 닥쳤을 때는 실제로 어떤 끔찍한 일이 일어났는지 자세히 몰라도 세상은 돌아가기 마련이었다.

은행은 2주 동안 업무시설을 시 외곽으로 옮겨야 했다. 시장은 놀랄 만큼 신속하게 매수세로 돌아섰고, 이들의 판단은 옳았다. 무역센터 공격이 큰 변화를 일으키지 못한 것이다. 비행기 탑승자는 전원 사망했지만 이날의 테러가 네 차례의 끔찍한 비행기 충돌 이후 벌어진 상황보다 훨씬 더 비참했던 것은 아니다. 연방준비은행은 계속 금리인하 기조를 유지했다. 금융시장은 곧 호황을 맞았다.

2004년, 케빈은 안전하지만 따분한 직장을 그만두고 대형 유럽계 은행의 '프랍 트레이딩proprietary trading'(자기자본거래. 미국의 상업은행이 고객 예금이 아닌 자기 자본이나 차입금으로 채권과 주식, 각종 파생상품 등에 투자하면서 고수익을 추구하는 투자 행위_옮긴이) 부서로 들어갔다. 고용 안정성은 전혀 없지만 잠재적인 가능성은 엄청 큰 자리였다. 이것은 그의 인생에서 아주 과감하고 올바른 결단 중 하나였다. 유럽계 은행은 부채담보부증권에 뛰어들고 있었다. 주식시장은 고객의 아파트 규모를 가늠하고 고객에게 바이킹 스토브(대형 레인지)가 있는지 없는지를 살폈다. 누가 부자이고 아닌지를 따지는 것이다. 채권시장은 충격파가 미치지는 않을지, 모두 망연자실하지는 않을지, 또 누가 살아남고 누가 망했는지를 판단했다. 1980년대 이후로 신용은 시장을 움직이는 최대의 원동력이었다. 그 이후로 모든 것이 궤도를 벗어났으며, 구조화채권과 신용부도스와프 등 기발한 상품이 등장했다. 이런 것들은 기업과 투자자들에게 리스크를 줄여주거나 재정적인 해결책을 제공하는 것이었다. 문제는 실행 방법이었다. 2000년대 중반 너무 많은 돈이 몰리자 도덕의 나침반이 흔들리기 시작했다.

프랍 (트레이딩) 데스크의 문화는 극단적인 공격성을 띠었다. 유럽의 어리석은 은행가들은 예탁금을 레버리지(차입금 등 타인의 자본을 지렛대처럼 이용해 자기 자본의 이익률을 높이는 행위_옮긴이)로 활용하려고 했다. 그들은 술에 취해 운전하며 차창 밖으로 총을 쏘아대는 뉴욕과 런던의 카우보이(난폭운전자)들을 관리하는 방향으로 돌아섰다. 프랍 데스크는 아래층에 있었는데, 9·11테러 이후 영업부가 아래층으로 옮긴 것은 돈벌이를 하는 사람들을 보호하기 위해서였다. 수백만 달러를 벌어들이는 직원들이 길 건너편의 샌드위치 가게를 바라보는 동안 연봉 4만 달러를 받는 인사관리부의 신입사원들은 고층의 작은 방에 앉아 멋진 강변 풍경을 감상하는 일이 벌어진 것이다. 프랍 데스크는 별도의 팀이 없었고, 직원들은 모두 은행의 대차대조표를 만지작거리며 단번에 어마어마한 이익을 남기는 방법에 골몰하고 있었다. 케빈은 신용파생상품과 항공사 부채 문제 같은 것을 중심으로 회사채를 거래하고 있었다.

프랍 데스크에 앉아 제대로 일을 하자면 월가보다 나은 곳은 없었다.

그리고 케빈은 2년 동안 착실하게 일했다. 그는 1년에 100만 달러 가까이 벌었는데, 이 중 대부분은 이전에 받던 급여의 몇 곱절에 해당하는 보너스였다. 좀더 신경을 썼더라면 더 많이 벌었을 것이다. 그는 봉급생활을 하면서 이스트 빌리지에 있는 아파트의 모기지를 다 갚고 보너스는 저축했다. 그는 자기 소유의 자동차도 요트도 없었지만, 뉴욕의 고급 레스토랑 전문가가 되었고, 가난한 예술가 친구들을 위해 밥값을 치렀다. 그 이상은 필요가 없었다.

세상을 뒤흔든 것은 비단 미국의 모기지 사태뿐이 아니었다. 그것은 글로벌 금융위기였다. 케빈은 그 위기의 일부였고, 위기가 진행되던 10년의 중간 시기에 신용 거품의 팽창 현상을 지켜보았다. 그는 어떤 잘못도 저지르지 않았다. 다만 프랍 데스크에서 엄청난 거래를 하면서 그 거래를 엉망으로 만들고 싶지 않았을 뿐이다. 케빈은 "빌어먹을 CDO나 찍어내자고. 올해 보너스를 챙기는 기야. 3년 후에 거품이 꺼질 때쯤이면 우리는 여기에 없을 테니까"라고 말하는 자들이 역겨웠다. 케빈은 뭔가 잘못되어간다는 것을 알았다. 그는 은행 본점이 있는 유럽에 여자친구가 있었는데, 언젠가 여자친구를 찾아갔을 때 모든 사람이 현금인출카드를 사용하는 것을 보고 '이것이 정상적인 은행이야. 베어스턴스나 메릴린치 같은 투자은행이 아니고'라는 생각이 들었다. 여자친구가 예금 계좌에 입금할 때마다 케빈은 40달러씩 채권을 구입하고 있었다. 2005년에 한번은 도이치 뱅크의 한 채권 판매자가 엄청난 거래를 하는 것이 보였다. 그레그 리프먼Greg Lippmann이라고 하는 이 사람은 도이치 뱅크의 CDO 책임자로서 주택경기가 오래가지 않을 거라 예측했는데(그는 아마 월가의 대기업에서는 플로리다와 네바다에서 누구나 모기지 상환불능 상태에 빠질 것이라는 사실을 내다본 유일한 채권 거래인이었을 것이다), 그는 신용파생상품의 리스크 일부를 떠맡을 사람이 필요했다. 리프먼이 말했다.

"봐요, 여기서 하는 거래는 한결같이 이 빌어먹을 모기지뿐이오. 완전히 헛소리지."

케빈은 거래를 하지 않았지만, 모두 이해할 수 있는 말이었다. 그는 탬파 같은 곳의 주택에 대체 무슨 가치가 있다는 것인지 도무지 이해되지 않았다. 또 깊이 빠졌다가 제때에 빠져나올 수 있을 만큼 모기지에 대해 알지도 못했다. 거래를 하지 않은 그의 결정은 옳은 판단임이 드러났다. 발을 담갔더라면 아마 처음부터 엄청난 돈을 날렸을 것이다. 그는 리프먼이 수백만 달러를 벌고 도이치 뱅크가 15억 달러를 벌어들이기 한참 전에 프랍 데스크를 떠났다.

2005년 말, 서른이 다 된 나이에 케빈은 상사를 따라 신흥시장 담당 부서로 옮기고 런던과 뉴욕 간의 업무를 보았다. 그리고 회사채 거래를 하는 와중에 틈틈이 부에노스아이레스나 키예프 같은 여행지를 찾아 휴가를 즐겼다. 그는 모든 항공사에서 특급회원 대우를 받았고, 보조금 혜택을 받은 가스를 잔뜩 채워 넣은 픽업트럭을 몰고 50킬로미터나 떨어진 일터로 가야 하는 미국 도시보다 외국의 일부 도시가 훨씬 더 낫다는 것도 알았다. 2006년에는 안 파는 것이 없었다. 사람들은 구입할 수 있는 금융자산이라면 가리지 않고 사들였다. 런던의 물가는 터무니없어서 케빈은 로어맨해튼의 센추리 21 매장에서 한 달 신을 양말을 샀다. 이것을 런던으로 가지고 가서 신고 나면 버릴 작정이었다. 런던 메이페어에서는 빨아 신는 것이 뉴욕에서 새로 사는 것보다 더 비쌌기 때문이다. 이대로는 결코 오래 버티지 못할 만큼 무언가가 잘못돼도 한참 잘못된 것이었다. 연말에 그는 부족한 것을 참고 견뎠다.

그는 세상이 완전히 망하기 전에 서너 번은 주저앉는 과정이 있을 것이라고 생각했다. 대출시장은 그런 과정 속의 사기놀음으로 일단 동요하기 시작하면 누구나 겁에 질릴 수밖에 없었다. 너무 부담이 커서 빠져나갈 수 없다는 것을 누구나 알았기 때문이다. 첫 번째 동요는 2007년 2월 메릴린치와 베어스턴스 헤지펀드 사이에 담보 분쟁이 일어났을 때 찾아왔다. 시장은 일주일간 겁에 질렸다. 한물간 찌꺼기를 들고 있다 마지막에 빠져나오고 싶은 사람은 없었다. 케빈은 이 사태를 종말의 시작이라고 생각하면서 채권 공매도를 제대로 하지 못했다. 하지만 시장은 5개월 동안 활기를 되찾았다. 완전히 잘못 안 것이다. 제대로 대처했더라면 그는 약 1800제곱미터는 되는 집에서 살았을 것이다.

7월, 케빈이 형편없는 우크라이나 국채 한 무더기를 팔고 난 직후에 같은 부서에 있는 직원이 그에게 다가와 말했다.

"이 층에서 하락세를 예상하고 거래하는 사람은 당신밖에 없어. 당신은 그 정도로 겁쟁이야."

"이 층에서 일하는 사람이 300명도 넘는데, 한두 명은 떨어진다는 생각을 하는 게 당연한 거 아니야? 당신이라면 무엇이든 500만 달러어치를 사서 1억 달러까지 오를 것을 기대하겠지. 말해봐, 당신에게 뭐든 팔 테니까. 여기 가격표가 있으니 잘 보라고!"

케빈이 말했다. 그 직원은 또 보자고 하며 돌아갔지만, 케빈은 그가 재미를 봤다는 말은 듣지 못했다. 누가 겁쟁이야?

그달에 두 번째 동요가 있었다. 베어스턴스 헤지펀드는 또다시 마진콜(추가증거금 청구. 금융시장에서 자기 자본 비율이 투자 이전에 정해놓은 유지 증거금 비율보다 떨어졌을 때, 거래 중개회사에서 자기 자본 비율을 초기 증거금 비율까지 올리라고 통지하는 것_옮긴이)을 받았다. 이번에는 시시한 상품에 손을 댔다가 가치가 너무 떨어지는 바람에 베어스턴스는 펀드 가격이 하락한 상태에서 발을 뺐다. 이 은행은 손실을 감수하는 대신 외부자금을 끌어들이기로 결정했는데, 이것은 2008년 3월의 세 번째 시장 동요로 직결되었다. 베어스턴스가 무너질 때, 케빈의 부서는 애초에 이를 뒤에서 조종한 곳 중 하나였다.

케빈은 2008년 여름내 여행하면서 시간을 보냈다. 때로는 업무 목적으로 가기도 했지만, 때로는 단지 여가를 즐기려고 아르헨티나와 중국, 우크라이나 일대를 돌아다녔다. 9월 중순, 오전 4시에 구소련에 도착한 그는 블랙베리를 켜고 블룸버그 앱으로 리먼 브라더스가 파산 신청을 했다는 뉴스를 보았다. 베어스턴스는 엉터리 모기지 증권사에 지나지 않았고, 리먼 브라더스는 완전히 별종으로 파생상품을 갖고 국제적인 거래를 했다. 또 케빈이 다니는 은행은 이들 기업과 거래하며 엄청난 불량상품을 보유했다. 케빈이 런던으로 갔다가 세계의 종말을 보기에 안성맞춤이라고 할 뉴욕으로 다시 돌아가는 데는 24시간이 걸렸다.

몇 주 지나지 않아 그는 파괴의 규모를 실감했다. 엉킨 것을 풀어야 할 거래가 너무 많았다. 그리고 이런 상황은 정신 차리고 일을 시작하기에 매혹적인 시간이었다. 그것은 아무나 경험하지 못할 창의적인 순간이기도 했다. 대중의 실제 모습이 어떤지 밝혀내는 것이다. 고난의 현장에서 그의 곁에 있는 평범한 사람들은 하나로 똘똘 뭉쳤고, 그의 상사는 회사에 충성을 다했지만, 그런 윤리적인 흐름이 고위층에까지 이르지는 못했다. 리먼 사태로 노출된 은행이었기 때문에 고위경영진 일부는 어느 날 희생양을 찾는 듯 "빌어먹을, 누가 이런 짓을 한 거야?"라고 말했다. 그들은 서로 책임을 떠넘기면서 빠져나갈 구멍을 찾기에 급급한 가운데, 줄곧 "무사할 거야. 여기서 대기하면서 리스크에서 빠져나갈 방법을 찾아봐. 내년에는 당신들과 새 출발 할 수 있을 거야"라는 말만 했다. 하지만 케빈은 속지 않았다.

"이봐, 내 이마에 빨간 점(영광의 표시)이라도 찍어주겠다는 거야?"

그는 야바위꾼이나 다름없었고, 모든 것은 킹과 퀸 카드로 장난치는 도박이었다. 연말이 되자 케빈을 포함해 거래인 중 절반이 퇴직금을 듬뿍 챙겨 회사를 떠났다.

그는 금융업에서 빠져나온 것이 기뻤다. 사태 전반에 대해 공정한 견해를 갖고 있었기 때문이다. 누구에게 책임이 있는가? 이것은 확실한 단서를 가지고 말하기는 어려운 문제였다. 한편으로 그는 금융이 언제나 거짓말이라고 생각했다. 하나의 직업이었을 뿐 소명감에서 일한 것이 아니었으며, 그것에 어떤 가치를 둔 적도 없었다. 훌륭한 금융 시스템이라면 많은 사람에게 혜택을 주어야 한다. 계속해서 낮은 비용으로 대출을 해주어야 한다. 이것은 금화 대신에 주머니에 플라스틱 카드를 들고 다녀도 된다는 것을 의미했다. 월가의 영향력이 없었다면 실리콘밸리조차도 그처럼 폭발적인 발전을 하지는 못했을 것이다.

1980년대에 살로몬과 같은 개인 파트너십(민간 합작)이 기업공개를 시작했을 때, 소규모 투자은행이 거대한 무역회사가 되고 스위스은행UBS처럼 어리석은 유럽계 은행이 커다란 고정수입원을 찾았을 때, 또 글래스-스티걸 법이 폐지되면서 거래를 감독할 명확한 한계가 사라지고 급여 중심 경영방식이 고장 났을 때 그리고 돈이 점점 미쳐 날뛰기 시작했을 때, 월가의 사람들은 탐욕스러워졌다. 최악의 경우는 범죄 행위를 저지른 것이었고 또 일부는 잘못이라는 것을 알면서도 그 짓을 서슴지 않았다. 케빈은 규제가 정답인지 아니면 도덕적 대청소를 해야 하는 것인지 알 수 없었다. 존 폴슨 같은 헤지펀드 매니저가 단지 주변에 널린 서류에 사인하는 것만으로 1년에 38억 달러나 번다는 것은 정말 웃기는 일이었다. 하지만 누가 그걸 막을 수 있단 말인가? 글래스-스티걸 법을 되살려 1950년대로 돌아가기에는 너무 늦었다. 금융 부문은 너무 커졌다. 이 같은 월가의 사고방식은 녹색 에너지 해결책을 찾아내거나, 차세대 기술시장이 활성화되도록 자극을 주는 방향으로 나갔어야 했다. 바로 그것이 국가의 미래였지 은행업은 아니었다.

케빈은 1년 동안 여행하면서 전 세계의 친구들을 만났다. 그는 미국에서 불경기 기간 내내 재미를 볼 시기를 놓쳤다. 뉴욕은 과거의 모습을 빠르게 되찾았다. 사람들이 레스토랑에 여전히 출입할 수 있을지 의문시하던 순간은 2009년 봄 잠깐뿐이었다. 월가도 모두의 예상을 뒤엎고 빨리 예전으로 돌아갔다. 케빈은 2010년에 경영구조가 탄탄한 다른 유럽계 은행으로부터 입사 제의를 받았다. 그는 당시 한몫 챙길 수 있는 소용돌이에서 벗어나 있었기 때문에 많이 벌지 못했다. 그래서 그는 다시 은행으로 들어갔다. 월가에서 금융위기는 일종의 과속방지턱 같은 것에 지나지 않았다.

넬리니 스탬프Nelini Stamp는 캐나다 잡지에서 2011년 9월 17일 정오에 월가 주변에서 어떤 행동 조치를 취할 것을 촉구한다는 소식을 들었다. 이 소식은 곧 페이스북을 통해 널리 퍼졌고, 넬리니는 그 행동의 조직책 중 한 사람을 알기도 했지만, 그녀가 시내로 나갔을 때 사람들은 이미 볼링 그린 공원에 있는 황소 동상을 떠나고 없었다. 경찰이 일대의 교통을 차단했기 때문이었다. 문자를 받아보니 모두 브로드웨이에서 북쪽으로 몇 블록 떨어진 거대한 빨간색 조형물 밑에 있는 공원 갔다고 했다. 그곳은 그라운드 제로(9·11사건 현장)의 트리니티 플레이스 맞은편에 있는 주코티라고 불리는 공원이었는데(이런 공원이 있다는 것을 아는 뉴욕 사람은 거의 없었다), 군중은 여기서 9·11 추모식을 마무리하고 있었다. 넬리니가 이른 오후에 도착해서 보니 약 300명의 군중이 모여 있었다. 넬리니의 친구도 몇 명 보였는데, 모두 하늘을 향해 팔을 내뻗은 듯한 3층 건물 높이의 거대한 빨간 강철 조형물 옆에 서 있었다. 한동안 친구들과 공원 주변을 걷고 있자니 군중이 불어났다. 아주 멋진 광경이었다. 행사 준비를 도운 친구가 말했다.

"총회를 할 거야."

그러자 넬리니가 대답했다.

"좋아, 나도 보고 싶은걸."

총회는 7시에 브로드웨이 보도 밑의 화강암 계단에서 시작되었다. 누군가 큰 소리로 외쳤다.

"마이크 체크!"

그러자 나머지 사람들이 따라서 외쳤다.

"마이크 체크!"

"저 말이 무슨 뜻이지?"

넬리니가 물었다.

"군중의 마이크를 이용하겠다는 거야."

친구가 대답했다.

"그게 무슨 소린데?"

발언자가 무슨 말을 하든 주변에 있는 사람들은 그 말을 몇 마디씩 끊어서 가능한 한 큰 목소리로 반복해 외쳤다. 이렇게 중심부에서 바깥쪽으로 두세 차례 반복되고 나면 모인 군중은 확성기 없이도 모두가 그 말을 들을 수 있었다. 집회 허가가 나지 않아 확성기는 사용할 수 없었기 때문이다. 넬리니는 멋진 아이디어라고 생각했다. 보통의 확성기로는 할 수 없는 것으로, 누구나 함께 참여하는 방식이었다. 지도자는 따로 없었고, 단지 합의를 도출하는 훈련을 받은 퍼실리테이터(진행 조력자)만 있었다. 총회에서는 요구사항을 부각하지 않았다. 공원에 모인 사람들은 은행과 기업의 불법행위, 그리고 그들이 시민의 삶과 민주주의를 상대로 휘두르는 권력을 표현하려고 했다.

총회를 마친 후 사람들은 그룹 활동별로 분산되었고, 넬리니는 봉사부에 들어갔다. 연대활동을 할 필요가 있다는 생각을 이미 하고 있었고, 노동운동을 하는 사람을 많이 알고 있어서였다. 봉사부에는 예닐곱 명이 있었다. 그들이 거의 자정까지 이야기를 나누고 있을 때 누군가 피자 상자를 들고 왔다. 모두 정신없이 트위터를 하고 있었는데, 피자 가게에까지 글이 전달되어 그곳에서 기부한 것이었다. 넬리니는 트위터를 하지 않았고, 소셜 네트워크는 무엇이든 좋아하지 않았다. 거기서는 실제 생활이 아닌데 실제인 것처럼 행동하기 때문이었다. 다만 페이스북만은 했는데, 친구들과 소통하는 유일한 방법이어서 어쩔 수 없었다.

"트위터로 무슨 말을 하는 거야?"

넬리니가 물었다.

"월가를 점령하라Occupy Wall Street!"

넬리니도 트위터를 하지 않을 수 없었다. 좀 정신 나간 짓 같았다. 모두 미친 짓이었지만, 넬리니는 이날 밤 집에 돌아가지 않겠다고 결심했다. 공원을 포기하고 싶지 않았고, 또 아침에 어떤 일이 벌어질지 보고 싶었다. 주코티 공원은 개인이 관리하는 곳이었는데, 행동 조직책들은 소유권을 조사한 다음 관리인인 브룩필드 부동산회사가 하루 24시간 내내 일반에게 공원을 개방해야 한다는 사실을 알아냈다. 이날 밤 이곳에서 약 60명이 잠을 잤다. 9월치고는 아주 추운 날씨였다. 넬리니는 시더 거리를 따라 진열된 화분 옆 딱딱한 화강암 바닥에 판지를 깔고 누워 친구들과 꼭 껴안은 채 점령 첫날이 밝기 전에 잠을 청했다.

넬리니는 스물세 살의 브루클린 여자로, 2학점이 모자라 고등학교를 졸업하지 못했다. 푸에르토리코인인 엄마는 타임워너 케이블의 고객서비스부에서 일했으며, 아빠는 벨리즈 사람으로 네 명의 여자에게서 네 명의 아이를 두었는데, 한 번도 같이 산 적이 없었다. 넬리니는 작은 키에 매우 활동적이었고, 입이 크고 피부는 갈색이었다. 머리는 기분에 따라 뽀글뽀글 볶거나 스트레이트파마를 하기도 했고, 검게 또는 적갈색으로 물들이기도 했다. 넬리니는 짧은 스커트에 스타킹과 앵클부츠를 신고 스쿠프넥(목 부분이 깊고 둥글게 파인 셔츠_옮긴이) 위로 스웨터를 걸친 차림을 좋아했다. 또 카멜 담배를 피웠고, 쉴 새 없이 빠른 속도로 말하면서 잠깐씩 쉰 목소리로 웃곤 했다. 2011년 초에 넬리니는 오른쪽 팔뚝에 문신을 했는데, 뉴욕의 다섯 개 구 명칭을 네덜란드 고어로 새겨 넣은 것이었다. 역사를 좋아했고 또 세상은 변한다는 것을 기억하고 싶어서였다.

넬리니가 소녀였을 때 엄마는 자신이 동성애자라는 사실을 밝혔고, 이일로 외조부모는 한동안 딸과 연락을 끊기도 했다. 넬리니는 사람들이 동성애자를 비정상 취급하는 것이 이상하다고 생각했다. 어쨌든 엄마는 넬리니의 엄마였고, 정상이었다. 엄마의 파트너는 스미스바니에 다니는 사람이었는데, 1998년 트래블러스 그룹(살로몬 스미스바니)과 시티코프가 합병을 발표하던 날(미국 역사상 최대 규모의 기업합병)은 '딸을 직장에 초대하기' 행사를 하는 날이기도 했다. 당시 열 살이던 넬리니와 다른 아이들은 막 기자회견이 끝난 커다란 방으로 안내되었다. 세계 최대의 금융서비스 회사인 시티그룹의 새 로고가 빨간 우산 디자인과 함께 중앙 화면에 비치고 있었다. 샌포드 웨일(시티그룹 회장)은 아주 행복해 보였다.(그는 클린턴과 이야기를 나누었고, 거래의 유일한 장애물인 글래스-스티걸 법이 폐지될 것이라는 사실을 알고 있었다.) 넬리니는 합병이 무슨 뜻인지 몰랐기에 다음 날 학교에 가서 아이들에게 물었다.

"너희 시티그룹이라고 들어봤어?"

엄마의 파트너는 9·11사건 직전에 직장을 잃었고, 그 후 두 사람은 헤어졌다. 넬리니와 엄마는 결국 아일랜드와 이탈리아 가정이 많이 사는 스태튼 아일랜드에 셋집을 얻었다. 넬리니는 음악과 연극, 춤을 좋아했다. 넬리니는 어렸지만 몇몇 영화에 출연도 하고, VH1의 '디바스 라이브 98' 공연에서 첼로 연주를 한 매니저에게 지도를 받기도 했다. 하지만 형편이 빠듯해 개인교습을 중단할 수밖에 없었다. 공연의 세계란 모두 스트레스로 가득 찬 것이었다. 몸매와 머리칼이 돋보여야 하고, 20대에 성공을 거두어야만 했다. 이런 세계에서 성공이란 무엇일까? 일류 레코드 레이블과 계약하고 형편없는 음악을 발표하는 것이 성공일까? 어쨌든 넬리니가 갖고 있는 나머지 현실적인 성향은 노동자들의 삶과 투쟁에 이끌렸다. 학교에 다닐 때 넬리니는 대공황과 프랭클린 D. 루스벨트에 관한 이야기를 즐겨 읽었다. 모든 것이 현실처럼 아주 생생했으니까. 넬리니는 맨해튼 위쪽에 있는 록펠러센터의 강철 구조물에서 점심을 먹는 노동자 군상을 묘사한 그림을 좋아했고, 노동운동의 순교자인 조 힐Joe Hill의 파란만장한 일대기를 읽느라 애를 먹기도 했다. 그녀는 엄마가 노조 소속일 거라고 늘 생각했는데, 노조원이 아니라는 사실을 알고 나서는 충격을 받았다.

넬리니는 5학년 때부터 라과디아 예술고등학교에 가고 싶었지만, 고학년이 되자 자신의 미래에 대한 설렘이 사라졌다. 자긍심 문제로 시달리던 넬리니는 풀이 죽었다. 학교는 너무 컸고, 교육 시스템은 그녀의 고민 따위에 신경 쓰지 않았다. 결국 넬리니는 수업에 빠지기 시작했다. 고등학교는 그녀의 졸업을 허용하지 않았다. 여름학교에 나가야 했지만, 넬리니는 "흥, 빌어먹을 졸업장!" 하면서 고등학교 졸업에 연연하지 않았다. 이때문에 엄마는 큰 충격을 받았다. 넬리니는 비백인계의 중퇴 비율에 숫자를 더했다는 것에 마음이 언짢았지만, 학교가 그녀에게 원하는 것은 졸업률 통계로서의 의미밖에 없었다. 이듬해 넬리니는 집에서 독서로 소일했다. 돈에 쪼들리던 어느 날, 문밖에서 인기척이 있어 나가보니 법원집행관이 퇴거통지서를 가져왔다.

일을 할 수밖에 없었던 넬리니는 '일하는 가정당Working Families Party'에서 일자리를 하나 구했다. 노조와 연관된 정치조직이었는데, 브루클린 시내에 있는 사무실은 비좁고 어수선했다. 넬리니는 지방선거 때 집집마다 찾아다니며 진보 후보의 선거운동을 하고 금융개혁이나 유급병가 같은 캠페인을 하면서 1년에 3만 달러를 받았다. 넬리니는 곧 유능한 활동가로 주목받았다. 문전박대를 당할 때도 사람들 속에서 인간성을 읽어낼 줄 알았고 결코 실망하지 않았다. 그렇다고 음악과 인문교양을 포기한 것은 아니었지만, 굽실대고 비열해지면서까지 투쟁하고 운동을 조직하는 일에 관심이 쏠렸다.

2008년 오바마가 대선에 출마했을 때 넬리니는 스무 살이었다. 그녀는 흑인 대통령이 나온다는 것이 멋지다고 생각했지만, 오바마가 힐러리만큼 진보적인 사람인지에 대해서는 확신이 없었다. 오바마는 보수·진보 양 진영과 잘 지내는 법을 알았기 때문이다. 그러다 갑자기 그런 태도가 단일

보험자 체제(국가보험 체제) 같은 것을 위한 대중운동을 일으키고 있다는 생각이 들었다. 만일 오바마가 그런 운동을 지지한다면 넬리니는 오바마를 도울 생각이었다. 선거 직전에 월가의 위기가 닥치자 그녀는 '바로 이거야. 금융 시스템은 종말을 맞이하고 있어'라고 생각했다. 넬리니는 1950년대나 1960년대로 돌아가기를 기대했다. 엄격한 규제와 블루칼라를 위하면서도 편협하지 않은 경제를 원했다.(당시의 아메리칸 드림은 넬리니와 넬리니의 엄마 같은 사람들이 파고들 여지를 허용하지 않았기 때문이다.) 이후 오바마가 취임했지만 그런 일은 일어나지 않았다. 대신 은행들은 사업을 재개했고, 기업과 부자들이 점점 더 많은 돈을 긁어모으는 동안 나머지 국민은 고통에서 헤어나지 못했다. 넬리니는 베드 스타이에서 다른 활동가들과 함께 사용하는 공동체주택의 조그만 침실 하나를 배정받아 거처를 옮겼다. 마시 단지에서 두 블록 떨어진 곳이었다. 불경기 속에서도 '일하는 가정당'을 위해 활동을 하며 넬리니는 민주주의 제도가 자본가를 보호하며 로비스트를 비롯한 온갖 잡동사니의 온상이라는 생각이 들었다. 뭔가 변화를 일으키려면 자본주의를 제거하는 방법밖에는 없을 것 같았다.

하지만 투쟁은 너무 오래 걸렸다. 소규모 투쟁이 끊임없이 이어지는 가운데 용커스Yonkers 시의원을 재선시키거나 뉴욕 시의 예산 삭감을 막으려고 애쓰며 대부분 현상유지를 위한 싸움에 시간을 보냈다. 냉소적인 반응도 많았고, 가정이나 술집에서 이야기되는 불평등에 대한 모든 불만은 마른 나무에 불을 붙이지 못했다. 그러다가 토요일에 열린 9·11사건 10주년 기념식 직후, 소수의 사람들이 추모식 현장에서 동쪽으로 한 블록 떨어진 곳에서 불만에 불을 지폈다.

넬리니는 공원에 올 때 챙겨온 침낭에서 2주 동안 잠을 잤다. 이른 시간에 잠이 깨면 지하철을 타고 출근했고, 점심시간이면 사무실에서 복사한 전단뭉치를 들고 다시 시내로 왔다. 그리고 직장으로 돌아가 일을 마치면 샤워를 하고 옷을 갈아입기 위해 베드 스타이의 집으로 갔으며, 저녁 총회에 참석하기 위해 다시 공원으로 왔다. 집회장에 나가면 점령 동지들은 그녀에게 멋지다고 말하곤 했다. 그러면서 또다시 하룻밤을 밖에서 잤다. 넬리니는 갖가지 해프닝을 겪으며 아주 부지런하게 움직였다. 운동을 하며 친한 친구가 된 사람들은 훗날 운동 초기 당시에 넬리니가 대화하는 데 온 정신을 빼앗긴 것 같았다고 말했다.

일주일도 지나지 않아 주코티 공원에는 2000명의 군중이 모였다. 점령자들은 카이로의 타흐리르(자유) 스퀘어를 따서 공원의 이름을 리버티 스퀘어로 바꿨다. 두 번째 토요일, 시위대는 "하루 종일, 일주일 내내 월가를 점령하라!"와 "우리가 99퍼센트다!"라는 구호를 외치며 브로드웨이를 거쳐 유니언 스퀘어까지 행진했다. 춤을 추고 이리저리 뛰어다니고 구호를 선창하면서 넬리니는 감정이 북받친 데르비시(신비 체험을 얻기 위한 이슬람 수행자, 또는 수행자처럼 춤추고 다니며 외치는 사람_옮긴이)로 변했다. 그러다 시위대가 교통을 마비시키고 경찰이 수십 명을 체포하면서 일이 걷잡을 수 없이 꼬였다. 그런 광경을 본 적이 한 번도 없었던 넬리니는 친구들이 차에 실려 끌려가는 것을 보며 울음을 터뜨렸다. 흰 와이셔츠 차림의 경찰관이 여자 네 명의 얼굴에 후추 스프레이를 뿌렸고, 넬리니와 나머지 동지들은 행진하는 중에 유튜브를 통해 동영상이 퍼져나가고 있다는 사실을 알았다. 이들은 공원으로 돌아가 즉석 기자회견을 열었다. "우리는 여기서 비폭력이었어요"라고 넬리니는 모여든 방송 카메라를 향해 말했다. 그날 밤 우연히 뉴욕 1 채널을 본 넬리니의 엄마는 딸에게 전화를 했다.

"널 TV에서 봤다. 거기서 뭐 하는 거니?"

"일주일 동안 여기 있었어요, 엄마."

공원과 동영상, 독특한 구호는 모든 이슈를 집어삼켰고, 갑자기 언론은 월가 점령운동에 주목했다. "월가를 점령하라!"라는 말이 모든 블로그와 트위터를 지배했다. 가수와 배우, 학자들도 주코티 공원에 모습을 드러냈고, 비록 이 운동이 정확히 무엇에 관한 것인지 아는 사람은 없었지만(점령운동은 무정부주의자 실천노선의 '수평적' 방침에 따라 요구사항도 조직도 지도자도 따로 없었기 때문에) 공원에 나온 사람들은 현장에 가득한 열정과 마주칠 수밖에 없었다. 누구나 느끼면서도 오랫동안 묻혀 있었거나 흩어져 있던 무언가에 대한 감각이 세상을 향해 자연스럽게 폭발하면서 이들은 혼란스러운 이 수천의 대오에 합류했다.

넬리니의 직장 상사인 빌Bill은 넬리니가 점령운동에 열정적으로 가담하고 있다는 것을 알고 어느 날 물었다.

"당신, 점령운동에 참여했지? 그게 뭔데?"

넬리니는 빌에게 그것이 아주 멋진 운동이라고 말했다. 진정한 사건이라고 할 수 있고, 갈수록 많은 사람이 참여하며 비단 시민활동가들뿐 아니라 온갖 부류의 사람이 모인다고 했다.

"노조에서는 연대행진을 원하는데"라고 빌은 말했지만, 노조는 점령운동의 실체가 뭔지, 어떤 방향으로 전개될지 경계하는 눈치였다.

"그래도 괜찮겠어?"

넬리니는 수천 명의 노조원 및 학생들과 함께 폴리 스퀘어까지 연대행진을 준비하는 것에 동의했다. 넬리니는 점령운동과 외부 단체 간의 연락책을 맡았다. 넬리니는 '지도자'라는 말을 매우 금기시했지만 이미 지도자 중 한 사람이 되고 있었다. 상사는 넬리니가 근무 시간에 점령운동에 전념하는 것을 허락했다. 그리고 공원에서 잠자는 생활을 끝낸 뒤에도 넬리니는 밤에 집에서도 두세 시간밖에 자지 않았다. 그녀는 한껏 흥분한 상태에서 필사적으로 덤볐으며, 할 일이 태산이었다. 넬리니의 활동은 우파 웹사이트의 주목을 받았다. 그들은 넬리니가 '일하는 가정당'에 들어간 것을 두고 모든 것이 에이콘에서 은밀히 조종한 증거라고 요란하게 떠들었다. 에이콘은 창당에 도움을 준 지역공동체로, 지금은 존재하지 않는 조직이었다.

넬리니가 700명의 동지들과 함께 브루클린 다리에서 체포되기 전날인 10월 2일 일요일 밤 늦은 시간에 점령운동에서 새로 알게 된 친구인 맥스Max에게서 전화가 왔다. 맥스는 월요일 아침 워싱턴에서 회의가 있다고 말했다. 환경운동가인 밴 존스가 티파티에 대응하는 좌파조직으로 창설한 '리빌드 더 드림Rebuild the Dream'에서 준비한 회의라는 것이었다. 맥스는 이 단체를 위해 일하고 있었는데, 존스는 그에게 점령운동에서 몇 사람을 데려와 연설을 하게끔 해달라고 부탁했다. 하지만 처음 데려온 사람들이 세계음모론과 '도마뱀 인간'(파충류 외계인이 비밀리에 세계를 조종하고 있다는 대표적인 음모론의 하나에 나오는 말_옮긴이)을 믿는 것으로 드러나는 바람에 맥스는 마지막 순간에 이 임무를 포기해야 하는 처지에 놓였고, 이런 사정으로 그는 넬리니에게 워싱턴행 열차를 탈 수 있느냐고 물었다. 넬리니는 새벽 4시 30분에 뉴욕 펜 역에 도착했다. 하지만 신용카드가 말을 듣지 않아 맥스에게 전화를 했다. 무일푼이었던 맥스는 잠자는 '리빌드 더 드림'의 상사를 깨웠고, 이 사람은 기차 도착 시간이 너무 늦어지자 넬리니를 위해 비행기 표를 사 주었다. 워싱턴에 도착한 넬리니는 택시에서 허겁지겁 내려 회의장으로 달려갔다. 넬리니는 숨을 헐떡이며 연단으로 올라가 연설을 시작했다.

"나는 그곳에 갔습니다. 그리고 그것이 내 인생을 바꿔놓으리라고는 짐작도 하지 못했죠."

넬리니는 마이크를 잡아당기며 지난 2주 반 동안 믿을 수 없을 정도로 흥분했던 과정을 설명했다.

"그 이후로 나는 판지를 깔고 잠을 잤고, 노동단체와 지역 조직을 압박해 현장으로 와서 실태를 파악하게 했습니다. 너무도 많은 사람이 요구사항에 대해 물었습니다. 우리는 요구할 필요가 없어요. 월가에 대해 뭔가를 요구하면 그들의 힘을 인정하는 것이기 때문이죠. 하지만 힘은 수적으로 우위에 있는 우리에게 있습니다."

넬리니는 월가 점령운동이 혁명의 시작이라고 생각했다.

공원은 화강암으로 포장된 작은 직사각형 블록으로 되어 있었으며, 55
그루의 주엽나무와 함께 고층 빌딩의 그늘에 있었다. 그라운드제로의 거
대한 공사현장과 맞닿아 있는 서쪽 끝에서는 드럼 서클(둥그렇게 모여 북
을 치는 사람들_옮긴이) 한 팀이 계속 요란한 소리를 쏟아내면서 점령자들
의 용기를 북돋아주는 자극제 역할을 했지만, 동네 주민들에게는 골칫거
리였다. '게토'라고 불리는 이곳에서 북을 치는 사람들은 강경파 무정부
주의자와 장기 노숙자로 구성되었는데, 그 자체로 침입자들은 환영받지
못한다는 느낌을 주는 독립된 세계였다. 경찰이 텐트는 허용하지 않았기
때문에 밤샘 점령자들은 차디찬 화강암 위에 방수포를 깔고 누웠다. 공
원 한가운데는 점령자들을 위해 봉사하는 다양한 활동본부가 빽빽이 모
여 있었다. 방수포를 씌운 주방에서는 줄을 선 사람이면 누구에게나 밖
에서 준비한 음식을 제공했고, 공중화장실 앞에서는 기증받은 세정용 면
포나 세면도구, 의복 따위를 나누어 주었다. 또 재생본부에서는 음식물
쓰레기를 퇴비로 만들거나 배터리 충전을 위해 운동용 페달기구를 교대
로 돌렸고, 옥외 스튜디오에서는 컴퓨터와 카메라로 하루 24시간 내내 점
령활동을 기록했다.

브로드웨이 옆 보도와 접한 동쪽 끝은 '삶의 기쁨Joie de Vivre'이라고 불
리는 빨간 강철 조형물 아래에서 점령자들과 시민이 합류하는 공간이었
다. 시위대가 일렬로 늘어서서 마치 물건을 팔듯이 피켓을 들고 있으면 점
심시간에 나온 노동자들이나 관광객, 행인들은 멈춰 서서 구경하며 사진
을 찍거나 대화하거나 토론했다. 한 나이 지긋한 여자는 의자에 앉아 큰
소리로 하트 크레인Hart Crane의 시 「다리The Bridge」를 읽었다. 또 다른 여자
한 명은 날마다 오바마의 대통령직을 다룬 책인 『사기꾼들Confidence Men』

한 권을 들고 말없이 서 있었다. 운동복 같은 상의를 입고 골프용 모자를 쓴 어떤 노인은 '규제 자본주의 찬성! 지긋지긋한 불평등 반대! 대대적인 일자리 정책 필요!'라고 쓰인 팻말을 들고 있었다. 노조 소속의 한 전공電工은 안전모를 쓰고서 '월가를 점령하라. 당신의 자녀를 위하여'라는 피켓을, 파란 간호사 가운을 입은 여자는 '간호사는 월가의 탐욕에 질렸다. 신뢰는 무너졌다'라는 피켓을, 청바지를 입은 여자는 '우리의 미래는 어디로 갔나? 탐욕이 거두어 갔다'라는 피켓을 들고 있었다. 또 '우리는 여기 왔다. 미래는 막연하다. 우리는 이것에 익숙해졌다'나 '뭔가 잘못되었다'라는 피켓도 보았다.

피켓을 들고 있지 않은 사람들은 전부 사진을 찍고 있었다. 군중이 빽빽이 들어찬 가운데 '전 세계적으로 중산층을 파괴하려는 노력의 일환'이나 '목표는 모든 사람이 목표를 정하도록 도와주는 것' '글래스-스티걸법은 언제 발효되었나?'와 같은 말이 반복되고 있었다.

두 명의 친구가 보도에 서 있었는데, 시라 모스Shira Moss와 마잘 벤 모세Mazal Ben-Moshe로 나이는 각각 30세와 27세였다. 시라는 조산학 학위가 있는데도 일자리를 구하지 못했고, 마잘은 사회복지학을 공부하는 중이었다. 아침 5시 30분에 공원에 온 시라는 평생 이 순간을 기다려왔다. 2008년에 오바마를 위해 자원봉사를 했던 마잘은 그가 당선되자 감격했다. 하지만 그 후 마잘은 자취를 감췄고, 2010년 선거에는 신경조차 쓰지 않았으며, 지금은 자신이 부끄러워서 진보운동에 가담하고 싶었다.

안전모를 쓴 남자 몇 명이 세계무역센터 4지구의 공사현장에서 일하다 점심시간에 빠져나와 공원을 지나가며 늘어서 있는 피켓을 훑어보았다. 그중 한 명인 마이크Mike가 시위자들에게 인사를 건네면서 "우리도 이제 일자리가 없어요. 1년 동안이나 일 없이 지냈죠"라고 말했다. 그러고는 금융사가 늘어선 좁다란 길 쪽을 가리키며 덧붙였다.

"저 사람들 때문이죠. 우리를 방해하는 사람들이죠. 은행이든 정부든 돈을 통제하는 자들은 다 똑같아요."

중년 남자 두 명은 시라 앞에서 걸음을 멈추고는 억센 러시아 억양으로 시비를 걸었다.

"당신들이 하는 짓의 궁극적인 목표는 쿠바나 북한, 베네수엘라가 되는 거요"라고 첫 번째 러시아 남자가 말했다.

"내 아내도 조산사인데 직장이 있다고."

두 번째 남자가 말했다.

"축하합니다. 잘된 일이군요."

시라가 대답했다.

"당신도 직장을 구할 수 있어요."

"나도 구하고 싶은데 안 되네요."

"이건 시간 낭비요. 돌아가서 일자리를 찾아봐요. 시간을 그런 데다 쓰라고요."

"내 말의 요지는 북한으로 가라는 거요. 그곳이 당신의 최종 목적지일 테니까."

첫 번째 남자가 다시 말했다.

야구 모자를 쓴 40대 남자 한 명이 이 말을 듣고 있다가 첫 번째 러시아 사람에게 말했다.

"러시아에서는 독재자들이 정치를 하는데, 대체 그들과 이 사람이 하는 말에 어떤 연관성이 있다는 거요?"

"이건 정부의 문제지 은행의 문제가 아니라는 거죠."

첫 번째 남자가 이렇게 답하자, 두 번째 러시아 남자는 주코티에 모인 사람들에 대해 불만을 털어놓았다.

"이 사람들은 공원에서 담배를 피워요. 그건 불법이지. 자신들이 무슨 특권이라도 있는 것처럼 생각한단 말이야."

"그 말이 맞는지 틀리는지는 이 나라가 누구에게나 공정한가에 달렸죠."

시라가 대꾸했다.

"맞는 말이요!"

두 번째 러시아 남자가 말했다.

"틀려요!"

군중이 합창하듯 일제히 소리쳤다.

레이 케이첼Ray Kachel은 시애틀에서 태어나 53년 동안 줄곧 이곳에 살면서 3킬로미터 밖으로 벗어난 적이 없었다. 그는 독학으로 컴퓨터 만물박사가 되었다. 레이는 1984년에 처음으로 매킨토시 512K를 구입했고, 시애틀 센트럴 커뮤니티 칼리지(2년제 공립대학)를 중퇴한 후 인쇄물을 디지털 자료로 변환하는 회사에 들어갔다. 밤에는 '디제잉 앳 터그스 벨타운 태번'이라는 나이트클럽에 가서 「멘 위드아웃 햇츠」나 「프린스」 같은 유로비트 음악을 틀어주었다. 또 월요일 밤이면 '5 사이드 컬라이드5 Sides Collide'라는 밴드에서 신시사이저와 드럼을 연주하기도 했는데, 이 밴드는 여자 싱어가 동성애에 빠지면서 해체되었다. 연예인들은 이곳에 와서 코카인을 했고(엘튼 존Elton John은 적어도 한 번은 모습을 드러냈다), 레이는 몇 달 동안 취미생활을 유지하기 위해 마약을 팔았지만, 이런 생활방식에 염증을 느끼고 마약 거래를 그만두었다.

1980년대 중후반에 이곳의 무대가 사라지면서 레이도 생업을 잃었다. 하지만 이후 20년 동안 레이는 날로 발전하는 오디오 및 비디오 생산기술을 익히고, 프리랜서로 온라인 콘텐츠 편집 일을 하면서 시애틀 기술세계 주변에서 남부럽지 않은 생활을 했다. 여러 기술직을 전전하는 가운데 그는 부모가 하는 건물 관리 일도 맡아서 했다. 그는 소량생산하는 맥주를 마시고 거대한 DVD 라이브러리를 꾸미는 등 몇 가지 여가생활을 즐겼다. 그가 좋아하는 영화는 안드레이 타르콥스키Andrei Tarkovsky 감독의

1979년 작인 「스토커Stalker」라는 공상과학물이었다.

레이는 말했다.

"세 남자가 숲 사이로 정처 없이 걷는 장면은 시청각적으로 아주 이상한 느낌을 줘요. 타르콥스키는 뭔지 모르게 암울한 분위기를 연출하는 고통스러울 정도의 롱테이크(하나의 컷을 시간적으로 길게 찍는 기법_옮긴이) 기법으로 유명하죠."

레이는 침실 한 개짜리 아파트에서 혼자 살았다. 그는 눈에 띄지 않는 평범한 외모였다. 체구가 작고 짧게 깎은 머리에 우중충한 옷을 입었으며, 성격은 온화했다. 부모가 세상을 떠난 뒤, 그는 친구도 없이 은자처럼 지냈다. 다른 한편으로는 많은 기술노동자가 비사교적이기도 했다. 정보경제는 기술과 교양을 갖추고 프리랜서로 일하는 수백만의 괴짜를 고용했다. 신경제가 일자리를 주는 한, 레이는 자신이 원하는 삶을 유지할 수 있었다.

불경기가 엄습하자 시애틀의 기술직은 활동 터전이 말라붙었다. 그에게 DVD 주문제작 일을 맡기던 주요 거래처의 시장이 사망한 뒤, 레이는 더 이상 다른 일거리를 얻을 연고가 없다는 사실을 깨달았다. 그는 생활비를 줄이고 맥주도 끊었다. 2010년 말, 그는 아마존에 비틀즈 전집이 들어간 사과 모양의 녹색 USB를 주문했다가 배송 직전에 주문을 취소했다.

"250달러나 주고 뭔가를 산다는 것이 옳지 않다는 생각이 든 거죠. 그런 결정을 하자 기뻤어요. 어쨌든 스테레오 믹스를 즐길 생각은 없었으니까요."

2011년 3월, 레이는 입안이 바짝바짝 탔다. 불안감에 시달리느라 거의 음식을 먹을 수도 없었다. 그는 저축이 바닥나고 있다는 것을 깨달았다. 그는 술집 종업원으로, 배달차 운전으로 연명했지만, 하루 종일 고객들과 수다를 떨고 있을 수는 없다는 생각이 들었다. 게다가 수년 전부터 운전을 하지 않았기 때문에 운전이 익숙하지 않았다. 그는 기술직을 채용하는 곳을 뒤지다가 겨우 웹 검색 결과를 평가하는 립포스^{Leapforce}라는 회사를 하나 찾아냈다. 레이는 '재택근무 독립 대리인'이라는 고용계약서에 서명하고 시간당 13달러를 받으며 자신의 아이맥으로 그 일을 했지만, 거의 시작과 동시에 일거리가 하루에 20~30분 분량으로 줄어들고 말았다. 이것이 그의 마지막 직업이었다.

여름에 레이는 컴퓨터 장비를 팔기 위해 이베이에 들어갔다. 마치 가뭄에 시달리던 농부가 종자 옥수수를 먹는 꼴이었다. 처음엔 맥북에어를 팔았고, 다음엔 아이패드, 또 그다음에는 아이맥을 팔았다. 레이는 모두 1000종은 되는 자신의 DVD 컬렉션을 살 사람을 찾았다. 레이가 마지막으로 팔아치운 것은 애플의 최첨단 동영상 편집 소프트웨어인 '파이널 컷 프로'였다.

"이렇게 버티다가 일거리가 들어오면 다른 사람 기계를 빌려 사용할 수 있다고 기대했던 거죠. 하지만 일거리는 들어오지 않았어요."

장비를 팔아 2500달러 정도의 돈을 마련했지만 9월이 되자 집세가 밀렸다. 단지 집이 없다는 것보다도 고향에서 집이 없다는 생각이 그를 힘들게 했다. 2009년, 레이는 좀더 사회적인 생활을 하기 위한 수단으로 트위터를 시작했다. 그는 트위터에서 자신과 마찬가지로 일자리를 잃고 빈곤에 처하는 등 절박한 상황에 놓인 사람을 많이 만났다. 또 트위터를 통해, 그가 9월 말 집을 비워줄 준비를 하고 있을 때 로어맨해튼에서 시위가 며칠 동안 계속되고 있었다는 것을 알았다.

월가 점령운동의 시위대는 레이가 자신의 삶에서 깨달은 사실에 대해 분노하고 있었다. 그것은 부자와 권력자들이 중산층의 생명을 빨아먹고 있는 불평등한 체제에 대한 자각이었다. 레이는 오래전부터 세금을 내지 않는 은행과 정유회사, 대기업을 비판적으로 보고 있었다. 특히 그는 프래킹^{fracking}(셰일가스를 추출하기 위해 지하에 물과 화학물질을 주입해 셰일층을 분쇄하는 기법_옮긴이)에 관심이 많았다. 그는 또 레이첼 매도의 열렬한 팬이기도 했는데(그는 매도의 위트와 시청자의 공감을 불러일으키는 친화력을 좋아했다), 드디어 매도도 자신의 케이블 뉴스 프로그램에서 월가점령운동에 대해 말하기 시작했다.

레이는 파이널 컷 프로를 팔아 450달러를 장만했는데, 미국에서는 250달러만 있으면 그레이하운드를 타고 어디든 갈 수 있었다. 그는 동쪽으로는 댈러스 이상 더 멀리 가보지 못했지만, 뉴욕은 다양한 사람들이 밀집해 사는 도시였기 때문에 아이디어와 돈 버는 방법이 얼마든지 있을 것이고, 거기서 생존하는 방법만 터득한다면 반드시 살 곳이 있을 것이라는 생각이 들었다. 9월 마지막 날 밤, 그는 잠자리에 들면서 자신에게 말했다.

"여기는 완전히 미친 도시야. 더 이상 버틸 수 없어."

다음 날 아침, 잠에서 깼을 때 그의 마음은 확고했다.

"그래, 이게 바로 내가 해야 할 일이야."

레이는 몇 명 안 되는 친구들에게도 자신의 계획을 말하지 않았다. 그리고 10월 3일 밤, 그는 혹시 읽어볼 사람이 있을지 모른다는 생각에 워드프레스 블로그에 다음과 같은 글을 올렸다.

"뉴욕행 버스 탑승에 대해. 다시 시애틀로 돌아올지 잘 모르겠다. 공포의 순간을 겪으며 내가 정신 나간 것은 아닌지 스스로에게 물어보았다. 그럴 수도 있겠지. 하지만 그런 생각은 이내 가시고 모험심이 발동했다. 오히려 길을 떠날 준비가 되었다."

레이는 남아 있는 살림을 대부분 버렸다. 그리고 작은 더플백과 배낭 하나를 둘러메고 여행길에 올랐다. 짐이라고는 갈아입을 옷가지와 영화가 담긴 휴대용 하드 드라이브, 트위터를 하기 충분할 만큼 배터리가 충전된 변변찮은 휴대전화가 전부였다. 버스는 자정에 출발했다. 10월 6일 아침 5시에 레이는 맨해튼 중심가에 있는 포트 오토리티 버스 터미널에

도착했다. 10시에 그는 점령운동이 벌어지는 시내로 향했다.

주엽나무 잎은 아직도 녹색을 띠고 있었다. 공원은 피켓 시위자들과 북 치는 사람들, 주방 봉사자들, 회의하는 사람들, 이런저런 주제로 구호를 외치는 사람들로 북적거렸다. 잠을 못 잔 데다 배도 고팠던 레이는 데자뷔에 사로잡혔다. 주위의 모든 광경이 묘하게도 낯익은 것 같았다. 그는 리버티 가를 따라 세워진 벽에 기대어 주위 사람들이 나누는 대화를 들었다. 머리가 터질 것 같았다. 이 공간에 직접 와봤고, 이 사람들과 이야기를 나눴으며, 그들이 무슨 말을 하는 건지 정확하게 아는 것처럼 여겨졌기 때문이다. 얼마 후 누군가 그에게 공원 중앙에 있는 공중화장실에 가면 샤워를 할 수 있다고 말했다. 데자뷔의 시간 순서에 따르면, 그는 샤워를 한 다음 따뜻한 침대로 돌아가는 정상적이면서도 만족스러운 생활을 지속한 것으로 기억했다. 월가 점령이라는 생각을 하지 않았기 때문이다. 하지만 현실에서는 샤워를 한 적이 없었다. 그때 레이는 자신이 낯선 도시에 집도 없이 팽개쳐진 신세라는 사실을 절감했다. 그는 아무에게도 말을 걸지 않고 자기만의 생각에 빠져들었다. 그리고 양모 방수 재킷을 여미고 몸을 웅크린 채 공원 동쪽의 계단에서 잠을 청했다.

어느 날, 레이는 귓결에 몇 미터 떨어진 계단에 앉은 한 무리의 젊은 점령자들이 하는 말을 들었다. 그들은 레이를 투명인간 취급하며 그에 대해 말하고 있었다.

"저 사람이 어떻게 점령운동을 하겠어."

그중 한 젊은이가 말했다.

"자기 몸도 주체하지 못하는데."

그들의 말이 옳았다. 레이의 신발과 양말은 폭우에 흠뻑 젖어 며칠 동안 마르지 않은 상태였다. 레이는 자신이 독립된 위성 같은 존재로서는 이곳에서 살아남을 수 없을 것이라는 사실을 알았다. 스스럼없이 집단의 일부가 되지 않으면 안 되었다. 평생 한 번도 해보지 못한 일이었다.

그는 새로 조직된 위생활동 그룹에 자원했다. 어두워진 뒤에는 체온을 유지하기 위해 얼마간 골목과 보도를 청소하며 보냈다. 레이가 일하는 것을 본 다른 점령자가 그에게 침낭과 방수 시트를 주었다. 그는 친구를 사귀기 시작했다. 브롱크스 출신의 아일랜드 이민자 숀은 심야근무로 강철에 내화성 물질을 칠하는 일을 하다가 낮이면 시내로 나와 주코티에서 시간을 보냈다. 물리학을 전공하고도 노숙자로 지내는 대체교사도 있었고, 플로리다 타폰 스프링스 출신의 떠돌이인 크리스는 유튜브에서 후추 스프레이를 뿌리는 동영상을 보고 격분한 나머지 여성인권을 보호하기 위해 맨해튼행 기차를 탄 사람이었다.

레이는 '당장 프래킹을 멈춰라!'라고 쓰인 피켓도 보았다. 자신이 맡은 일을 마친 다음에는 며칠 동안 공원 남쪽과 접한 보도에서 낯선 사람들과 이야기하는 데 시간을 보냈다. 조금은 연극 같기도 했다. 그는 자신의 내면에서 발산하고 싶은 목소리를 발견했다. 레이는 규칙적으로 트위터를 했고, 시애틀에서 겨우 수십 명에 불과하던 팔로어는 갑자기 1000명을 넘어섰다.

10월 8일: 공동체적 생활의 일면이 있다. 전체적으로 안락을 추구하던 나로서는 정말 놀라운 경험이다.

10월 22일: 나에게 수호천사가 있다는 것이 놀랍다. 그가 부드러운 말씨에 열심히 일하는 브롱크스 출신의 아일랜드 남자라는 것은 놀랍지 않다.

10월 23일: 보고 싶은 퍼거슨 씨. 뉴욕에서 살기 시작한 지 벌써 2주가 넘었군요. 짧다는 생각은 들지 않습니다.

10월 27일: 계속 '끔찍한 경찰 병력'과 '월가 재점령'이라는 문구를 주시하고 있다. 이곳에 온 지 2주가 넘었지만 아는 사람은 아무도 못 만났고, 소식도 들은 것이 별로 없다.

11월 13일: 나는 시애틀의 낡은 아파트에 거의 10년간이나 살면서 아는 주민이라곤 겨우 두 명밖에 없었다. 리버티 스퀘어에서는 한 달 남짓 사는 동안에 수많은 주민과 규칙적으로 이야기를 나누며 많은 친구를 새로 사귀었다.

그래서 레이는 폭우가 쏟아지는 밤에 잠을 자다가 누가 더플백을 훔쳐 가고, 방수 시트에 물이 스며들어 침낭이 젖어도 겁이 나지 않았다. 또 이튿날 아침 그의 소형 배낭(휴대용 하드 드라이브가 든)을 위생활동 그룹의 열성회원이 가져갔을 때도 태연할 수 있었다. 그 친구는 레이가 걸치고 있는 옷을 빼고는 물에 젖은 물건을 몽땅 걷어갔다. 레이는 새 친구들에게 도움을 청해 마른 침낭을 하나 얻었다. 이 무렵 그는 본격적으로 점령 운동에 가담했다. 리버티 스퀘어는 그의 집이었다.

10월 12일 수요일, 블룸버그 뉴욕 시장과 뉴욕 시경은 그 주 금요일에 공원 정리를 위해 공원에 들어선 시설을 철거할 것이라고 발표했다. 주민들은 서쪽 끝에서 쉴 새 없이 들려오는 북소리와 여기저기 흩어진 쓰레기 때문에 불만을 터뜨렸다. 또 공공장소에서 대소변을 본다는 보도도 있었다. 넬리니는 드럼 서클 문제를 진정시키는 데 많은 시간을 들였다. 그녀는 지역위원회 모임에 참석해서 불만사항을 들었고, 북소리를 하루 두 시간으로 제한하는 협정서를 작성하려고 했다. 하지만 시의 발표가 나오자 넬리니와 다른 점령자들은 이 발표가 실제로는 점령자들을 몰아내려는 계획이라고 간주했다.

이들은 소셜 미디어를 통해 주의보를 발령했고, 시 일대의 지지자들은 전화와 페이스북 포스트로 관리들을 공격했다. 목요일 밤, 수천 명의 군중이 경찰의 철거작업을 저지하기 위해 일시에 공원으로 몰려들었다. 주코티 공원이 그렇게 많은 사람으로 붐빈 적은 없었다. 점령운동에 회의적인 사람이나 드럼 서클을 성가시게 생각하는 사람, 시위대의 판에 박힌 문구를 싫어하는 사람들까지 이것이 중대 사태이고 모두에게 해당하는 문제의식이 위협을 받는다는 믿음으로 모여들었다.

점령운동을 하는 사람치고 시장 집무실을 향해 원칙을 따르라고 말하는 사람은 아무도 없었다.(물론 원칙이라는 것이 모호하기는 했지만.) 이런 상황에서 넬리니의 상사인 빌은 막후에서 부시장과 공원을 개방하는 문제를 놓고 열심히 협상하고 있었다. 넬리니는 주코티가 너무 붐볐기 때문에 한 시간은 자야겠다는 생각으로 밤늦게 집에 갔다. 그리고 다시 아침 5시에 돌아와보니 점령자들은 이미 깨어나 있었다. 한 시간이 지나고 6시가 되자 공원은 다시 군중으로 가득 찼고, 사람들은 브로드웨이에서 트리니티 플레이스까지 화강암 바닥을 발 디딜 틈 없이 빽빽이 채웠다. 넬리니의 전화벨이 울렸을 때는 아직 어둠이 가시기 전이었다.

"우리가 이겼어."

상사가 말했다.

"뭐라고요?"

"쫓겨나지는 않을 거야. 당장 베카Becca에게 전해."

넬리니의 친구인 베카는 브로드웨이 계단의 꼭대기에 서 있었다. 빌에게서 문자메시지가 오자 넬리니는 그것을 수많은 군중 앞에서 읽었다.

"어젯밤 늦게!"

넬리니는 인간 마이크가 자신의 말을 동쪽에서 서쪽으로 밀려나가는 파도처럼 세 단계로 전파하는 것을 기다렸다.

"주코티 공원의 소유주에게서 통지를 받았습니다! 브룩필드 부동산회사에서 철거를 연기한답니다!"

첫 번째 파도가 공원 건너편까지 메시지를 전하는 과정이 채 끝나기도 전에 거대한 함성이 울렸다. 수천 명이 손을 들고 수만 개의 손가락을 흔들며 무정부주의자의 비언어적 표현으로 승인을 표현했다. 넬리니는 다시 입을 열었다.

"이유가 뭐냐! 왜냐하면! 그들이 우리와 합의를 볼 수 있다고 믿기 때문이에요! 뿐만 아니라! 우리에게는 너무도 많은 사람이 있기 때문입니다!"

이후 넬리니는 자신의 생애에서 단 한 번의 극적인 순간이 이어지는 동안 무슨 일이 일어났는지 거의 기억할 수 없었다. 그것은 초현실적인 경험이었다. 그녀의 친구인 맥스가 말했다.

"영화처럼 멋진 장면이 벌어지고 있어."

"주인공은 당신이야."

넬리니가 말했다.

"당신 역은 누가 맡을지 궁금하군."

점령운동이 시작되었을 때 케빈 무어의 은행 동료는 거부감을 드러냈다. 사무실의 한 남자 직원은 "경찰봉을 휘둘러서 가둬놓아야 해"라고 말했다. 하지만 미드타운(월가의 기업 대부분은 더 이상 월가에 있지 않았다)에서 일과를 마친 뒤, 케빈은 늘 그날의 업무를 점검하고는 다시 시내를 찾았다. 그는 브로드웨이에서 자유롭게 펼쳐지는 대화의 흐름과 공원의 떠들썩한 광경을 좋아했다. 주코티 공원의 모습은 그가 사립학교에 다니던 1980년대의 시내 풍경을 연상시켰다. 당시엔 런 디엠씨Run-D.M.C.의 음악을 들으며 타임스 스퀘어로 가서 스리카드 몬테three-card monte(야바위)나 경찰이 단속하는 장면을 구경했다. 그때의 뉴욕은 더 거칠고 누더기 같은 모습을 하고 있었다. 점령운동은 경찰이나 주민들에게 큰 부담이었고, 그곳에 가만히 앉아 있기만 하자니 이내 지루해졌다. 점령자들이 쟁점을 부각하려면 다른 방법을 찾아낼 필요가 있었다. 어쨌든 누군가 그런 문제에 주목한다는 것은 그로서는 기쁜 일이었다. 그들 중에는 케빈이 직접 아는 사람도 있었다.

케빈으로서는 점령운동에 마뜩지 않은 부분이 있었다. 시위자들에게는 마케팅 팀장이 필요했다. 그는 그들이 0.1퍼센트라는 말을 해야 한다고 생각했다. 왜냐하면 자신도 1퍼센트에 속하지만, 정치인들에게는 아무런 영향력이 없기 때문이다. 또 금융권에서 일하는 사람 전체를 악마로 만드는 방법도 마음에 안 들었다. 은행 동료들이 공원에 모인 사람 전체를 악마로 취급하는 방법과 다를 것이 없었다. 같은 문제를 놓고 서로 엉뚱한 말만 늘어놓는 민주당이나 공화당 사람들과 똑같았다. 언젠가 런던 여행길에서 케빈은 점령자들 같은 무리가 투자회사라고 지목한 건물을 습격하는 장면을 목격한 적이 있었다. 하지만 그들이 들어간 곳은 엉뚱한 건물이었다. 그 건물은 정상적인 은행 지점이었는데, 거기서 일하는 직원들을 향해 눈뭉치를 던지고 있었다. 케빈은 월가의 죄악을 모르는 바 아니었지만, 시위자들이 내뱉는 신랄한 표현을 듣고는 깜짝 놀랐다. 변화를 원한다면 그들은 본성이 좀더 선한 은행가에게 호소할 필요가 있었다.

로어맨해튼에서 점화된 변화무쌍한 불꽃은 미국 전역과 전 세계로 퍼져나갔다. 몇 주 지나지 않아 각지의 점령운동은 25개, 50개, 100개 지역으로 확대되었다. "우리가 99퍼센트다!"라는 단순한 구호는 불평과 욕구불만에 찬 다수의 관심을 끌기에 충분했다. 이 구호는 텀블러SNS의 한 블로그 제목이 되었고, 갤러리에는 독자들이 보내온 수백 명의 얼굴 스냅사진이 가득 쌓였다. 일부 사진은 얼굴이 분명치 않거나 종이에 반쯤 가려져 있었는데, 사람들은 각자 종이에 자신의 이야기를 익명으로 쓴 후 그것을 들고 카메라 앞에 서 있었다. 어둠 속의 얼굴들이 들고 있는 종이에는 다음과 같은 내용이 적혀 있었다.

나는 성공하기 위해 그들이 하라는 대로 다 했다.

나는 좋은 성적과 장학금을 받았다.

나는 대학을 졸업했다.

지금 나는 일자리도 구하지 못한 채, 학자금 대출로 진 빚을 갚느라 허덕이고 있다.

내 집 문에는 퇴거명령서가 붙었고, 나는 갈 데가 없다.

은행 잔고는 42달러밖에 없다.

나는 99퍼센트다!

종이 뒤로 흐릿하게 얼굴이 보이는 한 여자의 글.

나는 관리 부서에서 시간당 8달러를 받고 일하며, 나이는 37세다. 총지배인과 부지배인은 다섯자리 숫자의 돈을 받으면서 하는 일이라곤 종업원이나 고객에 대해 이야기하는 것뿐이다. 나는 쉬는 시간이 10분도 안 되고, 식사 시간은 30분이 안 된다.

급료를 받고 나면:

보험료

연방세와 주세

사회보장연금 납부금

건강보험료

나는 출퇴근에 드는 기름 값이나 버는 이 일을 그만두려고 한다.

정말 짜증난다!

손으로 직접 쓴 이 간결한 이야기를 수십 개 읽어보니 온통 고난 시절의 다큐멘터리 또는 존 스타인벡의 소설 같은 도덕적 힘이 느껴졌다. 그리고 그 글들은 왜 월가 점령운동이 즉각 이 시대를 반영하는 구호가 되었는지 그 이유를 설명해주었다. 언론에서 '소득의 불평등'이란 표현은 다섯 배로 늘어났고, 오바마 대통령은 이 주제로 연설하면서 1퍼센트라는 말을 했다. 모든 유명인사와 공인들이 점령운동에 대한 견해를 밝혔다. 콜린 파월은 조심스럽게 공감을 표하면서 자신의 부모가 사우스 브롱크스에서 언제나 직장을 가질 수 있다고 확신하던 옛날을 떠올렸다. 로버트 루빈은 30년 동안 실질소득이 감소했다고 지적하며(1990년대 후반을 제외하고) "그들은 우리 경제에 필요한 핵심적인 문제를 확인해주었다"라고 말했다. 피터 틸은 한 인터뷰에서 다음과 같이 말했다.

"현대사에서 불평등은 오로지 공산당 혁명과 전쟁, 디플레이션 경제 붕괴를 통해서만 끝낼 수 있었습니다. 이 세 가지 요인 중에 오늘날 어떤 것이 일어날지, 또는 제4의 길이 열릴지 여부는 답하기 어려운 질문입니다."

상원의원에 출마한 엘리자베스 워런은 "나는 그들이 무엇을 할지에 대한 지식기반을 많이 축적했습니다"라고 말했다. 대선에 출마한 뉴트 깅리치는 하버드에서 점령 시위자들로부터 야유를 받은 뒤, 아이오와에서 열린 가족의 가치 포럼에서 청중을 향해 다음과 같이 말했다.

"모든 점령운동은 우리가 모두 그들에게 온갖 빚을 지고 있다는 전제에서 출발합니다. 그들은 돈 한 푼 내지 않고도 공공시설인 공원을 점거하고 있고, 돈 한 푼 내지 않고도 화장실을 사용하거나 먹을 것을 구걸하기 위해 공원에 가며, 화장실과 공원 유지에 필요한 세금을 납부하기 위해 일하러 가는 사람들을 방해하려는 목적으로 공원에 갑니다. 이렇게 그들은 스스로를 신성시하면서 자신들이 우리에게 모든 혜택을 주는 미덕의 전형인 것처럼 주장하는 것입니다. 지금 그 운동은 이 나라의 좌파가 얼마나 망가졌는지, 왜 그들에게 단순히 '몸을 씻고 당장 일자리를 찾아라'라는 말을 거듭 당부할 필요가 있는지를 잘 보여주는 예라고 할 수 있습니다."

이 문제를 어떻게 생각하느냐는 질문을 받은 앤드루 브라이트바트는 이렇게 말했다.

"그것은 당신이 월가 점령운동의 배설물이나 공공장소의 자위행위, 강간, 강제추행에 대한 말을 하는가 안 하는가 여부에 달려 있습니다. 우리는 지금 온갖 서커스 같은 짓을 가려주고 있어요."

그는 사망하기 전에 마지막으로 완성한 작품인 「점령운동 벗겨보기 Occupy Unmasked」라는 폭로영화에서 해설을 맡았으며, 이 작품은 그의 사후에 개봉되었다. 제이지는 '모든 거리를 점령하라'라는 이름의 로카웨어 Rocawear(패션 브랜드) 티셔츠 판매를 시작했지만, 나중에는 월가 점령운동의 공격대상으로 1퍼센트에 속하는 기업가들을 옹호했다.

제이지는 말했다.

"이곳은 자유기업 국가예요. 미국은 그 바탕 위에 세워진 나라라고요."

10월 한 달 동안 점령운동은 전국 곳곳으로 번져나갔다. 영스타운 점령운동은 1970년대 후반에 철강공장 가동에 기여한 운동인 '밸리 살리기'의 베테랑 운동원들을 끌어들였다. 10월 15일, 700명의 시위대가 그린즈버러 시내를 통과하면서 은행과 옛 울워스 빌딩에 있는 시민권 박물관을 지나 페스티벌 공원까지 행진했다. 딘 프라이스도 시위에 참여했다. 그는 그린즈버러 점령운동에 가담해 회의를 준비한 적이 있고, 행진이 끝난 뒤에는 공원 옆의 YWCA 주차장에 텐트를 친 아이들과 이야기를 나누면서 노숙자들에게 파스타를 제공하기도 했다. 노숙자들은 딘에게 저임금 일자리며, 건강보험이 없다거나 대학 학자금 빚이 쌓였다는 사연을 들려주었다. 이런 말을 듣자 딘은 1950년이나 1960년에 사회생활을 시작한 사람들을 생각하며 화가 치밀었다. 그들은 모든 것을 가진 상태에서 이런 문제에 대해서는 아무것도 하지 않은 채 그저 자리를 지키며 게걸스레 배를 불리고는 다음 세대에 찌꺼기만 남겨놓았기 때문이다. 지금 젊은이들이 월가에서 시위를 하는 까닭은 모든 것이 묶여 있기 때문이라는 생각이 들었다. 딘은 점령자들이 다가오는 변화를 볼 수 있도록 노력했다. 바로 그린즈버러에서 일어날 변화를.

탬파의 매튜 웨이드너는 시위대가 공원을 점령한 며칠 뒤 점령운동에 대한 블로그 활동을 시작했고 그것을 멈추지 않고 계속했다. 그는 이 운동을 독립전쟁 직후의 '셰이스의 반란Shays' Rebellion'에 비유하며 '두뇌를 가진 티파티'라고 불렀다. 그리고 '대통령님, 이 벽(월스트리트)을 허무십시오'라는 제목의 글에 다음과 같이 썼다.

> 월가 점령운동은 이제 시작일 뿐입니다. 비록 규모는 작을지 모르지만, 강력하고 또 아주 위험합니다. 정착된 질서와 현재 이 나라를 오염시킨 생활방식 양쪽 모두에 위험하지요. 현재의 생활방식은 지속될 수 없어요. 이 나라는 거짓말이 판치고 있습니다. 거짓말이 기승을 부리는 까닭은 정치와 기업 지도자들이 완전히 부패했기 때문이에요. 진실과 그에 따른 결과는 안중에도 없습니다. 거짓과 탐욕이 모든 것을 지배하고 있어요. 월가와 골드만삭스는 이제까지 국가의 중심 기능을 했다고 할 워싱턴에서 구현된 이상과 원칙을 밀어냈습니다.

탬파 점령운동에서는 수백 명의 시위대가 시내 공원까지 행진했다. 대니 하르첼은 기업의 탐욕에 대한 메시지가 마음에 들어서 그곳에 가고 싶었지만, 월마트에서 일하며 아이들을 돌보느라 시간이 없었다. 게다가 자동차 연료비 생각도 안 할 수가 없었다. 실비아 랜디스는 참석해서 자신과 같은 퇴직자들과 학자금 융자 빚에 시달리는 학생들, 서민 가족들, 언더워터 하우스underwater house(집값이 대출금 이하로 떨어져 팔 수 없는 집_옮긴이)에 사는 실업자들을 보았다. 젊은 시위자 일부는 아무런 목표도 없는 것 같았다. 이들의 반자본주의 구호 때문에 실비아는 난감했다. 실비아는 자신을 점령운동의 일부라고 보지는 않았지만, 점령자들에게 파티를 위해 만들고 남은 마카로니와 치즈를 가져다주었고, 일부는 차에 태워 사라소타에 있는 압류 전문 변호사에게 데리고 가서 훈련과정을 밟게 하기도 했다. 하지만 2~3주가 지나 열대성 스콜이 몇 차례 불고 불법 점령 혐의로 체포가 이어지자 시내는 평소처럼 인적이 뜸해졌다. 탬파 점령운동은 열기가 식어 이따금 지나가는 자동차가 경적을 울려대는 가운데 8~10명의 시위자들이 강변에서 외롭게 피켓을 들고 있는 정도가 되었다. 마침내 점령자들은 몬스 비너스라는 스트립 클럽 주인의 소유로 된 웨스트 탬파의 한적한 공원으로 옮기기로 의견 일치를 보았다.

10월 하순, 주코티 공원의 텐트 금지 규정은 완화되었다. 대체교사가 다락방의 조그만 공간을 구한 뒤로 영하 온도에서 사용하는 침낭과 1인용 텐트를 물려받은 레이는 남쪽 구역에서 한 사람이 차지하는 바닥 면적을 183×47센티미터로 제한하자고 주장했다. 주코티는 텐트로 가득 차 지나가기도 힘들 정도였다. 레이는 이 때문에 공원이 일반 시민과 차단될 뿐만 아니라, 활력도 줄고 더 지저분해진다는 것을 알게 되었다. 그는 매일 아침 일찍 일어나면 몇 블록을 걸어가 이스트 강 위로 떠오르는 태양을 본 다음, 로어동부와 차이나타운을 둘러보고는 다시 주코티로 돌아왔다. 사방에서 빤히 보이는 공원의 강렬한 인상이 그의 마음을 사로잡았다. 엑스터시XTC의 옛날 노래, 「센스 워킹 오버타임」의 가사가 계속 머릿속에 맴돌았다. 드럼 서클은 페데리코 펠리니Federico Fellini 감독의 영화 「사티리콘Satyricon」의 분위기를 띠었다. 텔레비전을 못 보는 것이 아쉬웠다. 레이가 시애틀을 떠날 때는 「더 와이어The Wire」 이후 가장 흥미 있는 프로그램이었던 「브레이킹 배드Breaking Bad」 마지막 두 편이 끝나기 전이었다. 그는 하루하루를 스타벅스에서 휴대전화를 충전하고 다른 사소한 일을 처리하는 것으로 소일했다. 식량배급표는 그라운드 제로 북쪽의 홀 푸드에서 과일 몇 개와 코코아가 80퍼센트 함유된 달지 않은 초콜릿 바를 사는 데 써먹었다. 레이는 아주 조금밖에 먹지 않았기 때문에 수중에 몇 푼 남지 않았어도 공원의 주방에서 음식을 제공하는 한 문제될 것은 없었다. 밤 9시 무렵이면 1인용 텐트의 지퍼를 잠그고 휴대전화로 트위터피드를 통해 「레이첼 매도 쇼」를 보았다. 그런 다음에는 근처에서 젊은이들이 벌이는 파티의 소음으로 잠을 깨기 전에 몇 시간이라도 쉬려고 일찍 잠을 청했다. 그는 절대 네다섯 시간 이상 자지 않았다. 어느 날 밤, 공원은 끝없이 울부짖는 합창 소리로 가득했다.

레이는 월가 점령운동에서 꾸준히 활동하는 것이 쉽지 않다는 것을 알았다. 그는 센트럴파크 점령 그룹에 가담했지만 시에서 허가를 거부하자 시들해졌다. 빨간 조형물에서 열리는 야간 총회에는 거의 참석하지 않았다. 회의에서는 여러 시간씩 인간 마이크로 쟁점을 전했지만, 해결된 것은 하나도 없었다. 이 운동은 평범한 대중의 지지를 잃어가는 것으로 보였다. 여기서 제작한 신문인 『점령된 월스트리트저널Occupied Wall Street Journal』(분노한 시위대가 자신들을 위해 만든 무료 신문_옮긴이)에서도 수 주 동안 똑같은 문제를 다루었다. 큰 소리로 떠드는 미치광이들 때문에 브로드웨이 주변에서 일어나는 대화는 변질되었다. 활동 그룹은 수십 개나 되었고, 이 중 상당수는 공원에서 몇 블록 떨어진 월가 60번지의 도이치뱅크 건물 안뜰에서 모임을 가졌다. 하지만 소수의 활동가가 이 그룹들을 지배하는 것처럼 보였다. 이들은 운동과정을 재정비하고 운동을 좀더 포괄적으로 다듬기 위해 소규모 그룹으로 재편하자는 생각을 계속 내비치면서 '과정'에 대한 편협한 대화를 벗어나지 못했다. 건물 안뜰에서 모임을 갖는 활동가들과 공원에서 버티는 점령가들 사이에 분파가 형성되었다. 퍼실리테이션 활동 그룹의 어느 모임에서 한 남자가 레이에게 왜 여기와 있는지 물었다.

레이는 자신이 이곳에 온 이유를 알고 있었다. 그는 대답했다.

"하나의 상징이죠. 공원은 계속 점령해야 하니까요. 만일 저들이 '좋아요, 우리는 당신들이 하는 말에 귀를 기울일 겁니다. 그러니 모두 진정하고 집으로 가요. 그러면 우리가 논의를 계속할 테니'라고 말하면 초점이 흐려집니다. TV 방송 차량도 가버리고 자기만족에 빠진 채 다시 리얼리티 쇼나 보여줄 것입니다. 거품이 어떻게 꺼질지는 아무도 모르는 거죠."

레이가 점차 운동을 각성할 무렵 넬리니도 좌절감에 빠져들고 있었다. 700명씩이나 총회에 참석하던 초기 몇 주간의 열기 속에서는 한 사람이 이것을 중단시킬 수 없었다. 하지만 회의 참석자가 30~40명으로 줄어든 상황에서는 직접민주주의 활동 그룹 같은 데서 나온 두세 명만으로도 논란을 일으키거나 분과별 합의를 주장할 수도 있고, 모든 것을 흩뜨려놓을 수도 있었다. 또 때로 이들은 인종이나 성을 구실로 삼기도 했기 때문에 맥스 같은 백인으로서는 그런 것에 대해 지적하는 것이 정말 힘들었다. 넬리니는 그들이 선동가인지 아닌지 몰랐다. 다만 누군가 나와서 "실제로 당신들이 하는 말은 그들이 발표한 것과 아무 상관도 없어요. 그러니 이런 논의는 중단되어야 합니다"라고 말해주기를 바랐다.

점령운동을 장악한 사람들은 모든 문제를 촉발한 캐나다의 잡지로, 포스트모던 시대 무정부주의자들의 교양지라고 할 『애드버스터스 Adbusters』(광고 파괴자)를 구독하는 부류였다. 넬리니는 고등학교를 마치지 못한 것 때문에 남을 의식했으며(그들은 넬리니가 들어보지도 못한 책을 많이 읽었다), 때로 그들은 넬리니에게 급진성이 부족하다는 느낌을 들게 하기도 했다. 넬리니는 조직책으로서 점령운동이 폭 좁은 노선으로 변하는 것을 걱정했다. 그리고 어떻게 하면 오래 지속되는 운동으로 전환해 대형 은행의 계좌를 폐쇄하거나 노숙자를 압류주택으로 들여보내는 것 같은 실용적인 목표를 이룰 수 있을지 알고 싶었다. 넬리니는 언젠가 점령운동이 요구사항을 내놓을 필요가 있다고 생각했다. 또 주코티 공원을 벗어나는 것이 더 좋을지도 모른다고 생각하기에 이르렀다.

주엽나무 잎이 노랗게 물든 11월에 접어들자 점령운동은 조직이 느슨해지기 시작했다. 공원의 상황은 절망적이었다. 연좌농성을 한다기보다는 빈민촌 같은 인상을 주었다. 레이의 구역에서는 너덜너덜한 소파의 모습이 불안감을 더해주었다. 여자들에게 후추 스프레이를 쏘는 동영상을 보고 격분해서 나온 플로리다 출신의 떠돌이 크리스는 소파를 맨해튼 거리 뒤쪽으로 끌어다 놓았다. 하지만 소파는 점령운동엔 별 관심이 없는 술주정뱅이들을 끌어들였고, 텐트 두 개는 들어갈 공간을 차지했다. 많은 논란 끝에 소파는 드럼 서클이 인수했다. 그러나 어느 날 밤 소파는 다시 원위치로 돌아왔다. 레이가 몇 미터 떨어진 자신의 텐트에서 지퍼를 올리는 사이에 보드카를 마신 크리스와 또 다른 남자가 소파를 놓고 논쟁을 벌였고, 결국 크리스가 상대에게 한 방 날리고 체포되는 사건으로 결말이 났다. 크리스는 며칠 후에 풀려났다.

11월 15일 자정이 조금 지나서 넬리니가 베드 스타이의 집에 있을 때, 점령운동의 친구인 요탐Yotam에게서 생일을 축하한다는(넬리니는 스물네 살이 되었다) 전화가 왔다. 통화를 하는 사이에 넬리니는 자신의 트위터피드를 확인했다. 그녀가 좋아하는 힙합 그룹 중 하나인 '더 루츠the Roots'의 드러머 퀘스트러브Questlove가 11시 38분 트위터에 올린 글이 보였다.

"맙소사, 월가 점령운동 부근 남쪽 거리로 가는 중인데, 뭔 사단이 날 것 같네요. 진압장비를 갖춘 경찰 병력이 족히 1000명은 되는데, 곧 기습공격을 할 것 같아요. 다들 조심하기를."

넬리니는 요탐에게 "저들이 공원을 급습할 것 같아"라고 말했다.

레이는 아우성치는 목소리에 잠을 깼다. 그는 이내 사람들이 하는 말을 알아들었다. 경찰이 들어오고 있다는 것이었다. 공원 불빛이 꺼진 가운데 북쪽 끝에서 나온 긴 조명이 각 텐트 위를 비추고 있었다. 레이는 신발을 신고 텐트 밖으로 빠져나와 공원 사이를 돌아다니는 경찰을 보았다. 그들은 점령자들에게 공원을 떠나라는 지시문이 들어간 전단을 나누어 주고 있었다. 그러지 않으면 체포하겠다는 것이었다. 경찰의 확성기에서는 똑같은 말이 시끄럽게 울렸다. 주코티 공원은 화재 위험과 위생 문제로 폐쇄되었다는 말이었다. 레이는 잽싸게 텐트를 걷었다. 이어 소지품을 플라스틱 통에 담고 침낭 및 깔개와 함께 공원 밖으로 나왔다. 그는 경찰 병력이 공원을 훑으면서 거치적거리는 모든 것을 철거하는 동안 브로드웨이 건너편으로 이동했다.

넬리니가 탄 택시는 새벽 1시 무렵에 로어맨해튼에 도착했다. 가는 곳마다 진압경찰이 깔려 있었고, 브로드웨이는 리버티 북쪽이 폐쇄되었다. 골목에는 경찰차와 구치소 버스, 쓰레기차가 줄지어 서 있었고, 금속 바리케이드를 실은 평상형 트럭도 보였다. 굴삭기까지 덜거덕거리고 지나갔고, 공중에서는 헬리콥터가 요란한 소음을 내면서 탐조등으로 금융가 일대를 비추고 있었다. 한 블록 떨어진 빨간 조형물 부근으로 투광조명이 쏟아지는 가운데, 확성기에서는 잘 알아들을 수 없는 소리가 윙윙거리고 있었다. 거리는 이 소식을 듣고 분노를 표하기 위해 몰려나온 사람들로 가득했다.

"엿이나 먹어라! 이 나라에서 꺼지라고!"

"진짜 범죄자들이나 체포해!"

"이봐, 당신들이 빈 라덴의 자존심을 살려주고 있다고! 탈레반을 위해 일하다니 고맙군! 이라크와 아프가니스탄에서 목숨을 잃은 형제자매를 모욕하지 마! 미국을 위해 일하고 미국을 보호하란 말이야. 도대체 누구를 보호하는 거야!"

곧 "우리가 99퍼센트다!"라는 구호가 시작되고 "경찰국가가 따로 없어!"라는 고함으로 이어졌다. 한 흑인 경찰이 말했다.

"경찰국가가 어떤 건지는 나도 알아. 여긴 경찰국가가 아니라고."

넬리니는 가까운 사람 중에 뉴욕 시경에 근무하는 사람들이 있었다. 이모들과 엄마의 친구였는데, 모두 높은 직책에 있었다. 넬리니는 경찰의 잔인한 모습을 보며 그것을 고위직의 책임으로 돌리곤 했지만, 유니언 스퀘어에서의 진압 작전을 본 다음에는 '그래, 화이트칼라는 전부 미쳤어'라고 생각했다. 그러다가 마침내 생각을 바꿨다. 하위직에는 더러 선한 사람들이 있을 수 있다고 생각하면서도 경찰이라는 기관에 대한 존중심이 완전히 사라진 것이다.

넬리니는 브로드웨이 북쪽 메이든 레인까지 밀고 올라가는 대열에 합류했다. 넬리니는 두 손을 든 채 경찰에 등을 돌리고 있었기 때문에 자신을 잡을 구실을 주지 않았다. 그러나 전화를 하며 고개를 돌린 순간, 넬리니는 얼굴 왼쪽에 스프레이가 뿌려지는 느낌을 받았다. 콘택트렌즈가 튀어나오고, 오른쪽 눈은 레몬주스가 들어갔을 때처럼 쓰라렸다. 넬리니는 함께 스프레이를 맞은 사람들과 어느 가게로 들어가 우유와 눈을 씻어낼 물을 샀다. 잠시 후 친구인 제러미Jeremy가 체포되는 모습이 보였다. 소리치며 달려가는 넬리니를 경찰 한 명이 잡자 주위에 있던 사람들이 넬리니의 몸을 잡아당겨 구해주었다. 새벽 3시쯤 넬리니가 친구들과 함께 브로드웨이 멀리 빠져나가고 있을 때 경찰차 한 대가 앞에 서더니("저 여자야, 저 여자") 경찰 세 명이 튀어나와 그녀를 바닥에 쓰러뜨렸다. 그 순간 넬리니는 자신도 모르게 "내 모자!"라고 소리쳤다.

경찰은 넬리니에게 수갑을 채우고 다시 공원으로 데리고 가서는 차에 태웠다. 넬리니는 경찰 네 명과 함께 몇 시간을 차에 앉아 있었다. 그녀가 그중 한 명에게 생리 중이라고 말하자 그 남자 경찰은 동정하는 눈치였다. 그에게도 10대의 딸들이 있었기 때문이다. 마침내 그들은 조서 작성을 위해 넬리니를 1폴리스 플라자(로어맨해튼에 있는 뉴욕경찰국 본부_옮긴이)로 데리고 갔다. 입구에서 막 풀려난 요탐을 만났다. 요탐이 말했다.

"생일 축하해, 친구야! 나중에 봐!"

넬리니는 24년을 살아오면서 처음으로 감옥에서 하루 밤낮을 보내게 되었는데, 혁명가를 부르고 이제 어떻게 될지 생각하며 잠을 청했다.

무장경찰이 금융가 일대를 장악했을 때, 레이는 오로지 그곳에서 빠져나갈 궁리만 했다. 그는 얼마 안 되는 소지품을 질질 끌면서 평소에 아침 산책을 하는 코스를 따라가기로 결심했다. 뉴욕 연방준비은행과 체이스 맨해튼은행(그가 계좌를 개설한 워싱턴뮤추얼은행에는 아직도 42센트의 잔고가 있었는데, 금융위기 동안에 이 은행은 파산하고 바로 이 체이스맨해튼은행이 인수했다), AIG 빌딩을 지난 다음, 에프디알 드라이브 강변로 밑으로 해서 이스트 강까지 갔다. 그는 모든 소요사태에서 벗어나고 싶었다. 그러다가 브루클린 다리 남쪽에서 호젓한 장소를 발견하고는 그곳의 한 벤치에 앉아 트위터를 했다.

"아침이면 즐겨 찾는 곳에 평소보다 일찍 와 있다. 동지들 곁을 떠나오니 점령자 역할을 크게 못 한 것 같아 걱정이다."

이따금 경찰 헬리콥터가 머리 위로 지나갔지만, 그의 모습은 전혀 보이지 않았다.

레이는 계속 트위터를 했지만, 새벽 4시가 되었는데도 쫓겨난 점령자가 어디 가면 다시 동지들과 합류할 수 있는지에 대한 말은 보이지 않았다. 휴대전화 배터리는 거의 바닥났고, 그는 뉴욕의 노숙자로 외롭게 내팽개쳐진 신세였다.

동틀 무렵 비가 오기 시작했다. 철제 바리케이드로 둘러싸인 주코티 공원에는 옥색 조끼 차림의 보안요원들만 있을 뿐 텅 비어 있었다. 화강암으로 포장된 직사각형의 공간은 다시 월가에서 하루 일과를 시작하는 첫 출근자들을 기다리고 있었다.

2012

대선비용이 무려 20억 달러.

하지만 금요일에 지원부대가 도착했다. 셸던 아델슨의 500만 달
러짜리 수표가 깅리치를 후원하는 '슈퍼팩'(선거자금을 무제한으로
모금할 수 있는 특별정치활동위원회_옮긴이)인 '우리의 미래를 쟁취하
기Winning Our Future'(깅리치 후원 조직_옮긴이)에 들어온 것이다.

"넌 대학을 졸업한 지 2년이나 됐는데, 우린 그 2년 동안에도 너를 뒷
바라지해줬어. 그거면 됐지."
"엄마는 지금 경제가 얼마나 어려운지나 아세요? 내 친구들 중에 부
모 도움을 받지 않는 애들은 없단 말이에요."

트레이번은 비 오는 날 후드를 뒤집어쓴 채 많은 '게이티드 커뮤
니티'(자동차와 보행자의 유입을 엄격히 제한하고 보안성을 향상시킨 주
거지역_옮긴이) 중 하나인 '리트리트 앳 트윈 레이크스'로 가고 있
었다. 10여 개의 가게 앞을 지나는 동안 그중 네 곳에 '임대 중'이
라는 팻말이나 '특가 임대!'라는 간판이 걸려 있었다. 그가 지나는
곳은 샌포드의 삭막한 구간이었다.

"동성애자의 결혼은 허용되어야 합니다." – 오바마 대통령.

두 명의 NFL 선수가 동성애자 결혼 문제를 놓고 정면으로 부딪
치다.

영화 「헝거 게임」에서는 두 명의 젊은이가 필사적으로 상대를 죽이든가 자신이 죽는 살육전에 제비뽑기로 선발된다. 이 야만적인 풍습은 끔찍한 전쟁 이후 무너진 국가인 파넴Panem의 독재정권이 명령하는 연례행사다.

왜 억만장자들은 자신이 오바마의 희생자라고 느끼는가?

켈리 부부는 화려한 뷔페를 곁들인 사치스러운 파티로 유명했다. 맥딜 공군기지 인근에 사는 귀빈들을 초대해 샴페인을 터뜨리고 대리주차와 시가 서비스를 했는데, 손님들 중에는 데이비드 퍼트레이어스와 현재의 사령관인 존 R. 앨런도 있었다.

페이스북의 기업공개는 무엇을 망쳤나?

무조건 대통령을 찍으려고 하는 사람이 47퍼센트는 됩니다. 맞습니다. 그를 지지하는 사람들은 정부에 의존하고, 자신들을 희생자라고 믿으며, 정부에 자신들을 돌볼 책임이 있다고 믿습니다. 또 자신들이 건강보험과 식량과 주택의 혜택을 받을 자격이 있다고 믿습니다.

11월 5일, 기업가 여섯 명의 삶을 추적하는 프로그램인 「실리콘 밸리의 신생 기업들」이 첫 전파를 탔다. 제작진의 한 사람인 에반 프래거는 "우리는 아직 현실로 포화상태가 되지 않은 장소를 찾고 있습니다"라고 말했다.

우리는 반짝이는 영혼의 빛을 보았네. 순간순간 다가오는……

오바마의 밤……'보다 나은 미래가 우리를 기다린다.'

유권자가 변할 때 공화당은 새로운 걱정이 생긴다.

우리는 철로를 건너갔지만 출발하지 못했네. 우리는 주저앉았어.
이대로는 안 돼. 얼마나 왔는지 알기 위해 거인처럼 걷고 싶어.

※ 2012년 대선과정, 당선자 오바마와 낙선자 롬니에 대해 『뉴욕타임스』와 CBS,
SNBC, ABC 등의 언론을 통해 조명한다. 이해에 인기를 끈 드라마 「걸스」와 닐
영의 노래 「거인처럼 걸어라Walk like a giant」, 영화 「헝거 게임」, 흑인 소년 트
레이본 마틴의 피살로 시끄러웠던 인종갈등, 선거 때마다 쟁점이 되는 동성애
자 문제로 이해의 문제를 부각시킨다_옮긴이.

실리콘밸리

피터 틸이 세계경제포럼에 마지막으로 나간 것은 2009년 1월이었다. 다보스는 특히나 글로벌 엘리트에 대한 지위를 상징했지만, 이해에 참석한다는 것은 거기 모인 사람들을 세계를 혼란에 빠뜨린 집단의 일부로 보이게 하는 측면이 있었다. 틸은 모임이 끝난 뒤 다음 10년간은 지위는 짧고 실체는 긴 삶을 살아가기로 결심했다. 미국에서 일종의 고삐 풀림 현상이 있을 때면 지위의 상징은 심각한 문제로 대두되었다. 일그러진 사회에서 그 상징이 진정 올바른 가치라고는 할 수 없을 것이다. 높은 지위치고 훌륭한 투자 대상이 되는 경우는 거의 없다.

글로벌 금융위기 이후 틸은 과거와 미래에 대한 이론을 개발했다. 그 출발점은 '1950년대 현상의 마지막 해'라고 할 1973년으로 거슬러 올라간다. 이해에 오일쇼크가 일어났고, 소득수준이 정체되었다. 1970년대는 일이 꼬이기 시작한 10년이었다. 수많은 제도의 기능이 정지했다. 과학기술은 발전을 멈췄고, 성장 모델은 고장 났으며, 정부는 더 이상 과거처럼 돌아가지 않는 상태에서 중산층의 생활은 고달파졌다. 그러다가 1980년대를 맞이했다. 1985년에 틸이 고등학교를 졸업했을 때, 세상은 아주 낙관적으로 보였고 무엇이든 할 수 있을 것 같았다. 그리고 1990년대가 되자 인터넷이 행복을 만들어내는 천국 역할을 하는 가운데, 마우스패드를 사용하는 일상생활은 기적이나 다름없었다. 그리고 새천년에 들어 닷컴 거품이 꺼진 뒤 부시가 43대 대통령으로 취임하면서 폭동과 전쟁이 이어졌다. 2008년 허약한 경제의 그늘 아래 월가를 제외한 곳곳에서 지진이 발

생겼고, 사람들은 새로운 경기침체에 허덕였다. 40년 만에 불황의 늪에 빠진 것이다.

경기가 회복되는 것처럼 보였던 중간 시기에는 사태 파악이 더 힘들었다. 그리고 닷컴 거품이 꺼진 뒤에도 구글의 기업공개와 페이스북을 비롯한 소셜 미디어 등 여전히 활력적인 요소를 갖춘 실리콘밸리에서는 올바른 현실 인식이 훨씬 더 힘들었다. 하지만 실리콘밸리에서 동쪽으로 약 50킬로미터 떨어진 곳에 사는 사람들은 무엇보다 그들의 유일한 자산이라고 할 주택의 가격이 절반으로 떨어지면서 고달픈 생활을 했다. 사실 그 중간 시기는 1970년대로 이어지는 일종의 '인디언 서머'(미국의 중앙 또는 동부에서 늦가을에 계절에 맞지 않게 건조하고 온난한 날씨가 나타나는 기간_옮긴이)였다. 그리고 그 기간은 약 25년 정도로 비교적 길게 지속되었다. 만일 레이건의 경기침체 말기라고 할 1982년에 사업을 시작해서 2007년 주택경기가 무너질 때 접었던 사람이라면 모든 사태가 시작되기 이전의 시기로 돌아가 재기한다는 것은 거의 불가능했을 것이다. 이 인디언 서머 내내 핵심적인 기능을 하는 제도는 숱한 불황과 금융공황을 겪으며 무너져갔다. 일부에서는 인디언 서머를 채권 거품, 기술시장 거품, 주식 거품, 신흥시장 거품, 주택경기 거품 등 일련의 거품과정으로 보기도 한다. 그리고 이런 거품은 하나하나 모두 꺼졌고, 거품이 꺼지면서 그 모든 것이 장기적인 문제에 대한 단기처방이거나 문제 회피, 방심으로 보였다. 이 엄청난 거품(너무도 많은 사람이 동시에 그 같은 하루살이를 쫓아다닌 것)과 더불어, 사회가 근본적으로 작동하지 않는다는 사실이 분명해졌다.

2011년 봄, 후원자들을 찾아 실리콘밸리에 들른 길에 미트 롬니는 샌프란시스코에 있는 틸의 집에서 조찬 모임을 가졌다. 롬니는 선거운동은 사회 문제가 아닌 경제에 초점을 맞출 것이며, 수치로 주장을 뒷받침할 것이라고 말했다. 틸은 롬니가 정치 감각이 뛰어나고 깊은 인상을 준다고 생각하면서 그에게 한 가지 예측을 들려주었다.

"내 생각으로는 비관적인 후보가 승리할 것으로 보입니다. 후보께서 지나치게 낙관적이라면 그것은 실상을 보지 못한다는 암시가 될 것입니다."

다시 말해, 단순히 오바마가 무능하다거나 대통령만 바뀌면 모든 것이 저절로 좋아질 것이라고 주장하는 것은 롬니의 착각이라는 말이었다. 1980년의 대선에서 레이건도 카터를 향해 똑같은 주장을 할 수 있었지만, 1980년에는 자신보다 자녀들의 삶이 더 힘들어질 것이라고 생각한 사람들은 50퍼센트밖에 되지 않았다. 하지만 2011년에는 그 수치가 80퍼센트에 육박하고 있었다. 롬니로서는 생활이 훨씬 좋아질 수 있지만 그 단계에 이르는 것은 아주 힘든 일이고, 대통령을 교체하는 것만으로는 부족할 것이라고 말하는 쪽이 현명했을 것이다. 하지만 롬니는 그런 판단을 하지 못했다. 그는 언제나 더 낙관적인 후보가 승리한다고 생각했다. 또 사회의 기능이 여전히 정상적으로 작동한다고 믿었다.

예컨대, 정보화 시대를 어떻게 생각하는가? 믿을 수 없을 정도로 잘 돌아가지 않는가? 정보화 시대 덕분에 부자가 된 틸은 더 이상 그렇게 생각하지 않았다.

팰로 앨토 시내에 있는 카페 베네치아에 들어간 틸은 청바지 주머니에서 아이폰을 꺼냈다. 이 카페는 틸과 엘론 머스크가 2001년 커피를 마시며 페이팔의 상장 결정을 내린 곳이고, 초기의 페이팔 사무실에서 대학로 북쪽으로 다섯 블록 떨어진 곳에 있다. 페이스북의 초기 사무실과 현 팰런티어 테크놀로지 사무실 맞은편에 있었고, 마운틴뷰의 구글 본사에서는 10킬로미터 거리였다. 또 실리콘밸리의 심장 중의 심장이며 속세의 사원이라고 할 애플 스토어의 한쪽 방향에서는 1.5킬로미터 정도밖에 안되고, 다른 쪽 방향에서는 반 블록밖에 되지 않는 곳으로, 탁자마다 건전하지만 유행이 지난 옷차림을 한 사람들이 자리를 잡고 애플 기기를 사용하며 아이디어 창출이나 엔젤투자(개인들이 돈을 모아 창업하는 벤처기업에 필요한 자금을 대고 주식으로 그 대가를 받는 투자형태_옮긴이)를 논의하는 곳이었다. 틸은 "나는 이것을 기술의 대약진으로 보지 않습니다"라고 말했다.

아폴로 우주개발계획이나 초음속 제트기에 비하면 스마트폰은 초라해 보였다. 1973년을 기점으로 40년 동안 엄청난 기술의 진보가 이루어졌고, 임금은 여섯 배나 올랐다. 이후 미국은 단순한 기계장치에 현혹되어 발전이 얼마나 광범위하게 이루어질 수 있는지를 잊었다. 틸이 좋아하는 책 중 하나는 프랑스 작가 장 자크 세르방 슈레베르Jean Jacques Servan-Schreiber가 틸이 태어난 1967년에 발표한 『미국의 도전The American Challenge』이었다. 이 책에서 세르방 슈레베르는 미국이 나머지 세계 국가를 제치고 선두로 나선 것은 기술과 교육의 역동성 때문이라고 주장하면서, 2000년 무렵이면 미국에서 후기 산업시대의 유토피아를 볼 수 있을 것이라고 예측했다. 그는 시간과 공간은 더 이상 소통의 장벽이 되지 못할 것이고, 소득불평등은 줄어들 것이며, 컴퓨터가 인간에게 자유를 줄 것이라고 보면서 "하루 일곱 시간, 주 4일 근무 제도가 들어설 것이다. 1년에 39주를 근무하고, 13주는 휴가를 보낼 것이며, (…) 이 모든 일이 단 한 세대 안에 이루어질 것이다"라고 말했다. 정보화 시대는 예측대로 찾아왔지만, 유토피아는 찾아볼 수 없었다. 자동차와 기차, 비행기는 1973년보다 크게 나아지지 않았다. 석유와 식량 가격의 인상은 에너지와 농업기술의 발전전략이 완전히 실패했다는 것을 보여주었다. 컴퓨터는 중산층이 유지될 만큼 충분한 일자리를 만들어내지 못했고, 제조업과 생산성에서도 혁명적인 개선을 이루지 못했으며, 전 계층의 생활수준을 끌어올리지도 못했다. 틸은 인터넷이 '순수한 기술진보의 세계를 보여주었지만, 거기서 큰 진보를 이루지는 못했다'고 생각했다. 애플은 주로 '디자인의 혁신자'였을 뿐이다. 트위터는 겨우 500명의 인력에게 다음 10년간의 고용을 보장해주었을 뿐, 그것이 전체 경제에 얼마나 큰 가치를 창출했느냐는 것이 그의 판단이었다. 틸을 억만장자로 만들어준 페이스북은 모든 것을 고려할 때 긍정적인 평가를 내릴 수 있었지만, 그것은 중국에서 금지할 만큼 급진적인 특징 때문에 가능한 평가였다. 틸이 볼 때, 그 모든 것은 소셜 미디어로 이름난 시대의 특징이라고 할 수 있는 것들이었다. 그가 투자한 모든 기업에서 고용한 인력은 아마 1만5000명을 넘지 않을 것이다.

"어지러울 정도로 변화가 일어났지만, 정작 발전은 별로 없는 셈이죠."

정보 자체도 문제의 신호였다. 가상의 세계가 생겨나 현실 세계의 진보를 대신했다. 틸은 말했다.

"인터넷의 세계라는 것은 모두 현실 도피적인 특징이 강하다고 할 수 있습니다. 지난 10년간 엄청난 인터넷 기업이 생겼지만, 그것을 경영하는 사람들은 일종의 자폐증에 걸렸고, 이 경증의 아스퍼거 증후군이 만연한 것처럼 보입니다. 판매수요는 없는 가운데 기업 자체는 이상하리만치 비사회적인 특징을 지녔어요. 구글이 그런 기업의 원형에 해당합니다. 하지만 사회가 온전히 돌아가지 못하고 많은 일이 기능장애에 걸렸을 때 진정 최고의 가치를 부여할 수 있는 기회가 오는 것인지도 모릅니다. 이렇게 엉망인 현재 우리의 현실 사회는 매사가 믿을 수 없을 정도로 힘들고, 모든 것이 무너졌습니다. 정치는 미쳐 돌아가고, 훌륭한 정치인을 뽑는 것이 힘들어졌으며, 시스템은 작동하지 않습니다. 그리고 이렇게 번갈아 나타나는 가상 세계에서는 실체적인 내용은 하나 없이 모든 것이 컴퓨터의 재료일 뿐이죠. 지금까지의 프로그램을 다시 짜서 우리가 원하는 일을 컴퓨터가 하게 해야 합니다. 이것이 이 나라가 제대로 돌아가게 하는 최선의 길인지도 모릅니다."

문제는 현대적인 조립 라인과 초고층 건물, 비행기, 집적회로를 발명한 미국인들이 더 이상 미래를 믿지 못한다는 것이다. 그 미래라는 것은 1973년 이후로 계속 무너졌다. 틸은 이 현상을 '기술 감속tech slowdown'이라고 불렀다.

한 가지 예를 보자. 그가 자라면서 읽은 1950년대와 1960년대의 공상 과학 소설은 우주여행이나 해저 도시에 대한 유토피아적 비전 등 지금과 는 거리가 먼 시대의 인공물 같은 것이 주류를 이루었다. 하지만 현재의 공상과학물은 기술을 다루지 않거나, 다룬다 해도 서툴렀다. 틸이 말했다.

"1970년대에 가장 인기 있던 공상과학 소설 25선을 보면, '나와 내 친 구 로봇이 걸어서 달나라에 간다'는 이야기가 들어 있어요. 그런데 2008 년에는 '은하수는 이슬람 원리주의자 연합이 지배한다느니, 행성을 약탈 하고 재미로 살인한다'는 식의 이야기가 나와요."

틸은 숀 파커 및 다른 두 친구와 더불어 파운더스 펀드Founders Fund라 는 벤처캐피털 회사를 설립했다. 이 회사는 미래에 대한 온라인 창업선 언문을 발표했는데, "우리는 140자(트위터에 올릴 수 있는 글자 수_옮긴이)를 올리는 대신, 나르는 자동차를 원했다"라는 불만으로 시작한다.

기술 감속은 한 가지 원인으로 니다난 현상이 아니었다. 어쩌면 이제 해결하기 쉬운 기술적인 문제는 남은 것이 없고, 쉬운 문제는 이미 한 세 대 전에 해결했으며, 인공지능처럼 어려운 문제만 남았는지도 모른다. 또 과학기술은 어쩌면 연방의 재정 지원을 받으면서 위신이 추락했는지도 모른다. 그의 내면에 깃든 자유방임적 기질 때문에 에너지와 식량, 의약 품 등에 대한 지나친 규제가 도마 위에 올랐고(초고속 성장이 기업과 컴퓨 터에 대한 규제가 최소화되었던 환경에서 이루어진 것은 우연이 아니었다), 모든 해결방법을 자연의 흐름에서 찾으려는 편협한 환경운동 때문에 새로 지 어지는 수백 기의 원자로는 주목을 받지 못하는 실정이었다. 아마 소련이 라는 적이 사라진 것이 군사개혁에 대한 집중적인 노력이나 보다 자발적 으로 희생을 감수하는 태도를 앗아갔는지도 모른다.(이런 생각은 폭력을 몹 시 혐오하는 틸을 방해했다.) 또 평화의 확대로 사람들이 열심히 일할 이유 가 줄어들고, 우주경쟁을 종식시킨 아폴로—소유스Apollo-Soyuz 협력계획으 로 1975년 이후 실제로 미래가 암담해진 건지도 모른다. 어쩌면 교육이,

특히 대학교육이 문제의 하나일 수도 있었다. 틸의 젊은 친구 한 사람은 예일대학에서 신입생 오리엔테이션을 받았을 때의 일을 들려주었다. 당시 학장 한 사람이 나와서 신입생들에게 "여러분은 평생 걱정 없다"라고 말했다는 것이다. 평생 걱정 없다는 생각 같은 것은 절대 해서는 안 된다.

틸은 엘리트 중의 엘리트였지만, 자신이 속한 계층 또는 자신보다 한두 단계 낮은 전문직(1년에 20~30만 달러는 버는)을 향해 지적 포화를 퍼부었다. 엘리트 계층이 자기만족에 빠졌다는 것이다. 이들이 기술 감속이라는 현실을 깨닫지 못한다면, 그것은 그들 자신의 성공으로 말미암아 스스로 낙관적인 방향으로 쏠렸기 때문이며, 부의 불평등으로 인해 그들이 오하이오 같은 곳에서 벌어지는 일을 보지 못하기 때문이라는 말이었다.

"1950년에 태어나 상위 10퍼센트에 든 사람이라면 모든 것이 20년간 저절로 좋아졌습니다. 1960년대가 지난 다음 명문 대학원에 들어갔고, 1970년대 후반에는 월가에서 훌륭한 일자리를 구했죠. 그러면서 호황을 누린 겁니다. 이들의 인생은 60년 동안 믿을 수 없을 정도로 꾸준히 발전한 경우에 속합니다. 미국에서 60년을 산 사람 대부분에게는 해당되지 않는 이야기죠."

기본 시스템은 오랫동안 순조롭게 굴러갔지만, 그것은 정답을 벗어난 것이었다. 시스템의 실패로 마르크스주의나 자유방임주의 같은 새로운 방향이 제시되었지만, 이미 그것은 더 이상 통제할 수 없는 불안정한 궤적을 드러낸 모델이었다.

틸의 주장은 정치권 전반의 반발에 부딪혔다. 우파에서는 시장근본주의가 혁신에 대한 진지한 생각을 대신했다.(이것은 조찬 모임에서 롬니가 틸의 논점을 이해하지 못한 이유이기도 했다.) 좌파에서는 혁신에 대한 표면상의 자부심(단순히 돈을 더 들이는)이 있었지만, 그 속에는 말로 드러내지 못하는 비관주의가 깊이 도사리고 있었다. 오바마 대통령은 시스템의 붕괴를 관리만 할 뿐 별로 한 것이 없다고 믿는 것 같으면서도 '막연한 불안'

을 다시 끄집어낼 수는 없었다.(지미 카터의 실패 이후 아무도 건드리지 않았던.) 따라서 미래에 대한 그의 청사진은 이상하게 공허한 것으로 남았다. 오바마와 롬니는 결국 잘못된 선택을 했다. 오바마는 미국예외주의가 더 이상 들어맞지 않기에 포기해야 한다고 생각한 반면, 롬니는 아직도 미국 예외주의가 맞는다고 생각했다. 두 사람 모두 미국인이 더 이상 예외적일 수는 없더라도 처음부터 다시 시작하면 된다는 것을 말하려 하지 않았다.

틸은 더 이상 헤지펀드의 거물이 아니었지만, 논평이나 미국에서 흔히 보는 명사 토론 또는 화상회의에서 자신의 아이디어를 발표했을 때, 그는 스탠퍼드 시절부터 꿈꾸었던 지식 선동가의 모습으로 변하고 있었다. 2012년 여름, 그는 콜로라도 아스펜에서 열린 '포춘 브레인스톰 테크' 회의에 초대받았는데, 이 자리에서 구글 회장인 에릭 슈미트Eric Schmidt와 기술의 미래라는 주제를 놓고 토론했다. 틸의 지적인 적대감을 부각시킨 한낱 낙관적인 진보주의자일 뿐인 슈미트는 청중을 향해 트랜지스터와 섬유광학, 데이터 분석이 세상을 더 살기 좋은 곳으로 만들었으며, 컴퓨터의 성능이 2년마다 두 배로 향상된다는 무어의 법칙은 앞으로 적어도 10년간은 유효할 것이라고 말했다.

"에릭, 내가 볼 때 당신은 구글의 선전장관 일을 기가 막히게 잘 해내고 있군요"라고 틸은 말문을 열었다.

이때 사회자가 끼어들었다.

"인신공격은 하지 않기로 했습니다."

"좋아요. 어쨌든 에릭은 자신의 역할을 잘 수행하고 있습니다."

중간 단추를 채운 파란색 상의에 하얀 와이셔츠의 단추를 몇 개 푼 틸은 기술 감속에 대한 주장을 펼쳤다. 그는 자유방임주의자로서 규제를 비난하는 데 초점을 맞췄다. 그는 말했다.

"우리가 기본적으로 불법화한 모든 것은 실물 세계와 관계된 것입니다.

그리고 허용되는 것은 오로지 비트^{bit}의 세계에 있는 것들이죠. 바로 이것이 우리가 컴퓨터와 금융 부문에서 엄청난 진보를 이룬 이유입니다. 지난 40년간 대대적인 혁신을 이룬 것은 이 두 분야죠. 현재 금융 분야는 불법화 조치가 진행되는 것으로 보이기 때문에 이 시점에 유일하게 허용되는 것은 컴퓨터밖에 없다고 할 수 있습니다. 만일 당신이 컴퓨터라면 좋은 일이죠. 이것이 구글이 취하는 관점입니다."

슈미트는 미소를 지으면서 흥분을 자제하려고 했다. 구글 회장을 향해 사회자가 한마디 했다.

"자신을 컴퓨터라고 한 것에 대해서 반격할 차례 아닌가요?"

틸이 다시 입을 열었다.

"알다시피 그들은 사람보다 컴퓨터를 더 좋아할 때가 많습니다. 그래서 사회관계망(소셜 네트워크)의 혁명을 보지 못하는 겁니다. 앞으로 벌어질 40년의 관점에서 바라볼 때, 당신이 컴퓨터라면 무어의 법칙은 좋은 것이겠죠. 하지만 문제는 그것이 얼마나 인간에게 유용한가 하는 것입니다. 그리고 인간을 위해 그것을 어떻게 경제발전으로 전환할 건가요?"

틸은 고상한 의견을 깔아뭉개는 걸 좋아했다. 2009년 인터넷상에서 떠들썩한 반응을 일으킨 그의 글은 보수주의자들의 분노를 가라앉힌 적도 있다. '자유방임주의자의 교육'이라는 이 글에는 다음과 같은 구절이 있다.

"1920년대는 미국 역사상 정치에 대해 진정 낙관적일 수 있었던 마지막 10년이었다. 1920년대가 끝난 이후 복지 수혜자가 급증하고 여성 선거권이 확대되면서(유난히 선거구 두 곳이 자유방임주의자들에게 악명이 높았다) '자본주의적 민주주의'라는 말은 모순어법이 되었다."

틸은 여성의 선거권을 박탈하려는 것이 아니라 자유와 양립할 수 없는 민주주의의 측면을 피하려는 것이라는 점을 설명하려고 했다. 그는 오랫동안 정치운동에 기부금을 내온 이력이 있다. 2009년에는 비밀리에 비디오 촬영을 해서 에이콘을 무너뜨린 제임스 오키프를 위해 후원금을 내기도 했고, 2011년과 2012년에는 각각 론 폴Ron Paul의 슈퍼팩에 260만 달러, 친자유 시장 성향의 '성장을 위한 클럽'에 100만 달러를 기부했다. 한편으론 동성애자 보수집단인 고프라우드GOProud를 위해 유니언 스퀘어 로프트에서 기금 모금 행사를 열고, 앤 코울터Ann Coulter(미국의 보수 논객으로 작가이자 변호사_옮긴이)를 특별초청 연사로 부르기도 했다. 그러나 정치에서 멀어지려고 할수록 변화를 일으키는 방식은 비능률적이었다. 그는 여전히 10대 시절의 신념에 충실했지만, 미국인은 자유방임주의자들에게 표를 주지 않았다.

한편 기술은 외부 세계의 허락 없이도 세상을 바꿀 수 있었다. 앞의 글에서 틸은 다음과 같이 썼다.

> 이 시대에 자유방임주의자의 기다란 임무는 전체주의나 근본주의의 혼돈에서 이른바 '사회민주주의'를 떠벌리는 분별없는 대중에 이르기까지, 온갖 형태의 정치에서 빠져나올 돌파구를 찾는 것이다. (…) 우리는 정치와 기술 사이에서 죽음의 레이스를 벌이고 있다. (…) 이 세계의 운명은 자본주의 세계를 보호할 자유의 장치를 세우거나 전파하는 한 사람의 노력에 달려 있는지도 모른다.

틸은 바로 그런 사람이 되기로 했다.

봄비가 내리는 어느 날 아침, 실리콘밸리에서 스포츠 재킷에 청바지를 입은 틸은 자신의 감청색 메르세데스 SL500의 운전대를 잡고 101번 고속도로와 샌프란시스코 만 사이에서 공업단지 안에 있는 주소를 찾고 있었다. 노화 치료를 연구하는 핼시언 몰리큘라Halcyon Molecular라는 회사의 주소였다. 이 회사의 최대 투자자이자 이사이기도 한 틸은 안전벨트를 매지 않은 채 운전 중이었다. 그는 안전벨트를 매는 것이 더 안전하다는 찬성론과 매지 않으면 안전하지 않다는 것을 알기 때문에 운전자가 더 조심스러워진다는 무용론 사이에서 갈피를 못 잡았다. 경험상 안전벨트를 맨 상태에서 조심스럽게 운전하는 것이 가장 안전할 것이다. 그는 좌회전을 한 다음 안전벨트를 맸다.

안전벨트 문제에서 갈팡질팡하긴 했지만, 틸은 사망사고 보도를 접할 때마다 세 살배기 아이처럼 원초적인 경악을 금치 못했다. 그는 '모든 개체의 죽음을 불가피하게 보는 이데올로기'라는 표현을 사용하며 이것에 복종하기를 거부했다. 죽음마저도 해결해야 할 문제로 보았던 그는 그 해결책은 빠르면 빠를수록 좋다고 생각했다. 그는 현재의 의학 연구 수준을 감안해 기대수명을 120세로 잡았다. 이것도 생명 연장의 엄청난 가능성에 비해 낮춰 잡은 것이다. 150세의 수명도 생각해볼 수 있는 문제였고, 영원불멸도 논외는 아니었다. 스티브 잡스는 말년에 자신에게는 죽음에 대한 생각이 동기부여가 되었다는 연설을 한 적이 있지만, 틸은 이 말에 동의하지 않았다. 죽음은 사람의 의욕을 꺾을 뿐이다. 죽음에 대한 생각은 결국 우울한 억제효과를 일으키고, 의욕에 자포자기의 색조를 드리우며, 달성하고자 하는 일을 구속한다. 생명이 영원히 지속될 것처럼 하루하루를 사는 것이 건강에 더 좋을 것이다. 영원불멸에 대한 생각은 사람들이 서로 영원히 만날 것이라고 생각한다는 점에서 인간관계를 더 우호적으로 만들어줄 것이다. 「아메리칸 파이」라는 옛날 노래에는 "다시 시작할 시간은 없고"라는 구절이 나온다. 이와 같은 자기 몰락에 대한 생각이 바로 미국적인 생각이다. 다시 시작하기에 결코 늦지 않은 세상이라는 염원이 빠진 것이다.

2010년에 틸의 친구이자 파운더스 펀드의 파트너이기도 한 루크 노섹 Luke Nosek은 그에게 한 신생 생명공학기업에 대해 말한 적이 있다. 이 회사에서는 전자현미경으로 인간 게놈의 전체 DNA 염기서열을 읽는 법을 개발 중인데, 1000달러만 내면 의사가 즉시 환자의 유전자 구성에 대한 모든 정보를 알려줄 수 있게 된다는 것이다. 이 핼시언 몰리큘라에서 몰두하는 연구는 유전성 질환을 발견하고 그 구조를 바꾸는 기술을 획기적으로 개선하는 데 목표를 둔 것이었다. 그래서 틸은 파운더스 펀드를 최초의 외부 투자자로 만들기로 결정했다. 그는 전자현미경의 DNA 염기서열 분석에 대해서는 아는 것이 별로 없었고, 핼시언의 젊은 과학자들도 아직 이 기술을 완성하지는 못했지만, 아는 사람이 아직 아무도 없는 분야라는 사실에 틸은 흥분했다. 그는 젊은 과학자들의 재능과 열정에 주목했고, 이들이 5만 달러를 요청하자 총 50만 달러의 투자 중 1회분으로 그 돈을 주었다.

마침내 핼시언 몰리큘라 사무실을 찾아낸 틸은 주차를 한 뒤 서둘러 들어갔다. 복도에는 '우리에게 시간이 더 있다면 어떻게 될까?'라고 묻는 포스터가 죽 붙어 있었다. 기대한 금속 서가가 딸린 미래의 노서관을 상징하는 사진에는 '세상에 나온 1억 2986만4880종의 책 중에 당신은 몇 권이나 읽었는가?'라는 글귀가 붙어 있었다. 회의실에서는 전체 직원회의를 하고 있었고, 거기 모인 40명 정도의 사람들은 거의가 20대 아니면 30대였다. 돌아가면서 팀별 연구 진행 상황을 슬라이드로 프레젠테이션하는 동안 핼시언 몰리큘라의 창립자인 윌리엄 안드레그William Andregg가 간간이 질문을 했다. 28세의 홀쭉한 안드레그는 카고 바지에 단추가 달린 셔츠를 입고 있었는데, 셔츠는 구겨진 채 바지 밖으로 비어져 나온 모습이었다. 애리조나대학 생화학과에 다니고 있을 때, 안드레그는 인생에서 하고 싶은 일을 전부 목록으로 작성한 적이 있는데, 그중에는 다른 태양계로 여행하는 것도 있었다. 그러다가 그는 갑자기 자신의 수명이 길지 않아 하고 싶은 일 중 한 가지도 제대로 할 수 없다는 것을 알았다. 그는 2~3주 동안 우울한 상태로 지내다가 '노화 치료'를 목록 맨 꼭대기에 올려놓았다. 처음에는 그런 문구를 사용하기가 조심스러웠지만, 틸은 그를 설득해 노화 치료를 기업 메시지로 정하자고 했다. 일부에서는 미친 짓이라고 생각할지 모르지만, 이 말에 끌리는 사람들도 분명히 있을 것이라고 판단한 것이다.

회의실에서 틸은 정신을 집중하기 위해 입술을 꽉 깨물고 들으면서 노란 리갈 패드에 메모했다.

"위험한 질문이라는 것은 알지만, 당신의 아이디어 중에서 프로토타입(원형) A를 능가하거나 A보다 못한 것은 얼마나 되나요?"

과학자가 레이저 포인터로 화면을 가리키며 말했다. 머리와 수염은 마카크(짧은꼬리원숭이)가 깎은 것처럼 보였다.

"여름이 시작될 때 50퍼센트였고, 여름이 끝날 때는 80퍼센트였습니다."

"아주 좋아요."

주례회의의 일환으로 간부직원 일곱 명이 각각 자신에 대한 프레젠테이션을 했다. 헬시언 몰리큘라의 수석 기술부장인 윌리엄의 동생 마이클 안드레그는 자신의 취미와 관심사의 목록을 슬라이드로 보여주었다.

인간 냉동 보존술
피구
자기 개선
개인적인 디지털 문서화
인공지능 또는 업로드를 통한 슈퍼지능

틸은 회의실을 나서면서 다음 월요일까지 전 직원이 각자가 아는 가장 유능한 인물을 세 명씩 알아오도록 당부하고는 "우리는 가능하면 기존의 네트워크를 통해 많은 일을 해야 합니다"라고 참석자들에게 말했다. 그가 페이팔에서 하던 방식이었다.

"이 회사가 엄청난 성공을 거둘 것으로 생각하고 회사를 일으켜야 합니다. 일단 변곡점을 찍으면, 여러분은 기존 네트워크의 인력을 고용하라는 엄청난 압박을 받을 것입니다."

생명연장을 염두에 두고 생물학도 가세했다. 생물학은 틸이 정열과 돈을 쏟아부은 급진적인 미래 분야에 속했다. 정치와 기술이 죽음의 레이스를 벌이는 상황에서 틸은 로봇공학에 투자하고 있었다.(로봇이 모는 자동차는 도심의 혼잡에 종지부를 찍을 것이고, 미국에 더 이상 도로를 건설할 필요가 없어질 것이다.) 페이팔을 매각한 뒤, 틸의 옛 동료인 엘론 머스크는 상업적인 우주개발을 연구하는 스페이스엑스SpaceX라는 회사를 설립하는 일에 매달렸다. 그리고 파운더스 펀드가 2000만 달러 규모로 첫 외부 투자자가 되었다. 틸은 자신의 재단을 통해 나노기술(극소한 물질 단위를 상대로 한 기계적인 기술의 총칭_옮긴이) 연구에 투자했고, 인간의 노화를 막는 데 목표를 둔 므두셀라 재단에 350만 달러를 기부했다. 또 휴머니티플러스라는 비영리단체에 후원하기도 했는데, 이 단체는 기술을 통해 인간의 본성을 변화시키는 트랜스휴머니즘 운동을 펼치는 곳이었다. 한 친구가 틸에게 TV 리얼리티 쇼에 나온 이야기를 소개하며 보기 흉한 여자도 성형수술과 지방 흡입술, 치아 미백 같은 극단적인 변신술로 인생을 바꿀 수 있다고 말하자, 틸은 흥분하며 인간의 신체를 바꾸는 데 이용할 다른 기술은 없는지 궁금해했다.

틸은 또 시스테딩 연구소Seasteading Institute의 최대 후원자이자 이사였는데, 이곳은 전 구글의 엔지니어로서 밀턴 프리드먼Milton Friedman의 손자인 패트리 프리드먼Patri Friedman이 세운 자유방임주의 성향의 비영리단체였다. 시스테딩 연구소는 공해상에 떠 있는 인공 섬에 새로운 도시국가를 (법과 규제를 벗어난 지역사회로서) 건설하는 일에 관심을 두었다. 목표는 최소화된 형태의 정부를 만들어 현재의 정권이 경쟁의 압박 속에서 개혁을 하지 않을 수 없도록 하는 것이었다.(틸은 미국 헌법이 쓸모가 없어 폐기해야 한다고 생각했다.)

획기적인 기술이 하나 있다면 그것은 인공지능 같은 것이 될 공산이 컸다. 자체의 개선 능력을 갖춘 컴퓨터는 예측할 수 없는 결과를 보여주면서 마침내 인간의 능력을 능가할 것이다. 이것이 '특이점'(미래에 기술 변화의 속도가 매우 빨라지고 그 영향이 넓어져 인간의 생활이 되돌릴 수 없도록 변화되는 기점_옮긴이)으로 알려진 시나리오였다. 좋든 나쁘든 이런 기술은 극단적으로 중요한 의미를 가질 것이다. 그래서 파운더스 펀드는 딥마인드 테크놀로지스DeepMind Technologies라는 영국의 인공지능 회사에 투자했다. 또 틸 재단은 실리콘밸리의 싱크탱크인 특이점 연구소Singularity Institute에 1년에 25만 달러를 기부했다. 인공지능은 인간이 상상조차 할 수 없는 문제를 해결할 것이다. 특이점은 너무도 불가사의하고 상상하기가 힘들어서 알려지지 않았을 뿐 아니라 완벽하게 규제를 벗어난 것이라, 틸이 관심을 쏟고 싶은 분야였다.

하지만 틸은 식량과 에너지 등 생존에 시달리는 미국인에게 즉각 도움을 줄 수 있는 영역에 투자하는 데는 꽁무니를 뺐다. 이런 분야는 지나치게 규제가 심한 데다 너무 정치적이었다. 그의 투자에 뭔가 불공평한 점이 있다면 모든 기술의 진보에 불평등한 요소가 있다는 것과 다르지 않다. 누군가 새로운 기술에 매달린다고 할 때, 이 새로운 기술이 모든 사람에게 즉시 전파되는 일은 거의 없다. 가장 생생한 예가 생명 연장이라고 할 수 있다. 혜택의 기회로 보면 살아 있는 사람과 죽은 사람 간에 가장 극단적인 형태의 불평등이 발생하기 때문이다. 이보다 더 불공평할 수는 없다. 아마 최초로 150세의 수명을 누리는 사람은 부자일 가능성이 높겠지만, 틸은 기술의 대약진은 어느 것이나 궁극적으로 사람들 대부분의 수명을 연장시킬 것이라고 믿었다. 그리고 어쨌든 이런 문제를 국민투표에 붙인다면 어떤 기술도 실현되지 못할 것이다.

핼시언 몰리큘라의 과학자들은 학술적인 과학에 환멸을 느끼고 연구 중심 대학에서 빠져나온 사람들로, 회사를 설립하는 것만이 세상을 변화시키는 최선의 길이라고 확신했다. 이런 이상을 품은 과학자들이, 미국 경제에서 가장 최근에 나타난 거품은 교육이라고 믿는 틸을 찾게 된 것이다. 틸은 대학의 행정관들을 서브프라임 모기지의 중개인에 비유하고, 빚더미에 앉은 대졸자들을 선진사회에서 마지막으로 고용계약을 맺은 노동자라고 부르면서 이들은 파산사태에도 불구하고 자유를 얻을 수 없을 것이라고 보았다. 진보에 대한 맹목적인 믿음과 체제에 대한 만족이 엘리트 학벌을 향한 태도에서만큼 분명하게 드러나는 곳도 없었다. 내 아이가 좋은 학교에 들어가는 한, 신분상승 욕구는 계속될 것이다. 대학교육이라는 것은 총기를 소지한 것처럼 아주 값비싼 보험 증권과 다를 것이 없었다.

"미래는 그저 그럴지 모르지만, 총과 집, 전기 울타리에 대학 졸업장만 있다면 얼마든지 헤쳐나갈 수 있을 것이다. 반대로 그런 것이 없다면 삶은 엉망이 될 것이다. 무엇이 잘못되었는가? 왜 이런 현상이 생겼는가? 모든 논의가 누구나 총기를 소지하게 하자는 쪽으로 기운다면 범죄 문제는 외면하게 될 것이다."

경기침체의 와중에 교육은 개인과 사회를 이롭게 하는 문제에서 '극단적으로 분리된, 오로지 지위만을 노리는' 신분상승 게임이 되었다.

실리콘밸리에서는 이런 흐름에 대한 증거를 멀리서 찾을 필요가 없었다. 한때 캘리포니아의 자부심이었던 공립학교의 경우, 만성적인 기금 부족으로 위기에 빠져 주 전체의 학교 시스템은 전국에서 48위의 평가를 받았다. 갈수록 많은 가정에서 사립학교를 선택하고 있었지만, 그것은 민영화된 공립학교라는 미국 역사상 처음 보는 형태를 만들어놓았다. 실리콘밸리에서 번창한 구역에 자리 잡은 학교는 최고 평가를 받기 위해 대대적인 기금 모금에 의존했다. 470명의 학생이 다니는 우드사이드의 초등학교는 한 재단의 후원을 받으며[예산 삭감으로 특수교사를 확보하기 위해 1983년, 주민발의 13호(1978년 6월 캘리포니아 주에서 주민 투표로 결정된, 고정 자산세 과세 권한을 축소하는 법안_옮긴이) 이후 5년이 지나 시작된] 1년에 200만 달러를 받아 쓰고 있다. 연례적으로 열리는 이 학교의 저녁 경매 행사에서는 적어도 50만 달러가 들어온다. 2011년의 경매 주제는 '록 스타'였다. 학부모들은 표범 무늬 셔츠에 몸에 착 달라붙는 짧은 스커트를 입고 스파이널 탭Spinal Tap(헤비메탈 밴드)이나 티나 터너Tina Turner가 노래하는 가운데 '점핑 잭 플래시'라는 행거 스테이크(토시살)를 먹고, 노토리우스라는 1980년대 밴드의 연주에 맞춰 춤을 추었다. 그사이 경매인은 분위기를 띄우면서 '핌프 마이 호그!'(비디오 게임)와 로킹 가디스 리트리트(힐링 캠프) 같은 경매품목에 높은 값을 유도했다. 유명한 래리 엘리슨Larry Ellison(오라클Oracle의 CEO이자 미국 3위의 부자이며, 10년간 최고 연봉을 받은 경영자)의 일본식 정원을 둘러보는 상품은 2만 달러에 낙찰되었고, 한 개인 저택에서 「매드 멘Mad Men」(드라마) 식으로 열여섯 명이 즐기는 만찬('음주와 흡연의 한복판에서 자제력이 사라져 자신의 행동에 후회밖에 남지 않을')은 한 부동산 투자자와 그의 아내가 4만3000달러까지 값을 올려놓았다.

3~4킬로미터 떨어진 팰로 앨토의 초등학교들은 후원하는 재단도 없고, 교과서와 교실이 늘 부족한 실정이었다. 캘리포니아의 공립학교가 침체된 지는 오래되었다.

대학이라고 다를 것이 없었다. 세계 최고 수준의 시스템을 갖춘 캘리포니아대학은 4년간 25퍼센트가 넘는 10억 달러 가까이 예산이 삭감되었다. 2012년에는 다시 수십억 달러의 삭감 위기에 직면해 문을 닫을 처지에 놓았다. 이해에 스탠퍼드는 금융위기와 불황의 와중에 5년간 '집중 거액 모금 캠페인'으로 62억 달러를 모금했다고 발표했다. 대학교육 사상 최대의 액수였다. 실리콘밸리가 승승장구하는 동안 스탠퍼드대학은 의과대학을 신설하고, 경영대학원과 공학센터, 학제간 법 연구동, 환경 및 에너지동, 나노 단위 연구 및 기술 센터, 인지-신경생물학 영상화동, 생물공학센터, 자동혁신 설비, 콘서트홀 등을 세웠다. 스탠퍼드가 산파 역할을 해서 설립된 회사는 5000곳이 넘었고, 8000종의 발명으로 들어온 특허 사용료는 13억 달러나 되었다. 1970년대에 캠퍼스 곳곳에 보이던 빈 땅은 이제 번쩍이는 오즈(마법의 나라)의 광경으로 변했다.

틸의 눈으로 볼 때 계층화된 사회에서 미쳐 날뛰는 교육의 실태는 사회가 작동하지 않는다는 또 다른 신호였다. 그는 스탠퍼드를 높이 평가하고, 또 거기서 7년 동안이나 공부했으며, 지금은 임시개설 과정에서 강의를 하기도 했다. 하지만 이 대학은 실리콘밸리와는 이상하리만치 별개의 세계로 보였다. 새로운 회사는 그들만의 비법의 영역에서 전문화된 교수가 아니라 학생들이 설립하고 있었다. 틸은 지식의 초점 방향을 찾기 위해 대학을 활용하는 모든 생각을 싫어했다. 그는 인문학 전공을 특히 지각없는 것으로 생각했는데, 인문학이 로스쿨처럼 간혹 생각이 모자란 선택으로 이어지기 때문이었다. 학술적인 과학은 거의 미심쩍은 수준이어서 대약진을 모색한다기보다 폭력배들의 영역 다툼이나 다를 바 없이 소심하고 편협했다. 결국 대학교육은 사업가정신에 대해 가르치는 것이 전혀 없었다.

틸은 자신이 직접 대학을 설립하는 것을 생각해보기도 했지만, 학부모들이 스탠퍼드와 아이비리그의 명성을 포기하지 않아 힘들 것이라는 결론을 내렸다. 이후 비행기를 타고 뉴욕에서 샌프란시스코로 돌아올 때 틸과 루크 노섹은 똑똑한 젊은이들에게 장학금을 주어 이들이 대학을 떠나 스스로 기술기업을 차리게 하자는 발상을 하게 되었다. 틸은 분주하게 움직이며 좋은 평판을 듣는 것을 좋아했다.(그는 정기적으로 이런 일을 벌였다.) 이튿날, 샌프란시스코의 연례 회의인 테크크런치Tech Crunch에서 그는 틸 펠로십을 창설한다고 발표했다. 세상을 살기 좋은 곳으로 만든다는 사업가정신을 가진 20세 이하의 젊은이들 20명에게 2년간 각 10만 달러씩 보조금을 지급한다는 계획이었다. 비판자들은 그가 젊은이들을 오염시켜 정상적인 교육과정을 단기간에 우회해서 부를 좇게 만든다고 비난했다. 그는 젊은이들이 펠로십을 성공적으로 마치면 다시 학교로 돌아갈 것이라고 강조했지만, 그의 목표는 상당 부분 상위권 대학의 약점을 찌르는 것이었고, 최고 인재들을 빼내가는 것이었다.

신생 생명공학기업을 방문한 뒤, 틸은 샌프란시스코의 클래리엄 캐피털 사무실을 향해 캘리포니아 반도 위쪽으로 차를 몰고 있었다. 그는 600명이 신청해서 최종 심사에 오른 50명의 펠로십 지원자 중 몇 명의 면접을 보기로 되어 있었다. 회의실 탁자 앞에 앉은 첫 번째 후보는 시애틀 교외 출신으로 앤드루 슈Andrew Hsu라는 중국계 대학원생이었다. 슈는 아직 치열교정기를 달고 있는 19세의 천재였다. 그는 다섯 살 때 간단한 대수 문제를 풀었고, 열한 살 때는 형과 함께 세계아동기구라는 비영리단체를 설립해 아시아의 어린이들에게 교과서를 공급하고 백신 접종의 기회를 제공하는 일을 했다. 또 열두 살 때 워싱턴대학에 들어갔고, 스탠퍼드에서 신경과학의 4년차 박사 후보생으로 학위논문 준비단계에 있던 열아홉에는 공부를 접고 최근의 신경과학 연구 성과를 토대로 교육용 비디오 게임을 만드는 회사를 설립하기로 결심했다. "저의 핵심목표는 교육과 게임 분야를 깨부수는 겁니다"라는 그의 말은 꼭 틸이 하는 소리처럼 들렸다.

틸은 비영리적 목표를 가진 사람들을 끌어들이는 회사에 주목하고 있다는 것을 밝혔다. 예를 들어 돈을 벌자는 것이 아닙니다. 뭔가 좋은 일을 하려는 거죠. 그러니 열심히 일할 필요가 없습니다. 내 생각에 이런 일은 풍토적인 문제예요. 말하자면 세상을 좀더 살기 좋은 곳으로 만드는 일을 한다고 생각하는 인재들을 많이 끌어들이는 친환경 기술의 우주산업 같은 것 말이죠라고 생각하는 사람들을 불러들인다는 것이다.

슈가 물었다.

"그들이 열심히 일하지 않는다고요?"

"자네는 이런 문제를 해결할 무슨 방안이라도 있는가?"

"그러니까 단순히 회사의 교육적인 경향이 문제가 된다는 말씀이십니까?"

"맞아. 우리가 이런 회사에 투자를 꺼리는 주된 이유는 자네가 결국 열심히 일하려고 하지 않는 사람들을 끌어들인다는 것 때문이지. 이것은, 말하자면 왜 사람들이 일하지 않는지에 대해 깊이 생각하고, 내 나름대로 세운 이론이야."

슈는 틸이 하는 말을 알아들었다.

"네, 좋습니다. 하지만 제가 하려는 것은 게임 회사예요. 저는 이 회사가 교육적인 신생 기업이라고 보지 않습니다. 신생 게임 기업이라는 말이죠. 제가 끌어들이고 싶은 사람들은 확실한 게임 엔지니어들이에요. 저는 이들이 태만한 유형의 사람들이라고 생각하지는 않습니다."

슈는 틸 펠로십을 받았다. 미네소타 출신으로 스탠퍼드 2학년생인 후보도 마찬가지였다. 이 학생은 최초의 영구기관 설계를 시도하며 아홉 살 때부터 에너지와 물 부족 문제에 몰두했다. 그는 틸에게 말했다.

"2년 동안 실패를 거듭한 뒤에 저는 영구기관을 만든다고 해도 값이 너무 비싸다면 사용할 수 없다는 것을 깨달았어요. 태양은 영구적인 에너지 자원이지만, 아직은 제대로 이용을 못 하고 있어요. 그래서 저는 원가 인하에 매달렸습니다."

그는 열일곱 살 때 태양광 반사장치 또는 태양광 추적장치에 대해 배웠다. '직사광선을 한 지점에 모으는 이중접근 집광거울'이라는 것이었다. 만일 그가 반사장치를 이용해 저렴한 비용으로 열을 생산하는 방법을 발견했다면, 태양에너지는 경제적으로 석탄과 경쟁할 수 있었을 것이다. 그는 스탠퍼드에서 이 문제를 연구하는 회사를 설립했지만, 대학 당국은 이 프로젝트에 들이는 시간을 학점 단위로 인정해주기를 거부했다. 그래서 그는 휴학을 하고 틸 펠로십에 응모한 것이다.

그는 말했다.

"저는 가능한 최선의 방법은 스탠퍼드 밖에서 구할 수 있다고 생각했어요. 저는 지금 블랙박스라는 기업 형태의 집에서 지내고 있어요. 캠퍼스에서 12분밖에 걸리지 않죠. 이 사무실에서 아주 가깝기 때문에 정말 좋습니다. 온수 욕조와 수영장도 있어요. 주말이면 스탠퍼드로 친구들을 보러 가기도 하고요. 그러니 온갖 사회적인 이점을 누리면서도 좋아하는 분야의 기본적인 일에 매달리는 셈이죠."

그다음은 스탠퍼드의 신입생 두 명(스탠리 탕Stanley Tang이라는 사업가와 토머스 슈미트Thomas Schmidt라는 프로그래머)으로, 쿼드몹QuadMob이라는 모바일 전화 애플리케이션에 대한 아이디어가 있었다. 이것은 가장 친한 친구들의 현재 위치를 실시간으로 지도에 표시해주는 장치였다. "전화기를 꺼내면 친구들이 도서관에 있는지, 체육관에 있는지 당장 알려줍니다"라고 홍콩 출신의 탕이 말했다. 탕은 이미 『e밀리언즈: 성공한 인터넷 백만장자 14명의 뒷이야기eMillions: Behind-the-Scenes Stories of 14 Successful Internet Millionaires』라는 책을 출판하기도 했다.

"매주 금요일 밤이면 저는 꼬박꼬박 파티에 나가는데, 조금 지나면 친구들이 보이지 않습니다. 다들 다른 파티로 빠져나가는 거죠. 그래서 늘 문자를 보내야 했어요. '지금 어디서 뭘 하느냐? 어느 파티에 가 있느냐?'라고 묻는 거죠. 게다가 열 명 정도에게 일일이 문자를 보내려니 정말 짜증 나고 귀찮은 일이었죠. 그래서 우리가 직접 이런 애로점을 해결해야 한다고 생각한 겁니다. 이런 경험은 대학생이면 거의 누구나 당해봤을 테니까요."

슈미트도 미네소타 출신이었는데, 앱의 이름에 대해 설명했다.

"페이스북이나 인터넷이 나오기 전인 1970년대와 1980년대에는 쿼드

센터Quad Center(학교 건물이나 공공건물에 의해 전부 또는 일부가 둘러싸인 사각형의 개방 공간_옮긴이)가 주로 시간을 보내는 공간이었습니다. 여기서 사람들은 얌전히 앉아서 친구들과 이야기를 나누었죠. 그러던 쿼드가 지금은 관광객이나 자전거를 타고 지나가는 사람들만 간간이 보일 뿐, 폐허처럼 변했습니다. 그래서 우리는 이래서는 안 된다고 생각했죠. 사회적인 상호작용이 무너졌으니까요. 이곳에 모일 멋진 사람들은 얼마든지 있는데, 서로 만날 수가 없는 겁니다."

탕은 쿼드몹이 어떻게 세상을 바꾼다는 것인지에 대해 질문을 받았다. 그는 말했다.

"우리는 지금 대학생활의 정의를 다시 내리고 있습니다. 사람들을 서로 연결해주고 있죠. 이것이 일단 대학생활 밖으로 확대되면 우리는 진정한 사회생활을 규정하게 될 겁니다. 우리는 스스로 디지털 세계와 실물 세계의 다리 역할을 한다고 자부합니다."

틸은 회의적인 생각이 들었다. 페이스북과 포스퀘어Foursquare(위치 기반 소셜 네트워크 서비스_옮긴이) 사이의 틈새를 노리는 수많은 다른 신생 벤처기업이 하는 소리처럼 들렸기 때문이다. 이런 아이디어로 미국을 기술 감속의 흐름에서 꺼내주지 못한다는 것은 분명했다. 쿼드몹 후보들은 틸 펠로십을 받지 못했다.

이날 밤, 틸은 마리나에 있는 자신의 호화저택에서 소규모 만찬을 열었다. 체스판과 서가에 가득한 공상과학물 그리고 철학서만이 집주인이 어떤 사람인지를 말해주고 있었다. 검은 정장 차림에 금발의 우아한 여비서들이 와인을 따르면서 손님들을 식탁으로 안내했다. 테이블마다 세 종류의 코스 요리가 나온다는 설명이 있었다. 살짝 익힌 자연산 연어에 구운 아스파라거스, 파, 흑미 밥을 선택하거나 메이어레몬 향의 라비고트 소스나 구운 피망을 넣은 옥수수죽, 튀긴 팽이버섯, 푹 삶은 디노케일,

노릇노릇하게 익힌 양파, 그리고 올리브 퓌레를 고를 수 있었다.

틸의 손님들은 주인과는 달리 격식을 갖춰 촛불을 켜놓은 분위기에 어울리지 않는 것처럼 보였다. 이들 중에는 스탠포드와 페이팔 시절부터 틸의 친구이자 『다양성이라는 미신』의 공동 저자이며 조직 내의 소셜 네트워크인 야머의 창설자이기도 한 데이비드 삭스가 있었고, 페이팔 마피아의 일원이자 파운더스 펀드의 생명공학 전문가인 루크 노섹이 있었다. 노섹은 비영리단체로 냉동보존술을 연구하는 알코어 생명연장재단Alcor Life Extension Foundation의 회원이었는데, 사망 시에 자신의 몸을 액체질소로 채워 보관한 다음, 신기술이 발명되면 완전히 되살릴 수 있게 하는 계약서에 서명하기도 했다. 또 특이점 연구소의 공동 설립자로서 인공지능 연구가인 엘리저 유드코스키Eliezer Yudkowsky는 8학년을 다니다 말고 독학했지만, 1000페이지나 되는 『해리 포터와 합리성의 방법Harry Potter and the Methods of Rationality』이라는 온라인 팬픽의 저자였다. 이 작품은 원작을 개작하여 해리의 마법을 과학적인 방법으로 설명하는 책이다. 또 시스테딩 연구소의 설립자인 패트리 프리드먼도 있었는데, 꼬마 요정처럼 머리를 짧게 치고 성긴 턱수염을 기른 이 남자는 라스콜리니코프(소설 『죄와 벌』의 주인공_옮긴이)처럼 옷차림이 별났다. 프리드먼은 자유연애를 주장하는 자유방임주의자로서 마운틴뷰에 있는 계획 공동체intentional community 안에 살았는데, 정기적으로 이곳의 생활을 블로그와 트위터에 올렸으며, 거기에는 다음과 같은 표현도 보였다.

"폴리아모리Polyamory(비독점적 다자간 사랑)/경쟁력을 갖춘 준準 정부: 더 폭넓은 선택/경쟁력이 더 많은 도전과 변화, 성장을 낳는다. 무엇이든 지속적일 때 저항력이 강하다."

만찬이 끝나자 노섹은 세계적으로 가장 뛰어난 사업가들은 자신의 인생을 바칠 만한 단 한 가지 생각에 사로잡혀 있다고 주장했다. 파운더스 펀드는 이런 환상적인 계획을 후원하고 있으며, 회원들에게 계속 자신의 기업을 책임지게 하면서 단조로운 경영자로 대체하는 경향이 있는 다른 벤처 자본가들의 간섭을 막아준다는 것이었다.

틸도 미국에서 야망이 있는 젊은이들이 가는 곳은 뉴욕과 워싱턴, 로스앤젤레스, 그리고 실리콘밸리 네 곳이라고 말했다. 앞의 세 군데는 이제 낡고 용도가 다 된 곳이라면서, 월가는 금융위기 이후 매력을 상실했고, 워싱턴은 오바마가 대통령이 되면서 활력이 사라졌으며, 할리우드도 문화적 메카로서의 기능을 상실한 지 오래되었다는 것이다. 오로지 실리콘밸리만이 큰 꿈을 가진 젊은이들을 계속 끌어들이고 있다는 말이었다.

노섹은 일리노이에서 고등학교에 다닐 때, 교사가 자신의 작문 점수를 낮게 주어 영어 과목에서 낙제한 일을 소개했다. 만일 틸 펠로십 같은 제도가 있었다면 자신이나 자신과 비슷한 친구들은 많은 고민을 줄일 수 있었을 것이다. 많은 재능을 갖춘 인재들이 미래에 대해 아무런 계획도 없이 대학과 대학원 과정을 밟았다. 틸 펠로십은 이런 인재를 발굴해 이들이 기존 체제 때문에 길을 잃거나 희망을 꺾기 전에 사업가가 되도록 도울 것이다.

틸은 교육이 어려운 경쟁이 계속 이어지는 토너먼트 경기와 같다고 말했다.

"누구나 1등이 되려고 애를 쓰지. 대학은 더 이상 1등이 되지 못한다고 생각하는 학생들에게 자신감을 심어주어야 하는데, 그러지 못하니 문제야."

식탁에는 와인이 있었지만, 손님들은 와인보다는 대화에 더 관심을 쏟았다. 식사 시간 내내 반복된 주제는 두 가지로, 사업가의 우월성과 대학 교육의 무가치였다. 9시 45분에 틸은 갑자기 의자를 뒤로 밀고 일어서며 말했다.

"만찬은 적당한 때 끝내는 게 좋지."

손님들은 서늘한 샌프란시스코의 밤기운이 감도는 밖으로 나갔다. 예술의 전당이 환하게 불을 밝힌 가운데, 둥근 지붕의 건물이 연못에 비치고 있었다. 50킬로미터가량 떨어진 실리콘밸리의 연구소들은 형광등 불빛으로 가득 차 있었고 동쪽으로 50킬로미터 떨어진 곳에는 생활에 쪼들리는 사람들이 있었다. 틸은 이메일에 답장하기 위해 혼자 2층으로 올라갔다.

제프 코너턴

코너턴은 서배너로 이사했다. 그는 바다에서 가까운 남부에서 다시 살고 싶었기 때문에 작은 탑 모양을 한 3층짜리 집(조지타운에서 살던 집보다 두 배나 크지만 값은 절반밖에 되지 않는)을 구입했다. 19세기 후반 빅토리아 양식의 건물로, 주변에는 라이브 오크(떡갈나무의 일종)와 스패니시 모스가 줄지어 늘어선 멋진 광장이 있었다.

서배너는 기이한 유행을 따르는 도시 같았지만, 그 이면을 들여다보면 금융위기로 큰 타격을 받은 또 하나의 도시에 지나지 않았다. 코너턴이 사는 동네에는 약 930제곱미터 넓이의 350만 달러짜리 집을 150만 달러의 헐값에 내놓은 팻말이 보였다. 역사적인 자취가 서린 서배너를 추천한 남자는 실직한 저당중개업자였다. 코너턴이 이사를 가자마자 동네 사람들은 그를 월간 포트럭(각자 음식을 가져와서 나누어 먹는 것_옮긴이) 모임에 초대했는데, 그달의 주최자는 부동산회사를 여러 개 가지고 있는 60대의 남자로 사업에 성공한 사람 같았다. 일주일 뒤, 코너턴은 이 남자가 자살했다는 소식을 들었다. 소문에 따르면 빚을 많이 졌다고 했다.

코너턴은 일주일에 한 번씩 지역 법률서비스 사무실에 나가 자원봉사를 했다. 그리고 유기견 한 마리를 얻었는데, 차우차우와 골든 리트리버의 혼혈인 개의 이름을 넬리라고 지었다. 넬리는 그동안 힘들게 산 데다가 심장사상충까지 걸려 스트레스가 잔뜩 쌓여 있었다. 코너턴은 넬리에게 주사를 맞힌 뒤에 집으로 데려와 다시 항생제를 먹였다. 어느 날 밤, 넬리의 호흡이 갑자기 서너 배로 빨라지는 소리가 들리자 코너턴은 넬리가 자는 상자 곁에서 밤을 새며 숨이 정상으로 돌아올 때까지 기다린 적도 있었다. 열흘간 집에서 지내며 회복되자 코너턴은 넬리를 데리고 부근의 공원으로 나가 산책했다. 그리고 2~3주가 지나자 넬리는 코너턴의 반려견으로 완전히 적응했다.

워싱턴에 있을 때 코너턴은 그곳 사람들이면 누구나 그렇듯이 일요일 아침마다 채널을 바꿔가며 TV 토크 쇼를 시청했고, 광고 시간에는 『뉴욕 타임스』나 『워싱턴포스트』를 읽었다. 워싱턴에서는 세간의 이목을 끄는 주인과 손님이 격식을 갖춘 교류를 하는 것이 필수적인 대화 재료였다. 아마 서배너에서 그랬다면 정말 우스꽝스러웠을 것이다. 워싱턴에서 알고 지낸 사람들은, 아주 가까운 친구들을 빼고는 그가 마치 지구 반대편으로 이사 가기라도 한 것처럼 멀어졌다. 돈이 있을 때는 미국이 장기적인 불황에 전전긍긍하든 말든, 워싱턴을 변화시키려는 노력을 포기한 채 국가 문제에 초연한 태도로 온갖 혼란에서 벗어나 혼자 칩거하며 개인 생활을 즐기는 것이 쉬웠다. 과거의 생활에 유혹을 느끼기도 했고, 또 공무에 대한 갈망이나 바이든에 대한 아쉬움이 완전히 사라진 것도 아니었다. 이런 감정은 이사한 뒤에도 여전했다. 때때로 사람을 보내 백악관의 빈자리나 비영리단체의 일자리를 주선하겠다며 그의 의사를 떠보는 사람도 있었다. 하지만 그는 매번 거절했다.

코너턴은 결코 굴복하지 않은 채, 과거의 생활로 돌아가는 길을 차단하기 위해 자신이 타던 배를 불사르고 싶었다. 발치에 넬리가 누운 가운데, 그는 자신의 활동 기간에 워싱턴에서 일어난 일을 책으로 쓰는 일로 매일 오전 시간을 보냈다. 책의 제목은 『부채 청산: 왜 월가가 언제나 이기는가Payoff: Why Wall Street Always Wins?』로 정하기로 했다. 그동안 하지 못한 이야기를 이 책에 모두 쏟아 부을 생각이었다.

탬파

허리케인 아이작Isaac이 상륙하던 8월 말, 공화당원들은 탬파에 모였다. 첫날 회의는 취소되었지만, 아이작이 마지막에 멕시코 만 너머 서쪽으로 진로를 바꾸었기 때문에 탬파는 별 피해를 입지 않았다. 이 사이에 5만 명이나 되는 공화당원뿐 아니라 언론 관계자, 항의시위대, 경비원, 구경꾼들이 탬파 시내로 속속 모여들었다. 환영위원회는 행사 준비를 위해 컨벤션홀 방향의 교통을 우회시키면서 새로 조성된 강변로 일대의 통행을 제한했고, 시내 곳곳에 검은 철망 울타리를 치고 콘크리트 방벽을 설치했다. 또 힐스버러 카운티에서는 덤프트럭을 동원했다. 지역 주민들은 도심을 떠나거나 외곽으로 빠져나간 상태여서 회의가 취소된 월요일에 시내의 사무실 건물이나 지상 주차장은 거의 비어 있었다. 교통량은 줄어들었지만, 도시는 그 어느 때보다 제인 제이컵스가 말하는 천국과는 거리가 멀었다. 보도 역시 평소보다 행인이 없어 삭막했고, 교차로마다 줄을 지어 서 있는 보안요원(검은색 오토바이를 타고 있는 탬파 경찰, 플로리다 전체의 각 카운티에서 온 보안관보, 주 경찰관, 위장복 차림의 주 방위군, 민간 청원경찰)만 눈에 띌 뿐, 거리는 한산했다. 흰색 XXL 사이즈의 티셔츠를 입은 흑인 임시 고용원들도 보나 마나 경비요원이 분명했다. 힐스버러 강에서는 무장 보트가 순찰 중이었고, 수십 미터 상공에서는 헬기가 쉴 새 없이 요란한 소리를 내며 날아다니고 있었다. 거리의 공용 쓰레기통은 어디로 치웠는지 하나도 보이지 않았다. 탬파는 결코 안전하지 않은 죽음의 도시였다.

2008년 공화당 전당대회가 열렸던 미니애폴리스에서 폭동이 일어난 후, 월가 점령운동과 그 여파로 인해, 또 2012 탬파 공화당 전당대회가 1968년의 민주당 전당대회 못지않게 시끄러울 것이라는 징후가 감지되면서 시에서는 폭동에 대비했다. 전당대회 며칠 전, 매튜 웨이드너의 블로그에는 각종 수사로 가득 찬 글이 올라왔다.

> 당신들이 한가운데 진 치고 있는 한, 이 도시가 극심한 전투지역으로 변하는 것을 막을 수는 없을 것이다. 나는 출근하면서 내가 탬파/세인트 피터스버그의 공화당 전당대회를 위한 그라운드 제로(여기서는 사건의 진원지라는 의미_옮긴이)에 있다는 사실을 깨달았다. (…) 이것이 실패한 민주주의가 보여주는 모습이란 말인가? 내 사무실에서 몇 발짝밖에 안 되는 세인트 피트 경찰서 건물이 벙커로 바뀌고 있지만, 당신들 눈에 보이는 수십 킬로미터 길이로 줄줄이 늘어선 콘크리트 방벽과 울타리가 내 가슴을 얼어붙게 만든다. 그렇게 엄청난 바리케이드를 치는 것이 통치계급을 소작농이나 프롤레타리아와 차단하려는 의도가 분명한 이상, 이것이 진정 국가 정책에 대한 불안감을 조성하는 것이 아니고 무엇이겠는가?

웨이드너의 급진주의는 미국 정치에서 발붙일 곳이 없었다. 전 세계적으로 엄청난 채무변제 거부(디폴트)가 일어날 것이라고 믿기는 했지만, 그는 론 폴의 열렬한 지지자가 될 정도로 자유방임주의자였다. 폴의 대의원들이 탬파의 대회장에서 피켓을 휴대하는 것을 금지당하고, 그를 지지하는 메인 주의 대의원 20명이 자격을 박탈당하는가 하면, 후보 지명에 실패했다는 이유로 폴의 연설이 허용되지 않았을 때, 웨이드너는 평생 유지한 공화당적을 포기하겠다는 의사를 밝혔다. 그렇다고 민주당('최고 국가주의자인 오바마의 당')에 입당하려는 것도 아니었다. 그는 "내 기록을 '무당적'으로 바꿀 것"이라고 말하면서 블로그 독자들에게도 똑같이 하라고 설득했다. 이어 웨이드너는 '온통 마음을 빼앗는 경치'를 기대하면서 재혼한 아내와 네 살 난 아이를 차에 태우고 그가 말한 전투지역을 벗어나 플로리다의 시골로 갔다.

마이클 밴 시클러는 『세인트 피터스버그 타임스』 기자로 전당대회를 취재하고 있었는데, 이 신문은 그해 초에 『탬파베이 타임스』로 이름이 바뀌었다. 그는 플로리다 특파원 자격으로 나가 있었다. 플로리다 공화당은 중앙당의 기본 일정보다 앞서나갔다는 이유로 제재를 받았는데, 그에 대한 징계조치로 플로리다 대의원들에게는 전당대회장에서 자동차로 한 시간 거리에 있는 팜 하버의 이니스브룩 골프 & 스파 리조트로 가 있으라는 지시가 내려졌다. 어느 날 밤, 이 대의원들은 버스가 붐비는 데다 교통체증도 있어서 새벽 3시에 자기 사무실로 돌아왔다. 이에 밴 시클러는 그다음 주에 민주당 전당대회가 열리기로 예정된 샬럿처럼 탬파베이에도 통근열차가 있었다면 상황이 달라졌을 것이라는 전망을 하며 공화당을 비꼬는 기사를 썼다.

밴 시클러는 전당대회가 끝나면 신문사의 탤러해시 지국으로 가서 릭 스콧 주지사와 관계된 특종 기사를 쓸 생각이었다. 그는 그동안 기자로서 시청과 카운티 위원회를 담당하면서 소유권 이동 상황과 압류사태를 조사하는 데 주로 시간을 보냈다. 이런 취재를 하면서 소통전략가도 없고 언론의 집중조명도 없는 가운데 어리석은 행위와 부패와 관계된 사실만 드러난다는 것을 알았다. 다른 기자들과 마찬가지로 그는 이런 사건을 파헤치는 법을 알고 있었다. 전에 현실정치 취재 경험이 전혀 없었던 그는 신경이 바짝 곤두선 가운데 취재활동에 빠져들었고, 흥분상태에서 어떤 질문을 던질 것인지 생각하며 두려움도 느꼈다.

예컨대 스콧 주지사의 어머니에게는 무슨 질문을 해야 한단 말인가?

그녀는 전당대회 이틀째 밤에 검정 스커트에 꽃무늬 상의를 입고 연단 바로 앞에서 플로리다 대의원들과 함께 앉아 있었다. 「알래스카의 빛Northern Exposure」(TV 드라마)에 출연한 재닌 터너Janine Turner(출연한 여자 대부분이 그렇듯이 금발 염색을 한)가 하는 말을 들으며 후보 지명자 아내의 연설을 기다리는 모습이었다. 스콧 부인에게 대답하기 곤란한 질문을 해야 할까? 무엇에 질문의 요지를 맞출까? 뉴스거리가 될 가능성은 적었다. 아마 전혀 대답하지 않을지도 모른다. 일단 연설을 듣게 내버려두기로 했다.

밴 시클러는 전국 규모의 행사를 신속하고 매끄럽게 취재한 경험이 없어 걱정이었다. 그는 릭 스콧을 상대하며 그의 한마디 한마디에 신경을 집중해야 하고, 주지사의 시정연설 후에 드라마 비평 같은 기사를 써야 한다는 것을 알고 있었다. 또 그의 참모들과 거래하면서 자신의 전화에 답전을 하도록 만들어야 했다. 이것이 고위급의 정치를 취재하는 방법이었지만, 그는 당연히 이런 수법에 익숙하지 못했다. 차라리 밖에서 취재하는 것이 그에게는 편했다. 사실을 파헤치면서 그들의 입을 열게 할 수 있었기 때문이다. 팩트는 밴 시클러의 강점이었으므로 그는 새로운 활동 국면을 맞아 가능하면 사실에 충실하기로 결심했다.

전당대회는 탬파에서 열렸지만, 회의장 안에서는 주택 압류 위기나 공동화된 주택지구, 로보사이닝, 모기지 사기, 파산, 노숙자 같은 문제에 대해 언급하는 목소리는 거의 들리지 않았다. 또 월가와 대출기관, 개발업자, 지방 관리들이 어떻게 재앙이 일어날 조건을 만들었는지, 그리고 이런 문제가 탬파베이에서 여전히 진행되고 있다는 사실에 대해 말하는 발언자도 없었다. 우샤 파텔이나 마이크 로스, 최근의 잭 하머스마, 하르첼 가족에 대해 말하는 사람은 아무도 없었다. 대신 공화당 지도자들은 차례로 연단에 올라와 성공한 기업주와 리스크를 떠맡은 투자자들을 찬양하기에 바빴다.

공화당 사람들에게 당의 대통령 후보 지명자는 안중에 없었다. 이들은 다른 사람들이 자신들보다 후보를 더 좋아할 것이라는 기대를 하며 민주당에서 존 케리를 선출하듯이 지명자를 뽑았을 뿐이다. 전당대회 입장권에는 그들의 열정을 강조하기 위한 두드러진 장식도 없었고, 2009년 이후 공화당 풀뿌리 지지자들 사이에서 다시 유행한 풍조인, 대통령과 대통령이 통치하는 미국에 대한 혐오감을 고상하게 치장하려는 노력도 보이지 않았다. 썰렁한 분위기의 전당대회장에서 당에 대해 감격하는 전율은 찾아볼 수 없었다. 오로지 충성스러운 대의원과 자격을 갖춘 지지자들만이 방벽으로 차단된 단 하나의 접근로를 통해 버스를 타고 통과한 다음 걸어서 입장했다. 이들은 유일하게 설치된 검색대를 지나 비좁은 통로로 줄을 서서 들어갔다. 눈부신 빨간 드레스와 하이힐을 신고 콘크리트 방벽 사이를 지나간 사람, 시 횡단고속도로 밑의 지하도를 걸어가면서 병에 담은 물을 파는 가게를 기웃거린 사람, 그사이에 스포츠 재킷의 겨드랑이에 땀을 흘리며 입장한 사람들이었다.

의회에 진출하고 40년 만에 탬파에 온 뉴트 깅리치는 아내인 칼리스타Callista와 포즈를 취하며 사진을 찍고 있었다. 단추 달린 상의를 보면 몸이 비대하다는 것이 역력히 드러나는 그는 매일 두 시간씩 자신의 모바일 '뉴트대학'에 대해 선전했다. 회의가 취소된 날도 그는 윈덤 탬파 웨스트 쇼어 호텔에서 듣는 사람이 있든 말든 '미국 에너지의 미래'라는 주제로 장황하게 떠벌리고 있었다. 모닝 조Morning Joe(MSNBC의 토크 쇼인 「모닝 조」를 진행하는 조 스카버러를 가리키는 말_옮긴이)는 몇 분간 듣고 있다가 자리에서 일어나 깅리치와 함께 복도로 나갔다. 깅리치와 후보 지명자가 서로 경멸하고 있다는 사실을 모르는 사람은 없었다. 모닝 조는 왜 뉴트가 탬파에 와서 지지활동을 하는지 물었다.

"어떤 방법으로 개인적인 지지유세를 피하고 있나요?"

깅리치가 대답했다.

"무엇보다 중요한 사실은 우리가 결국은 모두 미국인이라는 것입니다. 이 사실이 우리를 아주 강하게 만들어줍니다. 아돌프 히틀러나 도조 히데키, 니키타 흐루쇼프는 결코 할 수 없는 방법으로 우리가 뭉칠 수 있기 때문이에요."

그는 흥분한 어조로 정치보다 시민의 의무가 소중하다고 말하며 미소를 지었다. 미소를 짓자 깅리치는 현명한 대답을 생각하는 소년처럼 보였다.

"내가 지명대회에 나갈 수 있었다는 것이 놀라울 뿐입니다. 또 당신의 쇼에 출연하게 된 것도 놀라운 일이죠. 나는 시민으로 살아가는 것이 너무 좋아요."

모닝 조는 농담을 한두 마디 던지고 감사를 표한 다음, 서둘러 호텔을 빠져나갔다. 깅리치는 프랑스 TV 카메라 쪽으로 돌아서서 후보 지명자에게 투표해야 하는 이유를 말해보라는 질문을 받았다. 미소를 멈추고 고개를 숙인 깅리치의 입가에는 깊은 주름이 파였고, 두 눈을 찌푸리고 웃음기가 가신 표정을 보였다.

"오바마는 근본적으로 미국을 바꿔놓을 급진적인 가치를 대변하고 있습니다"라는 말이 깅리치의 입에서 빠르게 술술 흘러나왔다. 수도 없이 한 말이라 우리가 결국은 모두 미국인이라는 그의 말이 진정인지, 아니면 무의식적으로 자기 말의 모순을 아는 건지 알 수 없었다. 어쨌든 그런 것은 중요하지 않았다. 그는 벌써 호텔 안쪽으로 다시 들어가고 있었기 때문이다. 거기서는 할 말이 더 많았다. 말하지 않는 것은 그대로 고사하는 것을 의미하므로 언제나 말을 많이 해야 했다.

깅리치는 카렌 제이록이 개인적으로 떠받드는 영웅의 한 사람이었다. 카렌은 처음 지지했던 허먼 케인Herman Cain(카렌은 카운티의 여자 의장으로서 이 사람을 위한 지지활동을 했다)이 지명전에서 낙마한 뒤로 플로리다의 예비선거에서 깅리치를 지지했다. 전당대회 기간의 어느 날 밤, 카렌은 탬파 극장에서 열린 '믿음과 자유를 위한 대회'에 참석해 깅리치의 연설을 들었다. 또 카렌이 떠받드는 다른 영웅인 필리스 슐래플리Phyllis Schlafly의 연설도 있었는데, 이 사람은 88세의 고령에도 여전히 1964년 배리 골드워터의 선거운동을 하던 당시와 마찬가지로 주부 선동가(카렌 제이콥이 그렇듯이)처럼 보였다. 카렌은 마음속으로 2012년의 당 후보 지명자와 화해했지만('오바마만은 안 되니까') 전당대회 자체에는 큰 관심이 없었다. 그런 내부 관계자들의 행사는 평생 그녀가 정치를 가까이하지 못하게 만드는 요인이었다. 어떤 점에서 카렌은 그곳에 있을 필요가 없었다. 탬파에서는 분파집단이 복도와 연단, 무대를 장악하고 있었기 때문이다. 20년간 유지되어온 유엔의 결의로서 철도 반대자들이 집착하는 '의제21'을 비난하는 강령까지 채택되었다.

가렌은 새로 구한 직장에서 정규직으로 일하고 있었다. 그해 조에 가렌은 미국번영재단의 힐스버러 카운티 현장 책임자가 되었는데, 이곳은 억만장자인 코크 형제가 지원하는 친자유기업 단체였다. 전당대회가 열리기 한 주 전에 카렌은 노스 탬파에 있는 작은 쇼핑몰 안에 현장 사무실을 열었다. 옆에는 세르비안 마사지 치료실이, 위층에는 부동산회사가 있었다. 카렌은 잠재적 지지자를 가려내어 이들에게 단체의 웹사이트를 일러주며 '특정 주제'를 놓고 수도 없이 전화를 걸었다. 사무실에는 곳곳에 책상이 흩어진 채 전화와 컴퓨터, 자원봉사자가 들어오기를 기다리고 있었다. 어느 날, 한 단체가 아인 랜드의 작품을 영화로 만든 「아틀라스」 2부인 「존 골트는 누구인가Who Is John Galt?」의 비디오를 보러 왔다. 카렌은 이 소설을 읽어보지는 않았지만(그녀는 독서를 많이 하지 않았다), 작품의 원칙에는 완전히 동의하고 있었다. 카렌은 자신의 목표를 발견하고 이제는 엄청난 자금을 가진 전국적인 조직에 합류한 것이다. 그리고 어떤 논란이 벌어지건, 어떤 사실이 밝혀지건, 자신의 세계관이 흔들리지 않을 지지자로서 지칠 줄 모르는 열정을 품고 그 일에 전념했다. 카렌의 정치활동 이면에는 그녀와 남편이 늘 강조하듯, 쉽게 편법을 쓰거나 외부의 도움을 구하지 않는다는 기본적인 감정이 깔려 있었다. 이 일은 카렌이 수년 만에 얻은 직업이었고, 비록 처음에 탬파 9·12프로젝트를 시작할 때 정치활동을 하지 않겠다는 서약을 하기는 했지만, 그녀의 가족에게는 봉급이 필요했다. 하지만 소득이 없다고 해도 카렌은 이 일을 했을 것이다.

"내가 원해서 하는 일이에요."

하르첼 가족은 잠시 전당대회 중계방송을 시청하기는 했지만, 거실에서 브렌트와 다니엘이 춤추는 가운데 LMFAO(전자 팝 듀오인 'Laughing My Fucking Ass Off'의 약자)의 뮤직비디오 「섹시하잖아Sexy and I Know It」를 볼 때처럼 관심이 가지는 않았다. 또 로네일이 대여 노트북을 이용해 디즈니월드 콘테스트와 현금 경품 게임에 참여할 때처럼 열심히 보지도 않았고, 대니가 리그 오브 레전드의 순위경쟁 게임을 할 때만큼 오래 보지도 않았다.

대니와 로네일이 정치에 관심이 없는 것은 아니었다. 오히려 평소보다 정치를 많이 생각했고, 정치에 관한 말도 많이 했다. 월마트에서 일하다 보니 자연히 정치에 관심이 쏠렸다. 시간당 8달러 50센트를 받는 대니는 (2년 경력이 있는 데니스는 8달러 60센트였다) 그 일이 싫었다. 관리자들의 고압적인 태도가 싫었고, 그들이 유통기한이 지난 토마토나 양파를 저장 통 뒤로 밀어놓는 태도도 싫었으며, 그가 선반 진열 작업을 할 때 빌어먹을 바나나는 어디 있는 거냐고 묻는 고객도 싫었다. 자신이 고참 '고용원'이 아니라 보조직원에 불과하다는 사실이나, 도난 방지용으로 한 달에 3000달러씩 지불하며 점포 앞에 세워놓는 위장 탬파 경찰차도 싫기는 마찬가지였다. 쉬는 시간이면 대니는 주차장으로 나가 카키색 바지와 파란색 셔츠 유니폼 차림으로 305s 담배를 피우면서(월마트에서 일하면서 습관이 되었다) 용접 일을 하던 옛날을 생각했다. 그는 지저분한 직업이 좋았다. 뭔가 보람 있는 일을 한다는 기분에 성취감을 맛보았기 때문이다. 그는 블루칼라였다. 그리고 어떻게든 대출을 받아 직접 용접 공장을 차릴 수만 있다면 왕이 된 기분을 맛볼 수 있을 것 같았다. 하지만 그런 일은 일어날 것 같지 않았다. 대니는 현재 미국인의 47퍼센트가 소득세를 내지 못할 정도로 너무 가난하다는 기사를 어디선가 읽은 적이 있었다. 47퍼센트라니? 어떻게 이런 일이 생긴 거지? 탐욕 때문이야. 기업의 탐욕 때문이라고. 때로 그는 아예 돈을 없애버리고 물물교환 시대로 돌아가는 것이 더 나을 것이라고 생각하기도 했다. 밀을 우유나 계란과 바꾸는 것처럼. 그가 이곳에서 조그만 체구로 무거운 것을 들어올리고 고객들에게 봉사하면서 버는 돈은 1년에 1만 달러밖에 되지 않았다. 반면에 하는 일이라곤 없이 책상 뒤에 앉아 이 조그만 사내가 일하는 것을 감독하는 자는 800~900만 달러씩 가져간다. 어떻게 이것이 공정하단 말인가? 부자는 점점 더 부자가 되고, 가난한 사람은 갈수록 가난해지는 이런 현실이? 이런 구조에서는 성공할 가능성이 전혀 없었다. 그저 이것을 운명으로 알고 받아들이는 것이 인생이었다. 이런 상황에서 대니가 이 일을 하는 것은 아이들을 위해서였다. 아이들이 좀더 유복한 생활을 하리라는 희망으로.

　대니가 존경하는 부자는 오직 빌 게이츠밖에 없었다. 게이츠는 정직하게 돈을 벌고, 이 돈을 제3세계 사람들을 위해 쓰기 때문이었다. 샘 월턴도 꽤 훌륭한 사람 같았지만, 그가 세상을 떠난 뒤 그의 자녀들은 탐욕스러워졌다. 로네일은 워런 버핏이나 오프라와 악수하고 싶었다. 또 미셸 오바마가 거짓 없이 성실한 생활을 하고 아이들과 줄넘기를 하며 건강식품을 먹으려는 모습을 보고 같은 생각이 들었다. 로네일은 「백만장자 엿보기Secret Millionaire」(TV 리얼리티 쇼) 프로그램을 좋아했다. 매주 부자 한 명이 가난한 사람처럼 생활해야 하고, 쇼가 끝날 때쯤이면 심경의 변화를 일으켜 수십만 달러씩 자선기금을 내놓기 때문이었다. 하지만 로네일은 무엇보다도 배후에 도사린 탐욕의 모습을 보며 불안감을 느꼈다.

"선한 모습 뒤에 있는 끔찍한 악몽 같은 모습이 갈수록 크게 보여요. 마치 햇살을 가로막는 검은 구름처럼 모든 것을 집어삼키고, 사람들의 생명마저 빼앗고 있어요."

그래도 로네일은 모든 것을 월마트에서 구입했다. 더 싸게 살 수 있는 곳이 없었기 때문이다. 대니와 데니스가 식품 보관대를 몇 시간씩 냉장고 밖에 내놓는 방법을 설명한 뒤로 고기는 사지 않았지만, 그 밖의 모든 것은 월마트에서 샀다. 월마트의 전략에 굴복할 수밖에 없었다. 대니는 월마트와 대형 정유회사가 전 세계를 지배한다고 생각했기 때문에 가족이 쇼핑할 때면 차 안에서 나오지 않았다.

이후 전당대회가 열리기 직전 어느 날 아침, 대니는 쉬는 시간에 동료 몇 명과 이야기를 나누던 중 이 일이 너무 싫다고 말했다. 그 말은 관리자의 귀에 들어갔고, 관리자는 진열대 앞에서 대니를 마주치자 고객들이 보는 앞에서 그에게 창피를 주었다. 이튿날 잠에서 깬 대니는 관리자가 한 말이 귓가에 맴돌아서 견딜 수가 없었다. 무기력한 자존심이 부글부글 끓어오른 대니는 출근하지 않았다. 이렇게 그는 다시 실업자 신세로 돌아갔다.

전당대회 마지막 날, 대니와 로네일, 브렌트, 다니엘은 거실에 앉아 있었다. HGTV가 켜져 있었다. 9학년으로 청소년학군단에 들어간 브렌트는 머리를 짧게 깎았고, 다니엘은 컴퓨터로 수업을 받고 있었다. 정규 중학교에 갈 형편이 못 되었기 때문에 다니엘은 힐스버러 사이버 스쿨에 6학년으로 등록했다.(인터넷 요금을 내지 않아 서비스가 끊기기 전까지는 문제가 없었다.) 대니는 다이어트 콜라를 마시며 다니엘의 공부를 도와주고 있었다. 그는 성급하게 직장을 그만둔 것을 벌써 후회하고 있었다.

로네일은 후보 지명자 부인이 하는 연설을 듣고 분노한 나머지 흥분을 가라앉히지 못했다.

"저 여자는 온갖 달콤한 말만 늘어놓고 있어. 그런데도 사람들이 위장 전술이라는 것을 깨닫지 못하다니 이해가 안 돼. 유방암에 걸린 적도 있고 다발성 경화증에 걸리기도 했다고? 그런데 왜 가족계획을 지원하지 않는 거지? 가족계획을 지원해야 유방 엑스선이나 자궁암 검사, 암 예방 치료를 받을 형편이 안 되는 여자들에게 도움을 줄 수 있잖아. 유방암 진단을 받아도 돈이 없는데 어쩌란 말이야?"

대니가 입을 열었다.

"내가 볼 때는 모든 주장이, 이 나라를 바꾸고 싶으면 그런 일을 단 하루도 해본 적이 없는 사람을 뽑으라고 하는 것 같아. 뽑으려면 나처럼 나이가 든 보통 사람, 그런 환경에서 살아보고 다른 세상은 일체 보지 못한 사람이어야 해."

그는 다이어트 콜라를 마시면서 말을 이었다.

"우리가 싸우기만 하면 굶어 죽는 일은 없을 거야. 제대로 된 삶이라고 볼 수는 없지만, 어쨌든 눈비를 막아줄 지붕은 있으니까."

데니스도 한마디 했다.

"이것이 자유의 대가야. 어쨌든 밖에 있다 돌아올 집은 있잖아. 몸을 누일 침대도 있고, 먹을 것에 마실 것도 있으니까. 나는 좋아. 다른 사람들처럼 더 갖고 싶지만, 세상이 지금처럼 돌아가고 사람들이 마음을 바꾸지 않는 한 절대 완벽해지지는 않을 거야."

하루가 지나면 8월 말일이었다. 공화당에서 1억2300만 달러가 들어간 전당대회 폐회식을 15분 만에 마치는 동안 이런저런 청구서를 지불하느라 돈이 바닥난 하르첼 가족은 9월 1일까지 5달러로 버텨야 했다.

태미 토머스

2012년 봄 어느 날, 태미는 지갑을 둔 채 폰티악에서 내려 토드 레인에 있는 벽돌집의 널찍한 현관을 향해 걸어 올라갔다. 주소 표지판은 보이지 않았다. 전면 창문 밑에 있는 장미 정원이 어떻게 변했는지 궁금했다. 어쨌든 그 집에는 오른쪽으로 곡선 발코니가 있고, 어릴 때 타고 올라가던 나무도 있었다. 용기를 내 문을 두드리기 전에 벌써 개들이 시끄럽게 짖고 있었다. 문이 열리더니 백발의 조그만 백인 여자가 얼굴을 내밀었다.

"무슨 일이죠?"

그 여자는 운동용 바지와 셔츠 차림으로 보아 운동을 하다 나온 모습이었다.

"안녕하세요!"

태미는 계단으로 이어지는 순환 진입로 앞에 서서 말했다.

"웬 여자가 진입로 앞에 서 있나 궁금하시겠죠?"

여자는 한 발 물러나 짖어대는 개들을 제지한 다음 다시 문 쪽으로 고개를 돌렸다.

태미가 말했다.

"좀 올라가서 악수를 해도 될까요?"

"음, 그래요."

태미가 올라가자 여자는 경계하는 눈빛으로 태미의 손을 잡았다.

"제 이름은 태미 토머스고요. 여기 살던 여자 분에 대해 말씀드리고 싶네요."

"퍼넬 부인 말인가요?"

"네, 미스 퍼넬이요. 그분이 계실 때 제 증조할머니가 이 집에서 일하셨어요. 기억이 희미하기는 하지만, 미스 퍼넬이 돌아가셨을 때 우리 가족이 여기서 한동안 살기도 했답니다."

"네, 그랬군요."

"아직도 이 집에 대한 기억이 생생해요."

옛날 생각이 나자 태미의 목소리가 커졌다.

"그 옛날 모든 기억이 지금도 현실로 남아 있는지 궁금했어요."

태미는 장미 정원이며 곡선 발코니, 위층의 무도장, 널찍한 계단, 금빛 타일을 붙인 미스 레나의 기다란 욕실, 입식 샤워기 같은 이야기를 하며 추억에 잠겼다.

태미가 다시 입을 열었다.

"이 집에서 유치원을 다녔죠. 무슨 말을 해야 할지 모르겠어요."

여자는 기억 속의 모든 장면이 사실이라는 것을 확인시켜 주면서 태미의 눈과 목소리에 흐르는 감정의 물결을 보고 입을 열었다.

"들어와서 직접 봐요. 집 안을 새로 단장하고 있어요."

태미는 집 안으로 들어갔다. 널찍한 계단은 바닥 한 군데의 카펫이 닳아서 올이 풀렸을 뿐, 기억 속의 모습 그대로 눈앞에 있었다. 태미가 자전거 타는 법을 배웠던 현관 로비와 거실은 생각했던 것보다 훨씬 작아 보였다. 단단한 목재로 된 복도 장식은 그대로였지만, 윤기가 사라지고 곳곳에 긁힌 자국이 나 있었다. 식당 복도에 있던 버저는 보이지 않았다.

여자의 이름은 터퍼Tupper였다. 그 집은 1976년 당시에 20만 달러는 됐겠지만, 이제는 분명히 그보다 못할 것이다. 여자의 남편은 패커드 일렉트릭의 관리자로 일하다가 오래전에 세상을 떠났고, 자녀들은 나가 산다고 했다. 터퍼 부인은 계속 입을 열며 혼자서 일에 허덕이며 사는 생활이 얼마나 초라한 것인지 설명했다.

"방금 말한 대로, 계속 이대로 두지는 않을 거예요. 카펫도 바꿔야죠. 개들 때문에 아직 바꾸지는 않았지만. 요즘 나오는 카펫은 안감이 거칠어서 바닥이 손상되거든요. 어디 바닥뿐인가요? 안감이 부드러운 걸 찾아야지, 안 그러면 카펫 밑에 패드를 대도 소용없다니까요."

터퍼 부인은 방금 발레 교습을 받고 온 길이었다. 그 나이에 발레를 하다니 대단한 일이었지만, 나이를 먹어가면서 무릎도 말을 잘 듣지 않을 것이고, 이제는 탭댄스도 추기 힘들 것이다. 태미는 터퍼 부인을 따라 이 방 저 방 돌아다니며 벽과 천장을 보면서 추억에 잠겼다가(샹들리에도 그때 그대로인가?) 눈앞에 있는 여자를 보며 다시 현실로 돌아왔다. 본능적으로 평범한 노파(죽기 전에 집을 팔 생각으로 천천히 힘들여 집을 단장하는)와 마주 서 있다는 생각을 하면서.

두 사람이 정원 쪽으로 난 곡선 발코니로 나왔을 때, 터퍼 부인은 갑자기 태미를 처음 보듯이 빤히 바라보았다.

"옛날로 돌아가서 그 당시의 물건을 보는 기분이 어떤 것인지 알 것 같아요."

부인과 그녀의 여동생은 오하이오에서 태어나 부유한 부모를 따라 워싱턴으로 온 뒤에 버려졌다고 한다. 그 뒤 아동보호시설로 들어갔다는 것이다. 터퍼 부인은 최근에 그곳을 보기 위해 워싱턴에 다녀왔다고 했다.

"그 당시 나는 소년원(교정학교)에서 자랐어요. 엄마들이 자녀를 돌보지 않는 경우, 아이들은 비행을 저지르면 소년원에 가요. 그리고 자녀를 돌보고 싶지 않을 때는 아동보호시설로 들여보내죠. 나쁠 것은 없어요. 정말이에요. 나는 내 아이들에게 해준 것보다 거기서 더 많은 혜택을 받았으니까요."

터퍼 부인 집의 뒤뜰에서는 길 건너편으로 한때 레이언고등학교가 있던 자리의 빈터가 보였다. 이 학교는 태미의 전남편이자 첫아이의 아빠인 배리가 다녔던 곳이고, 태미의 친한 친구로 길거리에 내동댕이쳐져 머리에 총을 맞은 제네바도 이 학교를 다녔다. 1922년에 세워지고 2007년에 폐교된 이후 철거된 곳이었다. 터퍼 부인은 그 학교가 사라진 것을 기뻐했다. 그녀의 집과 학교 사이에 있는 집은 마약 창고로서 크립스와 블러즈 갱단이 툭하면 싸우던 곳이었기 때문이다. 한번은 총을 든 소년 두 명이 제3의 소년을 향해 총을 쏘며 쫓아간 일이 있었다고 한다. 이때 쫓기던 아이가 이 집 담을 부수고 현관을 통해 집 안으로 들어왔다. 터퍼 부인은 그 아이를 앉혀놓고 몇 가지 물어보았지만, 그 아이가 들려준 대답은 자기는 크립스 갱단이고 총을 쏘며 쫓아온 아이들은 블러즈 패거리인데 다행히 목숨을 건졌다는 말뿐이었다. 며칠 지나 이 아이는 갑갑했는지 다시 총을 들고 그 마약 창고로 돌아갔다. 그 뒤로 건물 3층에서 급히 엄마를 찾는 목소리가 들리더니 총소리가 들렸다. 웬 아이가 학교 운동장으로 걸어 나와 죽었고, 또 한 아이는 터퍼 부인이 부른 구급차가 도착할 때까지 진입로에 누워 있었다. 하지만 그 아이도 이미 죽어 있었다는 것이다.

"그 일이 있던 때가 1980년대 후반이나 1990년대 초반 아닌가요?"

태미가 물었다.

"그 무렵일 거예요."

"그 아이들 이름 혹시 기억하세요?"

"모르죠. 신문에도 나지 않았으니까. 그 아이에 대해 추정하는 것이라곤 마약이나 여자 문제와 관련이 있을 거라는 것밖에 없었어요."

"아마 마약 때문이었을 겁니다."

"맞아요. 너무 어려 보여서 설마 그 생각은 못 했죠. 정말 슬픈 일이에요."

"네, 슬픈 일이죠."

"열서너 살이 되면 아이들을 소년원에 보내야 한다고 봐요. 거기서는 올바른 시민이 되도록 교정할 수 있죠. 그곳 생활을 마치고 나와 사회에서 봉사하는 겁니다. 내 말을 이해하겠어요? 거기서는 뭔가 제대로 된 사회생활을 할 수 있는 기회를 제공한다는 거죠. 훌륭한 교육도 받을 수 있고 말이에요. 재미도 있죠. 서커스 관람도 시켜주니까요. 나는 소년원에서 모든 것을 배웠답니다. 기온이 쌀쌀해지는군요."

"눈물이 나네요."

태미는 그 집에서 한 시간 넘게 머물렀다. 터퍼 부인이 한 번 입을 열면 이야기를 그치지 않아 하루 종일이라도 있을 수 있을 것 같았지만, 태미는 돌아가 일을 해야 했다. 집을 나서기 전에 태미는 다시 찾아와 차나 점심을 같이할 수 있느냐고 물어보았다.

"온다면 좋죠."

터퍼 부인은 선뜻 대답했다.

태미는 자신의 폰티악을 몰고 전에 백조에게 먹이를 주던 크랜들 공원을 지나갔다. 방금 다녀온 집은 기억 속의 모습보다 훨씬 작았고, 별로 멋지지도 않았다. 관리도 제대로 안 된 것 같았고, 황폐해진 동네 분위기에 점점 더 가까워지고 있었다.

하지만 엄마가 계단을 내려오며 유령이 나오니까 거기 서 있지 말라고 하던 현관 로비에 서 있을 때, 또 빨래를 도와달라는 그래니의 목소리가 들리던 주방에 서 있을 때는, 순간적으로 다시 그 옛날로 돌아간 기분이었다.

프론트 포치 카페는 2층이 불타버린 벽돌 건물 1층에 있었다. 애크런 시내 부근의 주간고속도로변이었다. 카페 안에는 50명이 여기저기 탁자를 차지하고 앉아 있었는데, 흑인과 백인 여자 몇 명을 제외하면 대부분 흑인 남자였고, 이 중에는 전과자가 많았다. 오바마의 커다란 얼굴이 들어간 티셔츠를 입은 미스 해티도 있었고, 태미는 청바지에 자주색과 흰색 장식이 들어간 셔츠 차림으로 스크린 앞에 서 있었다. 머리는 짧게 치고 윗부분을 염색한 스타일이었다.

며칠 전, 태미는 클리블랜드 시민문화회관에서 나이 든 사람들이 실내를 가득 메운 가운데 사회보장과 메디케어에 대해 이야기한 적이 있었다. 여자들은 태미가 하는 말을 듣고, 남자들은 도미노 게임을 하고 있었다. 클리블랜드에는 태미의 지도자 중 한 사람인 미스 글로리아가 있었는데, 71세의 미스 글로리아는 퇴직수당으로 사는 사람들이 얼마나 생존의 위협을 받고 있는지를 주제로 말을 하려고 했지만, 사람들은 미스 글로리아의 말에 귀를 기울이지 않았다. 태미는 할 수 없이 화제의 대부분을 책임지며 동영상 프로젝터를 질질 끌고 와서 코크 형제에 대한 비디오를 보여주었다. 찰스와 데이비드 형제는 어느 풍자화에서 몸통은 하나에 머리는 두 개인 문어로 묘사되기도 했는데, 비디오 상영이 끝나자 린다Linda라는 여자가 물었다.

"이 코크 형제는 어디 출신인가요? 왜 전에는 우리가 이 사람들 이야기를 듣지 못했죠?"

그러자 메이블Mabel이라는 다른 여자가 대답했다.

"흑인에게 지원해줄 생각이 없는 사람들이죠."

클리블랜드 모임이 끝난 뒤, 태미는 영스타운에서 열린 식품정책협회 모임에 참석한 다음 소수계층 건강협의회를 위한 프레젠테이션을 준비해야 했다. 또 이 모든 일을 하는 와중에 탬파 부근의 해변에서 열릴 자신의 결혼식 준비도 했다. 신랑은 마크Mark라는 지붕 수리공으로, 이스트고등학교에 다닐 때 알던 남자였다. 이 무렵 이스트 클리블랜드에 살던 마크의 삼촌이 갑자기 재정적으로 문제가 생겨 태미의 동네에 나타났는데, 그 후 삼촌도 리버티에 있는 태미의 집에서 두 사람과 함께 살게 되었다.

태미는 피곤했다.

"저는 여러분이 우리 집 현관 앞에 앉아 쉬던 그 시절, 바로 이 도시에서 유황 냄새를 맡으면서 자랐습니다."

태미는 프론트 포치 카페에 모인 사람들을 향해 입을 열었다.

"그때 이 지역에 사는 사람은 누구나 일을 했죠. 당시 이곳의 인구는 15만 명이나 되었습니다. 그런데 말이죠, 어느 날인가 일자리가 사라진 겁니다. 1977년 9월에 공장들이 조업을 중단했죠. 우리는 10년 동안 5만 개의 일자리를 잃었어요. 성인이 된 저는 다행히 운이 좋아 패커드 일렉트릭에서 일할 수 있었죠. 거기서도 한창때 1만1000개나 되던 일자리가 3000개로 줄어들었고, 우리가 그곳을 떠날 때는 600개도 채 안 되었어요. 저는 단지 이런 영스타운의 이야기가 미국이라면 어디서나 흔할 정도로 오래된 산업도시의 모습을 단적으로 보여준다는 것을 알려드리고 싶을 뿐입니다."

화면에 비치는 영스타운 지도는 MVOC에서 조사해 제작한 것으로, 동부는 온통 녹색으로 되어 있었다.

"제 할머니가 다른 집 청소를 해주고 빨래와 요리를 해주며 힘들게 일한 덕분에 장만한 우리 집은 지금 다른 집 네 채와 함께 길거리에 있죠. 그런데 그중 두 집은 비어 있어요. 이 지역에서는 대부분 이렇게 살고 있습니다."

태미는 전날 작성한 공책을 들여다보았다. 이것은 모임에 참석한 사람들에게 자신의 이야기를 어떻게 말할 것인지, 또 어떻게 오하이오에서 보다 나은 일자리를 창출하기 위해 대통령 선거 기간에 선거운동으로 활용할 것인지 가르쳐주기 위해 자신이 살아온 이야기를 연설문으로 바꿔놓은 것이었다.

"우리 아이들을 바라보면서, 이 지역을 뒤덮은 어두운 그림자가 뻔히 보이는 상황에서 어떻게 여러분은 보수가 좋고 노조가 있는 일자리를 구할 생각을 할 수 있겠습니까? 우리가 패커드 일렉트릭에서 잃어버린 것과 같은 일자리를 말입니다. 어느 누구도 저에게 그 자리에서 퇴직하지 말았어야 한다고 말할 수 있는 사람은 없습니다. 우리는 오하이오의 일자리가 필요해요. 오하이오에서 생활보전이 되는 일자리가 필요하다고요. 일자리는 우리를 둘러싼 모든 것과의 연결조직입니다."

2012년, 오하이오에서 일자리는 다시 더디게나마 생기고 있었고, 그중 일부는 영스타운 인근 지역이었다. 마호닝 밸리 바로 밑을 지나는 유티카 셰일Utica shale(혈암)의 천연가스 탐사작업에서 인력이 필요했기 때문이다. 또 시내 북서쪽에 있는 GM 공장에서 새로운 변화가 생겼다. 자동차 부품공장과 제철공장에서도 몇몇 자리가 생겼다. 하지만 그 정도로는 일자리가 시급한 사람들에게 새로운 기회를 제공하기에는 턱없이 부족했다. 당장 급한 사람들은 아직도 영스타운에 살면서 고질적인 실업으로 가난에 시달리는 남자와 여자들이었고, 특히 감옥에서 살다 온 사람들(프론트 포치 카페에 모인 사람 대부분이 그렇듯)이 심각했다. MVOC는 경제개발 전략이 없었다. 이곳의 일자리 창출운동은 단순히 개인 고용주들에게 이지역 사람을 먼저 채용하고 중죄를 지은 사람들에게도 기회를 주라고 호소하는 것뿐이었다. 또 최후의 수단으로 정부가 고용주가 되어야 한다고 외치는 것이 고작이었다.

태미는 연설을 마무리하면서 말했다.

"제가 임신했을 때 제 할머니는 큰 충격을 받으셨답니다. 저는 고등학교를 졸업하고 싶었어요. 그것만이 제 딸이 보다 나은 삶을 살 수 있게 하는 유일한 방법이란 것을 알았기 때문이죠. 저는 아이 셋을 이 지역에서 키웠는데, 이제는 다 커서 독립해 나갔어요. 영스타운은 다시 사람이 살 수 있는 멋진 고장이 될 수 있습니다. 꼭 그렇게 되어야 하고요."

태미는 조직 활동에 너무 바빠서 선거 지원활동을 위한 시간은 내기가 힘들었다. 하지만 11월 5일, 태미는 두 시간 동안 커크 노든과 함께 자신이 자란 동부의 링컨 공원 부근의 집들을 하나하나 찾아다녔다. 그 일대에서는 사인만으로 투표를 대신할 수 있다고 현혹하는 헛소문이 돌고 있었다. 그래서 태미는 만나는 사람마다 벌써 투표를 했는지, 다음 날 투표를 할 생각인지, 투표소에 가서 직접 기표할 필요가 있다고 생각하는지 일일이 물었다. 놀랍게도 오바마에 대한 열기는 2008년보다 더 뜨거웠다. 나라의 형편이 좋아졌는지, 흑인 대통령이 살아남을 것인지 묻는 사람은 없었다.

그리고 다음날 밤, 오바마가 재선에 성공하자 태미의 감격은 4년 전보다 훨씬 더 컸다. 그동안 태미는 매일 선거 판세나 오하이오의 최종 여론 조사 결과에 신경을 곤두세웠고, 혹시 오바마가 떨어지는 것은 아닌지 조마조마했다. 태미는 이번 선거를 비관적으로 생각하고 있었다. 오바마가 낙선한다면 태미가 모집해서 교육한 미스 해티 같은 사람들과 미스 글로리아, 프론트 포치 카페에 모인 남자들이 그동안 해온 일이 모두 허사가 될 것이라고 생각하니 아찔했다. 그리고 몇 년 동안 심혈을 기울인 그녀 자신의 삶도 수포로 돌아갔을 것이다. 태미는 오바마의 승리가 무엇을 의미하는가에 대해서는 생각하지 않기로 했다. 그리고 선거가 끝나자 태미는 생각했다.

'아, 이것은 뭔가 정말로 기회가 생겼다는 뜻이야.'

딘 프라이스

레드버치에 발길을 끊은 무렵인 2011년 어느 봄날, 딘은 로킹엄 카운티의 경제개발 사무실에 앉아 있었다. 이곳 도서관에서 책을 훑어보던 그는 분에 있는 애팔래치아 주립대학의 한 교수가 노스캐롤라이나의 폐식용유를 연구한 책을 발견했다. 책에는 주 내 100개 카운티의 인구와 각 카운티의 식당 수, 이 식당들이 버리는 식용유의 양(갤런)을 보여주는 도표가 있었다. 이것을 보면 아무리 작고 가난한 곳이라 하더라도 카운티마다 남녀노소 한 사람이 소비하는 기름이 1년에 적어도 3~4갤런은 된다는 것을 알 수 있었다. 그리고 1년에 한 카운티에서 나오는 폐식용유의 양과 스쿨버스에서 소비하는 연료 사이에 직접적인 상관관계가 있다는 것도 드러났다.

딘은 의자에서 일어났다. 마치 피크오일에 대해 처음 읽었을 때처럼 놀란 나머지 뒤로 나자빠질 정도로 다리가 후들거렸다. 레드버치에서 손을 뗀 뒤로 독립을 생각하던 그는 카놀라유의 대안을 찾고 있었다. 가솔린 값이 갤런당 5달러를 넘지 않는 한, 수지가 맞지 않았기 때문이다. 또 레드버치가 실패한 사업 모델이 된 이유이기도 했는데, 딘은 보는 사람마다 붙잡고 이 말을 했다. 다른 한편으로 폐식용유는 값이 쌌다. 일부 식당에서는 뒤쪽에 보관한 통에서 퍼가는 데 갤런당 50센트를 받았고, 일부는 거저 가져가라고 했으며, 심지어 처분해주는 대가로 돈을 주는 곳도 있었다. 프라이드치킨, 닭의 간과 똥집, 풀드 포크(잘게 찢은 돼지고기), 생선, 옥수수 프리터fritter(걸쭉한 반죽을 고기, 채소 등에 입혀 튀긴 것_옮긴이) 오크라 튀김, 감자 튀김 등 노스캐롤라이나의 식당에서 흔히 먹는 요리는 어느 것이나 움푹한 금속 프라이팬에 식용유를 부어 튀기곤 했다. 그리고 이때 사용하고 바닥에 남은 기름은 모두 버릴 수밖에 없었다.

이 기름을 처분해주는 업자들을 렌더러renderer라고 불렀다. 렌더러는 식당의 기름뿐 아니라 동물의 사체 잔해도 모았는데, 도살장에서 나온 돼지와 양, 소의 사체 찌꺼기, 동물수용소에서 안락사시킨 고양이와 개, 동물병원에서 죽은 애완동물, 동물원에서 병이 들어 죽은 동물, 길에서 차에 치여 죽은 동물 등 가리지 않고 걷어갔다. 이런 사체를 트럭에 가득 싣고 렌더링 공장(동물 사체를 분해 처리하는 축산물공장_옮긴이)으로 가서는 거대한 도가니에 집어넣고 갈고 잘게 다지는 과정을 거친다. 사료로 쓸 것들은 압력솥에 넣고, 고열로 지방과 고기, 뼈를 분리하는 공정을 거친다. 고기와 뼈는 분말 처리되어 애완동물이 먹을 단백질 사료로 캔에 포장된다. 동물의 지방은 노란 유지油脂가 되는데, 이것은 립스틱이나 비누, 화학물질을 위한 재활용제품이 되거나 가축 사료에 쓰인다. 따라서 소가 소를 먹고 돼지가 돼지를 먹으며 개가 개를 먹고 고양이가 고양이를 먹는 꼴이 되고, 인간이 죽은 고기를 먹고 자란 동물의 고기를 먹거나, 이것을 얼굴이나 손에 바르게 되는 것이다. 렌더링은 미국에서 아주 오래된 사업으로 쇠기름과 돼지기름으로 촛불을 켜던 시절부터 있었으며, 아주 은밀히 이루어지는 사업 중 하나이기도 하다. 이 주제를 다룬 『렌더링: 보이지 않는 산업Rendering: The Invisible Industry』이란 제목의 책도 있다. 하수도처럼 누구도 생각하고 싶어하지 않고 혐오스러운 사업이지만, 반드시 필요한 서비스라고 할 수 있다. 이런 기업은 자체 규제가 무척 엄격하고, 공장은 인가에서 멀리 떨어진 곳에 지으며, 외부인의 접근을 통제하기 때문에 엉뚱한 방향으로 바람이 불지 않는 한 일반인은 그런 것이 있다는 사실도 알지 못한다.

렌더러는 식당에서 걷어간 폐식용유를 노란 유지로 만드는데, 각 회사에서 알아낸 방법으로 동물 지방과는 다른 용도로 쓴다. 이것은 동물 지방보다 저온에서 응고되고 깨끗하게 연소되어 연료를 만드는 데 이상적이기 때문이다.

애팔래치아 주립대학에서 나온 책을 읽고 카운티별 인구와 폐식용유의 양을 표시한 도표를 본 딘은 갑자기 그 통계를 조합한 결과를 머릿속에 그려보았다. 노스캐롤라이나에는 길모퉁이마다 바이오디젤 사업에 쓸 식물이 널려 있었다. 노스캐롤라이나가 그렇다면 테네시나 콜로라도도 마찬가지일 것이다.

"이 방법은 간디로 거슬러 올라갑니다"라고 딘은 말했다. 그는 전에 『간디 선집The Essential Gandhi』을 산 적이 있었는데, 그때 자급자족과 독립을 뜻하는 「스와디시」란 글을 읽었다.

"간디는 바로 옆에 있는 이웃을 무시하고 아주 먼 데서 물건을 사는 것은 죄악이라고 말했습니다. '대량생산'이 아니라 '대중에 의한 생산'을 강조하는 말이었죠. 내가 돌아본 지역 전문대학에서는 한결같이 바이오연료 프로젝트를 시작하고 싶어도 공급 원료가 없어서 할 수가 없어요. 모든 단계를 대기업에서 독점하니까요. 이것은 기술을 교란시켜 문제 해결의 고리를 취약하게 만드는 못된 짓입니다. 폐식용유가 바로 취약한 고리지요. 이것은 옛날부터 있었던 낡은 산업으로 130년이나 되었습니다. 오늘날 마부의 말채찍을 만드는 격이죠. 그들은 이렇게 오래된 사업 구상의 유효 기간이 끝나가는 것을 알고 있어요. 그래서 바이오연료의 유일한 에너지원을 모든 지역에서 싹쓸이하는 겁니다."

딘의 서가에는 『번영의 바이블The Prosperity Bible』이란 책이 한 권 있었는데, 부의 비밀에 대한 고전적인 글을 엮은 명문 선집이었다. 그리고 딘이 『생각하라 그러면 부자가 되리라』 다음으로 좋아하는 책은 『내 인생의 다이아몬드Acres of Diamonds』였다. 이것은 러셀 콘웰Russell Conwell이라는 침례교 목사의 설교로, 1890년에 초판이 발행되었으며, 콘웰은 1925년에 사망할 때까지 이 설교를 적어도 6000번은 했다고 한다. 콘웰은 북군에서 복무하다가 1864년에 노스캐롤라이나의 근무지를 이탈한 죄로 쫓겨났다. 이후 그랜트Grant와 헤이즈Hayes, 가필드Garfield 등 대통령 후보들의 경력을 쓰는 일을 하다가 필라델피아에서 목사가 되었다. 그는 이 설교로 유명해지고 부자가 되었는데(템플대학을 세우고 이 학교의 초대 총장이 될 정도로 부자였다), 콘웰의 설명으로는 그가 니네베(니느웨)와 바빌론 일대의 고대 유적을 둘러보려고 1870년 바그다드에서 채용한 아랍 가이드에게서 들은 이야기를 바탕으로 한 것이라고 한다.

옛날에 알 하페드Al Hafed라는 페르시아 농부에게 불교 승려 한 명이 찾아왔다. 이 승려는 알 하페드에게 다이아몬드는 하늘의 조화로 햇빛이 방울로 굳은 것인데, '높은 산에 둘러싸인 하얀 모래밭 너머의 강에 가기만 하면 다이아몬드를 얼마든지 얻을 수 있다고 말했다. 이 말을 들은 알 하페드는 자신의 땅을 팔고 다이아몬드를 찾아 길을 떠났다. 그리고 계속 찾아 헤매다 스페인까지 갔지만, 다이아몬드는 구경도 하지 못했다. 마침내 알 하페드는 빈털터리가 되어 절망한 나머지 바르셀로나 해안에서 바닷물에 몸을 던졌다. 한편 알 하페드의 땅을 산 사람은 어느 날 아침 낙타를 끌고 물을 길으러 나갔다가 야트막한 개울의 하얀 모래 속에서 번쩍이는 돌을 보았다. 그가 산 땅 밑에는 다이아몬드가 잔뜩 묻혀 있었다. 그 땅은 고대에 다이아몬드의 최대 매장지였던 골콘다Golconda 왕국의 광산이 있던 곳으로, 다이아몬드 밭이나 다름없었다는 것이다.

콘웰의 설교에는 두 가지 교훈이 담겨 있었다. 하나는 아랍인 가이드가 전해준 이야기로, 다른 곳에서 부를 찾는 대신 자신의 땅을 파면 얼마든지 부자가 될 수 있다는 것이고, 두 번째는 콘웰이 추가한 것으로, 부자는 누구나 다 그럴 만한 자격이 있으며, 가난한 사람도 다 그럴 만한 이유가 있어서 가난하다는 것이었다. 따라서 가난한가 부자인가는 각자의 마음에 달렸다는 말이었다. 이것은 인간 자신의 마음속에 신성神性

이 들어 있고, 병은 마음에서 생기며, 올바른 정신으로 병을 고칠 수 있다고 믿은 나폴레온 힐의 생각이기도 했다. 또 이런 생각은 딘이 생존한 시대와 마찬가지로 부의 극단의 시대라고 할 카네기와 록펠러 전성기 때의 철학으로 신사상New Thought이라고 불리던 것이다. 윌리엄 제임스William James는 이 철학을 '정신요법운동Mindcure movement'이라고 불렀는데, 딘은 이것에 깊은 인상을 받았다.

부를 찾는 방랑생활을 끝낸 뒤, 딘은 자신의 농장으로 돌아가(고대 페르시아인과 달리) 거기서 행운을 찾으려고 땅을 팠다. 이것이 다이아몬드 밭이다! 다이아몬드는 틀림없이 이 주변에 있을 것이다! 자신의 발밑이나 그가 아침 식사를 하려고 들르는 220번 도로변의 P&M 식당 카운터 뒤에, 매디슨에 있는 퍼지 바비큐의 주방에, 그리고 자신의 집 오른쪽에 있는 식당, 그가 직접 세우고 나중에 정나미가 떨어진 보쟁날의 프라이샌 속에 있다고 생각한 것이다.

다이아몬드 밭!

딘은 옛날 방식으로 은밀한 사업을 하는 렌더링 회사와 이들이 거둬가는 폐식용유를 떼어놓을 수 있는 방법을 생각했다. 노스캐롤라이나와 버지니아 주변의 대형 식당이나 체인점은 대체로 밸리 프로틴스Valley Proteins라는 단일 거대 기업에게 돈을 주고 기름을 걷어가게 하는 장기계약을 맺고 있었다. 나머지 식당들도 사용한 기름을 치워주기만 하면 누가 되었든 지역의 렌더러에게 내주는 실정이었다. 딘은 이 모든 식당이 폐식용유를 자신에게 주게 하는 방법을 찾아야만 했다.

허리케인 카트리나가 멕시코 만 일대를 강타했을 때, 노스캐롤라이나의 공립학교는 스쿨버스에 쓸 디젤유가 모자라서 며칠간 휴교해야 할 처지가 되었다. 또 주 내의 각 카운티는 보유한 버스에 의존하고 있었고, 이 버스는 모두 디젤유를 사용했다. 새천년 초기만 하더라도 1갤런에 50센트 하던 디젤유 가격은 2011년 봄에는 4달러가 넘었다. 이대로 지속할 수 있을까? 수백만 달러가 스쿨버스의 연료비로 날아가다 보니 학교 예산은 수십 년 만에 최악의 위기에 빠지고, 불경기 속에서 교사와 보조교사를 내보내는 결과가 된 것 아닌가? 딘은 워런 카운티의 포장도 안 된 시골길 주변에서 엄마와 사는 아홉 살 난 여자아이에 대한 기사를 읽었다. 이 아이는 스쿨버스가 그 시골길까지 와서 태우고 갈 형편이 안 되자 약 1.5킬로미터를 걸어가야 차를 탈 수 있다는 것이었다.

공립학교는 때로 카운티의 최대 고용주 역할을 했다. 공립학교는 아메리칸 드림으로 들어가는 통로 구실을 하기도 했다. 공립학교는 나라 전체의 미래였다. 딘은 학교를 자기편으로 끌어들일 수만 있다면 폐식용유를 얻는 데 총력을 기울일 수 있다는 것을 깨달았다. 그리고 그는 그 방법을 생각해냈다.

만일 노스캐롤라이나의 모든 카운티가 스쿨버스 운행을 위한 바이오디젤을 자체적으로 만들 수 있다면 어떻게 될까? 그러면 얼마나 많은 납세자의 돈이 절약될 것이고, 얼마나 많은 교사가 교실을 지킬 수 있으며, 얼마나 많은 아이들의 건강에 보탬이 되고, 환경은 또 얼마나 깨끗해지겠는가! 그 모든 것이 믿을 수 있는 공급 원료와 상대적으로 비용이 적게 드는 정유시설만 있으면 되는 것이다. 만일 딘이 카운티마다 찾아다니며 각 지역 식당에서 쓴 기름을 모으고, 이것을 스쿨버스 연료로 가공 처리하는 시설을 세우도록 설득한다면 어떻게 될까? 적절한 장비만 있다면 그가 카놀라 씨를 식품 등급의 기름으로 가공해서 이것을 식당에 요리용으로 판 다음, 다시 폐식용유를 모아 연료로 전환할 수 있을 것이다. 그러면 지역의 농부들을 끌어들여 기름을 이중 활용하는 길이 열리는 것이다. 이 방법은 각 학교에 돈다발을 안겨주는 것이나 다름없었다. 각 식당은 이 방법에 서명만 하면 아이들을 돕는 공로를 인정받을 것이다. 어느 날 딘은 이 프로젝트에 대한 완벽한 비유가 떠올랐다. 그는 이것을 '궁극적인 학교 기금 모금'이라고 불렀다.

그는 핵심에 다가가기 시작했다. 로킹엄 카운티 행정위원들의 지지를 받는 일은 쉽지 않았지만(행정위원으로 있는 사람들은 접근을 쉬이 허용하지 않았다), 수없이 찾아다니며 끈질기게 노력한 끝에 그는 프레젠테이션 일정을 잡을 수 있었다. 행정위원들은 열광적인 반응을 보였고, 일부 내용은 그린즈버러 신문에 소개되기도 했다. 하지만 이후 딘은 아무런 소식도 듣지 못했고, 이들이 그의 생각에 동참하기를 꺼린다는 것을 알게 되었다. 2~3주 후, 그는 220번 도로변에 있는 P&M 식당에서 우연히 행정위원회 의장과 마주쳤다. 의장은 딘을 보더니 "지역 사업자들에게서 지금은 그 일을 할 때가 아니라는 이메일이 엄청 왔어요"라고 말했다.

"그 사업자들이 누굽니까?"

딘이 물었다.

"말 못 한다는 것을 알잖아요."

"왜 말을 못 한다는 거죠?"

틀림없이 원수처럼 지내는 리드 티그일 것이다. 지역의 유류업자로서 바셋 화물차 휴게소에 기름 공급을 끊어 딘을 사업에서 쫓아낸 장본인이었고, 나중에는 딘의 집까지 넘보던 자였다. 티그는 아마 신문에 난 기사를 보고 행정위원들에게 전화를 했을 것이다. 확신할 수는 없었지만, 딘은 그렇다고 믿었다. 선구자는 언제나 고향에서 버림받게 마련이었다.(누가복음 4장 24절 "선지자가 고향에서는 환영을 받는 자가 없느니라"의 비유_옮긴이) 다행히도 노스캐롤라이나에는 99개 카운티가 더 있었다.

딘은 중고차 판매장에 가서 3500달러를 주고 1997년식 혼다 시빅을 샀다. 주행거리가 약 31만5000킬로미터에 에어컨도 고장 난 차였다. 그는 아이디어를 실현하기 위해 이 차를 몰고 애팔래치아 산맥에서 해안 평야 지대에 이르기까지 다이아몬드 밭을 찾아 주 일대를 돌아다녔다.

딘은 자신이 사는 주택 지하층을 월세 225달러에 매트 오르Matt Orr라는 25세의 청년에게 세를 놓고 있었다. 매트는 이 지역 출신으로 술과 담배, 파티에 빠져 지내다가 군대에 들어가 훈련을 받고 2006년에서 2007년까지 이라크에서 근무했다. 티크리트에서 지내다 와서 그런지 미국이 아름다워 보였다. 그린즈버러 공항에서 아버지와 함께 스톡스데일로 오는 길에 매트는 나무와 언덕, 녹색 풀밭을 보며 악몽에서 깨어난 것 같은 느낌을 받았다. 하지만 막상 집에 와보니 아무리 애를 써도 돈이 되는 일자리를 찾을 수 없었다. 그는 자동차 부품공장에 들어갔지만(그는 제25보병사단에서 기계공으로 근무했다), 여기서는 시간당 7달러 75센트 이상은 절대 주려고 하지 않았다. 매트는 여기서 나와 딘이 고등학교를 졸업하고 일했던 동관공장에도 잠시 있었지만, 이곳도 시간당 임금이 8달러밖에 되지 않았다. 딘이 1981년에 받았던 임금보다도 적었다. 여기도 때려치운 매트는 매디슨의 케이마트에서 '도난방지 관리자'라는 일자리를 구했다. 하루에 열 시간씩 물건을 훔치는 사람이 없나 감시하다가 적발하면 그 사람을 비폭력적인 수단으로 잡아두는 일이었다. 어머니와 살다 쫓겨난 40세의 실업자가 텐트를 훔치려다 적발된 적도 있었다. 이것은 매트가 고향에 돌아와 하려던 일이 아니었다. 그는 뭔가 변화를 찾고 싶었지만, 시간당 10달러라는 유혹을 뿌리치기가 힘들었다. 이후 케이마트에서는 그의 임금을 8달러 50센트로 낮췄다.

매트를 정말로 우울하게 만든 것은 매사를 돈으로 따지는 미국의 풍토였다. 사람들은 어떻게 하면 최저의 비용으로 최대의 이익을 올리는가에만 혈안이 되었다. 모두 오로지 '나, 나, 나'만 찾았고, 누군가를 도우려는 사람은 없었다. 로비스트와 정치인들은 온통 부패에 절어 가장 적게 가진 사람들에게서 무엇이든 빼앗으려고 했다. 딘의 지하층에 혼자 있을 때 그가 좋아했던 것은 가벼운 기분으로 맥주를 마시며 「앤디 그리피스 쇼」(1960~1968년에 미국 CBS에서 방영된 시트콤_옮긴이) 재방송을 보는 것이었다. 당시 미국은 살기가 더 좋았다. 원하는 성장기를 마음대로 선택할 수 있다면 미국의 마지막 황금기라고 할 1950년대가 좋았을 것이다. 이런 말을 하고 싶지는 않았지만, 그것은 사실이었다.

딘은 매트를 위해 무엇이든 해주고 싶었지만, 월세가 다섯 달이나 밀린 자 매트에게 방을 비우라고 말할 수밖에 없었다.

「앤디 그리피스 쇼」는 이 지역에서 여전히 인기가 높아(앤디가 오바마케어를 위한 광고에 출연한 뒤로도) 매일 오후에 재방송을 했다. 「메이베리 RFD」(「앤디 그리피스 쇼」의 속편에 해당하는 미국 TV 시리즈_옮긴이)의 본무대가 버지니아 주 경계 위쪽의 마운트 에어리 시내였기 때문이다. 마운트 에어리도 큰 타격을 받은 섬유도시의 하나로, 관광객을 위해 중심가의 진기한 모습을 유지하려고 애썼다. 조금 얼빠진 모습으로 마음에 위안을 주는 쇼의 출연진은 백인 일색으로 쇼윈도마다 이들의 포스터나 사진, 이들을 소개한 주요 기사를 붙여놓고 있었다. 7월 말, 그린즈버러에서 파신심리가 끝나고 며칠 뒤에 딘은 시 행정위원으로 있는 여자를 만나기 위해 한 시간 거리의 마운트 에어리로 차를 몰고 갔다. 그는 자신의 제안에 동의를 구하기 위해 4개월 동안 주 일대를 돌아다니며 카운티와 접촉했고, 적어도 30개 카운티의 관리들을 만나 설득했지만 성과는 없었다. 이들은 레밍(나그네쥐. 이동 시에 차례로 강이나 바다에 뛰어들어 집단 자살하는 것처럼 보이는 것으로 유명한 설치류_옮긴이) 무리처럼 누군가 앞에서 뛰어들기를 기다리는 동안 뒤에서 말려주기를 바라는 자들이었다.

딘은 게리와 수개월째 말을 하지 않고 지냈다. 그는 게리가 이 새로운 아이디어를 알아내는 것을 원치 않았다. 딘의 마음속에서 게리는 해적이었기 때문이다. 현대판 해적이었다. 딘이 어떤 아이디어든 알려주면 게리는 몽땅 훔쳐가서 자기 것이라고 주장하는 인물이었다. 이런 행태를 볼 때는 나폴레온 힐이 말한 '지도자 동맹'이 아쉬웠다. 그와 게리 사이에는 이런 정신이 전혀 없었기 때문이다. 게리는 딘이 말한 '제3의 사고'를 믿지 않았다. 게다가 게리는 티파티 공화당원이었다. 한번은 딘이 담배농사를 짓는 농부와 맥주를 마실 때, 파트너십에 대한 화제가 나왔다. 그러자 이 농부는 "파트너가 있으면 두 가지에 좋지. 춤과 섹스 말이야"라고 말했다. 하지만 이제 딘은 혼자였다.

마운트 에어리의 여자는 테레사 루이스Teresa Lewis라는 이름이었다. 두 사람은 시 외곽의 쇼핑몰에 있는 그녀의 사무실에서 만났다. 테레사는 여기서 임시직을 관리하고 있었다. 그녀는 금발로 염색한 50대 초반의 여성으로, 파란색 상의에 진주목걸이를 하고 있었다. 벽에는 엘비스의 포스터와 존 매케인, 주 공화당 상원의원의 사진이 붙어 있었다. 딘은 테레사의 책상 위에 카놀라 씨가 담긴 통을 올려놓고 자신의 계획을 설명했다.

"이것은 그야말로 풀뿌리 공동체운동이라고 볼 수 있습니다. 농부들만 관계된 것이 아니라 식당 주인, 학교 시스템, 정부까지도 포함되니까요."

"좋아요, 딘."

테레사는 조금 쉰 목소리로 천천히 입을 열었다.

"이런 일을 못 할 이유가 어디 있겠어요? 나쁠 게 없을 것 같은데요."

"없죠."

"이 지역은 거대한 농업사회예요. 도시의 건물 하나하나가 모두 담배농사 덕분에 생긴 거죠."

그렇게 말한 테레사는 미소를 지으며 말을 이었다.

"방금 두 가지 표현을 했는데요, 딘. '지속 가능성'과 '녹색'이라는 단어 말입니다. 이곳 사람들은 그런 말을 좋아하지 않아요."

테레사는 딘에게 지역 정치의 특성을 설명했다. 그녀는 물론 공화당원이었지만, 상공회의소와 유나이티드 펀드(합동모금), 공화당 시민사회 개선운동의 회원으로서 티파티 공화당원과는 달랐다. 2010년에 그녀는 아주 보수적인 여자(전직 섬유노동자이자 글렌 백의 팬)를 상대로 마운트 에어리 시장 선거에 출마했다가 낙선했는데, 당시는 티파티가 서리 카운티의 행정위원회를 장악한 상황이었다. 또 시 행정위원회에는 재활용품을 위한 가두 수집시설을 설치하자는 안건이 올라왔는데, 극심한 찬반양론이 일었다. 반대 측에서는 이 의견이 진보적이고 녹색을 띤 데다 큰 정부 운동과 맥을 같이하는 것으로 마운트 에어리의 납세자들에게 부담을 준다고 주장했다. 이때 테레사의 찬성 표결이 결정적인 역할을 했다. 이해에 여러 차례 벌어진 의견 다툼으로 그녀는 타격을 받은 것 같았다.

그녀가 말했다.

"이곳 사람들은 '저축'이나 '영농'이란 말을 좋아하고, '소득환급'이란 말을 좋아해요. 또 '대체자원'이란 말도 좋아하죠. '대안'이란 말을 들을 때는 '지속 가능성'에 대한 것과 반응이 달라요."

"알아요, 위원님."

"당신은 지금 지난 선거 때 카운티 위원회에 들어온 극보수파 5인과 맞서려는 격이라고요. 나는 당신이 좋아요. 다만 그런 단어가 인기 없다는 것을 경고해주려는 것뿐이죠."

테레사는 딘이 서리 카운티 행정위원회에 자신의 아이디어를 설명할 기회를 얻도록 도와주겠다고 했지만, 몇 주가 지나도록 딘은 분명한 소식을 듣지 못했다.

딘은 중고 혼다를 몰고 무려 8만 킬로미터나 돌아다녔다. 그는 이제 분홍색으로 빛이 바랜 빨간 코카콜라 야구 모자를 쓴 채, 단지를 실은 차를 몰고 주 전체에 안 간 곳이 없었다. 만나는 사람마다 자신의 계획을 말하고 다녔다. 피드먼트 바이오연료의 히피들과도 만났다. 노스캐롤라이나에서는 번성하고 진보적인 채플 힐 부근에 있는 이 회사는 노동자들 소유로 운영되는 협동조합 형태였는데, 대개 주 밖에서 들어온 사람들이었다. 또 그린즈버러의 교육위원 한 명과도 이야기를 나눴는데, 이 사람은 극우파여서 공립학교의 필요성조차 의심하는 눈치였다.

딘은 워런 카운티 출신의 흑인으로 하원의원에서 퇴직한 에바 클레이튼Eva Clayton도 만났다. 롤리에 있는 그녀의 사무실에서 마주 앉았을 때,

딘은 이렇게 말했다.

"제가 볼 때 우리 경제는 현재의 인구에 필요한 일자리를 공급하지 못한다는 것을 보여주고 있습니다. 그러니 생각을 바꿔야 할 때예요. 제가 말하는 이 새로운 녹색경제야말로 진정 다른 사고방식이라고 봅니다. 그리고 우리 경제로서는 에너지원을 개발하는 것 말고는 달리 시작할 방도가 없어요."

그러자 작은 체구에 기품이 있는 에바는 미소를 거두고 정색한 채 입을 열었다.

"음…… 요구사항이 뭐죠?"

딘이 대답했다.

"식당 주인들도 이 운동에 동참하게 하자는 겁니다. 거기서 버리는 기름을 기부하거나 우리가 싼값에 얻을 수 있게 해달라는 거죠. 두 번째로, 교육위원회와 협력해서 버스 운행 종사자들에게 스쿨버스에 사용하는 새로운 연료를 소개하자는 겁니다. 이것이 핵심이자 해결의 출발점에요. 여기서 카놀라 문제가 나옵니다."

에바가 "농부들에게 재배를 권장하라는 건가요?"라고 묻자 딘이 대답했다.

"카놀라를 재배하는 거죠. 우리는 카놀라 씨에서 기름을 추출하기 위해 소규모 처리시설을 지을 겁니다."

그러자 그녀는 딘의 단지를 회의 탁자로 올려놓으며 말했다.

"당신의 뜻은 이것을 농부들이 재배하게 하자는 거군요."

딘은 "그렇습니다, 의원님. 농부들이 이것을 재배하려면 모두 돈이 되어야겠죠"라고 말했다. 그녀가 다시 말했다.

"어떤 의원 한 사람도 가난한 사람들에게 도움이 되는 아이디어가 있는데 말이죠. 문제는 가난이 절박한 당장의 문제라는 거예요. '당장 먹을 게 필요하다, 당장 청구서 요금을 내야 한다'라고 아우성치는 상황에서 이런 아이디어는 1~2년 후에나 돈이 되잖아요."

그녀는 다시 미소를 지었다.

"하지만 희망은 우리가 더 나아질 수 있다고 말하는 사람들의 이런 아이디어에서 나오는 거죠."

그는 재개장한 워런턴의 무기고에서 열린 녹색 일자리 설명회에도 나가보았다. 300명이나 일자리를 구하러 나왔는데, 이들 중 80퍼센트가 흑인이었다. 그는 워런턴으로 가기 전에 몇 가지 조사를 했고, 시 외곽으로 8킬로미터가량 떨어진 소울 시티에 대한 글도 읽었다. 소울 시티는 1970년대에 플로이드 매키식Floyd McKissick이라는 흑인 활동가가 에바 클레이튼 부부의 도움으로 가난에 찌든 담배농장 약 2000만 제곱미터에 조성한 곳이었다. 자급자족하는 다민족 공동체라는 목표하에 1만8000명이 살 수 있는 주택을 건설한다는 계획으로 닉슨 행정부에서는 매키식이 공화당에 입당한 뒤에 모델 시티 프로그램이라는 명목의 연방 정부 보조금을 주었다. 당시 딘의 아버지는 격노하면서 소울 시티라는 아이디어를 못마땅해했다. 하지만 인구는 수백 명 수준을 벗어나지 못했고, 사업체도 들어오지 않았다. 결국 소울 시티는 차츰 몰락했고, 2011년이 되자 허물어진 진료소 한 곳과 붉은 점토의 옥수수 밭 옆으로 난 '자유의 길'과 '혁명의 길'이라는 도로변에 침실 두 개짜리 주택 몇 곳밖에 남은 것이 없었다.

이 모든 것을 읽고 흥분한 딘은 녹색 일자리 설명회에 나갔을 때 자리에서 일어나 말했다.

"제 이름은 딘 프라이스인데요, 그냥 그린 딘이라고 불러주시기 바랍니다. 저는 마틴 루터 킹이 역사상 아주 위대한 인물 중의 한 명이라고 생각해요."

만일 그의 아버지가 이 말을 들었다면 어땠을까? 의회에서 킹의 생일을 국경일로 지정할 것인지 말 것인지를 두고 논란을 벌일 때, 딘의 아버지는 "네 명만 더 암살되었다면 아예 일주일을 통째로 국경일로 하겠군"

이라고 말했었다. 딘은 늘 킹이 기껏해야 흑인 지도자일 뿐, 모든 사람의 지도자는 아니라고 생각했지만, 최근에 와서는 이런 생각이 변했다. 그리고 이제 남부 억양을 쓰는 백인 남자가 이런 말을 하는 것을 좀처럼 들어보지 못한 흑인 청중이 주로 모인 곳에서 발언을 하게 된 것이다. 그는 다시 입을 열었다.

"마틴 루터 킹은 언젠가 '우리는 모두 다른 배를 타고 이곳에 왔지만, 이제는 한 배를 탔다'라고 말했죠."

청중 사이에서 헉 하고 숨이 막히는 듯한 소리가 들렸다.

"또 한 명, 플로이드 매키식이라는 사람이 40년 전에 이곳에 왔습니다."

다시 나이 든 청중 사이에서 헉 하고 놀라는 소리가 들렸다.

"플로이드 매키식은 한 가지 꿈이 있었습니다. 모든 사람이(피부색이 하얗든 검든 갈색이든 녹색이든 상관없이) 사는 도시를 건설하는 것이었죠. 모든 사람이 함께 일하며 모두 동등한 기회를 누리는 그런 공동사회를 말입니다. 저는 아직도 그 꿈이 살아 있다는 말을 하기 위해 여기 온 것입니다. 그의 꿈은 환상이었어요. 그는 물결을 거슬러 오르며 헤엄쳤죠. 하지만 이제 물결의 흐름이 바뀌었기 때문에 우리는 물결을 타면서 헤엄을 치게 되었습니다. 값싼 에너지가 이곳에 남아 있기 때문이죠. 값싼 에너지는 세계화 현상을 가능하게 했고, 세계화라는 물결에 역행하면 에너지 비용이 비싸집니다. 이런 현상은 간디의 가르침으로 거슬러 올라갑니다. 간디는 가장 가까운 이웃을 무시하고 가장 먼 곳에서 물건을 사는 것은 죄악이라고 말했죠."

이어서 딘은 청중을 향해 노스캐롤라이나에서 가장 가난한 카운티 중 하나인 이곳에서 바로 그들 스스로 에너지를 만들 수 있다고 말했다. 청중은 그의 말 한마디 한마디를 새겨들었다. 이후 사람들은 딘을 보면 "그린 딘! 그린 딘!" 하고 외쳤다. 파란 눈을 한 나이 든 흑인 한 사람은 딘에게 "내게 100만 달러가 있다면 당신의 아이디어에 투자할 것이오"라고 말하기도 했다. 워런 카운티의 다이아몬드 밭이라는 느낌이 들었다. 하지만 행정위원회는 시급한 문제라는 의식이 없었고, 관망만 하면서 행동은 보여주지 않았다. 결국 딘의 호소가 실현된 것은 하나도 없었다.

딘은 캐시 프록터Kathy Proctor라는 백인 여자와도 만나 이야기를 나눴는데, 나이가 55세로 두 자녀를 둔 미혼모였다. 하이포인트 부근에 사는 캐시는 은행이 구제받는 와중에 가구공장에 다니다가 실직했다. 그리고 실업수당으로 다시 윈스턴세일럼에 있는 지역 전문대학에 들어가 생물공학을 공부했는데, 새로운 경력을 쌓으려는 것이 아니라 두 딸에게 모범을 보이려는 의도였다. 어느 날, 오바마 대통령이 이 학교를 방문해 재교육과 제조업을 주제로 연설하는 일이 있었다. 대통령이 캐시의 실험실을 지나가다가 할 이야기가 있는 사람이 있는지 물었을 때, 캐시는 대통령에게 자신의 이야기를 했다. 이후 그녀는 자신이 2011년 대통령의 국정연설에서 미셸 오바마의 손님으로 초대되었다는 사실을 알았다.(그녀는 혹시 다음번에는 몰라도 2008년에는 영부인의 남편에게 투표하지도 않은 사람이었다.) 대통령이 국정연설을 하는 중에 캐시 프록터의 이름을 언급했을 때 그녀는 깜짝 놀랐고, 중계를 하던 TV 카메라는 부드러운 머릿결에 통통한 한 여자가 영부인의 구역에 앉은 옆 사람들에게 "저예요"라고 말하는 모습을 포착하기도 했다.

딘은 캐시 프록터를 찾아가 비좁은 거실에 마주 앉았다. 손때 묻은 가구는 그녀가 평생 근무한, 지금은 사라진 지역의 가구공장에서 만든 것이었다. 이 무렵 캐시는 24시간 운영되는 온라인 비타민 유통센터의 품질관리부에서 일하고 있었다. 그녀는 연봉 3만 달러에 채용되었는데, 가구공장보다 보수가 적었다. 전문대 졸업 자격으로 원했던 실험실 근무가 아니었기 때문이다. 하지만 최저임금보다는 많았고, 거리로 나앉는 것보다는 나았다. 어쨌든 이 수입으로 각종 청구서 요금을 내는 데는 문제가 없었다.

딘은 자신도 오바마를 만났다고 말하며 캐시에게 자신의 프로젝트를 설명했다.

"이런 바이오연료가 있는 줄은 몰랐네요."

캐시는 쾌활하고 호기심 넘치는 표정으로 말했다.

"새 사업을 시작하자는 거죠"라고 말하며 딘이 웃었다.

"그거 좋네요. 나도 이런 일에 관심이 있습니다. 시작하기에 꼭 맞는 일이군요. 그런데 이 일을 얼마 동안이나 했나요, 딘?"

"2005년부터요. 엄청 힘들었습니다."

캐시는 이튿날 그린즈버러 지역 전문대학에서 예정된 오바마의 연설에 초대받은 상태였다. 그녀가 딘을 향해 말했다.

"내일 대통령에게 말할 기회가 생기면 이 말을 하겠어요."

딘과 캐시는 하이파이브를 했다. 하지만 딘은 이제 대통령에게 별 기대를 하지 않았다. 레드버치에 있을 때, 그는 오바마가 당선되면 변화가 올 것이고, 톰 페리엘로가 변화에 도움을 줄 것이라고 생각했다. 국가만큼이나 지지자가 양극화된 상황에서 오바마는 의회의 다수 의석이라는 절호의 기회를 맞았지만, 탄소배출권 거래제를 통과시킬 만큼 지지 세력을 모으지 못했다. 오바마는 실패했고, 페리엘로는 워싱턴 싱크탱크에서 일하기 위해 가버리고 없었다. 변화는 새로운 법안에서 나오는 것이 아니다. 또 워싱턴이나 롤리에서 오는 것도 아니다. 변화는 스톡스데일에서 올 것이다. 나라가 위기에 빠졌는데, 이 위기를 타개할 정치인은 없었다. 위기는 기업인이 타개해야 한다.

"댐에 난 작은 구멍과 같은 거죠. 그 작은 틈에서 물이 새기 시작하면 오래지 않아 댐 전체가 무너지는 식이에요. 나는 우리 경제가 그런 식이라고 봐요. 렌더링 회사와 식당 주인 사이에서 그런 구멍이 생기는 겁니다."

이것이 딘의 믿음이고 신념이었다. 나이 마흔여덟에 직업도 배우자도 없고 돈도 없이 카운티마다 찾아다니며 수많은 사람에게 자신의 계획

을 호소했지만, 입질만 할 뿐 아무도 덥석 물려고 하지 않는 상황에서 보
낸 이 몇 달간의 시간은 그의 신념에 가장 혹독한 시험기였다. 어쩌면 그
가 카운티의 관리들에게 말하는 방법을 몰랐을 수도 있다. 그들은 도움
이 필요하다는 것을 알면서도 농부들보다 더 조심스러워했고, 자신할 수
없는 일에 먼저 발을 담그려고 하지 않았다. 이것이 그의 신념이 직면한
한계였다. 또 딘은 자신의 꿈을 설명하면서 때로 너무 앞서나가는 바람
에 지지를 얻지 못하는 경우도 있었다. 그가 만든 브로슈어 중에는 "우리
가 힘들게 벌어 낸 세금이 테러리스트와 지하디스트 jihadist(이슬람 성전주의
자)를 지원하는 데 쓰이고 있다. 지금 우리와 전쟁을 벌이고 있는 바로 그
사람들이다. 우리는 기본적인 인프라 시설을 유지하려고 아등바등하면서
동시에 그들의 삶을 풍족하게 해주는 것이다"라는 말이 들어간 것도 있
었다. 이것을 본 몇몇 학교 행정 책임자는 질겁했다.

한번은 프랭클린 카운티로 차를 몰고 가는 중에 아들 라이언이 학교에
서 전화를 했다. 보안관보 한 사람이 딘을 찾는다는 것이었다. 민사소송
소환장을 배부하려고 간 이 보안관보가 문이 열려 있는 것을 보고 가택
침입을 당한 것이 아닌가 생각했다는 것이다. 소환장은 마틴즈빌의 레드
버치가 파산했다는 소식을 듣지 못한 식품회사의 소송과 관계된 것이었
다. 딘의 어머니는 걱정스러운 표정으로 입을 열었다.

"이게 무슨 어이없는 일이냐? 언제 돈을 벌려고 해봤어? 이제 다 포기
하고 아무 일이나 해야 하는 것 아니야?"

또 그의 주변에서는 온통 파산했다는 소식뿐이었다.

10월 어느 날, 딘은 포사이스 카운티를 지나가다가 루럴 홀이라는 작
은 건물에 들렀다. 이 건물의 올드 벨트 협동조합에서는 아직도 사람들
이 담배 경매를 하고 있었는데, 이런 행사는 전국은 아니라고 해도 주 내
에서는 마지막으로 볼 수 있는 것이었다. 담배 수매는 끝물이었다. 들어
가보니 독한 담배 냄새가 가득 찬 굴속 같은 창고는 거의 비어 있었고, 골

프 셔츠를 입은 예닐곱 명 정도의 남자들이 1.2미터 정도 높이의 담배 꾸러미 사이를 서성대고 있었다. 그 사이를 오가는 사람들이 황갈색의 담뱃잎을 한 움큼씩 만져보는 동안 경매인은 "15달러, 10달러, 10달러, 5달러" 하며 파운드당 가격을 불렀다. 버지니아의 베일리스 시가렛츠Bailey's Cigarettes에서 나온 한 매수인이 "80" 하고 매입량을 말하자 경매인은 "베일리, 80" 하고 따라 말했고, 서기는 이것을 종이에 써서 담배 꾸러미 위에 붙였다. 다른 매수인은 켄터키에서 온 사람이었다. 그가 말했다.

"바카(말아 피는 담배_옮긴이)는 쓸 만한데, 어렸을 때 들으니 나머지는 다 형편없다더군."

남자 몇 명은 딘처럼 방금 들어와 경매를 구경했는데, 농사를 짓다 그만둔 사람들이거나 규정상 경매에 참여할 수 없는 창고 관리인들이었다.

담배를 팔러 나온 한 젊은 농부는 조금 떨어진 곳에서 짐 꾸러미에 기대어 골프 셔츠 차림의 나이 든 남자들을 지켜보고 있었다. 이들이 경매 중인 것은 이 젊은이의 수확물 일부로, 그와 계약을 맺은 댄빌의 대기업 재팬 타바코 인터내셔널에서 수매하지 않은 분량이었다. 앤서니 피어틀Anthony Pyrtle이라는 이 농부는 이해에 디젤유 가격 덕분에 운이 좋아 이익을 볼 것 같다고 말했다. 어릴 때부터 그의 친구였던 켄트 스미스Kent Smith도 짐 부리는 일을 도와주러 함께 나왔다. 스미스는 시간당 14달러 50센트를 받고 구리 제련공장에서 일하는 사람이었다. 그가 말했다.

"난 저 친구가 운이 좋아 공장에서 일할 필요가 없다고 늘 부러워했는데, 지금 생각하니 저 친구보다는 내가 형편이 낫네요."

피어틀은 딘과 레드버치에 대해 들은 적이 있었다. 딘은 그에게 "이 나라는 사우디아라비아에 3달러를 보내는 대신 당신의 바이오디젤 1갤런에 6달러를 줘야 해요"라고 말했다.

피어틀이 말했다.

"당장 바꿀 겁니다. 옥수수를 키우든가, 무엇이든 연료가 될 작물을 심어야겠어요."

딘은 올드 벨트 협동조합에서 걸어 나와 혼다에 올라탔다. 그의 소년 시절에 경매는 동네 축제였다. 다들 손에 돈을 쥐고 흥겨운 분위기에서 크리스마스를 위한 장을 볼 준비를 했다. 담배 창고는 서로 어울리면서 정치 이야기를 하러 나온 사람들로 시끌벅적했다. 하지만 요즘의 경매는 뭔가 지저분하고 개인적으로 이루어졌으며, 구경꾼 몇 명 앞에서 금방 끝나고 말았다. 그리고 앤서니 피어틀 같은 사람은 그저 본전치기라도 하기를 바랐다.

기분 전환을 위해 딘은 스톡스 카운티 뒷길로 차를 몰고 갔다. 이곳의 행정관은 전에 딘에게 스톡스 사람의 30퍼센트는 끼니를 잇기가 힘들고 자살률도 평균의 두 배에 이른다고 말한 적이 있었다. 딘의 회계원도 스톡스에 살았는데, 그의 의붓아들은 고등학교 때부터 친구를 여덟 명이나 잃었고, 그중 세 명은 자살이라고 했다. 딘은 월넛 코브 시내를 지나가다가 이스트 스톡스 봉사회 앞에 차를 세웠다. 그 앞에는 식품배급소가 있었는데, 합판으로 만든 선반에는 캔 식품과 애완동물용 사료가 든 가방이 보였고, 냉장고에는 지역의 사냥꾼들이 기부한 다진 사슴고기가 들어 있었다. 이곳을 운영하는 여자는 딘에게 공무집행 중에 총에 맞아 산재 보상을 받는 경찰관이 한 명 있는데, 장애인 신고를 하고 싶지 않아 일주일 전에 이곳으로 식품을 얻으러 왔었다는 이야기를 했다. 또 손이 부러진 법정 속기사도 다녀갔다고 했다. 사무실 안에는 '기금 부족으로 올해 연료나 등유는 지원하지 못합니다. 우리는 배급소를 가득 채우기 위해 최선을 다할 것입니다. 난방 지원비에 대해서는 가능하면 조속히 다른 대책을 세우시기 바랍니다'라고 쓴 글귀가 보였다. 코에 산소튜브를 꽂고 손에 의류교환권을 든 뚱뚱한 여자는 더블 라지 셔츠가 나오기를 기다리면서 "우리 집은 아홉 식구예요. 그래도 우리는 잘 지내요"라고 말했다. 이곳을 담당하는 여자가 딘에게 말했다.

"우리 경제구조에서는 타이어가 하나 펑크 난 상태로 또는 월급이 없는 상태로 한 달을 살 때, 대다수의 삶을 변화시킬 수도 있다는 것을 알아야 해요."

배급소를 나오며 딘은 몸서리를 쳤다. 하느님의 은총이 없었다면 나도 저렇게 되지 않았을까? 일단 그런 상황에 처하면 빠져나가는 것은 거의 불가능할 것이다. 극복할 것이라고 믿었지만 마지막 순간에 한발 물러나 그 어느 때보다 멀리 나갔다는 것을 깨달은 적이 얼마나 많았던가! 집으로 가는 길에 옛날에 부르던 찬송가 구절이 딘의 머릿속에서 계속 맴돌았다.

저 따분하고 멋없는 시간들
예수를 알지 못할 때!
어여쁜 꿈과 어여쁜 새와 어여쁜 꽃들도
모두가 나에겐 헛된 것이리니

지긋지긋하고 진저리가 났다. 딘은 몸이 오싹해지면서 눈물을 흘리기 시작했다. 문득 오래된 마찻길에 대한 꿈을 꿀 때 그에게 말한 목소리가 들리는 것 같았다.

"이것만이 갈 수 있는 유일한 길이야."

그런 다음 돌파구가 보였다.

10월 어느 날 밤, 딘은 『번영의 바이블』을 읽다가 19세기에 랠프 왈도 트라인Ralph Waldo Trine이 쓴 문장을 우연히 보았다. 그것은 '두 번째 할 일을 먼저 하지 마라'라는 말이었다. 갑자기 왜 학교 문제로 그렇게 걱정하는가라는 생각이 머리를 휙 스쳤다. 그는 카운티에서 45만 달러를 들여 반응장치를 설치하면 버스 연료를 스스로 만들어낼 수 있다고 말함으로

써 두 번째 일을 먼저 하려고 한 것이다. 하지만 카운티에 그런 돈이 있을 리 없었다. 이 프로젝트는 리스크가 너무 많고 너무 복잡해 그들은 이해할 수 없었다. 특히 그가 그다음으로 카놀라 수확과 식품 등급의 기름이라는 표현을 할 때 더욱 그랬다. 에바 클레이튼에게는 세 번씩이나 설명했는데도 알아들은 건지 확신할 수 없었다. 그는 모든 것을 거꾸로 한 것이다. 그 빌어먹을 기름을 얻는 것이 첫 번째였다. 그렇지 않고서야 카운티에 세울 정유소의 규모가 얼마나 되어야 하는지 어떻게 알겠는가? 학교에는 그저 자신이 학교 이름으로 식당의 기름을 모으고 그것을 기존의 바이오디젤 회사에 팔아 이익의 절반을 주겠다고 말해야 했다. 그리고 그 돈을 교사를 확보하거나 교실을 유지하는 데 쓸 수도 있고, 아무튼 학교에서 원하는 용도에 맞게 쓸 수 있을 것이라고 말해야 했다. 단순하게 현금 기부나 학교 기금 모금과 같은 것이라는 비유를 했어야 그들이 쉽게 이해했을 것이다. 그래야 식당 주인들도 왜 그들이 뒤에게 기름을 팔아야 하는지 이해했을 것이다. 정유소를 세우고 연료를 제조하고 농부들에게 카놀라를 재배하게 하는 이 모든 일은 그다음 문제였다.

이렇게 계시를 받듯이 각성할 무렵, 딘은 스티븐 콜드웰Stephan Caldwell이라는 청년을 만났다. 스물세 살의 스티븐은 오하이오 시골 출신으로 구강외과 의사이자 사과농장을 경영하는 유지의 아들이었다. 스티븐은 롤리의 광고회사에서 직장생활을 시작했지만, 금융위기로 회사가 타격을 받는 바람에 광고회사를 그만두고, 자신이 늘 좋아하던 기계설비와 농장 일을 하기로 결심했다. 그의 관심은 바이오디젤로 이어졌고, 그린 서클Green Circle이라는 조그만 폐식용유 재활용 회사를 시작했다. 그리고 베어풋Barefoot이라는 퇴직 용접공에게 세를 얻어 사무실을 차렸다. 존스턴 카운티의 한적한 농장에 있는 돼지 도살장에서 1.5킬로미터 정도 떨어진 곳이었다. 그린 서클을 보러 갔을 때, 딘은 스티븐의 공장이 레드버치를 새로운 곳으로 옮긴 것 같다는 생각이 들었다. 냄새도 똑같았다.

피드먼트에서 바이오디젤에 매달리는 사람은 누구나 레드버치를 알았다. 스티븐이 들은 레드버치의 평판은 좋지 않았다. 레드버치가 농부들에게 줄 돈을 지급하지 않고, 나쁜 연료를 판다고 했기 때문이다. 하지만 그는 딘 프라이스의 열정이 마음에 들었고, 다른 사람에게 책임을 전가하는 것을 놓고 딘을 비난하고 싶지 않았다. 묵묵히 일만 열심히 하는 스티븐은 롤리 부근의 식당 몇 군데와 계약을 맺고 간신히 회사를 유지하는 상태였고, 오랜 시간 폐식용유를 퍼 나르는 일에 매달리다 보니 결혼에 신경을 쓸 겨를도 없었다.

딘은 스티븐이 혼자 일하는 것보다 훨씬 많은 성과를 낼 수 있는 아이디어가 떠올랐다. 게다가 스티븐은 딘에게는 없는 공장과 장비, 트럭 등을 갖추고 있었다. 그래픽 디자인을 전공한 스티븐은 딘이 자신이 깨달은 바를 말했을 때, 주말을 이용해 녹색과 노란색으로 화려한 브로슈어를 그렸다. '학교를 위한 바이오디젤'이라고 불린 이 브로슈어는 새로운 구상을 단순명쾌하게 설명했기 때문에 아무리 멍청한 관리라고 해도 이것만 보면 당장 시행해야 할 프로젝트라는 것을 알 수 있었다.

추수감사절 기간에 딘과 스티븐은 그린 서클을 합자회사(파트너십)로 전환하기로 했다. 딘은 스티븐의 사업 모델이 실패하고 있었기 때문에 70 대 30으로 자신이 더 많은 지분을 가져야 한다고 생각했다. 하지만 스티븐은 55 대 45는 되어야 진정한 협력이 될 수 있다고 딘을 설득했다. 딘은 이 브로슈어에 힘을 얻어 다시 몇몇 관리를 만났다. 이미 그해에 만나본 사람들이었고, 경우에 따라서는 8~9차례나 만난 사람도 있었다. 크리스마스 직전에 딘은 피트 카운티의 교육위원회에 소속된 농업 전문가에게 전화했다. 그해 4월에 만난 이후로 아무런 반응도 보이지 않던 사람이었다. 딘은 말했다.

"내 생각이 짧았어요. 처음부터 다시 시작해서 실수를 깨달았고, 이제는 바로잡았어요. 다시 만나 프레젠테이션할 기회를 주시면 고맙겠습니다."

피트 카운티는 노스캐롤라이나 동부에 있다. 피드먼트와 달리 평지에 있으며 은빛으로 반짝이기 때문에 해안이 가깝다는 것을 알 수 있지만, 담배농사가 사양화된 것은 피드먼트와 다를 바 없었다. 이곳에는 딘이 자신의 아이디어가 성공하는 데 필수적이라고 보는 세 가지 요건이 갖추어져 있었다. 그것은 휴경지와 차로 오래 걸리는 거리, 그리고 행정 중심지인 그린빌 시내에 있는 수많은 식당이었다. 크리스마스부터 새해 사이에 그를 만난 피트 카운티의 학교 담당 재무관은 신중하게 듣더니 "정말 독창적이네요!"라고 감탄했다.

딘에게는 힘이 되는 말이었다. 딘은 이 밖에도 10여 명의 관리를 더 만나 자신의 아이디어를 설득해야 했다. 그들은 빈틈이 없는지 여기저기 쑤셔보면서 학교가 과연 그렇게 미덥지 못한 사업자 또는 통제하기 힘든 독불장군과 계약을 할 것인지 확인하고 싶어했다. 하지만 2012년 3월 5일, 피트 카운티 교육위원회는 그린 서클과 거래하는 안건을 만장일치로 가결했다. 기름 판매 이익은 회사의 비용을 메운 뒤에 나누기로 했다. 딘이 첫 성공을 거두기까지는 꼬박 1년이 걸렸다.

그가 읽고 있는 스티브 잡스의 전기에는 세상을 바꿀 수 있는 자기만의 아이디어를 가진 사람은 희박한 공기를 마시는 것이라는 말이 있었다. 딘은 자신이 바로 그런 사람이라고 믿었다. 피트 카운티와 노스캐롤라이나는 바이오연료 산업의 실리콘밸리가 될 수 있었다. 경제호황의 물결을 탄 것이나 다름없었다. 그린빌의 다이아몬드 밭이었다.

사소한 아이디어라도 일단 생기면 누구나 기회를 잡을 수 있다는 생각을 하니 낯선 느낌이 들었다. 마치 초콜릿칩 쿠키의 반죽을 파는 판매원처럼 딘은 학교 기금 모금원이 된 기분이었다. 또 모금원이 되지 않을 수 없었다. 이 일은 애플 II를 개발한 것 못지않게 경사스러운 일이었다. 딘은 식당을 일일이 찾아다녔다. 그는 데니스 레스토랑의 카운터에서 지배인을 보며 말했다.

"우리가 기름을 무료로 걷어가면 여기는 저절로 홍보가 되고, 학부모들은 누구나 데니스가 학교를 후원한다는 것을 알게 될 겁니다."

타이 레스토랑의 주방에서는 주인이 "당신은 교사인가요?"라고 묻자 딘은 대답했다.

"우리는 이 프로그램을 학교와 공동으로 진행하면서 학교의 지출을 줄여주려는 것입니다. 또 피트 카운티에서 새 사업을 시작할 거고요."

그는 그린빌에서 가장 큰 식당에 가 주인의 어머니와 만나 두 시간 동안 이야기를 나누기도 했는데, 여기서는 아무 성과가 없었다. 중국 식당은 주인들이 지역사회의 일원이 되려는 욕구가 강해서 동의를 받기가 가장 쉬웠다. 2012년 6월까지 딘은 93개 식당의 동의를 얻어냈다. 8월이 되자 그린 서클이 수집하는 기름은 매주 2000갤런에 이르렀다.

어느 날 밤, 두 동업자는 스티븐의 픽업트럭을 타고 어둠이 깔린 거래처 식당을 돌아다녔다. 이들은 어느 쇼핑몰로 들어가 바비큐 식당 뒤에 있는 공간에 차를 세웠다. 스티븐은 프라이팬에서 음식이 부글부글 끓고 있는 주방을 지나 지배인인 프레디Freddy의 조그만 사무실로 들어갔다. '나는 자랑스러운 레드넥'(못 배운 남부인을 비웃는 말로, 햇볕에 그을려 목이 발개진 데서 나온 말. 남부인의 기질을 뜻하기도 한다_옮긴이)이라고 쓰인 글귀가 보였다. 그는 여기서 열쇠를 받아 다시 밖으로 나간 다음 콘크리트 블록으로 된 창고를 열었다. 이곳에는 식당에서 보관하는 일곱 개의 금속통에 폐식용유가 가득 들어 있었다. 스티븐과 딘은 트럭의 기름 탱크에서 호스를 뽑아 첫 번째 통에 흡입기를 대고 펌프질을 시작했다. 통 위쪽에서 빛나는 그리스는 밤하늘의 은하수처럼 소용돌이쳤고, 흑갈색의 기름에는 동물의 지방 찌꺼기가 섞인 얼룩이 보였다. 창고 한쪽에는 살코기를 발라내고 남은 통돼지의 잔해(등뼈와 어깨뼈, 다리)를 가득 담은 통이 보였는데, 대형 렌더링 회사에서 걷어가는 것이었다. 공기 속에는 막 부패하기 시작한 고기의 탄 냄새가 배어 있었다. 두 사람의 손과 통, 호스, 트럭 바닥은 온통 굳은 기름으로 끈적끈적했다. 이것을 보자 딘은 소년 시절 담뱃잎을 나르고 건조작업을 할 때 손에서 타르가 뚝뚝 떨어지던 것이 생각났다. 수개월 동안 아이디어에 골몰하며 사람들을 만나고 다닌 끝에 드디어 실제로 일을 하게 되니 감개가 무량했다.

스티븐의 펌프에서 공기가 새서 20분이면 될 작업이 한 시간 반으로 늘어나긴 했지만, 두 사람은 이곳에서 240갤런의 폐식용유를 모았고, 이 값으로 바비큐 식당에 108달러를 지불했다. 그리고 이것을 바이오디젤 회사에 넘기면 갤런당 2달러 50센트가 남아 총 600달러를 버는 셈이었다. 이들의 계획은 마침내 자체적으로 연료를 제조하는 단계까지 진척되었다.

두 사람이 폐식용유가 가득 담긴 탱크를 싣고 다닐 때면 딘은 조수석 차창 밖으로 식당이란 식당은 모조리 살폈다. 쇼핑몰마다 식당이 서너 군데는 분명히 있을 것이다. 게다가 병원이나 대학교, 축구장까지 계산한다면…… 주여, 자비를 베푸소서!

딘이 말했다.

"빌어먹을, 식당은 어디에나 있다고! 그 기름 전체를 생각해봐. 그걸 다 가져오는 거야. 이봐, 우리가 가져올 거라고."

"시작은 초라해도……."

스티븐이 입을 열었다.

"고마워할 날이 오겠죠."

"이렇게 행운을 잡는 거야, 동업자 친구!"

딘은 일단 행운을 잡으면 무엇을 해야 하는지 정확히 알았다. 비록 몇 사람에게밖에 말은 안 했지만, 그는 언제나 그 계획을 마음속에 간직한 채 잠들곤 했다. 첫째, 아주 큰 집을 지을 생각이었다. 남이 뭐라 하든 블루리지 산맥이 내려다보이는 곳에서 자기 방식대로 살며 박공과 지붕창,

거대한 현관 모두를 하얗게 칠한 19세기 모지스 콘Moses Cone처럼 대저택을 짓는 것이다. 지열난방과 자동 온도조절장치, 태양열 전지판 등 자급자족을 하는 집이어야 한다.

그다음 계획은 자신의 취향대로 지은 집에 버려진 아이들을 데려와 사는 것이다. 또 집은 일하는 농장에 자리 잡을 것이며, 여기서 아이들에게 아무도 관심을 두지 않는 기술과 생활윤리를 가르칠 것이다. 제퍼슨이 말한 땅을 경작하는 사람처럼, 이 아이들을 가장 바람직한 시민으로, 가장 활동적이고 독립적이며 덕성이 높은 시민으로 길러낼 것이다.

그리고 딘은 집을 어디에 지어야 하는지도 알았다. '오로지 은총으로 구원받은 죄인'이라는 비석이 세워진 그의 아버지를 마지막으로 프라이스 가문 4대가 묻힌 묘지 부근 언덕의 프라이스 담배농장이었다. 딘도 언젠가는 그곳에 묻힐 것이다. 그는 이곳에 집을 세우는 것이 걱정되기도 했다. 가난에 대한 생각이 바로 여기, 이 가문에서 비롯된 것이기 때문이었다. 그는 잡초를 뽑고 씨를 뿌리고 물을 주면서도 묘지를 지나갈 때면 다시 그 생각이 났다. 하지만 그곳에 집을 짓는 것이 바로 그런 이유 때문이 아닐까? 궁극적인 자유를 얻기 위해서가 아닐까? 비록 곧 파산심리가 다시 열리고 그의 원수인 유류업자가 그에게 남은 유일한 자산인 땅까지 넘보는 상황에서 집안 농장의 일부를 잃는다고 해도 그런 것은 중요하지 않았다. 그는 여전히 커다란 하얀 집을 짓고, 이곳을 아이들로 채운다는 꿈을 간직하고 있었다. 그 땅을 되찾을 것이기 때문이다.

감사의 말

이 책의 핵심을 구성하는 삶을 보여준 분들에게 감사드린다. 또 여행 중에 안내를 해준 노스캐롤라이나 샬러츠빌의 조지 길리엄과 페이지 길리엄, 영스타운의 셰리 리 링컨과 존 루소, 스톡스데일의 바버라 프라이스, 『탬파베이 타임스』의 기자 및 편집진, 특히 탬파의 판초 산체스와 그 가족에게 고맙다는 인사를 전한다. 그리고 2009년 홀츠브링크 펠로십에 대해 게리 스미스와 베를린의 아메리칸 아카데미에 감사드리고, 2011년 미국 문명과 정부에 대한 조애나 잭슨 골드만 기념 강연을 열고 초대해준 데 대해 장 스트라우스와 쿨먼 센터에 감사드린다.

또 다양한 형태로 전문적인 조언을 해준 낸시 아론, 캐슬린 앤더슨, 닐 벨튼, 줄리아 보테로, 릴라 바이오크, 피터 캔비, 레이 치포, 로드리고 코랄, 톰 에를리히, 지아양 판, 팀 퍼렐, 아미 하나우어, 스티븐 하인츠, 헨리 코프먼, 알리사 레빈, 조너선 리핑코트, 레베카 미드, 엘리 퍼킨스, 크리스 피터슨, 크리스 리처즈, 낸디 로드리고, 리지 슐러, 제프 서로이, 마이클 스파이스, 스콧 스테이튼, 줄리 테이트, 매튜 테일러, 사리타 바르마, 제이컵 바이스버그, 도로시 위켄든, 로라 영, 아비 제닐먼에게 감사한다. 누구보다 사라 챌펀트, 조너선 갈라시, 데이비드 렘니크, 알렉스 스타, 다니엘 잘레프스키에게 감사를 전한다. 이보다 더 고마울 수가 없다.

또 다니엘 버그너, 톰 카시아토, 빌 피너건, 캐시 휴즈, 캐롤 잭, 마이클 제인웨이, 앤 패커, 낸시 패커, 이얼 프레스, 베키 살레탄, 밥 시커, 마리 시커, 특히 덱스터 필킨스 등 이 책을 집필하는 동안 통찰력과 열정으로 나를 격려해준 친구들과 그 가족들에게 진 빚은 결코 갚을 길이 없을 것이다. 그리고 누구보다 이 모든 일을 가능하게 해준 로라 시커에게 큰 은혜를 입었다.

옮긴이의 말

오늘날 지구상의 유일한 초강대국인 동시에 여러 가지 사회적 지표로 볼때 2류 국가로 전락한 것이 분명한 미국의 위기는 어디서 비롯되었는가? 이에 대해 2008년 금융위기 이후 그 원인을 다각도로 분석하는 시도가 있었다. 가치 기준이 무너진 미국의 사회현상을 진단하는 책들은 미국식 자유방임주의 또는 자유지상주의에 초점을 맞추고, '약탈 자본주의' '마피아 자본주의' '카지노 자본주의'라는 표현에서 드러나듯 대체로 정치·경제적인 측면에서 사회의 해체현상을 보는 시각이 주류를 이루고 있다는 인상을 피할 수 없다. 동시에 그런 시각에는 현재 미국 사회에 드리워진 위기의 징후가 이미 오래전부터 있었다는 공동 인식이 깔려 있는 것도 사실이다. 마치 댐에 난 작은 구멍이 점점 커져 갑자기 댐 전체가 무너질 상황에 처했다는 식이다. 다만 그런 징후에 대해 역사적 인식을 바탕으로 구체적인 인간의 삶을 추적하며 접근하는 포괄적인 진단은 쉽게 찾아볼수 없다. 이 같은 미국의 자기 인식에 대해 그런 현상은 어느 한 가지 측면에서 설명할 수 있는 것이 아니라, 모든 대변화가 그렇듯 수많은 시기에 걸쳐 수많은 형태로 고삐가 풀리기 시작한 결과로 봐야 한다는 것이 이 책의 관점이다. 조지 패커의『미국, 파티는 끝났다』는 정치·경제·사회·문화적으로 무너지고 일그러지다 못해 추해지기까지 한 21세기 미국의 실태를 지난 30~40년간의 개개인의 생생한 생존 과정을 통해 조명하는 책이다.

미국의 어두운 현실을 대표하는 개인적 삶의 추적을 다룬 이 책은 저자의 인터뷰와 여행을 바탕으로 한 논픽션이 분명하지만, 형식적으로는 다큐소설에 가까우며, 각각의 이야기는 독립된 주제의 작품으로 분리할 수도 있고, 동시에 미국 사회의 흐름이라는 의미에서 상호연관성과 연속성을 지닌다고 볼 수도 있다. 총 열여섯 주제로 구성된 이야기에는 주인공 격인 세 명의 중심인물과 세 군데의 지역이 몽타주 기법으로 교체, 반복 서술되는 가운데, 열세 명의 유명인사가 독립된 주제로 다루어지고, 수많은 현장의 인물이 등장한다. 이들은 상류층과 중산층 또는 빈민계급이라는 단순한 구분이 아니라 어떤 필연적인 역사적 맥락과 불가분의 관계가 있음이 드러난다. 중요한 것은 여기서 패커가 어떤 결론이나 해결책을 제시하지 않고 확인된 사실과 현상을 그대로 서술하는 가운데 독자에게 전달되는 종합적인 그림이라고 할 수 있다. 교훈적인 글쓰기나 상투적인 이데올로기의 함정에 빠지지 않고 객관적인 시각을 유지하는 것도 이 책만의 특징이다.

보수적인 티파티의 활동과 진보운동의 대립을 기술하는 가운데 계급사회와 신분상승의 꿈으로서 아메리칸 드림이 노출되고, 동시에 제도권의 인사이더와 여기서 소외된 아웃사이더로 양분된 세계가 그 꿈의 또 다른 단면이라는 것이 드러난다. 미국의 주류사회를 합법적 틀에서 비합법적 활동으로 엄청난 돈을 버는 모습으로 묘사하는 관점은 가령 아프가니스탄과 이라크 전쟁의 전략적 과오를 저자의 시점이 아니라 지휘했던 장군의 입으로 소개하는 것과 마찬가지로 현장의 목소리를 통해 객관적인 가치를 획득한다. 민주·공화 양당의 정치적인 당파성이나 좌우파 어느 한쪽의 편향된 시각도 배제된다. 예컨대 인도 태생으로 온갖 역경에도 불구하고 미국에 대해 낙관적인 생각을 하는 모텔 주인 우샤 파텔에 대한 묘사는 미국 정착과정과 모텔 경영, 파산이라는 현장의 보고체 형식으로 일관한다. 그녀는 제2의 조국이라는 미국을 '기회의 땅'이라고 보며 희망을 꺾지 않지만, 결국 '정의는 부자들을 위해 존재한다'는 판단을 내린다. 그러면서도 동시에 자녀들이 살아갈 미국의 미래에 대해 낙관하는 모습도 빼놓지 않는다.

집중적으로 묘사되는 인물은 노스캐롤라이나와 버지니아 일대의 보수적인 남부의 분위기에서 분투하며 바이오디젤에서 미국의 희망을 보는 딘 프라이스와 오하이오의 제철도시 영스타운의 흥망성쇠 속에서 생존을 위해 싸우며 거듭나는 태미 토머스, 워싱턴의 정치세계에 인생을 걸었다가 좌절하는 제프 코너턴이다. 이들의 삶은 단순한 낙관주의나 비관주의의 틀을 넘어서 그 자체로 미국의 입체적인 파노라마가 된다. 이들의 생존은 기업주와 노조의 갈등, 노조의 변질, 마약과 이권 다툼, 살인이 일상적으로 벌어지는 슬럼가, 이런 환경에서 희망의 끈을 놓지 않는 지역사회 조직화운동, 월가와 백악관, 의회를 중심으로 벌어지는 주류사회의 고삐 풀린 모습, 기업과 로비스트의 혼탁한 세계, 권력에 부가 더해지고 권력은 다시 부를 늘리는 구조에서 펼쳐진다. 또 세계의 수도라고 자처하는 워싱턴과 세계 금융의 중심이라는 뉴욕은 '경영대학원이나 법학대학원에서 배우고 곧이곧대로 믿은 법과 규칙, 제도적인 기준이 내팽개쳐지는' 세계로 드러난다. 이런 사회구조는 미국의 엘리트 계층은 노동계층 문제에 대한 답이 없다는 인식과 궤도를 같이한다. 또 그래니를 비롯한 태미 집안 할머니들의 근면하고 책임을 다하는 미국 빈민계급의 삶은 여성으로서 세계 최고의 부자가 된 오프라 윈프리의 가려진 모습과 묘한 대조를 이룬다.

미국의 성공과 실패를 대표하는 실리콘밸리와 탬파 시의 실태도 집중적으로 조명된다. 피터 틸을 통해 바라본 실리콘밸리 신화와 그 본질, 페이팔을 비롯한 인터넷 기업의 흥망, 페이스북 같은 소셜 네트워크의 세계와 마크 주커버그의 면모, 자유지상주의자로서 낡은 제도를 거부하는 억만장자의 세계는 미국 사회가 제시하는 미래이자 희망인 동시에 그 무대에서 조명되는 모순의 공간이며, 왜곡된 미국의 꿈이기도 하다. 플로리다 탬파의 미친 듯한 확장과 몰락, 성장기제라는 만능 해결사의 결말, 난민과 빈곤계층만 양산한 투기산업, 주택경기의 종말, 개발업자와 감독기관의 결탁 속에서 삶의 터전을 잃어버린 수많은 군상들, 서브프라임 모기지 열풍 속에서 자행되는 다양한 사기 수법, 한국인 소니 킴을 고리로 한 모기지 사기의 커넥션은 워싱턴의 주류사회와 금융위기와 직결되는 문제다. 금권정치가 지배하는 미국 정계의 적나라한 모습은 임대 트레일러 주택을 전전하는 빈곤층이 밑바닥 생활이나 분노한 시민들의 월가 점령운동과 분명한 연결고리가 있음이 밝혀진다.

이 밖에 『미국, 파티는 끝났다』에서 기술되는 지난 40년간의 미국의 모습을 몇 가지 더 예로 들자면 다음과 같다.

- '깅리치 혁명'으로 대변되는 미국 정치의 광기와 뉴트 깅리치의 일그러진 생애.
- 온갖 탐욕이 난무하며 미국 사회의 모순 자체가 되어버린 월스트리트.
- 술꾼이자 작가인 레이먼드 카버의 고달픈 생활(미국 소설에서 진지하게 취급되지 않는 사람들의 삶에 대한 애정)과 1960~1970년대 사회적 사실의 왜곡이라는 측면에서 바라본 미국 문학의 흐름.
- 월마트의 창립자 샘 월턴과 값싼 물건의 전략이 갖는 의미. '언제나 싼값'이라는 구호의 월마트와 사회적 부작용.

- 명령과 규율의 체계를 회복한 제도사회의 달인으로서 대통령보다 인기가 더 높던 콜린 파월이 말년에 주류사회에서 고립되는 모습.
- 조용한 추진력으로 미국에 장기적인 성장을 안겨주었다는 평가를 받는 로버트 루빈(루비노믹스)의 실체. 글래스-스티걸 법의 폐지에 따른 혼란과 그 책임 소재. 금융위기 이후 큰돈을 벌고 사라진 그의 루비노믹스는 결국 큰 변화를 못 일으켰다는 평가.
- 신선한 재료만 쓴다는 셰 파니스 식당의 앨리스 워터스. 자유연애와 마리화나, 코카인이 일상화된 식당. 저소득층의 패스트푸드 문화와 청정음식 문화라는 양극화의 또 다른 단면.
- 마약과 랩으로 대변되는 제이지. 아메리칸 드림의 극단적 실현.
- 진실이나 객관성과는 무관하게 흥미 위주로 흐르는 언론과 인터넷 매체. 극우파 방송인 글렌 벡의 성공과 신종 디지털 미디어의 귀재 앤드루 브라이트바트의 종말.

이 책은 수백 시간에 걸친 인터뷰와 현장 답사를 기초로 쓴 논픽션이고 해당 인물들의 투쟁 역정이 다큐멘터리처럼 생생하게 돋보이지만, 조지 패커 자신이 밝히듯 미국의 '잃어버린 세대'를 대표하는 존 더스패서스 John Dos Passos의 3부작 소설 『미국U.S.A』의 문학적 형식에 영향을 받은 것으로 보인다. 다양한 생존방식을 증언하는 현대 미국인들의 삶을 개별 몽타주 형식으로 조명하는 이 책은 인터뷰의 대화체와 전지적 시점의 사실적 서술이 결합해 미국의 정치·사회적 현실과 민중의 삶을 현장에서 보듯 생생하게 전달한다. 또 글 중간중간에 연도별로 신문 헤드라인과 유명한 연설문, 광고 카피, 노랫말 등을 콜라주 기법으로 소개하는 형식을 보면 더스패서스의 『맨해튼 트랜스퍼Manhattan Transfer』를 연상시킨다. 저널리즘 문학의 새로운 지평을 열었다는 평가는 이런 진실에 기초한 소재와 혁신적 형식을 결합한 서술기법과 무관하지 않은 것으로 보인다. 지난 30

년간 개인의 삶이 어떤 조건과 현실에서 현재의 형태로 귀결될 수밖에 없었는가? 저자는 사실을 추적하고 있는 그대로 그 자랑스럽지 못한 진실의 가려진 부분을 노출시킬 뿐, 결론은 독자의 몫으로 남겨둔다. 아메리칸 드림의 허와 실을 파헤치는 가운데 기회의 땅 미국은 청교도적 이상이 대량생산 및 대량소비와 왜곡된 형태로 혼재하는 사회임이 드러난다. 동시에 밑바닥 생활을 하는 대중의 마음속에서 한 가닥 희망의 빛이 비치기도 한다. 인물의 발언을 통해 드러나는 미국 사회의 한 단면은 어쩌면 저자가 간접적으로 내리고 싶은 결론의 하나인지도 모른다.

"인간의 본성이야 변함없지만, 돈의 위력이 왜곡과 과장 효과를 일으키면 그것은 인간의 행동을 천 갈래의 다양한 모습으로 타락시킨다."

박병화

참 고 문 헌

이 책은 각각 자신의 이야기를 전하는 당사자 및 정보와 판단을 공유하는 다른 관계자들을 대상으로 수백 시간에 걸쳐 진행된 인터뷰를 바탕으로 했으며, 여기에 서면 자료를 보충했다. 다음에 소개하는 문헌 목록은 그중 가장 중요한 것들이다. '생애 스케치'는 전적으로 2차 자료를 인용한 것이며, 그중 가장 유용하게 활용한 것들은 마찬가지로 아래에 소개해놓았다. 때로는 책이나 기사, 노래에 나오는 대로 해당 인물의 말이나 구절을 인용했다. 다양한 자료(신문, 잡지, 도서, 연설, 노래, 광고, 시, 영화, 텔레비전 프로그램)에서 모아놓은 개별 연도의 표시는 모두 해당 연도에 기록되거나 출판된 것 또는 그해에 볼 수 있는 것들이다.(연도 목록은 www.fsgbooks.com/theunwinding에서 볼 수 있다.) 물론 이 책은 철저한 논픽션 작품이라고 할 수 있지만, 문학적인 표현은 1930년대에 출판되어 이미 오래전에 다시 주목을 받아야 마땅한 존 더스패서스의 3부작 소설 『미국』에 신세를 졌다고 할 수 있다.

• 해당 인물의 이야기

딘 프라이스와 피드먼트

Allen Tullos, *Habits of Industry: White Culture and the Transformation of the Carolina Piedmont*(Chapel Hill: University of North Carolina Press, 1989).

제프 코너턴과 워싱턴 D.C

Joe Biden, *Promises to Keep*(New York: Random House, 2008).

Jeff Connaughton, *The Payoff: Why Wall Street Always Wins*(Prospecta Press, 2012). The author generously shared an early draft.

Robert G. Kaiser, *So Damn Much Money: The Triumph of Lobbying and the Corrosion of American Government*(New York: Vintage Books, 2010).

태미 토머스와 영스타운

Barry Bluestone and Bennett Harrison, *The Deindustrialization of*

America: Plant Closings, Community Abandonment, and the Dismantling of Basic Industry(New York: Basic Books, 1982).

Terry F. Buss and F. Stevens Redburn, *Shutdown at Youngstown: Public Policy for Mass Unemployment*(Albany: SUNY Press, 1983).

Stephen F. Diamond, "The Delphi 'Bankruptcy': The Continuation of Class War by Other Means," *Dissent*(Spring 2006).

David M. Kennedy, *Freedom from Fear: The American People in Depression and War, 1929-1945*(New York: Oxford University Press, 1999).

Sherry Lee Linkon and John Russo, *Steeltown U.S.A.: Work and Memory in Youngstown*(Lawrence: University Press of Kansas, 2002).

John Russo, "Integrated Production or Systematic Disinvestment: The Restructuring of Packard Electric"(unpublished paper, 1994).

Sean Safford, *Why the Garden Club Couldn't Save Youngstown: The Transformation of the Rust Belt*(Cambridge, MA: Harvard University Press, 2009).

피터 틸과 실리콘밸리

Sonia Arrison, *100 Plus: How the Coming Age of Longevity Will Change Everything, from Careers and Relationships to Family and Faith*, with a foreword by Peter Thiel(New York: Basic Books, 2011).

Eric M. Jackson, *The PayPal Wars: Battles with eBay, the Media, the Mafia and the Rest of Planet Earth*(Los Angeles: World Ahead Publishing, 2010).

David Kirkpatrick, *The Facebook Effect: The Inside Story of the Company That Is Connecting the World*(New York: Simon & Schuster, 2011).

Jessica Livingston, "Max Levchin," *in Founders at Work: Stories of Startups' Early Days*(New York: Apress, 2008).

Ben Mezrich, *The Accidental Billionaires: The Founding of Facebook*(New York: Anchor, 2010).

David O. Sacks and Peter A. Thiel, *The Diversity Myth: Multiculturalism and Political Intolerance on Campus*(Oakland, CA: The Independent Institute, 1998).

탬파

Richard Florida, *The Great Reset: How New Ways of Living and Working Drive Post-Crash Prosperity* (New York: HarperCollins, 2010).

Alyssa Katz, *Our Lot: How Real Estate Came to Own Us* (New York: Bloomsbury, 2010).

Robert J. Kerstein, *Politics and Growth in Twentieth-Century Tampa* (Gainesville: University Press of Florida, 2001).

Paul Reyes, *Exiles in Eden: Life Among the Ruins of Florida's Great Recession* (New York: Henry Holt, 2010).

- **생애 스케치**

뉴트 깅리치

Adam Clymer, "The Teacher of the 'Rules of Civilization' Gets a Scolding," *New York Times* (January 26, 1997).

Steven M. Gillon, *The Pact: Bill Clinton, Newt Gingrich, and the Rivalry That Defined a Generation* (New York: Oxford University Press, 2008).

Newt Gingrich, *Lessons Learned the Hard Way* (New York: HarperCollins, 1998).

Newt Gingrich, *To Renew America* (New York: HarperCollins, 1999).

Newt Gingrich with David Drake and Marianne Gingrich, *Window of Opportunity: A Blueprint for the Future* (New York: Tor Books, 1984).

John H. Richardson, "Newt Gingrich: The Indispensable Republican," *Esquire* (September 2010).

Gail Sheehy, "The Inner Quest of Newt Gingrich," *Vanity Fair* (September 1995).

오프라 윈프리

Barbara Grizzuti Harrison, "The Importance of Being Oprah," *New York Times Magazine* (June 11, 1989).

Kitty Kelley, *Oprah: A Biography* (New York: Three Rivers Press, 2011).

Ken Lawrence, *The World According to Oprah: An Unauthorized Portrait in Her Own Words* (Kansas City, MO: Andrews McMeel, 2005).

레이먼드 카버

Raymond Carver, *Fires: Essays, Poems, Stories* (New York: Vintage Books, 1984).

Raymond Carver, *What We Talk About When We Talk About Love: Stories* (New York: Vintage Books, 1989).

Raymond Carver, *Where I'm Calling From: Stories* (New York: Vintage Contemporaries, 1989).

Conversations with Raymond Carver, Marshall Bruce Gentry and William L . Stull, eds. (Jackson: University Press of Mississippi, 1990).

Carol Sklenicka, *Raymond Carver: A Writer's Life* (New York: Scribner, 2010).

샘 월턴

Bob Ortega, *In Sam We Trust: The Untold Story of Sam Walton and How Wal-Mart Is Devouring America* (New York: Crown Business, 1998).

Sam Walton with John Huey, *Sam Walton, Made in America: My Story* (New York: Doubleday, 1992).

콜린 파월

Karen DeYoung, *Soldier: The Life of Colin Powell* (New York: Knopf, 2006).

John B. Judis, *The Paradox of American Democracy: Elites, Special Interests, and the Betrayal of Public Trust* (New York: Routledge, 2001).

Colin L. Powell with Joseph E. Persico, *My American Journey* (New York: Ballantine, 1996).

앨리스 워터스

Thomas McNamee, *Alice Waters and Chez Panisse: The Romantic, Impractical, Often Eccentric, Ultimately Brilliant Making of a Food Revolution* (New York: Penguin, 2008).

Alice Waters with Daniel Duane, *Edible Schoolyard: A Universal Idea* (San Francisco: Chronicle Books, 2008).

로버트 루빈

William D. Cohan, *Money and Power: How Goldman Sachs Came to Rule the World*(New York: Doubleday, 2011).

William D. Cohan, "Rethinking Robert Rubin," *Bloomberg Businessweek* (September 30, 2012).

Jacob S. Hacker and Paul Pierson, *Winner-Take-All Politics: How Washington Made the Rich Richer—And Turned Its Back on the Middle Class*(New York: Simon & Schuster, 2010).

Bethany McLean and Joe Nocera, *All the Devils Are Here: The Hidden History of the Financial Crisis*(New York: Portfolio/Penguin, 2010).

Robert B. Reich, *Locked in the Cabinet*(New York: Vintage Books, 1998).

Robert E. Rubin and Jacob Weisberg, *In an Uncertain World: Tough Choices from Wall Street to Washington*(New York: Random House Trade Paperbacks, 2004).

제이지

Zack O'Malley Greenburg, *Empire State of Mind: How Jay-Z Went from Street Corner to Corner Office*(New York: Portfolio/Penguin, 2011).

Jay-Z, *Decoded*(New York: Spiegel & Grau, 2011).

Jay-Z, "December 4th," *The Black Album*(Roc-A-Fella/Def Jam, 2003).

Jay-Z, "Empire State of Mind," *The Blueprint 3*(Roc Nation, 2009).

Jay-Z, "Rap Game/Crack Game," "Streets Is Watching," "You Must Love Me," *In My Lifetime* Vol. 1(Roc-A-Fella/Def Jam, 1997).

Jay-Z, "Can I Live," "Dead Presidents II," "D'Evils," "Regrets," "22 Two's," *Reasonable Doubt*(Roc-A-Fella, 1996).

Jay-Z, "Brooklyn Go Hard"(Roc-A-Fella/Def Jam, 2008), "Glory"(Roc Nation, 2012).

Kelefa Sanneh, "Gettin' Paid," *New Yorker*(August 20, 2001).

Touré, "The Book of Jay," *Rolling Stone*(December 15, 2005).

Kanye West, "Diamonds from Sierra Leone," *Late Registration*(Roc-A-Fella/Def Jam, 2005).

앤드루 브라이트바트

Christopher Beam, "Media Is Everything. It's Everything," *Slate*(March 15, 2010).

Andrew Breitbart, *Righteous Indignation: Excuse Me While I Save the World!*(New York: Grand Central Publishing, 2011).

Chris K. Daley, *Becoming Breitbart*(Claremont, CA: Chris Daley Publishing, 2012).

Rebecca Mead, "Rage Machine," *New Yorker*(May 24, 2010).

엘리자베스 워런

Suzanna Andrews, "The Woman Who Knew Too Much," *Vanity Fair* (November 2011).

Noah Bierman, "A Girl Who Soared, but Longed to Belong," *Boston Globe* (February 12, 2012).

Harry Kreisler, *Political Awakenings: Conversations with History*(New York: The New Press, 2010).

Teresa A. Sullivan, Elizabeth Warren, and Jay Lawrence Westbrook, *As We Forgive Our Debtors: Bankruptcy and Consumer Credit in America*(New York: Oxford University Press, 1989).

Teresa A. Sullivan, Elizabeth Warren, and Jay Lawrence Westbrook, *The Fragile Middle Class: Americans in Debt*(New Haven, CT: Yale University Press, 2000).

Jeffrey Toobin, "The Professor," *New Yorker*(September 17, 2012).

Elizabeth Warren, interview by Jon Stewart, *The Daily Show with Jon Stewart*, Comedy Central, April 15, 2009, and January 26, 2010.

Elizabeth Warren and Amelia Warren Tyagi, *The Two-Income Trap: Why Middle-Class Mothers and Fathers Are Going Broke*(New York: Basic Books, 2003).